Inhaltsverzeichnis

Vorwort

Der vorliegende Band ist ein *Arbeitsbuch* für den Sozialkunde-Unterricht der Klassen 9 und 10. Es stellt unterschiedliche Materialien (Texte, Statistiken, Grafiken, Bilder, Karikaturen) für die Erarbeitung im Unterricht zur Verfügung und ermöglicht unterschiedliche Arbeitsformen. Die Autoren haben auf eigene Darstellungen weitgehend verzichtet; sie möchten dem Schüler bzw. der Lerngruppe die selbständige und kritische Auseinandersetzung mit Informationen und Meinungsäußerungen ermöglichen und haben sich daher bemüht, eine Materialauswahl zu treffen, die sowohl dem Alter der Schüler als auch der Sach- und Problemstruktur der Gegenstände angemessen ist. Eine inhaltliche Grobstrukturierung der einzelnen Kapitel erfolgt durch Abschnitte, die durch entsprechende Überschriften gekennzeichnet sind. Die Materialien sind innerhalb der Kapitel durchnumeriert. Von den Materialien heben sich — auf farbigen Tonfeldern — die *Arbeitshinweise* ab; sie sollten bei jeder Materialbearbeitung beachtet werden und lassen sich unterscheiden in

— Erschließungshilfen, die eng auf das betreffende Material bezogen sind,
— Hinweise zur Erarbeitung gedanklicher Zusammenhänge, zur Anregung von Argumentation und Diskussion,
— Vorschläge, die bestimmte Arbeitsformen empfehlen oder über den engeren Rahmen des Unterrichts hinausgehen.

Zur *Sicherung des Grundwissens* wird im Anschluß an jedes Kapitel oder an Abschnitte eines Kapitels auf die Kenntnisse hingewiesen, über welche die Schüler nach der Bearbeitung verfügen sollten. Diese Hinweise erfolgen in lernzielartiger Formulierung und unter Verweis auf die maßgeblichen Materialien, so daß die Schüler das Gelernte selbständig wiederholen und festigen können.

Im *Anhang* finden sich Hinweise zur „Analyse von Statistiken“, zum „Umgang mit Texten“, zur „Arbeit mit Karikaturen“, zur sozialwissenschaftlichen Methode der „Befragung“, zur Unterrichtsmethode der „Expertenbefragung“ und zur „Betriebserkundung“.

Eine weitere wichtige Arbeitshilfe stellt das „*Glossar*“ dar, in dem Begriffe, die mit einem * versehen sind, erläutert werden (in Texten, in denen solche Begriffe wiederholt vorkommen, erfolgt die Kennzeichnung i. d. R. nur beim ersten Vorkommen). Nähere Informationen zu weiteren Begriffen lassen sich leicht über das ausführliche Register finden.

Für kritische Hinweise (gerichtet an den Schöningh-Verlag, Jühenplatz 1, 33098 Paderborn) sind die Herausgeber jederzeit dankbar.

1 Aufwachsen in der Familie

Wozu braucht man eine Familie?

Wir haben an den Anfang dieses Kapitels drei kurze Texte gestellt, die euch dazu anregen sollen, zunächst einmal selbst darüber nachzudenken, wozu man eigentlich eine Familie braucht. Überlegt, was jeder der drei Texte zum Ausdruck bringen will, und tragt dann zusammen, was euch sonst noch als Antwort auf die Titelfrage einfällt.

M 1a Anekdote

In einer Wohnung finden sich abends folgende Zettel: „Bin im Sportclub, komme nicht vor halb 11 Uhr nach Hause, Karli". Daneben: „Komme erst nach der Tanzschule um 10 Uhr, Mizzi." Weiter: „Bin im Familienverein, komme nicht vor 11 Uhr. Der Braten ist für Karli, der Strudel für Mizzi. Eure Mutti." Dann noch ein Zettel: „Gehe nach der Versammlung noch ins Kaffeehaus, wird etwas länger dauern. Paps" Und schließlich ein letzter: „War um 9.00 Uhr hier, habe Braten und Strudel gegessen und den Schmuck mitgenommen. Der Einbrecher."

(Handreichungen zur Hauswirtschaftswissenschaft, Landesinsitut für schulpädagogische Bildung, Düsseldorf 1972, S. 52)

M 1b Was Herr Clark „von denen zu Hause" erwartet

Interviewer: Wo werden Sie öfter wütend, zu Hause oder am Arbeitsplatz?
Herr Clark: Zu Hause wahrscheinlich.
Interviewer: Warum?
Herr Clark: Zu Hause hat man ein größeres Recht, ärgerlich zu werden. Von denen zu Hause erwartet man mehr Nachsicht. Im Geschäft könnte man die anderen verärgern, und sie würden es nicht vergessen.

(Quelle: Hess/Handel, 1975, S. 62)

M 2 Was Hartmut (10 Jahre) meint

Ich liebe meine Eltern, 1. weil sie mir das Leben geschenkt haben, 2. für mich sorgen, 3. mich nicht im Stich lassen, 4. mich kleiden, 5. mich nicht verhungern lassen, 6. mich mit in den Urlaub nehmen, 7. mir Geburtstags- und Weihnachtsgeschenke machen, 8. mich taufen ließen, 9. mir das Sprechen beigebracht haben, 10. ein eigenes Zimmer eingerichtet haben, 11. bei den Hausaufgaben helfen. Hartmut, 10 Jahre

(Zeitschrift Eltern, Nr. 11/1976. S. 114 [aus einer Umfrage von Prof. Heribert Heinrichs. Hildesheim])

M 3 Die Aufgaben der Familie

Die Aufgaben (Funktionen), welche die Familie für ihre Mitglieder und für die gesamte Gesellschaft erfüllt, haben sich im Laufe der Geschichte gewandelt. So war z. B., als es noch keine allgemeine Schulpflicht gab, die Familie weitgehend für die Bildung und Ausbildung der Kinder zuständig; und solange es noch keine Kranken- und Rentenversicherung* gab, mußte die Familie allein für die Krankheitskosten aufkommen und für die Alterssicherung sorgen. Heute lassen sich im allgemeinen vier Aufgaben der Familie unterscheiden:

— Die Familie ist der wichtigste Bereich, in dem Kinder geboren werden und aufwachsen. Sie sorgt dafür, daß die Gesellschaft nicht ausstirbt, daß sie sich immer wiederherstellt (reproduziert; „Reproduktionsfunktion"). Inwieweit die Familie in Deutschland dieser Aufgabe gerecht wird, davon wird später (M 13, M 31) die Rede sein.
— Die Eltern in der Familie sorgen durch ihre Arbeit dafür, daß die Kinder das erhalten, was sie zum Leben und Aufwachsen unbedingt brauchen: Nahrung, Wohnung, Kleidung, Schutz vor Gefahren usw. Die Eltern sichern also die äußeren Lebensbedingungen, die „Existenz" der Kinder und ihre eigene (Funktion der „Existenzsicherung").
— Über die äußeren Lebensbedingungen hinaus kümmern sich die Eltern aber auch darum, daß ihre Kinder die Fähigkeiten erwerben, die man braucht, um mit den Mitmenschen umgehen und mit ihnen leben zu können. Anders ausgedrückt: Durch ihre Erziehung machen die Eltern ihre Kinder zu „sozialen" Wesen („Sozialisationsfunktion").
— Die Familie ist eine „Kleingruppe", in der die Beziehungen der Mitglieder besonders eng und vertraulich sein können. Sie stellt einen privaten, überschaubaren und verläßlichen Raum dar, in

den Kinder und Eltern sich zurückziehen können, um Probleme und Spannungen zu besprechen und zu verarbeiten, die sich in der oft schwierigen und belastenden Umwelt (z. B. in der Schule, im Beruf) ergeben können (Funktion des „Spannungsausgleichs").

(Autorentext)

❶ Versucht, die in M 3 genannten vier „Funktionen" der Familie möglichst konkret und möglichst mit eigenen Worten zu erläutern.

❷ Erklärt, was der Charakter der Familie als „Kleingruppe" damit zu tun hat, daß sie sich für die Verarbeitung und den Abbau von Spannungen, die außerhalb der Familie entstehen, besonders gut eignet.

❸ Versucht, was ihr den einleitenden Texten (M 1/2) entnehmen konntet und was ihr selbst auf die Titelfrage zu antworten hattet, den vier Funktionen zuzuordnen.

Wir wollen im folgenden Abschnitt näher auf die Sozialisationsfunktion der Familie eingehen, die viele schon deshalb für die wichtigste Aufgabe der Familie halten, weil der Mensch durch die Erziehung in der Familie mehr oder weniger für sein ganzes Leben geprägt wird. Warum Menschen ohne Erziehung nicht auskommen können, wie wichtig in dieser Beziehung gerade die früheste Phase der kindlichen Entwicklung ist und welche Bedingungen für eine gelungene „Sozialisation" die Familie gewährleistet bzw. gewährleisten soll, das wollen wir nicht abstrakt darstellen, sondern anhand der Beschreibung zweier interessanter Experimente* verdeutlichen.*

M 4 Das Experiment Kaiser Friedrich II. (1194—1250)

Der Franziskanermönch Salimbene von Parma berichtet in seiner Chronik von einer Reihe merkwürdiger Experimente*, die Friedrich durchgeführt haben soll.
Eines Tages, so berichtet Salimbene, wollte der Kaiser durch ein Experiment ergründen, „welche Art Sprache und Sprechweise Knaben nach ihrem Heranwachsen hätten, wenn sie (vorher) mit niemandem sprächen". Zu diesem Zwecke ließ er etliche neugeborene Kinder ihren Müttern wegnehmen und Ammen und Pflegerinnen übergeben. Dann befahl er den Ammen und Pflegerinnen, „sie sollten den Kindern Milch geben, daß sie an den Brüsten saugen möchten, sie baden und waschen, aber in keiner Weise mit ihnen schöntun und zu ihnen sprechen. Er wollte nämlich erforschen, ob sie die hebräische Sprache sprächen, als die älteste, oder die griechische oder lateinische oder arabische oder aber die Sprache ihrer Eltern, die sie geboren hatten. Aber er mühte sich vergebens, weil die Kinder alle starben". Mit rührenden Worten kommt Salimbene zu dem Schluß: „Denn sie vermöchten nicht zu leben ohne das Händepatschen und das fröhliche Gesichterschneiden und die Koseworte ihrer Ammen und Nährerinnen".

(Eberhard Horst, Friedrich der Staufer. Düsseldorf, Claassen Verlag 1989, S. 190f.)

M 5 Die Untersuchungen von Rene Spitz

Im Laufe einer über längere Zeit fortgesetzten Studie des Säuglingsverhaltens haben wir 123 Kleinkinder beobachtet, das heißt unterschiedslos sämtliche Insassen, die zu jener Zeit in der betreffenden Anstalt lebten, jedes zwölf bis achtzehn Monate lang. Wir trafen in dieser Anstalt, hier Säuglingsheim genannt, ein auffallendes Syndrom* an.
Im allgemeinen hatten diese Säuglinge im Säuglingsheim während der ersten sechs Monate ihres Lebens gute Beziehungen zu ihren Müttern und entwickelten sich gut. In der zweiten Hälfte des ersten Jahres legten jedoch einige von ihnen ein weinerliches Verhalten an den Tag, das in auffallendem Gegensatz zu ihrem früheren fröhlichen und freundlichen Benehmen stand. Nach einer Weile wurde die Weinerlichkeit von einer Kontaktverweigerung abgelöst. Die Kinder lagen dann meist auf dem Bauch in ihren Bettchen, den Kopf weggewendet, und weigerten sich, an dem Leben ihrer Mitwelt Anteil zu nehmen. Wenn wir uns näherten, wurden wir meistens nicht beachtet, obwohl manche Kinder uns mit suchendem Ausdruck beobachteten. Wenn wir auf der Annäherung bestanden, fingen sie an zu weinen, manchmal auch zu schreien. Es machte keinen Unterschied, ob der Beobachter ein Mann oder eine Frau war.
Das weinerliche, zurückhaltende Verhalten pflegte zwei oder drei Monate lang anzudauern; manche dieser Kinder verloren in dieser Zeit an Gewicht, anstatt zuzunehmen. Das Pflegepersonal berichtete, daß einige Kinder an Schlaflosigkeit litten; [...] Alle Kinder zeigten eine wachsende Anfälligkeit für hinzutretende Erkältungen. Ihre Entwicklungsquotienten* zeigten zunächst einen Rückstand in der Persönlichkeitsentwicklung, dann ein allmähliches Absinken.
Dieses Verhaltenssyndrom dauerte etwa drei Monate lang und wurde immer schlimmer. Dann hörte die Weinerlichkeit auf, an ihre Stelle trat eine „gefrorene" Starre des Gesichtsausdrucks. Nun pflegten diese Kinder mit weitgeöffneten, ausdruckslosen Augen dazuliegen oder dazusitzen, mit erstarrtem, unbeweglichem Gesicht und abwesendem Ausdruck, wie in einer Betäubung; offenbar sahen

sie gar nicht, was um sie her vor sich ging. Es wurde immer schwieriger, mit den Kindern, die dieses Stadium erreicht hatten, Kontakt aufzunehmen, schließlich wurde es unmöglich. Dann konnte man bestenfalls nur noch Schreien auslösen.
Unter den 123 Kindern, die wir während des ganzen ersten Lebensjahres beobachteten, fanden wir bei 19 Versuchspersonen dieses deutlich ausgeprägte Syndrom [...]
Wir entdeckten, daß alle Kinder, bei denen sich dieses Syndrom entwickelte, eine Erfahrung gemeinsam hatten: Zu irgendeinem Zeitpunkt zwischen den sechsten und achten Lebensmonat wurde ihnen die Mutter während eines praktisch ununterbrochenen Zeitraums von drei Monaten entzogen [...]
Vor der Trennung hatte die Mutter ihr Kind ganz und gar versorgt. Aufgrund der besonderen Umstände, die in dieser Anstalt herrschten, hatten sie mehr Zeit mit dem Kind zugebracht als bei einem Leben im Familienmilieu. Nach der Trennung von ihren Müttern entwickelte sich bei jedem dieser Kinder das oben beschriebene Syndrom. Es erschien bei keinem Kind, dessen Mutter nicht entfernt worden war.

(R. Spitz / W. Cobliner, Vom Säugling zum Kleinkind, Stuttgart 1969, S. 280/281, 284/285; übersetzt von G. Theusner-Stampa)

M 6 Wie Kinder eine Person werden

Wenn das Kind täglich erlebt, wie sein Hunger gestillt wird, wie es sauber gemacht wird, wie es die gleichen Berührungen und Worte fühlt und hört, dann bringt es das Wohlbehagen, das es empfindet, in Verbindung mit den Menschen, die es umsorgen. Es entwickelt ein *Ur-Vertrauen*, das es erst der „Bezugsperson", das ist meist die Mutter, entgegenbringt, aber auch anderen Menschen. Die Welt, die ihm nach der Geburt feindlich erschienen ist und nun freundlich und zuverlässig, gibt ihm allmählich das Gefühl, daß es selbst einen Wert besitzt. Das ist die Voraussetzung dafür, daß das Kind später *Ich-Stärke* entwickelt. Es weiß damit, daß es eine Person mit eigenen Rechten ist und wird fähig zur Selbstbestimmung.

(W. Hilligen u. a., Sehen — Beurteilen — Handeln, Frankfurt 1978, S. 35)

M 7 Besondere Eignung der Familie

R. Spitz hatte festgestellt, daß Kinder, die ihre frühe Kindheit in einem Heim verbracht haben, in dem zwar für ihr materielles und körperliches Wohl gesorgt wurde, die liebevolle Zuwendung einer festen Bezugsperson aber fehlte, körperlich und geistig zurückblieben gegenüber Kindern, die von ihrer Mutter betreut wurden, selbst wenn dies unter äußerlich sehr ungünstigen Bedingungen (etwa im Gefängnis) geschah. Diese ersten Untersuchungen sind kritisiert und zum Teil auch korrigiert worden. Man hat auch die Frage geprüft, ob nicht die fehlende Anregung, die fehlenden Lernanreize in den Heimen an den negativen Folgen schuld seien. Die Grundthese hat sich jedoch nicht widerlegen lassen. [...] Die Bedingungen für eine erfolgreiche Sozialisation* des Kleinkindes scheint die Familie noch am besten zu gewährleisten.
Sie schafft in der Regel den geschützten, durch Überschaubarkeit, Stabilität und Zuverlässigkeit gekennzeichneten Bereich, in dem ein Kind Sicherheit, Vertrauen in andere und Zutrauen zu sich selbst gewinnen kann. Hier ist noch am ehesten zu erwarten, daß das Kind von mindestens einer „Dauerpflegeperson" die liebevolle Zuwendung erfährt, die es für seine Entwicklung braucht. Eine vollständige Garantie bietet die Familie allerdings nicht: es gibt auch Eltern, die nicht für Sicherheit, Vertrauen, liebevolle Zuwendung sorgen können oder wollen. Allerdings ist es schwer vorstellbar, daß die Ansprüche des kleinen Kindes von Personen erfüllt werden können, die Kinderbetreuung etwa als Beruf betreiben und geregelte Arbeitszeit, freies Wochenende und regelmäßigen Urlaub beanspruchen wie jeder andere Berufstätige auch. Der „professionelle* Erzieher" ist deshalb eher als Ergänzung von Familie und Eltern denkbar und nicht als deren Ersatz.

(M. Schwonke; Sozialisation und Sozialstruktur, Stuttgart [2]1981, S. 43—45)

❶ Beschreibe das Experiment Friedrich II. und erläutere, warum nach Darstellung des Chronisten die Kinder starbon (M 4). Welche Bedürfnisse — über die nach Nahrung, Wohnung, Kleidung (s. M 3) hinaus — müssen befriedigt werden, damit ein Mensch leben kann?

❷ Beschreibt die einzelnen Züge des Krankheitsbildes (Syndroms), das bei der beobachteten Kindergruppe im Säuglingsheim zu erkennen war. Worauf ist es nach Meinung der Forscher zurückzuführen? (M 5)

❸ Welche Schlüsse könnte man aus M 5 ziehen im Hinblick auf die Bedingungen, die für eine günstige Entwicklung von Kindern gegeben sein müssen?
Welche Voraussetzungen kann in dieser Hinsicht die Familie bieten?

❹ Erläutert die beiden, in M 6 genannten wichtigen Begriffe. Warum sollte jeder Mensch „Ur-Vertrauen" und „Ich-Stärke" besitzen? Wovon ist die Entwicklung dieser Eigenschaften abhängig?

❺ M 7 nimmt noch einmal Bezug auf die Untersuchungen von R. Spitz (vgl. M 5). Was ist konkret mit „Überschaubarkeit, Stabilität und Zuverlässigkeit" gemeint, und warum sind diese Bedingungen am ehesten in der Familie, weniger in Einrichtungen mit Berufserziehern gegeben?

Wie sieht die Familie heute aus?

M 8 **Was ist eigentlich eine Familie?**

Ist das eine?

Oder das?

Vielleicht das?

(Fotos: Gerhard Sander)

M 9 **Der Begriff der Familie**

Familie im engeren Sinne soll das Beziehungsgefüge eines Elternpaares mit einem oder mehreren eigenen Kindern bezeichnen (Kernfamilie*). „Eigene Kinder" können sowohl biologisch abstammende als auch adoptierte Kinder sein.

Dieser enge Begriff der Kernfamilie legt fest, daß Kinder in einer „vollständigen" Familie einen Vater und eine Mutter besitzen. Ist sie „unvollständig", weil ein Elternteil aufgrund von nicht-ehelicher Geburt, Trennung oder Verwitwung fehlt, kann von Mutter- bzw. Vaterfamilie im Unterschied zur Elternfamilie gesprochen werden. Wohnt eine Familie — gleich, ob vollständig oder unvollständig — allein in einem Haushalt*, so stellt sie eine Kleinfamilie* dar. Die Großfamilie* umfaßt demgegenüber eine Kernfamilie, die mit anderen Kernfamilien bzw. anderen Erwachsenen zusammenlebt. Sie ist entweder Verwandtschaftsfamilie oder Wohngemeinschaft/Kommune, je nachdem, ob zwischen den Mitgliedern der Großfamilie über die Grenze der Kernfamilie hinaus Verwandtschaftsbeziehungen bestehen oder nicht. Die Kleinfamilie unterscheidet sich von der Großfamilie also danach, ob Eltern und deren Kinder, also die Kernfamilie, allein oder mit anderen in einer Haushaltsgruppe vereinigt sind.

(2. Familienbericht/Bundesministerium für Jugend, Familie, Gesundheit, 1975, S. 17)

M 10

Deutsches Familienbild

Von den 22,4 Mio. ledigen Kindern, die 1991 mit ihren Eltern oder einem Elternteil in einem gemeinsamen Haushalt als Familie zusammenlebten, waren 32% (7 Mio.) schon volljährig. 45% (10,2 Mio.) standen noch im Schulalter zwischen 6 und 18 Jahren, und nur 23% (5,2 Mio.) waren noch nicht schulpflichtig.

Nach der *sozialen Zugehörigkeit* gliederten sich die Familien in der Bundesrepublik 1988 zu 10% in Selbständigenfamilien, zu 33% in Angestellten- und Beamtenfamilien, zu 29% in Arbeiterfamilien und zu 28% in Rentner- und sonstige Familien.

Anm.: Die Prozentzahlen in der Grafik ergeben aufgrund von Rundungsgewinnen insgesamt 101.

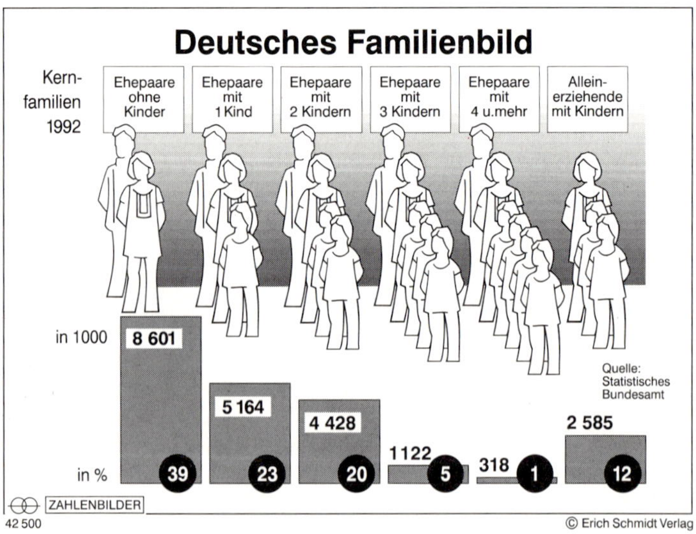

© Erich Schmidt Verlag

M 11 Familie – statistisch gesehen

Familien sind Ehepaare bzw. alleinstehende Väter oder Mütter, die mit ihren ledigen Kindern zusammenleben (Zweigenerationsfamilie). In der Familienstatistik wird davon ausgegangen, daß als Familie auch Ehepaare vor der Geburt eines Kindes gelten. Haben die Kinder den elterlichen Haushalt verlassen, verbleibt eine „Restfamilie". Zur Kategorie der Restfamilien gehören auch verheiratet Getrenntlebende, Verwitwete und Geschiedene, d. h. Personen, die zu einem früheren Zeitpunkt verheiratet waren, nicht jedoch alleinstehende Ledige. Nach dieser Abgrenzung des Familienbegriffs können in einem Privathaushalt mehrere Familien leben. „Ein-Personen-Familien" sind in M 10 nicht berücksichtigt.

(Statistisches Jahrbuch 1987)

M 12 Kinderzahlen

Bei den gegenwärtigen Heirats- und Sterblichkeitsverhältnissen sind für die Erhaltung der Bevölkerungszahl 2,3 Kinder je Ehe (230 auf 100 Ehen) erforderlich. Wieviel Kinder in Ehen bestimmter Ehejahrgänge nach abgeschlossener Fruchtbarkeit geboren wurden, ergibt sich aus folgenden Zahlen.

Eheschließungsjahr	Von 100 Ehen haben ... Kinder					Kinder insgesamt
	keine	1	2	3	4 u. mehr	
1899 u. früher	9	9	12	12	58	490
1900—1909	10	14	18	16	43	364
1910—1918	13	19	23	17	29	273
1919—1930	17	23	24	15	20	226
1931—1940	15	24	29	17	16	212
1941—1950	13	26	31	17	14	206
1951—1962	13	24	34	18	12	203
1963—1972	15	28	38	14	6	173
1972—1977[1]	15	34	39	8	4	153
Modellrechnung zur Erhaltung d. Bevölkerungsstandes	10	10	35	40	5[2]	230

[1] Kinderzahl bis Mai 1977, danach Erwartungszahlen.
[2] Insgesamt 30 Kinder je 100 Ehen.

(Quellen: Statistisches Bundesamt, div. Publikationen)

M 13

❶ Bei der Betrachtung der Bilder (M 8) wirst du merken, daß es gar nicht so einfach ist, genau zu definieren, was eine Familie ist: Versuche eine Klärung anhand der Unterscheidungen in M 9.

❷ In M 11 wird der Begriff der Familie in einem Punkt weiter festgelegt als in M 9. Worin liegt der Unterschied? — Kläre auch den Begriff des „Haushalts" (s. Glossar und M 11).

❸ Beschreibe anhand von M 10 die Verteilung der verschiedenen Familienformen in Deutschland. Was fällt dir auf? Wie groß ist der Anteil der Formen, die sich mit unseren Vorstellungen von einer „Normalfamilie" (Ehepaar mit Kind/ern) decken?

❹ Überprüft durch eigene Berechnung die Richtigkeit folgender Aussagen (M 10/11):
— In Deutschland gab es 1993 22,460 Mio. Familien.
— Mehr als 40% der Ehepaar-Familien hatten 1993 keine Kinder.
— Fast jedes vierte Kind in Ehepaar-Familien war 1993 ein Einzelkind.
— Fast jede zweite Ehepaar-Familie mit Kindern war eine Familie mit Einzelkind.
— Nur rd. 7% der Ehepaar-Familien hatten drei oder mehr Kinder.

❺ Die Tabelle M 12 gibt Aufschluß über die Entwicklung der Kinderzahlen in den Familien seit Ende des vorigen Jahrhunderts. Macht euch die Anlage der Tabelle zunächst genau klar. Wie kann man die durchschnittliche Kinderzahl pro Ehe ablesen? Auf welche Ehejahrgänge bezieht sich die Zeitungsmeldung in der Karikatur M 13? Inwiefern ist sich der zweite Kaffeetrinker über die Bedeutung von Durchschnittszahlen nicht im klaren?

❻ Beschreibt die Entwicklungstendenz, die sich aus der Tabelle ablesen läßt. Bei welcher Familiengröße ist die Entwicklung besonders auffällig (und damit entscheidend für die Entwicklung der Durchschnitts-Kinderzahlen)?

❼ Mit den Folgen der Entwicklung der Kinderzahlen für die allgemeine Bevölkerungsentwicklung und mit den sich daraus ergebenden Konsequenzen für die Familienpolitik beschäftigt sich der Abschnitt „Familienpolitik" (M 29ff.).

M 14 Kinder ohne Familie

„Auf der Entbindungsstation des Kreiskrankenhauses K. liegt Ursula Zock. Sie hat am 11. 3. 1962 von einem gesunden Mädchen, Rita, entbunden. Der Hebamme vertraut sie an, daß sie das Kind nicht behalten wolle. Ihr Mann habe sie vor einigen Wochen verlassen und sei unbekannten Aufenthaltes. Am liebsten würde sie das Kind für einige Zeit in eine andere Familie geben, bis sie selbst in der Lage sei, es zu versorgen. Frau Zock ist Kellnerein, hat keine Angehörigen und möchte bald wieder in ihrem Beruf arbeiten.

Die Krankenhausverwaltung informiert das Kreisjugendamt und bittet um den Besuch einer Sozialarbeiterin*. Ihr gegenüber erklärt sich Frau Zock mit der vorübergehenden Unterbringung des Kindes in einem Heim einverstanden. Sobald eine geeignete Pflegefamilie gefunden sei, solle das Kind in diese überwechseln. [...]

Zum Zeitpunkt dieses Gespräches lag der Säugling wegen akuter Verdauungsstörungen in der Kinderklinik. Die stationäre Behandlung dauerte vier Wochen. Am 25. 4. 1962 wurde Rita in die Säuglingsabteilung des Agnes-Kinderheimes in S. gebracht."

So beginnt der Bericht über das Schicksal eines Mädchens, das einen großen Teil seiner Kindheit in einem Heim zubringen mußte. Die Gründe dafür, daß Kinder nicht in einer Familie, sondern in einem Kinder- bzw. Jugendheim aufwachsen müssen, sind vielfältig: schwere Erkrankung oder Tod der Eltern oder eines Elternteils, schwere Vernachlässigung oder Mißhandlung des Kindes durch die Eltern, regelmäßiger Alkoholmißbrauch oder Rauschgiftsucht der Eltern oder eines Elternteils, Inhaftierung der Eltern oder eines Elternteils usw. Aber auch schwere körperliche oder geistige Behinderung der Kinder selbst führen nicht selten dazu, daß solche Kinder in Heimen leben müssen. Obwohl sich die in der Heimerziehung Tätigen oft große Mühe geben, den Kindern eine intakte Familie zu ersetzen und durch vielfältige Maßnahmen auf die besonderen Probleme unterschiedlicher Gruppen von Kindern einzugehen, wird immer wieder darauf hingewiesen, daß Heimerziehung doch nur eine Notlösung darstellen kann und in vielen Fällen negative Folgen für die weitere Entwicklung der Kinder hat.

Deshalb wird im 8. Sozialgesetzbuch (SGB VIII) von 1990, dem „Kinder- und Jugendhilfegesetz", vorgeschrieben, daß zunächst vor allem die ambulanten Formen der Erziehungshilfe angewendet werden sollen. Diese sind: Erziehungsberatung (§ 28), Soziale Gruppenarbeit (§ 29), Verpflichtung eines Erziehungsbeistands oder Betreuungshelfers (§ 31), Sozialpädagogische Familienhilfe (§ 31) und Erziehung in einer Tagesgruppe (§ 32).

Manchmal reichen diese ambulanten Hilfen zur Erziehung für das Kind oder den Jugendlichen jedoch nicht mehr aus. Dann muß eine Erziehung außerhalb der eigenen Familie in einer Pflegefamilie (§ 33) oder in einem Heim (§§ 34, 35, 35a) in Betracht gezogen werden. Diese Entscheidung wird in der Regel vom Jugendamt getroffen.

In den Einrichtungen der Heimerziehung leben zwischen 6 (Kleinstheim, Wohngemeinschaft) und über 100 Kinder und Jugendliche. Große Heime haben oft eigene Schulen und Berufsausbildungsstätten. Gemessen an der Gesamtzahl der Kinder und Jugendlichen ist die Zahl derer, die in Heimen leben, sehr gering (etwa 0,4%). Die Aufenthaltsdauer reicht von einigen Wochen oder Monaten bis zu mehreren Jahren. Die Kosten werden von den Jugendämtern getragen (vgl. §§ 90—94).

(Autorentext nach: Institut für soziale Arbeit e.V. Münster, Erziehungshilfen im Grenzbereich von Jugendhilfe und Jugendpsychiatrie, Zwischenbericht November 1988; Ergänzungen)

❶ Informiert euch anhand von M 14 darüber, wie es dazu kommen kann, daß Kinder in Heimen aufwachsen müssen.

❷ Überlegt, welche Nachteile die Heimerziehung im Vergleich zur Erziehung in einer intakten Familie haben kann. Vergleicht dazu noch einmal M 5 und M 7.

❸ Zur rechtlichen Situation bei der Anordnung von Fürsorgeerziehung könnt ihr euch aus M 45 a/b näher informieren.

❹ Wenn ihr euch mit den Problemen von Kindern und Jugendlichen in Heimen näher beschäftigen wollt, erkundigt euch nach der Möglichkeit, in einem Heim in eurer Nähe ein entsprechendes Gespräch zu führen.

Von jeher sind die verschiedenen Aufgaben, die es einer Familie und in ihrem Haushalt zu erfüllen gilt, unterschiedlich auf die Familienglieder verteilt gewesen. Wie es mit dieser **Rollenverteilung*** *zwischen Mann und Frau im Hinblick auf die vom Grundgesetz geforderte Gleichberechtigung aussieht, davon handeln die folgenden Materialien.*

M 15

(Karikatur von Peter Leger, aus: Vorwärts v. 13. 9. 1979)

M 16a „Traditionelle Arbeitsteilung“

Frauen sind bei der Erwerbstätigkeit, der erreichten Berufsposition und ihrem Einkommen nach wie vor stark benachteiligt. Parallel dazu werden sie in der Haushaltsbetreuung unverändert wesentlich härter gefordert als der Mann. Wie eine Umfrage des Deutschen Jugendinstituts (DJI) in München bei 10000 Bürgern in den alten Bundesländern im Alter zwischen 18 und 55 Jahren weiter zeigt, wird die traditionelle Arbeitsteilung zwischen Mann und Frau noch von 60 Prozent der verheirateten und unverheirateten Paare praktiziert. Nur knapp 20 Prozent der Befragten bewältigen die im Haushalt anfallende Arbeit gemeinsam oder abwechselnd. Mehr Gleichverteilung streben vor allem jüngere Paare an, wobei dies aber der Studie zufolge in erster Linie von den nicht in einer Ehe zusammenlebenden Partnern in die Tat umgesetzt wird. Bei annähernd 60 Prozent der Verheirateten herrscht das traditionelle Rollenverständnis vor; bei den nichtehelichen Lebensgemeinschaften der unter 25jährigen dagegen nur bei 38 Prozent.

(Süddeutsche Zeitung v. 12. 11. 1991)

M 16b Häusliche Arbeitsteilung

Hausarbeit	Anteil an der Hausarbeit (in %)					
	Heiratsjahrgang 1950			Heiratsjahrgang 1980		
	Frau	Mann	Beide	Frau	Mann	Beide
Frühstück zubereiten	82,9	11,5	5,7	74,4	5,8	19,8
Kochen	98,6	—	1,4	75,3	5,6	19,1
Abwaschen	75,3	1,4	23,2	53,9	2,2	43,8
Abfall beseitigen	34,8	34,7	30,4	16,9	37,0	46,1
Wäsche waschen	98,6	—	1,4	92,0	—	8,0
Staub wischen	89,8	4,3	5,8	80,2	—	19,7
Wohnungsreparaturen	3,0	87,8	9,1	—	92,8	7,2
Auto waschen	6,6	80,0	13,3	8,2	65,6	26,2
Kinder ins Bett bringen	100,0	—	—	40,5	3,6	56,0

(Quelle: Universität Oldenburg, Oldenburg 1986)

„Wer ist in Ihrer Partnerschaft verantwortlich für ...“	Mann %	Frau %	beide gleich %	Andere %
Wäsche	3	87	9	1
Putzen	3	67	26	4
Einkaufen	13	35	51	0
Kochen	6	68	25	1
Reparaturen in der Wohnung	82	4	9	4
Spielen mit den Kindern	4	19	72	1
Hausaufgaben nachsehen	7	37	34	1

© DIE WOCHE – Quelle: FORSA 1995, Basis 1001 Befragte – An 100 Prozent fehlend: Niemand

M 17a

(Marie Marcks, in: Vorwärts, Nr. 4 / 18. 1. 1979)

M 17b

„Ihr müßt halb verhungert sein, ihr Ärmsten! Aber ich habe nach Dienstschluß noch Brigittes Kleid abgeholt, den Staubsauger zur Reparatur gegeben. Beim Metzger war es wieder so voll [...] in zehn Minuten gibt es Abendbrot [...]"

M 18 „3203 DM monatlich"

Die Arbeitszeit von Ehefrauen und Müttern liegt oft über der eines durchschnittlichen Arbeitnehmers. 50 bis 60 Stunden Hausarbeit pro Woche sind keine Seltenheit, wenn mehrere Personen zu versorgen sind. Dennoch haben viele Hausfrauen und Mütter das Gefühl, sie hätten „nichts Besonderes" geleistet, der Aufwand habe sich nicht gelohnt. Das bereitete Mittagessen ist aufgegessen, das gründlich geputzte Haus ist wieder schmutzig, und im Badezimmer liegen schon wieder Wäscheberge.

„[...] nach Untersuchungen der Statistiker vom Landesamt Baden-Württemberg, Anfang 1987, müßte eine verheiratete Mutter von zwei Kindern für ihre statistisch gemessene Tätigkeit als Putzfrau, Köchin, Waschfrau und Erzieherin mit 3203 Mark monatlich bezahlt werden, gemessen am Stundenlohn eines angelernten Industriearbeiters [...]

(Frankfurter Rundschau vom 28. 3. 1987)

M 19

(Pardon 5/1973)

M 20 „Mein Vater kriegt einen Schock"

„Mein Vater darf das gar nicht wissen, der kriegt sonst einen Schock", sagt Elisabeth G. (30), Mutter zweier Töchter und von Beruf Zahnärztin. Was der Vater nicht wissen darf, ist die Tatsache, daß ihr Ehemann im gemeinsamen Haushalt als Hausmann tätig ist. Für Jens G. geht es nicht mehr um die Karriere, sondern um Kinder und Küche. Der 36jährige Jens hat mit seiner Frau die alten Rollen vertauscht.

Jens G., früher Angestellter, hat seinen neuen Beruf im vergangenen Jahr angetreten. Den Ausschlag gaben die Kinder — zwei Mädchen von sieben und zwei Jahren. Sie sollten nicht mehr mit

Oma oder Tagesmutter (die Kleinkinder stundenweise betreut) vorliebnehmen müssen, weil die Mutter tags in der Praxis arbeitet. Die Ehefrau sagt: „Wir haben überlegt, wer auf lange Sicht mehr verdient und wer leichter daheim bei den Kindern bleiben kann. Der Jens ist von Haus aus eh ein weicher Typ, der für das ganze Getue um Karriere nicht viel übrig hat, da war die Entscheidung einfach." [...]

Für die Nachbarsfrauen in dem Großstadt-Vorort ist Jens quasi einer der Ihren — vor allem beim Einkaufen. „Die reden viel mit mir, aber fast nur über die Kinder und so."

Dumm angeredet hat ihn noch niemand. Ein Kaufmann nur schaut ihn abschätzig an. Andere Männer sehen in ihm offensichtlich einen Exoten. [...]

(Wulf Petzold, Hausmann — das ist ein wahnsinnig einsamer Job. In: FR vom 7. 3. 1981)

❶ Erläutere, was der Zeichner mit der Karikatur (M 15) zum Ausdruck bringen will.

❷ Diskutiert darüber, ob die Verteilung der „Rollen"* in der Familie eurer Meinung nach dem entspricht, was die Karikatur beschreibt; vielleicht werdet ihr dabei feststellen, daß es sehr schwer ist, sich über diese Frage zu einigen; man müßte wissen, wie es „im Durchschnitt" aussieht. Hinweise darauf geben die folgenden Materialien.

❸ M 16a und b beruhen auf repräsentativen* Untersuchungen. Beschreibt, wie es aufgrund dieser Information mit der Rollenverteilung in der heutigen Familie bestellt ist und inwieweit sich Unterschiede zwischen Ehegatten, die 1950, und solchen, die 1980 geheiratet haben, feststellen lassen (M 16b).

❹ Beschreibt die beiden Karikaturen M 17a/b, und erläutert, was sie zum Ausdruck bringen wollen. Welche Darstellung entspricht eher eurer Erfahrung? Vergleicht dazu auch M 18, und beschreibt die besondere Belastung der berufstätigen Frau und Mutter.

❺ Erläutert das Problem, auf das M 19 aufmerksam machen will. Inwieweit spielt es eurer Meinung nach für das Verhalten von Männern eine Rolle?

❻ Für „Hausmänner" (M 20), scheint das Problem von M 19 ohne Bedeutung zu sein. Was haltet ihr selbst von diesem „Rollentausch"? Inwieweit wird das Rollenproblem auf diese Weise gelöst?

M 21 Wie sich das „Bürgerliche Gesetzbuch" verändert hat — Haushaltsführung und Erwerbstätigkeit

a) Fassung von 1896

§ 1354

(Rechtsstellung der Frau) Dem Manne steht die Entscheidung in allen das gemeinschaftliche eheliche Leben betreffenden Angelegenheiten zu; er bestimmt insbesondere Wohnort und Wohnung.

Die Frau ist nicht verpflichtet, der Entscheidung des Mannes Folge zu leisten, wenn sich die Entscheidung als Mißbrauch seines Rechtes darstellt.

§ 1356

(Haushaltsführung) Die Frau ist, unbeschadet der Vorschriften des § 1354, berechtigt und verpflichtet, das gemeinschaftliche Hauswesen zu leiten.

Zu Arbeiten im Hauswesen und im Geschäfte des Mannes ist die Frau verpflichtet, soweit eine solche Tätigkeit nach den Verhältnissen, in denen die Ehegatten leben, üblich ist.

b) Fassung von 1958

§ 1356
Die Frau führt den Haushalt in eigener Verantwortung. Sie ist berechtigt, erwerbstätig zu sein, soweit dies mit ihren Pflichten in Ehe und Familie vereinbar ist.
Jeder Ehegatte ist verpflichtet, im Beruf oder Geschäft des anderen Ehegatten mitzuarbeiten, soweit dies, nach den Verhältnissen, in denen die Ehegatten leben, üblich ist.

§ 1360
Die Ehegatten sind einander verpflichtet, durch ihre Arbeit die Familie angemessen zu unterhalten. Die Frau erfüllt diese Verpflichtung in der Regel durch die Führung des Haushalts; zu einer Erwerbstätigkeit ist sie nur verpflichtet, soweit die Arbeitskraft des Mannes und die Einkünfte der Ehegatten zum Unterhalt der Familie nicht ausreichen.

c) Fassung von 1976

§ 1356 und 1360
Die Ehegatten regeln die Haushaltsführung in gegenseitigem Einvernehmen. Ist die Haushaltsführung einem der Ehegatten überlassen, so leitet dieser den Haushalt in eigener Verantwortung. Beide Ehegatten sind berechtigt, erwerbstätig zu sein. Bei der Wahl und Ausübung einer Erwerbstätigkeit haben sie auf die Belange des anderen Ehegatten und der Familie die gebotene Rücksicht zu nehmen (§ 1356).
Die Ehegatten sind einander verpflichtet, durch ihre Arbeit und mit ihrem Vermögen die Familie angemessen zu unterhalten. Ist einem Ehegatten die Haushaltsführung überlassen, so erfüllt er seine Verpflichtung [...] in der Regel durch die Führung des Haushalts (§ 1360).

❶ Gesetzesregelungen sind im allgemeinen ein Ausdruck des öffentlichen Bewußtseins. Anhand von M 21 a—c könnt ihr untersuchen, inwieweit die betreffenden Paragraphen des „Bürgerlichen Gesetzbuches" ein Änderung des öffentlichen Bewußtseins im Hinblick auf die Beziehungen und die Aufgabenverteilung zwischen den Ehegatten widerspiegeln.

❷ Vergleicht genau die entsprechenden Formulierungen der Gesetzesfassungen von 1896, 1958 und 1976. In welcher Hinsicht lassen sich Veränderungen feststellen? In welche Richtung gehen sie?

Wohnung als Lebensraum der Familie

Die Versorgung der Bevölkerung mit Wohnraum hat sich in den letzten 40 Jahren enorm verbessert. Nahezu alle Haushalte haben Wohnungen, die im Vergleich zu früher größer, vor allem aber besser ausgestattet (Bad, WC, Heizung, Keller usw.) und solider gebaut sind.
Auf diesem insgesamt höheren Niveau der Wohnraumversorgung gibt es aber nach wie vor erhebliche Unterschiede zwischen verschiedenen Haushaltsgruppen: Größe und Qualität der Wohnung, die sich ein Haushalt leisten kann, hängen entscheidend ab von seinen finanziellen Möglichkeiten. Wie sich in dieser Hinsicht die Situation von Familien mit Kindern im Vergleich zu anderen Haushalten darstellt und welche Bedeutung einer ausreichend großen Wohnung als Lebensraum der Familie zukommt, das wollen wir im folgenden in einigen wichtigen Aspekten darstellen.

M 22 **Bewohnte Wohneinheiten in Wohngebäuden nach Fläche, Besitzverhältnis und Kinderzahl 1982 (%)**

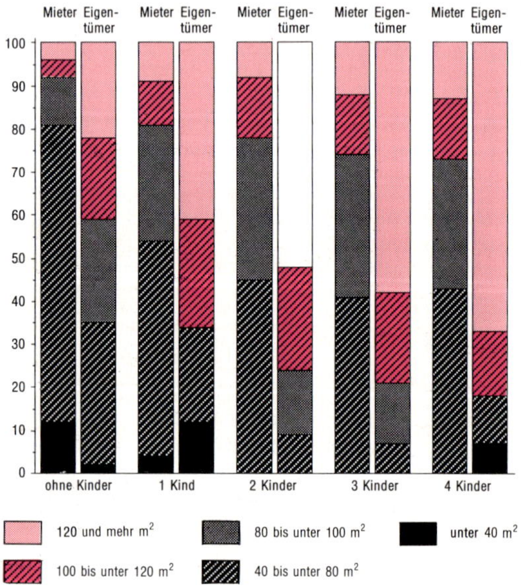

Anm.: Kinder mit Altersbegrenzung (unter 18 Jahre)
(Quelle: Vierter Familienbericht, S. 122)

M 23 Viel zu kleine Wohnungen für Familien mit Kindern

Bei den Wohnflächen ist es wie bei den Einkommen: Sie nehmen zwar mit wachsender Haushaltsgröße zu, aber bei weitem nicht in dem Umfang, der notwendig wäre, den zusätzlichen Flächenbedarf zu decken. So verringert sich die durchschnittliche Wohnfläche pro Person mit jedem weiteren Kind und liegt in Haushalten mit vier und mehr Kindern (ohne Altersbegrenzung) nur noch bei der Hälfte (17 m^2/Person) der Bundesbürger-Durchschnittsfläche. Legen wir nun die längst veralteten und allgemein als viel zu niedrig angesehenen Kölner Empfehlungen als Maßstab an,[1] dann zeigt sich, daß mehr als ein Drittel aller Ehepaare mit Kindern und sogar mehr als die Hälfte der zur Miete wohnenden Ehepaare mit Kindern (1,7 Millionen) äußerst beengt wohnen. Nach allem bisher Gesagten überrascht nicht, daß Ehepaare mit Kindern und einem Einkommen unterhalb des Sozialhilfeniveaus* besonders häufig, nämlich zu fast zwei Dritteln, sehr beengt wohnen. Das sind mehr als 100000 Familien.

Daß es sich bei den flächenmäßig unterversorgten Familien mit Kindern (Ehepaare und alleinerziehende Frauen) nur zu 22% um Eigentümer, aber zu 78% um Mieter handelt (1,9 Millionen Familien), hat auch mit der Größenstruktur des Mietwohnungsangebotes zu tun. Die ist wiederum eine Folge der hohen Mieten für große Wohnungen, die größere Familien oft nicht aufbringen können. Nur etwas mehr als ein Viertel der Mietwohnungen hat mehr als 80 m^2 Wohnfläche.

(Deutsches Jugendinstitut [Hrsg.], Wie geht's der Familie? München (Kösel-Verlag) 1988, S. 336f.)

[1] Den Berechnungen wurden die Kölner Empfehlungen in der Neufassung von 1971 zugrunde gelegt, in denen nach der Größe des Haushalts gestaffelte Mindestwohnflächen festgelegt sind (vgl. Internationaler Verband für Wohnungswesen, Städtebau und Raumordnung IVWSR — Ständiger Ausschuß Miete und Familieneinkommen: Neufassung der Kölner Empfehlungen 1971).Danach werden gefordert (ohne Flur):

- 35,5 m^2 für einen Einpersonenhaushalt
- 51,0 m^2 für einen Haushalt mit 2 Personen
- 64,5 m^2 für einen Haushalt mit 3 Personen
- 74,5 m^2 für einen Haushalt mit 4 Personen
- 92,0 m^2 für einen Haushalt mit 5 Personen
- 107,0 m^2 für einen Haushalt mit 6 Personen

❶ Analysiert die Grafik M 22 und faßt die Ergebnisse in einigen wesentlichen Aussagen zusammen. Beachtet dabei auch die folgenden Fragen.
— Was läßt sich grundsätzlich über die Wohnungsgröße in Miet- und Eigentumswohnungen sagen?
— Was ergibt sich beim Vergleich der Mietwohnungsgröße für Familien mit 2, 3, 4 Kindern? Welche Familien sind besonders benachteiligt?
— Zu Anfang von M 23 heißt es, daß die Wohnflächen mit wachsender Haushaltsgröße zunehmen. Inwieweit läßt sich diese Aussage anhand der Grafik bestätigen?

❷ Erläutert, was es mit den in M 23 genannten „Kölner Empfehlungen" für „Mindestwohnflächen" auf sich hat, und berechnet dann die durchschnittliche Wohnfläche pro Person, die in diesen Empfehlungen für die 6 verschiedenen Haushaltstypen zugrunde gelegt wurde. Inwieweit erscheinen euch die Unterschiede gerechtfertigt?

❸ Erklärt, warum im Bereich der Mietwohnungen so wenig große Wohnungen angeboten werden (M 23, vgl. M 22).

M 24 Nachteile enger Wohnungen

Die Nachteile zu enger Wohnungen für die betroffenen Familien liegen auf der Hand. Zum einen kann die Hausarbeit nicht effektiv erledigt werden und erfordert deshalb mehr Aufwand. So ist in einer engen Wohnung häufig nicht genug Platz für eine Vorratshaltung, ja, unter Umständen nicht einmal für das Aufstellen von arbeitsentlastenden Haushaltsgeräten. Der Tiefkühlschrank im Elternschlafzimmer ist unter diesen Umständen leider nichts Ungewöhnliches. Kleine Wohnungen zwingen zudem zum ständigen Aufräumen, da sich die verschiedensten Aktivitäten dauernd überlagern, wie z. B. am Küchentisch, der u. U. zur Vorbereitung des Essens, zur Erledigung von Schulaufgaben, zum Essen, zu Näh- und Bastelarbeiten und zum gemeinsamen Spiel benötigt wird. Ist die Küche klein und von der übrigen Wohnung isoliert — was die Regel, nicht die Ausnahme ist —, dann kann die Arbeit in ihr schon wegen der Enge weder partnerschaftlich von Frau und Mann und unter Einbeziehung der

Kinder erledigt, noch kann sie mit der Betreuung der Kinder koordiniert werden.
Zum anderen ist es Familien unter beengten Wohnverhältnissen nicht möglich, ihre wechselnden Bedürfnisse nach Nähe und Abstand auszubalancieren. So müßte beispielsweise ein Ehepaar mit drei Kindern eine Sechszimmer-Wohnung haben, wenn jedem Familienmitglied ein Eigenbereich und der gesamten Familie ein Gemeinschaftsbereich (Wohnzimmer/Eßplatz) zur Verfügung stehen soll. Nimmt man noch die übrigen gemeinschaftlich genutzten Bereiche hinzu (Küche, Sanitäreinrichtungen, Abstellräume, Flure usw.) und legt einen Wohnflächenwert von 30 m^2 pro Person zugrunde, dann braucht eine fünfköpfige Familie eine Wohnfläche von 150 m^2.

(Deutsches Jugendinstitut (= M 23), S. 336ff.)

M 25 Eine Drei-Zimmer-Wohnung, ca. 78 m^2 (Maßstab 1 cm ≙ 150 cm)

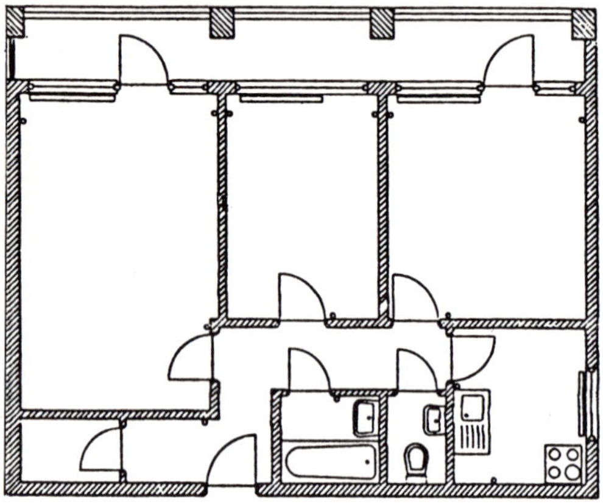

M 26 Wenn die Eltern im Wohnzimmer schlafen

Manche Eltern, so auch die Hanftls, schränken ihre eigenen Bedürfnisse nach Privatraum im Interesse der Kinder ein. Einige tauschen die sogenannten Kinder- und Elternschlafzimmer, um den Kindern mehr Platz zu geben. Aber diese Lösung hat bei den Hanftls auch nicht mehr ausgereicht. Die Eltern schlafen im Wohnzimmer, damit die drei Kinder die anderen beiden — kleinen — Räume zur Verfügung haben. Kollisionen zwischen Kinder- und Elternbedürfnissen sind unvermeidlich, denn das Wohnzimmer ist auch der notwendige Gemeinschaftsraum.
Frau Hanftl: „Der Kleine hat verstanden, daß das Wohnzimmer nicht ihm gehört, daß sie die Spielsachen wegräumen müssen, daß ihnen die Kinderzimmer gehören. Und ich hab ihm erklärt, daß wir die Räume den Kindern gegeben haben und daß wir so wenig Wohnraum haben, daß vorne keine Spielsachen drinnen sind. Wenn vielleicht einmal ein paar Bausteine auf dem Boden sind, müssen sie sie aufräumen, daß der Raum jetzt uns gehört. Zum Fernsehen können sie ihn gemeinsam benutzen, aber sonst ist es unser Raum. Und die Zimmer dahinten gehören ihnen. Das habe ich Ihnen erklärt, und das muß ich ihnen erklären. Ich kann nicht sagen, die ganze Wohnung gehört euch, stellt sie auf den Kopf, das geht nicht. Wenn man so beengt wohnt wie wir, das geht einfach nicht. Freilich, im Fernsehen, da sagen sie wieder bei ‚Kinder, Kinder' und so Erziehungssachen, wenn man sich die Filme anschaut, da haben Eltern die Wohnzimmer ihren Kindern gegeben und die Schlafzimmer, damit sie sich austoben können, und den Balkon und die Küche auch noch. Ja, da möcht ich mal wissen, wie es da ehrlich zugeht. Da darf ich jedes Jahr eine neue Wohnungseinrichtung kaufen, und die habe ich ehrlich nicht."

(K. Wahl, Familien sind anders. Rowohlt, Reinbek 1980, S. 221)

❶ Anhand von M 24 könnt ihr die Nachteile enger Wohnungen zusammenstellen. Geht dabei von den Bedürfnissen aus, welche die einzelnen Familienmitglieder haben, und zeigt auf, inwiefern diese Bedürfnisse in engen Wohnungen nicht hinreichend befriedigt werden können. Dazu werden euch sicherlich noch weitere Gesichtspunkte einfallen.

❷ An dem Grundriß einer Drei-Zimmer-Wohnung, wie sie in dieser Größe in Mietwohnungsbauten häufig angeboten wird (M 25), könnt ihr die in M 24 genannten Schwierigkeiten und Probleme konkret demonstrieren.
- Nehmt an, die Wohnung solle für ein Ehepaar mit einem Kind eingerichtet werden (nach den in M 23 genannten „Kölner Empfehlungen" müßte sie sogar für 4 Personen ausreichen). Wie würdet ihr die Räume nutzen?
- Meßt die einzelnen Räume genau aus und überlegt, welche Möbelstücke man aufstellen müßte und wie der Platz dafür verteilt werden könnte. Dazu solltet ihr eine maßstabvergrößerte Zeichnung in euer Heft übertragen und die Größe der wichtigsten Möbelstücke kennen (ein Bett ist ca. 1 m x 2 m groß, ein Kleiderschrank braucht ca. 65 cm Tiefe, ein Schülerschreibtisch müßte etwa 1 m x 0,50 cm groß sein, usw.)
- Beschreibt im einzelnen, welche Probleme sich ergeben, und vergleicht sie mit den Gesichtspunkten, die in M 24 aufgezählt wurden.

❸ Bezieht in eure Überlegungen auch die in M 26 beschriebene Regelung ein, und diskutiert das Für und Wider solcher Maßnahmen.

❹ Zum Schluß dieses Abschnittes solltet ihr von euch aus einen Wohnungsgrundriß für eine drei- oder vierköpfige Familie entwerfen, der den Bedürfnissen von Eltern und Kindern gleichermaßen entspricht. Vielleicht könnt ihr zur Diskussion und Begutachtung eures Entwurfs einen „Experten" einladen (z. B. einen Architekten oder den örtlichen Vorsitzenden des Deutschen Mieterbundes, Bundesgeschäftsstelle: Aachener Str. 313, 5000 Köln 41).

Zur Sicherung des Grundwissens

Nach der Erarbeitung der bisherigen Abschnitte des Kapitels „Familie" solltet ihr
- *die Aufgaben (Funktionen) nennen und erläutern können, die man der Familie in unserer Gesellschaft zuschreibt (s. M 3);*
- *sagen können, was Kleinkinder für eine günstige Entwicklung besonders brauchen und inwiefern sich die Familie für die Erfüllung dieser Bedürfnisse besonders eignet (M 6 und M 7);*
- *den Unterschied zwischen den Begriffen „Kleinfamilie" und „Großfamilie" benennen und die Entwicklung der Kinderzahlen im Verlauf des 20. Jahrhunderts kurz beschreiben können (M 9, M 12);*
- *die Gründe angeben können, die dazu führen, daß Kinder in Heimen aufwachsen müssen (M 14, mittlerer Abschnitt);*
- *erläutern können, was man unter „Rollenverteilung" in der Familie versteht und in welchen Bereichen sie sich (nicht) in Richtung von mehr Gleichberechtigung zwischen Mann und Frau entwickelt hat (M 16 a)b);*
- *die wichtigsten Bestimmungen des BGB über die Haushaltsführung und die Erwerbstätigkeit der Ehegatten nennen können (M 1 c);*
- *die Nachteile enger Wohnungen für das Familienleben nennen können (M 24).*

Familienpolitik

Das Grundgesetz (s. M 27) garantiert der Familie den „besonderen Schutz der staatlichen Ordnung". Was mit dieser Bestimmung konkret gemeint ist, hat die Bundesregierung z. B. im „Zweiten Familienbericht" von 1975 (s. M 28) genauer erläutert. Alle Maßnahmen, die zum Ziele haben, „die Familie [...] durch materielle und sonstige Hilfen in der Erfüllung ihrer Aufgabe [...] zu stützen und zu fördern", werden dort unter dem Begriff „Familienpolitik" zusammengefaßt.

Daß Familienpolitik notwendig ist, um der Familie bei der Erfüllung ihrer Aufgaben (vgl. M 3) zu helfen und die besonderen Belastungen von Familien mit Kindern auszugleichen („Familienlastenausgleich), wird von niemandem bestritten. In der öffentlichen Diskussion über die Familienpolitik geht es um die Frage, in welchem Ausmaß die staatliche Gemeinschaft den Familien finanzielle und sonstige Hilfen zukommen lassen soll. Diese Diskussion hat sich in den letzten Jahren auch an der Tatsache entzündet, daß die Bevölkerungsentwicklung in der Bundesrepublik Deutschland seit längerer Zeit negativ verläuft (M 29/30), weil in den Familien immer weniger Kinder geboren werden (vgl. M 12), und daß der Grund für diese Entwicklung u. a. auch in der finanziellen Schlechterstellung der Familien mit Kindern gesehen wird.

Im folgenden wollen wir die Einkommenssituation von Familien mit Kindern näher untersuchen und einen Überblick über die bestehenden Regelungen des Familienlastenausgleichs geben. Zwei dieser Regelungen, das Kindergeld und die Besteuerung, wollen wir näher erläutern und schließlich noch kurz auf den Teil der Politik eingehen, der als „Frauenpolitik" bezeichnet wird und der sich u. a. mit der Frage beschäftigt, was man tun könne, um Frauen und Mütter in den Stand zu setzen, Berufstätigkeit und Familie in einer Weise miteinander zu verbinden, die eine Doppelbelastung (vgl. M 17 b) vermeidet.

M 27 Die Familie im Grundgesetz — Art. 6

(1) Ehe und Familie stehen unter dem besonderen Schutze der staatlichen Ordnung.
(2) Pflege und Erziehung der Kinder sind das natürliche Recht der Eltern und die zuvörderst ihnen obliegende Pflicht. Über ihre Betätigung wacht die staatliche Gemeinschaft.
(3) Gegen den Willen der Erziehungsberechtigten dürfen Kinder nur aufgrund eines Gesetzes von der Familie getrennt werden, wenn die Erziehungsberechtigten versagen oder wenn die Kinder aus anderen Gründen zu verwahrlosen drohen.
(4) Jede Mutter hat Anspruch auf den Schutz und die Fürsorge der Gemeinschaft.
(5) Den unehelichen Kindern sind durch die Gesetzgebung die gleichen Bedingungen für ihre leibliche und seelische Entwicklung und ihre Stellung in der Gesellschaft zu schaffen wie den ehelichen Kindern.

M 28 Begründung und Ziele der Familienpolitik

Die Bundesregierung hat durch eine Reihe von ihr eingeleiteter Reformen deutlich gemacht, welch hohen Stellenwert sie der Familie in unserer Gesellschaft einräumt. Ihre Politik für die Familie beruht auf den Wertentscheidungen des Grundgesetzes zu Ehe, Familie und Persönlichkeitsentfaltung und auf der unveränderten Bejahung der Familie durch die Gesellschaft. Die Entwicklung zur Industriegesellschaft* ist zwar nicht ohne Auswirkungen auf die Familie und ihre Funktionen geblieben. Die Familie ist aber auch in ihrer heutigen Struktur für die Befriedigung der Bedürfnisse nach mitmenschlicher Gemeinschaft, für die Entwicklung des einzelnen Menschen zur sozial-kulturellen* Persönlichkeit und darüber hinaus für den Fortbestand und die Fortentwicklung der Gesellschaft unentbehrlich.
Die Familienpolitik der Bundesregierung hat zum Ziel, die Familie im Rahmen der rechtlichen und

wirtschaftlichen Möglichkeiten durch materielle und sonstige Hilfen in der Erfüllung ihrer Aufgabe im Innenverhältnis und im Verhältnis zur Gesellschaft zu stützen und zu fördern, ohne sie zu bevormunden.
Bei der Umsetzung der Verfassungsnormen* in die Verfassungswirklichkeit muß sich die Familienpolitik in erster Linie an Artikel 6 GG orientieren. Ihre Grundsätze müssen aber auch von anderen Wertentscheidungen des Grundgesetzes mit beeinflußt werden, insbesondere von dem Recht auf Freiheit und freie Entfaltung der Persönlichkeit, den Anspruch auf Wahrung der Würde des Menschen und dem Gebot der Gleichberechtigung von Männern und Frauen. Auch Kinder sind Träger von Grundrechten. Die Anerkennung des Elternrechts, das vom Bundesverfassungsgericht treffend als „Elternverantwortung" bezeichnet worden ist, findet ihre Rechtfertigung darin, daß das Kind des Schutzes und der Hilfe bedarf, um seine Grundrechte wahrzunehmen und sich zu einer eigenverantwortlichen Persönlichkeit innerhalb der sozialen Gemeinschaft zu entwickeln, wie sie dem Menschenbild des Grundgesetzes entspricht. Werden die Eltern ihrer Verantwortung nicht gerecht, hat das Kind selbst einen Anspruch auf den Schutz des Staates.

(2. Familienbericht der Bundesregierung 1975)

❶ Versucht zu erläutern, wie im Grundgesetz das Verhältnis von Familie und Staat bestimmt wird (M 27). Inwieweit wird der Familie (den Eltern) ein eigener, vor Eingriffen von außen geschützter Raum garantiert? Inwieweit und nach welchen Maßstäben behält sich der Staat eine Kontroll- und Eingriffsmöglichkeit vor?

❷ Im ersten Abschnitt von M 28 nimmt die Bundesregierung Bezug auf die „Funktionen", welche die Familie zu erfüllen hat. Vergleicht diese Aussagen mit der Funktionsbestimmung in M 3.

❸ Im zweiten Teil von M 28 sagt die Bundesregierung, welche Familienpolitik sie aus den Bestimmungen des Grundgesetzes ableitet. Wie soll der „besondere Schutz" (Art. 6 Abs. 1 GG) aussehen? Auf welche „anderen" (als die in Art. 6 genannten) „Wertentscheidungen" nimmt sie Bezug? An welchem Ziel soll sich die Ausübung des Elternrechtes (Art. 6 Abs. 2 GG) orientieren?

M 29

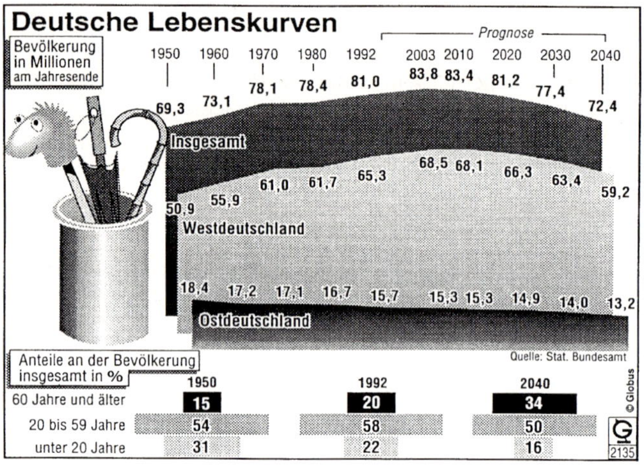

Im Jahresdurchschnitt 1994 lebten in Deutschland 81,41 Mio. Menschen (West: 65,85 Mio., Ost: 15,56 Mio.). Darunter befanden sich 6,99 Mio. Ausländer

M 30 **Lebendgeborene und Gestorbene in Deutschland seit 1960**
je 1000 Einwohner

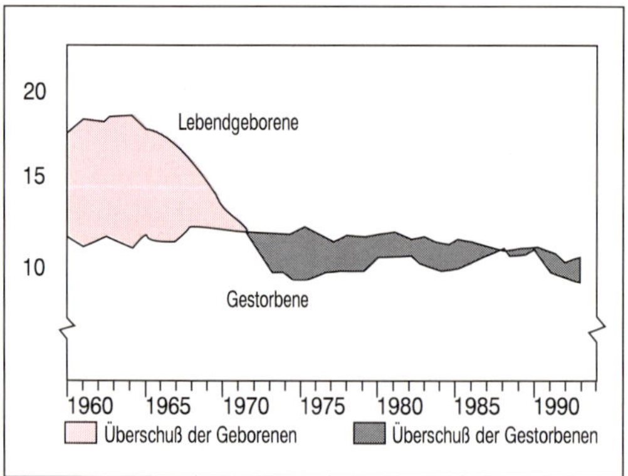

(Bundeszentrale für politische Bildung [Hg.], Datenreport '94, Bonn 1994)

❶ Beschreibt anhand von M 29/30, wie sich die Bevölkerung der Bundesrepublik Deutschland entwickelt hat bzw. sich voraussichtlich entwickeln wird.
— Von welchem Jahr an zeigt sich ein deutlicher Rückgang der Geburtenzahl (M 30; vgl. das Stichwort „Pillenknick" im Glossar)?
— Warum wirkt sich der „Pillenknick"* nicht schon in den Jahren 1980–2003 negativ auf die Entwicklung der Gesamtbevölkerung aus (M 29)? Bedenkt auch die Zuwanderungen (Aussiedler usw.) in die (alte) Bundesrepublik (1989—1994: rd. 3,4 Mio.).
— Worauf ist es zurückzuführen, daß mit einer Abnahme des Anteils der Kinder und Jugendlichen und mit einer Zunahme des Anteils der Älteren gerechnet wird (M 29)?

❷ Versucht mit Hilfe von M 12 zu erklären, worin insgesamt die Ursache für die negative Bevölkerungsentwicklung zu suchen ist.

M 31

„Da schau, deine Putzfrau — fünf Kinder! Wovon die sich diesen Luxus leisten können!"

(Wolter-Karikatur aus: Welt der Arbeit vom 4. 5. 1978, S. 8)

M 32 „Zwei Klassen"

In unserem Lande gibt es zwei Klassen: „Die Leute mit Kindern und die Kinderlosen. Die einen haben mehr Arbeit, die anderen haben mehr Geld." Mit diesem überspitzten, aber griffigen Zitat von E. Dessai wird jene Situation umschrieben, in der man heute den entscheidenden Ansatzpunkt aktueller Familienpolitik sieht. Denn Familien mit Kindern sind heute in vielfältiger Hinsicht benachteiligt; insbesondere dann, wenn ein Elternteil nach der Geburt des ersten Kindes aufhört, erwerbstätig zu sein, um sich auf die Erziehungsaufgabe zu konzentrieren. Hierzu ein Beispiel:

Beide Ehepartner verdienen vor der Geburt ihres Kindes monatlich jeweils 2700 DM brutto. Nach Abzug von Steuern und Sozialversicherungsbeiträgen* verbleibt ihnen ein verfügbares Einkommen von 3398 DM. – Nach der Geburt des ersten Kindes sinkt, bei nur mehr einem Verdiener, das verfügbare Einkommen auf 1941,— DM, das sind noch 57% des bisher verfügbaren Geldes. Damit müssen aber nun drei statt wie bisher zwei Personen auskommen, und nicht selten muß davon auch noch eine teuere Miete für eine größere Wohnung bezahlt werden.

(Wolfgang W. Weiß in: Informationen zur polit. Bildung Nr. 206, 1985, S. 14)

M 33

Stimmt die Kasse? Einkommen und Ausgaben von Familien

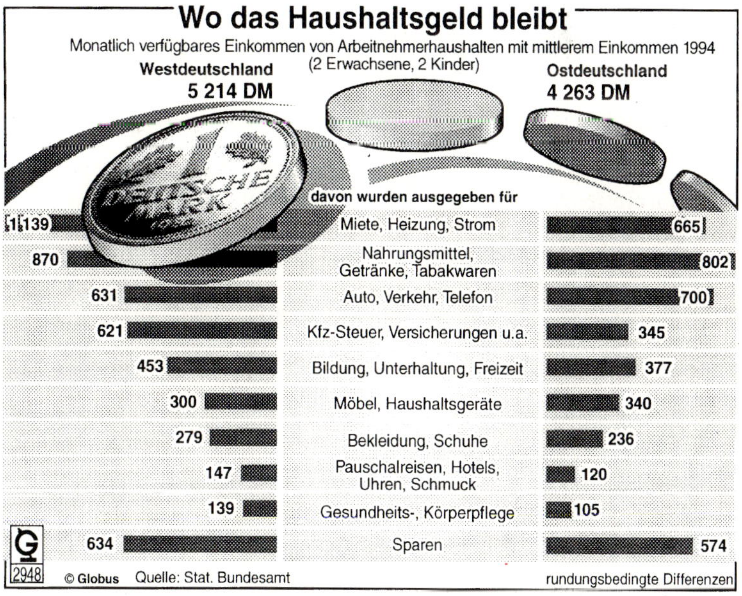

Das „monatlich verfügbare Einkommen" ist das Einkommen aus allen Quellen (einschl. Kindergeld, Lehrlingsgehalt, Untermiete u. a.) nach Abzug von Steuern und Sozialversicherungsbeiträgen.

Viele, die in ihrer Zeitung einmal im Jahr das Haushaltsgeld von „Familie Mustermann" aufgeblättert sehen (vgl. Abb.) und mit ihrem eigenen Geldbeutel vergleichen, kommen aus dem Staunen nicht mehr heraus: Selbst wenn sie ebenfalls eine vierköpfige Familie haben, Arbeitnehmer sind und ein durchschnittliches Haushaltseinkommen haben, müssen sie mit einigen hundert Mark weniger auskommen als „Familie Mustermann". Daher sieht es auch auf der Ausgabenseite einer Familie mit Durchschnittseinkommen anders aus. Wo weniger aufs Konto überwiesen wird, wird auch weniger auf dem Sparbuch landen. Und wenn das schon für Durchschnittsverdiener unter den Familien gilt, die gegenüber „Familie Mustermann" zurückfallen, gilt es erst recht für junge Familien, die teilweise erst einmal vom Ersparten zehren, und noch viel düsterer sieht es gewöhnlich beim Haushaltsgeld von unvollständigen Familien oder gar bei Arbeitslosen aus. Das Staunen über die Statistik resultiert aus ihrer Methode.

Mustermanns repräsentieren den „4-Personen-Arbeitnehmerhaushalt mit mittlerem Einkommen". Dieser stellt eben nur einen modellhaften Versuch der amtlichen Statistik dar, Licht in die Haushaltskassen der Familien und in die Entwicklung ihrer Einnahmen und Ausgaben zu bringen. Festzuhalten ist: Dies ist nur ein bestimmter von mehreren Familien- bzw. Haushaltstypen, und er gibt nicht die durchschnittlichen Budgets* aller Familien mit zwei Erwachsenen und zwei Kindern wieder. In den Durchschnitt gehen u. a. ja auch die zahlreichen Privathaushalte mit niedrigeren Einkommen ein. Es ist allerdings sehr schwer, sich ein klares Bild von den Einkommensverhältnissen von Familien zu machen.

Und wenn man ein durchschnittliches Familieneinkommen errechnet hat, sagt das nichts über die Bandbreite der Einkommensverhältnisse und ihre Verteilung und schon gar nichts über die Struktur der Ausgaben, die z. B. je nach Familienphase oder Wohnort (Miete!) sehr verschieden sein können.

Betrachtet man nun eine größere Auswahl unterschiedlicher Personenkonstellationen und Einkommensbezieher, ergibt sich in etwa folgende Einkommenshierarchie,* wobei kinderlose Doppelverdienerehepaare durchschnittlich etwa dreimal soviel Geld zur Verfügung haben wie Familien von Langzeit-Arbeitslosen oder ledige Mütter mit Kind:

- Ehepaare ohne Kinder bei Doppelverdienst
- Familien mit einem Kind bei Doppelverdienst
- Familien mit einem Kind ohne Doppelverdienst
- Familien mit zwei Kindern
- Familien mit drei Kindern
- Familien ab vier Kindern
- Junge Familien mit einem Kind
- Junge Familien mit zwei Kindern
- Unvollständige Familien mit einem Kind
- Unvollständige Familien mit zwei Kindern
- Ledige Mutter mit Kind
- Langzeit-Arbeitslose mit Familie je nach vorausgegangener Einkommensklasse.

Nicht nur die Familien von Langzeit-Arbeitslosen und „unvollständige" (Eineltern-)Familien sind also wirtschaftlich benachteiligt. Auch junge Familien, besonders wenn sie mehrere Kinder haben, liegen einkommensmäßig unter dem Durchschnitt.

Auch auf der Ausgabenseite sieht es bei vielen Familien ganz anders aus als bei der Modell-„Familie Mustermann". In Großstädten muß eine vierköpfige Familie oft ein Vielfaches der Miete von Mustermanns bezahlen. Und wer eine private Krankenversicherung abgeschlossen hat — vielleicht vor der Eheschließung, weil das für Ledige günstiger ist —, zahlt nun für seine Familie oft einiges mehr als in diesem Modellfall. Bei anderen Typen von Familien kommen noch besondere Posten in der Haushaltsrechnung dazu. So müssen gerade junge Familien oft Raten für ihre Erstanschaffungen bezahlen, und bei unvollständigen Familien fallen noch besondere Kosten für die Kinderbetreuung an (wenn z. B. die alleinstehende Mutter erwerbstätig ist).

(Deutsches Jugendinstitut [= M 23], S. 246)

❶ Beschreibt und interpretiert die Karikatur M 31, und erläutert dann, warum in M 32 von „zwei Klassen" die Rede ist. Scheinen euch die Aussagen von Karikatur und Text übertrieben?

❷ Stellt im Anschluß an den letzten Satz von M 32 von euch aus zusammen, inwiefern eine Familie mit Kindern in vielen Bereichen (Nahrung, Kleidung, Auto, Reisen, Kosten für den Schulbesuch, Beschäftigung von Haushaltshilfen) stärker belastet ist als z. B. ein kinderloses Ehepaar.

❸ Anhand von M 33 könnt ihr die Einkommenssituation von Familien genauer untersuchen.
— Erläutert zunächst, wie die Angaben der Schaubilder zustandekommen und macht deutlich, was „Durchschnittszahlen" bedeuten (und was nicht).
— Was wird unter „mittleren" Haushalten verstanden und warum wird im Text Kritik an diesem „Modell" geübt?
— Inwiefern ergibt sich bei einem geringeren durchschnittlichen Einkommen auch eine andere Verteilung der Ausgaben?
— Von welchen weiteren Faktoren hängt es ab, ob die Verteilung anders aussieht als bei „Familie Mustermann"?
— Erläutert die „Einkommenshierarchie" (Rangfolge der Einkommenshöhe) für Familien. Warum stehen junge und unvollständige Familien in der unteren Hälfte der Tabelle?

M 34 gibt einen Gesamtüberblick über die Maßnahmen staatlicher Familienpolitik. Die Übersicht ist nicht als Arbeitsmaterial in dem Sinne gedacht, daß ihr alle Einzelmaßnahmen verstehen und erläutern sollt. Ihr könnt daraus aber entnehmen, welchen Stellenwert die beiden Maßnahmen haben, auf die wir im folgenden näher eingehen wollen, das Kindergeld und die Kinderfreibeträge. Macht euch zuvor klar, was der Unterschied zwischen „Übertragungen" und „Steuererleichterungen" ist.*

M 34 Familienlasten-Ausgleich

Maßnahmen und Gesetzesgrundlagen	Das sind die einzelnen Ansprüche	Soviel kommt den Familien aus der Staatskasse zugute (in Mio. DM)[5]	Das sind die Anspruchs-Voraussetzungen
A. Übertragungen*			
Kindergeld (§ 1 ff. Bundeskindergeldgesetz) (s. M 35)	☐ 200 DM monatlich für das 1. Kind (ab 1997: 220 DM) ☐ 200 DM monatlich für das 2. Kind (ab 1997: 220 DM) ☐ 300 DM monatlich für das 3. Kind ☐ 350 DM monatlich für jedes weitere Kind	**22060**	● Für alle Kinder bis zur Vollendung des 18. Lebensjahres. ● Für Kinder über 18 (bis 27) Jahren nur, wenn sie in der Ausbildung sind und weniger als 12000 DM jährlich verdienen.
Erziehungsgeld[1] (§ 1 ff. Bundeserziehungsgeldgesetz)	☐ 600 DM monatlich für jedes neugeborene Kind (für 24 Monate)	**5800**	● Der Vater oder die Mutter muß das Kind selbst betreuen. ● Bis zum 24. Lebensmonat des Kindes. ● Für die ersten 6 Lebensmonate des Kindes 600 DM, danach bei gutverdienenden Ehepaaren etwas gemindert. ● Das Erziehungsgeld wird zusätzlich zur Arbeitslosenhilfe*, Sozialhilfe* oder Wohngeld* gewährt.
B. Steuererleichterungen			
Kinderfreibeträge[2] (§ 32, Abs. 6, EStG) (s. M 35)	☐ 6264 DM jährlich, Abzug vom steuerpflichtigen Einkommen (ab 1997: 6912 DM)	**17800**	☐ Kinderfreibeträge gelten für jedes Kind bis zum vollendeten 18. Lebensjahr. Für Kinder in der Ausbildung bis zum vollendeten 27. Lebensjahr.
Haushaltsfreibeträge (§ 32, Abs. 7, EStG)	☐ 5616 DM jährlich, Abzug vom steuerpflichtigen Einkommen ☐ bis zu 4000 DM jährlich, Abzug vom steuerpflichtigen Einkommen in Ausnahmefällen	**810**	☐ Berufstätige *Alleinerzieher* mit mindestens einem Kind und Anspruch auf Kinderfreibetrag. ☐ Bei außergewöhnlichen Belastungen für alle Kinder unter 16 Jahren, entweder: ○ 480 DM je Kind pauschal oder ○ bis zu 4000 DM für das 1. Kind und ○ bis zu 2000 DM für jedes weitere Kind bei Nachweis.
Ausbildungsfreibeträge (§ 33a, Abs. 2 EStG)	☐ 1800 DM ☐ 2400 DM ☐ 4200 DM } jährlich je Kind Abzug vom steuerpflichtigen Einkommen	**700**	● Eigene Einkünfte des Kindes werden angerechnet. ☐ 1800 DM: Das Kind ist auswärts untergebracht.[3] ☐ 2400 DM: Das Kind ist im Haushalt der Eltern untergebracht.[4] ☐ 4200 DM: Das Kind ist auswärts untergebracht.[4]
Baukindergeld (§ 34f. EStG)	☐ 1500 DM jährlich, Abzug von der Steuerschuld für jedes Kind	**655**	○ Alle Eltern, die eine Wohnung oder ein Haus kaufen oder bauen und selbst bewohnen, können bis zu 8 Jahre lang jährlich für jedes Kind 1500 DM von der Steuerschuld abziehen.

[1] Neben dem Erziehungsgeld wird für jedes Kind dem erziehenden Elternteil ein Jahr als Versicherungszeit in der Rentenversicherung angerechnet („Erziehungsjahr“)
[2] zum Begriff „Freibetrag“ s. M 35
[3] Gemeint ist das minderjährige Kind
[4] Gemeint ist das volljährige Kind
[5] Die Beträge berücksichtigen noch nicht die Neuregelungen ab 1996.

▶

Zahlväterfreibetrag (§ 33a, Abs. 1a, EStG	☐ 600 DM jährlich, Abzug vom steuerpflichtigen Einkommen	**260**	☐ Für Steuerpflichtige, deren Kind beim anderen Elternteil lebt, für das der Steuerpflichtige aufkommt und für das er einen Kinderfreibetrag erhält.
Kinderbetreuungskosten (§ 33a, Abs. 3, EStG)	☐ 1800 DM jährlich[6], Abzug vom steuerpflichtigen Einkommen	**160**	☐ Bei Beschäftigung einer Haushaltshilfe wegen Behinderung des Kindes oder Krankheit eines Familienmitgliedes.
Gesamtsumme		**48 245**[7]	

Kindergeld: einschließlich Kindergeld-Zuschlag, Quelle: IW-Zusammenstellung, Ergänzungen 1995 (Verf.: Dr. Winfried Fuest)

[6] Für Alleinerziehende: 4000 DM für das erste und 2000 für jedes weitere Kind

[7] Da nicht bei allen Maßnahmen aktuelle Daten (bis 1995) vorlagen, lag der Betrag höher; vgl. auch Anm. 5.

M 35 Steuerliche Entlastung und Kindergeld

„Der Auftrag der Bundesverfassungsrichter war klar: Das Existenzminimum hat steuerfrei zu bleiben. Diesem Auftrag trägt das Jahressteuergesetz 1996 Rechnung. Der sogenannte Grundfreibetrag wird verdoppelt. Er beträgt jetzt 12095 DM für Ledige und 24191 DM für Verheiratete. Außerdem werden Familien mit Kindern erheblich besser gestellt. Der Kinderfreibetrag wird auf die volle Höhe des Existenzminimums eines Kindes angehoben, das Kindergeld wird spürbar aufgestockt."

Wenn man diese Zeitungsmeldung von 1995 richtig verstehen will, muß man folgendes wissen: Nach § 32a des Einkommensteuergesetzes (EStG) bemißt sich die Einkommensteuer „nach dem zu versteuernden Einkommen". Es besteht aus dem Einkommen minus sogen. „Freibeträgen". Unter einem „Steuerfreibetrag" versteht man generell, daß von dem, was man verdient (dem Einkommen), ein bestimmter Betrag abgezogen werden kann, für den man also keine Steuern zu zahlen braucht. Der wichtigste Freibetrag ist der erwähnte „Grundfreibetrag" (s. Grafik), der für alle Einkommensbezieher gilt, um das Mindesteinkommen, das jeder zum Leben braucht („Existenzminimum"), steuerfrei zu halten.

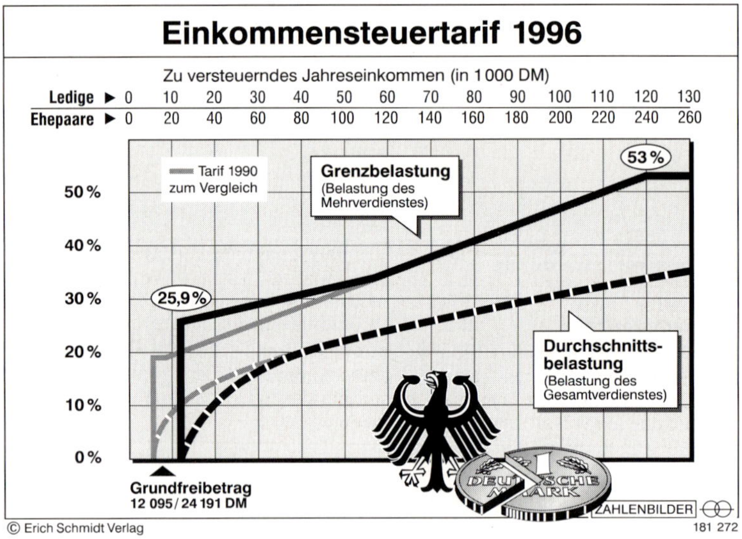

© Erich Schmidt Verlag 181 272

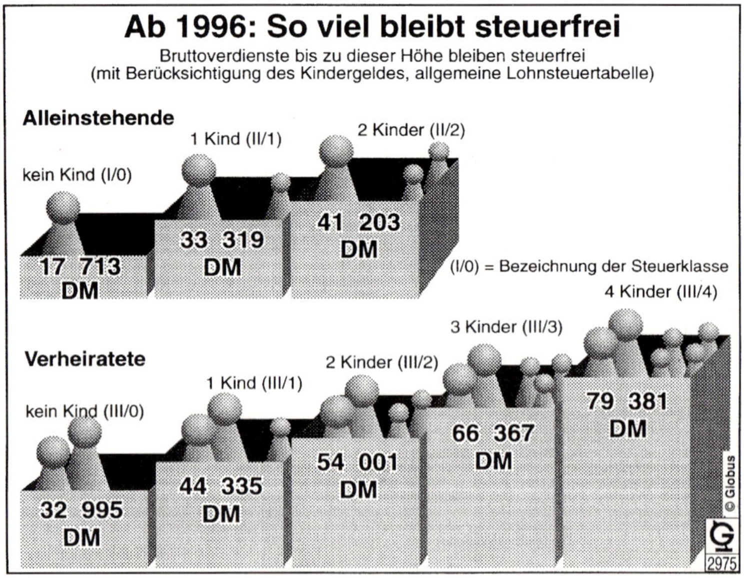

Um Familien mit Kindern zu entlasten, wurde der „Kinderfreibetrag" geschaffen und 1996 deutlich erhöht (s. Globus 3032). Er kann aber nur an Stelle des Kindergeldes, das ab 1996 ebenfalls deutlich erhöht wurde, in Anspruch genommen werden (nicht zusätzlich zum Kindergeld). Neben dem „Grundfreibetrag" und dem „Kinderfreibetrag" gibt es noch andere Freibeträge (s. M 34). Nimmt man sie alle zusammen, ergeben sich die in Globus-Grafik 2975 dargestellten steuerfreien Beträge.

(Autorentext)

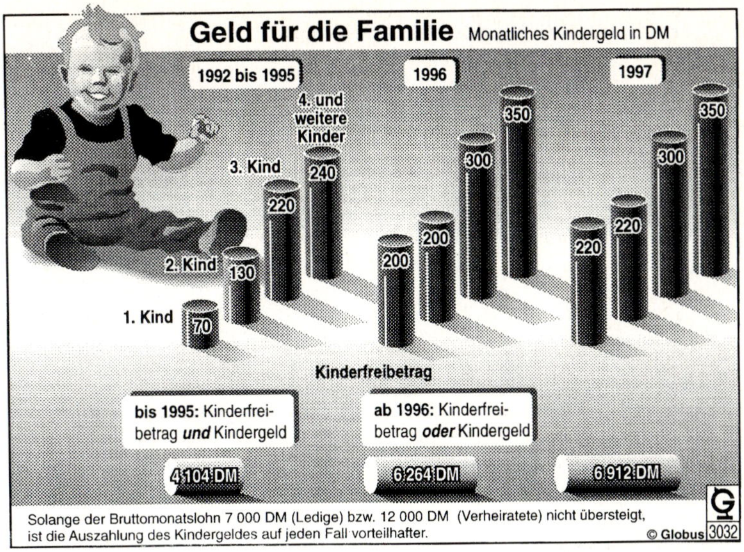

❶ Informiert euch über die wichtigsten Maßnahmen des „Familien-Lastenausgleichs" (M 34), und rechnet aus, wieviel Kindergeld insgesamt Familien mit 1, 2, 3, 4 Kindern erhalten (M 34, M 35).

❷ Neben dem Kindergeld ist die „steuerliche Entlastung" der wichtigste Bereich der Familienförderung. Erläutert dazu M 35, und macht euch vor allem klar, was es mit den „Freibeträgen" (vgl. M 34) auf sich hat. Erscheint euch die finanzielle Entlastung für Familien mit Kindern durch Kindergeld und Steuer angemessen a) im Vergleich zu kinderlosen Ehepaaren und b) im Vergleich untereinander im Hinblick auf die Zahl der Kinder?

❸ Wenn ihr euch über die „Politik für die Familie" näher informieren wollt, fordert vom Presse- und Informationsamt der Bundesregierung eine Broschüre mit diesem Titel an (Welckerstraße 11, 53113 Bonn).

M 36

Erwerbsbeteiligung der Männer und Frauen

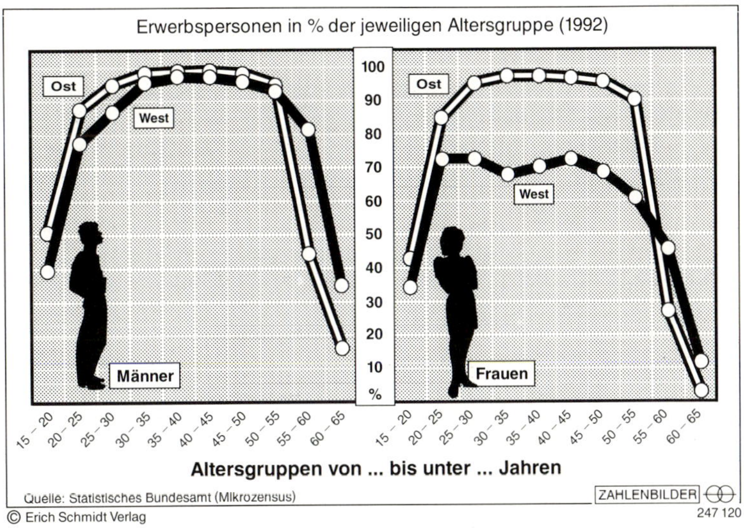

© Erich Schmidt Verlag

Bei je 100 Ehepaaren im Erwerbsleben ergab sich 1987:

In 50 Fällen war nur der Ehemann erwerbstätig,

in 44 Fällen waren beide Ehegatten erwerbstätig,

in 4 Fällen war nur die Ehefrau erwerbstätig,

in 2 Fällen waren beide nicht erwerbstätig.

M 37 Entwicklung der Erwerbsquoten* verheirateter Frauen in den mittleren Altersgruppen

Jahr	ins-gesamt	davon in den Altersgruppen 25–30 J.	30–35 J.	35–40 J.	40–45 J.
	Erwerbsquoten* — in %				
1960	32,5	40,2	37,1	37,3	37,1
1965	33,7	40,8	36,5	38,3	40,6
1970	35,6	43,5	39,8	41,1	42,3
1975	37,8	49,5	45,7	44,7	45,3
1980	39,7	55,1	50,6	50,2	50,0
1985	42,5	58,2	54,9	56,6	56,7

Obwohl in der Bundesrepublik Deutschland eine deutliche Zunahme der Erwerbsbeteiligung von Frauen festzustellen ist, ist sie trotzdem noch niedriger als in den meisten europäischen Ländern. Ob Frauen, die arbeiten wollen, dies auch tatsächlich können, hängt in den einzelnen Ländern natürlich weitgehend von den Rahmenbedingungen ab: Konjunkturverlauf, Arbeitsmarktsituation, Verfügbarkeit von Teilzeitarbeitsplätzen, Einstellung der Gesellschaft zur Frauenerwerbstätigkeit, Einkommenssituation in der Familie, Steuersystem, vorhandene Kindergartenplätze usw. Der Trend zur zunehmenden Erwerbsbeteiligung von Frauen dürfte sich in den nächsten Jahren in der Bundesrepublik Deutschland, aber auch in den übrigen europäischen Ländern fortsetzen.

(Mitteilungen des Instituts für Arbeitsmarkt- und Berufsforschung der Bundesanstalt für Arbeit, Dez. 1987)

1992 lag die Erwerbsquote verheirateter Frauen in Westdeutschland bei 55,4%, in Ostdeutschland bei 79,1%. Bei der Altersgruppe der 30—35jährigen betrugen die Quoten 60% (West) und 98% (Ost).

(iwd v. 24. 2. 1994)

M 38 „Kinder stoppen noch immer die Karriere“

Das Institut der Deutschen Wirtschaft veröffentlichte seine Studie „Frauen in der Arbeitswelt“

Die Beschäftigungserholung der letzten Zeit hat sich zwar nach Ansicht des Kölner Instituts als „außerordentlich frauenfreundlich“ erwiesen: Rein rechnerisch besetzte das weibliche Geschlecht mehr als 80 Prozent der Arbeitsplätze, die seit 1983 neu geschaffen wurden. Vor allem profitierten die Frauen vom Trend zur Dienstleistungsgesellschaft* bei abnehmender Bedeutung der Industrie. Und ihre Chancen hätten sie gerade in solchen Bereichen wahren können, in denen neue Techniken wie Computer Einzug gehalten haben. Doch am traditionellen Strickmuster der Berufswahl und der Karriere habe sich noch nicht allzuviel geändert. [...]
Vor allem aber stellten für die Frauen Arbeitswelt und Familie immer noch Gegensätze dar, die nur schwer unter einen Hut zu bringen seien. Noch immer würden Kinder den entscheidenden Karriereknick bedeuten. Denn Berufsunterbrechungen hätten Qualifikationsverlust und schlechtere Arbeitsmarktchancen zur Folge.
Um die Chancengerechtigkeit zwischen Männern und Frauen zu verbessern, müsse der Staat zum einen bessere Rahmenbedingungen schaffen und sich beispielsweise an den Kosten der Kindererziehung, die gegenwärtig nur zu einem Bruchteil steuerlich berücksichtigt würden, stärker beteiligen. Denn die Doppelbelastung für die Frauen werde geringer, wenn Haushaltsführung und Kinderbetreuung durch professionelle Hilfskräfte erledigt werde.
Vor allem aber, so macht die IW-Wissenschaftlerin Dr. Helga Herrmann geltend, gebe es Teilzeitstellungen gegenwärtig vorwiegend auf „unterem Niveau“. Mit Teilzeitangeboten in gehobenen Stellungen oder Stellenteilungen (job-sharing*) in diesen Gehaltsklassen könnte der öffentliche Dienst eine wichtige Vorreiterrolle übernehmen. „Der Staat muß zeigen, was möglich ist, und was nicht“, meint Frau Herrmann. Denn die Aktionäre* wollten schließlich keine Frauenförderungspläne sehen, sondern Dividende*. Als weitere Instrumente, die von einigen Unternehmen bereits praktiziert würden, nennt das IW daneben begrenzte Rückkehrgarantien an den alten Arbeitsplatz für junge Mütter (und Väter), betriebseigene Kinderhorte oder etwa die Einbeziehung der „Elternurlauber“ in betriebliche Weiterbildungsmaßnahmen.

(Süddeutsche Zeitung vom 7. 7. 1987)

M 39 „Die mündige Bürgerin weiß, was sie will“

1. Politiker sollten die gesellschaftliche Situation möglichst ideologiefrei zur Kenntnis nehmen. Dies bedeutet zuallererst, daß sie von ihrer eigenen Betroffenheit in familienpolitischen Fragen absehen müssen. Diese männlichen „Vertreter des ganzen deutschen Volkes“ sind nämlich nicht die „Norm“ der Gesellschaft, so gern sie es auch wären. Sie sollten offen wahrnehmen, wie sich die Gesellschaft im Laufe der letzten 20 Jahre verändert hat.
2. Daraus ergibt sich, daß stellvertretendes Handeln von männlichen Politikern in Familienfragen nicht erwünscht ist. Die mündige Bürgerin weiß, was sie will: eine gute Schulausbildung, eine Berufsausbildung mit Zukunftsperspektive, sozial abgesicherte Zeiten der Kindererziehung und sichere Rückkehrmöglichkeiten in den Beruf, abgefedert durch flexible Arbeitszeiten. „Mann“ sollte es ihr endlich gewähren.
3. Dies bringt mit sich, daß das politische Handeln in unserer Gesellschaft nach konkreten Maßnahmen zur Vereinbarkeit von Beruf und Familie für Männer und Frauen verlangt. Aus allen Untersu-

chungen ergibt sich, daß die Wünsche, Beruf und Familie zu vereinbaren, für Männer und Frauen den allerersten Rang einnehmen [...]
Männer und Frauen, die sich heute Kinder wünschen, sind bereit, auf manches an Bequemlichkeit und materiellem Wohlstand zu verzichten. Was sie nicht möchten, ist, daß ihnen mit der Geburt des ersten Kindes praktisch ein Leben ohne Alternative bis an ihr Lebensende vorgeschrieben wird.

(Anke Martiny, in: Aus Politik und Zeitgeschichte, B 20/84, 19. Mai 1984)

M 40

❶ Macht euch vor der Bearbeitung der Materialien M 36ff. noch einmal den Zusammenhang zwischen Familienpolitik und Frauenpolitik klar, auch im Hinblick auf das Problem der Bevölkerungsentwicklung (s. Einleitung zu M 27).

❷ Beschreibt anhand von M 36 die Erwerbsbeteiligung von Männern und Frauen in den einzelnen Altersgruppen. Versucht mit Hilfe des Lehrers, eine Erklärung für den unterschiedlichen Kurvenverlauf bei den Frauen in Ost und West zu geben.

❸ M 36 bezieht sich auf die Erwerbsbeteiligung aller Frauen. Vergleicht damit die Angaben für die verheirateten Frauen in M 37, und erklärt die Unterschiede.

❹ Beschreibt die Entwicklung der Erwerbstätigkeit verheirateter Frauen in der Zeit von 1960—1992 (M 37). Welche Gründe für den genannten „Trend" lassen sich anführen?

❺ Erläutert, wie das Institut der Deutschen Wirtschaft in M 38 die gegenwärtige Situation der „Frauen in der Arbeitswelt" darstellt und welche Vorschläge es zur Verbesserung dieser Situation macht. Warum appelliert das Institut hauptsächlich an den Staat als Arbeitgeber? Nehmt zu den einzelnen Vorschlägen Stellung.

❻ Erläutert, was die Karikatur M 40 zum Thema „Frauenpolitik" zum Ausdruck bringen will, und wofür die SPD-Politikerin Anke Martiny plädiert (M 39).

❼ Versucht, soweit es euch aufgrund der in diesem Abschnitt gegebenen Informationen möglich ist, eine eigene Stellungnahme zu den aufgeworfenen Fragen und Problemen der Frauenpolitik abzugeben. Wenn ihr die Stellungnahmen der einzelnen großen Parteien näher untersuchen wollt, könnt ihr entsprechendes Informationsmaterial am besten bei den Bundesgeschäftsstellen anfordern (CDU: Friedrich-Ebert-Allee 73—75, 53177 Bonn; SPD: Ollenhauerstr. 1, 53113 Bonn; F.D.P.: Adenauerallee 266, 53113 Bonn; BÜNDNIS 90/DIE GRÜNEN, Ehrental 2—4, 53332 Bornheim).

Zur Sicherung des Grundwissens

Nach der Erarbeitung des Abschnitts „Familienpolitik" solltet ihr
- *den ersten Satz von Art. 6 des Grundgesetzes zitieren können (M 27);*
- *erläutern können, was man unter den Begriffen „Familienpolitik", „Familienlastenausgleich„ und „Frauenpolitik" versteht (Einleitung zu M 27);*
- *den Verlauf der Bevölkerungsentwicklung in der Bundesrepublik kurz beschreiben und sagen können, welche Aufgabe der Familie gefährdet erscheint (M 29/30, vgl. M 3);*
- *erklären können, warum Familien mit Kindern in aller Regel finanziell schlechter gestellt sind als kinderlose Ehepaare (M 32 und Arbeitshinweis 2.);*
- *angeben können, wieviel „Kindergeld" Eltern mit 1, 2, 3 Kindern erhalten und was man unter einem „Kinderfreibetrag" bei der Berechnung der Einkommensteuer versteht (M 34, M 35);*
- *erläutern können, worin das Problem der „Vereinbarkeit von Beruf und Familie" für verheiratete Frauen und Mütter besteht und welche Forderungen an die „Frauenpolitik" gestellt werden (M 38, M 39).*

Aus Kindern werden Erwachsene — Mehr Rechte, mehr Pflichten

M 41 a

Warum wollt ihr denn nicht
mit in den Zoo,
das Affenfüttern, hat doch immer
soviel Spaß gemacht.

M 41 b **Verselbständigung und Ablösung von der Herkunftsfamilie**

Nach allgemeiner und wohl auch unbestrittener Auffassung nimmt der elterliche Einfluß auf die Sozialisation* der Kinder ab, wenn diese durch die Pubertät* in ein kritisches Verhältnis zu sich selbst und zu ihren sozialen und kulturellen Umwelt gedrängt werden. Der Einfluß der Gleichaltrigengruppe(n) nimmt zu. Die vermittelten Normen* und Werte*, politischen und sonstigen weltanschaulichen Einstellungen* und familialen Verhaltensweisen werden nun vielfach der Kritik unterzogen: sie werden „hinterfragt" — aus der Sicht der Eltern sicher einem häufig rigorosen [unerbittlichen], natürlich auch anstrengenden Begründungs- und Rechtfertigungszwang ausgesetzt. Nicht daß die Normen und Werte, Verhaltensweisen und Einstellungen, Urteile und Vorurteile der Eltern zuvor von den Kindern in jedem Fall unkritisch gesehen und kritiklos übernommen würden. Das ist wohl nicht der Fall. Der Jugendliche ist aber dem Kind gegenüber in einer günstigeren Position: Er kann sich nun besser artikulieren [verdeutlichen]; er hat Begriffe und Vergleichsmöglichkeiten, um das ihn Umgebende zu analysieren; in der Gleichaltrigengruppe wird ihm nun gesagt, daß „die Alten" hier und da irren, sich falsch verhalten; daß man sich nicht alles bieten lassen dürfte usw. Sollte er innerlich auch nicht immer zustimmen, ist doch der interne Gruppenzwang durch seine peers* so groß, daß er rebelliert wider Willen und aufsässig ist ohne Grund. In jedem Falle tragen diese Verhaltensweisen und Einstellungen dazu bei, sich dem direkten Elterneinfluß mehr und mehr zu entziehen. Dies muß nicht zwangsläufig konfliktreich verlaufen, weil diese Prozesse sicher von der Mehrzahl der Eltern als notwendig und „normal" angesehen werden.

(Bernhard Schäfers, Der Jugendliche in der Familie und in Gleichaltrigen-Gruppen, in: Jugend in der Gegenwartsgesellschaft, in: Gegenwartskunde, Sonderheft 1980 [Leske, Leverkusen 1980, S. 46, 44, 45])

M 42 **Wie weit reicht die elterliche Gewalt? Zwei Beispiele**

1. Die Unterhaltung der Familie am Abendessenstisch wird etwas gespannter. Stefan mit seinen 15 Jahren läßt sich nicht mehr von seiner Meinung abbringen. Er möchte nicht nach der 10. Klasse vom Gymnasium gehen, sondern Abitur machen und dann Archäologie studieren, vielleicht ins Ausland gehen. Die Eltern dagegen sähen eine „ordentliche" Berufsausbildung, zum Beispiel bei einer Bank, lieber. Mit 20 Jahren würde er dann schon „gutes Geld" verdienen, und die Akademiker-Schwemme würde ihn auch nicht treffen. So zieht sich der Streit hin, bis dann Stefan einen neuen Gesichtspunkt ins Spiel bringt: Er hätte ein Recht, seinen Berufswunsch zu verwirklichen, und zur Not könnte er seinen Entschluß auch gerichtlich durchsetzen. Mit dieser Äußerung war dann der Familienfrieden endgültig dahin.
2. Noch heftigere Worte fallen in einer anderen Familienrunde: Der Vater der 17jährigen Andrea will ihr verbieten, einen bestimmten Mann wiederzusehen. Vor ein paar Wochen hatte sie ihn kennengelernt und ihn auch den Eltern vorgestellt. Die aber legten ihr Veto ein. Der Mann wäre viel älter als sie, und es wäre völlig unklar, von was er eigentlich seinen Lebensunterhalt bestreiten würde. Vor allem möchten sie nicht, daß Andrea öfter in den Lokalen verkehrt, in die sie von ihm ausgeführt wird. Von dort wäre sie schon spät in der Nacht angetrunken nach Hause gekommen. Kurz: Der neue Freund würde sie völlig verändern und hätte einen schlechten Einfluß auf sie.

(Deutsches Jugendinstitut [= M 23], S. 426)

(Politik und Unterricht 4/1978 S. 15) Zeichnung: Burkhard Bütow

❶ Beschreibt die Karikatur M 41 a und überlegt, was sie zum Ausdruck bringen will. Anhand von M 41 b könnt ihr euch sodann bewußt machen, durch welche Bedingungen und Merkmale der natürliche Prozeß der „Verselbständigung“ von Jugendlichen gekennzeichnet ist und warum dieser Prozeß zwar nicht „zwangsläufig“, aber häufig doch konfliktreich verläuft. Wovon hängt es eurer Meinung nach ab, ob Konflikte auftreten und ob sie vernünftig und friedlich gelöst werden können? — Die folgenden Materialien beschränken sich auf die rechtlichen Aspekte der Entwicklung vom Kind zum Erwachsenen.

❷ M 42 besteht aus der Beschreibung zweier denkbarer Konfliktfälle zwischen Jugendlichen und ihren Eltern. Versucht mit Hilfe der für diese beiden Fälle relevanten Gesetzestexte (M 43 — M 45) zu entscheiden, ob Stefan „seinen Entschluß gerichtlich durchsetzen“ könnte und ob Andreas Eltern ihr Sorgerecht mißbrauchen und Andrea sich mit Erfolg an das Jugendamt wenden könnte.
Dazu solltet ihr am besten zunächst M 43 — M 45 durcharbeiten und die beiden Fallbeschreibungen (M 42) genau untersuchen (ggf. in Gruppenarbeit). Begründet eure Argumentation und Entscheidung, indem ihr aus M 43 — M 45 entsprechende Textstellen heranzieht. Bezieht in euere Diskussion auch folgende Fragen ein:
— Sind die Bedenken des Vaters (Fall 1) nicht deshalb gerechtfertigt, weil das von Stefan gewünschte Studium der Archäologie sehr schlechte Berufsaussichten hat? Was wäre, wenn Stefan ein Studium mit guten Berufsaussichten (z. B. Informatik) anstreben würde?
— Hat Andrea mit ihrem Verhalten nicht auch gegen das Jugendschutzgesetz (s. M 49) verstoßen (Fall 2)?

M 43 Elterliche Sorge für eheliche Kinder

§ 1626 [Elterliche Sorge; Berücksichtigung der wachsenden Selbständigkeit des Kindes]
(1) Der Vater und die Mutter haben das Recht und die Pflicht, für das minderjährige Kind zu sorgen (elterliche Sorge). Die elterliche Sorge umfaßt die Sorge für die Person des Kindes (Personensorge) und das Vermögen des Kindes (Vermögenssorge).
(2) Bei der Pflege und Erziehung berücksichtigen die Eltern die wachsende Fähigkeit und das wachsende Bedürfnis des Kindes zu selbständigem verantwortungsbewußtem Handeln. Sie besprechen mit dem Kind, soweit es nach dessen Entwicklungsstand angezeigt ist, Fragen der elterlichen Sorge und streben Einvernehmen an.

§ 1627 [Ausübung der elterlichen Sorge]
Die Eltern haben die elterliche Sorge in eigener Verantwortung und in gegenseitigem Einvernehmen zum Wohle des Kindes auszuüben. Bei Meinungsverschiedenheiten müssen sie versuchen, sich zu einigen.

§ 1631 [Inhalt des Personensorgerechts; Einschränkung von Erziehungsmaßnahmen]
(1) Die Personensorge umfaßt insbesondere das Recht und die Pflicht, das Kind zu pflegen, zu erziehen, zu beaufsichtigen und seinen Aufenthalt zu bestimmen.
(2) Entwürdigende Erziehungsmaßnahmen sind unzulässig.
(3) Das Vormundschaftsgericht hat die Eltern auf Antrag bei der Ausübung der Personensorge in geeigneten Fällen zu untersützen.[1]

§ 1631 a [Ausbildung und Beruf]
(1) In Angelegenheiten der Ausbildung und des Berufes nehmen die Eltern insbesondere auf Eignung und Neigung des Kindes Rücksicht. Bestehen Zweifel, so soll der Rat eines Lehrers oder einer anderen geeigneten Person eingeholt werden.
(2) Nehmen die Eltern offensichtlich keine Rücksicht auf Eignung und Neigung des Kindes und wird dadurch die Besorgnis begründet, daß die Entwicklung des Kindes nachhaltig und schwer beeinträchtigt wird, so entscheidet das Vormundschaftsgericht. Das Gericht kann erforderliche Erklärungen der Eltern oder eines Elternteils ersetzen.

§ 1631 b [Unterbringung des Kindes]
Eine Unterbringung des Kindes, die mit Freiheitsentziehung verbunden ist, ist nur mit Genehmigung des Vormundschaftsgerichts zulässig.[1] Ohne die Genehmigung ist die Unterbringung nur zulässig, wenn mit dem Aufschub Gefahr verbunden ist; die Genehmigung ist unverzüglich nachzuholen. Das Gericht hat die Genehmigung zurückzunehmen, wenn das Wohl des Kindes die Unterbringung nicht mehr erfordert.

[1] Mit der Ausführung der Anordnungen nach § 1631 Abs. 3 und § 1631 b kann das Jugendamt* betraut werden.

(Bürgerliches Gesetzbuch)

M 44 Was „elterliche Sorge“ konkret bedeutet

Die Personensorge umfaßt alle Angelegenheiten, mit denen ein Kind im Alltag konfrontiert wird. Derjenige, dem die Personensorge zusteht, entscheidet über den Aufenthalt des Kindes, über seinen Umgang mit Dritten, vertritt es gerichtlich und außergerichtlich, entscheidet, wieviel Taschengeld es erhält und welche Schule es besuchen kann. Ihm obliegt auch die Entscheidung, ob das Kind ein Internat besuchen soll oder nicht. Personensorge bedeutet so das Erziehungs-, das Aufenthaltsbestimmungs- und das Umgangsbestimmungsrecht der Eltern. Juristisch ausgedrückt heißt dies: Die Personensorge umfaßt jedes Handeln mit Rechtswirkung für das Kind.

Vermögenssorge bedeutet, daß die Eltern verpflichtet sind, das Vermögen des Kindes, sofern es zum Beispiel durch Erbschaft in den Besitz eines Bankkontos gekommen ist, als solches zu erhalten und gegebenenfalls durch Zinsen zu vermehren. In der Regel haften die Eltern für das Vermögen des Kindes nur mit der Sorgfalt, die sie auch in eigenen Angelegenheiten anzuwenden pflegen. Die Eltern müssen sich also nicht in die Fachliteratur auf dem Kapitalmarkt* einarbeiten, sondern es genügt eine Anfrage bei der Bank, ob die Erbschaft so richtig angelegt ist.
Das Sorgerecht endet beim Mißbrauch, also dann, wenn der Richter oder das Jugendamt das Kindeswohl gefährdet sieht.

(Deutsches Jugendinstitut [= M 23], S. 426)

M 45a Mißbrauch des elterlichen Sorgerechts

§ 1666 [Gefährdung des Kindeswohls]

(1) Wird das körperliche, geistige oder seelische Wohl des Kindes durch mißbräuchliche Ausübung der elterlichen Sorge, durch Vernachlässigung des Kindes, durch unverschuldetes Versagen der Eltern oder durch das Verhalten eines Dritten gefährdet, so hat das Vormundschaftsgericht, wenn die Eltern nicht gewillt oder nicht in der Lage sind, die Gefahr abzuwenden, die zur Abwendung der Gefahr erforderlichen Maßnahmen zu treffen. Das Gericht kann auch Maßnahmen mit Wirkung gegen einen Dritten treffen.
(2) Das Gericht kann Erklärungen der Eltern oder eines Elternteils ersetzen.
(3) Das Gericht kann einen Elternteil auch die Vermögenssorge entziehen, wenn er das Recht des Kindes auf Gewährung des Unterhalts verletzt hat und für die Zukunft eine Gefährdung des Unterhalts zu besorgen ist.

§ 1666a [Trennung des Kindes von der elterlichen Familie; Entziehung der Personensorge insgesamt]

(1) Maßnahmen, mit denen eine Trennung des Kindes von der elterlichen Familie verbunden ist, sind nur zulässig, wenn der Gefahr nicht auf andere Weise, auch nicht durch öffentliche Hilfen, begegnet werden kann.
(2) Die gesamte Personensorge darf nur entzogen werden, wenn andere Maßnahmen erfolglos geblieben sind oder wenn anzunehmen ist, daß sie zur Abwendung der Gefahr nicht ausreichen.

(Bürgerliches Gesetzbuch)

M 45b Gerichte greifen selten ein

Die Eltern haben „die wachsende Fähigkeit und das wachsende Bedürfnis des Kindes zum selbständigen, verantwortungsbewußten Handeln“ zu „berücksichtigen“. Das besagt jedoch noch nichts über das Ergebnis der Entscheidung; die Eltern können ja aufgrund der partnerschaftlichen Gespräche mit der Tochter[1] zu dem Schluß kommen, daß deren Bedürfnis nach Selbständigkeit größer ist als ihre Fähigkeit zu verantwortungsbewußtem Handeln. Den Eltern steht die Beurteilung der „Reife“ des Kindes zu, sie kennen es am besten.
Die Beurteilung der Kindesreife ist jedoch nicht der Willkür der Eltern überlassen; sie mißbrauchen ihr Recht, wenn ihre Erziehungsmaßnahmen die Gefahr in sich bergen, die Entwicklung ihres Kindes zur Selbständigkeit und Selbstverantwortung erheblich zu hemmen. Wenn zum Beispiel die 17jährige Tochter Beziehungen zu einem jungen Mann aufnimmt, von dem keine ersichtliche Gefährdung des „Kindeswohls“ ausgeht, so wäre ein Umgangsverbot der Eltern eine unnötige, ja übermäßige Erziehungsmaßnahme. Wenn sie darunter stark leidet und keinen anderen Ausweg sieht, könnte sich die Tochter in ihrer Not an das Jugendamt wenden. In krassen Fällen wird von dieser Seite das zuständige Vormundschaftsgericht eingeschaltet. Dieses überprüft dann, ob ein elterlicher Mißbrauch des Sorgerechts nach § 1666 BGB[2] vorliegt.
In den meisten Fällen von Sorgerechtsmißbrauch handelt es sich aber um Vernachlässigung oder Mißhandlung von Kindern.
Die Unterdrückung der jugendlichen Entwicklung zur Selbständigkeit wird selten gerichtlich festgestellt, ist aber rechtssystematisch ein Anwendungsfall des § 1666 BGB, ein Fall von Mißbrauch des Sorgerechts.
Die Erziehung soll ja die Entfaltung der Persönlichkeit sichern, indem sie das Kind fortschreitend an die Selbständigkeit heranführt, auf die Volljährigkeit vorbereitet.
Da die Fähigkeit zur Selbstbestimmung nicht über Nacht am 18. Geburtstag kommt, haben schon lange vorher die Eltern, die ja diesem Erziehungsziel verpflichtet sind, dem minderjährigen Kind mit zunehmendem Alter immer mehr Freiheiten in der Lebensgestaltung zu gewähren. Nach Ausführungen des Bundesverfassungsgerichts werden die elterlichen Befugnisse mit abnehmendem Erziehungsbedürfnis und zunehmender Selbstbestimmungsfähigkeit des Kindes zurückgedrängt. Das Elternrecht werde in dem Maße gegenstandslos, in dem das Kind in die Mündigkeit hineinwachse.

---

[1] Vgl. M 42.
[2] Vgl. M 45a.

(Deutsches Jugendinstitut [= M 23], S. 428f.)

Im folgenden wollen wir auch darüber informieren, was es bedeutet, daß Kinder und Jugendliche Schritt für Schritt mit wachsendem Alter in die gesamte Rechtsordnung hineinwachsen, durch die das öffentliche, aber auch private Leben der Menschen in einer Gesellschaft geprägt ist. Auch hier erhaltet ihr zunächst einen Überblick über die wichtigsten Regelungen, bevor ihr dann an einem Fallbeispiel herausarbeiten könnt, was abstrakte Rechtsbestimmungen konkret bedeuten können.

M 46 Rechtliche Bedeutung der einzelnen Altersstufen bis zur Volljährigkeit

Vollendung der Geburt	— Beginn der Rechtsfähigkeit (§ 1 BGB), — Beginn der Staatsangehörigkeit
Vollendetes Lebensjahr	
3	— Beginn der „Kindergartenfähigkeit", — Mitwirkung bei Musik- und anderen Aufführungen, Werbeveranstaltungen, Rundfunk-, Fernseh-, Film-, Foto-, Tonbandaufnahmen bis zu 2 Stunden täglich zwischen 8 und 17 Uhr (einschließlich der Proben) ist mit Genehmigung der zuständigen Aufsichtsbehörde möglich (§ 6 Abs. 1 Nr. 2a JArbSchG)
5	— Änderung des Familiennamens der Adoptiveltern erstreckt sich nur dann auf das Kind, wenn es sich der Namensänderung „anschließt" (§ 1757 Abs. 1 S. 4 BGB); entsprechendes gilt bei Namensänderungen von Müttern nichtehelicher Kinder (§ 1617 Abs. 2 BGB).
6	— Beginn der Schulpflicht (Schulgesetze d. Länder). — Mitwirkung bei Musik- und anderen Aufführungen, Werbeveranstaltungen, Runfunk-, Fernseh-, Film-, Foto-, Tonbandaufnahmen bis zu 3 Stunden täglich zwischen 8 und 22 Uhr (einschließlich Proben) ist mit Genehmigung der Aufsichtsbehörde möglich (§ 6 Abs. 1 Nr. 2b JArbSchG).
7	— bedingt deliktsfähig (§ 828 Abs. 2 BGB) — beschränkt geschäftsfähig (§ 106 BGB) — partielle Prozeßfähigkeit (§§ 51, 52 ZPO, § 62 Abs. 1 VwGO)
10	— Recht auf Anhörung vor Religionswechsel (§ 2 Abs. 3 RelKErzG)
12	— kein Religionswechsel ohne Zustimmung
14	— Beschäftigung in der Landwirtschaft (bis zu 3 Stunden täglich) (§ 5 Abs. 3 JArbSchG) — Zeitungen/Zeitschriften austragen sowie „Handreichungen" beim Sport (bis zu täglich 2 Stunden) sind jeweils zwischen 8 und 18 Uhr zulässig, wenn anschließend kein Schulunterricht und das Fortkommen in der Schule nicht beeinträchtigt wird (§ 5 Abs. 3 JArbSchG) — Recht auf persönliche Anhörung des Mdj. in allen seine Personen- und Vermögenssorge betr. Verfahren vor den Familiengericht und Verwaltungsgericht (§ 50b Abs. 2 FGG) — freie Religionswahl (§ 5 RelKErzG) — Beginn der strafrechtlichen Verantwortlichkeit [bedingte Strafmündigkeit] (§§ 1 Abs. 2, 3 JGG) — Einwilligung zur Adoption kann der Minderjährige nur selbst erteilen (§ 1746 Abs. 1 S. 3 BGB) — Änderungen des Vornamens und des Familiennamens von adoptierten Kindern sowie des Familiennamens nichtehelicher Kinder sind nur mit deren Einwilligung möglich (§ 1757 Abs. 2 S. 2, Abs. 1 S. 4 bzw. §§ 1617 Abs. 2, 1618 Abs. 2 BGB) — Ehelicherklärung des nichtehelichen Kindes nur mit dessen Zustimmung oder auf seinen Antrag hin zulässig (§ 1729 bzw. § 1740c BGB) — Antrag auf Aufhebung der Adoption wegen fehlender Einwilligung des Kindes kann nur vom Kind selbst gestellt werden (§ 1762, Abs. 1 BGB) — einem gemeinsamen Vorschlag der Eltern über die Ausübung der elterlichen Sorge bei Getrenntleben oder Scheidung wird durch einen abweichenden Vorschlag des Mdj. die Verbindlichkeit genommen, d. h.: es ist dann allein das Kindeswohl maßgebend (§ 1671 Abs. 3 S. 2 BGB) — Ende des strafrechtlichen Jugendschutzes [sexueller Mißbrauch von Kindern] (§ 176 StGB)
15	— Antragsrecht auf Sozialleistungen (z. B. nach: BAföG, BSHG), das die gesetzlichen Vertreter aber einschränken können (§ 36 SGB, AT) — aktives und passives Wahlrecht für die Jugendvertretung im Betriebsrat (§ 61 BetrVerfG) — Ende der (allgemeinen) Schulpflicht und u. U. Beginn der Berufschulpflicht (Schulgesetze der Länder) — Ende des grundsätzlichen Arbeitsverbotes (§ 7 Abs. 1 JArbSchG)
16	— Eidesfähigkeit (§ 393 ZPO bzw. § 60 Nr. 1 StPO) — Beginn der Ausweispflicht (§ 1 PaßG) — Anhörungsrecht vor Änderungen des Familiennamens (§ 2 Abs. 2 NamensÄndG) — Mindestalter zum Heiraten (§ 1 Abs. 2 EheG) — Erwerb des Jugendjagdscheines möglich (§ 16 BJagdG)

18	— Volljährigkeit (§ 2 BGB) — volle Geschäftsfähigkeit (§ 106 BGB) — volle Prozeßfähigkeit (§ 52 Abs. 1 ZPO) — volle zivilrechtliche Verantwortlichkeit — Deliktsfähigkeit — (§ 828 Abs. 2 BGB) — volle strafrechtliche Verantwortlichkeit — Strafmündigkeit — (§§ 1, 3 JGG) mit der Möglichkeit, auf noch nicht 21 Jahre alte Täter (Zeitpunkt: Begehung der Tat) evtl. noch das Jugendstrafrecht anzuwenden (§ 105 Abs. 1 JGG) — Ehemündigkeit (§ 1 EheG) — Ende der elterlichen Sorge (§ 1626 Abs. 1 BGB) — Ende von Pflegschaften und Vormundschaften wegen Minderjährigkeit (§§ 1882, 1909, 1915 BGB) — Ende sämtlicher Jugendschutzbestimmungen — allgemeines aktives und passives Wahlrecht (Art. 38 Abs. 2 GG) — aktives und passives Wahlrecht für Betriebsrats- bzw. Personalratswahlen (§ 7 BetrVerfG bzw. § 14 Abs. 1 PersVertrG) — Bestellung als Pfleger oder Vormund möglich (§§ 1781 Nr. 1, 1915 BGB) — Führerschein der Klassen 1 (Motorräder) und 3 (Pkw) möglich (§ 7 Abs. 1 StVZO) — eigene Strafantragsmöglichkeit (§ 77 Abs. 3 StGB) — Beginn der Wehrpflicht (§ 1 Abs. 1 WehrpflG).

(Quelle: Schleicher, H.: Jugend- und Familienrecht. 5. Aufl., Bardtenschlager Verlag, München 1983, S. 283—285)

Abkürzungen:
BGB — Bürgerliches Gesetzbuch
JArbSchG — Jugendarbeitsschutzgesetz
ZPO — Zivilprozeßordnung
VwGO — Verwaltungsgerichtsordnung
RelKErzG — Gesetz über die religiöse Kindererziehung
FGG — Gesetz über die Angelegenheiten der freiwilligen Gerichtsbarkeit
FEH — freiwillige Erziehungshilfe
FE — Fürsorgeerziehung
JGG — Jugendgerichtsgesetz
StGB — Strafgesetzbuch
BSHG — Bundessozialhilfegesetz
SGB — Sozialgesetzbuch
BetrVerfG — Betriebsverfassungsgesetz
StPO — Strafprozeßordnung
PaßG — Paßgesetz
EheG — Ehegesetz
PersVertrG — Personalvertretungsgesetz
StVZO — Straßenverkehrszulassungsordnung
WehrpflG — Wehrpflichtgesetz
BJagdG — Bundesjagdgesetz

❶ Versucht zu erklären, warum Kindern und Jugendlichen Rechte und Pflichten „Schritt für Schritt erwachsen". Was bedeuten allgemein die Altersstufen, die mit dem 14. und dem 18. Lebensjahr gesetzt sind? (M 31/32, Kap. 10).

❷ In der Übersicht über die rechtliche Bedeutung der einzelnen Altersstufen wirst du sicherlich Bestimmungen finden, die dir bisher noch nicht bekannt waren, vielleicht auch solche, die für dich nicht von Bedeutung sind. Schreibe zuerst die Regelungen heraus, die dir vertraut sind, und versuche dann — ggf. mit Hilfe des Lehrers — von den übrigen einige für dich wichtige zu erläutern (z. B. Ende der allgemeinen Schulpflicht, Ausweispflicht, Ehemündigkeit; auf die „beschränkte Geschäftsfähigkeit" und die „bedingte Strafmündigkeit" werden wir in M 47 und M 50 näher eingehen).

M 47 Beschränkte Geschäftsfähigkeit — Was ist das?

Gegeben sind ein Fall und die gesetzlichen Bestimmungen. Gesucht ist die Lösung. Besondere Schwierigkeiten liegen dabei in der Sprache des Gesetzes, die für Nicht-Juristen oft eine Fremdsprache ist. Die vorgesehene „Übersetzung" (3) ist sicherlich eine Hilfe zur Lösung des Falles.
Schreibe die Antworten nicht in das Buch, sondern in dein Heft.

1. Der Fall

Die 14jährige Manuela ist eine begeisterte Anhängerin der Popmusik. Das Taschengeld investiert sie weitgehend in Schallplatten. Als ihre Großmutter ihr 20,— DM zum Namenstag schenkt, hat sie endlich zusammen mit ihrem Taschengeld den Betrag von 50,— DM zur Verfügung, den sie für das schon lang ersehnte Schallplattenalbum benötigt. Als sie das Album ihrer Mutter zeigt, ist diese nicht einverstanden. Manuela habe schon genug Platten, zudem seien 50,— DM entschieden zuviel für solche „Krachmusik". Sie verlangt, Manuela solle das Schallplattenalbum zurücktragen und ihr Geld künftig zu „besseren Zwecken" ausgeben.
Geben die gesetzlichen Bestimmungen Manuela oder ihrer Mutter recht?
Muß der Verkäufer das (noch verpackte) Album zurücknehmen?
Versuche, diesen Fall mit Hilfe der folgenden gesetzlichen Bestimmungen zu lösen.

2. Die gesetzlichen Bestimmungen (BGB)

§ 104 (Geschäftsfähigkeit): Geschäftsunfähig ist:
1. wer nicht das siebente Lebensjahr vollendet hat; [...]

§ 106 (Beschränkte Geschäftsfähigkeit): Ein Minderjähriger, der das siebente Lebensjahr vollendet hat, ist [...] (wenn der gesetzliche Vertreter zustimmt bzw. keine Einwände erhebt) [...] in der Geschäftsfähigkeit beschränkt.

§ 108 (Vertragsschluß ohne Einwilligung):
(1) Schließt ein Minderjähriger einen Vertrag ohne die erforderliche Einwilligung des gesetzlichen Vertreters, so hängt die Wirksamkeit des Vertrages von der Genehmigung des Vertreters ab.

§ 110 („Taschengeldparagraph"): Ein von dem Minderjährigen ohne Zustimmung des gesetzlichen Vertreters geschlossener Vertrag gilt von Anfang an wirksam, wenn der Minderjährige die vertragsmäßige Leistung mit Mitteln bewirkt, die ihm zu diesem Zweck oder zu freier Verfügung von dem Vertreter oder mit dessen Zustimmung von einem Dritten überlassen worden sind.

3. Die „Übersetzung".

Übertrage die im „Taschengeldparagraphen" vorkommenden Personen und Sachverhalte auf den Fall „Manuela".

a) Wer ist der „Minderjährige"?

____

b) Wer ist der „gesetzliche Vertreter"?

____

c) Wer ist der „Dritte"?

____

d) Was ist mit dem „geschlossenen Vertrag" gemeint?

____

e) Was ist die „vertragsmäßige Leistung"?

____

f) Woher stammen die „Mittel"?

____

4. Die Lösung

	ja	nein
a) Manuela darf das Plattenalbum behalten	☐	☐
b) Der Verkäufer muß das Album wieder zurücknehmen	☐	☐

(Wolfgang Redwanz in: Zeitlupe 19, Rechte und Pflichten, hrsg. von der Bundeszentrale für politische Bildung, 1986, S. 4)

M 48

„Checkst du, was hier läuft, mit diesen Tussis da hinter uns?“

M 49 Jugendschutzgesetz (gültig ab 1. April 1985)

Inhalt der Bestimmung	unter 16 J. ohne Erziehungsberechtigten	unter 16 J. mit Erziehungsberechtigten	16—18 J. ohne Erziehungsberechtigten	16—18 J. mit Erziehungsberechtigten
Aufenthalt an jugendgefährdenden Orten	nicht gestattet	nicht gestattet	nicht gestattet	nicht gestattet
Aufenthalt in Gaststätten Bei Teilnahme an einer Veranstaltung eines anerkannten Trägers der Jugendhilfe*	nicht gestattet erlaubt	erlaubt erlaubt	erlaubt bis 24 Uhr erlaubt	erlaubt erlaubt
Abgabe und Genuß von Branntwein und branntweinhaltigen Genußmitteln	nicht gestattet	nicht gestattet	nicht gestattet	nicht gestattet
Abgabe und Genuß anderer alkoh. Getränke zum eigenen Genuß (z. B. Wein, Bier u. a.)	nicht gestattet	erlaubt ab 14 J.	erlaubt	erlaubt
Anwesenheit bei öffentlichen Tanzveranstaltungen wenn der Veranstalter ein anerkannter Träger der Jugendhilfe ist sowie bei künstlerischer Betätigung und Brauchtumspflege	nicht gestattet[1] unter 14 J. bis 22 Uhr, 14—16 J. bis 24 Uhr	erlaubt	erlaubt bis 24 Uhr	erlaubt
Anwesenheit in Nachtbars, Nachtclubs u. ä.	nicht gestattet	nicht gestattet	nicht gestattet	nicht gestattet
Anwesenheit in öffentlichen Spielhallen, Teilnahme an Glücksspielen	nicht gestattet	nicht gestattet	nicht gestattet	nicht gestattet
Benutzung von elektronischen Bildschirmgeräten ohne Gewinn	nicht gestattet	erlaubt	erlaubt	erlaubt
Spiele mit Gewinnmöglichkeit bei Volksfesten, Schützenfesten, Jahrmärkten usw., wenn der Gewinn von geringem Wert ist (z. B. Losbuden)	erlaubt	erlaubt	erlaubt	erlaubt
Rauchen in der Öffentlichkeit	nicht gestattet	nicht gestattet	erlaubt	erlaubt

▶

[1] Ausnahmegenehmigung auf Vorschlag des Jugendamtes* möglich. Die Eltern sind nicht verpflichtet, alles zu erlauben, was das Gesetz für die Altersstufe gestattet; sie tragen bis zur Volljährigkeit die Verantwortung. Kinder (bis 14 Jahre) und Jugendliche (14—18 Jahre) haben auf Verlangen ihr Lebensalter in geeigneter Weise (Schülerausweis, Personalausweis) nachzuweisen.

Inhalt der Bestimmung	unter 16 J. ohne Erziehungsberechtigten	unter 16 J. mit Erziehungsberechtigten	16—18 J. ohne Erziehungsberechtigten	16—18 J. mit Erziehungsberechtigten
Besuch von öffentlichen Filmveranstaltungen. Bei einer Freigabe des Films (auch Beiprogramm und Werbevorspann) für die folgenden Altersgruppen. Die Art und Wiedergabe des Films ist ohne Bedeutung (z. B. Video, Bildplatte, Super 8 etc.)	unter 6 J. nur mit Erziehungsberechtigten	6—14 J. auch ohne Begleitung eines Erziehungsberechtigten erlaubt bis 20 Uhr	14—16 J. auch ohne Begleitung eines Erziehungsberechtigten erlaubt bis 22 Uhr	16—18 J. auch ohne Begleitung eines Erziehungsberechtigten erlaubt bis 24 Uhr

(Werner Terpitz: Zwischen 14 und 18. [Beck-Rechtsberater], München 1986, S. 92f.)

M 50 Deliktsfähigkeit und Strafmündigkeit

Innerhalb des Strafrechts* sind beide Begriffe gleichbedeutend. Im Zivilrecht* spricht man von Deliktsfähigkeit, wenn jemand für eine unerlaubte Handlung zum Schadensersatz herangezogen werden kann. Kinder bis zur Vollendung des 7. Lebensjahres sind deliktsunfähig (§ 828 Abs. 1 BGB). Hier muß für den angerichteten Schaden haften, wer aufsichtspflichtig ist (z. B. die Eltern). Minderjährige im Alter zwischen 7 und 18 Jahren sind für den Schaden, den sie einem anderen zufügen, verantwortlich, wenn sie „die zur Erkenntnis der Verantwortlichkeit erforderliche Einsicht" haben (bedingte Deliktsfähigkeit; § 828 Abs. 2 BGB). Der Minderjährige muß also die Fähigkeit besitzen, das Unrecht seiner Handlung und die Verpflichtung zu erkennen, für die Folgen selbst eintreten zu müssen.

Strafmündigkeit ist die strafrechtliche Verantwortung eines Menschen für eine von ihm begangene Straftat. Sie entwickelt sich in drei Stufen: Wer zur Zeit der Tat noch nicht 14 Jahre alt ist, ist strafunmündig (§ 19 Strafgesetzbuch). Die „bedingte Strafmündigkeit" vom vollendeten 14. Lebensjahr an (s. M 46) setzt voraus, daß der Jugendliche zur Zeit der Tat sittlich und geistig weit genug entwickelt war. Mit dem vollendeten 18. Lebensjahr setzt die volle Strafmündigkeit ein; bei „Heranwachsenden" (18—21 Jahre) kann jedoch unter bestimmten Bedingungen das Jugendstrafrecht angewandt werden.

❶ Die für dich persönlich wichtigsten Bestimmungen des Jugendschutzgesetzes solltest du dir auf jeden Fall einprägen (M 49). Erläutere auch, was die Karikatur (M 48) zum Ausdruck bringen will, und versuche dir klar zu machen, warum es so etwas wie „Jugendschutz" überhaupt geben muß (vgl. dazu M 46).

❷ In M 50 werden die Begriffe Deliktsfähigkeit und „Strafmündigkeit" kurz erläutert. Gib mit eigenen Worten wieder, was gemeint ist, und ziehe die konkreten Fälle aus dem Kapitel 10 (M 33a/b) hinzu, wenn du dich näher mit diesem Problem befassen willst.

Zur Sicherung des Grundwissens

Nach der Erarbeitung des letzten Abschnitts aus dem Kapitel „Familie" solltet ihr
- *einige Probleme nennen können, die sich für Eltern und Jugendliche aus dem Prozeß der „Ablösung von der Familie" ergeben können (M 41 b);*
- *den Begriff „elterliche Sorge" und seine konkrete Bedeutung erläutern können (M 43, 1. Absatz und M 44);*
- *beschreiben können, welche Grenzen dem elterlichen Sorgerecht gezogen sind und worin der Mißbrauch des Sorgerechts in den meisten Fällen besteht (M 43 2. Absatz, M 45a, M 45b 3. Abschnitt);*
- *die Begriffe „beschränkte Geschäftsfähigkeit", „bedingte Deliktsfähigkeit" und „Strafmündigkeit" erläutern können (M 47, M 50);*
- *die für eure Altersstufe wichtigsten Bestimmungen des Jugendschutzgesetzes nennen können (M 49).*

2 Schüler vertreten ihre Interessen

M 1 **Was niedersächsische Schüler über die SV denken**

Die Schülervertretung (SV)	Alle Befragten		Stadt Braunschweig		Stadt Hannover		Stadt Osnabrück		Landkreis Göttingen	
	abs.	%	abs.	%	abs.	%	abs.	%	abs.	%
halte ich für notwendig,	2741	79,6	336	75,8	370	77,1	335	80,0	351	81,4
unterstütze ich aktiv,	324	9,4	43	9,7	45	9,4	36	8,6	38	8,8
ist mir egal.	657	19,1	99	22,3+	108	22,5+	81	19,3	75	17,4
Befragte mit Nennungen.	3442	100,0	443	100,0	480	100,0	419	100,0	431	100,0
Befragte ohne Angaben	305		38		44		58		36	
Befragte Schüler insgesamt.	3747		461		524		477		467	

Die Schülervertretung (SV)	Landkreis Harburg		Landkreis Lüneburg		Landkreis Vechta		Ostfriesland/ nördliches Emsland	
	abs.	%	abs.	%	abs.	%	abs.	%
halte ich für notwendig,	305	79,6	337	78,7	313	82,2	285	83,3
unterstütze ich aktiv,	40	10,4	47	11,0	33	8,7	18	5,7
ist mir egal.	73	19,1	86	20,1	62	16,3	48	15,1
Befragte mit Nennungen.	383	100,0	428	100,0	381	100,0	318	100,0
Befragte ohne Angaben	31		21		40		25	
Befragte Schüler insgesamt.	414		449		421		343	

Die Schülervertretung (SV) ist mir egal, weil	Alle Befragten		Stadt Braunschweig		Stadt Hannover		Stadt Osnabrück		Landkreis Göttingen	
	abs.	%	abs.	%	abs.	%	abs.	%	abs.	%
ich kein Interesse daran habe,	65	10,6	6	6,7	14	14,1	10	13,3	5	7,4
sie ncihts bewirkt,	266	43,9	34	37,8	34	34,3	36	48,0	31	45,6
ich keinen Kontakt zur SV habe,	38	6,2	6	6,7	7	7,1	4	5,3	3	4,4
ich sie nicht benötige,	33	5,4	5	5,6	7	7,1	3	4,0	5	7,4
die SV zu inaktiv ist,	139	22,7	28	31,1	24	24,2	16	21,3	14	20,6
sonstiges.	68	11,1	11	12,2	13	13,1	6	8,0	10	14,7
Befragte mit Nennungen.	611	100,0	90	100,0	99	100,0	75	100,0	68	100,0
Befragte ohne Angaben.	46		9		9		6		7	
Befragte Schüler, denen die SV egal ist, insgesamt.	657		99		108		81		75	

Die Schülervertretung (SV) ist mir egal, weil	Landkreis Harburg		Landkreis Lüneburg		Landkreis Vechta		Ostfriesland/ nördliches Emsland	
	abs.	%	abs.	%	abs.	%	abs.	%
ich kein Interesse daran habe,	8	11,6	13	15,9	6	10,3	1	2,1
sie nichts bewirkt,	36	55,1	35	42,7	32	55,2	22	48,8
ich keinen Kontakt zur SV habe,	1	1,4	8	9,8	2	3,4	2	4,3
ich sie nicht benötige,	1	1,4	2	2,4	3	5,2	6	12,8
die SV zu inaktiv ist,	14	20,3	10	12,2	13	22,4	13	27,7
sonstiges.	7	10,1	14	17,1	2	3,4	3	6,4
Befragte mit Nennungen.	69	100,0	82	100,0	58	100,0	47	100,0
Befragte ohne Angaben.	4		4		4		1	
Befragte Schüler, denen die SV egal ist, insgesamt	73		86		82		48	

Wenn ich mich für die Interessen der Mitschüler einsetze	Alle Befragten		Stadt Braunschweig		Stadt Hannover		Stadt Osnabrück		Landkreis Göttingen	
	abs.	%	abs.	%	abs.	%	abs.	%	abs.	%
befürchte ich persönliche Nachteile,	506	17,2	62	16,1	61	15,4	68	18,4	69	19,6
habe ich keine Angst vor persönlichen Nachteilen	2437	82,8	323	83,9	335	84,6	302	81,6	283	80,4
Befragte mit Nennungen.	2943	100,0	385	100,0	396	100,0	370	100,0	352	100,0
Befragte ohne Angaben.	804		96		128		107		115	
Befragte Schüler insgesamt.	3747		481		524		477		467	

	Landkreis Harburg		Landkreis Lüneburg		Landkreis Vechta		Ostfriesland/ nördliches Emsland	
	abs.	%	abs.	%	abs.	%	abs.	%
befürchte ich persönliche Nachteile,	51	14,7	59	17,1	69	20,2	40	14,8
habe ich keine Angst vor persönlichen Nachteilen.	296	85,3	286	82,9	272	79,8	231	85,2
Befragte mit Nennungen.	347	100,0	345	100,0	341	100,0	271	100,0
Befragte ohne Angaben.	67		104		80		72	
Befragte Schüler insgesamt.	414		449		421		343	

(Hrsg. v. Nds. Kultusminister, Hannover 1985, S. 175. Lebenssituation von Jugendlichen und jungen Erwachsenen in Niedersachsen. Befragungsergebnisse Jugendkompaß Niedersachsen.)

Die Befragungsergebnisse (M 1) sollen euch Anlaß geben, über eure eigene Einstellung zu eurer organisierten Interessenvertretung nachzudenken.
— Wertet die Tabelle aus und formuliert kurze Aussagen, die sich daraus über die Einstellung zur Schülervertretung ablesen lassen. Könnt ihr Gründe für diese Meinungen finden — auch für die Unterschiede zwischen Stadt und Land?
— Sucht eure Region heraus und überlegt, inwieweit die Ergebnisse eurer Erfahrung und eurer Einstellung entsprechen. Vielleicht könnt ihr eigene Befragung durchführen und sie mit den Ergebnissen von M 1 vergleichen (vgl. dazu die Hinweise im Anhang S. 251—254).

Organisation und Mitwirkungsmöglichkeiten der Schülervertretung

M 2 Wozu ist der Klassensprecher da?

Man hatte mich zu Beginn des Schuljahres zum Klassensprecher gewählt, und ich war mächtig stolz darauf, dieses Amt vor einigen Gegenkandidaten errungen zu haben. Eifrig bemühte ich mich, gegenüber meinen Mitschülern und den Lehrern meiner neuen Aufgabe gerecht zu werden. Doch nach einiger Zeit merkte ich, daß man mich regelrecht ausnützte. Ich wurde zum Kuli der Klasse. Für ungerecht empfundene Noten meiner Klassenkameraden sollte ich bei den Lehrern Beschwerde einlegen. Hatten einige Schüler im Unterricht nicht aufgepaßt und dadurch Stoff versäumt, mußte ich die Lehrer um eine Wiederholung wichtiger Unterrichtspassagen bitten. Es wurde meine Pflicht, die Hefte der Klasse zu einzelnen Lehrern zu bringen und den Lehrkräften beim Eintreten ins Klassenzimmer die Türe zu öffnen. Als Anerkennung wurden mir sämtliche „Untaten" meiner Mitschüler in die Schuhe geschoben. „Du hast vor deinen Mitschülern ein gutes Beispiel abzugeben", wurde mir öfter als einmal vorgehalten. Als ich schließlich von einigen Lehrern auch noch die Verantwortung für die Sauberkeit im Klassenzimmer, also den Ordnungsdienst, zugeschoben erhielt, wurde mir die Sache zu bunt. Langsam begann ich zu streiken. Ich wurde wie der letzte Laufbursche behandelt. Nein, so konnte das nicht weitergehen.
Ich machte mir die Mühe, im Schulgesetz nachzulesen, und fand dort über die Aufgabe des Klassensprechers die kurze Formulierung: „Die Sprecher vertreten die Schüler gegenüber Lehrern, Konferenzen, Schulleitung und Schulbehörden. Schüler können Sprecher und Schülervertretung mit der Wahrnehmung ihrer Interessen beauftragen". Was das im einzelnen bedeutet, wurde mir klar, als mir ein Informationsblatt des Landesschülerrates in die Hände kam. Die von mir bisher wahrgenommenen Aufgaben konnte ich da nicht finden.
Also mußte ich mich umstellen. Und das tat ich auch, wobei ich bei der Klasse zunächst auf ziemliches Unverständnis stieß. Bewußt, daß hinter mir sogar ein Gesetz stand, bemühte ich mich von diesem Zeitpunkt an gar nicht mehr so, bei Lehrern und Mitschülern einen guten Eindruck zu gewinnen. Viele Klagen der Klassenkameraden, die nach mei-

ner Meinung nach nicht gerechtfertigt waren, trug ich gar nicht erst den Lehrern vor, sondern versuchte sie im kleineren Kreis zu lösen. Und nach anfänglichen Schwierigkeiten gelang mir dies auch. Erst als die ganze Klasse zu einer ungerechtfertigten Klassenstrafe verdonnert wurde, setzte ich mich voll ein und erreichte beim Direktor eine Zurücknahme dieser Strafe. Seitdem habe ich mit meiner „neuen Welle" den Durchbruch geschafft. Das Vertrauen der Klasse steht wieder hinter mir.

(Nach: U. Feurer, Unsere Schulsorgen. München 1980, S. 102)

M 3

LSR-INFO

Landesschülerrat Niedersachsen, Stiftstraße 15, 3000 Hannover 1

(Sonderinfo Wahlen. Stand 8/88)

Welche Aufgaben hat ein Klassensprecher / eine Klassensprecherin?

— vertritt die Klasse gegenüber den Lehrern
— setzt sich für die einzelnen Schüler bei Problemen ein
— wendet sich bei Problemen stellvertretend für die Klasse an den SV-Beratungslehrer
— nimmt an Klassenkonferenzen teil
— beteiligt seinen Vertreter an den Aufgaben
— geht zur wöchentlichen SV-Stunde, um die Interessen der Klasse im Schülerrat zu vertreten
— berichtet bei Elternratssitzungen über die Probleme der Schüler
— bewirbt sich um das Amt des Schülersprechers oder eines Fachkonferenzvertreters

Und welche Voraussetzungen sollte ein Klassensprecher / eine Klassensprecherin mitbringen?

— zwischen streitenden Gruppen vermitteln können
— den Mut aufbringen, gegenüber der Schulleitung, Lehrern und Eltern den Standpunkt der Klasse zu vertreten
— genügend Zeit für die SV-Arbeit und
— das Vertrauen der Klasse haben!

Wozu ein Klassensprecher oder eine Klassensprecherin absolut nicht da ist:

— um der Schönste und Stärkste in der Klasse zu sein
— um bei Abwesenheit des Lehrers Aufsicht zu führen
— um einen Tafeldienst zu organisieren
— um das Klassenbuch vor Klassenfeinden zu schützen
— um für Ruhe und Ordnung zu sorgen und Störer zu melden
— um durch seinen Job der Außenseiter zu werden

Wahl der Schülersprecher und Schülersprecherinnen!

Dabei solltet ihr darauf achten, daß eine möglichst gute Verteilung der vertretenen Klassenstufen zustande kommt.
Ein Vorstand des Schülerrats, dessen Mitglieder aus alle einer Klassenstufe (z. B. alle 9. Klasse) stammen, bevorzugt natürlich deren Probleme, allein weil er weniger Kontakte und Erfahrungen in den anderen Klassen hat. Die Schülersprecher/innen koordinieren die Einzelprobleme der Klassen und können zur wöchentlichen SV-Stunde einladen. Dafür werden sämtliche Klassensprecher/innen vom Unterricht in dieser Stunde befreit. (Siehe Niedersächsisches Schulgesetz; siehe Anmerkung 2)
Die Schülersprecher stellen meist auch die Gesamtkonferenzvertreter. Die Gesamtkonferenz beschließt alle organisatorischen Dinge, die nicht speziell einzelne Fächer betreffen, das heißt auf Fachkonferenzen beraten werden. In der Gesamtkonferenz wird zum Beispiel die Einführung eines 2. freien Samstags im Monat oder die Durchführung von Projektwochen oder Aktionstagen beschlossen. Die Schülervertreter (bis zu 5) sind dann stimm- und antragsberechtigt. (Siehe Anm. 3)

Tips zur Wahl

— gewählt wird nach der Schülerwahlordnung (siehe Anmerkung 1)
— denkt auch schon bei der Klassensprecher/innen-Wahl daran, daß die Schülersprecher und Fachkonferenzvertreter aus ihrer Mitte gewählt werden! Der Schülersprecher kann also nur so gut sein, wie der Zusammenhalt der Klassensprecher insgesamt.
— Es ist sinnvoll, beide Geschlechter bei der Wahl zu berücksichtigen! Mädchen sind mindestens so gut wie Jungen.

Anmerkungen

1) Die Schülerwahlordnung (SchWO) gibt's entweder über eure Schulleitung, den Stadt-/Kreisschülerrat oder den Landesschülerrat, Stiftstr. 15, 3000 Hannover 1, Tel.: 0511 / 1089561 (24-Stunden-Service).
2) Das NSchG bekommt ihr wie die Schülerwahlordnung, siehe 1).
3) Die näheren Bestimmungen werden entweder im NSchG, der Schülerwahlordnung oder Erlassen des Kultusministers veröffentlicht. Die Erlasse werden monatlich im Schulverwaltungsblatt gesammelt. Gibt's zur Einsichtnahme bei der Schulleitung oder im KSR/SSR.

❶ Erläutert, warum der gewählte Klassensprecher in M 2 eines Tages zu dem Schluß kommt, das es so nicht weitergehen könne.

❷ Erklärt, inwiefern die Formulierung des Schulgesetzes (s. auch M 5) und die Information des Landesschülerrates (s. M 3) sich unterscheidet von der Art, wie der Klassensprecher bisher sein Amt wahrgenommen hat.

❸ Überlegt, ob der Schülersprecher sich nach seiner Umstellung im Sinne des Schulgesetzes und des LSR-Infos verhält und warum sein verändertes Verhalten zunächst auf das Unverständnis seiner Mitschüler stößt.

Da es manchmal wirklich Mühe macht, die Texte über die Rechte der Schülervertretung zu besorgen, enthalten die folgenden Materialien die wichtigsten Bestimmungen zur organisatorischen und inhaltlichen Seite eurer Interessenvertretung.

M 4 Schülervertretung

§ 54 Allgemeines

Die Schüler wirken in der Schule mit durch:
Klassenschülerschaften und Klassensprecher,
Schülerrat und Schülersprecher,
Vertreter der Schüler in Konferenzen und Ausschüssen.
Die Mitwirkung soll zur Erfüllung des Bildungsauftrages (§ 2) beitragen.

§ 55 Klassenschülerschaft

Die Schüler jeder Klasse vom 5. Schuljahrgang an (Klassenschülerschaft) wählen den Klassensprecher und dessen Stellvertreter sowie die Schülervertreter in der Klassenkonferenz und deren Lehrer-Schüler-Ausschuß.

§ 56 Schülerrat

Die Klassensprecher bilden den Schülerrat der Schule. Dieser wählt den Schülersprecher und einen oder mehrere Stellvertreter aus seiner Mitte sowie die Schülervertreter in der Gesamtkonferenz, den Teilkonferenzen, außer denen für organisatorische Bereiche, und den entsprechenden Lehrer-Schüler-Ausschüssen.

§ 57 Wahlen

(1) Die Sprecher, deren Stellvertreter und die Schülervertreter in Konferenzen und Ausschüssen werden für ein Schuljahr gewählt.

(2) Die Sprecher, deren Stellvertreter und die Schülervertreter in Konferenzen und Ausschüssen scheiden aus ihrem Amt aus,

1. wenn sie mit einer Mehrheit von zwei Dritteln der Wahlberechtigten abberufen werden oder
2. wenn sie von ihrem Amt zurücktreten oder
3. wenn sie die Schule nicht mehr besuchen oder
4. wenn sie dem organisatorischen Bereich, für den sie gewählt worden sind, nicht mehr angehören.

§ 63 Gemeinde- und Kreisschülerräte

(1) In Gemeinden und Samtgemeinden, die Träger von mehr als zwei Schulen sind, wird ein Gemeindeschülerrat und in Landkreisen ein Kreisschülerrat gebildet. In Städten führt der Gemeindeschülerrat die Bezeichnung Stadtschülerrat.

(2) Der Gemeindeschülerrat wird von den Schülerräten der im Gemeindegebiet befindlichen öffentlichen Schulen und der Schulen in freier Trägerschaft, an denen die Schulpflicht erfüllt werden kann, gewählt. Jeder Schülerrat einer Schule wählt aus seiner Mitte ein Mitglied des Gemeindeschülerrats und einen Stellvertreter. Umfaßt eine allgemeinbildende Schule mehrere Schulformen, so gilt jeder Schulzweig als selbständige Schule; die demselben Schulzweig zugehörenden Mitglieder des Schülerrats gelten als selbständiger Schülerrat.

(3) Der Kreisschülerrat wird von den Schülerräten der im Gebiet des Landkreises befindlichen öffentlichen Schulen und der Schulen in freier Trägerschaft, an denen die Schulpflicht erfüllt werden kann, gewählt.

§ 66 Finanzierung der Schülervertretungen

(1) Der Schulträger stellt den Schülervertretungen der einzelnen Schulen (§ 54) den zur Wahrnehmung ihrer Aufgaben notwendigen Geschäftsbedarf und die erforderlichen Einrichtungen zur Verfügung. Den Schülervertretern in den Konferenzen und Ausschüssen ersetzt der Schulträger auf Antrag die notwendigen Fahrtkosten. Darüber hinaus können die Schulträger Zuschüsse zu den Kosten leisten, die den Schülervertretungen durch ihre Tätigkeit im Rahmen dieses Gesetzes entstehen.

(Auszug aus dem Niedersächsischen Schulgesetz [NSchG] in der Fassung vom 6. 11. 1980 [Nieders. GVBl. S. 425], zuletzt geändert durch das Dritte Gesetz zur Änderung des Niedersächsischen Schulgesetzes vom 16. 12. 1983 [Nieders. GVBl. S. 304])

M 5a Wahl der Schülervertretung der Klassenschülerschaft

§ 1 Durchführung der Wahl

(1) Der Klassenleiter gibt mit Zustimmung des bisherigen Klassensprechers für die Klassenschülerschaft und der bisherige Schülersprecher gibt mit Zustimmung des Schulleiters für die Kursstufe der gymnasialen Oberstufe Ort und Zeit für die Wahl bekannt. Diese findet innerhalb eines Monats nach den Sommerferien während der Unterrichtszeit statt. Falls Klassen- oder Schülersprecher und Stellvertreter nicht vorhanden oder nicht rechtzeitig tätig geworden sind, werden Ort und Zeit der Wahl vom Klassenlehrer oder Schulleiter bekanntgegeben. Soweit die Schule im Sekundarbereich I nicht in Klassen gegliedert ist, tritt der Leiter der entsprechenden organisatorischen Gliederung (insbeson-

dere Kerngruppenleiter in der Integrierten Gesamtschule) an die Stelle des Klassenlehrers.

(2) Die Wahlberechtigten wählen durch Handaufheben den Wahlleiter und erforderlichenfalls einen Schriftführer, die wahlberechtigt und wählbar bleiben; auch der Klassenlehrer kann als Wahlleiter gewählt werden.

(3) Die Wahlberechtigten beschließen über die Art und Weise, wie die Wahl durchgeführt werden soll, insbesondere darüber,

1. ob durch Handaufheben oder schriftlich gewählt werden soll,
2. ob die Wahl in getrennten oder gemeinsamen Wahlgängen stattfinden soll und
3. in welcher Reihenfolge mehrere Stellvertreter im Vertretungsfall zur Stellvertretung berechtigt sind oder ob jeder Stellvertreter nur einen bestimmten Schülervertreter vertreten soll.

(Niedersächsisches Schulgesetz = M 4)

M 5b Zusammensetzung und Verfahren der Konferenzen

(1) Mitglieder der Gesamtkonferenz sind

1. mit Stimmrecht:
   a) der Schulleiter,
   b) die hauptamtlich oder hauptberuflich an der Schule tätigen Lehrer
   c) so viele Vertreter der anderen Lehrer, wie hauptamtlich oder hauptberuflich tätige Lehrer nötig wären, um den von den anderen Lehrern erteilten Unterricht zu übernehmen,
   f) ein Vertreter der sonstigen Mitarbeiter,
   g) in Gesamtkonferenzen mit
      mehr als 30 stimmberechtigten Lehrern je fünf,
      elf bis 30 stimmberechtigten Lehrern je drei,
      bis zu zehn stimmberechtigten Lehrern (Buchstaben a bis c) je zwei
      Elternvertreter und Schülervertreter

(2) Mitglieder der Teilkonferenzen sind

1. mit Stimmrecht
   die in dem jeweiligen Bereich tätigen Lehrer und pädagogischen Mitarbeiter,
2. beratend:
   a) in allen Teilkonferenzen mindestens je drei Elternvertreter und Schülervertreter; ihre Zahl wird durch die Teilkonferenz bestimmt.

(Niedersächsiches Schulgesetz [=M 4, § 25])

M 6 Mitwirkungsmöglichkeiten in der Schule

(1) Von den Klassenschülerschaften und dem Schülerrat sowie in Schülerversammlungen der Schule können alle schulischen Fragen erörtert werden. Private Angelegenheiten von Lehrern und Schülern dürfen nicht behandelt werden. An den Schülerversammlungen der Schule nehmen nur die Schüler vom 5. Schuljahrgang an teil.

(2) Die Schülervertreter in den Konferenzen und Ausschüssen berichten dem Schülerrat oder der jeweiligen Klassenschülerschaft regelmäßig über ihre Tätigkeit. Der Schülerrat kann den Schülern der Schule über seine Tätigkeit berichten.

(3) Schülerrat und Klassenschülerschaften sind von der Schulleitung oder der zuständigen Konferenz vor grundsätzlichen Entscheidungen, vor allem über die Organisationen der Schule und die Leistungsbewertung, zu hören. Inhalt, Planung und Gestaltung des Unterrichts sind mit den Klassenschülerschaften zu erörtern.

(4) Schulleitung und Lehrer haben dem Schülerrat und den Klassenschülerschaften die erforderlichen Auskünfte zu erteilen.

(5) Die Sprecher vertreten die Schüler gegenüber Lehrern, Konferenzen, Schulleitung und Schulbehörden. Schüler können Sprecher und Schülervertreter mit der Wahrnehmung ihrer Interessen beauftragen.

(6) Der Schülerrat kann sich unter den Lehrern der Schule einen oder mehrere Berater wählen.

(7) Die Benutzung der Schulanlagen ist den Schülern für die Versammlungen nach den Absätzen 1 bis 3 und für die Beratungen der Sprecher und der Schülervertreter gestattet.

(8) Für Versammlungen und Beratungen ist im Stundenplan der Schulen wöchentlich eine Stunde, im Stundenplan der Teilzeitschulen monatlich eine Stunde, innerhalb der regelmäßigen Unterrichtszeit freizuhalten. Während der Unterrichtszeit dürfen jährlich je vier zweistündige Schülerversammlungen und Schülerratssitzungen stattfinden; weitere Sitzungen während der Unterrichtszeit bedürfen der Zustimmung der Schulleitung. Im übrigen finden Versammlungen und Beratungen in der unterrichtsfreien Zeit statt.

(Niedersächsisches Schulgesetz, = M 4, § 61)

M 7 Veranstaltungen und Arbeitsgemeinschaften

(1) Schülerrat und Klassenschülerschaften können eigene Veranstaltungen durchführen und Schülerarbeitsgemeinschaften einrichten. Ihnen kann mit ihrer Zustimmung auch die Verwaltung schulischer Einrichtungen übertragen werden.

(2) Die Schulleitung ist über die Veranstaltungen und die Einrichtung von Arbeitsgemeinschaften vorher zu unterrichten. Die Benutzung von Schulanlagen und Einrichtungen der Schule ist zu gestatten; Zeitpunkt, Art und Dauer der Benutzung sind mit der Schulleitung abzustimmen. Die Schulleitung kann Auflagen machen oder die Benutzung verbie-

ten, wenn der Bildungsauftrag der Schule (§ 2) oder die Erhaltung der Sicherheit es erfordert. Gegen ein Verbot oder eine Auflage kann die Entscheidung der Gesamtkonferenz angerufen werden.

(3) Veranstaltungen und Arbeitsgemeinschaften finden grundsätzlich in der unterrichtsfreien Zeit statt.

(Niedersächsisches Schulgesetz, = M 4, § 62)

M 8 Mitwirkung auf überschulischer Ebene

Wahl der Stadt- bzw. Kreisschülerratsvertreter

Die SSR- bzw. KSR-Vertreter werden vom Schülerrat für 2 Jahre gewählt. Sie vertreten die Interessen der Schüler einer Schule auf regionaler Ebene. Die KSR-/SSR-Vertreter wählen einen Vorstand. Dieser leitet die Geschäfte des SSR/KSR. Er ist an den Entscheidungen der Schulentwicklung und Schulorganisation im Kreis oder der Stadt zu beteiligen. Außerdem koordiniert er die Aktionen zur Bildungspolitik, unterstützt die Schulen und entwickelt die kommunalen Aktivitäten. (Beim LSR könnt ihr eine Broschüre zur Regionalarbeit für Stadt- und Kreisschülerräte anfordern.)

Wahlen für den Landesschülerrat

Die Stadtschülerratsvertreter sind gleichzeitig Wahlberechtigte und Wählbare für den Landesschülerrat. Dieser vertritt die Interessen der niedersächsischen Schülerinnen und Schüler auf Landesebene in Hannover. Die Wahl findet alle 2 Jahre in den vier niedersächsischen Regierungsbezirken nach Schulformen getrennt statt. Der Landesschülerrat entsendet aus seiner Mitte Vertreter für die Bundesschülervertretung in Bonn.

Also: Eure Klassensprecherwahl ist auch entscheidend für die Wahl in SSR/KSR, Landesschülerrat und der Bundesschülervertretung!

Übrigens hat die Schülervertretung ganz schön viele Möglichkeiten und Rechte. Wenn ihr mehr wissen wollt, schreibt an den Landesschülerrat, Nikolaistr. 9, 3000 Hannover 1. (Der Brief steht der SV nach § 66 [Abs. 1] Niedersächsisches Schul-Gesetz [NSchG] zu! Ein Exemplar des NSchG muß der SV von der Schule als „notwendiger Geschäftsbedarf" überlassen werden. Antrag stellen!) mk

Bitte teilt uns mit, falls ihr irgendwelche Probleme habt! Wir werden versuchen Euch einige Tips zu geben. Falls es an Eurer Schule eine Schülerzeitungsredaktion gibt, teilt uns bitte deren Anschrift mit. Dann bekommt ihr von Zeit zu Zeit einige Informationen rübergeschoben. Kost nix! Anschrift siehe oben.

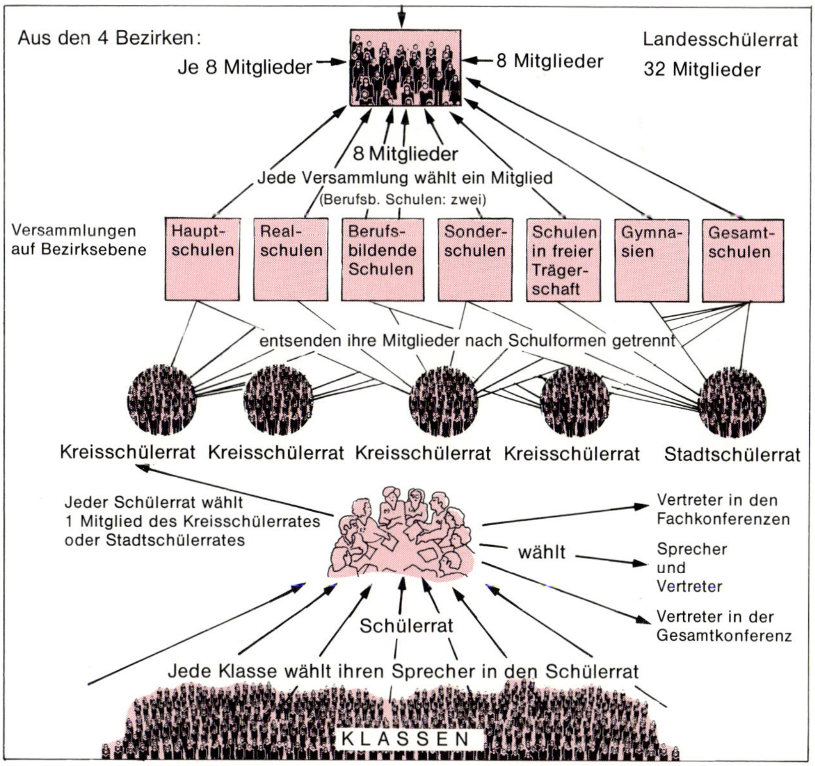

(LRS-Info, = M 3)

❶ Wer wirkungsvoll mitbestimmen will, muß seine Rechte und Möglichkeiten und natürlich auch deren Grenzen gut kennen. Informiert euch daher gründlich
— über den organisatorischen Aufbau der Schülervertretung (M 4 und M 5),
— über die inhaltlichen Bereiche, in denen ihr mitwirken und mitbestimmen könnt (M 6).

❷ Man kann den gesamten Bereich der Mitwirkungsrechte unterscheiden nach
— Informationsrechten (die Schule muß euch über bestimmte Dinge informieren),
— Beteiligungsrechten (man muß euch anhören, ihr könnt mitreden) und
— Mitbestimmungsrechten (ihr könnt bei bestimmten Entscheidungen mit abstimmen, habt also Stimmrecht; dabei ist zu unterscheiden zwischen solchen Entscheidungen, die an die Zustimmung des Schülerrates gebunden sind, und solchen, bei denen sich die Schülervertreter dem Mehrheitsbeschluß [z. B. der Gesamtkonferenz] fügen müssen).

Untersucht die Gesetzes- und Erlaßtexte auf diese Möglichkeiten hin.

❸ Informiert euch auch über die Schülervertretung auf Kreis- und Landesebene (M 8). Überlegt, um welche Fragen und Interessen es auf diesen Ebenen geht.

Konflikte im Unterricht

Wenn ihr euch über die Mitwirkungsmöglichkeiten von Lehrern, Eltern und Schülern informiert habt und euch vielleicht in der Schülervertretung aktiv engagiert, werdet ihr wissen, daß es aufgrund unterschiedlicher Interessen zu Konflikten zwischen den einzelnen Gruppen kommen kann, die dann z. B. in der Schulkonferenz geregelt werden müssen.*
Konflikte entstehen aber nicht nur zwischen den an der Schule beteiligten Gruppen, sondern weit häufiger zwischen einzelnen Schülern und der Schule bzw. ihren Lehrern. Die folgenden Materialien wollen euch dabei helfen, Schüler- und Lehrerverhalten als die Ursache bzw. den Anlaß für viele Konflikte besser zu verstehen und so vielleicht zu einer Verhaltensänderung beizutragen.

M 9 „Wir Schüler haben's schwer!"

Schüler haben's wohl auch deshalb schwer, weil nicht nur die Lehrer bestimmte Erwartungen an ihr Verhalten richten (z. B. immer fleißig zu sein; ständig dem Unterricht aufmerksam zu folgen; sich ruhig, aber nicht gelangweilt zu verhalten; schnell zu „kapieren"; sich mit den Mitschülern gut zu vertragen usw.). Auch die Mitschüler erwarten bestimmte Verhaltensweisen, die jedoch oft nicht mit den vom Lehrer erwünschten vereinbar sind. Kannst du Beispiele für einen solchen „Rollenkonflikt"* nennen? Die folgende Karikatur zeigt, daß Schüler darüber hinaus nicht nur Mitglieder einer Schulklasse sind, sondern auch zu anderen Gruppen in Beziehung stehen:

(Zeichnung: Walter Kurowski)
(Mickel, Arbeitsbuch Politik 2. Verlag August Bagel, Düsseldorf)

❶ Erläutert die Darstellung, indem ihr die einzelnen Bezugsgruppen nennt.

❷ Was will der Zeichner zum Ausdruck bringen? Seht ihr das auch so?

M 10 Haben es die Lehrer auch schwer?

(Zeichnungen: Ingrid Hartlieb, in: Hein u. a., Die Schule, Verlag Beltz, Weinheim 1976, S. 37)

1. Der M. ist immer so streng!
2. In Ihrer Klasse ist nie aufgestuhlt und unter den Bänken nie aufgeräumt.
3. Bist Du immer noch nicht fertig? Wir wollten doch zusammen spielen!
4. Jetzt gehen wir noch tanzen, dann bist Du eben morgen mal nicht vorbereitet.
5. Sie wissen doch, daß Sie zehn Minuten vor der Stunde im Schulhaus sein müssen.
6. Sie müssen meinen Sohn härter anpacken, sonst wird er nie was.

(D. Hein u. a., Die Schule, Weinheim 1976, S. 37)

❶ Beschreibe die an Lehrer gerichteten unterschiedlichen Verhaltenserwartungen, indem du den Bildern die angeführten Aussprüche zuordnest. Nenne die Bezugspersonen und -gruppen.

❷ Nenne und erläutere mögliche Rollenkonflikte*.

M 11

(Teuflische Jahre Nr. 5)

M 12

(aus: Teuflische Jahre Nr. 5, Frankfurt/M. 1976)

M 13 Welche Rolle spielt der Lehrer?

Besonders in den letzten Jahren laufen die Bestrebungen darauf hinaus, die Schranken zwischen Lehrern und Schülern, die Abhängigkeit der Schüler vom Lehrer abzubauen bis hin zu den Versuchen, den Lehrer als „primus inter pares“ zu einem Mitglied der Schülergruppe zu machen.
Solchen Versuchen der „Eingliederung“ des Lehrers in die Schülergruppe stellen sich nun gewisse unübersteigbare Hindernisse entgegen, die vor allem darauf beruhen, daß Lehrer und Schüler nicht gleich sind und sein können. Lehrer sind Erwachsene, Schüler sind es um so weniger, je jünger sie sind. Der Lehrer kennt das, was die Schüler erst noch lernen sollen, und die Wege, die zu dem Lernziel führen. Durch diesen Wissensvorsprung ist der Lehrer geradezu definiert, ohne ihn könnte er niemand etwas beibringen. Schließlich spielt der Lehrer eine andere soziale Rolle* als der Schüler, und zwar nicht nur, weil es ihm vorgeschrieben wird, sondern auch, weil die Schüler es von ihm erwarten. So ist es z. B. ganz normal, daß Schüler untereinander ihre Sympathien ungleich verteilen. Vom Lehrer erwarten sie jedoch, daß er alle gleich behandelt, keine „Lieblinge“ hat, die er bevorzugt. Vor allem aber kann der Lehrer die letzte Entscheidungskompetenz über das, was im Unterricht geschieht, deshalb nicht abgeben, weil er dafür verantwortlich gemacht wird, und zwar nicht nur von den Vorgesetzten, sondern auch von Kollegen und Eltern, in aller Regel auch von den Schülern. Deshalb nimmt der Lehrer unvermeidlich eine Sonderrolle ein gegenüber den Schülern, so gut sein Verhältnis zu ihnen auch immer sein mag.

(M. Schwonke, Sozialisation und Sozialstruktur, Stuttgart 1977, S. 103f.)

M 14 4 Beispiele

Beispiel 1
Der Lehrer hat das Diktat korrigiert. Klaus bekommt die zweite Fünf in diesem Schuljahr. Lehrer A. schreibt in das Heft: „Du kannst es besser, Klaus! Gib Dir Mühe, und übe zu Hause, dann wird die nächste Arbeit besser.“ Lehrer B sagt beim Ausgeben der Hefte zur Klasse: „Klaus hat wieder eine Fünf geschrieben. Wenn er so weitermacht, bleibt er sitzen.“
Lehrer C gibt die Hefte ohne Bemerkung zurück.

Beispiel 2
Der Lehrer gibt englische Vokabeln auf.
Lehrer A: „Bis Dienstag die Vokabeln auf Seite 57!“
Lehrer B: „Lernt gründlich, wir wollen morgen in einem Gruppenwettbewerb die Vokabeln abfragen!“
Lehrer C: „Lernt eure Vokabeln gründlich; heutzutage braucht man Englisch in fast jedem Beruf.“

Beispiel 3
Klaus ist ein schwacher Schüler. Er bleibt beim Gedichtaufsagen hängen. Der Lehrer wartet einen Augenblick, sagt dann: „Das war nichts“, und ruft einen anderen Schüler auf.
Hans ist ein guter Schüler. Auch er kommt bei dem Gedicht ins Stocken. Der Lehrer wartet und sagt: „Laß dir Zeit, Hans, du kannst es gewiß!“ Als Hans der Anschluß eingefallen ist, meint der Lehrer: „Nun, ich wußte, daß du es gelernt hast.“

Beispiel 4
Der Lehrer übernimmt eine neue Klasse.
Lehrer A läßt sich von seinem Vorgänger genau berichten über die Abneigungen und Vorlieben der Schüler, ihre häuslichen Verhältnisse und ihre Freundschaften.
Lehrer B verzichtet darauf.

(Thema Politik, Verlag Ernst Klett, Stuttgart 1976, S. 42. Text: Horst Bekker)

❶ Für die Lehrer ist das Stichwort „pädagogische Freiheit“ von besonderer Bedeutung. Es besagt im wesentlichen, daß die Lehrer über die Auswahl der Unterrichtsinhalte (im Rahmen der staatlichen Richtlinien) und über die methodische Gestaltung des Unterrichts selbst entscheiden dürfen.
In welcher Weise nehmen die beiden Karikaturen (M 11 und 12) dazu und zu einer möglichen Mitbestimmung der Schüler Stellung?

❷ Diskutiert die beiden „Lösungen“ des Problems. Dürfen sich Lehrer überhaupt so verhalten, wie in den beiden Karikaturen dargestellt? Fragt euren Lehrer, welche Bestimmungen es darüber gibt.

❸ Versucht zunächst, den Text M 13 mit eigenen Worten wiederzugeben und die Gründe, die für die Sonderrolle des Lehrers angegeben werden, im einzelnen zu erläutern. Seid ihr mit allem einverstanden?

M 15 Was einer Schülerin an ihrer Lehrerin nicht gefällt

— daß wir jeden Tag Schularbeiten aufkriegen
— daß sie so viele Diktate aufgibt und soviel Rechnen
— wenn sie die Tür immer zuschlägt
— wenn sie immer schimpft und einem immer was durchstreicht
— wenn sie der ganzen Klasse Strafarbeiten aufgibt, weil einer etwas angestellt hat und der sich nicht meldet
— wenn sie immer so schreit
— wenn sie immer meckert, weil die Tafel nicht sauber ist
— wenn der Unterricht langweilig ist

— wenn wir Stillarbeit machen müssen
— wenn sie mit einigen Schülern mehr Geduld hat als mit mir
— daß sie manchmal schlecht gelaunt ist.

(Thema Politik (M 14), S. 43. Text: Herbert Uhl)

❶ Untersucht die 4 Beispiele (M 14) und sagt, welches Lehrerverhalten ihr jeweils für richtig bzw. sinnvoll haltet. Begründet eure Meinung.

❷ Welche in M 15 genannten Verhaltensweisen könnte (müßte) die Lehrerin ändern, welche hängen offenbar mit der Lehrerrolle (M 13) zusammen?

Pressefreiheit in der Schule

M 16 Bildungsauftrag der Schule

(1) Die Schule soll im Anschluß an die vorschulische Erziehung die Persönlichkeit der Schüler auf der Grundlage des Christentums, des europäischen Humanismus* und der Ideen der liberalen*, demokratischen und sozialen Freiheitsbewegungen weiterentwickeln. Erziehung und Unterricht müssen dem Grundgesetz für die Bundesrepublik Deutschland und der Vorläufigen Niedersächsischen Verfassung entsprechen; die Schule hat die Wertvorstellungen* zu vermitteln, die diesen Verfassungen zugrunde liegen. Die Schüler sollen fähig werden,
die Grundrechte* für sich und jeden anderen wirksam werden zu lassen, die sich daraus ergebende staatsbürgerliche Verantwortung zu verstehen und zur demokratischen Gestaltung der Gesellschaft beizutragen,
nach ethischen* Grundsätzen zu handeln sowie religiöse und kulturelle Werte zu erkennen und zu achten,
ihre Beziehungen zu anderen Menschen nach den Grundsätzen der Gerechtigkeit, der Solidarität und der Toleranz zu gestalten,
den Gedanken der Völkerverständigung zu erfassen und zu unterstützen,
Konflikte* vernunftmäßig zu lösen, aber auch Konflikte zu ertragen,
sich Informationen zu verschaffen und sich ihrer kritisch zu bedienen,
ihre Wahrnehmungs-, Empfindungs- und Ausdrucksmöglichkeiten zu entfalten und
sich im Berufsleben zu behaupten.
Die Schule hat den Schülern die dafür erforderlichen Kenntnisse und Fertigkeiten zu vermitteln. Dabei sind die Bereitschaft und die Fähigkeit der Schüler zu fördern, für sich allein wie auch gemeinsam mit anderen zu lernen und Leistungen zu erzielen. Die Schüler sollen zunehmend selbständiger werden und lernen, ihre Fähigkeiten auch nach Beendigung der Schulzeit weiterzuentwickeln.

(2) Die Schule soll Lehrern und Schülern den Erfahrungsraum und die Gestaltungsfreiheit bieten, die zur Erfüllung des Bildungsauftrags erforderlich sind.

(Niedersächsisches Schulgesetz = M 4, § 2)

M 17 Verbreitung von Schülerzeitungen auf dem Schulgrundstück

§ 67

(1) Schülerzeitungen, die von Schülern einer oder mehrerer Schulen für deren Schüler herausgegeben werden, dürfen auf dem Schulgrundstück verbreitet werden. Sie müssen der Schulleitung drei Schultage vor der Verbreitung in drei Exemplaren übergeben werden. Ist diese der Ansicht, daß der Inhalt einer Schülerzeitung gegen gesetzliche Verbote verstößt oder daß ihre Verbreitung die Erfüllung des Bildungsauftrags der Schule (§ 2) ernstlich gefährden würde, so hört sie unverzüglich die der Schule angehörenden verantwortlichen Redakteure an und berichtet der Schulbehörde. Diese teilt der Schule und den verantwortlichen Redakteuren den Tag des Eingangs unverzüglich mit und entscheidet, ob die Bedenken der Schulleitung gerechtfertigt sind; sie kann ein Verbot nur innerhalb von einer Woche nach Eingang des Berichts der Schule aussprechen. Innerhalb dieser Frist darf die Schülerzeitung auf dem Schulgrundstück nur verbreitet werden, wenn die Schulbehörde vorher ausdrücklich von einem Verbot Abstand nimmt.

(2) Flugblätter sind der Schulleitung 24 Stunden vor ihrer Verbreitung auf dem Schulgrundstück in drei Exemplaren zu übergeben. Im übrigen gilt Absatz 1 entsprechend mit der Maßgabe, daß ein Verbot nur innerhalb von drei Werktagen nach Eingang des Berichts der Schule ausgesprochen werden kann.

§ 68 Schülergruppen / Schülergruppen

(1) Schließen sich Schüler einer Schule zur Verfolgung von Zielen zusammen, die innerhalb des Bildungsauftrags der Schule nach § 2 liegen (Schülergruppen), so bestimmt der Schulleiter, inwieweit ihnen Schulanlagen und Einrichtungen der Schule zur Benutzung überlassen werden können.

(2) Schülergruppen, deren Mitglieder das 14. Lebensjahr vollendet haben, können in der Schule für eine bestimmte politische, religiöse oder weltanschauliche Richtung eintreten.

(Niedersächsisches Schulgesetz, = M 4, § 67, 68)

M 18 **§ 67 der Schulordnung bleibt umstritten**

„Nun stellt sich für uns die Frage, was wir gegen die Reform, noch tun können. Klar ist, daß Streik und Schulbesetzung nur die letzten Schritte sein können und von Schülern nicht als Freizeit verstanden werden dürfen." Dieser Abschnitt im „SB-Info" des Schülerrates der Hoffmann-von-Fallersleben-Schule (HvF), das im August verteilt werden sollte, sorgte für Furore (die BZ berichtete) und führte jetzt zu einer Podiumsdiskussion in der HvF.
Das „Info" war nach einem Rechtsstreit* zwischen dem Schülerrat der HvF und der Bezirksregierung zur Verteilung freigegeben worden und bot am Donnerstag reichlich Gelegenheit, den Paragraphen 67 der Niedersächsischen Schulordnung, der die Grundlage der Auseinandersetzungen bildete, auf Sinn und Berechtigung zu untersuchen.
Markus Auditor von der Jungen Presse Niedersachsen erklärte hierzu: „Wenn Schüler andere Meinungen äußern, wird zum Stift gegriffen. Die Schülerzeitungszensur wird in solch einem Fall politisch ausgenutzt." Weiterhin treffe der Schutzgedanke des § 67 nicht mehr zu.
Auch Dietmar Krämer, der mit Engagement für die Schülerratsinteressen eingetreten war, zeigte sich damit unzufrieden, daß die Bezirksregierung einen „Rückzieher" gemacht habe, statt ihren Fehler einzusehen und dem Schülerrat rechtzugeben. Die pädagogische Problematik des Sachverhalts wurde von Oberstudiendirektor Dieter Herrmann, dem Leiter der HvF, erläutert: „Ich wollte keine Meinung unterdrücken, sondern das bewußte Handeln gegen die Rechtsordnung im politischen Kampf verhindern." Hierbei hob der Direktor auf die beiden Schlagworte „Streik und Schulbesetzung" ab.
Manfred Eickmann, Referent des Kultusministeriums, sah im Gegensatz zu den Forderungen der Schüler keinen Anlaß den umstrittenen Paragraphen zu ändern. Dieser sei vielmehr ein Kompromiß zwischen der Staatlichen Schulaufsicht und der Pressefreiheit für Redakteure von Schülerzeitungen.
Der bildungspolitische Sprecher der SPD-Landtagsfraktion, Rolf Wernstedt, empfand die gesamte Streiterei als „kleinkariert" und betonte, daß bei der Entwicklung des § 67 solche Fälle nicht eingeplant worden seien. Neue Gedanken seien notwendig, um ähnliche Streitigkeiten zu verhindern.
Nach diesen Argumenten entwickelte sich eine rege Diskussion, bei der Schulleiter Herrmann Vorwürfe wie „Bevormundung" oder „reduziertes Recht" zu hören bekam, aber selber darauf verwies, daß er niemandem das Recht auf Meinungsfreiheit habe versagen wollen, sondern das Bedürfnis gehabt habe, zu zeigen, wo die Verfügbarkeit von Recht gefährlich werde. Herrmann wörtlich: „Ich wollte ein Signal setzen und im Rahmen meines Spielraumes das tun, was ich für richtig und notwendig hielt."

(Braunschweiger Zeitung v. 19. 12. 1987)

M 19

(Heckenschütz, Dieter: Lehrer — ärger dich! Eichborn Verlag, Frankfurt a. M. 1984, S. 88)

M 20 **Einschränkungen von Interessenvertretungsrechten**

Schülerräte, Klassen- und Jahrgangsschaften sind bei politischen Veranstaltungen (Podiumsdiskussionen, Ausstellungen) zu Neutralität und Ausgewogenheit verpflichtet, da sie die Interessen von Schülern unterschiedlicher Richtungen vertreten. So dürfen bei Einladungen von Politikern einzelne Parteien nicht bevorzugt werden.

(Autorentext)

❶ Macht euch anhand von M 16 klar, was das Grundrecht der Pressefreiheit mit dem Bildungsauftrag der Schule zu tun hat.

❷ Analysiert genau die Bestimmungen des Niedersächsischen Schulgesetzes über Schülerzeitungen und Flugblätter (M 17).
— In welcher Hinsicht ist die Pressefreiheit im Bereich der Schule eingeschränkt? Wie wird diese Einschränkung begründet?
— Welcher Verfahrensablauf ist bei der Herausgabe von Schülerzeitungen und Flugblättern im einzelnen vorgesehen?

❸ Versucht, den Konfliktfall, über den in M 18 berichtet wird, zu rekonstruieren:
— Welche Formulierung in einem Flugblatt hatte dazu geführt, daß der Schulleiter Bedenken erhob und die Verteilung dann durch die Bezirksregierung (Schulaufsicht) verboten wurde?
— Der Schülerrat hatte dann gegen dies Verbot vor Gericht geklagt („Rechtsstreit"); es kam aber nicht zu einer Gerichtsentscheidung, weil die Bezirksregierung vorher ihre Vorbotsentscheidung zurückzog. Was könnte zu diesem „Rückzieher" geführt haben?
— Diskutiert die Stellungnahmen der verschiedenen Teilnehmer an der Podiumsdiskussion. Müßte eurer Meinung nach der § 67 (s. M 17) geändert werden?

❹ Was will die Karikatur M 19 zum Problem der Pressefreiheit in der Schule zum Ausdruck bringen?

❺ Versucht, für die in M 20 genannten Einschränkungen Begründungen zu finden.

Diskutieren — argumentieren — überzeugen

M 21 Diskussionsform

Die Diskussion dient der Erörterung eines problematischen Sachverhalts. Sie soll Klarheit bringen, neue Erkenntnisse vermitteln und in sachlicher Auseinandersetzung Lösungsmöglichkeiten finden helfen. Voraussetzung: sie bedarf der guten Vorbereitung durch jeden einzelnen Teilnehmer und der überlegenen und erfahrenen Führung des Diskussionsleiters.

Der Diskussionsleiter soll

1. eine gute Gliederung des Themas im Kopf haben (damit es erschöpfend diskutiert und nichts Wesentliches weggelassen wird)
2. die Diskussion in Gang bringen (am Anfang und wenn sie ins Stocken gerät — notfalls durch herausfordernde Behauptungen)
3. schüchterne Teilnehmer ermuntern, Geschwätzige bremsen
4. die unterschiedlichen Ansichten gegenüberstellen
5. verbindende Gemeinsamkeiten herausstellen
6. Unklarheiten beseitigen
7. von Teilfrage zu Teilfrage steuern
8. wenn nötig, zum Thema zurückführen
9. persönliche Angriffe oder gar Beleidigungen auf jeden Fall zu vermeiden suchen
10. die Redezeit beachten
11. am Schluß wichtige Ergebnisse zusammenfassen
12. die Diskussion eröffnen und schließen.

Die Geschäftsordnung soll den reibungslosen Ablauf der Diskussion gewährleisten (Thema — Anmeldung etc.), die Redezeit festlegen,
regeln, wann das Wort entzogen werden kann.

(Rupert Hirschenauer: Verstehen und Gestalten 5, Oldenbourg Verlag, München, 1971/6, S. 35/36)

M 22 Debattenform

Die Debatte (franz. débattre = [be-]streiten, durchsprechen) ist eine kämpferische Auseinandersetzung, bei der die Gegner feste Positionen bezogen haben, die sie verteidigen. Darüber hinaus bemühen sie sich zusätzlich, den anderen zu überzeugen, durch Überredung für sich zu gewinnen oder ihm eine rhetorische Niederlage[1] beizubringen. Die Regeln der Fairneß setzen der Debatte ihre natürlichen Grenzen.

Bei der Debatte auftretende Gefahren:

1. Fanatisches und aggressives Verhalten
2. Verdrehung der Tatsachen
3. Verschweigen der wahren Sachverhalte
4. das Persönlichwerden (statt sachlicher Argumente)
5. das absichtliche Ablenken vom Thema und Ausweichen ins Allgemeine (oder auch in einen speziellen Fall)
6. das Lächerlichmachen des Gegners
7. die Übertreibung
8. die absichtliche Verwirrung
9. das Bestreiten der Zuständigkeit des Gegners
10. das Benützen falscher und unerlaubter Vergleiche
11. das Verwenden von Scheinargumenten
12. die Unterstellung
13. das Herausreißen von Bemerkungen (Zitaten) aus dem Zusammenhang
14. scheinbar elegante Redekunst, die in Wirklichkeit nur Geschwätz ist.

[1] Rhetorik = Redekunst

(Rupert Hirschenauer: Verstehen und Gestalten 5, Oldenbourg Verlag, München, 1971/6, S. 33/34)

M 23 Sachgespräche

Klärungs- und Entscheidungsfunktion

1. Das Klärungsgespräch
Es steht unter dem Motto: „Keiner weiß soviel wie alle zusammen, am Ende wissen alle mehr." Es wird deshalb auch als Gewinndialog bezeichnet. Ziel ist das gemeinsame Klären (Zusammentragen von Arbeitsergebnissen, Austausch von Erfahrungen etc.) von Sachverhalten.
2. Das Entscheidungsgespräch — Diskussion
Es dient dem Austrag von Meinungsverschiedenheiten und Konflikten. Ziel ist, darüber zu entscheiden, wie gehandelt werden soll.
3. Das Kampfgespräch — Debatte
In der Debatte geht es primär um die Darstellung schon bestehender Gruppenmeinungen („Parteien"). Ziel ist die Willensbildung, die durch Abstimmung („dafür", „dagegen", „Enthaltung") über Anträge herbeigeführt wird.

Allgemeine Schrittfolge von Sachgesprächen

Die grundlegenden Schritte zu einer Klärung oder Entscheidung eines Problems lassen sich so beschreiben:

a) Es werden die Tatsachen, der Streitfall, der Sachverhalt, das Problem herausgestellt und deutlich gemacht.
Frage: Wie ist die Lage?
b) Dieser Sachverhalt wird untersucht, analysiert, die Gründe für den Zustand, das Verhalten, den Streit werden gesucht.
Frage: Wo liegen die Gründe?
c) Es werden Vorschläge für eine Lösung gesucht und gemacht.
Frage: Was kann man tun?
d) Die Vorschläge werden verglichen, geprüft, die endgültige Lösung wird gefunden.
Frage: Worauf einigen wir uns? Wie heißt die Lösung?

Gesprächsleitung

Das Gelingen eines Sachgesprächs hängt in hohem Maße vom Gesprächsleiter ab.
Der Gesprächsleiter muß sich darüber im klaren sein, daß er eine Rolle* innehat. Sie umfaßt sozialintegrative*, ordnende und den Gedankengang fördernde Aufgaben.
Er eröffnet die Diskussion oder Debatte, umreißt das Thema, indem er ihm die Form einer Frage gibt.
Er erteilt das Wort nach der Reihenfolge der Meldungen, in der Debatte unter gleichmäßiger Berücksichtigung der Parteien (Führung einer Rednerliste).
Meldungen zur Geschäftsordnung, Richtigstellungen oder direkte Erwiderungen sind bevorrechtigt.
Er rügt persönliche Angriffe, unterbindet Abschweifungen, stellt vorgreifende Beiträge zurück, entzieht bei groben Verstößen das Wort — all das in einer Form, die dem Gesprächsklima förderlich ist (Gelassenheit, Humor).
Er kann durch knappe Resümees den Stand der Diskussion markieren und ihren Fortgang lenken.
Will er selbst mitdiskutieren, tritt er aus seiner Rolle heraus und gibt die Gesprächsleitung vorübergehend ab.
Bei vorhergehendem Referat und Korreferat erteilt er den Referenten ein Schlußwort.
Er schließt die Veranstaltung mit einer knappen Zusammenfassung der Standpunkte oder des Ergebnisses, gegebenenfalls mit einer Abstimmung.

(Wort und Sinn, Paderborn [Schöningh] 1980, S. 189—191)

M 24 Die Diskussion

Die Klasse 10a des Gymnasiums in G. hat eine Freistunde. Dirk, der Klassensprecher, nutzt dies, um der Klasse die Ergebnisse der letzten Sitzung der Schülermitverwaltung[1] bekanntzugeben. Es entwickelt sich anschließend folgende Diskussion:

Dirk: Hört bitte noch mal zu; ich muß euch noch mitteilen, daß morgen in 3 Wochen die Wahl der neuen Klassensprecher und SMV-Vertreter stattfinden soll. Wir haben diesen Termin so spät angesetzt, damit in den Klassen über die Kandidaten und ihre Zielvorstellungen ausreichend diskutiert werden kann. Auch wir sollten einmal darüber diskutieren, wie das Interesse an der SMV verbessert werden kann. Es wurde in der letzten SMV-Sitzung darüber geklagt, daß besonders die Schulklassen der Mittelstufe hier wenig mitmachen. Es waren sogar einige Klassen gar nicht vertreten. Von unserer Klasse war ich allein. Brigitte, unsere Sprecherin, war auch nicht da.

Brigitte: Was sollte ich denn da? Ich will — Ich habe schon seit einiger Zeit keine Lust mehr, das mitzumachen. Ich trete zurück. Jedesmal, wenn wir Mädchen in der SMV etwas vorgeschlagen haben, haben es die Jungen kritisiert und abgelehnt. Die sind alle autoritär und mädchenfeindlich.

Klaus: Na, na, vielleicht haben sie Grund dazu. Habt ihr denn gute Ideen?

Dirk: Klaus, laß doch das Gerede. Das kostet uns nur Zeit.

Doris: Hört mal, ich glaube, Brigitte hat recht. Ich meine auch, daß die Mädchen in der SMV nicht zu Wort kommen. Es sind auch zu wenige Mädchen drin.

Burkhard: Wie in Bonn!

Dirk: In manchen Klassen sind aber nur wenige Mädchen. Da wählen die Schüler lieber zwei Jungen als Klassensprecher. So kommt es zu einer Mehrheit der Jungen in der SMV.

Thomas: Ich meine, das Versagen der SMV beschränkt sich nicht auf die Mitbestimmung der Mädchen in der SMV. Ich habe den Eindruck, daß auch sonst dort nicht viel getan wird, oder jedenfalls nicht viel Vernünftiges, das allen Schülern Vorteile bringt.

Hans: Ja, Thomas hat recht; aber ich denke, das liegt nicht an den jetzigen SMV-Mitgliedern, jedenfalls nicht in erster Linie, sondern an dem zu geringen Wirkungskreis der SMV. Was kann sie denn überhaupt erreichen? Und was hat es für einen Sinn, wenn sie nur ein Scheinparlament ist.

Zwischenruf von Axel: Bei uns bestimmt ja nur der Direx, und Lehrer und Schüler haben zu folgen.

Dirk: Ich glaube, daß ihr da unrecht habt. Wir haben in der SMV im letzten Jahr doch allerhand erreicht.

Ingeborg: Na, was denn zum Beispiel?

Dirk: Denk doch nur einmal daran, daß auch den Mädchen das Rauchen nicht mehr verboten ist wie früher.

Annette: Na, das ist ein schöner Erfolg, wo Rauchen doch so schädlich ist. Ich finde, die SMV sollte sich Besseres einfallen lassen.

Dirk: Das war zum Beispiel ein Antrag der Mädchen, den wir geschlossen beim Direktor unterstützt haben. Aber denkt doch auch an die Beteiligung am Getränkeverkauf. Das Geld davon kam schon unserer Schülerband beim letzten Schulfest zugute. Und die Schülerzeitung ist auch erst durch Initiative der SMV zustande gekommen.

Bernd: Na, die könnte auch besser sein.

Helmut: Was soll das denn? Das sind doch alles nur Äußerlichkeiten. Raucherlaubnis, Limonadenverkauf, Schülerzeitung. Das Schulleben besteht aus Lehren und Lernen, und darauf haben wir doch gar keinen Einfluß.

Klaus: Vor allem im Lernen. Das wird allmählich zuviel, nicht?

Ute: Für dich bestimmt.

Martin (zu *Helmut*): Ich denke nur —. Meinst du denn, daß wir da jemals was erreichen werden und mitreden können. Da lassen sich doch die Lehrer nicht reinreden.

Helmut: Vielleicht tun sie das doch, wenn wir Schüler uns politisch organisieren würden und geschlossener auftreten würden.

Klaus: Vielleicht mit Wahlplakaten und Kundgebungen und dann auch mal nen Schülerstreik?

Helmut: Warum nicht?

Klaus: Das ist dann Demokratie auf der Spielwiese, was?

Sabine: Ich finde Helmuts Idee nicht schlecht. Vielleicht wächst dann das Interesse an der SMV, wenn wir mehr Gegensätze hätten, so mit Regierung und Opposition wie in Bonn! Das wäre doch Klasse!

Dirk: Ich glaube, Klaus hat mit seinem Zwischenruf doch etwas Richtiges angedeutet. Die SMV ist tatsächlich eine gute Vorschule für spätere politische demokratische Arbeit. Aber ich bin gegen politische Gruppen, das wird dann doch radikal und ideologisch. Ich meine, jede Klasse sollte weiterhin eigene Vertreter in die SMV schicken, weil die ihre Klassenkameraden und ihre Probleme besser kennen.

Helmut: Das ist doch auch bei politischen Gruppen möglich.

Dirk: Ja, wenn in allen Klassen konkurrierende politische Gruppen vertreten wären. Das würde aber dazu führen, daß der Klassenvertreter nur von einem Teil der Klasse gewählt wäre und oft nicht einmal von der Mehrheit.

Irene: Ich finde, Helmuts Vorschlag ist unrealistisch, weil [...] weil es bei uns an der Schule ja gar keine politischen Gruppen gibt, bis auf ein paar Radikale und ihre Mitläufer in den Oberklassen. Wenn die nun auch in den unteren Klassen bestimmen wollen, dann wäre das doch undemokratisch.

Dirk: Ich halte auch die Wahl von politisch ungebundenen Sprechern aus den einzelnen Klassen für demokratischer. Ich möchte aber jetzt vorschlagen, daß wir das Thema abschließen und noch etwas über die Wahl der neuen Klassenvertreter sprechen.

Heinz: Meines Erachtens sollte man doch noch über die Zusammensetzung und Arbeit der SMV sprechen, weil es sonst kaum Änderungen in der Arbeit geben wird. — Ich möchte für die nächste SMV einen Vorschlag machen, und zwar sollten wir an unserer großen Schule dazu übergehen, die Funktionen in der SMV zu teilen wie bei einer richtigen Demokratie. Die Klassenvertreter sollten in Zukunft das Schülerparlament bilden und dann unter sich einen Schülerrat, vielleicht von 4 bis 6 Vertretern wählen, der die Exekutive* darstellt und die Beschlüsse des Parlaments oder eigene Entscheidungen, die dann das Parlament billigen muß, durchführt. Dabei können die Aufgaben der SMV-Leitung auf mehrere Schüler übertragen werden. Die Arbeit hat dann nicht mehr der Vorsitzende allein zu tun. Außerdem kann sich der Schülerrat bei kritischen Angelegenheiten immer auf die Beschlüsse des Parlaments berufen, die er nur ausführt. Das verbessert doch die Stellung gegenüber dem Direktor und den Lehrern. Und darauf käme es doch an.

Andrea: Ich finde diesen Vorschlag prima.

Ingrid: Ich auch.

Helmut: Das sind doch wieder nur Äußerlichkeiten.

Dirk: Möchte sonst noch jemand etwas zu diesem Vorschlag sagen? — Der Vorschlag würde eine Satzungsänderung der jetzigen SMV erfordern. Er müßte also gut durchdacht und begründet werden, damit auch die anderen Klassensprecher zustimmen.

Axel: Ich denke [...] Ich wüßte nichts, was man gegen diesen Vorschlag vorbringen sollte. Nur müßte danach wirklich eine bessere SMV-Arbeit erreicht werden. An anderen Schulen arbeitet man schon lange so.

Dirk: Das hängt sicher auch von der Wahl guter Klassenvertreter ab.

Martin: Können wir nicht über den Vorschlag von

Heinz abstimmen? Und Dirk beauftragen, die erforderliche Satzungsänderung in der SMV durchzubringen, noch vor den nächsten Sprecherwahlen? Dann wird vielleicht die Wahl besser.
Dirk: Heinz, kannst du deinen Vorschlag als Antrag formulieren?
Heinz: Ich stelle den Antrag, daß unser Klassensprecher in der nächsten SMV-Sitzung folgende Satzungsänderung beantragen soll: Die gewählten Klassenvertreter sollen künftig das Schülerparlament bilden, in dem jede Klasse durch zwei Sprecher vertreten ist. Das Schülerparlament wählt in seiner ersten Sitzung einen Schülerrat von 4 (oder 5—6) Mitgliedern, der die Beschlüsse des Parlaments ausführt und die SMV gegenüber allen Stellen vertreten soll.
Helmut: Was soll das denn? Ich habe große Zweifel, ob das die SMV-Arbeit verbessert.
Martin: Wir sollten doch abwarten, wie sich das entwickelt.
Dirk: Wünscht noch jemand, etwas dazu zu sagen? Ich sehe, das ist nicht der Fall. Dann wollen wir über den Antrag von Heinz abstimmen. Wer ist dafür? Wer dagegen? Keiner? Stimmenthaltungen? Drei. Dann ist der Antrag angenommen. Ich werde ihn zur nächsten Sitzung der SMV vorlegen. Es wäre aber gut, wenn wir schon vorher mit anderen Klassenvertretern darüber sprechen würden, damit möglichst viele zustimmen. Und vielleicht sollten wir auch Heinz in die SMV wählen, damit er seinen Vorschlag dort mitrealisieren kann.
Heinz: Ich bin einverstanden.
Dirk: Das finde ich sehr gut. Habt ihr sonst noch Fragen oder Vorschläge? Dann können wir diese Versammlung beenden.

---

[1] heute Schülerrat

(Rupert Hirschenauer: Verstehen und Gestalten 6, Oldenbourg Verlag, München, 1974, S. 8/11)

M 25 Richtlinien, die bei einer Debatte beachtet werden müssen

Die Debatte bildet im Hinblick auf die einzuhaltenden Regeln ein Gegenstück zur Diskussion.
Während der Meinungsaustauch zu einem bestimmten Thema bei der Diskussion im Vordergrund steht, soll bei einer Debatte unter Berücksichtigung einer gewissen Geschäftsordnung eine Entscheidung getroffen werden.
Dabei versteht es sich von selbst, daß auch hier das Einbringen von Argumenten im Regelwerk verankert ist.
Die Vorgehensweise im Rahmen einer Debatte wird meist in Form von Geschäftsordnungen festgelegt. Doch auch wenn dies nicht der Fall sein sollte, darf gegen gewisse Regeln der Auseinandersetzung nicht verstoßen werden. Im Folgenden werden die durchaus als demokratische Richtlinien zu bezeichnenden Punkte näher ausgeführt.
Die *Leitung* einer Debatte liegt in den Händen des Vorsitzenden, der, wenn er nicht schon bestimmt ist, zu Beginn der Debatte gewählt werden muß. Der *Vorsitzende* hat auf eine unparteiische Leitung zu achten. Es ist seine Aufgabe, den Anwesenden das Wort zu erteilen oder gegebenenfalls bei Verstößen gegen die Geschäftsordnung das Wort zu entziehen. Er selbst darf nicht zum Diskussionspartner werden. Im schulischen Rahmen, also auf allen Konferenzen, an denen Schülervertreter teilnehmen, müssen diese Aufgaben für den jeweiligen Bereich von den Klassen- bzw. Schülersprechern übernommen werden.
Eine weitere Aufgabe des Vorsitzenden ist die Bekanntgabe der *Tagesordnung.* Sie sollte jedem Teilnehmer möglichst einige Zeit vor der Debatte schriftlich vorliegen. Zu Beginn der Sitzung wird vom Vorsitzenden die Frage gestellt, ob die Tagesordnung geändert werden muß. Wird ein entsprechender Antrag gestellt, folgt die sofortige Abstimmung über die jeweiligen Anträge. Die einzelnen Punkte der Tagesordnung müssen in der Reihenfolge, in der sie auf der Tagesordnung aufgeführt sind, behandelt werden. Sollte ein Punkt nicht erledigt werden können, wird er vertagt.
Die *Wortmeldungen* werden nach der Reihenfolge der Meldungen aufgerufen. Daher ist es nötig, von einem *Schriftführer* eine entsprechende Rednerliste führen zu lassen. Die Redner haben das Recht auszureden, doch sollte die Redezeit einen bestimmten, evtl. schon in der Geschäftsordnung festgelegten, Zeitraum nicht überschreiten. Zu jedem Tagesordnungspunkt liegt meist ein *Antrag* vor. Diese sollten den Teilnehmern möglichst vor der Debatte schriftlich ausgehändigt werden. Alle Anträge müssen begründet werden. Im Verlauf der Debatte können ständig Änderungsanträge bzw. Gegenanträge gestellt werden (Erweiterungsanträge sind darin eingeschlossen).
Die Formulierung der Anträge muß eine deutliche Abstimmung mit „Ja"- bzw. „Nein"-Stimme ermöglichen. Sollte dies nicht der Fall sein, müssen die Anträge vom Vorsitzenden entsprechend umformuliert werden.
Wenn keine Wortmeldungen mehr zu dem gestellten Thema vorliegen, ruft der Vorsitzende zur *Abstimmung* auf. Er muß dafür sorgen, daß allen Teilnehmern klar ist, über welchen Antrag abgestimmt wird. So empfiehlt es sich, den Antrag in seinem vollen Wortlaut noch einmal verlesen zu lassen. Sind zu dem Antrag Gegenanträge gemacht worden, wird erst über diese abgestimmt. Anschließend kommt der Hauptantrag zur Abstimmung. Erst danach geben die Teilnehmer über Gegenanträge ihr Votum ab.
Zunächst stellt der Vorsitzende die Frage, wer für den Antrag stimmt. Anschließend fragt er nach den

Gegenstimmen und erst dann nach den Enthaltungen.
Es gibt zwei Möglichkeiten, einen Antrag als angenommen zu betrachten.
Zunächst kann nach *absoluter Mehrheit* abgestimmt werden. Das heißt, ein Antrag wird nur angenommen, wenn mehr als die Hälfte der Stimmberechtigten oder eine $^{2}/_{3}$ Mehrheit für den Antrag stimmen.
Als zweite Möglichkeit bietet sich eine *relative Mehrheit* an. Ein Antrag ist angenommen, wenn mehr „Ja"- als „Nein"-Stimmen zu verzeichnen sind. Eine Stimmengleichheit gilt als Ablehnung. Enthaltungen werden nicht berücksichtigt.
Die Anwesenden geben ihre Stimme durch Handaufheben ab. Es sei denn, ein Teilnehmer hätte die geheime Stimmabgabe gefordert. Einem solchen Antrag muß in jedem Fall nachgegeben werden.
Anträge zur Geschäftsordnung, also Anträge, die evtl. eine Beschleunigung des Verfahrens mit sich bringen, werden durch Aufhebung beider Hände deutlich gemacht. Sie müssen sofort berücksichtigt werden. Zu einem *GO-Antrag* ist nur eine Gegenrede zulässig. Es kommt zur unverzüglichen Abstimmung. Ohne Gegenrede ist ein solcher Antrag auch ohne Abstimmung angenommen.
Werden nun all diese Punkte berücksichtigt, sollte ein für alle Teilnehmenden zufriedenstellender Verlauf der Debatte garantiert sein.

(Autorentext)

❶ Macht euch anhand von M 21 — M 23 die wichtigsten Unterscheidungsmerkmale zwischen Diskussion und Debatte klar und erläutert, worauf es bei Sachgesprächen (z. B. in Form von Podiumsdiskussionen) ankommt.

❷ Erläutert die Vor- und Nachteile der jeweiligen Gesprächsform und überlegt, bei welchen Anlässen und zu welchen konkreten Themen es im Bereich der Schule und der Schülervertretung zu den genannten Gesprächsformen kommen könnte und sollte.

❸ Untersucht das Beispiel M 24 im Hinblick auf die Regeln, nach denen diese Diskussion abläuft.

❹ Führt selber z. B. eine Diskussion zu einem bestimmten Thema (oder zu dem Thema von M 24) durch, und achtet dabei auf die Gesprächsregeln.

❺ Überlegt, für welche Form sich das Thema „Wohin auf dem Klassenausflug?" am besten eignen würde?

❻ Die Hinweise in M 25 sind besonders für diejenigen von euch sehr wichtig, die als gewählte Vertreter an Debatten der SV-Gremien teilnehmen oder solche Debatten leiten müssen. Macht euch noch einmal den Unterschied zwischen Diskussion und Debatte klar, und erläutert, warum bei einer Debatte die Regeln verbindlicher festgelegt sein müssen als bei einer Diskussion.

Zur Sicherung des Grundwissens

Nach der Erarbeitung des Kapitels 2 solltet ihr

- *die Aufgaben eines Klassensprechers nennen können (M 3, 1. Abschnitt);*
- *sagen können, woraus der „Schülerrat" besteht und welche Aufgaben er hat (m 4);*
- *die Zusammensetzung der Gesamtkonferenz euerer Schule angeben können (M 5b);*
- *die drei unterschiedlichen Arten von Mitwirkungsrechten der Schüler nennen und konkrete Beispiele dafür anführen können (Arbeitshinweis 2 nach M 8, M 6);*
- *die Zusammensetzung und die Bedeutung von „Kreisschülerrat" bzw. „Stadtschülerrat" und „Landesschülerrat" beschreiben können (M 4, M 6);*
- *beschreiben können, welche unterschiedlichen Rollenerwartungen an Schüler und Lehrer gestellt werden und welche Probleme und Konflikte sich daraus ergeben können (M 9, M 10);*
- *angeben können, unter welchen Bedingungen Schülerzeitungen auf dem Schulgelände verbreitet werden dürfen (M 17);*
- *den Unterschied zwischen „Diskussion" und „Debatte" nennen und die wichtigsten Gesichtspunkte erläutern können, die bei einer Debatte zu beachten sind (M 21/22, M 25, hervorgehobene Begriffe).*

3 Gefährdung von Jugendlichen durch Suchtmittel

M 1a Alkohol

Wir haben wieder die Nacht zum Tag gemacht
ich nahm mein Frühstück abends um acht
Gedanken fließen, zäh, wie Kaugummi
mein Kopf ist schwer wie Blei, mir zittern die Knie.
Gelallte Schwüre im rotblauen Licht
Vierzigprozentiges Gleichgewicht
Graue Zellen in weicher Explosion,
Sonnenaufgangs- und Untergangsvision.
Was ist denn los, was ist passiert?
Ich hab bloß meine Nerven massiert!
Alkohol ist dein Sanitäter in der Not.
Alkohol ist dein Fallschirm und dein Rettungsboot.
Alkohol ist das Drahtseil, auf dem du stehst, Alkohol, Alkohol.

Die Nobelscene träumt vom Kokain
und auf dem Schulklo riechts nach Gras.
Der Apotheker nimmt Valium und Speed
und wenn es dunkel wird, greifen sie zum Glas.
Was ist denn los, was ist passiert?
Ich hab bloß meine Nerven massiert!
Alkohol ist dein Sanitäter in der Not.
Alkohol ist dein Fallschirm und dein Rettungsboot.
Alkohol ist das Drahtseil, auf dem du stehst.
Alkohol ist das Schiff, mit dem du untergehst.
Alkohol ist dein Sanitäter in der Not.
Alkohol ist dein Fallschirm und dein Rettungsboot.
Alkohol ist das Dressing für deinen Kopfsalat, Alkohol, Alkohol.

(„Alkohol" T.: Herbert Grönemeyer © Grönland Musikverlag)

❶ Analysiert den Text des Songs von Herbert Grönemeyer, und überlegt, was der Autor damit zum Ausdruck bringen will. Schätzt er den Alkoholgenuß positiv oder negativ ein?

❷ Nehmt Stellung zur Absicht des Liedes und zu seiner möglichen Wirkung auf die Zuhörer. Versucht, eure eigene Einstellung zum Alkohol darzulegen und zu diskutieren. Haltet ihr Alkohol für eine Droge?

M 1b Rolf S. (17), Schüler

Rolf geht noch zur Schule. Bei seinen Freunden gilt er als guter Kumpel. Er gehört nicht zu den besten Schülern, aber er kommt durch. Neulich hat er mir erzählt, seine Eltern möchten ihn Betriebswirtschaft studieren lassen. Er selber weiß noch nicht, was er will. „Erst mal geh' ich ja sowieso zum Bund", sagt er.

Ein ganz normaler Junge also, dieser Rolf, dachte ich. Bis ich hörte, daß Rolf in letzter Zeit ein paarmal aufgefallen ist, weil er auf dem Schulhof während der Pause den Flachmann kreisen ließ. Später habe ich ihn dann auch mal spät am Abend sturzbetrunken die Straße entlangwanken sehen.

Alles noch kein Grund zur Panik. Und doch mehren sich die Anzeichen. Neulich habe ich Rolf auf einer Klassenfete gesehen. Nein, er hat nicht gepöbelt. Erst saß er mit ein paar anderen zusammen, hat gelacht und Witze erzählt. Dann hat er kurz getanzt. Und den Rest des Abends hat er mit einem Freund dagehockt. Hat nicht mehr viel geredet. Hat geraucht und ein Bier nach dem anderen getrunken.

Am nächsten Morgen habe ich Rolf vorsichtig gefragt, was denn gestern abend los gewesen sei. Aber Rolf hat nur gesagt: „Weiß auch nicht. Hab' mich nicht gut gefühlt."

Von einem Mädchen, das mal mit Rolf befreundet war, weiß ich, daß er zu Hause manchmal Ärger hat. Aber das haben andere auch.

(Geisler, Wolfgang, ... damit alles ein bißchen leichter wird, Weinheim/Basel 1981, Beltz Verlag, S. 13)

M 1c Sandra, 18 J.

Sandra wurde von keiner finsteren Type angeredet, kein geldgieriger Dealer verkauft ihr das erste Hasch: Ihre beste Freundin Annette überzeugte sie, daß man ein Riesenfeeling erleben könne. Sandra wollte zuerst nicht, aber Annette lachte sie aus.

Klaus, ein älterer Freund von Annette, studierte in Heidelberg. Wenn Annette ihn besuchte, zogen sie öfter einen Joint durch. Sandra war manchmal dabei, Klaus sagte, sie solle sich nicht ausschließen, sie gehöre doch zur Clique. Wie sie dasitze, das sei ein schwaches Bild und so. Einmal nahm sie dann einen Joint. Sandra ist richtig darauf abgefahren. Sie war plötzlich viel verrückter auf das kiffen als die anderen. Klaus hatte immer gesagt, Haschen sei völlig ungefährlich. Er nahm auch nie etwas Stärkeres.

Klaus war nur Gelegenheitskiffer; er war stark genug, nie etwas anderes zu probieren. Aber Sandra war nicht so stark. Sie stieg auf härtere Sachen um und starb an Heroinsucht. Klaus ist sicher mit schuld an ihrem Tod, obwohl er nur ein wenig Spaß haben wollte.

(Frei nach: Eberhard Hungerbühler/Klaus Mellenthini, Warum sagst du nicht „Nein, danke?" Fischer-Verlag, Frankfurt 1982, S. 17)

❶ Vergleicht die beiden Beispiele Rolf und Sandra miteinander. Kann man bei Rolf überhaupt von etwas Besorgniserregendem sprechen?

❷ Untersucht, inwieweit die beiden Beschreibungen etwas über die Ursachen des beschriebenen Verhaltens aussagen?

❸ Nehmt die beiden Beispiele zum Anlaß, ggf. aus eurem eigenen Kenntnis- und Erfahrungsbereich zu berichten.

Daten und Fakten zum Drogenproblem

M 2 Erscheinungsformen des Suchtmittelkonsums

Haschisch und Marihuana

Haschisch und Marihuana sind aus dem Indischen Hanf gewonnene Rauschgifte. Sie kommen aus dem Vorderen Orient, Afrika, Asien und Südamerika.
Aus dem Harz, das in den Blütenspitzen abgesondert wird, stellt man durch Extraktionsverfahren Haschisch her.
Marihuana wird aus den zerkleinerten Blättern und Blüten gewonnen.

Verwendung	geraucht mit Tabak vermengt getrunken im Tee gegessen, als Plätzchen inhaliert
Wirkung	individuell verschieden: gehobene Stimmung und gesteigerte Kontaktfreudigkeit Ruhelosigkeit, Antriebsverlust veränderte Sinneswahrnehmungen verändertes Zeit- und Raumgefühl
akute Gefahren des Mißbrauchs	Sinnestäuschungen Angstzustände
Langzeitfolgen	Nachlassen der Konzentrations- und Leistungsfähigkeit Depressionen und Verwirrungszustände seelische Entwicklungsstörungen körperliche Schäden sind nicht auszuschließen
Abhängigkeit	seelische

Halluzinogene (LSD, Meskalin und Psilocybin)

Halluzinogene sind Stoffe, die Sinneseindrücke verändern und Sinnestäuschungen hervorrufen können.
LSD wird künstlich hergestellt.
Meskalin und Psilocybin sind pflanzliche Wirkstoffe, die auch künstlich hergestellt werden.

Verwendung	als Lösung auf Tabletten, in Kapseln oder anderen Trägern (Mini-Trips) geschluckt
Wirkung	hochgradige nervliche Erregbarkeit mit starken Gefühlsschwankungen Störungen der Wahrnehmung
akute Gefahren des Mißbrauchs	Stimmungen und Sinnestäuschungen werden oft so stark, daß es zu erhöhter, unkontrollierbarer Risikobereitschaft und dadurch zu unerwarteten, selbstzerstörerischen Fehlhandlungen kommen kann. Horrortrip
Langzeitfolgen	Plötzlich eintretende Rauschzustände ohne Einnahme („Echo-Effekt") gesteigerte Wahnvorstellungen häufigere Horrotrips Psychosen
Abhängigkeit	seelische

Heroin

Heroin wird aus Morphium gewonnen. Morphium wird aus Opium hergestellt. Opium ist ein milchiger Saft, der aus der unreifen Schlafmohnkapsel gewonnen wird.
(Höchster Risikograd!)

Verwendung	geschnupft in die Vene gespritzt
Wirkung	Beeinflussung des Zentralnervensystems Senkung des Schmerzempfindens anfänglich starke Euphorie* gesteigertes Selbstbewußtsein Verblassen der Sinneswahrnehmungen unmittelbar eintretende Abhängigkeit
akute Gefahren des Mißbrauchs	Bewußtlosigkeit Atemlähmung mit Todesfolge häufige Todesfälle durch Überdosierung, giftige Beimengungen, Ersticken am Erbrochenen bei Bewußtlosigkeit
Langzeitfolgen	Dosissteigerungen zwingend Persönlichkeitsveränderung: reizbar, aggressiv, egozentrisch, übersteigertes Selbstbewußtsein, Verwahrlosung, Beschaffungskriminalität, Abnahme der Intelligenz, Wahnideen, bleibende Gehirnschäden Magen- und Darmstörungen Abmagerung bis zum völligen körperlichen Verfall Leberschäden
Abhängigkeit	seelische und körperliche

Kokain

Kokain ist der Wirkstoff, der in den Blättern des in Peru und Bolivien wachsenden Kokastrauches enthalten ist.

Verwendung	als Pulver geschnupft in Wasser aufgelöst gespritzt
Wirkung	Übererregung des Zentralnervensystems gesteigertes Rede- und Kontaktbedürfnis Hemmungslosigkeit
akute Gefahren des Mißbrauchs	Herzschwäche Atemstörung
Langzeitfolgen	tiefe Depressionen, Halluzinationen, Verfolgungswahn, chronisches Mißtrauen Schlaflosigkeit, Verdauungsstörungen, Leberschäden Abbau der Persönlichkeit völliger körperlicher Verfall Verwahrlosung
Abhängigkeit	seelische

Alkohol

Trinkalkohol wird z. B. aus Obst oder Getreide hergestellt. Diese enthalten Zucker oder Stärke, die durch Gärung in trinkbaren Alkohol umgewandelt werden.
Bei uns ist Alkohol ein Genußmittel und sehr leicht zugänglich.
Alkohol ist ein Zellgift. Häufiger und übermäßiger Gebrauch führt zu Schäden.

Verwendung	getrunken, in Form von Bier, Wein, Sekt und anderen Spirituosen
Wirkung	gehobene Stimmung gesteigerte Kontaktfreudigkeit Nachlassen des Reaktionsvermögens Verlust von Hemmungen Rausch: läppisch-heitere oder gereizt-aggressive Stimmung Einschränkung des Gesichtskreises Kontrollverlust der Bewegungen Gleichgewichtsstörungen Bewußtlosigkeit
akute Gefahren des Mißbrauchs	erhöhte Unfallgefahr Vergiftungen mit Todesfolge
Langzeitfolgen	Magengeschwür Leberschäden Abbau von Gehirnzellen (Verlust des Kurzzeitgedächtnisses, Delirium tremens*)
Abhängigkeit	körperliche und seelische

Arzneimittel

Arzneimittel sind synthetische oder natürliche Stoffe, mit denen man die Beschaffenheit, den Zustand oder die Funktionen des menschlichen Körpers bzw. seelische Zustände beeinflussen kann.
Die Einnahme soll entsprechend den Anordnungen des Arztes oder der beiliegenden Gebrauchsanweisung nur dann erfolgen, wenn hierzu eine Notwendigkeit besteht.

Verwendung	je nach Darreichungsform
Wirkung	Schmerzmittel: lindern Schmerzen, regen an, täuschen angenehmes Körpergefühl vor Schlafmittel: schlaffördernd Beruhigungsmittel: angst- und spannungslösend Weckmittel: steigern Antrieb und Aufmerksamkeit
akute Gefahren des Mißbrauchs	Schmerzmittel: Koordinationsstörungen Bewußtseinstrübungen Schlaf- und Beruhigungsmittel: Atemlähmung mit Todesfolge Weckmittel: planlose Aktivität, angstgetönte Wahnbildungen, Blutdruckkrisen
Langzeitfolgen	Bei allen Mitteln Dosissteigerung Schmerzmittel: psychische Abstumpfung, Nieren- und Leberschäden Schlaf- und Beruhigungsmittel: psychische Abstumpfung körperlicher Verfall Weckmittel: Depressionen und Mißtrauensreaktionen schwere Organstörungen körperlicher Verfall
Abhängigkeit	seelische und körperliche

Was sind Drogen? Drogen sind Substanzen, die in die natürlichen Abläufe des Körpers eingreifen und Stimmungen, Gefühle und Wahrnehmungen beeinflussen. Drogen sind also nicht nur Rauschmittel wie Haschisch, LSD, Heroin, sondern auch Arzneimittel und Genußmittel, wie Alkohol und Nikotin.

(Aus: Faltblatt „Drogen" der Barmer Ersatzkasse, Wuppertal)

M 3a Was sind legale, was illegale Drogen?

Bei dem Wort „Drogen" denken die meisten Menschen automatisch an Jugendliche, an Haschisch oder Heroin. Weitaus häufiger jedoch wird bei uns zu Alkohol, Zigaretten und Medikamenten gegriffen, um die Stimmung zu verbessern und sich die Realität erträglicher zu machen. Nicht bloß von Jugendlichen

Fast jede Gesellschaft verfügt über Mittel, die in die natürlichen Abläufe des Körpers verändernd eingreifen und sich auf die Stimmung, die Gefühle und die Wahrnehmungen des Menschen auswirken. Manche dieser Mittel werden toleriert, andere verboten. Zugelassen, also legal, sind bei uns Alkohol, Zigaretten und Arzneimittel. Was illegale Drogen sind, definiert das Gesetz. Hierunter werden ausschließlich jene Stoffe verstanden, die unter das Betäubungsmittelgesetz (BtMG) fallen. Wer illegale Drogen wie Haschisch, LSD, Kokain, Heroin besitzt, konsumiert oder damit handelt, macht sich strafbar.
Es steht fest, daß die Gefährdung durch eine Droge nicht nur von ihrer stofflichen Wirkung abhängt, sondern auch von der Art und Weise ihres Gebrauchs. Der Gebrauch von gesellschaftlich akzeptierten Drogen wird erlernt wie andere Verhaltensweisen auch. So erlebt z. B. ein Mädchen, daß seine Mutter bei Kopfschmerzen stets ein Arzneimittel nimmt. Hat die Tochter dann einmal Schmerzen, bekommt sie von der Mutter eine Tablette; später versorgt sie sich selbst damit. Kinder ahmen das Verhalten der Erwachsenen nach, sie lernen von ihnen. Dieses Lernen ermöglicht im allgemeinen einen kontrollierten Umgang mit Alkohol, Zigaretten und Medikamenten und hält deren Mißbrauch und Folgeschäden in Grenzen. Die Faktoren, die dazu beitragen, sind jedoch so vielfältig, daß Mißbrauchsverhalten nicht immer verhindert werden kann. Gerade bei uns hat seit jeher Alkoholmißbrauch große Probleme verursacht.

(Bundeszentrale für gesundheitliche Aufklärung „Unsere Kinder frei von Drogen?", Köln 1984, S. 6)

M 3b Strafen

Nach dem Betäubungsmittelgesetz (BtMG) vom 28. 7. 1981 (mit Änderungen vom 27. 1. 1987) wird bestraft, wer Betäubungsmittel (aufgeführt in den Anlagen I—III zum BtMG) illegal besitzt oder mit ihnen umgeht, wer sie unbefugt einem anderen verabreicht (z. B. spritzt) oder zum Verbrauch überläßt, oder wer öffentlich oder eigennützig eine Gelegenheit zum unbefugten Verbrauch, zum Erwerb oder zur Abgabe von Betäubungsmitteln mitteilt oder eine solche Gelegenheit einem anderen verschafft oder gewährt oder ihn zum unbefugten Verbrauch von Betäubungsmitteln verleitet (§ 29 BtMG).
Verhängt werden kann eine Freiheitsstrafe bis zu vier Jahren oder eine Geldstrafe. Die meisten Verstöße gegen das BtMG, insbesondere die illegale Einfuhr in das Bundesgebiet, sind gleichzeitig auch als Steuervergehen strafbar.
Der Gesetzgeber will durch diese Maßnahmen den Handel mit Drogen verhindern oder wenigstens erschweren. Deshalb gilt u. a. als besonders schwerer Fall, wenn der Täter gewerbsmäßig oder als Mitglied einer Bande handelt, oder wenn er Betäubungsmittel in nicht geringen Mengen einführt, besitzt oder abgibt.

(Autorentext nach: Strafgesetzbuch, 23. Aufl. Beck. Texte im dtv Nr. 5007, München 1988)

Nach dem Urteil des Bundesverfassungsgerichts von 1994, dem zufolge der Besitz *geringer* Mengen weicher D. zum Eigenverbrauch nicht mehr strafbar ist, legten die Bundesländer 1994/95 unterschiedliche Mengenbegrenzungen für die Strafverfolgung des D.-Besitzes fest. Der Besitz einer *nicht geringen* Menge weicher D. wurde 1995 in der deutschen Rechtsprechung als Verbrechen gewertet und mit mindestens einem Jahr Haft geahndet.

(Lexikon Aktuell '96, Harenberg, Dortmund 1995, S. 124)

M 4 Was heißt seelische und körperliche Abhängigkeit?

Zum ersten Drogenkonsum kommt es im allgemeinen nicht, weil man ein Problem hat, mit dem man nicht fertig wird. Neugier und der Wunsch mitzumachen, wenn alle in der Gruppe Haschisch rauchen, sind weitaus häufigere Motive.
Aber dann macht man irgendwann einmal die Erfahrung, daß eine Droge durch ihre Wirkung unangenehme Dinge vergessen läßt. Wer diesen Effekt kennengelernt und als angenehm empfunden hat, der neigt leicht dazu, diese Erfahrung zu wiederholen. Besonders, wenn er keine Alternativen kennt. Schließlich glaubt man, ohne die anregende oder dämpfende Wirkung des Rauschmittels nicht mehr auszukommen — seelische Abhängigkeit ist eingetreten. Es besteht der Zwang, die Droge immer wieder zu nehmen.
Körperliche Abhängigkeit bedeutet, daß die Droge in den Stoffwechsel des Organismus einbezogen ist und daß sich der Körper an das Mittel gewöhnt hat. Schließlich braucht er es ebenso, wie er Nahrung braucht. Wird die Droge abgesetzt, können sich quälende Entzugserscheinungen einstellen, z. B. Erbrechen, Schweißausbrüche, Gliederschmerzen.

(Bundeszentrale ..., [= M 3a], S. 7

❶ Verschafft euch anhand von M 2 einen Überblick über die verschiedenen Suchtmittel.
— Wie lassen sich die Begriffe Suchtmittel, Drogen, Rauschmittel, Arzneimittel voneinander abgrenzen?
— Welche Unterschiede und Gemeinsamkeiten lassen sich bei den aufgeführten Mitteln erkennen? — Zur Klärung des wichtigen Begriffs „Abhängigkeit" zieht M 4 und M 15 heran.

❷ Macht euch anhand von M 3a die Unterscheidung zwischen legalen und illegalen Drogen klar, und überlegt, welche Gründe der Gesetzgeber für seine Festlegung gehabt haben könnte. Würdet ihr eine andere gesetzliche Regelung für besser halten? Diskutiert ggf. eure Vorschläge dazu.

❸ Diskutiert auch die im Betäubungsmittelgesetz (BtMG) vorgesehenen Strafen. Erscheinen sie euch angemessen (M 3b)?

M 5a Jugend will klaren Kopf behalten

Vor dem Hintergrund eines in den letzten Jahren deutlich zurückgehenden Alkoholkonsums in der Bevölkerung (jährlicher Konsum reinen Alkohols 1980: 12,7 Liter, 1982: 12,2 Liter, 1984: 11,9 Liter, 1986: 11,5 Liter) vollzieht sich erfreulicherweise auch bei jungen Menschen seit Anfang der 80er Jahre ein deutlicher Rückgang des Alkoholkonsums. Darauf hat das Bundesministerium für Jugend, Familie, Frauen und Gesundheit im Deutschen Bundestag hingewiesen.
Nach zwei vom Ministerium geförderten Untersuchungen des Konsumverhaltens junger Menschen aus den Jahren 1980/81 und 1986/87 ist der Alkoholkonsum bei jungen Menschen im Alter von zwölf bis zu 24 Jahren zurückgegangen. Insgesamt hat der Anteil der regelmäßigen Alkoholkonsumenten in diesen Altersgruppen um fünf Prozent abgenommen. Im einzelnen ergibt sich folgendes Bild:

Alkoholkonsum regelmäßig	Gesamt		Männer		Frauen	
	1980/81 %	1986/87 %	1980/81 %	1986/87 %	1980/81 %	1986/87 %
Gesamt	27	22	38	34	14	10
12 bis 14 Jahre	2	1	3	1	2	1
15 bis 17 Jahre	17	14	25	22	9	6
18 bis 20 Jahre	31	24	47	37	15	10
21 bis 24 Jahre	39	34	55	51	21	15

Dieser Rückgang betrifft alle Alkoholsorten, insbesondere auch Bier, das bei jungen Männern mit Abstand das häufigste alkoholische Getränk ist. Der insgesamt rückläufige Alkoholkonsum der Jugendlichen ist begleitet von einer Zunahme des regelmäßigen Konsums von nichtalkoholischen Getränken, insbesondere Mineralwasser.
Diese Tendenzen in allen Altersgruppen der jungen Generation erhärten den Befund, daß sich das Trinkverhalten unter den Jugendlichen und jungen Erwachsenen positiv verändert hat. Hierbei darf allerdings nicht übersehen werden, daß der Anteil der potentiell Alkoholgefährdeten seit Anfang der 80er Jahre unverändert ist, d. h. eine relativ kleine Gruppe starker Alkoholkonsumenten unverändert existiert (ca. vier Prozent dieser Altersgruppen).
Die insgesamt positive Entwicklung ist mit großer Wahrscheinlichkeit zumindest auch auf die seit Jahren von der Bundeszentrale für gesundheitliche Aufklärung sowie weiteren Stellen in Bund und Ländern betriebene Suchtprophylaxe* zurückzuführen.
Dem umfassenden Suchtbegriff entsprechend, bindet die Bundeszentrale für gesundheitliche Aufklärung ihre Warnungen vor den Gefahren des Alkoholmißbrauchs in ihre allgemeine Drogenprävention* mit ein.
Dementsprechend sind ihre Broschüren und Materialien nicht auf den Alkoholmißbrauch beschränkt, sondern sprechen zugleich den Drogenmißbrauch sowie die Gefahren durch Medikamente und Tabak mit an.

(Braunschweiger Zeitung v. 9. 6. 1988)

M 5b Gehalt an reinem Alkohol in verschiedenen Getränken

Getränk (Menge)	Gehalt reinen Alkohols (g)
Wermut (0,1 l)	14,2
Wein (0,1 l)	8
Bier (0,2 l)	6—8
Sherry (5 cl)	7,1
Himbeergeist (2 cl)	7,1
Whisky (2 cl)	6,8
Wodka, Rum (2 cl)	6,3
Weinbrand (2 cl)	6
Korn (2 cl)	5
Likör (2 cl)	4,7
Eierlikör (5 cl)	3,1

(Lexikon Aktuell 1988 Dortmund (Harenberg), S. 26)

M 6a Rauschgiftbilanz 1992/93

Im Jahr 1992 wurde mit 123903 registrierten Straftaten eine neue Höchstmarke bei Rauschgiftdelikten erreicht. Mit 14346 Personen wurden so viele sogenannte Erstkonsumenten harter Drogen (EKhD) festgestellt wie nie zuvor, und die Zahl der Rauschgifttodesfälle blieb mit 2099 nahezu unverändert hoch (s. M 18).
Bemerkenswert ist der steigende Anteil der Delikte im Zusammenhang mit Heroin, was einmal auf eine höhere Akzeptanz und größer werdende Bedeutung dieses Rauschgifts hindeuten könnte, aber

auch Ergebnis und Spiegelbild der polizeilichen Schwerpunktsetzung im Heroinbereich sein dürfte.
[...]
In bezug auf die Altersstruktur der sogenannten Erstkonsumenten sind die Altersklassen der 21- bis 25jährigen (30,8%) und der 25- bis 30jährigen (20,0%) die am stärksten belasteten. Für einen früher behaupteten Trend eines ständig sinkenden Einstiegsalters liegt keine Bestätigung vor.
Der Anteil der männlichen EKhD liegt mit 82,1% etwas höher als 1991 (80,8%). Lediglich bei den LSD-Erstkonsumenten liegt der Frauenanteil über 20% (26,5%).
In der Bundesrepublik Deutschland existieren verschiedene Schätzungen auf der Basis unterschiedlicher Erhebungssysteme, die sich mit der Anzahl der Konsumenten harter Drogen befassen. Bei zum Teil stark abweichenden Ober- bzw. Untergrenzen und einer nicht immer einheitlichen bzw. nicht differenzierten Erfassung von Mißbrauchsverhalten (z. B. frühere Erfahrung im Umgang mit illegalen Drogen, gelegentlicher Konsum, aktueller Mißbrauch als Probierer oder Abhängiger) liegen aus den unterschiedlichen Verfahren doch Schätzungen vor, die sich etwa im Bereich von ca. 100000 Konsumenten harter Drogen für die Bundesrepublik Deutschland überschneiden. Polizeiliche Schätzungen gehen bis etwa 120000 Verbraucher harter Drogen. Ihnen liegt allerdings der umfassende Konsumentenbegriff zugrunde.

(Jahrbuch Sucht 94, hg. von der Deutschen Hauptstelle gegen die Suchtgefahren in Hamm; Neuland-Verlag, Geeshacht 1993, S. 105—109)

Die **Rauschgiftbilanz 1993** gibt keinen Anlaß zur Entwarnung. Der Rückgang der Zahl der Drogentoten (s. M 18) ist zwar ein positives Zeichen. Allerdings kann dies noch nicht als Trendwende interpretiert werden. Dazu ist die Zahlenbasis zu schmal und der Zeitraum des registrierten Rückgangs zu kurz. Außerdem fehlt es an einer allgemein akzeptierten, plausiblen Erklärung für diese Entwicklung.
[...]
Der Rückgang der Gesamtzahl der polizeilich erfaßten Erstkonsumenten harter Drogen (s. M 18) beschränkt sich auf Heroin. Bei Kokain und Amphetamin, wie überhaupt bei synthetischen Drogen, ist eine deutliche Zunahme zu verzeichnen. Dies ist eine bedenkliche, sehr ernst zu nehmende Entwicklung. Sie unterstreicht die Notwendigkeit, die präventiven (vorbeugenden) Anstrengungen weiter zu intensivieren und für ein Leben ohne Drogen zu werben.
Dazu bedarf es insbesondere des Ausbaus privaten Engagements. Der persönliche Einsatz, etwa prominenter Sportlerinnen und Sportler im Rahmen der unter der Schirmherrschaft des Bundeskanzlers stehenden Aktion „Keine Macht den Drogen" ist dafür beispielhaft. Die Kampagne der Bundesregierung „Kinder stark machen" basiert auf der Erkenntnis, daß Suchtprävention im frühen Kindesalter ansetzen und alle Suchtmittel umfassen muß. Dies gilt besonders auch in Anbetracht von ca. 800000 Medikamentenabhängigen und etwa 2,5 Millionen Alkoholabhängigen. [...]
Im übrigen hat sich verantwortungsbewußte Drogenpolitik auch an der ganz überwiegenden Mehrheit der nicht Abhängigen auszurichten und jedes Signal vermeintlicher Harmlosigkeit von Drogen zu vermeiden. Deshalb wird die Bundesregierung an ihrer durchaus wirksamen Drogenpolitik festhalten, für ein sucht- und drogenfreies Leben präventiv werben, Süchtigen bei der Überwindung ihrer Krankheit helfen und die Rauschgiftkriminalität nachhaltig bekämpfen.

(Erklärung des Staatssekretärs beim Bundesminister des Inneren v. 18. 2. 1994 zur „Rauschgiftbilanz 1993"; in: Bulletin des Presse- und Informationsamtes der Bundesregierung v. 23. 2. 1994, S. 158f.)

Zur Entwicklung 1994 s. M 18.

M 6b

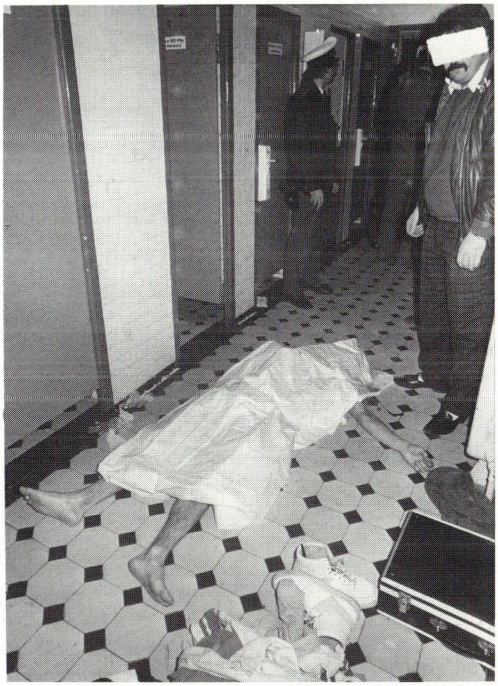

Drogentoter in Frankfurter Bahnhofstoilette (Foto: dpa)

Aufgefunden werden die Toten meist in billigen Absteigen, in öffentlichen Toiletten, auf Parkbänken oder in Hauseingängen. Andere sterben im Krankenhaus oder in der eigenen Wohnung. Bei vielen Heroinopfern steckt die Spritze noch in der Vene. Die Arme sind übersät mit Einstichwunden.

(Der Spiegel Nr. 30, 1988, S. 49)

M 6c Die Drogenszene

(Aus: Faltblatt „Drogen" [= M 2])

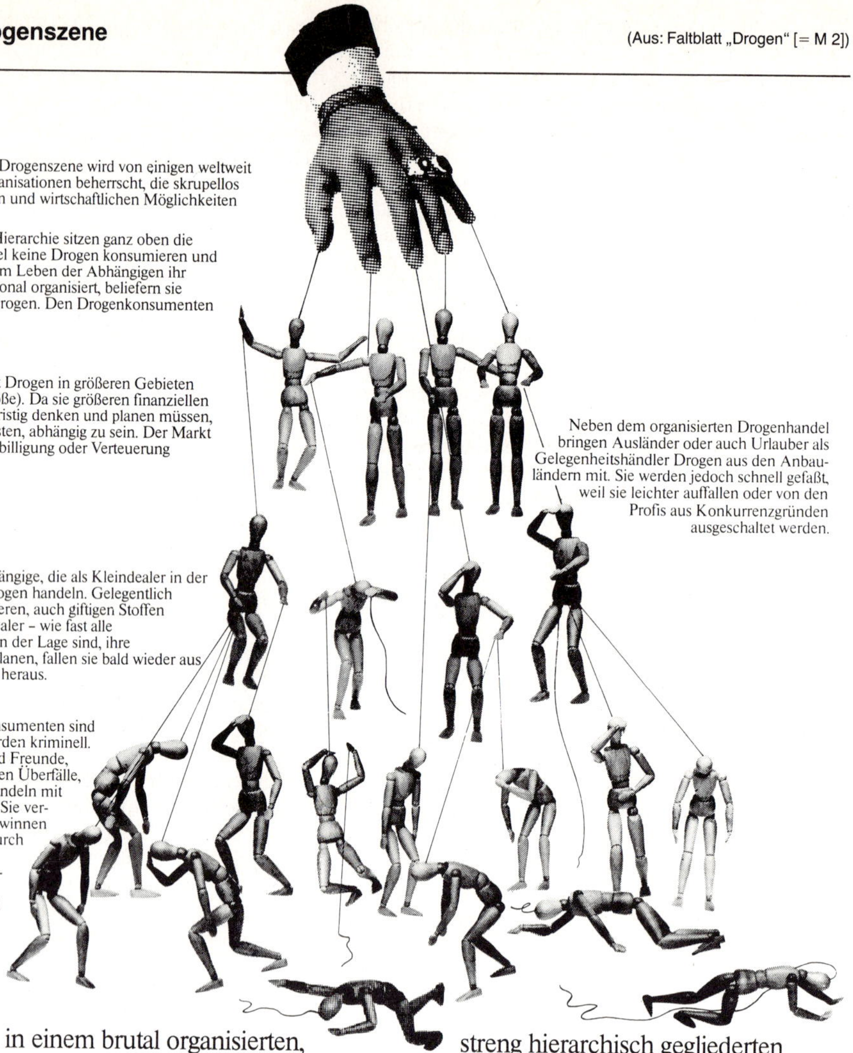

Drogen werden in einem brutal organisierten, streng hierarchisch gegliederten Schwarzmarkt gehandelt, bei dem täglich Millionengewinne gemacht werden. Der Drogenkonsument ist durch seine Abhängigkeit dem rücksichtslosen Geschäft schutzlos ausgeliefert.

M 7a Viele Jugendliche glauben nicht an Gefahr durch Haschisch

Mainz, 22. Juli. Nahezu jeder zweite Jugendliche stuft den Konsum von Haschisch als relativ harmlos und ungefährlich ein. Dies förderte eine repräsentative Infratest-Befragung ans Licht, mit der das rheinland-pfälzische Sozialministerium Lebensgewohnheiten und Probleme junger Menschen unter die Lupe nahm. Sozialminister Rudi Geil (CDU), der einen Teil der Ergebnisse der 90000 Mark teuren Studie am Donnerstag in Mainz vorstellte, wertete es als außerordentlich beunruhigend, daß 40 Prozent aller Befragten im Alter zwischen zwölf und 24 Jahren meinten, Haschisch mache nicht abhängig oder süchtig. Dabei hätten gerade jüngste Forschungsergebnisse gezeigt, daß alles Gerede von der Ungefährlichkeit dieses Suchtstoffes als „Geschwätz" und „kriminelle Verharmlosung" entlarvt worden sei, meinte Geil.

Rund 7960 junge Menschen, etwa ein Prozent der Heranwachsenden, sind laut Untersuchung in

Rheinland-Pfalz massiv drogengefährdet. Aber sogar rund 50000 (6,2 Prozent) haben schwere Probleme mit Alkohol. Deshalb müßten alle erdenklichen Bekämpfungsmöglichkeiten eingesetzt werden, sagte der Minister.
Jugendliche, die mit Rauschmitteln in Kontakt geraten, nehmen diese durchschnittlich im Alter von 17 Jahren erstmals zu sich. Ein Trend, daß in immer jüngeren Jahren Rauschgift konsumiert werde, lasse sich durch die Studie nicht belegen, sagte Geil. Auch bestehe kaum noch ein Stadt-Land-Gefälle.
Über das Umfeld alkoholgefährdeter Jugendlicher fand die Untersuchung heraus, daß diese zu 80 Prozent in einer Clique organisiert sind. 18 Prozent bezeichnen ihr Verhältnis zu Schule und Ausbildern als schlecht, 44 Prozent mußten Klassen wiederholen. 20 Prozent der alkoholgefährdeten Jugendlichen kommen aus unvollständigen Familien und seien, so die Studie, meist mit Verhältnissen konfrontiert, in denen sie nicht lernten, Konflikte einvernehmlich zu lösen.

(Günter Hollenstein in: Frankfurter Rundschau vom 13. 7. 1982)

M 7b Langzeitwirkung bei Dauerkonsum

Obwohl die Cannabisprodukte körperlich kaum abhängig machen, so haben sie doch eine deutliche Langzeitwirkung auf die Persönlichkeit des Konsumenten. Die Persönlichkeit des Dauerkonsumenten kann sich dadurch beträchtlich, meist negativ, verändern.
Von besonderer Bedeutung sind die Lernprozesse, die unter Haschisch- und Marihuanaeinwirkung ablaufen. Wie alle Erlebnisse werden die Erfahrungen im THC-Rausch als Erinnerung gespeichert. Die Gesamtmenge unserer Erinnerungen bestimmt aber die Reaktionen unseres Gehirns auf Umweltreize. Bei häufigem Konsum entsteht im Gehirn des Konsumenten ein Weltbild, das vom Weltbild der anderen Menschen beträchtlich verschieden sein kann. Dies führt sehr bald zu für die Mitmenschen unverständlichen Verhaltensweisen und zu einer Isolation von allen Nichtkonsumenten. Diese Tatsache wirkt sich vor allem bei jungen Menschen verheerend aus, wenn die Umwelt- oder Gefühlseindrücke prägend sind. Ein junger Drogenkonsument hat unter Umständen überhaupt keine Chance, die Welt so zu sehen, wie sie sich normalerweise den Menschen mitteilt. Erlernte Veränderungen in der „moralischen" Kontrollinstanz des Großhirns führen zu für die Umwelt völlig unverständlichen Handlungen und als Folge davon zu Konflikten. Zur Bewältigung dieser Konflikte bietet sich wieder die Droge an. Hier kann ein Teufelskreis beginnen.

(Landesinstitut für Schule und Weiterbildung [Hrsg.], Sucht-Drogenvorbeugung in der Schule. Soest 1988, S. 68)

M 7c Freigabe von Haschisch pro und contra

Es gibt Leute, die sich für die Freigabe von Haschisch einsetzen. Dies sind die wichtigsten Argumente, die für und gegen die Freigabe genannt werden.

Pro

Haschisch macht nicht körperlich süchtig.
Haschischkonsum ist völlig unschädlich.
Alkohol ist auch gefährlich und nicht verboten.
In der Bundesrepublik Deutschland kann die Haschisch-Freigabe durch einfache Rechtsänderung erreicht werden.

Contra

Es besteht jedoch ein großes Risiko, psychisch abhängig zu werden. Im Unterschied zum körperlichen Entzug ist die Behandlung der psychischen Abhängigkeit sehr viel schwieriger und dauert sehr lange.
Bei jedem Haschischkonsum besteht die Gefahr, daß es zu psychischen Fehlreaktionen, z. B. zu Halluzinationen, zu Angst und Panik kommen kann. Auch schon beim ersten Mal.
... Alkohol wird bei uns seit Jahrhunderten getrunken. Daß es nicht gelingt, ihn zu verbieten, zeigte das staatliche Alkoholverbot in Amerika (1920—1929). Es gibt keinen sinnvollen Grund, eine Droge, mit der wir schlechte Erfahrungen haben, bei uns zuzulassen. Alkohol führt auch nicht zwangsläufig zu einem Rauschzustand. Bei Haschisch dagegen ist der Rausch beabsichtigt. Und dann ist man genauso verkehrsuntüchtig wie ein Betrunkener.

(Alltag, Szenen einer Clique; hg. v. der Bundeszentrale für gesundheitliche Aufklärung. Köln o. J., S. 7)

❶ Macht euch ein Bild vom Ausmaß des Alkoholproblems (M 5a—b) und des Rauschgiftproblems (M 6a—c) in Deutschland (zu den sozialen und finanziellen Folgekosten vgl. später M 16ff.).
— Wie hat sich der Alkoholkonsum insgesamt und bei Jugendlichen in den letzten Jahren entwickelt?
— Wie lassen sich die Unterschiede zwischen Männern und Frauen erklären?
— Stellt aus M 6a die wichtigsten Informationen zur Entwicklung des Rauschgiftproblems 1992—1993 zusammen. Wie schätzt ihr die von der Bundesregierung genannten Maßnahmen zur „Suchtprävention" (Suchtvorbeugung) ein?
— Erläutert, inwiefern sich die „Drogenszene" als ein „brutal organisierter, streng hierarchisch (durch Herrschaftsausübung von oben nach unten gekennzeichnet) gegliederter Markt" darstellt (M 6c).

❷ Beschreibt die Ergebnisse der Untersuchung, über die in M 7a berichtet wird. Wie erklärt ihr euch, daß so viele Jugendliche „nicht an Gefahr durch Haschisch glauben"?

❸ Führt anhand von M 7b/c (s. auch M 3b) ein Streitgespräch über die Frage, ob der Konsum von Haschisch straffrei gegeben werden sollte.

Mögliche Ursachen des Suchtmittelkonsums

M 8

Alltagssituationen

(Aus: Faltblatt „Alkohol" der Barmer Ersatzkasse, Wuppertal)

M 9 Die Gründe sind verschieden

Drogengebrauch wird im allgemeinen durch mehrere Gründe verursacht. Viele Heranwachsende fühlen sich den Anforderungen ihrer Umwelt heute nicht gewachsen. Das gilt sowohl für die schulische wie auch für die berufliche Ausbildungssituation. Zu der Angst vor dem Versagen tritt oft noch eine deutliche Resignationshaltung: Lohnt sich eine Anstrengung überhaupt, wenn man doch nicht erreichen kann, was man will? Schließlich sind die Ausbildungs- und Arbeitsplatzaussichten für viele junge Menschen nicht sehr günstig.

Auch Mangel an Geborgenheit und Verständigung in der Familie, sei es, daß diese unvollständig (nur noch ein Elternteil) oder innerlich zerrüttet ist, können zum Drogenkonsum führen. Wenn Eltern sich wenig Zeit für ihre Kinder nehmen, dann suchen diese oft Verständnis, Zusammenhalt und Sicherheit bei Gleichaltrigen, in der Gruppe. Um eine besondere Form der Gemeinschaft zu erreichen, werden in Gruppen häufig gemeinsam Drogen konsumiert. Der Druck, mitzumachen, um von den anderen anerkannt zu werden, aber auch das Bedürfnis nach gemeinsamem Erleben, nach Erfahrung und Selbsterkenntnis im Kreis von Freunden, ist eine wichtige Ursache für den ersten Drogenkontakt.

In vielen Fällen sind es sogar die Eltern selbst, die — wenn auch nicht bewußt — ihre Kinder zum Drogengebrauch verleiten. Wenn zu Hause regelmäßig Alkohol getrunken und bei jeder Gelegenheit zu Arzneimitteln gegriffen wird, dann wird bei den Heranwachsenden eine natürliche Hemmschwelle abgebaut. Eltern, die durch ihren Lebensstil vormachen, wie man Alltagsproblemen mit Hilfe von Drogen aus dem Wege geht, sind deshalb eine große Gefährdung für ihre Kinder. Denn Kinder ahmen das Verhalten der Erwachsenen nach, auch deren Art, Probleme zu „lösen".

Weitere Ursachen oder „Mit"-Ursachen können sein:

- Ablehnung der leistungs- und erfolgsorientierten Wohlstands- und Konsumgesellschaft mit ihrer Überbetonung materieller Werte und Ziele sowie ihrer Vernachlässigung des Gefühlsmäßigen.
- Das vielfältige Angebot an Alkoholika und Medikamenten, die jederzeit und überall verfügbar sind.
- Unwissenheit über Wirkungen und Gefahren des Drogenkonsums.
- Negative emotionale Erlebnisse: Kontaktschwierigkeiten, Liebeskummer.

(Bundeszentrale für gesundheitliche Aufklärung, Info-Set „Drogen", Köln o. J., Bl. 6)

M 10 „Immer ist Verzweiflung dabei"

Es gibt viele Motive zu verzweifeln. Und immer ist Verzweiflung dabei, wenn einer zum Alkoholiker wird.

Wir haben festgestellt, daß Gewöhnung an das Trinken eine Rolle spielt. Aber auch das ist eine Form von Verzweiflung über ein Leben, das man eben nicht anders ausfüllen kann als mit Hilfe der Flasche. Vielleicht reicht es manchem, den politischen Teil einer Tageszeitung zu lesen, um wieder zu trinken. Vielleicht genügt ein Blick auf den unverputzten Betonblock vor dem Fenster, um aus einer freudlosen Schlafstadt in den Alkohol zu fliehen. Angst vor dem Alleinsein, seelische Erschöpfung, Schwierigkeiten mit dem Partner, außergewöhnliche Belastungen im Beruf, Enttäuschungen — all das kann zum Trinken anregen. Hemmungen können eine Rolle spielen, Minderwertigkeitsgefühle, Komplexe. Nüchtern kommt man nicht mehr klar. „Manchmal genügt ein strenger Vorgesetzter", berichtet der Arzt Dr. Burchard, „ein neidischer schwieriger Kollege, ein fauler Untergebener, und es entstehen seelische Spannungen, denen sich solche Patienten nicht gewachsen fühlen". Und Hans Frick schreibt: „Überall Grenzen, die nicht zu überwinden sind. Jedes kleine Problem wird im Handumdrehen zum Ausgangspunkt eines nicht zu übersehenden Konflikts."

Ich war immer sehr schüchtern, und als ich das erste Mal zum Tanzen ging, war ich bange, ich könnte mich falsch bewegen; ich traute mich nicht, ein Mädchen aufzufordern. Dann trank ich einen Cognac, und plötzlich ging's prima! Meine Hemmungen waren wie weggeblasen! Da bin ich die nächsten Male halt immer ‚gedopt' zum Tanzen gegangen.

(Gerhard B., Alkoholiker)

Dr. Burchard unterscheidet zwischen den „wirklichen Konflikttrinkern, die ständig in einer schiefen Lebenssituation hängen" und solchen Menschen, „die zur Flasche greifen, weil sie unsicher sind, zu ängstlich, zu nervös, auch zu langsam, um ihre Konflikte zu durchdenken und zu lösen.

(Geisler, Wolfgang, [= M 1b], S. 53)

M 11 Drogen als Flucht

Die meisten Jugendlichen, die illegale Drogen probieren, hören sehr bald wieder damit auf. Nur ein sehr geringer Teil derjenigen, die Haschisch probieren, nimmt später Heroin. Aber die Gefahr besteht natürlich, insbesondere dann, wenn der Heranwachsende in der Drogenszene das findet, was er sonst nicht hat: Sicherheit, Gemeinschaft, das Gefühl verstanden und akzeptiert zu werden, aber auch Spannung und die Möglichkeit, etwas Ungewöhnliches zu erleben, seine Grenzen auszuprobieren.

Man kann davon ausgehen, daß junge Menschen bei uns im allgemeinen Zugang zu Haschisch, aber keine Erfahrungen mit Heroin haben. Etwa fünf Prozent der 14 bis 25jährigen nehmen Haschisch, Alkohol dagegen wird von über dreißig Prozent dieser Altersgruppe regelmäßig mehrmals in der Woche getrunken. Ungefähr die Hälfte der jungen Menschen raucht.

Die Motive, die zum Alkohol-, Zigaretten- und Drogenkonsum führen, sind unterschiedlich. Häufig steckt der Wunsch nach Verbesserung der Stimmungslage dahinter, ebenso kann es das Bedürfnis nach Entspannung oder Beruhigung sein. Nicht selten werden diese Mittel genommen, um den Alltag zu vergessen und vor Problemen auszuweichen.

Neuere Untersuchungen haben einen Zusammenhang zwischen Mißbrauchsverhalten bei jungen Menschen und bestimmten Hintergründen und Lebensbedingungen festgestellt. So erleben z. B. Drogenkonsumenten, starke Alkoholtrinker und Raucher häufiger als andere Jugendliche Ungerechtigkeit und mangelnde Zuwendung in der Familie sowie Leistungsdruck in der Schule. Sie sind auch häufiger arbeitslos oder haben Angst davor, es zu werden. Mit ihren Problemen fühlen sie sich allein gelassen und suchen in ihrer Freizeit Zuflucht beim Alkohol und bei Spielautomaten. Viele flüchten in die Passivität.

M 12 Hintergründe

Wohlstand und Konsum als Lebensziel?

Das ausgeprägte Nachholbedürfnis der Kriegs- und Nachkriegsgeneration an materiellen Dingen ließ einerseits die Wirtschaft wieder aufleben, andererseits entstand eine Haltung, die Lebenserfüllung gleichsetzte mit dem Erwerb von Konsumgütern und materiellem Wohlstand. Einem Teil der Jugendlichen erscheint der stark an materiellen Werten orientierte Lebensstil ihrer Eltern nicht mehr im gleichen Maße nachahmenswert. Sie machen sich Sorgen um die zunehmende Zerstörung der natürlichen Lebensgrundlagen. Ihr Interesse gilt der Beseitigung wirtschaftlicher und sozialer Mißstände.

Eine Zukunft ohne Chancen?

Speziell die wirtschaftliche und soziale Entwicklung der jüngsten Zeit hat erhebliche Zweifel an dem bisherigen Fortschrittsglauben aufkommen lassen. Die Formel, daß Leistung Wachstum bringt und Wohlstand garantiert, scheint nicht mehr zu stimmen. Die Ausbildungs- und Berufschancen haben sich deutlich verschlechtert. Alles dies trägt dazu bei, daß Jugendliche oft keine Perspektive mehr sehen. Entweder resignieren sie vor ihrer „Zukunftslosigkeit" oder sie lehnen sich dagegen auf. Die Zuflucht zu religiösen Sekten oder zu Drogen kann ebenso wie Gewalttaten Ausdruck dieser Unzufriedenheit mit der bestehenden Situation sein.

(M 11 u. M 12: Bundeszentrale für gesundheitliche Aufklärung, „Unsere Kinder frei von Drogen?", Köln 1984)

❶ Beschreibe und erläutere die dargestellten „Alltagssituationen" (M 8). Bei welchen Gelegenheiten wird in unserer Gesellschaft Alkohol getrunken und warum? Was soll „gezeigt" bzw. „bewirkt" werden? Gibt es für Jugendliche spezifische Situationen?

❷ M 9 (vgl. auch M 4) gibt zunächst eine Übersicht über verschiedene Ursachen des Konsums von Drogen, die dann in M 10 — M 12 näher erläutert werden. Versucht, nach ganz persönlichen, nach familiären und beruflichen (schulischen) Gründen sowie nach sozialen und wirtschaftlichen Hintergründen zu unterscheiden und die einzelnen Bereiche möglichst mit euren eigenen Worten zu erläutern. Welche Motive erscheinen euch am wichtigsten?

Individuelle und soziale Folgen des Suchtmittelkonsums

M 13 Wirkungen des Alkohols auf das Gehirn

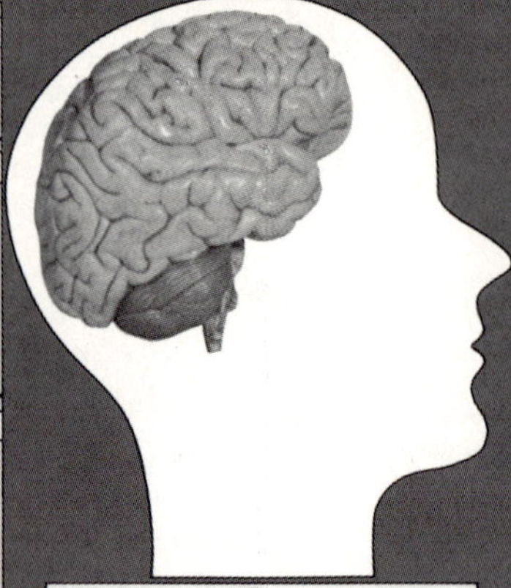

unter 0,5‰: Die Fähigkeit zur Raumschätzung nimmt ab. Jugendliche und ältere Menschen sind besonders gefährdet. Die Unfallgefahr erhöht sich um das Fünffache.

0,5‰ - 0,8 ‰: Zusätzlich Abnahme der Anpassungsfähigkeit der Augen an wechselnde Lichtverhältnisse. Minderung der Konzentrationsfähigkeit. Die Empfindlichkeit der Augen für rotes Licht läßt nach. Bei einer Geschwindigkeit von nur 50 km/h verlängert sich der Anhalteweg um 14 m bei einer Sekunde Bremsverzögerung.

0,8 ‰ - 1,2 ‰: Zusätzlich Beginn der Euphorie und Enthemmung mit Überschätzung der eigenen Fähigkeiten.

Das Blickfeld verengt sich erheblich. Der Angetrunkene nimmt nicht mehr ausreichend wahr, was auf ihn zukommt. Die Wahrnehmung von Gegenständen und die Abschätzung der Raumtiefe verringert sich gegenüber dem Normalzustand um die Hälfte.

Die Hell-Dunkel-Reaktion der Augen ist erheblich gestört. Durch Blendung aus dem Gegenverkehr oder durch Wechsel von Fern- auf Abblendlicht werden Fußgänger, Radfahrer oder Gegenstände auf der Fahrbahn zu spät wahrgenommen.

Das Gehirn gehört mit zu den am unmittelbarsten betroffenen Organen. Z.B.: Gleichgewichtsstörungen nach Alkoholkonsum. Bei einem erwachsenen, 80 kg schweren Mann erreicht der Blutalkoholspiegel nach 1 Liter Bier ca. 0,64‰. Bei einer erwachsenen, 60 kg schweren Frau erreicht der Blutalkoholspiegel nach 1 Liter Bier ca. 1‰.

1,2 ‰ - 2,4 ‰: Beginn der absoluten Fahruntüchtigkeit. Weitere starke Abnahme des Raumsehvermögens und der Anpassungsfähigkeit der Augen an wechselndes Licht. Erhebliche Minderung von Aufmerksamkeit und Konzentrationsfähigkeit. Deutlich ausgeprägte Euphorie und Enthemmung mit maßloser Überschätzung der eigenen Fähigkeiten und Steigerung des Selbstbewußtseins. Stark verzögerte und gestörte Reaktionsabläufe. Leichte bis schwere Gleichgewichtsstörungen.

Bei körperlichem Unwohlsein, Medikamenteneinnahme oder unter starkem Streß verstärken sich die Symptome.

2,4 ‰ - 3,0 ‰: Ausgeprägte Gleichgewichts- und Koordinationsstörungen. Schwer gestörte und verzögerte Reaktionsabläufe. Verminderte Erinnerungsfähigkeit. Beeinträchtigung der Orientierungs- und Wahrnehmungsfähigkeit.

Völliger Erinnerungsverlust und Bewußtseinstrübung bis zur Bewußtlosigkeit.

über 3‰: Schwere akute Alkoholvergiftung mit Erinnerungslücken bis zum völligen Erinnerungsverlust. Bleibende organische Schäden sind möglich. Tiefe, evtl. tödlich verlaufende Bewußtlosigkeit.

(Aus: Faltblatt „Alkohol" [= M 8])

M 14 Alkoholismus

Zwar stimmt es, daß die meisten Menschen „mit Verstand trinken" können, doch kann — unter bestimmten Umständen — jeder süchtig, d. h. alkoholabhängig werden. Früher hielt man die „Trinker" für willensschwache, haltlose Versager. In Wirklichkeit leiden sie an einer Krankheit, die jeder bekommen kann.

Und so verläuft die Krankheit im allgemeinen:

1. Vorstadium
   1.1. Zuerst trinkt jemand gelegentlich, um sich in schwierigen Situationen Erleichterung zu verschaffen. Dieses „Erleichterungstrinken" nimmt zu und wird zur dauernden Gewohnheit.
   1.2. Die benötigten Alkoholmengen nehmen zu. Der Trinker denkt häufig an Alkohol und kippt die ersten Gläser gierig herunter.
   1.3. Nach einiger Zeit treten nach dem Alkoholkonsum immer häufiger Gedächtnislücken auf („... ich weiß gar nicht mehr, wie ich von der Party nach Hause gekommen bin").
   1.4. Man trinkt heimlich. Schuldgefühle stellen sich ein.
2. Kritische Phase
   2.1. Der „Kontrollverlust" setzt ein: Nach dem ersten Glas packt den Trinker ein unwiderstehliches Verlangen nach mehr Alkohol.
   2.2. Morgendliches Unwohlsein, Händezittern treten auf, solange kein Alkohol zugeführt wird. Der Trinker verliert allmählich das Interesse für alles andere als Alkohol. Er läßt Freunde fallen, verläßt seinen Arbeitsplatz, vernachlässigt seine Familie.
3. Chronische Phase
   Das Endstadium kommt mit verlängerten — oft tagelangen — Rauschzuständen, mit körperlichem und seelischem Abbau, meist verbunden mit sozialem Abstieg. Beim Alkoholentzug entwickeln sich schwerste Entziehungserscheinungen wie: Halluzinationen, Krämpfe. Wenn nichts anderes zur Verfügung steht, trinkt der Alkoholiker auch Brennspiritus, Haarwasser, Rasierwasser, weil darin auch — minderwertiger — Alkohol enthalten ist.

Aus dieser Krankheit gibt es einen Ausweg — allerdings nur für ungefähr 10—20 von hundert Patienten. Voraussetzung zur Heilung ist der eigene starke Wille zur Besserung. Bei vielen erwacht dieser Wille erst, wenn sie ganz „unten" sind,

— ohne Freunde
— ohne Arbeit
— ohne Familie
— ohne Hoffnung.

Hier gibt es nur noch ein Entweder-Oder: entweder vollends zugrunde gehen, oder sein Leben grundlegend

zu ändern. Der Alkoholkranke braucht in dieser Situation dringend Hilfe eines Menschen, dem er vertrauen kann, der in ihm Mut und Hoffnung weckt und sein zerstörtes Selbstwertgefühl stärkt.
Der Alkoholkranke muß sich verpflichten, keinen einzigen Tropfen Alkohol mehr zu nehmen — nicht mal 'ne Schnapsbohne. Und zwar sein Leben lang. Sonst kommt es sofort wieder zum Rückfall. In Beratungsstellen und Fachkrankenhäusern versuchen Mitarbeiter der Diakonie, dem Kranken zu helfen.

(Diakonisches Werk EKD, Diakonische Briefe für den Unterricht, Nr. 7, Stuttgart o. J.)

M 15 Abstieg

Drogen sind Fluchtmittel, weil sie scheinbar die Realität verändern. Sie machen körperlich und seelisch abhängig oder auch beides, je nach Art der Droge, der eingenommenen Dosis, der Häufigkeit und Dauer der Einnahme. Bei der körperlichen Abhängigkeit hat sich der Organismus auf die Droge eingestellt. Wird sie abgesetzt, kommt es zu Entzugserscheinungen wie Schmerzen, Zittern, Schweißausbrüchen, Übelkeit, Kollaps.
Bei der seelischen Abhängigkeit besteht ein quälendes Verlangen nach der Droge wegen ihrer seelischen Wirkung: künstliche Stimmungssteigerung, anscheinendes Wohlbefinden, Sinnestäuschungen.
Drogen und ihre Wirkungen haben auch soziale Folgen, weil sie das Verhältnis zwischen dem Abhängigen und seiner Umwelt verändern. Beziehungen zu Partnern und Freunden, die Situation am Arbeitsplatz und in der Freizeit verändern sich grundlegend, weil die Droge zum Mittelpunkt geworden ist.

(Aus: Faltblatt „Drogen" [= M 2])

M 16 Volkswirtschaftliche Kosten

Jährlich weisen rd. 1800 Neugeborene in der Bundesrepublik Deutschland gesundheitliche Schäden (Kleinwuchs, Herzfehler oder Hirnschäden) auf, weil die Mütter alkoholabhängig sind. Kinder von Alkoholikern werden häufiger alkoholabhängig als im Bevölkerungsdurchschnitt. Die volkswirtschaftlichen Kosten für die direkten Behandlungskosten des Alkoholismus und für Arbeitsausfälle betragen nach Angaben des Bundesgesundheitsministeriums jährlich rd. 5 Mrd. DM; dieser Betrag beinhaltet nicht die Kosten für Produktionsausfälle durch alkoholbedingte Unfälle sowie Kosten für Krankheiten, die von Alkoholismus begünstigt werden.

(Lexikon aktuell 1996, Dortmund [Harenberg] 1995, S. 18)

Wie in den Vorjahren starben auch 1994 etwa 40000 Menschen an den Folgen ihres Alkoholmißbrauchs. Die gesamten volkswirtschaftlichen Schäden durch Alkoholismus bezifferte die Deutsche Hauptstelle gegen Suchtgefahren auf 30 bis 80 Mrd. DM pro Jahr.

(Autorentext)

M 17 „Beschaffungskriminalität"

Viele der (Rauschgift-)Abhängigen können ihre teure Sucht nur durch Straftaten finanzieren. Eine beispiellose Welle von Beschaffungskriminalität hat die Bundesrepublik Deutschland erfaßt: Diebstahl, Erpressung, Raub und Mord.
Ein Fixer etwa braucht für eine Tagesration Heroin bis zu 200 Mark — rund 6000 Mark im Monat, netto, allein für den Stoff. Viele, Männer wie Frauen, besorgen sich das Geld auf dem Strich. Andere werden, auf eigene Faust oder für Hehlerbanden, dauerkriminell.
Alle 45 Sekunden wird in der Bundesrepublik Deutschland ein Auto aufgebrochen, alle drei Minuten eine Wohnung leergeräumt. Daß Einbrüche, Scheck-Fälschungen oder Überfälle auf Boten und Banken ständig zunehmen, sei vorwiegend „der steigenden Zahl" von Drogensüchtigen zu verdanken, sagt Rauschgiftfahnder Jeschke vom BKA. Jeschke: „Das Problem überrollt uns."
Der Offenbacher Polizeipräsident Kurt Löwer hat vorgerechnet, daß „bis zu 90 Prozent unserer 15000 Straftaten" von Süchtigen begangen werden. Der Freiburger Hauptkommissar Wolfgang Vogt schätzt den Anteil von Drogentätern allein bei Auto- und Wohnungseinbrüchen auf „40 bis 60 Prozent". Jeder Fixer, meint der Bremer Kriminologe Herbert Schäfer, mache sich „mindestens fünfmal pro Tag" strafbar: Schwarzfahren, Dealen, Diebstahl, Rezeptfälschungen, Betrug.
Schäfers Kollege Kreuzer, Mitglied der unabhängigen Regierungskommission zur Verhinderung und

Bekämpfung von Gewalt, schreibt vorsichtiger jedem Fixer „im Durchschnitt wenigstens ein Delikt pro Tag“ zu, das sind „25 Millionen Straftaten“ jährlich. „Höchstens 0,5 Prozent“ davon, sagt Kreuzer, würden verfolgt, die offizielle Kriminalstatistik registrierte im letzten Jahr knapp 4,4 Millionen Straftaten. [...]

Selbst Junkies, die in ihrem Leben noch niemals Mitmenschen angegriffen oder verletzt haben, können aus panischer Angst vor den Qualen des Rauschgiftentzugs zu Gewalttätern werden. Im Rhein-Main-Dreieck etwa, einer der Fixer-Hochburgen der Republik, ist die Zahl der Raubüberfälle von Drogenabhängigen „explosionsartig“ (Kripo Frankfurt) angestiegen. „Die Fixer werden immer brutaler“, klagt der stellvertretende Kripo-Chef Peter Walter. Der Polizeibericht lese sich an manchen Tagen, „als wäre Frankfurt-Bockenheim die Bronx“. Woanders ist es ähnlich.

Mit gezogenen Pistolen stürmten zwei Heroinsüchtige eine Filiale der Hamburger Sparkasse, bedrohten Kunden und Angestellte. Die Junkies erbeuteten über 18000 Mark, 30 Polizisten jagten vergeblich hinterher.

Um sich mit Heroin eindecken zu können, lockte in München ein süchtiger Postfacharbeiter einen Autofahrer, der seinen Wagen verkaufen wollte, in die Falle. Als der Mann niederkniete, um dem vermeintlichen Käufer technische Details zu erklären, wurde er von dem Fixer mit einer Pistole erschossen. Das Fahrzeug, einen BMW, verkaufte der Täter eineinhalb Stunden später im Autokino an der Dachauer Straße. [...]

Der finanzielle Schaden, den stehlende, raubende und betrügende Junkies auf diese Weise verursachen, geht in die Milliarden, die Szene wird immer gewalttätiger.

(Der Spiegel Nr. 47 v. 21. 11. 1988, S. 150 u. Nr. 30 v. 25. 7. 1988, S. 35)

M 18

Rauschgifttote 1994 nach Bundesländern

Nordrhein-Westfalen	397
Baden-Württemberg	247
Bayern	246
Hessen	166
Hamburg	151
Niedersachsen	139
Berlin	108
Bremen	63
Schleswig-Holstein	44
Rheinland-Pfalz	37
Saarland	20
Sachsen-Anhalt	3
Mecklenburg-Vorpommern	1
Sachsen	1
Thüringen	1
Brandenburg	0

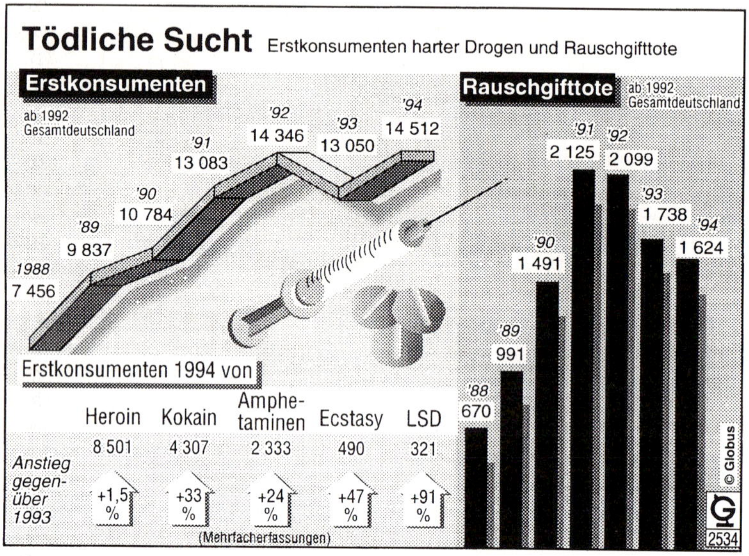

1995 sank die Zahl der Rauschgifttoten auf 1565; auch die Zahl der Erstkonsumenten ging zurück.

M 19

Sichergestellte Drogen in der BRD

Rauschgift	Sichergestellte Drogen (kg) 1985	1989	1991	1992	1993	1994
Amphetamin	28	67	88	105	117	120
Kokain	165	1406	964	1331	1051	767
Heroin	208	727	1595	1438	1095	1590
Marihuana	2300	432	8957	1462	8965	21660
Haschisch	9150	11641	10730	3201	4245	4033
LSD[1]	30536	10574	13887	29571	23442	29627

[1] Bei LSD Anzahl der Trips

(Quelle: Bundeskriminalamt Wiesbaden)

❶ Beschreibe anhand von M 13 die unmittelbaren Wirkungen des Alkoholkonsums auf das Gehirn und damit auf bestimmte Fähigkeiten des Menschen. Warum wirkt sich Alkoholkonsum gerade beim Autofahren so massiv aus?

❷ In M 14 geht es um die Suchtkrankheit Alkoholismus. Erläutere, welcher Zusammenhang zwischen regelmäßigem Alkoholkonsum und Alkoholismus besteht, und beschreibe die Verlaufskurve dieser Krankheit.

❸ In M 15 werden körperliche, seelische und soziale Folgen des Drogenkonsums unterschieden. Erläutere diese Unterscheidung, und analysiere die beiden Bespiele in M 1 b/c unter diesen Gesichtspunkten.

❹ Zu den Auswirkungen des Alkohol- und Rauschgiftproblems gehören auch die gesamtgesellschaftlichen Folgen. Beschreibe, welche Kosten sich allein aus der Behandlung von Alkoholikern ergeben (M 16).

❺ Eins der in letzter Zeit lebhaft diskutierten Probleme ist die „Beschaffungskriminalität". Erläutert, was es damit auf sich hat (M 17). Worin liegt das besondere Problem dieser Form von Kriminalität?

❻ Beschreibt die in M 18/19 dargestellten Entwicklungen, und informiert euch bei der „Deutschen Hauptstelle gegen die Suchtgefahren" (s. M 31 a) über die neueste Entwicklung.

Möglichkeiten, der Gefährdung durch Suchtmittel zu entgehen

M 20 Direkt gegenüber der Schule soll ein Café entstehen

Davon träumt so mancher Schüler: Pause oder Freistunde zu einem Abstecher ins gegenüberliegende Café nutzen [...] Am Otto-Hahn-Gymnasium Gifhorn geht dieser Traum — für Pädagogen und Schulelternrat wohl eher ein Alptraum — möglicherweise demnächst in Erfüllung. Der unmittelbar vor dem Schultor gelegene Supermarkt am Dannenbütteler Weg soll, so erfuhr es Oberstudiendirektor Lothar Klamt auf Anfrage von der Stadt, in ein Café mit Alkoholausschank und Spielautomaten umgewandelt werden.
Mit Empörung reagierte der Schulelternrat, als Schulleiter Klamt das Gremium über die geplante Nutzung des seit längerem leerstehenden Gebäudes unterrichtete. In einer Resolution appellierten die Eltern umgehend an Rat und Verwaltung der Stadt Gifhorn, die Eröffnung eines Lokales an dieser Stelle nicht zu erlauben. Zumindest dürfe die Gaststätte während der Unterrichtszeit nicht betrieben werden.
„Ein solches Lokal stellt für die Schüler eine ständige Einladung zum Alkoholgenuß und zum Spiel an Automaten dar", heißt es wörtlich im Text der Resolution. Gerade jüngere Schüler seien bei der vielfach zu beobachtenden Mißachtung des Jugendschutzgesetzes gefährdet.
Oberstudiendirektor Klamt stellte sich in einem Gespräch mit der Braunschweiger Zeitung voll hinter die Forderungen des Schulelternrates. In einer für den 13. Oktober einberufenen Gesamtkonferenz wird sich das Otto-Hahn-Gymnasium mit dieser Entwicklung auseinandersetzen, sagte Klamt.
Auch die Schülervertretung (SV) des Gymnasiums sieht der geplanten Eröffnung des Cafés mit Bedenken entgegen. [...] Die Aussicht auf ein schulnahes Café begrüßten die Schüler, erklärten jedoch, daß auch sie sich gegen die mögliche Anbringung von Geldspielautomaten wehren wollen. „Ich sehe schon das ganze Taschengeld meines kleinen Bruders schwinden", sagte eine der Schülervertreterinnen.
Nicht nur in Kreisen der Schule wird dieses Vorhaben mit Mißtrauen betrachtet: Die Gifhorner Sozialdemokraten sehen die „Erziehungsarbeit des Otto-Hahn-Gymnasiums durch die geplante Kneipe gefährdet". Die SPD werde alles versuchen, um die Eröffnung der geplanten Lokalität zu verhindern, erklärte der Fraktionsvorsitzende Karl-Heinz Schrader. hrz/gek

(Gernot Korth / Hartmut Zimmermann, in: Braunschweiger Zeitung v. 30. 9. 1987, S. 11)

M 21 Das Beispiel der Stadt B.

In B. wurden Elternvertreter von der Schule darauf aufmerksam gemacht, daß einige Schüler Drogen konsumieren bzw. Medikamente mißbrauchten. Eltern und Lehrer luden daraufhin gemeinsam Fachleute aus den Bereichen Prävention*, Beratung, Medizin und Therapie ein, um sich über die im Rahmen von Drogenarbeit und -prävention vorhandenen Möglichkeiten zu informieren. An dieser Informationsveranstaltung nahmen auch Stadträte aller Parteien, Mitarbeiter aus der Verwaltung, Schulpsychologen und Sozialarbeiter teil. Man kam überein, als Basis für eine breit angelegte präventive Arbeit eine Arbeitsgruppe aus Eltern, Lehrern, Stadträten und Verwaltungsbeamten zu gründen, die — bei Bedarf — jeweils durch Mitglieder einer Beratungsstelle, einer Therapieeinrichtung oder einer Selbsthilfegruppe ergänzt werden sollte. Da die örtliche Presse über die Arbeitsgruppe sowie deren Ziele und Aktivitäten berichtete, fand das Unternehmen von Anfang an die Zustimmung der Öffentlichkeit.
Aktiv wurde die Arbeitsgruppe in vier Bereichen:

Schule

In Konferenzen werden die Möglichkeiten und Ansätze für eine Prävention* im Unterricht erörtert und dafür geeignete Materialien ausgewählt. Die Arbeitsgruppe kooperiert eng mit den Vertrauenslehrern. Für ihre Arbeit hat sie sich die Unterstützung durch den Schulpsychologen und die Beratungsstellen gesichert.

Elternarbeit

Mit Elternvertretern wird auf Elternabenden besprochen, welche Präventionsmaßnahmen durchgeführt und gefördert werden sollen. Diese Maßnahmen werden auch bei Elternvertreterkonferenzen auf Kreis- und Landesebene vorgestellt. Durch Kontaktaufnahme mit Elternvertretern anderer Schulen und die Gründung weiterer Arbeitsgruppen wird die Arbeit auf den Stadtbezirk und die umliegenden Gemeinden auszudehnen versucht.

Verkaufsstellen

Gegenüber Geschäften und Lokalen drängen die Mitglieder der Arbeitsgruppe im persönlichen Gespräch mit den Besitzern auf die Einhaltung des Jugendschutzgesetzes. Keinen Erfolg hatte der Versuch, in Diskotheken und Lokalen die Senkung der Preise für alkoholfreie Getränke unter den Bierpreis zu erreichen.

Jugendarbeit

Die Ablehnung der Zusammenarbeit durch die Diskotheken- und Lokalbesitzer gab den letzten Anstoß zur Planung eines attraktiven Freizeitangebots für Jugendliche: Vorgesehen ist ein Jugendfreizeitheim, in dem die Eigeninitiative von Heranwachsenden gefördert werden.

(Bundeszentrale für gesundheitliche Aufklärung: Unsere Kinder frei von Drogen?, Köln 1984, S. 14)

M 22 In Schulen darf nicht mehr geraucht werden

Hannover (grö/EB) Der neue niedersächsische Kultusminister Horst Horrmann hat dem Rauchen und dem Alkohol in den Schulen den Kampf angesagt. Unter dem Motto „Schule ohne Rauch — das geht auch [...]“ erklärte er am Freitag die Schule zur prinzipiell „rauchfreien Zone“. Dies soll ein jetzt in Kraft tretender Erlaß garantieren, wonach neben dem Konsum alkoholischer Getränke auch das Rauchen in der Schule grundsätzlich verboten ist. „Mit dieser Ächtung von Alkohol und Nikotin wird dem Gesundheitsschutz von Schülern und Lehrern und damit dem im Grundgesetz verbrieften Recht auf körperliche Unversehrtheit absolute Priorität eingeräumt“, betonte der Minister.

Allein die Tatsache, daß das Rauchen bei den jährlich rund 30000 Atemwegs-Krebstoten die Hauptursache ihrer Erkrankung sei, gebiete es, so Horrmann, sich vorbeugend und schützend für die Gesundheit zu engagieren. Insbesondere auch das frühe „Einstiegsalter“ der Raucher, das nach Angaben von Experten inzwischen oftmals unter 12 Jahren liege, verlange eine konsequente und couragierte Vorgehensweise.

Der Minister räumte jedoch ein, daß ein striktes Rauchverbot für alle Lehrer, Schüler und sonstigen Mitarbeiter an der Schule wegen der noch fehlenden allgemeinen Akzeptanz nicht ohne weiteres durchsetzbar sei. So sei zwar das Rauchen auch im Lehrerzimmer untersagt, doch würden den Berufstätigen und den Schülern des Sekundarbereichs II, die das Rauchen partout nicht lassen könnten oder wollten, unter bestimmten Auflagen „Nikotin-Nischen“ noch zugestanden.

Im weiteren appellierte Horrmann an die Schulen, vor dem real existierenden Problem des Nikotin- und Alkoholkonsums in unserer Gesellschaft auf keinen Fall die Augen zu verschließen, sondern offensiv mit allen pädagogischen Möglichkeiten dagegen anzugehen.

Trotz des rückläufigen Trends rauchen laut einer Infratest-Studie von 1987 immer noch 38 Prozent der 12- bis 24jährigen Niedersachsens. 20 Prozent der Kinder und Jugendlichen greifen regelmäßig zur Flasche. Nur 15 Prozent geben an, nie Alkohol zu trinken. Etwa 56000 junge Menschen dürften als potentiell alkoholgefährdet betrachtet werden.

Abschließend machte der Minister auf eine geplante großangelegte „konzertierte Aktion“ gegen das Rauchen in der Schule aufmerksam, die unter Beteiligung möglichst aller Betroffenen im Frühjahr beginnen soll.

(Gerhard Gröne, in: Braunschweiger Zeitung v. 4. 2. 1989, S. 5)

❶ Erläutere die Argumente der Personen, die sich gegen ein Café gegenüber der Schule aussprechen (M 20).

❷ Versucht, die verschiedenen Interessen der Beteiligten (z. B. durch ein Rollenspiel) deutlich herauszustellen (Café-Besitzer, Stadt, Eltern, Schüler, Schülervertretung, Schulleiter, Partei).

❸ Wie würdet ihr als genehmigende Behörde in diesem Fall entscheiden?

❹ In M 21 geht es um Maßnahmen der sogen. Drogenprävention (Prävention = Zuvorkommen, Vorbeugung). Beschreibt die vier Bereiche, in denen präventive Maßnahmen durchgeführt werden sollen, und überlegt, ob ihr vielleicht an eurer eigenen Schule etwas Ähnliches anregen könnt.

❺ Informiert euch über die in Niedersachsen geltenden Bestimmungen über Rauchen und Alkoholgenuß in der Schule, und erörtert das Für und Wider dieser Bestimmungen. Würdet ihr andere Regelungen lieber sehen (M 22)?

M 23 „Nix los!“

(Bundeszentrale für gesundheitliche Aufklärung, „Unsere Kinder frei von Drogen?“, Köln 1984, S. 12/13)

M 24

„Komm, sei doch kein Frosch!“

Mit anderen in einer Gruppe oder Clique zusammen zu sein und gemeinsam etwas zu unternehmen, macht Spaß und vieles leichter.

Mußt Du aber auch das mitmachen, was Dir nicht paßt? Was tust Du, wenn die Gruppe Dich dazu zwingen will und droht, Dich auszuschließen?

Du hast die Möglichkeit,

- *einfach doch mitzumachen*
- *die Gruppe sausen zu lassen*
- *abzuwarten, ob die ihre Meinung nicht doch ändern*
- *in die Kneipe zu gehen und den Ärger runterzuspülen*
- *denen mal so richtig eins in die Fresse zu hauen*
- *Dich rausschmeißen zu lassen – sie nehmen Dich ja doch wieder, wenn Du einen ausgibst.*

Du kannst aber auch mit anderen zusammen überlegen,

- *ob es wirklich allen Spaß macht?*
- *ob ihr wirklich immer alles zusammen machen müßt?*
- *ob es nichts Besseres gibt?*
- *ob es immer so laufen soll, bloß weil der „Macher“ es will?*
- *ob Alkohol immer dazugehört?*

Du kannst Dir auch eine neue Clique oder einen neuen Freundeskreis suchen.

Nimm es nicht tragisch, wenn Du mal alleine bist. Manchmal ist es eine Chance zu erfahren, was Du wirklich willst!

(Aus: Faltblatt „Drogen“ [= M 2])

M 25 „Eltern sollten konsequent sein“

Die Meldung, daß etwa zwei Millionen Kinder und Jugendliche bei uns gelegentlich oder sogar regelmäßig Alkohol zu sich nehmen, klingt alarmierend. Mit Schuld daran sind die Erwachsenen, welche die darin liegenden Gefahren unterschätzen. Bereits 30 Gramm Alkohol können bei einem Kleinkind tödlich wirken.

Eltern sollten ihren Kindern auch einen Probeschluck aus Neugier versagen und ihnen deutlich machen, daß Alkohol ihrem Prestige* als „angehende Erwachsene“ keineswegs dient. Vorsichtshalber sollte Alkohol unter Verschluß gehalten werden.

Wenn man bedenkt, daß Alkoholgenuß als Einstieg in die Drogenszene gilt, sollten sich Erwachsene gerade auf diesem Gebiete Kindern und Jugendlichen Gegenüber konsequent verhalten.

(in Form 4/82, S. 5, hrsg. vom Landesverein für Volksgesundheitspflege Niedersachsen)

M 26 „Alkoholfreie Getränke günstiger anbieten?"

„Macht Alkoholfreies billiger". Diese Aktion, vor einigen Wochen gestartet vom Kreis Gifhorn in Zusammenarbeit mit der Kreisjugendpflege, stößt in der Bevölkerung auf fruchtbaren Boden. Das ergab die Umfrage, die der Gifhorner Kurier zusammen mit Regina Dirk von der Kreisjugendpflege in der Gifhorner Fußgängerzone machte. „Leider wissen viele noch nichts von der Aktion. Andere denken, daß es uns darauf ankomme, jetzt weniger Alkohol zu trinken. Das ist aber nicht das Ziel. Alkoholfreies soll billiger werden", so Regina Dirk. „Wir haben noch keinerlei Reaktionen seitens der Gastwirte." Mitte Januar werden diese persönlich angeschrieben und um Stellungnahme gebeten.

Christoph H.: „Durch die billigen Preise wird man als Jugendlicher regelrecht zum Alkoholkonsum verführt und hingezogen. Wer kauft sich schon eine Cola für zwei Mark, wenn er ein Bier für 1,20 Mark kaufen kann. In Ordnung finde ich die Preise nicht."

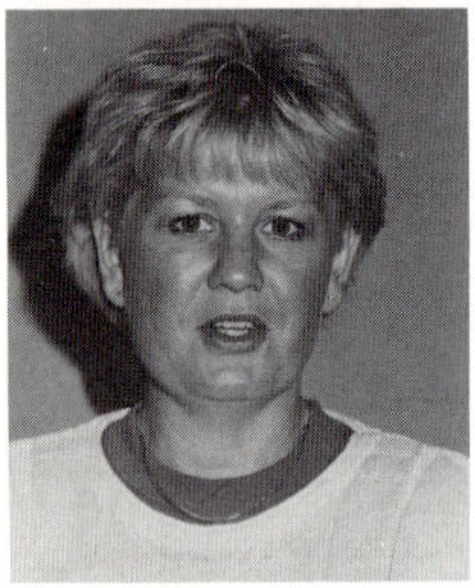

Elke H.: „Man sollte die Preise für Antialkoholisches heruntersetzen, damit die Jugendlichen auch diese Getränke kaufen können. Um Geld zu sparen, wird eben doch meistens Bier gekauft. Nicht jeder kann sich alkoholfreie Getränke leisten."

Uwe M.: „Ich unterstütze diese Aktion auf jeden Fall. Ich trinke keinen Alkohol und ich fände es wichtig, daß zum Beispiel Kaffee oder Cola billiger als Bier verkauft würden, natürlich auch, um meinen Geldbeutel zu schonen."

Klaus W.: „Es ärgert mich schon lange, daß Alkoholfreies teurer ist. Die Jugendlichen werden regelrecht gezwungen, das billigere Bier zu trinken, obwohl sie es vielleicht gar nicht wollen. Wasser ist in der Regel bis zu 50 Pfennig teurer."

Verena K.: „Ich finde das nicht gut, daß Bier meist billiger verkauft wird als ein Kaffee. Ich trinke kein Bier, aber es ist ärgerlich, mehr Geld für einen Saft ausgeben zu müssen. Man achtet manchmal schon mehr auf den Preis, als auf das, was man möchte."

Erich S.: „Der Preis ist bei den Jugendlichen meist ausschlaggebend für eine Entscheidung zwischen Cola oder Bier. Um junge Leute vom Alkohol wegzuholen, muß ein preislicher Anreiz geschaffen werden. Es wird sich doch schnell für Billigeres entschieden."

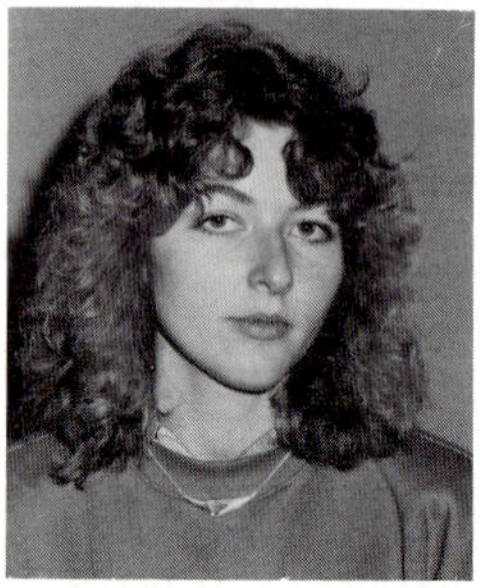

Ute D.: „In den Discotheken ist Bier ja auch meist billiger als Cola oder Säfte. Aber es wird wohl kaum durchsetzbar sein, daß sich an dieser Situation etwas ändert. Es ist einfach eine Minderheit, die in die Disco geht und dort Cola trinkt."

(M. Bollien/K. M. Blume in: Gifhorner Kurier v. 7. 1. 1988, S. 1)

❶ Die Vorschläge M 23 und M 24 wenden sich an dein/euer eigenes ganz persönliches Verhalten. Erläutert, wozu sie auffordern wollen.

❷ In M 25 werden die Eltern angesprochen. Haltet ihr die Forderung an sie für zu streng oder aber vielleicht für noch nicht konsequent genug?

❸ In M 26 werden Argumente für eine viel diskutierte Forderung an die Gastwirte vorgetragen. Erläutert sie, und überlegt, ob ihr euch selbst mit einem Brief an die Gastwirte in eurer Gemeinde wenden und sie um Stellungnahme zu diesem Problem bitten könnt. Inwieweit versprecht ihr euch von der Verbilligung nicht-alkoholischer Getränke einen Erfolg im Hinblick auf die Verringerung des Alkoholkonsums?

M 27 Therapie

Das Krankenhaus liegt im Grünen. Schöne alte Häuser, weiß getüncht und gepflegt, Kieswege im Garten, hohe Bäume, Ruhe. Wer hierher nüchtern und nur zu Besuch kommt, könnte an eine Idylle glauben, wenn er nicht wüßte, daß hier Alkoholabhängige behandelt werden.
„Der Patient ist unfähig, auch nur einen Arm zu heben, unfähig, Blase und Darm zu kontrollieren. Er wird gesäubert und trockengelegt wie ein Baby. Die Kraft zu essen und zu trinken ist dahin. Er muß künstlich ernährt werden. Die Kräfte nehmen weiter ab. Dämmerzustände und klares Bewußtsein lösen einander ab, durch viele dieser Wechsel muß er hindurch. Und fast alle beteuern bis zum Ende, kaum etwas getrunken zu haben, vielleicht mal ein Bierchen wie jeder andere auch", so beschreibt Ernst Klee den Zustand derjenigen, die in dises und andere Krankenhäuser eingeliefert werden.
„Die Patienten kommen meistens relativ spät zu uns in die Klinik", sagt mir ein behandelnder Arzt. „Entweder haben sie schon einen Schaden, oder ihr Leben ist ihnen unerträglich geworden. Vielleicht kann der Patient nicht mehr arbeiten, oder seine Frau will sich von ihm trennen. Wir entwöhnen ihn dann erst, d. h. wir entgiften seinen Körper und setzen, wenn er langsam wieder in Ordnung kommt, mit der psychologischen Behandlung ein. Dabei gibt es viele Formen. Die wichtigste ist uns aber die Gruppentherapie. Was nicht heißt, daß wir die anderen nicht praktizieren. Aber sie können sich ja selber ein Bild machen von der Behandlung in der Gruppe."

(Geisler, Wolfgang, [...] damit alles ein bißchen leichter wird, Weinheim/Basel 1981, Beltz Verlag, S. 92)

M 28 Der schwierigste Teil des Weges

Auf dem Weg zur Überwindung der Alkoholabhängigkeit sind der Betroffene selbst, die Gemeinschaft und der Betrieb gleichermaßen gefordert. Der schwierigste Teil des Weges scheint darin zu bestehen, bei den Alkoholabhängigen die Bereitschaft für eine Behandlung zu wecken und zu stärken. Es gehört zu den Merkmalen des Alkoholkranken, daß er seine Situation nicht mehr realistisch einzuschätzen vermag und beständig der Selbsttäuschung unterliegt, er habe keine Probleme mit dem Alkohol, und wenn er welche habe, dann werde er imstande sein, sie alleine zu lösen, allerdings nicht heute, sondern morgen.
Es ist diese Realitätsverkennung, die die Motivationsarbeit mit Blick auf die Behandlung so schwer macht, und oft ist es so, daß ein Alkoholabhängiger erst dann zur Umkehr bereit ist, wenn er sich vor die Entscheidung zwischen Leben und Tod gestellt sieht. Anklagen, Schuldzuweisungen, aber auch Beschönigen oder Vertuschen oder Kontrollieren und Beschatten erschweren die Bemühungen zur Vermittlung der Einsicht in die Behandlungsbedürftigkeit. Was allein helfen kann ist die sachliche Feststellung der Angehörigen und des Betriebes — beide sollten hier zusammenarbeiten —, daß bei dem Alkoholabhängigen der Alkohol zum Problem geworden ist, das nur er lösen kann, indem er sich einer Behandlung unterzieht. Das weitere Trinken hat Folgen, die man nur bis zu einer gewissen Grenze bereit ist, zu tolerieren. Es ist wichtig, den Alkoholabhängigen die Folgen des Trinkens voll spüren zu lassen, denn erst wenn er an diesen Folgen mehr leidet, als ihm der Alkoholgenuß noch „Lustgewinn" verschafft, besteht eine Chance, daß er zur Krankheitseinsicht gelangt.

(Wolfgang Danapfel in: Kleiner Wirtschaftsspiegel Heft 10, Dez. 1988, S. 3 [Deutscher Sparkassenverlag], Stuttgart)

M 29 Therapie: Chance für einen neuen Anfang

Werner (24 Jahre alt) hat 5 Jahre lang Drogen genommen, bevor er bereit war, in eine Therapie zu gehen. Werner hat diese Therapie erfolgreich abgeschlossen und lebt heute drogenfrei.
Es gibt verschiedene Therapiepläne. Alle beginnen mit der körperlichen Entgiftung in einer Klinik (3—14 Tage).
Danach folgt eine intensive Behandlung durch Gruppen- und Einzeltherapie (6—18 Monate). Sie wird in einer Fachklinik oder einer therapeutischen Einrichtung mit Langzeitprogramm durchgeführt.

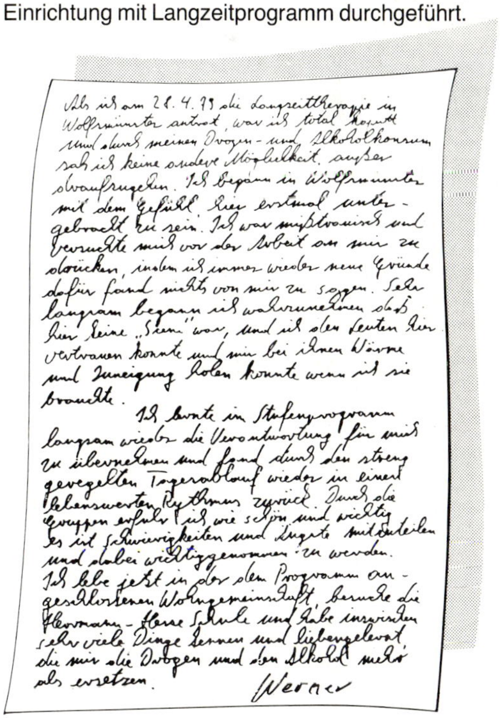
Als ich am 28.4.89 die Langzeittherapie in Wolfsmünster antrat, war ich total kaputt und durch meinen Drogen- und Alkoholkonsum sah ich keine andere Möglichkeit, außer draufzugehen. Ich begann in Wolfsmünster mit dem Gefühl hier erstmal untergebracht zu sein. Ich war mißtrauisch und versuchte mich vor der Arbeit an mir zu drücken, indem ich immer wieder neue Gründe dafür fand nichts von mir zu sagen. Sehr langsam begann ich wahrzunehmen daß hier keine „Szene" war, und ich den Leuten hier vertrauen konnte und mir bei ihnen Wärme und Zuneigung holen konnte wenn ich sie brauchte.
Ich konnte im Stufenprogramm langsam wieder die Verantwortung für mich zu übernehmen und fand durch den streng geregelten Tagesablauf wieder in einen lebenswerten Rythmus zurück. Durch die Gruppen erfuhr ich wie schön und wichtig es ist Schwierigkeiten und Ängste mitzuteilen und dabei wichtiggenommen zu werden. Ich lebe jetzt in der dem Programm angeschlossenen Wohngemeinschaft, besuche die Hermann-Hesse Schule und habe inzwischen sehr viele Dinge kennen und lieben gelernt die mir die Drogen und den Alkohol mehr als ersetzen.
Werner

Ziel der Therapie ist es, die seelische Drogenabhängigkeit zu überwinden, den freien Willen und die Verantwortung wieder zu entdecken und die aktive Auseinandersetzung mit Schwierigkeiten zu üben. Danach kann sich eine Zeit der „Nachsorge" anschließen. Je nach Therapieplan beginnt sie mit dem Leben in einer therapeutischen Wohngemeinschaft oder direkt im selbstgewählten Alltag mit Unterstützung durch Starthilfe und Beratung.

(Aus: Faltblatt „Drogen" [= M 2])

M 30 Drei Ebenen der Bekämpfung

Frage: Herr Gilges, 673 Drogentote im vergangenen Jahr, Zunahme der Erstkonsumenten, steigende Zahlen im Bereich der Drogenkriminalität — so die Bilanz 1988 von Bundesinnenminister Zimmermann. Wo müßte Ihrer Ansicht nach eine wirksame Bekämpfung des Problems ansetzen?

Gilges: Wir haben immer den Plan gehabt, daß in den Ländern, wo Drogen angebaut werden — im sogenannten „goldenen Dreieck", Thailand und in Lateinamerika —, versucht wird, mit Entwicklungshilfe den Bauern und der Bevölkerung den Ausstieg zu ermöglichen. Zweitens haben wir gesagt, man muß die internationalen Verkehrswege der Drogenhändler stören, durch verstärkte Zollkontrolle, Wareneinfuhrkontrolle usw. Die Wege sind ja nun hinlänglich bekannt, insbesondere in Westeuropa. Drittens: Viel wichtiger scheint mir die örtliche Drogenbekämpfung zu sein. D. h., daß man denjenigen, die in den Strudel hineingeraten, Möglichkeiten des Ausstiegs gibt und daß man die Jugendlichen schützt, indem man schon in der Schule beginnt, die Gefahren von Drogenabhängigkeit darzustellen.

Frage: Sie haben die Produzenten der Drogen-Rohstoffe angesprochen. Das sind doch zumeist Kleinbauern, die eingebunden sind in eine kriminelle Organisationsstruktur, in der viel Geld verdient wird. Kann da Entwicklungshilfe wirksam Alternativen anbieten?

Gilges: Da gibt es ja Konzeptionen. Sie wissen ja, daß die Preise für landwirtschaftliche Produkte im internationalen Handel in den letzten Jahren enorm gefallen sind. Das führt dazu, daß die Bauern in immer größere Schwierigkeiten geraten und dann umsteigen auf Drogenproduktion. Man könnte ja dazu übergehen, den Bauern ihre landwirtschaftlichen Produkte zu akzeptablen Preisen abzunehmen.

Frage: Die SPD-Fraktion hat eine internationale Drogenanhörung in Bonn gefordert, sie setzen auf grenzenübergreifende Zusammenarbeit. Woran hapert es da im Moment noch?

Gilges: Ich glaube, daß die Polizeibehörden und auch die Zollbehörden nicht die nötigen technischen und logistischen* Ausstattungen haben, die notwendig sind, um den Drogenverkehr zu stören. Das sind ja internationale Konzerne, die am Drogenhandel beteiligt sind. Hier müssen die westlichen, aber auch die östlichen Industrieländer gemeinsame Konzeptionen entwickeln, um den Handel zu stören.

(Neue Westfälische v. Jan. 1989, Interview von Dirk Müller mit Konrad Gilges, dem Drogenbeauftragten der SPD-Bundestagsfraktion.

M 31 a Rat und Hilfe

Es gibt in der Bundesrepublik Deutschland zahlreiche Vereinigungen, Behörden und Gemeinschaften, die sich um Rat und Hilfe bei Problemen und Suchterkrankungen bemühen.

Verbände der Suchtkrankenhilfe

Deutsche Hauptstelle gegen die Suchtgefahren e.V. (DHS), 59065 Hamm, Westring 2, Tel.: (02381) 9015-0, Fax: (02381) 15331

Arbeiterwohlfahrt Bundesverband e.V. (AWO), 53119 Bonn, Oppelner Str. 130, Tel.: (0228) 6685-151/168, Fax: (0228) 6685209

Deutscher Caritasverband e.V. – Referat Gefährdetenhilfe, 79104 Freiburg, Karlstr. 40, Tel.: (0761) 200-0, Fax: (0761) 200350

Gesamtverband für Suchtkrankenhilfe im Diakonischen Werk der Evangelischen Kirche in Deutschland e.V. (GVS), 34117 Kassel, Kurt-Schumacher-Str. 2, Tel.: (0561) 109570, Fax: (0561) 778351

Selbsthilfe- und Abstinenzorganisationen

Anonyme Alkoholiker (AA) – Interessengemeinschaft e.V., 80939 München, Ingolstädter Str. 68a, Tel.: (089) 3164343 + 3169500, Fax: (089) 3165100
Regionale Kontaktstellen sind auch unter der bundeseinheitlichen Rufnummer 19295 zu erreichen.

Blaues Kreuz in Deutschland e.V., 42289 Wuppertal, Freiligrathstr. 27, Tel.: (0202) 620030, Fax: (0202) 6200381

Bundesverband der Elternkreise drogengefährdeter und drogenabhängiger Jugendlicher e.V. (BVEK), 10963 Berlin, Köthener Str. 38, Tel.: (030) 2626089, Fax: (030) 2628457

Selbsthilfe junger Suchtkranker, Bundesweite Koordinationsstelle der Caritas, 10115 Berlin, Große Hamburger Str. 18, Tel.: (030) 2805112, Fax: (030) 2826574

Selbsthilfe Sucht in der Arbeiterwohlfahrt, Arbeiterwohlfahrt Bundesverband e.V. (AWO), 53119 Bonn, Oppelner Str. 130, Tel.: (0228) 6685-151, Fax: (0228) 6695-209

Behörden und Kammern

Bundesministerium des Innern – Drogenbeauftragter der Bundesregierung: Parl. Staatssekr. Eduard Lintner, 53117 Bonn, Graurheindorfer Str. 198, Tel.: (0228) 681-3570 oder -3750, Fax: (0228) 681-4399

Bundesministerium für Gesundheit, 53108 Bonn, Postfach 170208, Tel.: (0228) 941-0, Fax: (0228) 941-4932, Referat 326: Drogen- und Suchtmittelmißbrauch, Referat 322: Betäubungsmittelrecht, Internationale Suchtstofffragen, Ständiger Vertreter des Bundesdrogenbeauftragten: Staatssekr. Baldur Wagner

Bundeszentrale für gesundheitliche Aufklärung (BZgA), 51109 Köln, Ostmerheimer Str. 200, Tel.: (0221) 8992-0, Fax: (0221) 8992300, Informationstelefon zur Suchtvorbeugung (0221) 892031, täglich von 10.00—22.00 Uhr

M 31 b Beratungs- und ambulante Behandlungsstellen für Suchtkranke und -gefährdete in Niedersachsen

Niedersächsische Landesstelle gegen die Suchtgefahren, 30175 Hannover, Leisewitzstr. 26, Tel.: (0511) 852068, Fax: (0511) 819195

Niedersächsisches Sozialministerium, 30159 Hannover, Hinrich-Wilhelm-Kopf-Platz 2, Tel.: (0511) 120-494 oder -495, Fax: (0511) 120435

Arbeiterwohlfahrt – Bezirksverband Hannover e.V., 30455 Hannover, Körtingsdorf 1, Tel.: (0511) 4952-0, Fax: (0511) 4952-200

– Bezirksverband Weser-Ems e.V., 26133 Oldenburg, Klingenbergstr. 73, Tel.: (0441) 4801-0, Fax: (0441) 4801-103

– Bezirksverband Braunschweig e.V., 38108 Braunschweig, Peterskamp 21, Tel.: (0531) 3908-0, Fax: (0531) 3908-108

Blaues Kreuz in der Evangelischen Kirche – Landesverband Niedersachsen e.V., 30629 Hannover, Weberstr. 4, Tel.: (0511) 581410

Blaues Kreuz in Deutschland e.V. – Landesverband Niedersachsen, 26810 Westoverledingen, Verdistr. 13, Tel.: (04955) 4488

Caritasverband für die Diözese Hildesheim e.V., 31134 Hildesheim, Mühlenstr. 24, Tel.: (05121) 9380, Fax: (05121) 31577

Landescaritasverband für Oldenburg e.V., 49377 Vechta, Oldenburger Str. 10, Tel.: (04441) 87070, Fax: (04441) 870710

Caritasverband für die Diözese Osnabrück e.V., 49074 Osnabrück, Johannisstr. 91, Tel.: (0541) 3410, Fax: (0541) 34180

Deutscher Guttempler-Orden (I.O.G.T.) – Distrikt Niedersachsen e.V., 29221 Celle, Westcellertorstr. 9, Tel.: (05141) 24122, Fax: (05141) 214296

Deutsches Rotes Kreuz – Landesverband Niedersachsen e.V., 30175 Hannover, Erwinstr. 7, Tel.: (0511) 28000-0, Fax: (0511) 2800077

Diakonisches Werk – Arbeitsgemeinschaft für Suchtkrankenhilfe in Niedersachsen (ELAS), 30159 Hannover, Ebhardtstr. 3A, Tel.: (0511) 3604-232, Fax: (0511) 3604-100

Fachverband für Diakonische Werke, 38102 Braunschweig, Peter-Joseph-Krahe-Str. 11, Tel.: (0531) 273070, Fax: (0531) 71048

30159 Hannover, Ebhardtstr. 3A, Tel.: (0511) 3604-232/ -237, Fax: (0511) 3604-100

26789 Leer, Saarstr. 6, Tel.: (0491) 9198-203, Fax: (0491) 9198-240

26122 Oldenburg, Gottorpstr. 23, Tel.: (0441) 21001-66/ -67, Fax: (0441) 14778

31655 Stadthagen, Bahnhofstr. 16, Tel.: (05721) 76081

Gesellschaft gegen Alkohol- und Drogengefahren e.V. (GAD) — Landesstelle Niedersachsen, 30625 Hannover, Dohmeyers Weg 30, Tel.: (0511) 552082, Fax: (0511) 552092

Kreuzbund e.V. Selbsthilfe- und Helfergemeinschaft für Suchtkranke und deren Angehörige – Diözesanverband Hildesheim, 31711 Lauenhagen, Im Bruche 60

– Kreuzbund – Landesverband Oldenburg, 49377 Vechta, Welper Str. 9, Tel.: (04441) 5668

– Diözesanverband Osnabrück e.V., 49593 Bersenbrück, Oderstr. 7, Tel.: (05439) 1743

Landesarbeitsgemeinschaft der Freundeskreise für Suchtkrankenhilfe in Niedersachsen e.V., 48527 Nordhorn, Schlieperstr. 32, Tel.: (05921) 5689

Landesstelle Jugendschutz Niedersachsen, 30175 Hannover, Leisewitzstr. 26, Tel.: (0511) 858788, Fax: (0511) 2834954

Niedersächsischer Landesverband für Elternkreise Drogenabhängiger e.V., 30163 Hannover, Jakobistr. 43, Tel.: (0511) 393030 oder 789654

Paritätischer Wohlfahrtsverband – Landesverband Niedersachsen e.V. – Fachbereich Sucht, 29525 Uelzen, St.-Viti-Str. 22, Tel.: (0581) 70007, Fax: (0581) 78469

❶ In M 27 — M 29 geht es um Maßnahmen der Therapie, d. h. der Heilbehandlung von Alkohol- und Rauschgiftsüchtigen.
— Warum sind Patienten häufig erst so spät bereit, sich behandeln zu lassen? Warum ist es so schwierig, sie von der Notwendigkeit einer Behandlung zu überzeugen (M 27/28)? Zieht zur Beantwortung dieser Frage auch noch einmal die Beschreibung des Alkoholismus (M 14) heran.
— Beschreibt, wie in der Regel eine Therapie abläuft (M 27 bezieht sich auf Drogenabhängigkeit, M 29 auf Alkoholismus; die Stationen sind aber ähnlich). Worauf beruht die besondere Wichtigkeit der Gruppenarbeit, auf die auch der betroffene Briefschreiber (M 29) hinweist?

❷ M 30 weist darauf hin, daß Maßnahmen gegen die Suchtmittel-Gefahren auch auf gesamtgesellschaftlicher und — im Falle der Rauschgifte — auch auf internationaler Ebene erfolgen müssen. Erläutert die einzelnen Maßnahmen und überlegt, warum es nicht leicht ist, sie zu realisieren?

Zur Sicherung des Grundwissens

Nach der Erarbeitung des Kapitels 3 solltet ihr
- *die 5 Arten von Suchtmittel nennen können (M 2);*
- *den Unterschied zwischen legalen und illegalen Drogen sowie die Strafbestimmungen des Betäubungsmittelgesetzes nennen können (M 3a_b);*
- *die Begriffe „körperliche“ und „seelische Abhängigkeit“ erklären können (M 4, M 15);*
- *einige Fakten der „Rauschgiftbilanz 1988“ in der Bundesrepublik nennen können (M 6a);*
- *die fünf Ebenen der „Drogenszene“ beschreiben können (M 6c);*
- *einige Gründe für den Suchtmittelkonsum nennen können (M 9);*
- *die individuellen und sozialen Folgen beschreiben können, die sich für Drogenabhängige ergeben (M 15);*
- *erkäutern können, was man unter „Beschaffungskriminalität“ versteht und wie sie sich in den letzten Jahren in der Bundesrepublik entwickelt hat (M 17, M 18);*
- *beschreiben können, in welchen Schritten sich eine Drogentherapie vollzieht und warum sie so sehr schwierig durchzuführen ist (M 29, M 28);*
- *angeben können, auf welchen verschiedenen Ebenen das Drogenproblem bekämpft werden muß (M 30).*

4 Bürger nehmen Einfluß auf die Politik in der Gemeinde

M 1

(Fotos: Hartmuth Brill, Reinhold Lücke, Günter Schlottmann)

M 2 **Schüler und Kommunalpolitik**

Täglich erhaltet ihr als Schüler und Schülerinnen über die großen Massenmedien Fernsehen, Rundfunk und Zeitung eine Fülle von politischen Informationen (siehe Kapitel V, M 3). Fernsehen und Rundfunk konzentrieren sich dabei auf die „Große Politik" — aus der Landeshauptstadt Hannover, aus Bonn oder aus dem Ausland. Politik im Nahbereich, in der Gemeinde, in der ihr wohnt, findet ihr mit Ausnahme einiger regionaler Rundfunk- und Fernsehsendungen nur auf den hinteren Seiten der Tageszeitung. Die Aufgaben der Gemeinden, die Leistungen, die sie tagtäglich für die Bürger erbringen, erscheinen selbstverständlich. Daß im Bereich der Gemeinde ständig politische Entscheidungen fallen, die den einzelnen Bürger und damit auch euch direkt betreffen, gerät deshalb leicht aus dem Blickfeld.
Über die Leistungen, die die Gemeinden erbringen, um grundlegende Bedürfnisse wie Wohnen, Arbeiten, Bildung, Freizeit, Verkehr zu befriedigen, wird jedoch in einem Prozeß der politischen Willensbildung entschieden, auf den viele Personen und Institutionen (Bürgermeister, Verwaltung, Parteien, Öffentlichkeit) einwirken. In der Gemeinde wird Demokratie auf unterster Ebene verwirklicht, diese ist verbunden mit der Landes- und Bundesebene. Anhand der Kommunalpolitik läßt sich beispielhaft das Funktionieren unseres politischen Systems mit Parteien, Verbänden, Massenmedien und der Beteiligung der Bürger aufzeigen.
Dieses Kapitel soll
— die „Politik in der Gemeinde" durchsichtiger machen,
— euch helfen, kommunale Ereignisse und die Berichterstattung in den Zeitungen besser zu verstehen,
— Möglichkeiten aufzeigen, sich am kommunalpolitischen Geschehen zu beteiligen,
— euch anregen, Probleme und eigene Interessen auf kommunaler Ebene aufzugreifen sowie in der Schule aufzuarbeiten und darzustellen.

(Autorentext)

❶ Erläutert, welche Aufgaben einer Stadtverwaltung auf den Bildern dargestellt werden. Was wißt ihr darüber hinaus über die Aufgaben der Gemeinden und Städte?

❷ M 2 soll euch die Absichten dieses Kapitels erläutern. Vergleicht diese Absichten mit euren eigenen Interessen im Hinblick auf das Thema Kommunalpolitik.

Das Prinzip der kommunalen Selbstverwaltung

M 3 **Der preußische Minister vom Stein beklagt die Verhältnisse in den Gemeinden (1808)**

Das zudringliche Eingreifen der Staatsbehörden in Privat- und Gemeindeangelegenheiten muß aufhören und dessen Stelle nimmt die Tätigkeit des Bürgers ein, der nicht in Formen und Papier lebt, sondern kräftig handelt, weil ihn seine Verhältnisse [...] zur Teilnahme am Gewirre menschlicher Angelegenheiten nötigen. Man muß bemüht sein, die ganze Masse der in der Nation vorhandenen Kräfte auf die Besorgung ihrer Angelegenheiten zu lenken, denn sie ist mit ihrer Lage und ihren Bedürfnissen am besten bekannt. [...] Der Bürger hatte weder Kenntnis vom Gemeindewesen noch Veranlassung, dafür zu wirken, selbst nicht einmal einen Vereinigungspunkt. Eifer und Liebe für die öffentlichen Angelegenheiten, aller Gemeingeist [...] mußten verlorengehen. Selbst Bürger zu sein, ward längst nicht einmal mehr für Ehre gehalten. Man erwartete dagegen alles vom Staate, ohne Vertrauen zu seinen Maßregeln und ohne wahren Enthusiasmus* für die Verfassung. Das Gemeinwesen der Städte ist daher auch seit geraumer Zeit nicht fortgeschritten, sondern mehr oder minder zurückgekommen. [...]

(Freiherr vom Stein: Ausgewählte politische Briefe und Denkschriften, hrsg. von E. Botzenhardt und G. Ipsen, Stuttgart 1955, S. 174ff.)

Karl Reichsfreiherr vom und zum Stein
(Gemälde von J. Chr. Rincklake; Schloß Nassau)
(Foto: bildarchiv preußischer kulturbesitz)

M 4 Entstehung der kommunalen Selbstverwaltung

Die Entstehung der kommunalen Selbstverwaltung in Deutschland ist untrennbar mit dem Namen des Reichsfreiherrn vom und zum Stein und seiner Tätigkeit als leitender Staatsminister in Preußen (1807—1808) verbunden. Er ist der Urheber der preußischen Städteordnung vom 19. November 1808, die die Städte im damaligen Gebiet der preußischen Monarchie allgemein ermächtigte, „alle das Gemeinwesen der Stadt betreffenden Angelegenheiten" in eigener Verantwortung zu regeln, sie somit selbst zu verwalten. Hierbei sollte die „Bürgerschaft die Regel geben", d. h. die grundlegenden Entscheidungen treffen. Dazu hatten die wahlberechtigten Bürger einer jeden Stadt eine von deren Größe abhängige Zahl von Vertretern, die Stadtverordneten, zu wählen, die dann zur „Stadtverordnetenversammlung" zusammentraten. Von dieser wurde ein ausführendes Organ, der „Magistrat", bestellt, der aus hauptamtlich und ehrenamtlich tätigen Personen bestand. Die beiden genannten Organe waren für die „Stadtgemeine" in allen Angelegenheiten des städtischen Gemeinwesens zuständig. Hierbei hatte die Stadtverordnetenversammlung die Bürger zu vertreten und für sie zu beschließen; beim Magistrat dagegen lag die „Geschäftsführung", d. h. die administrative* Leitung der städtischen Angelegenheiten.
Die Grundzüge dieser „Verfassung" finden sich noch im Aufbau der kommunalen Selbstverwaltung unserer Tage wieder.

(Niedersächsische Landeszentrale für politische Bildung, Niedersachsen — politische Landeskunde, Hannover 1988, S. 51)

M 5 Gesetzliche Grundlagen

a) Grundgesetz für die Bundesrepublik Deutschland

Vom 23. Mai 1949
Auszug

Art. 28 Verfassung der Länder

(1) Die verfassungsmäßige Ordnung in den Ländern muß den Grundsätzen des republikanischen, demokratischen und sozialen Rechtsstaates im Sinne dieses Grundgesetzes entsprechen. In den Ländern, Kreisen und Gemeinden muß das Volk eine Vertretung haben, die aus allgemeinen, unmittelbaren, freien, gleichen und geheimen Wahlen hervorgegangen ist. In Gemeinden kann an die Stelle einer gewählten Körperschaft die Gemeindeversammlung treten.

(2) Den Gemeinden muß das Recht gewährleistet sein, alle Angelegenheiten der örtlichen Gemeinschaft im Rahmen der Gesetze in eigener Verantwortung zu regeln. Auch die Gemeindeverbände haben im Rahmen ihres gesetzlichen Aufgabenbereiches nach Maßgabe der Gesetze das Recht der Selbstverwaltung.

b) Vorläufige Niedersächsische Verfassung

Vom 13. April 1951
Auszug

Artikel 44

(1) Gebietskörperschaften (Gemeinden und Kreise) und die sonstigen öffentlich-rechtlichen* Körperschaften verwalten ihre Angelegenheiten im Rahmen der Gesetze unter eigener Verantwortung.

(2) In den Gebietskörperschaften muß das Volk eine Vertretung haben, die aus allgemeinen, unmittelbaren, freien, gleichen und geheimen Wahlen hervorgegangen ist, in Gemeinden kann an die Stelle einer gewählten Vertretung die Gemeindeversammlung treten.

(3) Die Gemeinden sind in ihrem Gebiet die ausschließlichen Träger der gesamten öffentlichen Aufgaben, soweit die Gesetze nicht ausdrücklich etwas anderes bestimmen.

(4) Den Gebietskörperschaften und den sonstigen öffentlich-rechtlichen Körperschaften können durch Gesetz staatliche Aufgaben zur Erfüllung nach Anweisung übertragen werden, wenn gleichzeitig Bestimmungen über die Deckung der Kosten getroffen werden.

c) Niedersächsische Gemeindeordnung (NGO)

Vom 18. 10. 1977
Auszug

§ 1 Gemeindliche Selbstverwaltung

(1) Die Gemeinde ist die Grundlage des demokratischen Staates. Sie verwaltet in eigener Verantwortung ihre Angelegenheiten im Rahmen der Gesetze mit dem Ziel, das Wohl ihrer Einwohner zu fördern.

(2) Die Gemeinden sind Gebietskörperschaften.

(Robert Thiele, Niedersächsische Gemeindeordnung, Deutscher Gemeindeverlag, Köln u. a. 1982, S. 1 ff.)

❶ Beschreibe, wie der Freiherr vom Stein die Zustände in den preußischen Gemeinden beschreibt (M 3). Welche Grundsätze und Ziele werden dabei indirekt deutlich? Über die historischen Hintergründe kannst du dich genauer informieren, wenn du in deinem Geschichtsbuch unter dem Stichwort „Preußische Reformen nach 1805" nachliest.

❷ Beschreibe, welche Grundsatzentscheidungen in Preußen unter dem Minister Freiherr vom Stein getroffen wurden (M 4).

❸ Untersuche, welche Bestimmungen die aufeinander aufbauenden gesetzlichen Bestimmungen von Grundgesetz, Niedersächsischer Verfassung und Niedersächsischer Gemeindeordnung für die Gemeinden enthalten (M 5). Stelle fest, welche Gedanken des Freiherren vom Stein hier wiederkehren. Kurze Informationen über die Bedeutung einer Verfassung und des Grundgesetzes kannst du in Kapitel V, M 5 nachlesen.

M 6 Was ist „kommunale Selbstverwaltung“?

Selbstverwaltung (bedeutet) die Wahrnehmung öffentlicher Aufgaben durch Körperschaften des öffentlichen Rechts — wie z. B. Städte und sonstige Gemeinden — als rechtlich und organisatorisch selbständige Verwaltungseinheiten (Selbstverwaltungskörperschaften) innerhalb des Staatsverbandes. In diesen sind sie eingegliedert, und von ihm werden sie in ihrer Existenz und in ihren Funktionen bestimmt. Zwar garantiert das Grundgesetz für die Bundesrepublik Deutschland, das Verfassungsrang besitzt, den Gemeinden das Recht, alle Angelegenheiten der örtlichen Gemeinschaft in eigener Verantwortung zu verwalten (Selbstverwaltungsgarantie) — und dies wird von der Vorläufigen Niedersächsischen Verfassung und der Niedersächsischen Gemeindeordnung wiederholt —, es gilt aber nur „im Rahmen der Gesetze“.
Und die Zuständigkeit für die Gesetzgebung liegt nach dem Grundgesetz ausschließlich beim Staat, d. h. beim Bund und bei den Ländern. Insoweit sind die Selbstverwaltungskörperschaften dem Staat nachgeordnet; gesetzgeberische Befugnisse stehen ihnen ursprünglich nicht zu. Allerdings verleiht der Staat, soweit er Selbstverwaltung gewährt, in der Regel zugleich die Befugnis zur Rechtsetzung im eigenen Bereich, die sogenannte Satzungsgewalt. So können z. B. die Gemeinden für ihr Gebiet allgemeinverbindliche Rechtsvorschriften (Satzungen) erlassen, um ihre eigenen Angelegenheiten zu regeln, wie etwa die Benutzung gemeindlicher Einrichtungen u. a. m.
Aus dem Wesen der Selbstverwaltungskörperschaften ergibt sich für ihre innere Ordnung zwingend, daß gewählte Organe an der Erledigung der anfallenden Aufgaben maßgeblich beteiligt werden müssen. Selbstverwaltung [...] verwirklicht [...] ein politisches Prinzip, nämlich das der Demokratie im Bereich der Verwaltung. Sie ist Verwaltung durch die Betroffenen selbst, so z. B. durch die Bürger der Gemeinden, die an der Erledigung der Gemeindeangelegenheiten durch gewählte Vertreter mitwirken.

(H.-E. Reinicke in: Niedersächsische Landeszentrale für politische Bildung, Niedersachsen — politische Landeskunde, Hannover 1988, S. 51)

M 7

Der Aufbau der kommunalen Selbstverwaltung in Niedersachsen

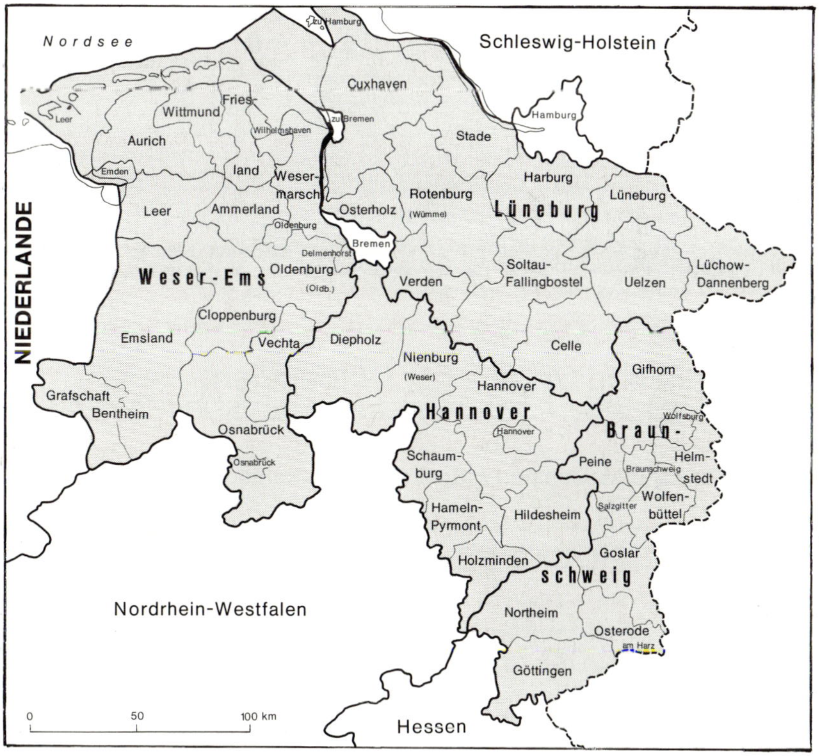

Regierungsbezirke, Landkreise und kreisfreie Städte in Niedersachsen

Kommunale Gebietskörperschaften in Niedersachsen sind die Gemeinden und Landkreise. Der Begriff „Gemeinde“ umfaßt Verwaltungseinheiten sehr unterschiedlicher Struktur, Größe und Eigenart. Die Niedersächsische Gemeindeordnung (NGO) trägt dem dadurch Rechnung, daß sie zwischen Gemeinden und Städten unterscheidet und diese wiederum in kreisfreie, große selbständige,

selbständige und sonstige Städte gliedert. Da von der Eingruppierung in diese Kategorien der Umfang der Aufgaben abhängt, für die die jeweilige Stadt zuständig ist, kommt es hierfür besonders auf die Einwohnerzahl sowie die Wirtschafts- und Verwaltungskraft der einzelnen Stadt an. Alle Gemeinden, die nicht die Stellung einer kreisfreien Stadt haben, sind „kreisangehörig", d. h. sie gehören einem Landkreis an.

Der Landkreis als weitere kommunale Selbstverwaltungskörperschaft ist Verband der ihm angehörenden Gemeinden und eigenständige Gebietskörperschaft zugleich. Diese Doppelnatur bestimmt sein Wesen. Nach der Niedersächsischen Landkreisordnung (NLO) haben die Landkreise einerseits die Aufgabe, die kreisangehörigen Gemeinden bei der Erfüllung ihrer Aufgaben zu unterstützen, andererseits erfüllen sie selbständig öffentliche Aufgaben, die über die Leistungsfähigkeit und den Rahmen der örtlichen Gemeinschaft hinausgehen.

Die Zahl der Gemeinden und Landkreise ist durch die Verwaltungs- und Gebietsreform der siebziger Jahre erheblich vermindert worden. Vor dieser Reform gab es in Niedersachsen 60 Landkreise und über 4200 Gemeinden aller Größenordnungen — von weniger als 10 bis zu über 500000 Einwohnern. Diese hatten — mit Ausnahme der kreisfreien und selbständigen Städte — grundsätzlich die gleiche Rechtsstellung und Zuständigkeit. Zur Stärkung und Vereinheitlichung der Leistungs- und Verwaltungskraft der Gemeinden wurde deren Zahl auf 1028 reduziert; von diesen wurden noch 744 Gemeinden in Samtgemeinden zusammengefaßt. Die Samtgemeinde als verbandsmäßiger Zusammenschluß rechtlich selbständig bleibender Gemeinden ist eine Körperschaft mit dem Recht der Selbstverwaltung — keine Gebietskörperschaft —, die im ländlichen Bereich die Erfüllung etwa der gleichen Verwaltungsaufgaben garantieren soll, wie sie sonst die durch die Gebietsreform neugebildeten 284 Einheits-(Groß-)Gemeinden wahrnehmen. Die Samtgemeinden erfüllen daher kraft Gesetzes bestimmte Aufgaben ihrer Mitgliedsgemeinden, deren Zuständigkeit damit entsprechend eingeschränkt wird. Um den in den Einheitsgemeinden aufgegangenen, ehemals selbständigen Gemeinden noch eine Vertretung ihrer Belange innerhalb der neuen Gemeinwesen zu ermöglichen, wurde die Bildung von „Ortschaften" durch die Hauptsatzung der jeweiligen Gemeinde zugelassen; darin kann bestimmt werden, daß Ortsräte von den wahlberechtigten Einwohnern der Ortschaft gewählt werden. Da dem Ortsrat von Gesetzes wegen bestimmte Aufgaben übertragen sind und weitere vom Rat der Gemeinde überlassen werden können, nähert sich die Stellung der Ortschaft der der Mitgliedsgemeinde einer Samtgemeinde an, allerdings mit dem entscheidenden Unterschied, daß diese weiterhin rechtlich selbständige Gebietskörperschaft, die Ortschaft dagegen unselbständiger Teil einer Einheitsgemeinde ist.

(H.-E. Reinicke in: Niedersächsische Landeszentrale für politische Bildung, Niedersachsen — politische Landeskunde, Hannover 1988, S. 52)

❶ Erläutere den Grundsatz der kommunalen Selbstverwaltung (M 6). Welche Bedeutung kommt ihm für die Demokratie zu? Welche Grenzen der kommunalen Selbstverwaltung werden in M 6 genannt? Allgemeine Informationen zum Staatsaufbau in der Bundesrepublik Deutschland findest du in Kapitel V, M 7.

❷ Erläutere den Aufbau der kommunalen Selbstverwaltung in Niedersachsen, und erkläre, warum die Niedersächsische Gemeindeordnung zwischen verschiedenen „Formen" von Gebietskörperschaften (Gemeinden, Samtgemeinden usw.) unterscheidet (M 7).

Aufgaben und Organe der Gemeinden

M 8 **Zuständigkeiten und Aufgaben der Gemeinden in Zeitungsschlagzeilen**

Investitionen für den Umweltschutz nötig

Für den Straßenausbau 150 000 Mark eingeplant

Vorhaben „Sportzentrum Warmsen" gewinnt Kontur

Rat der Gemeinde Leese verabschiedet Haushaltsplan einstimmig

Mehr Engagement für den Naturschutz gefordert

„Nienburger Kulturknall" im Eckhaus: Musik und Kunst von Frauen - für Frauen

Sperrung der Innenstadt wird zum Zankapfel der Parteien

250 000 Mark für Grund- und Hauptschule Eystrup vom Schulausschuß befürwortet

Landkreis will sich eventuell am Bau einer Müllverbrennungsanlage beteiligen

Auch die Stadt unterstützt jetzt die neue Drogenberatungsstelle

Entscheidung über Straßennamen in Brokeloh wurde vom Rat aufgeschoben

M 9 Die Aufgaben der Gemeinden im Überblick am Beispiel Niedersachsen

Zu den wichtigsten Lebensbedürfnissen des Menschen unserer Tage gehören wohl folgende: Arbeit, Wohnung, Verkehrsverbindungen, Bildung, Freizeit und Erholung sowie Schutz vor Krankheit und Gefahren. Auf allen diesen Feldern werden Gemeinden und Landkreise tätig. Sie bemühen sich durch Wirtschaftsförderung um die Beschaffung von Arbeitsplätzen. Sie fördern den Bau von Wohnungen, insbesondere durch die Bereitstellung und Erschließung von Bauland, wie sie sich ganz allgemein der Versorgung ihres Gebiets mit Energie (Strom, Gas) und Wasser sowie der Beseitigung von Abwasser und Abfall annehmen.
Der Verbindung zwischen Wohnstätte und Arbeitsplatz dienen u. a. von Gemeinden oder Landkreisen gebaute und unterhaltene Straßen und Brücken; auch Verkehrsmittel wie Straßenbahnen und Omnibusse werden oft von kommunalen Körperschaften bereitgestellt. Im Bereich der Bildung sorgen sie für ein vielfältiges Angebot: Sie sind nicht nur zum Bau und zur Unterhaltung von Schulen des allgemein- und berufsbildenden Schulwesens verpflichtet; sie errichten und betreiben je nach Größe und Finanzkraft Büchereien, Volkshochschulen, Museen und Theater. Diese werden von der Bevölkerung hauptsächlich in der Freizeit genutzt, sie dienen somit auch der Erholung der Menschen, um die die Kommunen ohnedies auf vielfältige Weise bemüht sind, so z. B. durch die Schaffung von Grünflächen, Parks, Freizeitheimen, Sportstätten und Schwimmbädern. Letztere nutzen auch der Gesundheitspflege, für die Gemeinden und Landkreise weitere Einrichtungen vorhalten, so z. B. Sozialstationen und Pflegeheime, vor allem aber Krankenhäuser. Für sozialen Schutz und Betreuung sorgen u. a. Kindergärten, Spielplätze, Jugendheime, Altenheime und Altentagesstätten. Wichtig in diesem Bereich ist aber vor allem die Sozialhilfe als Unterstützung für bedürftige Mitbürger, die ihren Lebensunterhalt — ganz oder teilweise — nicht selbst bestreiten können. Diese Aufgabe erfordert einen sehr großen und zunehmenden Aufwand. Schließlich gehört zum kommunalen Aufgabenbereich auch die Abwehr von Gefahren für die Bevölkerung, u. a. der Feuer- und der Katastrophenschutz.
Für die Verteilung dieser Aufgaben auf Gemeinden und Landkreise gilt grundsätzlich, daß die Gemeinden für alle öffentlichen Aufgaben, die sich aus den Bedürfnissen der örtlichen Gemeinschaft ergeben, zuständig sind, soweit die Gesetze nicht ausdrücklich etwas anderes bestimmen.

§ 2 der Niedersächsischen Gemeindeordnung (NGO):

(1) Die Gemeinden sind in ihrem Gebiet die ausschließlichen Träger der gesamten öffentlichen Aufgaben, soweit die Gesetze nicht ausdrücklich etwas anderes bestimmen. Sie stellen in den Grenzen ihrer Leistungsfähigkeit die für ihre Einwohner erforderlichen sozialen, kulturellen und wirtschaftlichen öffentlichen Einrichtungen bereit.

Die Landkreise hingegen sind in ihrem Gebiet die Träger der öffentlichen Aufgaben, die von überörtlicher Bedeutung sind (z. B. Kreisstraßen) oder deren zweckmäßige Erfüllung die Leistungskraft der kreisangehörigen Gemeinden übersteigt (z. B. Kreiskrankenhaus; Schulen der Sekundarstufe I und II).

§ 2 der Niedersächsischen Landkreisordnung (NLO):

(1) Die Landkreise sind, soweit nichts anderes bestimmt ist, in ihrem Gebiet die Träger der öffentlichen Aufgaben, die von überörtlicher Bedeutung sind oder deren zweckmäßige Erfüllung die Verwaltungs- oder Finanzkraft der kreisangehörigen Gemeinden übersteigt. Sie fördern die Gemeinden bei der Erfüllung ihrer Aufgaben und vermitteln einen angemessenen Ausgleich der gemeindlichen Lasten.

(H.-E. Reinicke in: Niedersächsische Landeszentrale für politische Bildung, Niedersachsen — politische Landeskunde, Hannover 1988, S. 53)

M 10 „Selbstverwaltungsangelegenheiten" und „Auftragsangelegenheiten"

Aufgaben des eigenen Wirkungskreises (Selbstverwaltungsangelegenheiten)

Das im Grundgesetz und in der niedersächsischen Landesverfassung garantierte Recht der Selbstverwaltung gestattet es den Gemeinden (darunter versteht man sowohl das kleinste Dorf als auch eine Großstadt), ihre Angelegenheiten in eigener Verantwortung zu erledigen.
„Die Gemeinden sind in ihrem Gebiet die ausschließlichen Träger der gesamten öffentlichen Aufgaben, soweit die Gesetze nicht ausdrücklich etwas anderes bestimmen. Sie stellen in den Grenzen ihrer Leistungsfähigkeit die für die Einwohner erforderlichen sozialen, kulturellen und wirtschaftlichen Einrichtungen bereit." (§ 2 NGO)
Zu diesen Einrichtungen gehören unter anderem Kindergärten, Begegnungsstätten für ältere Menschen, Verkehrseinrichtungen, Park- und andere Grünanlagen, Schulen und Turnhallen, Sport- und Spielplätze, Hallen- und Freibäder, Krankenhäuser, Museen und Büchereien.

Aufgaben des übertragenen Wirkungskreises (Auftragsangelegenheiten)

Neben ihren Selbstverwaltungsangelegenheiten muß die Gemeinde auch Aufgaben erfüllen, die der Bund und das Land delegiert* haben. Diese Aufgabenübertragung erfolgt auch, weil der Staat seine Angelegenheiten durch die Kommunalverwaltungen bürgernah erledigen lassen kann.
Auftragsangelegenheiten sind Pflichtaufgaben, das

heißt, die Gemeinden müssen sie erfüllen. Bund und Land stellen die dafür erforderlichen finanziellen Mittel zur Verfügung.
Einige Beispiele für diese Aufgaben:
Meldewesen, Jugendschutz, Personenstandswesen, Bundes- und Landtagswahlen, ziviler Bevölkerungsschutz, Wehrerfassung, Lastenausgleich [...]

(Pressestelle der Stadt Braunschweig, Rathaus-Kompaß 88, Joh. H. Meyer Verlag, Braunschweig 1988, S. 29f.)

❶ Erstelle eine Übersicht über die in den Zeitungsschlagzeilen (M 8) genannten Zuständigkeiten der Gemeinden. Ihr könnt die in M 8 enthaltene Zusammenstellung ergänzen, wenn ihr aus eurer Lokalzeitung entsprechende Schlagzeilen zusammenstellt. Auf diese Weise erhaltet ihr auch einen Überblick über die aktuellen kommunalpolitischen Schwerpunkte in eurer Gemeinde.

❷ Erstelle mit Hilfe von M 9 eine Übersicht über die Aufgaben der Gemeinden, und erkläre, wie die Verteilung der Aufgaben zwischen Gemeinden und Landkreisen geregelt ist. Untersuche, welche Aufgaben stärker im Licht der Öffentlichkeit stehen und deshalb z. B. in den Schlagzeilen (M 9) angesprochen werden.

❸ Erkläre den Unterschied zwischen Selbstverwaltungsangelegenheiten und Auftragsangelegenheiten (M 10). Auf welche Bereiche wird sich das kommunalpolitische Interesse konzentrieren?

❹ Nennt die Aufgaben der Gemeinden, die ihr aus euren persönlichen Erfahrungen und nach eurer Wertung für besonders wichtig haltet.

❺ Durch ein Gespräch mit Vertreter des Rates oder der Verwaltung eurer Gemeinde (siehe M 11) könnt ihr erkunden, welche Aufgaben eure Gemeinde selbst erledigt und welche von übergeordneten Körperschaften (Samtgemeinde, Landkreise) erledigt werden.

M 11 Die Verfassung der Gemeinden in Niedersachsen

Oberstes Organ der Gemeinde ist der *Rat*. Er wird von den wahlberechtigten Einwohnern der Gemeinde, den Bürgern, gewählt. [...] Wahlberechtigt ist, wer Deutscher im Sinne des Art. 116 Abs. 1 des Grundgesetzes ist, am Wahltage das 18. Lebensjahr vollendet und seit mindestens drei Monaten seinen Wohnsitz im Gebiet der betreffenden Gemeinde hat. Die Wahlperiode des Rats beträgt fünf Jahre. Die gelegentlich zu findende Bezeichnung „Legislaturperiode" ist irrig, da das Recht zur Gesetzgebung (Legislative) dem Staat vorbehalten ist und den kommunalen Körperschaften originär nicht zusteht; sie sind daher auch keine „Parlamente", diese Bezeichnung kommt allein den für die Gesetzgebung zuständigen Volksvertretungen des Bundes und der Länder (Bundestag, Landtage) zu. Die *Mitglieder des Rats* (Ratsherren) üben ihre Tätigkeit im Rahmen der Gesetze nach ihrer freien, nur durch die Rücksicht auf das Gemeinwohl geleiteten Überzeugung aus; sie haben ein Mandat und kein Amt inne. Sie wählen aus ihrer Mitte den *Ratsvorsitzenden* (Bürgermeister, in kreisfreien und großen selbständigen Städten: Oberbürgermeister). Er leitet die Sitzungen des Rats und des Verwaltungsausschusses; ferner obliegt ihm die repräsentative Vertretung der Gemeinde, d. h. der Bürgerschaft und des von ihr gewählten Rats. Diese Funktion ist Ausfluß seines Mandats und keine amtliche Tätigkeit.

Dem Rat als oberstem Organ der Gemeinde obliegt die Willensbildung in den Angelegenheiten, die für die örtliche Gemeinschaft und ihre Belange von nachhaltiger Bedeutung sind, also eine grundlegende oder grundsätzliche kommunalpolitische Entscheidung erfordern. Daher sind ihm die wichtigsten dieser Angelegenheiten bereits durch das Gesetz ausschließlich zugewiesen. Dies gilt z. B. für die jährliche Beschlußfassung über den Haushaltsplan, in dessen Ansätzen sich die Entscheidungen des Rats niederschlagen, die das kommunalpolitische Geschehen in der Gemeinde im Haushaltsjahr wesentlich bestimmen.

Ferner kann sich der Rat die Beschlußfassung in einzelnen Angelegenheiten vorbehalten. Er kann aus seiner Mitte *Ausschüsse* bilden, die seine Beschlüsse im Zusammenwirken von Ratsherren und Fachkräften der Verwaltung intensiv vorbereiten. Die Ausschüsse werden in der Regel entsprechend der Stärke der Fraktionen und Gruppen des Rats zusammengesetzt.

Ebenfalls im Bereich der Willensbildung wird das zweite Organ der Gemeinde, der *Verwaltungsausschuß*, tätig. Auch in ihm entscheiden die gewählten Vertreter. Er besteht in der Regel aus dem Ratsvorsitzenden, den Beigeordneten und dem Gemeindedirektor; dieser hat beratende Stimme. Die Beigeordneten werden vom Rat aus seiner Mitte für die Dauer der Wahlperiode — wiederum nach dem Grundsatz der Verhältnismäßigkeit — bestimmt. Außer der Vorbereitung der Beschlüsse des Rats obliegen dem Verwaltungsausschuß die Angelegenheiten, die aus dem Bereich der Routinegeschäfte der täglichen Verwaltung, den sogenannten „Geschäften der laufenden Verwaltung", herausragen und somit noch einen nicht unerheblichen kommunalpolitischen Gehalt haben, ohne daß sie jedoch vom Rat entschieden werden müßten.

Der *Gemeindedirektor* (in Städten: Stadtdirektor, in kreisfreien und großen selbständigen Städten: Oberstadtdirektor) ist das dritte Organ der Gemeinde. Ihm obliegt die Ausführung der Beschlüsse des Rats und des Verwaltungsausschusses als der beiden willensbildenden Organe; er hat somit die von diesen getroffenen kommunalpolitischen Entscheidungen in die Tat umzusetzen. Andererseits bereitet er die Beschlüsse des Verwaltungsausschusses — und damit indirekt die des Rats — vor. Ferner ist er u. a. für die bereits erwähnten Geschäfte der laufenden Verwaltung zuständig. Er ist der Leiter der Gemeindeverwaltung und Vorgesetzter der Beamten, Angestellten und Arbeiter der Gemeinde, mit deren Hilfe er seine Aufgaben erfüllt. Der Gemeindedirektor wird vom Rat für eine Amtsperiode von in der Regel 12 Jahren als Beamter auf Zeit gewählt. Wegen der Bedeutung seines Amtes muß er bestimmte Voraussetzungen (u. a. Qualifikation für den gehobenen bzw. höheren Verwaltungsdienst) erfüllen.

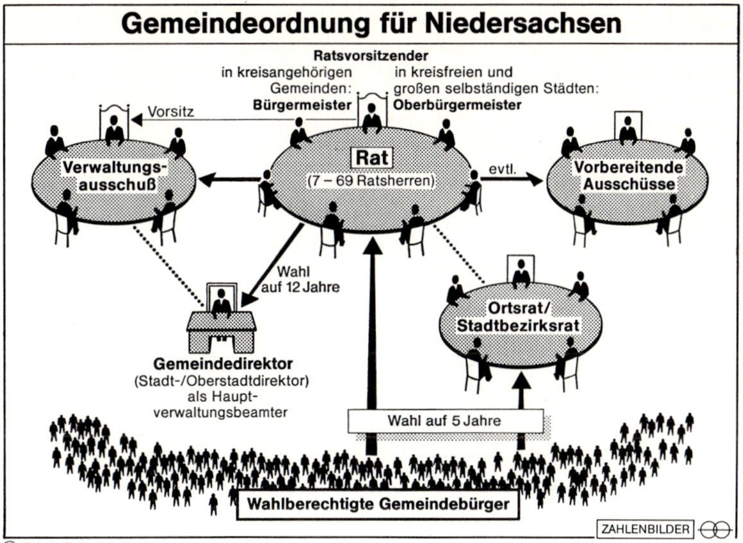

Die Verfassung der *Samtgemeinde* entspricht der der Gemeinde. Organe sind: der Samtgemeinderat, der Samtgemeindeausschuß und der Samtgemeindedirektor. Der Samtgemeinderat wird von den Bürgern der Mitgliedsgemeinden gewählt. Im übrigen finden die Vorschriften der Gemeindeordnung über die innere Gemeindeverfassung entsprechende Anwendung.

Für den *Landkreis* gilt das über die Verfassung der Gemeinde Gesagte sinngemäß. Seine Organe sind: der Kreistag, der Kreisausschuß und der Oberkreisdirektor. Die Mitglieder des Kreistages führen die Bezeichnung Kreistags„abgeordnete"; dennoch ist auch der Kreistag kein „Parlament", sondern eine gewählte Vertretung. Vorsitzer des Kreistages ist der Landrat. Auch er ist — im Gegensatz zur Regelung in anderen Bundesländern — ausschließlich Mandatsträger und nicht Inhaber eines Amtes. Die Bestimmungen der Landkreisordnung über Wahl, Zuständigkeit und Zusammenwirken der Organe entsprechen im wesentlichen den einschlägigen Vorschriften der Gemeindeordnung.

(Niedersächsische Landeszentrale für politische Bildung, Niedersachsen — politische Landeskunde, Hannover 1988, S. 54)

M 12 Der Aufbau einer Gemeindeverwaltung

(Bundeszentrale für politische Bildung, Gerd Treffer in: Zeitlupe 16, Bonn 1984, S. 15)

Chef der Verwaltung: Magistrat, Bürgermeister, Gemeinde-/Stadtdirektor

I*	II	III	IV	V	VI	VII	VIII
Allgemeine Verwaltung	Finanzverwaltung	Rechts-, Sicherheits- und Ordnungsverwaltung	Schul- und Kulturverwaltung	Sozial- und Gesundheitsverwaltung	Bauverwaltung	Verwaltung für öffentliche Einrichtungen	Verwaltung für Wirtschaft und Verkehr
10 Hauptamt 11 Personalamt 12 Statistisches Amt 13 Presseamt 14 Rechnungsprüfungsamt	20 Stadtkämmerei 21 Stadtkasse 22 Stadtsteueramt 23 Liegenschaftsamt 24 Amt für Verteidigungslasten	30 Rechtsamt 31 Polizei 32 Amt für öffentliche Ordnung 33 Einwohnermeldeamt 34 Standesamt 35 Versicherungsamt 36 Straßenverkehrsamt 37 Feuerwehr 38 Amt für Zivilschutz	40 Schulverwaltungsamt 41 Kulturamt	50 Sozialamt 51 Jugendamt 52 Sportamt 53 Gesundheitsamt 54 Amt für Krankenanstalten 55 Ausgleichsamt	60 Bauverwaltungsamt 61 Stadtplanungsamt 62 Vermessungs- und Katasteramt 63 Bauordnungsamt 64 Amt für Wohnungswesen 65 Hochbauamt 66 Tiefbauamt 67 Garten und Friedhofsamt	70 Stadtreinigungsamt 71 Schlacht- und Viehhof 72 Marktamt 73 Leihamt 74 Bäderamt	80 Amt für Wirtschafts- und verkehrsförderung 81 Eigenbetriebe 82 Forstamt

*Mit römischen Ziffern sind die sog. „Dezernate" oder „Referate" bezeichnet, mit arabischen Ziffern die Ämter.

❶ Erkläre an Hand von Schaubild und Text in M 11, welche Organe der Gemeinde es in Niedersachsen gibt, welche Aufgaben und Zuständigkeiten sie haben und in welchem Verhältnis sie zueinander stehen

❷ Untersuche, nach welchen Gesichtspunkten die verschiedenen Aufgabenbereiche der Verwaltung in dem in M 12 wiedergegebenen Beispiel geordnet wurden.

❸ Durch einen Besuch in der Verwaltung eurer Gemeinde könnt ihr erkunden, wie die Verhältnisse in eurer Gemeinde sind. Gesichtspunkte dafür könnten sein:
— Wieviele Mitglieder hat der Rat eurer Gemeinde? Welche Ausschüsse gibt es? Welche Parteien sind im Rat vertreten? Wie stark sind sie?
— Wie heißen der Bürgermeister bzw. der Stadt-/Oberstadtdirektor? Welcher Partei gehören sie an?
— Wie ist der Aufbau eurer Gemeindeverwaltung? Inwieweit unterscheidet er sich von dem Beispiel in M 12?

Der Rat entscheidet

M 13 **Der dornige Weg zum Jugendzentrum — ein konstruiertes Beispiel für die Arbeit eines Stadtrates**

Der Oberbürgermeister hat schon mit vielen Leuten darüber gesprochen; Vertreter von Vereinen und Jugendklubs waren bei ihm, die örtliche Zeitung hat darüber geschrieben; der Oberbürgermeister hat mit seinen Verwaltungsleuten beraten. Vor allem aber hat er sich mit seiner Fraktion* abgestimmt — dort fällt die Vorentscheidung, ob das Thema überhaupt weiter verfolgt werden soll, ob es nicht vielleicht vorrangig behandelt werden muß, weil es sonst die andere Fraktion aufgreift.
Beim Jugendzentrum gibt es keine Probleme: Alle sind der Meinung, ein Jugendzentrum müsse her. Dazu bedarf es nun eines Beschlusses des Stadtrats. Um ihn zu erreichen, muß das Thema „Jugendzentrum" in die Sitzungen des Stadtrats „eingefädelt" werden. Der Oberbürgermeister setzt es auf die Tagesordnung der nächsten Sitzung. Und er läßt eine Vorlage (1) dazu erstellen, die allen Stadträten zusammen mit der Tagesordnung zugeschickt wird. Natürlich wird er diese Vorlage nicht selbst schreiben — er wird die Spezialisten für Jugendfragen in der Verwaltung damit beauftragen, wohl das Jugendamt. Das Jugendamt hat die Kennziffer 51 (2) — (was das bedeutet, sehen wir in M 12). Deshalb steht oben auf der Vorlage „51", damit die Stadträte wissen, welche Dienststelle das geschrieben hat und das Thema auch weiter verfolgt. Rechts davon steht dann eine Buchstabenreihe (3). Sie zeigt an, welche Ausschüsse die Sache behandeln müssen. Und das kleine „ö" (4) bedeutet, daß diese Behandlung in öffentlicher Sitzung erfolgt, in einer Sitzung also, zu der jeder hingehen kann. Daß diese Vorlage 50mal kopiert wird (5), liegt daran, daß sie jeder Stadtrat zugeschickt bekommt.

Was steht in dieser Vorlage? Das Jugendamt wird im „Vortrag" (6) ausführlich begründen, warum ein Jugendzentrum nötig ist; schließlich müssen die Stadträte ja genau prüfen, ob das einen Zweck hat — dann wollen sie sicher noch mehr wissen: wo es stehen soll, ob und warum dieser Ort günstig ist, ob ihn Jugendliche leicht erreichen können, wie teuer das ist, wer sich um den Betrieb kümmert, ob dafür neues Personal nötig ist, die Stadt dafür neue Sozialarbeiter braucht usw. Die Vorlage endet mit dem „Antrag" (7). Der Oberbürgermeister beantragt im Stadtrat den Bau des Jugendzentrums. Er schreibt: „Der Stadtrat wolle beschließen: Die Stadt ... errichtet ein Jugendzentrum ..." Das alles haben die Stadträte also in den Händen, Tage bevor die Sitzung beginnt. Jetzt müssen sie — wie wir schon gesagt haben — die Vorlage in Ruhe durchlesen und überlegen, ob der Vorschlag des Bürgermeisters gut ist, ob er verbessert werden kann, ob das Jugendzentrum statt in die Ludwigstraße nicht besser in die Theresienstraße gehört. Und sie werden mit vielen Leuten reden: mit den Vereinen und Jugendklubs („Wie stellt Ihr euch das vor? Wozu die Cafeteria, wer soll dort bedienen? Könnt Ihr den großen Saal für Rockkonzerte denn auch nützen?"), mit Architekten („Wie baut man sowas, damit es nicht gleich wieder kaputt geht? Welche Möglichkeiten gibt es, den Lärm für die Nachbarschaft möglichst gering zu halten?").

Das alles passiert, ehe die Sache zum ersten Mal in den Fachausschüssen (8) beraten wird. In welche Ausschüsse das kommt, steht ja schon auf der Vorlage (3).

Was ist ein Ausschuß? Dazu müssen wir uns einmal den Stadtrat ansehen (9).

Im Stadtrat sitzen alle Stadträte, die von den Bürgern gewählt wurden. Hier gehören diese Stadträte zwei politischen Parteien an (der Partei A und der Partei B). Die Stadträte einer Partei bilden im Stadtrat eine Fraktion (17), also hier eine Fraktion A und eine Fraktion B. In unserem Stadtrat hat die Fraktion A 30, die Fraktion B 20 Mitglieder. In diesem „Stärkeverhältnis" werden auch die Ausschüsse besetzt — hat ein Ausschuß 5 Mitglieder — dann sind es: na? — 3 von A und 2 von B.

Wie viele Ausschüsse gibt es? Das kann man nicht für alle Städte sagen: Der Stadtrat kann (von ein paar Ausnahmen abgesehen) frei entscheiden, welche und wie viele Ausschüsse er schafft.

Aufgabe der Ausschüsse ist es, Fragen (wie hier

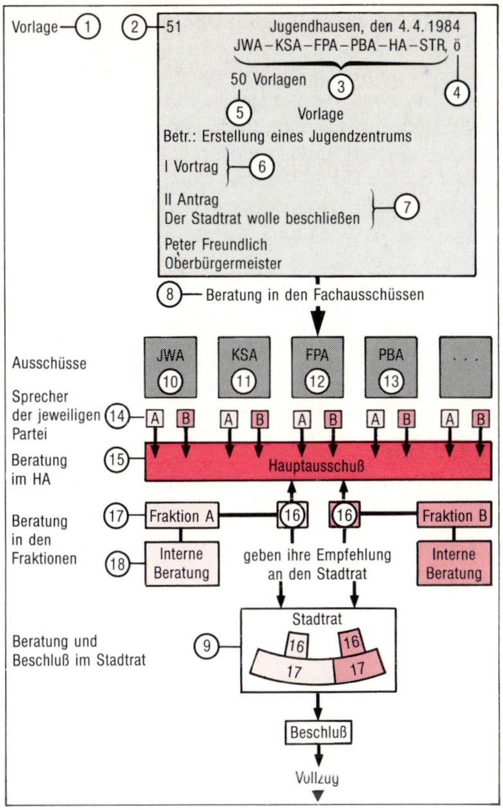

den Bau eines Jugendzentrums) unter verschiedenen Blickwinkeln zu untersuchen.

Nehmen wir an, es gibt in unserer Stadt einen Jugendwohlfahrtsausschuß, einen Kultur- und Sportausschuß, einen Finanz- und Personalausschuß, einen Planungs- und Bauausschuß. Was würden die nun bei einem Jugendzentrum untersuchen?

- Der **J**ugend**w**ohlfahrts**a**usschuß (10) würde darüber beraten, ob das Jugendzentrum nötig ist, wie es organisiert sein soll, wieviel Räume nötig sind, welche Einrichtungen (Bastelraum, Brennöfen für Tonmodellieren) es braucht.
- Der **K**ultur- und **S**port**a**usschuß (11) würde gleichzeitig fragen, was in diesem Haus passieren soll, welche Programme angeboten werden.
- Der **F**inanz- und **P**ersonal**a**usschuß (12) würde überlegen, was das alles kostet, ob sich die Stadt das leisten kann, ob dafür neues Personal gebraucht würde und wie sich das auch in den kommenden Jahren finanzieren läßt.
- Und der **P**lanungs- und **B**au**a**usschuß (13) müßte darüber nachdenken, wo das Jugendzentrum stehen soll. Paßt es mitten unter Wohnhäuser oder besser auf eine freie Wiese? Wie können die Jugendlichen dort hinkommen? Gibt es öffentliche Busse, die sie nehmen können? Und natürlich: Wie wird gebaut? Ziegel, Beton, einstöckig, zweistöckig? Welche elektrischen Leitungen sind nötig, damit auch im großen Saal eine Verstärkeranlage für Rockkonzerte angeschlossen werden kann?

Die Ausschüsse prüfen also spezielle Fragen. Deshalb schicken die Fraktionen auch ihre Spezialisten in die Ausschüsse: z. B. Architekten in den Planungs- und Bauausschuß, Lehrer in den Kulturausschuß, einen Bankkaufmann in den Finanzausschuß. Und jeweils einer davon ist der Sprecher seiner Fraktion für diese Sache: Es gibt also einen Kulturausschußsprecher der Partei A und einen Kulturausschußsprecher der Partei B, einen Finanzausschußsprecher der Partei A und einen der Partei B ... (14). Bei nicht so wichtigen Fragen entscheiden die Ausschüsse selbst. Von diesen „beschließenden Ausschüssen" haben wir schon gesprochen. Bei einem Jugendzentrum — einer wichtigen Frage — würden sie nur „vorberaten". Das heißt: Sie studieren ihre Frage (der Finanzausschuß die hohen Kosten des Jugendzentrums) und empfehlen dem Stadtrat, es zu bauen oder nicht, oder sie machen andere Vorschläge. Es kann also passieren, daß der Kulturausschuß sagt: „Das Jugendzentrum ist nötig, wir wollen es" — der Finanzausschuß sagt hingegen: „Wir können es nicht bauen, wir haben kein Geld."

Der nächste Schritt ist der **H**aupt**a**usschuß (in manchen Städten auch Hauptverwaltungsausschuß genannt) (15). Hier kommen nun die Ausschußsprecher (14) und die Fraktionsvorsitzenden (16) zusammen. Die Fraktionsvorsitzenden werden von den Fraktionen gewählt: Sie sind Sprecher ihrer Fraktion im Stadtrat. Im Hauptausschuß wird nun das ganze Thema noch einmal intensiv beraten; die vielleicht unterschiedlichen Meinungen werden gegeneinander abgewogen und wieder wird dem Stadtrat ein „ja" oder „nein" empfohlen.

Jetzt müssen wir uns aber auch noch eine andere Sache ansehen: Nicht nur in den Ausschüssen wird beraten. Die Fraktionen beraten sich natürlich auch intern (18). Und meist fallen in diesen Fraktionssitzungen die wichtigen Entscheidungen.

Dann kommt die Sache endlich in den Stadtrat (9), der endgültig darüber abstimmt.

Hier passiert nun vielleicht folgendes: Der Oberbürgermeister ruft den Tagesordnungspunkt „Jugendzentrum" auf. Der Fraktionsvorsitzende A ruft „Zustimmung", der Fraktionsvorsitzende B ruft ebenfalls „Zustimmung". Der Oberbürgermeister sagt: „Danke, bitte der nächste Punkt ..."
Die Zuschauer denken dann: Die beraten über so ein wichtiges Thema nicht einmal. In Wirklichkeit ist das schon stundenlang in den Ausschüssen hin- und herdiskutiert worden, und man hat sich dort geeinigt.
Bei wichtigen, umstrittenen Themen — möglicherweise bei einer solchen Entscheidung über ein Jugendzentrum — kann es aber trotzdem zu langen Debatten kommen. Schließlich wollen die Stadträte die Möglichkeit nützen, öffentlich ihre Argumente vorzutragen. Schließlich sind ja in der Sitzung Lokalreporter anwesend: Da könnte morgen in der Zeitung stehen, der Stadtrat X hat sich eifrig für das Jugendzentrum ausgesprochen. Die nächsten Wahlen kommen bestimmt. Und man kann nie wissen!
Was nun nach dem Beschluß?
Der Stadtrat hat zugestimmt. Damit kann der Oberbürgermeister die Herstellung des Jugendzentrums in Angriff nehmen. Er hat den „Beschluß", die Ermächtigung des Stadtrats, zu arbeiten. Nur: In Wirklichkeit würde das Jugendzentrum nicht mit einer einzigen Vorlage erledigt werden. Da würde ein solcher Durchlauf (von der Vorlage über die Ausschüsse zum Stadtrat und zum Beschluß) mehrmals nötig sein: einmal für eine grundsätzliche Entscheidung, dann vielleicht für den Standort, dann für ein Raumprogramm, dann für die Bauweise. Und jedesmal würde der ganze Apparat von neuem in Bewegung gesetzt.
Sehen Sie: Es ist nicht ganz einfach, ein Jugendzentrum durch den Stadtrat zu bringen, oder?

(Zeitlupe Nr. 16: Wir und unsere Stadt, hg. von der Bundeszentrale für politische Bildung, Bonn 1984, S. 12f., Autor: Gerd Treffer)
(Foto: Fritzsche, Anthony Verlag)

❶ Verfolge die Arbeit des Stadtrates bei dem in M 13 enthaltenen Beispiel. Die im Text enthaltenen Zahlen, die auf das beigefügte Schema Bezug nehmen, erleichtern dir die Auswertung.

❷ Erläutere die in dem Schema gekennzeichneten einzelnen Stationen mit Hilfe des Textes. An welchen Stellen könnten Schwierigkeiten für die Verwirklichung des Vorhabens auftreten? Welche Rolle spielt die Verwaltung in dem Entscheidungsprozeß?

❸ Die Durchführung des Ratsbeschlusses ist Aufgabe der Verwaltung. Welche der in M 12 genannten Ämter werden sich mit der Umsetzung des Beschlusses befassen müssen?

M 14 Ein Gemeindehaushalt entsteht

Wenn's um Geld geht, hört die Freundschaft auf. Beim *„Haushalt"* geht's um Geld. Die Gemeinden können nur so viel ausgeben, wie sie einnehmen. Und von diesem Kuchen wollen viele ein möglichst großes Stück. Der „Haushalt" wird jeweils im voraus *„aufgestellt"*, d. h. schon in der zweiten Jahreshälfte 1984 wird beraten, wofür 1985 Geld ausgegeben werden soll; nur dann, wenn im Haushalt *„Mittel"* vorgesehen sind, kann eine Sache auch ausgeführt werden. Das bedeutet, wer etwas will, muß sich frühzeitig auf die Hinterbeine stellen, damit dann im nächsten Jahr auch Geld zur Verfügung steht.

Der Entwurf
Das Ganze geht damit los, daß der Stadtkämmerer* zusammenfaßt, was die Chefs der einzelnen Abteilungen der Stadtverwaltung anfordern. Da fängt schon das Geraufe an. Der Personalchef fordert soundsoviel Millionen, denn schließlich müssen ja die städtischen Bediensteten bezahlt werden; die Straßenbauer fordern Geld für diese und jene Straßen, die Kanalbauer für ihr Kanalisationsnetz. Und wenn man alles zusammenrechnet, fordern sie zusammen viel mehr, als Geld da ist. Jetzt geht es an das Streichen. Den Tiefbauern sagt man, diese drei Straßen weniger; die jammern sogleich: „Straße eins ist nötig, weil dort ein großer Betrieb bauen will, da geht es um Arbeitsplätze, also bitte! Straße zwei ist den Bürgern seit Jahren versprochen, letztes Jahr schon wollten wir die bauen! Straße drei — streichen unmöglich — Straße drei ist die Zufahrt zur Hauptstraße, die wir letztes Jahr gebaut haben; wir machen uns ja lächerlich, wenn wir die Hauptstraße haben, aber kein Mensch vernünftig hinkommt. Sollen doch die Leute von der Grundstücksverwaltung sparsamer sein."
Die können nur lachen: „Wenn wir kein Geld haben, um Grundstücke zu kaufen, könnt ihr keine Straßen bauen, oder? — Ist doch überzeugend! Soll der Personalchef sparen!"
Der ist ganz gelassen: „Wenn ihr weniger Gehalt akzeptiert, könnt ihr ruhig in meinem Ansatz streichen."
Des langen Feilschens kurzer Sinn: Der neue Computer muß bis übernächstes Jahr warten, die Mülltonnenwagen werden auch noch ein Jahr länger halten, und wenn die verflixte Zubringerstraße (Nummer 3) nicht im nächsten, sondern erst im übernächsten Jahr gebaut wird, dann wird auch nicht gleich die Welt zusammenbrechen. Kompromiß: Der Haushalt ist ausgeglichen; genauso viel Ausgaben wie Einnahmen, aber es war ein zähes Stück Arbeit und mancher Abteilungschef ist sauer! Haben wir jetzt einen Haushalt? Mitnichten, wir haben einen *„Entwurf"*. Die Leute, die entscheiden, d. h. die Stadträte, die Politiker, fangen jetzt erst an.

Die Fraktionen
bekommen jetzt ein dickes Buch mit Zahlen und studieren, was ihnen die Verwaltung vorschlägt. Und sie beraten diesen Entwurf in ihrer Fraktion. Eine Fraktion ist der Zusammenschluß all jener Stadträte, die einer Partei angehören. Und aus der Sicht der Parteien betrachtet man natürlich so einen Haushalt anders als die Verwaltung!

Ein Stadtrat ist unzufrieden: Als Präsident des Sportvereins kann er doch nicht zulassen, daß das Stadion für seinen Verein nicht ausgebaut werden soll, das mindeste ist eine Flutlichtanlage; die hat der andere Verein schon lange! Sollen doch dafür die Zuschüsse für die Elterninitiative gestrichen werden. Da wird schon die Kollegin wild, schließlich ist sie im Vorstand dieser Bürgerinitiative! „Und wir wollen doch alle nicht, daß die andere Partei sagen kann: schaut her, es hilft gar nichts, diese Dame — mich! — zu wählen, die macht für Euch doch nicht eine armselige Mark im Stadtrat locker! Streichen wir doch lieber die Friedhofserweiterung." — „Wahnsinn, der Pfarrer steigt glatt auf die Kanzel und empfiehlt, die anderen zu wählen!" — „Und überhaupt, wir müssen etwas für die Geschäftsleute tun! Das sind traditionelle Wähler unserer Partei" — das war der Kreishandwerkermeister. — „Und bei der letzten Wahl haben wir versprochen [...]"

In der anderen Fraktion geht es nicht anders zu: „Die Straße drei will die Verwaltung streichen. Unmöglich, das bedeutet eine verkürzte Zufahrt zum großen Autowerk. So etwas streichen ist arbeitnehmerfeindlich." —

„Da würden auch die Gewerkschaften nicht mitspielen. Auf die müssen wir schließlich Rücksicht nehmen."

Und schließlich einigt sich jede Fraktion für sich, was sie streichen und was sie zusätzlich will.

Haben wir nun einen Haushalt? Mitnichten! Jetzt kommt erst

die Beratung
in den Ausschüssen und im Stadtrat; jetzt treffen die Vorstellungen der Fraktionen aufeinander und auch die Verwaltung will erklären, warum sie dies oder jenes für nötig hält. Eigentlich wollen die Fraktionen schon, daß alle dem Haushalt zustimmen. „Schließlich ist das die wichtigste Entscheidung im ganzen Jahr! Damit müssen wir ein Jahr lang arbeiten! Es wäre doch sinnvoll, wir raufen uns zusammen." Also: „Ihr stimmt dem Zuschuß für den Kindergarten zu und wir sind bereit, Eure Straße Nr. 3 zu bauen!" „Gut — aber: Für uns Sozialdemokraten ist es unverzichtbar [...]"

Und schließlich gibt es einen Beschluß — einstimmig oder nicht — und der Haushalt für das nächste Jahr ist geboren.

(Zeitlupe Nr. 16: Wir und unsere Stadt, hg. von der Bundeszentrale für politische Bildung, Bonn 1984, S. 10, Autor: Gerd Treffer)

M 15 Die kommunalen Finanzen in Niedersachsen

Zur Erfüllung kommunaler Aufgaben gehört Geld. Die notwendigen finanziellen Mittel zu erhalten bzw. zu beschaffen, ist eines der Hauptprobleme der kommunalen Selbstverwaltung.

[...] Von den Einnahmequellen der Gemeinden sind zunächst Gebühren und Beiträge zu nennen. *Gebühren* (Entgelte) zahlen die Benutzer kommunaler Einrichtungen für deren Leistungen (z. B. Wasserversorgung, Abwasser- und Abfallbeseitigung). *Beiträge* zur Herstellung kommunaler Anlagen (z. B. Straßen, Ver- und Entsorgungseinrichtungen) haben diejenigen zu leisten, die davon besondere wirtschaftliche Vorteile haben. Verwaltungsgebühren werden für Leistungen der Verwaltung erhoben, die im Einzelinteresse erfolgen (z. B. Ausstellung von Ausweisen, Bescheinigungen, Urkunden u. a. m.).

Eine wichtige Rolle spielen die den Gemeinden zustehenden *Steuern*. Sie wurzeln im örtlichen Bereich und sind auf diesen beschränkt. Hauptsteuerquellen sind die Grund- und die Gewerbesteuer*, die sogenannten „Realsteuern". An weiteren — weniger ertragreichen — Steuern stehen den Gemeinden zu: Vergnügungssteuer, Hundesteuer, Getränkesteuer sowie in den kreisfreien Städten zusätzlich die Jagd- und die Schankerlaubnissteuer. Eine unmittelbare Besteuerung des Einkommens ihrer Einwohner ist den Gemeinden nicht (mehr) gestattet, dafür erhalten sie einen prozentualen Anteil am Aufkommen der staatlichen Einkommensteuer [...]

Leider reichen diese Einnahmen bei weitem nicht aus, um den gemeindlichen Finanzbedarf zu dekken. Das Land gewährt daher im sogenannten *Kommunalen Finanzausgleich* den Gemeinden finanzielle Zuweisungen zur Ergänzung ihrer Finanzkraft und zugleich zum Ausgleich der zum Teil großen Unterschiede in der Steuerkraft, die als Maßstab für die finanzielle Leistungsfähigkeit der einzelnen Kommunen gilt. [...]

Als „Ausgleichsmasse" stellt das Land einen prozentualen Anteil seiner Einnahmen aus bestimmten Steuern und dem Länderfinanzausgleich* zur Verfügung. Hieraus erhalten die Gemeinden sogenannte „Schlüsselzuweisungen", wenn ihre objektivierte Ausgabenbelastung — basierend auf der Einwohnerzahl — größer als ihre Steuerkraft ist; außerdem werden daraus Schlüsselzuweisungen nach der Straßenlänge für die Unterhaltung bestimmter Straßen und weitere Zuweisungen zur Förderung des Neu-, Um- und Ausbaus kommunaler Straßen sowie Zuweisungen für die Erledigung der Auftragsangelegenheiten gewährt. Darüber hinaus gibt das Land zweckgebundene Zuweisungen für bestimmte Vorhaben wie z. B. Schulbauten, Sportanlagen usw.

Doch auch diese Einnahmen reichen bei den wenigsten Gemeinden aus, wenn es neue Einrichtungen oder Anlagen herzustellen gilt. Für derartige Investitionsvorhaben und zur Investitionsförderung dürfen die Gemeinden daher mit staatlicher Genehmigung *Schulden* (Anleihen, Darlehen, sonstige Kredite) aufnehmen.

Die Samtgemeinden finanzieren sich — außer durch Gebühren und Beiträge — entsprechend ihrem Verbandscharakter zu einem guten Teil durch eine *Umlage* (Samtgemeindeumlage), die von den Mitgliedsgemeinden — in erster Linie auf der Grundlage von deren Steuerkraft — erhoben wird. Außerdem erhalten die Samtgemeinden Schlüsselzuweisungen an Stelle ihrer Mitgliedsgemeinden, haben damit allerdings gegebenenfalls deren Finanzkraft so auszugleichen, daß diese ihre Aufgaben erfüllen können.

Auch für die Landkreise ist eine Umlage, die Kreisumlage, eine wichtige Einnahmequelle. Sie wird von den kreisangehörigen Gemeinden und Samtgemeinden erhoben. Umlagegrundlagen sind für die kreisangehörigen Gemeinden deren Steuerkraft und die ihnen gewährten Schlüsselzuweisungen, für die Samtgemeinden die Schlüsselzuweisungen, die sie an Stelle ihrer Mitgliedsgemeinden erhalten. Daraus resultiert die „Umlagekraft" des jeweiligen Landkreises. An Steuerquellen stehen den Landkreisen vornehmlich die Jagd- und die Schankerlaubnissteuer zur Verfügung. Einnahmen aus Gebühren und Beiträge spielen eine geringere Rolle als bei den Gemeinden; Verwaltungsgebühren fallen z. B. für die Zulassung von Kraftfahrzeugen an.

(H.-E. Reinicke in: Niedersächsische Landeszentrale für politische Bildung, Niedersachsen — politische Landeskunde, Hannover 1988, S. 55)

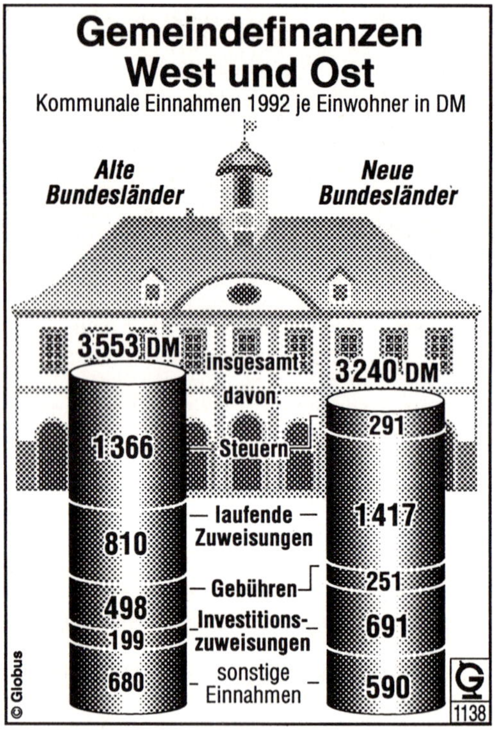

❶ Erläutere die Entstehung eines Gemeindehaushaltes (M 14). Wer ist daran beteiligt? Welche Probleme können auftreten?

❷ Beschreibe, wie die Gemeinden zu ihren Einnahmen kommen (M 15). Welche Begründung läßt sich dafür anführen, daß die Gemeinden außer ihren eigenen Einnahmen auch Zuweisungen von Bund und Land bekommen? Siehe dazu auch M 9 und M 10.

Mitwirkungsmöglichkeiten der Bürger

M 16 Mitwirkung der Bürger kontrovers

M 16a „Der Stadtrat beschließt [...]"

(Zeitlupe Nr. 16: Wir und unsere Stadt, hg. von der Bundeszentrale für politische Bildung, Bonn 1984, S. 17, Autor: Gerd Treffer)

M 16b „Heute abend ist Bürgerversammlung“

Heute abend ist Bürgerversammlung

Uchte (re). Der Flecken Uchte hat für heute um 20 Uhr Anlieger des Kalten Hagens, der Kirch-, Sparkassen- und Mühlenstraße sowie weitere interessierte Bürger zu einer Versammlung in das Rathaus eingeladen. Dabei geht es um die Stadtsanierung und um die Gestaltung des Marktplatzes sowie dessen Umfeld. Die Verwaltung wird ihre selbst erarbeiteten Vorschläge erläutern. Die Anwesenden können diese Varianten diskutieren und eigene Alternativen anbieten. Bürgermeister Kurt Damke hatte während und bereits lange vor der jüngsten Ratssitzung deutlich gemacht, daß die Ortskernsanierung Uchtes nur unter Mitwirkung der Bürger Erfolg haben kann.

(Die Harke — Nienburger Zeitung vom 25. 1. 1989)

M 17

Elemente des Entscheidungsprozesses in der Gemeinde

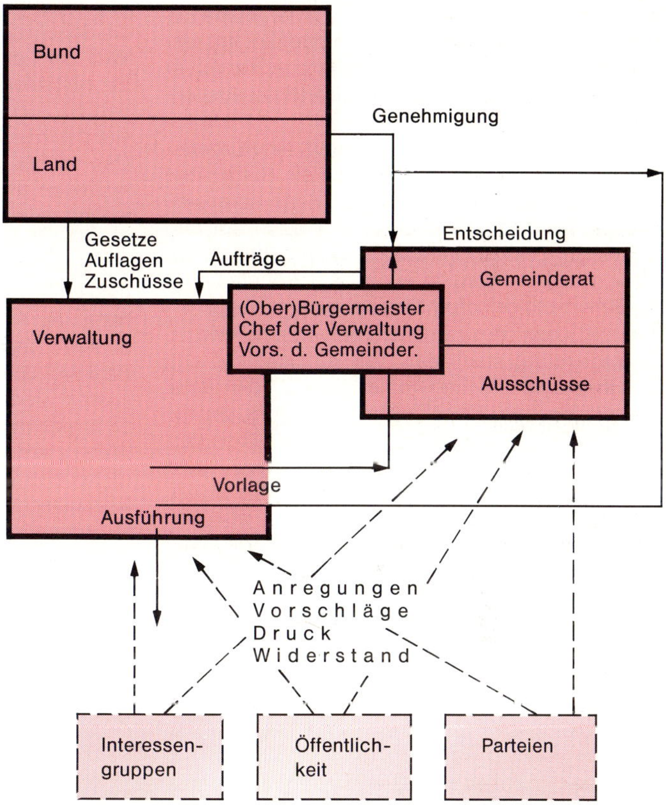

(Politik und Unterricht, hg. von der Landeszentrale für politische Bildung Baden-Württemberg, Sonderheft Juni 1979, Stuttgart, S. 15)

M 18 Wahlen zu den kommunalen Vertretungen

Nach Art. 28 Abs. 1 GG und Art. 44 Abs. 2 VNV muß das Volk in den Gemeinden und Kreisen eine Vertretung haben, die aus allgemeinen, unmittelbaren, freien, gleichen und geheimen Wahlen hervorgegangen ist.

Bei den Kommunalwahlen werden alle fünf Jahre für mehr als 2000 Kommunalvertretungen (Kreistage, Räte der Gemeinden, Samtgemeinderäte, Stadtbezirksräte und Ortsräte) rd. 29000 Mandatsträger gewählt. Bei den Kommunalwahlen ist der Wähler häufig zur Stimmabgabe bei verschiedenen Wahlen aufgerufen, z. B. in der Landeshauptstadt Hannover zur Wahl des Rates und zur Wahl der Stadtbezirksräte. Er erhält für jede Wahl einen Stimmzettel, der die Wahlvorschläge der Parteien, Wählergruppen und Einzelbewerber aufführt.

Es gilt ein Wahlsystem, das Verhältniswahl — als Grundlage — und Personenwahl kombiniert. Der Wähler hat drei Stimmen, die er auf einen Bewerber häufen (kumulieren), auf verschiedene Bewerber der Liste verteilen oder auf Bewerber verschiedener Listen verteilen (panaschieren) kann. Der Wähler kann aber auch weniger als drei Stimmen abgeben.

(G. Dronsch in: Niedersächsische Landeszentrale für politische Bildung, Niedersachsen — politische Landeskunde, Hannover 1988, S. 35)

M 19 Mitwirkungsmöglichkeiten der Bürger

Ich bin seit zwanzig Jahren im Geschäft: Redakteur der örtlichen Zeitung. Da lernt man seine Kommunalpolitiker schon kennen! Und hinter die Kulissen hat man auch geschaut. Von wegen, daß die Bürger nichts zu sagen haben. Gerade bei uns in der Gemeinde können sie noch was ausrichten! Wie? Na, nehmen Sie z. B. einmal die *Leserbriefe*, die wir in unserer Zeitung abdrucken. Von wegen, die liest niemand! Im Gegenteil: Kaum etwas auf den Lokalseiten wird so aufmerksam gelesen wie gerade Leserbriefe! Und, wenn da ein Leserbrief kommt, der ein echtes Problem aufgreift, ist ganz schön Feuer am Dach im Rathaus! Das kann ich Ihnen aus langer Erfahrung sagen.

Und dann gibt es bei uns in der Stadt ein *Bürgertelefon*. Rund um die Uhr können da die Bürger ihre Anregungen, ihre Vorschläge auf Band sprechen. Und sie bekommen binnen einer Woche Antwort. Vor einiger Zeit hat einmal eine ganze Schulklasse, jeder einzeln, angerufen und einen Proberaum für die Schulband gefordert. Das hat auch geklappt.

Tja, und dann gibt es die *Bürgerversammlungen*, die regelmäßig stattfinden. Wir kündigen Ort und Zeit in unserer Zeitung immer an. Da kann jeder Bürger hingehen und seine Meinung sagen, und die Politiker hören sich das an! Und wir schreiben darüber. Und dann sind da noch die *Bezirksausschüsse* in den einzelnen Stadtbezirken, die jeweils für ihren Stadtteil öffentliche Sitzungen abhalten und die Bürgerwünsche ans Rathaus weitergeben.

Und sonst? Tja, wenn Ihnen das nicht reicht: Der Oberbürgermeister bei uns hält alle zwei, drei Wochen eine *Bürgersprechstunde* ab; da kann jeder hingehen und unter vier Augen mit ihm reden. Übrigens, Sie können jeden Stadtrat anrufen und mit ihm ein Gespräch ausmachen. Da bin ich 100%ig sicher, der wird für Sie dasein — schließlich will er ja wieder gewählt werden! Wie bitte? Er wird Sie nicht empfangen, weil Sie jung sind? Was hat das denn mit Ihrem Alter zu tun? Unsinn! Sie haben viele junge Freunde, denen Sie es erzählen würden, wenn er etwas für Sie tut — also redet er mit Ihnen!

Ist doch klar. Genauso ist es mit den Leuten in der Verwaltung. Wenn die einen Bürger mies behandeln würden, würden wir Journalisten ganz schön über sie herziehen. Aber das ist ein bißchen unfair. In aller Regel sind die in der Verwaltung recht nett zu den Leuten. „Bürgerfreundliche Verwaltung" nennt man das. Die Zeiten, wo die Verwaltung von oben herab schaute, sind vorbei, heute ist die Verwaltung ein Dienstleistungsbetrieb.

Wollen Sie einen Tip, gratis? Also, wenn Sie im Rathaus etwas erreichen wollen — klar, es muß Hand und Fuß haben und nicht irgend ein Unsinn sein, der den anderen gleichgültig ist —, dann reden Sie vernünftig mit den Leuten, mit möglichst vielen, mit dem Bürgermeister, denen von der Verwaltung, den Stadträten, den politischen Parteien. In aller Ruhe, ohne Schimpfen und Nörgeln. Und mein Wort darauf als alter Hase: Sie schaffen es.

Übrigens: Die meisten *Bürgerinitiativen* gibt es in den Städten und Gemeinden. Hier bei uns die Radfahrer-Initiative — die hat sich dafür stark gemacht, daß die Radwege ins Umland hinaus verbessert wurden, damit man sich besser erholen kann. Oder die Elterninitiative, die hat nicht nur mehr Kinderspielplätze durchgesetzt und für kreative Spielgeräte drauf gesorgt, sondern auch Zebrastreifen für die Schulwege. Das war ein ganz schönes Theater: Weil die Leute in den Häusern, vor denen diese Zebrastreifen hin sollten, protestiert haben; da stoppen die Autos, fahren wieder an — und das macht viel mehr Lärm, als wenn sie einfach vorbeifahren. Das hat ganz schön Ärger gegeben. Aber die Zebrastreifen sind jetzt da. Ähnlich war es mit den Bewohnern des Hochhausviertels, die eine Geschwindigkeitsbegrenzung wollten, Thema „Lärmschutz auf dem Stadtring". Da ging es hoch her: „Freie Fahrt für mündige Bürger" auf der einen und „Wir haben ein Recht auf ungestörte Nachtruhe" auf der anderen Seite. Die Hochhäusler sind einfach in die Parteiversammlungen gegangen und haben dort immer wieder gefragt, was den Politikern jetzt eigentlich wichtiger wäre.

Wenn's wirklich nicht klappt, kommen Sie zu uns, wir können Ihnen vielleicht helfen. Aber wie gesagt: Es muß schon Sinn haben. Und noch etwas, ein alter kommunalpolitischer Grundsatz: Selber etwas machen, ist besser als motzen.

(Zeitlupe Nr. 16: Wir und unsere Stadt, hg. von der Bundeszentrale für politische Bildung, Bonn 1984, S. 17f., Autor Gerd Treffer)

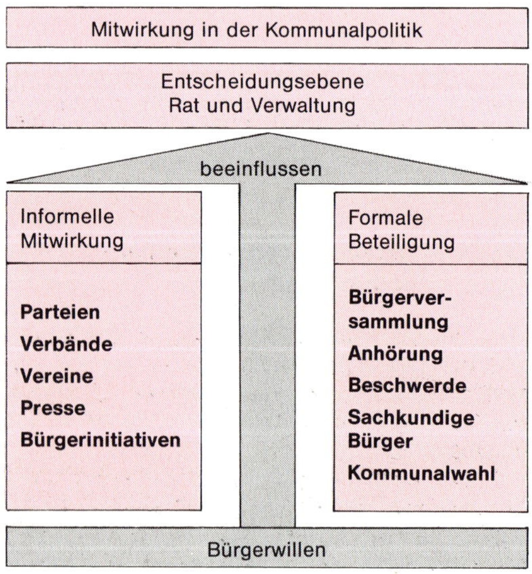

(POLITIK ... betrifft uns 6/88: Kommunalpolitik — Politik vor Ort, Bergmoser und Höller Verlag, Aachen 1988, S. 8)

❶ Stelle die unterschiedlichen Meinungen heraus, die in M 16a und M 16b vertreten werden. Wie ist deine vorläufige Einschätzung?

❷ M 17 stellt im Anschluß an den Abschnitt „Der Rat entscheidet" die wichtigsten Elemente des kommunalpolitischen Entscheidungsprozesses dar. Wo kommen in diesem Schema die Bürger vor, und welcher Stellenwert wird ihnen zugebilligt?

❸ M 18 und M 19 geben einen Überblick über die Beteiligungsmöglichkeiten der Bürger. Stelle die einzelnen Möglichkeiten zusammen und setze dich mit den Aussagen der Materialien über die Wirksamkeit der verschiedenen Möglichkeiten auseinander.

M 20 Die Bedeutung von Parteien und Verbänden

Die politischen *Parteien* stellen heute in der Kommunalpolitik einen der entscheidendsten Faktoren dar, denn sie bestimmen praktisch die Wahlen und die führenden Beamten der Gemeinde. Bei dieser Relevanz der Parteien ist die Frage der innerparteilichen Willensbildung von besonderer Tragweite. In der Regel beteiligen sich nur 20—30% der Mitglieder an Versammlungen, 10—20% mehr oder weniger regelmäßig. Bei dieser Lage gewinnt der Vorstand eine außerordentlich starke Stellung. Er legt nahezu ausschließlich die Richtung der Parteipolitik fest, insbesondere wenn — wie zumeist der Fall — der größte Teil des Vorstandes auch noch im jeweiligen Gemeinderat vertreten ist.

Eine große Rolle in der Gemeindepolitik spielen *Interessenverbände und Vereine.* Ihre Einflußnahme stellt sich in den verschiedenen Gemeinden sehr unterschiedlich dar. Dominieren im ländlichen Bereich z. B. Sportvereine, das bäuerliche Element sowie die kleinen Gewerbetreibenden, so kommen in städtischen Bereichen gewerkschaftliche und unternehmerische Interessen hinzu. Der Einfluß der Verbände macht sich indirekt durch das zur Verfügung gestellte Wählerpotential, die Finanz- und Steuerkraft und die Einflußnahme (personell und sachpolitisch) auf die Parteien bemerkbar. Rat, Bürger und Parteien müssen darauf achten, daß sie nicht zu Handlangern bestimmter Interessen werden und dafür sorgen, daß das kommunale Wohl letztlich ihr Hauptinteresse bleibt.

(Autorentext)

M 21

Eine Kundgebung einer Bürgerinitiative

Eine Bürgerinitiative fordert mehr Verkehrssicherheit in einer Straße, deren Zustand nach Ansicht der Anwohner Unfälle verursacht.

(Floren u. a., Politik 3, Schöningh-Verlag, Paderborn 1988, S. 184)

M 22 Die Einstellung der Bürger hat sich gewandelt

Nach Allensbacher* Umfragen waren Anfang der 50er Jahre ca. 67 Prozent der Bundesbürger davon überzeugt, gegen eine unbefriedigende Politik nichts ausrichten zu können. Im Rahmen einer Repräsentativerhebung* des Emnid*-Institutes bekundeten daher auch noch im Jahre 1962 ca. 60 Prozent der Befragten ihr Desinteresse an Politik. Schon 1971 aber, im Frühlicht der eigentlichen Bürgerinitiativbewegung, hielten es nach einer Infas*-Erhebung 55 Prozent der Befragten für wichtig, Einfluß auf den Staat zu nehmen, und 78 Prozent erklärten ihre (zumindest bedingte) Bereitschaft zu aktiver Mitarbeit an gemeinwohlorientierten Aktionen. Im Jahre 1973 ergab sich aus weiteren Repräsentativerhebungen, daß bereits drei (Infas) bis zwölf Prozent (Emnid) der Bundesbürger aktiv an Bürgerinitiativen beteiligt waren. Die Schätzungen zur Zahl der im Bundesgebiet wirkenden Bürgerinitiativen haben längst Gipfelwerte von 15000 bis 50000 erreicht.

(Peter Cornelius Mayer-Tasch, Die Bürgerinitiativbewegung. Reinbek [Rowohlt], 5. Aufl. 1985, S. 20f.)

M 23 Bereiche, in denen Bürgerinitiativen tätig sind

Anmerkung: Neuere Zahlen liegen leider nicht vor. (Angaben in v. H.)

Umweltschutz allgemein	16,5
Verkehr	17,6
Stadtentwicklung, Sanierung	6,0
Denkmalschutz	3,1
Militärische Anlagen	2,4
Wohnung/Miete	6,3
Schule	6,6
Kindergarten/Spielplätze	10,5
Gebietsreform	7,4
Kommunale Einrichtungen	5,2
Kommerzielle* Initiativen	1,6
Sonstige	16,8
Insgesamt	100,0

(Volker Hauff [Hrsg.]: Bürgerinitiativen in der Gesellschaft, Villingen-Schwenningen: Neckar Verlag 1980, S. 142)

M 24 Auch Bürgerinitiativen haben ihre Grenzen

Als Kommunalpolitiker stehe ich diesen Initiativen durchaus positiv gegenüber. Es ist nur zu begrüßen, wenn die Bürger aus ihrer Lethargie erwachen und erkennen, daß die Qualität ihres Lebens gar nicht mehr vom immer weiter steigenden Konsum, sondern mehr und mehr von der Gestaltung ihrer Umwelt und dem Vorhandensein und Funktionieren der Gemeinschaftseinrichtungen abhängt.
Und es ist ein Fortschritt, wenn sich die Bürger nicht länger nur als Betroffene, sondern als Beteiligte verstehen und ihre Forderungen und Bedürfnisse deutlich artikulieren. Die bereits verfaßten und organisierten wirtschaftlichen und gesellschaftlichen Interessen erhalten damit einen durchaus wünschenswerten Widerpart, und die Konflikte werden dadurch bewußter und transparenter. [...]
Nach meinen Erfahrungen kommen auch gerade aus der Sphäre der Bürger recht häufig neue Argumente, lebensnahe Aspekte, die von den Spezialisten und den professionellen Politikern nicht gesehen oder doch nicht in ihrer vollen Bedeutung berücksichtigt worden sind. Umgekehrt gibt die Diskussion mit den Bürgerinitiativen dem Stadtrat und der Verwaltung Gelegenheit, den Informationsstand der Bürger zu verbessern und ihre Zielvorstellungen darzustellen und zu begründen.
Bei nüchterner Betrachtung sind jedoch auch gewisse Gefahren und Gefährdungen nicht zu übersehen. So gibt es zweifellos in manchen dieser Zusammenschlüsse auch Kräfte, denen es gar nicht um die Behebung konkreter Mißstände, sondern um viel weiterreichende Ziele geht. Sie wollen das System unserer Gesellschaftsordnung sprengen [...]. Sie erheben deshalb utopische und unerfüllbare Forderungen wie etwa die nach dem sofortigen Nulltarif für die Massenverkehrsmittel. Die von einem Mißstand betroffenen Menschen sind ihnen nur Mittel zum Zweck, die Lösung ihrer konkreten Probleme ist für sie zweitrangig. [...]
Andere Bürgerinitiativen beanspruchen Entscheidungsbefugnisse an Stelle des Stadtrats oder doch Vetorechte gegenüber dem Stadtrat. Beides schießt über das Ziel hinaus.
Endlich ist zu bedenken, daß die Kapazität der Stadträte und der städtischen Ämter nicht unbegrenzt ist. Schon jetzt bereitet es Schwierigkeiten, den Terminwünschen der Bürgerinitiativen zu entsprechen und zu all ihren Veranstaltungen kompetente Beamte und Vertreter der Stadtratsfraktionen zu entsenden. Steigt die Zahl dieser Gruppen weiter, wird es unter dem Gesichtspunkt des Gleichbehandlungsgrundsatzes bald fraglich werden, wie ihre gleichmäßige Betreuung überhaupt noch mit einer ordnungsgemäßen Abwicklung der normalen Geschäfte in Einklang gebracht werden kann.
Und noch etwas: Jede öffentliche Vertretungskörperschaft und jede Verwaltung muß sich davor hüten, ihre Entscheidungen danach zu treffen, welche Gruppe den härtesten Druck ausübt oder am lautesten schreit. Ich meine damit den Interessenverband, der das auf seine Weise bei einem Stehempfang praktiziert, ebenso wie diejenigen, die mit Sprechchören vor dem Rathaus demonstrieren oder die Straßenbahnen blockieren. Demokratie ist kein Gefälligkeitskartell* der Mächtigen. Sie ist aber auch keine Phonokratie, bei der die Stimmstärke entscheidet. Und die größte Not ist oft bei denen zu finden, die sich am wenigsten zu artikulieren vermögen.
Fazit: Bürgerinitiativen, die sich innerhalb der demokratisch-rechtsstaatlichen Grenzen bewegen, sind ein belebendes Element für unsere örtlichen Gemeinschaften und bieten eine Chance, das ökonomische Prinzip*, das unsere Städte so augenfällig bedroht, in seine Schranken zurückzudrängen.

❶ Beschreibe an Hand von M 20 die Bedeutung der Parteien und Verbände für den kommunalpolitischen Entscheidungsprozeß. Welche Chancen gibt eine Mitwirkung in ihnen den Bürgern?

❷ Beschreibe die Zielsetzung der Bürgerinitiative, über die M 21 informiert. Weißt du etwas über die Tätigkeit von Bürgerinitiativen in deiner Gemeinde?

❸ Mach dir an Hand von M 22 und M 23 ein Bild von der Entwicklung und Tätigkeit der Bürgerinitiativen.

❹ Die Stellungnahme von Hans-Jochen Vogel (s. M 20b, Kap. 7) stammt aus der Frühzeit der Bürgerinitiativen und ist geprägt durch die Erfahrungen, die Vogel in seiner Zeit als Oberbürgermeister von München (1960—1972) gemacht hatte; sie enthält immer noch wichtige Gesichtspunkte, die bei der Beurteilung zu bedenken sind. Erläutert sie und nehmt dazu Stellung (Phonokratie = „Herrschaft der Lautstärke").

M 25 **Zum Abschluß ein Projektvorschlag: Kommunalpolitisches Gespräch**

Klasse/Schülervertretung lädt Kommunalpolitiker und die Lokalredaktion zu einer Podiumsdiskussion über ein sie interessierendes kommunalpolitisches Thema ein:

Vorbereitung der Podiumsdiskussion:

- Einführungsreferate über das kommunalpolitische Thema
- Formulierung von Fragen an die Kommunalpolitiker
- Auswahl Diskussionsleiter, Fragesteller
- Überlegung eines Rahmenprogramms: z.B. Foto-, Plakatausstellung und/oder Songs/Schulband, Theateraufführung

Nachbereitung der Podiumsdiskussion:

- Diskussion über Ablauf und Ergebnisse
- Analyse der Berichterstattung in der Lokalzeitung
- Entscheidung der Gemeindevertretung zu diesem Thema

(POLITIK ... betrifft uns 6/88: Kommunalpolitik — Politik vor Ort, Bergmoser und Höller Verlag, Aachen 1988, S. 8)

Zur Sicherung des Grundwissens

Nach der Erarbeitung des Kapitels 4 solltet ihr

— *kurz erläutern können, was man unter „kommunaler Selbstverwaltung" versteht und wo dieses Prinzip gesetzlich grundgelegt worden ist (M 5, M 6);*

— *den Aufbau der kommunalen Selbstverwaltung in Niedersachsen nach Gemeinden, Samtgemeinden und Landkreisen beschreiben können (M 7);*

— *wichtige Aufgaben der Gemeinden nennen und den Unterschied zwischen „Selbstverwaltungsangelegenheiten" und „Auftragsangelegenheiten" angeben können (M 9, M 10);*

— *die drei Organe der Gemeinde nennen und ihre Stellung knapp erläutern können (M 11);*

— *angeben können, welche Bedeutung „Ausschüsse" haben und wie sie gebildet werden (M 13);*

— *die Bedeutung des „Haushalts" der Gemeinde kurz beschreiben und die wichtigsten Einnahmequellen nennen können (M 14, M 15);*

— *die in der Übersicht (M 19) genannten Mitwirkungsmöglichkeiten der Bürger erläutern können.*

5 Die demokratische Ordnung

(Fotos: Bundesbildstelle, Bonn; Monika Griefahn: dpa)

Politik begegnet uns

M 1

Gesichter

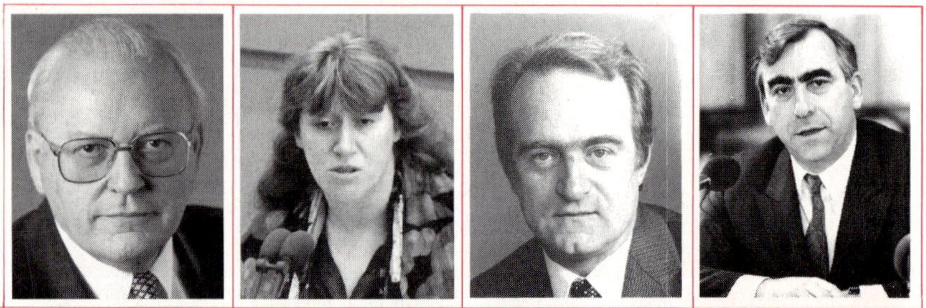

M 2	Politische Symbole

M 2a	Wappen

M 2b

Symbole von Parteien und Verbänden

Allgemeiner Deutscher Automobilclub
Bund der Vertriebenen
Bundesverband der Deutschen Industrie
Bundesvereinigung der Deutschen Arbeitgeberverbände
Christlich Demokratische Union Deutschlands
Christlicher Gewerkschaftsbund Deutschlands
Deutsche Angestellten-Gewerkschaft
Deutscher Bauernverband
Deutscher Beamtenbund
Deutscher Gewerkschaftsbund
Deutscher Sportbund
Die Grünen
Freie Demokratische Partei
Gewerkschaft Bau-Steine-Erden
Gewerkschaft Öffentliche Dienste, Transport und Verkehr
Greenpeace e.V. (Verein für den Schutz und die Bewahrung der Natur und des menschlichen Lebens)
Industriegewerkschaft Metall
Sozialdemokratische Partei Deutschlands
Verband der Kriegs- und Wehrdienstopfer, Behinderten und Sozialrentner Deutschlands e.V.

M 3

Politik in den Medien

Nord 3
20.00 Tagesschau
20.15 Nordschau
Themen: Neue Tiefflugregelung in Sicht? / Das Auto der Zukunft / »Deister« – ein Springpferd wird verabschiedet / Ganztagsbetreuung von Schulkindern. Interview mit Kultusminister Horst Horrmann / Jugend und Okkultismus
21.00 Châteauvallon (8)
22.00 Berlin 19
SFB-Talkshow
23.30 Nachrichten

2. ZDF PROGRAMM

1. ARD PROGRAMM
21.45 Plusminus
Themen: Ladenkrampf – Hat der erste lange Donnerstag im Einzelhandel die Erwartungen erfüllt? / Leselust – Was macht den wirtschaftlichen Erfolg eines Buches aus? / Milliarden-Poker – Wer erhält den Zuschlag für das zweite deutsche Mobilfunk-Netz? / Kassensturz – Müssen die Sparer für die Pleite des coop-Konzerns bluten? / Moderation: Adolf Althen

21.00 Monitor. Themen: Daimler/MBB – Das Doppelspiel der SPD / Atom-Schiffe – Gefahr für deutsche Häfen / Giftfarben in Lebensmitteln / Kanzelverbot für Frauen. Das neue Lied der CDU. Moderation: Klaus Bednarz

NDR 4
Nachrichten, Wetter: 4.00–18.00 stündlich, 23.00–3.00 stündlich
4.05 ARD-Radiowecker
6.05 Morgenecho
8.05 Plattd. Ansprache
8.10 Music-Hall
9.05 Logo – Nachhilfe – die Hilfsschule der Nation?
9.30 Schlager von damals
10.05 Horizonte
Frau, Familie, Beruf
11.05 Redezeit
Ärger in den schönsten Wochen des Jahres? – Reisereklamationen Tel.: 05 11/88 40 66
12.05 Beliebte Melodien
13.10 Echo am Mittag
Int. Pressestimmen
14.05 Showtime
15.05 Startime
15.30 Logo – Kindheit und Jugend im Zweiten Weltkrieg
16.05 Marktplatz
16.30 Folklore
17.05 Nach fünf
Funkkolleg „Moderne Kunst"
18.10 Der Kommentar
Anschl.: Intermezzo
18.30 Echo des Tages
19.00 Für Ausländer
22.20 Ohrenweide
23.05 Politisches Forum
23.15 Intermezzo
23.30 Berichte v. heute
0.05 ARD-Nachtexpreß

M 4

Zeitungsschlagzeilen

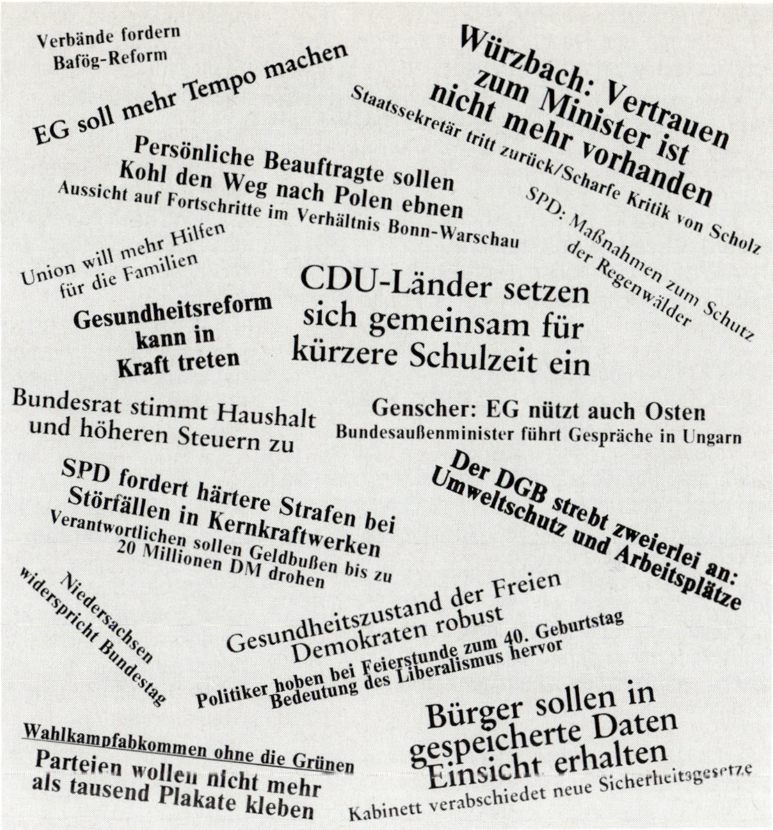

Verbände fordern Bafög-Reform

EG soll mehr Tempo machen

Würzbach: Vertrauen zum Minister ist nicht mehr vorhanden

Staatssekretär tritt zurück/Scharfe Kritik von Scholz

Persönliche Beauftragte sollen Kohl den Weg nach Polen ebnen

Aussicht auf Fortschritte im Verhältnis Bonn-Warschau

SPD: Maßnahmen zum Schutz der Regenwälder

Union will mehr Hilfen für die Familien

Gesundheitsreform kann in Kraft treten

CDU-Länder setzen sich gemeinsam für kürzere Schulzeit ein

Bundesrat stimmt Haushalt und höheren Steuern zu

Genscher: EG nützt auch Osten

Bundesaußenminister führt Gespräche in Ungarn

SPD fordert härtere Strafen bei Störfällen in Kernkraftwerken

Verantwortlichen sollen Geldbußen bis zu 20 Millionen DM drohen

Der DGB strebt zweierlei an: Umweltschutz und Arbeitsplätze

Niedersachsen widerspricht Bundestag

Gesundheitszustand der Freien Demokraten robust

Politiker hoben bei Feierstunde zum 40. Geburtstag Bedeutung des Liberalismus hervor

Bürger sollen in gespeicherte Daten Einsicht erhalten

Kabinett verabschiedet neue Sicherheitsgesetze

Wahlkampfabkommen ohne die Grünen

Parteien wollen nicht mehr als tausend Plakate kleben

(Hannoversche Allgemeine und Schaumburger Nachrichten Dezember 1988/Januar 1989)

❶ Kennst du die Namen der in M 1 abgebildeten Personen? Was weißt du über sie?

❷ Ordne den Bundesländern die richtigen Wappen zu (M 2a). Sind dir die Wappen schon einmal begegnet? Wenn ja, wo und bei welchen Gelegenheiten? Falls notwendig kannst du die richtigen Zuordnungen in M 7 nachsehen.

❸ Ordne die Symbole und Embleme den aufgelisteten Parteien und Organisationen zu. Was weißt du über sie (M 2b)?

❹ In M 3 werden verschiedene Möglichkeiten dargestellt, wie dem Bürger Politik durch die Medien vermittelt wird, und wie er sich über Politik informieren kann. Welche Möglichkeiten wurden von dir schon genutzt und welche Erfahrungen hast du dabei gemacht? Überlege, wo dir Politik auch direkt, ohne Vermittlung durch die Medien, begegnen kann.

❺ Stelle eine Liste der politischen Institutionen und Ämter zusammen, die in den Zeitungsschlagzeilen vorkommen (M 4). Um welche Bereiche und Themen der Politik geht es in den Schlagzeilen? Was weißt du darüber?

❻ An welche wichtigen politischen Ereignisse der letzten Wochen erinnerst du dich? Welche Themen sind jetzt aktuell?

Grundinformation Demokratie

M 5 **Aus dem Grundgesetz der Bundesrepublik Deutschland**

Verfassung nennt man das grundlegende Gesetz eines Staates, in dem die Grundzüge der politischen Ordnung festgelegt sind. Eine Verfassung enthält u. a. Bestimmungen darüber, welche grundlegenden politischen Rechte (Grundrechte) die Bürger eines Staates haben, was die Aufgabe und Befugnisse des Parlaments und der Regierung sind, wie ein Parlament gewählt wird und wie eine Regierung in ihr Amt kommt. Die Verfassung der Bundesrepublik Deutschland nennt man das Grundgesetz. Das Grundgesetz wurde nach dem Ende des Zweiten Weltkrieges und der nationalsozialistischen Herrschaft im Jahre 1945 in den Jahren 1948 und 1949 erarbeitet und trat am 24. Mai 1949 in Kraft. Die folgenden Auszüge enthalten einige grundlegende Bestimmungen.

Artikel 5 [Meinungsfreiheit]
(1) Jeder hat das Recht, seine Meinung in Wort, Schrift und Bild frei zu äußern und zu verbreiten und sich aus allgemein zugänglichen Quellen ungehindert zu unterrichten. Die Pressefreiheit und die Freiheit der Berichterstattung durch Rundfunk und Film werden gewährleistet. Eine Zensur* findet nicht statt.

Artikel 8 [Versammlungsfreiheit]
(1) Alle Deutschen haben das Recht, sich ohne Anmeldung oder Erlaubnis friedlich und ohne Waffen zu versammeln.

Artikel 9 [Vereinigungsfreiheit]
(1) Alle Deutschen haben das Recht, Vereine und Gesellschaften zu bilden.
(2) Vereinigungen, deren Zwecke oder deren Tätigkeit den Strafgesetzen zuwiderlaufen oder die sich gegen die verfassungsmäßige Ordnung oder gegen den Gedanken der Völkerverständigung richten, sind verboten.

Artikel 17 [Petitionsrecht]
Jedermann hat das Recht, sich einzeln oder in Gemeinschaft mit anderen schriftlich mit Bitten oder Beschwerden an die zuständigen Stellen und an die Volksvertretung zu wenden.

Artikel 20 [Grundlagen staatlicher Ordnung, Widerstandsrecht]
(1) Die Bundesrepublik Deutschland ist ein demokratischer und sozialer Bundesstaat.
(2) Alle Staatsgewalt geht vom Volke aus. Sie wird vom Volke in Wahlen und Abstimmungen und durch besondere Organe der Gesetzgebung, der vollziehenden Gewalt und der Rechtsprechung ausgeübt.
(3) Die Gesetzgebung ist an die verfassungsmäßige Ordnung, die vollziehende Gewalt und die Rechtsprechung sind an Gesetz und Recht gebunden.
(4) Gegen jeden, der es unternimmt, diese Ordnung zu beseitigen, haben alle Deutschen das Recht zum Widerstand, wenn andere Abhilfe nicht möglich ist.

Artikel 21 [Parteien]
(1) Die Parteien wirken bei der politischen Willensbildung des Volkes mit. Ihre Gründung ist frei. Ihre innere Ordnung muß demokratischen Grundsätzen entsprechen. Sie müssen über die Herkunft ihrer Mittel öffentlich Rechenschaft geben.

Artikel 28 [Politische Ordnung in den Ländern und Gemeinden]
(1) Die verfassungsmäßige Ordnung in den Ländern muß den Grundsätzen des republikanischen, demokratischen und sozialen Rechtsstaates im Sinne dieses Grundgesetzes entsprechen. In den Ländern, Kreisen und Gemeinden muß das Volk eine Vertretung haben, die aus allgemeinen, unmittelbaren, freien, gleichen und geheimen Wahlen hervorgegangen ist. In Gemeinden kann an die Stelle einer gewählten Körperschaft die Gemeindeversammlung treten.

Artikel 38 [Wahl]
(1) Die Abgeordneten des Deutschen Bundestages werden in allgemeiner, unmittelbarer, freier, gleicher und geheimer Wahl gewählt. Sie sind Vertreter des ganzen Volkes, an Aufträge und Weisungen nicht gebunden und nur ihrem Gewissen unterworfen.
(2) Wahlberechtigt ist, wer das achtzehnte Lebensjahr vollendet hat; wählbar ist, wer das Alter erreicht hat, mit dem die Volljährigkeit eintritt.
(3) Das Nähere bestimmt ein Bundesgesetz.

M 6 Repräsentative und direkte Demokratie

Die in der Bundesrepublik Deutschland verwirklichte Form von Demokratie wird als repräsentative Demokratie bezeichnet, d. h. das Volk trifft nicht direkt die für den Gesamtstaat verbindlichen politischen Entscheidungen, sondern wählt Vertreter (Repräsentanten), die in einem Parlament in seinem Auftrag entscheiden. Die gewählten Repräsentanten haben ein freies Mandat, d. h. sie können frei nach ihrem eigenen Gewissen politisch entscheiden (Art. 38 des Grundgesetzes, siehe M 5). Ihre Wähler haben keine Möglichkeit, sie während der Zeit, für die sie gewählt sind, abzuberufen oder ihnen Weisungen zu erteilen.
Eine von der repräsentativen Demokratie abweichende Vorstellung von Demokratie wird in der Schweiz, im Gesamtstaat und in den einzelnen Kantonen (Gliedstaaten) praktiziert. Alle Bürger entscheiden in Volksabstimmungen über wichtige Fragen des gemeinsamen Lebens.
Diese direkte Demokratie wurde im 18. Jahrhundert in Frankreich von dem aus der Schweizer Stadt Genf stammenden Schriftsteller Jean Jacques Rousseau näher begründet. Er sagte: „Jedes Gesetz, das das Volk nicht persönlich bestätigt hat, ist null und nichtig; es ist kein Gesetz. Ein Volk, das in wichtigen Angelegenheiten Vertreter für sich entscheiden läßt, ist nichts, existiert nicht."
In der Bundesrepublik Deutschland sind Volksabstimmungen in einigen Ländern (z. B. Bayern, Nordrhein-Westfalen) in den jeweiligen Landesverfassungen verankert, aber nur bei Entscheidungen, die das jeweilige Bundesland betreffen. Für die gesamte Bundesrepublik Deutschland sind Volksabstimmungen zwar grundsätzlich möglich (Artikel 20,2 Grundgesetz, siehe M 5), derzeit aber nur für den Fall vorgesehen, daß die Grenzen der Bundesländer verändert werden sollen.
(Autorentext)

M 7 **Staatsaufbau in der Bundesrepublik Deutschland**

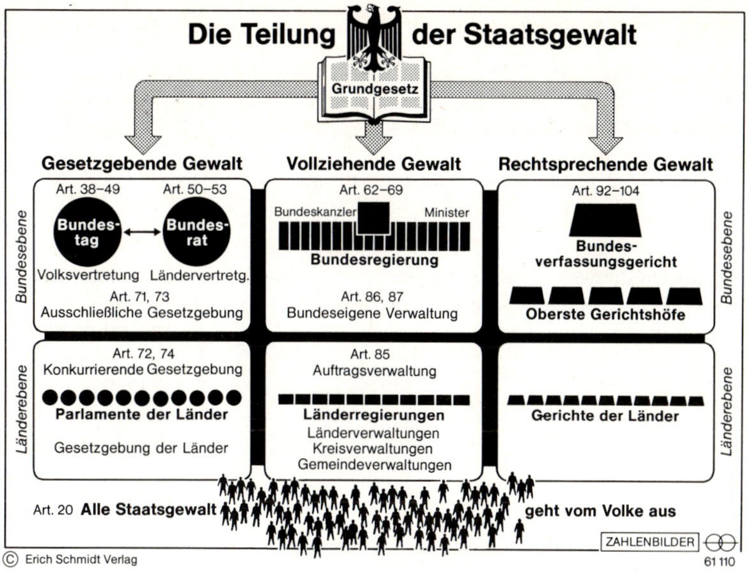

Zur Erläuterung des Schemas: Die Bundesrepublik Deutschland ist, wie der Name sagt, ein Bundesstaat, d. h. ein Staat, in dem 16 Bundesländer (Baden-Württemberg, Bayern, Berlin, Brandenburg, Bremen, Hamburg, Hessen, Mecklenburg-Vorpommern, Niedersachsen, Nordrhein-Westfalen, Rheinland-Pfalz, Saarland, Sachsen, Sachsen-Anhalt, Schleswig-Holstein, Thüringen) zusammengeschlossen sind. Die Bundesländer haben neben dem Bund ihre eigenen Staatsorgane und ihre eigenen Zuständigkeiten. Im Grundgesetz finden sich eine Reihe von Vorschriften, wie die Zuständigkeiten zwischen Bund und Ländern verteilt sind. Dabei fällt alles, was den Gesamtstaat betrifft und einheitlich geregelt werden muß, in die Zuständigkeit des Bundes. Der Bund ist allein zuständig u. a. für die Beziehungen zu anderen Staaten einschließlich der Wirtschaftsbeziehungen, die Verteidigung, das Währungs- und Geldwesen, Bundesbahn, Bundespost und den Zoll. Auf diesen Gebieten hat der Bund die ausschließliche Gesetzgebung.
Gemeinsam mit den Ländern ist der Bund u. a. zuständig für das Zivil- und Strafrecht, die wichtigsten Steuern, Wirtschafts-, Sozial-, Verkehrs- und Wohnungspolitik, die Landwirtschaft, den Umweltschutz und die Atomenergie. Für diese Gebiete besteht die konkurrierende Gesetzgebung, d. h. Bund und Länder können auf diesen Gebieten Gesetze erlassen, jedoch haben die Länder hier nur soweit die Möglichkeit der Gesetzgebung, als der Bund von seinem Recht nicht Gebrauch macht („Bundesrecht bricht Landesrecht." Art. 31 Grundgesetz).
Auf einigen Gebieten wie z. B. dem Hochschulwesen hat der Bund das Recht einer Rahmengesetzgebung, die von den Ländern bei ausfüllenden Gesetzen beachtet werden muß.
In einigen Gebieten haben die Länder die ausschließliche Zuständigkeit und die alleinige Gesetzgebung, so z. B. im Gemeinde- und Polizeirecht und im Schulwesen.
Die Bundesländer spielen auch im Gesamtstaat eine entscheidende Rolle. Sie sind über den Bundesrat, in dem Vertreter der einzelnen Länderregierungen sitzen, wesentlich an der Gesetzgebung des Bundes beteiligt (siehe das Kap. „Aus der Arbeit von Bundestag und Bundesrat"). Weiter führen sie mit bestimmten Behörden (z. B. Landesarbeitsämter) Bundesgesetze im Auftrag des Bundes aus (Auftragsverwaltung).
(Autorentext)

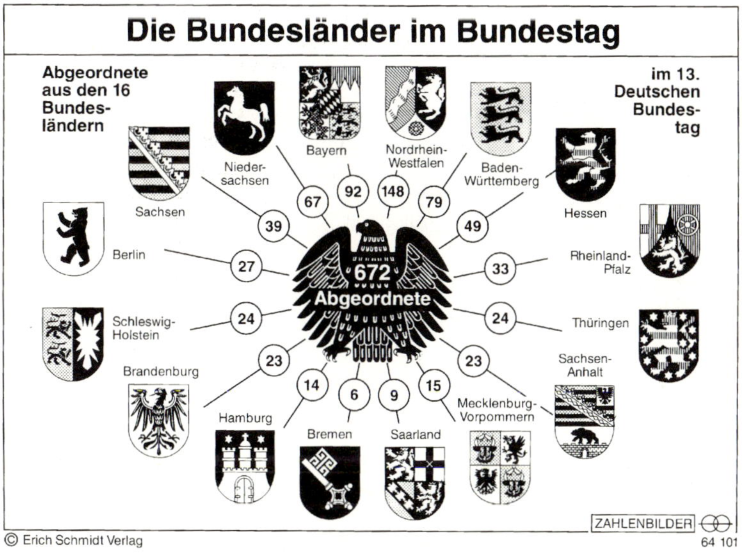

M 8 Regierungssystem und Staatsorgane der Bundesrepublik Deutschland

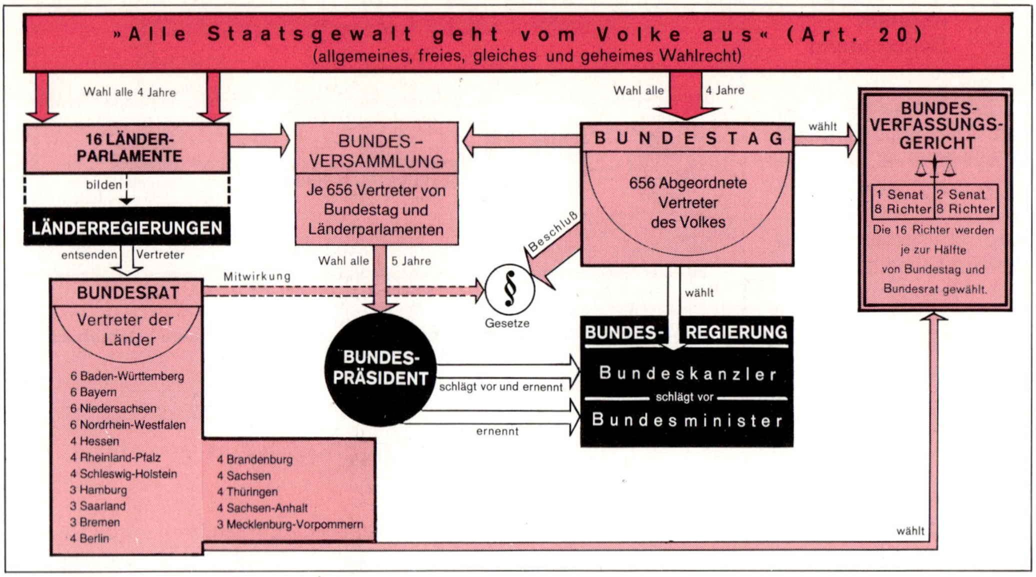

Staatsorgan	Wie ist das Staatsorgan zusammengesetzt?	Wie wird das Staatsorgan besetzt?
Bundespräsident	entfällt	
Bundesregierung		
Bundestag		
Bundesrat		
Bundesversammlung		

M 9 Föderalismus

Eine Föderation ist eine Verbindung mehrerer Gliedstaaten zu einem lockeren Staatenbund oder, wie in der Bundesrepublik Deutschland, zu einem festen Bundesstaat (Gegensatz: Einheitsstaat). Föderalismus bezeichnet die Untergliederung eines Staates in mehrere Gliedstaaten mit eigenen Staatsorganen (Parlament, Regierung) und den politischen Grundsatz, daß nicht, wie in einem Einheitsstaat (Beispiel: frühere DDR), alle politischen Entscheidungen zentral getroffen werden, sondern daß die Bundesorgane nur die Aufgaben übernehmen, für die die Mittel der Länder nicht ausreichen oder die im allgemeinen Interesse einheitlich geregelt werden müssen.

In der Bundesrepublik Deutschland gilt der Föderalismus als ein wichtiges Element der Demokratie.

— Es soll unterhalb der Ebene des Gesamtstaates kleinere, besser überschaubare politische Gebilde mit einem engeren Bezug zum Bürger geben.

— Die Verteilung von Zuständigkeiten auf Bund und Länder soll eine übermäßige Ballung von Macht an einer Stelle verhindern und so die Möglichkeit des Machtmißbrauchs einschränken (Grundsatz der Gewaltenteilung*).

— Der Partei oder den Parteien, die im Bund in der Opposition sind, soll die Möglichkeit gegeben werden, eine entsprechende Entscheidung der Wähler vorausgesetzt, in den Ländern die Regierung zu stellen und ihre Ideen in die Tat umzusetzen. Dadurch wird verhindert, daß sich die Vorstellungen nur einer Partei bei der Gestaltung der Politik durchsetzen.

(Autorentext)

❶ Stelle aus M 5 Bestimmungen zusammen, die die politische Ordnung in der Bundesrepublik Deutschland als Demokratie kennzeichnen. Die hier nur möglichen Auszüge können nicht alle wichtigen Verfassungsbestimmungen enthalten. Auch stecken in vielen Formulierungen schwierige Probleme, die hier nicht dargestellt werden können. Auch die Informationen, die in M 7 bis M 10 enthalten sind, beruhen auf Bestimmungen des Grundgesetzes.

❷ Erkläre den Unterschied zwischen einer repräsentativen und einer direkten Demokratie (M 6), und stelle fest, wie diese Frage in unserem Grundgesetz entschieden wurde.

❸ Beschreibe mit Hilfe des Schaubildes und des Textes den Aufbau der staatlichen Ordnung in der Bundesrepublik Deutschland (M 7). Beschreibe die Aufgabenverteilung zwischen Bund und Ländern, und erkläre, was unter „ausschließlicher Gesetzgebung", „konkurrierender Gesetzgebung" und „Rahmengesetzgebung" zu verstehen ist.

❹ Stelle die Informationen zusammen, die das Schaubild (M 8) über die Staatsorgane der Bundesrepublik Deutschland enthält. Du kannst dazu die oben abgedruckte Tabelle ins Heft übertragen und ausfüllen.

❺ Erkläre, was unter Föderalismus zu verstehen ist und welche Bedeutung ihm für die Demokratie zugeschrieben wird (M 9).

M 10 Was ist eine Partei?

In einer Partei finden sich Menschen mit gleichen Interessen und gemeinsamen politischen Absichten zusammen: Sie wollen die Ordnung ihres Staates beeinflussen oder bestimmen. Ihre Ziele und Absichten geben sie in ihren Parteiprogrammen bekannt.
Jede Partei versucht, so groß und einflußreich wie möglich zu werden, um allein oder in Zusammenarbeit mit anderen Parteien ihre Ziele durchzusetzen. In fast allen Staaten wird der Aufbau des Staates und seine Politik von den Parteien beeinflußt. Auch in der Bundesrepublik Deutschland wirken die Parteien an der politischen Willensbildung des Volkes mit, das bedeutet, sie geben den Bürgern die Möglichkeit, ihre Interessen und ihren Willen durchzusetzen. In der Regel werden Mitglieder von Parteien als Abgeordnete für das Parlament gewählt: Sie beschließen stellvertretend für das Volk die Gesetze.
Die größte Versammlung jeder Partei ist der Parteitag: Er findet in der Regel einmal im Jahr statt und dauert mehrere Tage. Teilnehmer sind gewählte Delegierte, das heißt Abgesandte aus allen Teilen des Landes. Diese Vertreter der sogenannten unteren Gruppen sind unter anderem bevollmächtigt, die Mitglieder für den Vorstand der Partei zu wählen, der die wichtigsten Aufgaben der Partei übernimmt.
Je reger die Mitarbeit in den unteren Gruppierungen einer Partei ist, um so geringer ist die Gefahr, daß der Parteivorstand allein über die Ziele und Maßnahmen seiner Partei entscheidet.
Die Ausgaben der Parteien, zum Beispiel für Mitarbeiter, Büros, Werbung und Wahlkämpfe, werden zum größten Teil aus Mitgliedsbeiträgen und Spenden bezahlt. In der Bundesrepublik Deutschland wird ein Teil der Ausgaben für die Wahlkämpfe aus Steuermitteln ersetzt. In der Bundesrepublik Deutschland gibt es etwa 40 Millionen wahlberechtigte Staatsbürger, davon sind etwa 1,5 Millionen Mitglieder der verschiedenen Parteien.

(Hilde Kammer, Elisabeth Bartsch, Jugendlexikon Politik, Rowohlt, Reinbek, S. 135)

M 11 Die Aufgaben der Parteien in unserer Demokratie

Parteiengesetz vom 14. 7. 1967, Paragraph 1
(1) Die Parteien sind ein verfassungsrechtlich notwendiger Bestandteil der freiheitlichen demokratischen Grundordnung. Sie erfüllen mit ihrer freien, dauernden Mitwirkung an der politischen Willensbildung des Volkes eine ihnen nach dem Grundgesetz obliegende und von ihm verbürgte öffentliche Aufgabe.
(2) Die Parteien wirken an der Bildung des politischen Willens des Volkes auf allen Gebieten des öffentlichen Lebens mit, indem sie insbesondere auf die Gestaltung der öffentlichen Meinung Einfluß nehmen,
die politische Bildung anregen und vertiefen,
die aktive Teilnahme der Bürger am politischen Leben fördern,
zur Übernahme öffentlicher Verantwortung befähigte Bürger heranbilden,
sich durch Aufstellung von Bewerbern an den Wahlen in Bund, Ländern und Gemeinden beteiligen,
auf die politische Entwicklung in Parlament und Regierung Einfluß nehmen,
die von ihnen erarbeiteten politischen Ziele in den Prozeß der staatlichen Willensbildung einführen und
für eine ständige lebendige Verbindung zwischen dem Volk und den Staatsorganen sorgen.
(3) Die Parteien legen ihre Ziele in politischen Programmen nieder.

(Hans Helmut Knütter, Die politische Ordnung der Bundesrepublik Deutschland, Lehrerheft, Oldenbourg, München 1977, S. 11f.)

❶ Untersuche, welche Aufgaben und Ziele eine Partei hat und wie sie organisiert ist (M 10).

❷ Beschreibe die Rolle, die den Parteien durch das Grundgesetz (Artikel 21, siehe M 5) und das Parteiengesetz (M 11) zugewiesen wird.

Zur Sicherung des Grundwissens

Nach der Erarbeitung des Kapitels 5 solltet ihr
- *die verschiedenen Möglichkeiten, sich über politische Ereignisse zu informieren, nennen können (M 3);*
- *die Bedeutung des Grundgesetzes für die politische Ordnung in der Bundesrepublik Deutschland und den Unterschied zwischen repräsentativer und direkter Demokratie erklären können (M 5);*
- *den Staatsaufbau sowie das Regierungssystem und die Staatsorgane der Bundesrepublik Deutschland beschreiben können (M 7, M 8, M 9);*
- *angeben können, was eine Partei ist und welche Aufgaben sie hat (M 10 und M 11).*

6 Bürger wählen den Deutschen Bundestag

Das Wahlsystem der Bundestagswahlen

M 1

Stimmzettel der Bundestagswahlen 1990

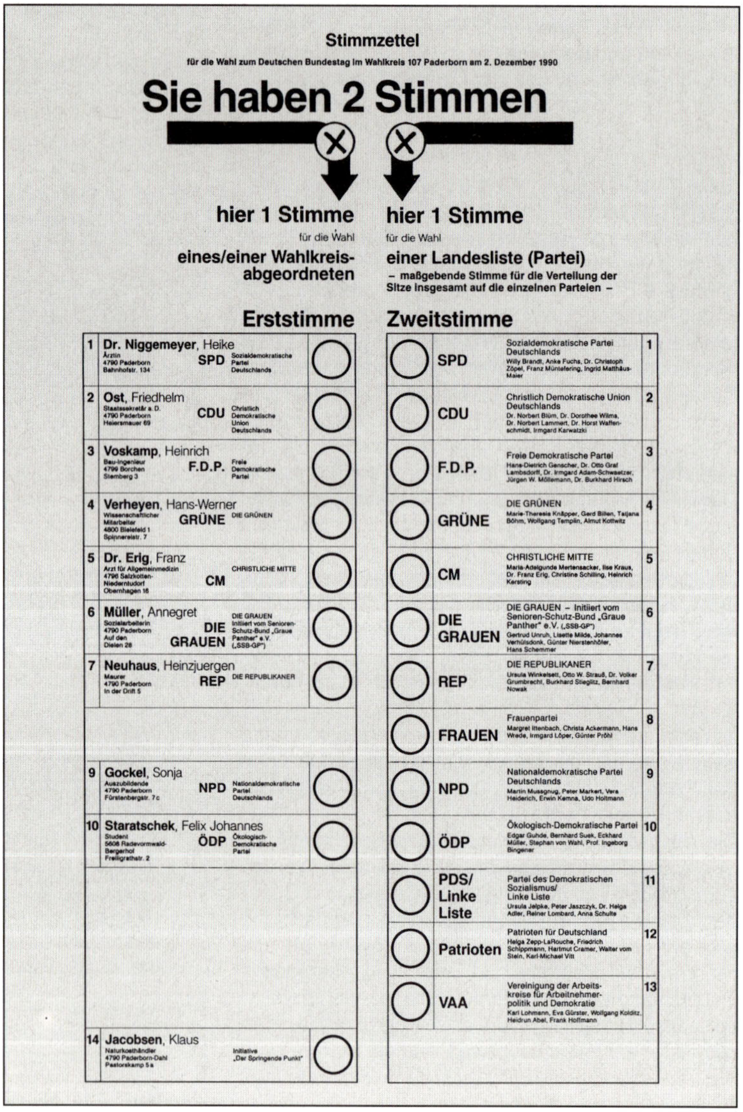

Stimmzettel

für die Wahl zum Deutschen Bundestag im Wahlkreis 107 Paderborn am 2. Dezember 1990

Sie haben 2 Stimmen

hier 1 Stimme für die Wahl eines/einer Wahlkreis-abgeordneten	hier 1 Stimme für die Wahl einer Landesliste (Partei) – maßgebende Stimme für die Verteilung der Sitze insgesamt auf die einzelnen Parteien –
Erststimme	**Zweitstimme**

Nr.	Erststimme	Zweitstimme	Nr.
1	**Dr. Niggemeyer**, Heike – Ärztin, 4790 Paderborn, Bahnhofstr. 134 – **SPD** Sozialdemokratische Partei Deutschlands	**SPD** Sozialdemokratische Partei Deutschlands – Willy Brandt, Anke Fuchs, Dr. Christoph Zöpel, Franz Müntefering, Ingrid Matthäus-Maier	1
2	**Ost**, Friedhelm – Staatssekretär a. D., 4790 Paderborn, Heiersmauer 69 – **CDU** Christlich Demokratische Union Deutschlands	**CDU** Christlich Demokratische Union Deutschlands – Dr. Norbert Blüm, Dr. Dorothee Wilms, Dr. Norbert Lammert, Dr. Horst Waffenschmidt, Irmgard Karwatzki	2
3	**Voskamp**, Heinrich – Bau-Ingenieur, 4799 Borchen, Stemberg 3 – **F.D.P.** Freie Demokratische Partei	**F.D.P.** Freie Demokratische Partei – Hans-Dietrich Genscher, Dr. Otto Graf Lambsdorff, Dr. Irmgard Adam-Schwaetzer, Jürgen W. Möllemann, Dr. Burkhard Hirsch	3
4	**Verheyen**, Hans-Werner – Wissenschaftlicher Mitarbeiter, 4800 Bielefeld 1, Spinnereistr. 7 – **GRÜNE** DIE GRÜNEN	**GRÜNE** DIE GRÜNEN – Marie-Theresia Knäpper, Gerd Billen, Tatjana Böhm, Wolfgang Templin, Almut Kottwitz	4
5	**Dr. Erig**, Franz – Arzt für Allgemeinmedizin, 4796 Salzkotten-Niederntudorf, Obernhagen 16 – **CM** CHRISTLICHE MITTE	**CM** CHRISTLICHE MITTE – Maria-Adelgunde Mertensacker, Ilse Kraus, Dr. Franz Erig, Christine Schilling, Heinrich Kersting	5
6	**Müller**, Annegret – Sozialarbeiterin, 4790 Paderborn, Auf den Dielen 28 – **DIE GRAUEN** DIE GRAUEN Initiiert vom Senioren-Schutz-Bund „Graue Panther" e.V. („SSB-GP")	**DIE GRAUEN** DIE GRAUEN – Initiiert vom Senioren-Schutz-Bund „Graue Panther" e.V. („SSB-GP") – Gertrud Unruh, Lisette Milde, Johannes Verhülsdonk, Günter Nierstenhöfer, Hans Schemmer	6
7	**Neuhaus**, Heinzjuergen – Maurer, 4790 Paderborn, In der Drift 5 – **REP** DIE REPUBLIKANER	**REP** DIE REPUBLIKANER – Ursula Winkelsett, Otto W. Strauß, Dr. Volker Grumbrecht, Burkhard Stieglitz, Bernhard Nowak	7
		FRAUEN Frauenpartei – Margret Ittenbach, Christa Ackermann, Hans Wrede, Irmgard Löper, Günter Pröhl	8
9	**Gockel**, Sonja – Auszubildende, 4790 Paderborn, Fürstenbergstr. 7 c – **NPD** Nationaldemokratische Partei Deutschlands	**NPD** Nationaldemokratische Partei Deutschlands – Martin Mussgnug, Peter Markert, Vera Heiderich, Erwin Kemna, Udo Holtmann	9
10	**Staratschek**, Felix Johannes – Student, 5608 Radevormwald-Bergerhof, Freiligrathstr. 2 – **ÖDP** Ökologisch-Demokratische Partei	**ÖDP** Ökologisch-Demokratische Partei – Edgar Guhde, Bernhard Suek, Eckhard Müller, Stephan von Wahl, Prof. Ingeborg Bingener	10
		PDS/ Linke Liste Partei des Demokratischen Sozialismus/ Linke Liste – Ursula Jelpke, Peter Jaszczyk, Dr. Helga Adler, Reiner Lombard, Anna Schulte	11
		Patrioten Patrioten für Deutschland – Helga Zepp-LaRouche, Friedrich Schippmann, Hartmut Cramer, Walter vom Stein, Karl-Michael Vitt	12
		VAA Vereinigung der Arbeitskreise für Arbeitnehmerpolitik und Demokratie – Karl Lohmann, Eva Gürster, Wolfgang Kolditz, Heidrun Abel, Frank Hoffmann	13
14	**Jacobsen**, Klaus – Naturkosthändler, 4790 Paderborn-Dahl, Pastorskamp 5 a – Initiative „Der Springende Punkt"		

M 2

Aktives und passives Wahlrecht

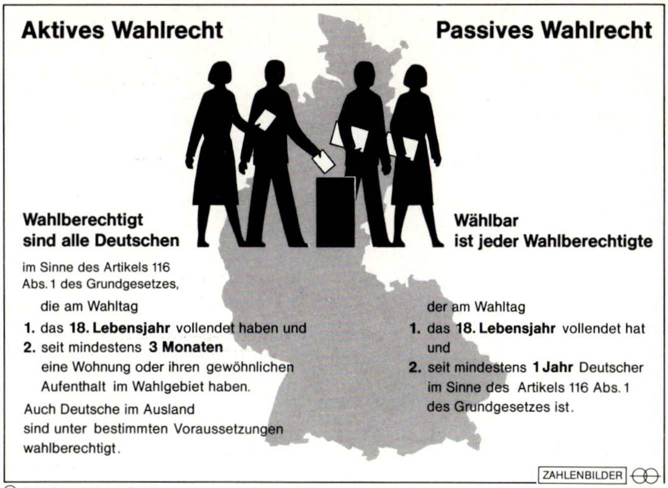

© Erich Schmidt Verlag GmbH 86 020

M 3

Personalisierte Verhältniswahl

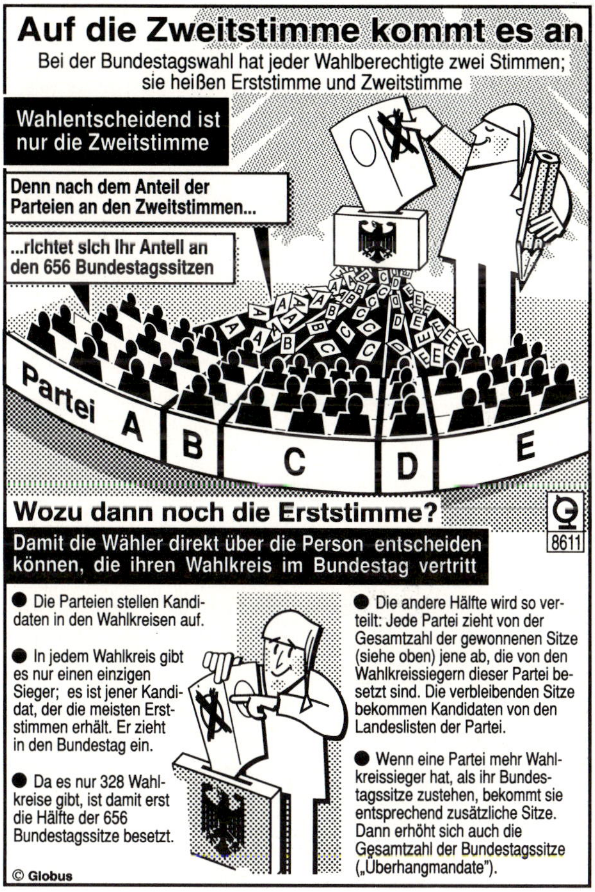

Nach dem Bundeswahlgesetz besteht der Bundestag aus 656 Abgeordneten.

Bei der Bundestagswahl hat jeder Wahlberechtigte zwei Stimmen.

Die auf die Landeslisten der Parteien entfallenen Zweitstimmen werden auf Bundesebene zusam-

mengezählt. Aus diesen Zweitstimmen wird entsprechend der Verhältniswahl [dem Verhältnis der abgegebenen Stimmen] die Gesamtzahl der gewählten Abgeordneten für die einzelnen Parteien ermittelt. Bei der Mandatsverteilung werden allerdings nur Parteien berücksichtigt, die mindestens 5% der abgegebenen Stimmen erhalten oder in mindestens drei Wahlkreisen ein Direktmandat [...] errungen haben.
Mit der Erststimme wird aus den 328 Wahlkreisen je ein Kandidat [...] direkt als Abgeordneter in den Bundestag gewählt. Von der Zahl der Mandate, die die Parteien aufgrund der Zweitstimmen zu beanspruchen haben, werden die über die Erststimme direkt gewonnenen Mandate abgezogen. Die restlichen Mandate gehen an die Landeslistenbewerber der Parteien [...] Die bereits direkt Gewählten werden bei der Mandatsverteilung auf den Landeslisten übergangen.
Dieses Bundestagswahlsystem [...] wird als personalisierte Verhältniswahl bezeichnet.

(POLITIK ... betrifft uns 9/80, Unterrichtseinheit: Der Wähler entscheidet, Bergmoser + Höller, Aachen 1980, S. 9)

M 4 Überhangmandate

Erreicht eine Partei in einem Bundesland mehr Direktmandate, als ihr nach ihrem Zweitstimmenanteil zustehen, bleiben ihr alle Mandate erhalten, denn einem direkt gewählten Kandidaten kann sein Mandat nicht wieder abgesprochen werden. Die gemessen an dem Zweitstimmenanteil zusätzlich errungenen Direktmandate nennt man Überhangmandate. Bei den Bundestagswahlen wird im Gegensatz zu den Wahlen für einige Landtage kein Ausgleich in der Form vorgenommen, daß andere Parteien entsprechend ihrem Zweitstimmenanteil „Ausgleichsmandate" bekommen. Die Sitzverteilung im Bundestag kann deshalb von der Verteilung, die sich aus den Zweitstimmenanteilen ergibt, abweichen. Die Gesamtzahl der Abgeordneten des Bundestages erhöht sich um die Zahl der Überhangmandate. Bei der letzten Bundestagswahl 1994 gab es folgende Überhangmandate: 12 Mandate für die CDU in Sachsen (3), Thüringen (3), Mecklenburg-Vorpommern (2), Sachsen-Anhalt (2) und Baden-Württemberg (2) sowie 4 Mandate für die SPD in Brandenburg (3) und Bremen (1). Diese hohe Zahl fiel völlig aus dem Rahmen früherer Ergebnisse.

(Autorentext)

M 5

Wie die Zahl der Sitze berechnet wird

Dazu ein Beispiel:

Partei	Stimmen	Berechnung	Proportionalzahl	Sitze nach ganzen Zahlen	Sitze nach Zahlenbruchteilen	Sitze insgesamt
A	14100	$\frac{10 \times 14100}{30200}$	4,67	4	1	5
B	13300	$\frac{10 \times 13300}{30200}$	4,40	4	—	4
C	2800	$\frac{10 \times 2800}{30200}$	0,92	—	1	1
Sitze insgesamt:				8	2	10

Das Verfahren Hare-Niemeyer sieht die proportionale Übertragung des Stimmenverhältnisses auf das Sitzverhältnis vor. Dafür wird die Gesamtzahl der Abgeordnetensitze mit der Stimmenzahl der jeweiligen Partei multipliziert und durch die Gesamtzahl aller Stimmen dividiert. Jede Partei erhält zunächst so viele Sitze, wie sich nach ihrer Proportionalzahl für sie ganze Zahlen ergeben. Die danach noch zu vergebenden Sitze erhalten die Parteien mit den höchsten Zahlenbruchteilen.
Im Beispiel wird davon ausgegangen, daß insgesamt zehn Abgeordnetensitze zu vergeben sind. Nach den sich ergebenden ganzen Zahlen erhält die Partei A vier, die Partei B ebenfalls vier und die Partei C keinen Sitz. Die noch zu vergebenden zwei Sitze werden verteilt nach den höchsten Zahlen nach dem Komma. Partei C und Partei A erhalten zusätzlich je einen Sitz. Damit ist die Gesamtzahl der zehn Sitze vergeben.

(Kleiner Wirtschaftsspiegel H. 20, Dez. 1986, Stuttgart [Sparkassenverlag] 1986, S. 9)

❶ Untersuche den Stimmzettel der Bundestagswahl (M 1). Welche Informationen gibt er? Welche Fragen wirft er auf?

❷ Stelle fest, wer wählen darf und wer gewählt werden darf (M 2).

❸ Beschreibe das Wahlsystem der Bundestagswahl. Erkläre die Bedeutung von Erst- und Zweitstimme und den Unterschied zwischen Direkt- und Listenmandaten (M 3).

❹ Erkläre, was man unter Überhangmandaten versteht und wie die Sitzverteilung berechnet wird (M 4 und M 5).

M 6 Der Ablauf der Wahl

Das Bundeswahlgesetz schreibt die Vorbereitung und den Ablauf der Wahl genau vor. Es bestimmt auch das Verhalten im Wahllokal. Die Wahlhandlung ist öffentlich, jeder kann dabei zusehen. Der Wähler begibt sich zunächst an den Tisch des Wahlvorstandes. Dort zeigt er seinen Wahlausweis vor und wird in der Wählerliste abgehakt. So wird verhindert, daß jemand zweimal wählt. Dann erhält der Wähler einen Stimmzettel und einen Umschlag. In der Wahlkabine kreuzt er den Wahlkreiskandidaten (Erststimme) und die Partei (Zweitstimme) an, für die er sich entschieden hat. Er braucht aber auch nur seine Erststimme oder nur seine Zweitstimme abzugeben; auch kann er sich mit seiner Erststimme für den Kandidaten der einen Partei und mit seiner Zweitstimme für eine andere Partei entscheiden. Ungültig sind Stimmzettel, die auf einer der beiden Spalten mehr als ein Kreuz enthalten oder leer abgegeben werden. Hat der Wähler seine Entscheidung getroffen, steckt er den Stimmzettel in den Umschlag und wirft diesen in die Wahlurne. Wähler, die am Wahltag auf Reisen sind, können ihre Wahl brieflich treffen. Zu diesem Zweck müssen sie rechtzeitig von ihrer Gemeindebehörde den amtlichen Wahlbrief anfordern.

(Die Bundesrepublik Deutschland, Schulfunk 1970, Sonderheft, Lübeck 1970, S. 42)

(Foto: Bundesbildstelle)

M 7 Die Fünfprozentklausel

Das Bundeswahlgesetz sieht vor, daß Parteien, die weniger als fünf Prozent der Stimmen erreichen oder nicht mindestens drei Direktmandate gewinnen, keine parlamentarische Repräsentation erlangen. Die Stimmen, die eine solche Partei erhält, fallen unter den Tisch. [...]
Wähler, die für eine Splitterpartei stimmen, verlieren jeglichen Einfluß auf die Zusammensetzung des Parlaments. Ihre Stimme kommt nicht zum Tragen. [...]
Tatsächlich liegt die Sperrwirkung höher als fünf Prozent, denn manche Bürger wählen eine kleine Partei deshalb nicht, weil sie befürchten, ihre Stimme zu „verschenken". [...]
So wirkt die Sperrklausel allein schon durch ihr Vorhandensein als eine gewisse Abschreckung, die Stimme einer kleinen Partei zu geben. Da die Stimmen für eine Partei, die nicht fünf Prozent oder drei Direktmandate erringt, bei der Mandatsverteilung keine Rolle spielen, besteht die Gefahr, daß der „Wählerwille" — ein oft mißbrauchter Ausdruck — verfälscht wird. Geht man beispielsweise davon aus, die F.D.P. hätte bei der Bundestagswahl 1969 die Fünfprozentklausel nicht überwunden — tatsächlich verbuchte sie 5,8 Prozent —, so wären die für sie abgegebenen Stimmen unberücksichtigt geblieben. Obwohl die Freien Demokraten, die an ihrer Koalitionsaussage für die SPD kaum einen Zweifel gelassen hatten, zusammen mit den Sozialdemokraten mehr Stimmen als die Christlichen Demokraten erreichten, wäre eine CDU/CSU-Regierung zustande gekommen. [...]

(Informationen zur politischen Bildung, Nr. 171 [Autor: Eckhard Jesse], Parteiendemokratie und Parteiensystem der Bundesrepublik Deutschland, Bonn 1977, S. 20)

M 8 Vorschlag zu einem „Tauschgeschäft" vor der Bundestagswahl

Jürgen Möllemann, nordrhein-westfälischer F.D.P.-Landesvorsitzender, forderte Mitglieder und F.D.P.-Wähler in den 60 am härtesten umkämpften Bundestagswahlkreisen auf, mit ihrer Erststimme den CDU-Kandidaten zu wählen. In diesen 60 Wahlkreisen beträgt die Differenz zwischen SPD und CDU fünf Prozent und weniger. In einem Gespräch mit Journalisten begründete Möllemann diese von ihm so bezeichnete „Leihstimmenaktion"

für die CDU mit dem Ziel, im Gegenzug von CDU-Wählern Zweitstimmen für die F.D.P. zu erhalten.

(Frankfurter Rundschau vom 15. 7. 1986, S. 4)

M 9 Wahl zum Bundestag vom 00. 00. 0000 — Ermittlung der Zusammensetzung des Bundestages

Das folgende konstruierte Beispiel wurde gegenüber der Wirklichkeit stark vereinfacht: Statt 656 Mandaten nur 20, statt 328 Wahlkreisen nur 10.

Zu wählen:
20 Abgeordnete insgesamt, bei Überhangmandaten (siehe M 4) kann sich diese Zahl erhöhen, 10 Direktkandidaten in 10 Wahlkreisen.

Das Wahlergebnis:

I. Erststimmenergebnis:

1. Wahlkreis:

Abgegebene gültige Stimmen		= 161045
Willi Stolper	(Partei A) =	11273
Ruth Fischer	(Partei B) =	54755
Richard Hinde	(Partei C) =	43482
Hans-Gerd Klös	(Partei D) =	51535

2. Wahlkreis:

Abgegebene gültige Stimmen		= 128636
Andre Zaubermann	(Partei A) =	34731
Ulrich von Gersdorff	(Partei B) =	33445
Theodor Herrmann	(Partei C) =	33447
Alwin Napp-Peters	(Partei D) =	27013

3. Wahlkreis:

Abgegebene gültige Stimmen		= 166293
Heidrun Brest	(Partei A) =	18292
Ingrid Brentano	(Partei B) =	13303
Konrad Eder	(Partei C) =	38247
Friedrich Weinert	(Partei D) =	96451

4. Wahlkreis:

Abgegebene gültige Stimmen		= 147004
Waltraud Bröll	(Partei A) =	5880
Rebecca Jochimsen	(Partei B) =	70562
Gotthard Wiswede	(Partei C) =	39691
Jutta Grenzel	(Partei D) =	30871

5. Wahlkreis:

Abgegebene gültige Stimmen		= 123596
Carola Fuchs	(Partei A) =	7415
Friedrich Hesse	(Partei B) =	46967
Michael Conrad	(Partei C) =	19775
Heiner Lichtenstein	(Partei D) =	49439

6. Wahlkreis:

Abgegebene Stimmen		= 112054
Uli Birkenholz	(Partei A) =	2241
Ulrich Hoffmann	(Partei B) =	63871
Heinrich Schulze	(Partei C) =	16808
Beate Mackensen	(Partei D) =	29134

7. Wahlkreis:

Abgegebene gültige Stimmen		= 97829
Gustav Wende	(Partei A) =	8975
Herbert Feist	(Partei B) =	31413
Willi Glatzer	(Partei C) =	15258
Bruno Zaster	(Partei D) =	42183

8. Wahlkreis:

Abgegebene gültige Stimmen		= 102476
Karl Pritzel	(Partei A) =	45090
Werner Köllmann	(Partei B) =	44065
Rudolf Ulich	(Partei C) =	8198
Hans Jürgens	(Partei D) =	5123

9. Wahlkreis:

Abgegebene gültige Stimmen		= 79318
Rainer Schmidt	(Partei A) =	7138
Willi Vogt	(Partei B) =	24589
Andreas Becker	(Partei C) =	18243
Gerhard Schuhmacher	(Partei D) =	29348

10. Wahlkreis:

Abgegebene gültige Stimmen		= 135320
Gudrun Lampert	(Partei A) =	17591
Karl Bettelheim	(Partei B) =	39243
Bernd Hölldobler	(Partei C) =	21651
Sissy Vehrenkamp	(Partei D) =	56835

II. Zweitstimmenergebnis:

Auf die Kandidatenlisten der Parteien entfielen:

Partei A: 79482 Stimmen
Partei B: 612161 Stimmen
Partei C: 303929 Stimmen
Partei D: 565072 Stimmen

Die Kandidatenlisten der Parteien

Kandidatenliste Partei A:	Kandidatenliste Partei B:	Kandidatenliste Partei C:	Kandidatenliste Partei D:
1. Heidrun Brest	1. Willi Vogt	1. Konrad Eder	1. Hans-Gerd Klös
2. Uli Birkenholz	2. Rebecca Jochimsen	2. Heinrich Schulze	2. Bruno Zaster
3. Rainer Schmidt	3. Ulrich von Gersdorff	3. Rudolf Ulich	3. Jutta Grenzel
4. Gustav Wende	4. Herbert Feist	4. Gotthard Wiswede	4. Heiner Lichtenstein
5. Carola Fuchs	5. Karl Bettelheim	5. Richard Hinde	5. Beate Mackensen
6. Karl Pritzel	6. Ruth Fischer	6. Bernd Hölldobler	6. Hans Jürgens
7. Willi Stolper	7. Ingrid Brentano	7. Michael Conrad	7. Gerhard Schuhmacher
8. Gudrun Lampert	8. Friedrich Hesse	8. Andreas Becker	8. Sissy Vehrenkamp
9. Andre Zaubermann	9. Werner Köllmann	9. Willi Glatzer	9. Alwin Napp-Peters
10. Waltraud Bröll	10. Ulrich Hoffmann	10. Theodor Herrmann	10. Friedrich Weinert

❶ Beschreibe den Ablauf der Wahl (M 6).

❷ Erkläre Inhalt und Bedeutung der Fünfprozentklausel (M 7). Zu ihrer Beurteilung siehe auch Arbeitshinweis 3 nach M 11.

❸ Erkläre die Motive des in M 8 wiedergegebenen Vorschlages für ein Tauschgeschäft zwischen Erst- und Zweitstimme und beurteile den Vorschlag.

❹ M 9 enthält in vereinfachter Form das Ergebnis einer „Bundestagswahl", die es natürlich in dieser Form nie gegeben hat und auch nie geben wird. Mit Hilfe der in M 3 bis M 5 enthaltenen Informationen kannst du die Zusammensetzung dieses „Bundestags" ermitteln. Für die Ermittlung der Sitzverteilung nach dem Zweitstimmenergebnis kannst du das in M 5 enthaltene Schema benutzen.

M 10 Aufgabe und Bedeutung der Wahlen in der Demokratie

Die grundlegende Aufgabe der Wahlen in der Demokratie besteht darin, entsprechend dem Grundsatz der Volkssouveränität (Grundgesetz Artikel 20) die Herrschaft des Volkes zu verwirklichen.
Im einzelnen hat die Wahl die folgenden Funktionen:
Personenauswahl: Durch die Wahl soll über die personelle Zusammensetzung des Parlaments und indirekt auch der Regierung entschieden werden.
Richtungsbestimmung: Durch die Wahl soll die Richtung der Politik für eine begrenzte Zeit bestimmt werden. Das umfaßt sowohl die Entscheidung über die grundsätzliche ideologische Orientierung der Politik als auch über ein bestimmtes Sachprogramm.
Kontrolle: Indem die Wähler einer bisher regierenden Partei oder Parteienkoalition die Mehrheit im Parlament geben oder sie ihr verweigern, urteilen sie gleichzeitig über die politischen Ergebnisse der letzten 4 Jahre.
Repräsentation: Durch die Wahl soll erreicht werden, daß die unterschiedlichen Meinungen und Interessen, die in einer Gesellschaft vorhanden sind, im Parlament vertreten werden.
Legitimation: Durch die Wahl soll die Anwendung politischer Macht durch bestimmte Parteien und das Handeln der durch sie besetzten Staatsorgane als berechtigt anerkannt (legitimiert) werden. Darüber hinaus soll auch die Übereinstimmung von regiertem Volk und Regierung und die Zustimmung des Volkes zu der bestehenden politischen Ordnung festgestellt werden.
Bildung einer regierungsfähigen Mehrheit und einer starken Opposition: Durch die Wahl soll die Bildung einer handlungsfähigen Regierung ermöglicht werden sowie einer Opposition, die die Tätigkeit der Regierung wirksam kontrolliert.
Meinungsbildung des Volkes: Die Wahl soll Anlaß und Gelegenheit sein, über wichtige politische Fragen eine intensive Auseinandersetzung zu führen, die den Wählern die Bildung einer eigenen Meinung ermöglicht.

(Autorentext)

M 11 Wahlgrundsätze des Grundgesetzes und weitere Merkmale einer demokratischen Wahl

„Die Abgeordneten des Deutschen Bundestages werden in allgemeiner, unmittelbarer, freier gleicher und geheimer Wahl gewählt" (Grundgesetz Art. 38).
Die Wahl muß „allgemein" sein, das Wahlrecht darf also nicht von irgendwelchen Vorbedingungen (Besitz, Geschlecht, Rasse, Religionszugehörigkeit, Weltanschauung oder dergleichen) abhängig gemacht werden. Dies gilt für das aktive Wahlrecht, also das Recht zu wählen, ebenso wie für das passive, das Recht, gewählt zu werden.
Die Wahl muß „unmittelbar" sein, aus den abgegebenen Stimmen muß sich also direkt ergeben, wer in den Bundestag gewählt wurde. Es darf keine zusätzliche Entscheidung dazwischengeschaltet sein. Es wäre zum Beispiel nicht zulässig, wenn durch die Wahl den Parteien nur eine bestimmte Zahl von Parlamentssitzen zugeordnet würde und die Parteien nach der Wahl erst ihre Mandatsträger benennen würden.
Die Wahl muß „frei" sein, das heißt, jeder Wähler muß seine Stimme abgeben können, ohne daß politischer, wirtschaftlicher oder sozialer Druck auf ihn ausgeübt wird, um seine Entscheidung zu beeinflussen. Es darf aber auch niemand durch solchen Druck gehindert werden zu kandidieren. Frei muß auch die Wahlwerbung sein. Weder Behörden noch Dritte dürfen sie beeinträchtigen.
Die Wahl muß „gleich" sein. Für das aktive Wahlrecht bedeutet das: Die Stimme jedes Wählers muß bei der Zählung das gleiche Gewicht haben. Für das passive: Die Durchführung der Wahl muß allen Kandidaten / kandidierenden Parteien die gleichen Chancen geben, gewählt zu werden. Niemand darf durch das Wahlverhalten oder Eingriffe von Trägern öffentlicher Gewalt benachteiligt oder bevorzugt werden.
Die Wahl muß „geheim" sein. Durch diesen Grundsatz soll die Freiheit der Wahl gewährleistet werden. Sicherungen wie Wahlzellen, verdeckte Stimmabgabe, versiegelte Wahlurnen, amtliche Wahlzettel usw. müssen dafür sorgen, daß die Stimme unbeeinflußt abgegeben werden kann.

(Wolfgang Niess, Bundestagswahl, in: Über die Wahl hinaus, hrsg. von Wolfgang Niess, Rowohlt, Reinbek 1980, S. 13)

Freiheit der Auswahl:
Sie besagt, daß der Bürger bei der Wahl seine Entscheidung zwischen mehreren Wahlvorschlägen treffen kann. Wahl bedeutet nämlich immer Aus-

wahl. Damit der Bürger eine ausreichende Informationsbasis für die Auswahl besitzt, müssen Presse- und Meinungsfreiheit gewährleistet sein.

Konkurrenz:
Die Freiheit auszuwählen, verliert jedoch ihren Sinn, wenn das Angebot, das zur Wahl steht, keine wirklichen Alternativen bietet. Voraussetzung einer tatsächlichen Konkurrenz ist die autonome* Willensbildung durch Parteien und Verbände. Ein Parteiensystem, das von einer einzigen Partei gesteuert wird, verdient diesen Namen nicht. [...]

Chancengleichheit:
Es müssen für die Parteien annähernd gleiche Wettbewerbschancen gegeben sein. [...]

Entscheidung auf Zeit:
Nur wenn in regelmäßigen, nicht zu weit auseinanderliegenden Abständen die Volksvertreter sich dem Urteil des Wählers unterwerfen, ist die Möglichkeit des Machtmißbrauchs eingeschränkt. Eine Wahl auf Lebenszeit kollidiert mit den Prinzipien einer parlamentarischen Demokratie. Der Verlierer hat die Niederlage anzuerkennen und die (befristete) Herrschaft des Siegers zu akzeptieren. Wer sich im Bestreben zur Wahl stellt, diese abzuschaffen, zerstört — wie die NSDAP 1933 — die parlamentarische Demokratie.

(Eckhard Jesse in: Informationen zur pol. Bildung, Nr. 119/124, Bonn 1976, S. 24)

❶ Begründe, warum die in M 10 beschriebenen Aufgaben der Wahl für die Demokratie bedeutsam sind. Untersuche, welche Aufgaben der Wahl besonders für die Politiker in Parlament und Regierung und welche auch unmittelbar für das Volk von Bedeutung sind.

❷ Erläutere und begründe die Grundsätze und Merkmale einer demokratischen Wahl (M 11). Erkläre, inwiefern das Wahlsystem der Bundestagswahl diesen Ansprüchen gerecht wird. Warum ist z. B. in dem Gebäude, in dem sich der Wahlraum befindet, jede Beeinflussung der Wähler durch Wort, Ton, Schrift oder Bild verboten?

❸ Beurteile die Fünfprozentklausel (M 7) und ihre Auswirkungen im Hinblick auf die Wahlfunktionen Repräsentation, Legitimation und Bildung einer regierungsfähigen Mehrheit (M 10) sowie die Grundsätze und Merkmale einer demokratischen Wahl (M 11).

Kandidatenaufstellung, Wahlkampf, Wahlentscheidungen

M 12 Die Kandidatenaufstellung und ihre Bedeutung

Die Parteien haben entscheidenden Einfluß auf die Wahlvorschläge, zwischen denen die Wähler sich entscheiden können. Die Aufstellung von Kandidaten liegt praktisch ausschließlich bei ihnen. Um parteiintern ein demokratisches Aufstellungsverfahren zu sichern, schreibt das Bundeswahlgesetz vor: Bewerber für ein Direktmandat müssen von einer Mitglieder- oder Delegiertenversammlung des betreffenden Wahlkreises gewählt, die Landeslisten der Partei von Landesdelegiertenkonferenzen beschlossen werden.
Wie funktioniert das in der Praxis? Zunächst zur Auswahl von Direktkandidaten. Bis vor einigen Jahren waren die Wahlkreiskonferenzen der Parteien meist ruhige Treffen, bei denen eine vorher intern ausgehandelte Entscheidung nur noch formal beschlossen wurde. Das Sagen hatten im wesentlichen die Kreisvorstände der Parteien, hin und wieder mischten auch Landes- und Bundesvorstände mit. Die Parteibasis stimmte dem Vorschlag zu. Kriterien für die Aufstellung waren: Verbindung zum Wahlkreis, vorherige Tätigkeit als Abgeordneter, Titel und Ansehen, Stellung in der Partei, fachliche Qualifikationen.*
Inzwischen hat sich dieses Bild gewandelt. Immer häufiger kommt es zu Kampfabstimmungen [...]
Weniger offene Auseinandersetzungen gibt es um die Landeslisten. Kampfabstimmungen bei Landesdelegiertenkonferenzen sind selten. Wenn es sie gibt, geht es nur noch um die Reihenfolge der Bewerber auf der Liste, die ja entscheidend dafür sein kann, ob ein bestimmter Bewerber noch ein Mandat* erhält.
Denn aufgrund der Ergebnisse bei den vorausgegangenen Wahlen kann man recht genau angeben, wie viele Mandate voraussichtlich auf die einzelnen Listen entfallen werden. Es gibt also sichere, einige unsichere und viele aussichtslose Listenplätze.
Die Listen stellen einen zuvor ausgehandelten Kompromiß dar, in den verschiedene Faktoren eingehen: Spitzenpolitiker sollen ebenso abgesichert werden wie Experten, die man für die Parlamentsarbeit braucht; verschiedene Bevölkerungsgruppen sollen vertreten, die einzelnen Regionen des Landes repräsentiert sein; auch die personelle Planung der zukünftigen Bundestagsfraktion findet über Listen statt. Dominierend ist der Einfluß der Landes- und der Bundesleitung der Partei. Die Delegierten geben dem Kompromiß in aller Regel ihren Segen. Die einfachen Parteimitglieder bestimmen kaum mit, oft schicken sie ihre Delegierten ohne eindeutigen Auftrag zu den entscheidenden Konferenzen.
Da es nach allen Erfahrungen bei den Bundestagswahlen keine Stimmenverschiebungen in großem Ausmaß gibt, ist mit der Auswahl als Parteibewer-

ber die größte Zahl der zukünftigen Abgeordneten auch bereits „gewählt“.
Jede Partei hat sichere Wahlkreise und hundertprozentige Listenplätze zu vergeben. Das bedeutet, daß letzten Endes von weniger als 5 Prozent der wahlberechtigten Bevölkerung — so viele sind Mitglied in einer Partei — über die Mehrzahl der Mandate* bereits entschieden ist, wenn die Wähler an die Urne gehen.

(Wolfgang Niess, Bundestagswahl, in: Über die Wahl hinaus, hrsg. von Wolfgang Niess, Rowohlt, Reinbek 1980, S. 20ff., 22)

M 13 Kandidatenaufstellung in den USA

In den USA werden die Präsidentschaftskandidaten in Vorwahlen ermittelt und nicht von den Parteiorganisationen aufgestellt. Jeder Bürger gibt bei der sogenannten Registrierung an, für welche Partei er stimmen möchte. Läßt er sich als Anhänger der Demokratischen Partei registrieren, dann bestimmt er bei der Vorwahl mit darüber, ob die Demokratische Partei Mister X, Y oder Z als Präsidentschaftskandidaten nominiert. Die Delegierten zum Parteikonvent werden von der Mehrheit der demokratischen Vorwähler auf einen der Kandidaten verpflichtet.

(Parlament aktuell, hrsg. vom Presse- und Informationszentrum des Deutschen Bundestages, Bonn o. J., Beilage S. 6)

❶ Beschreibe das Verfahren der Kandidatenaufstellung für die Bundestagswahl (M 12). Unterscheide dabei zwischen der Aufstellung der Direktkandidaten und der Listenkandidaten. Erkläre, warum über die personelle Besetzung der „Mehrzahl der Mandate bereits entschieden ist, wenn die Wähler an die Urne gehen“.

❷ Erkläre, worin die Kandidatenaufstellung für die Präsidentenwahl in den USA sich von der Kandidatenaufstellung für die Bundestagswahl unterscheidet (M 13).

❸ Setze dich mit dem in M 12 beschriebenen Verfahren der Kandidatenaufstellung auseinander. Überlege, ob eine Veränderung des Verfahrens nach dem Vorbild der USA (M 13) anzustreben ist.

M 14 Die großen Parteien in der Bundesrepublik Deutschland

Die Geschicke der Bundesrepublik Deutschland werden entscheidend durch die einzelnen Parteien und Parteienbündnisse (Koalitionen) bestimmt. Von der Gründung der Bundesrepublik Deutschland 1949 bis zum Jahre 1966 stellten CDU und CSU als führende Regierungsparteien meistens zusammen mit der F.D.P. die Bundesregierung. Von 1966 bis 1969 bestand die „große Koalition“ von CDU/CSU und SPD. Von 1969 bis 1982 war die SPD in einem Bündnis mit der F.D.P. die führende Regierungspartei (sozialliberale Koalition). Seit 1982 regieren wieder CDU/CSU und F.D.P.

Die **Christlich-Demokratische Union (CDU)** und **Christlich-Soziale Union (CSU)** wurden 1945 als christlich orientierte Parteien von Bürgern katholischen und evangelischen Glaubens gegründet. CDU und CSU sind „Schwesterparteien“, d. h. die CSU beschränkt ihr Wirkungsgebiet ausschließlich auf Bayern, während die CDU im übrigen Bundesgebiet arbeitet. CDU (662000 Mitgl.) und CSU (178000 Mitgl.) verstehen sich als alle Schichten und Gruppen des Volkes umfassende, soziale, liberale und konservative Strömungen vereinende demokratische Volkspartei, deren Politik auf dem christlichen Verständnis vom Menschen und seiner Verantwortung vor Gott beruht.
Die Anfänge der **Sozialdemokratischen Partei Deutschlands (SPD)** gehen bis in das Jahr 1863 zurück. Lange war die SPD (836000 Mitgl.) eine reine Arbeiterpartei, bis sie sich nach dem Zweiten Weltkrieg in der Bundesrepublik Deutschland zu einer „linken Volkspartei“ entwickelte, die auch andere Schichten und Gruppen der Bevölkerung vertritt. Soziale Gerechtigkeit und gleiche Lebensbedingungen für alle Menschen sollen im Rahmen der Demokratie erreicht werden.
Die 1945 gegründete **Freie Demokratische Partei (F.D.P.)** versteht sich als Partei des Liberalismus, d. h. die Freiheit des einzelnen Menschen und deren Sicherung ist für sie vorrangiges Ziel. Grundsatz der Partei ist, daß es ohne Bildung und ohne Eigentum jedes einzelnen Menschen auf die Dauer auch keine Freiheit und kein Wohlergehen für die Gemeinschaft geben kann (82000 Mitgl.).
Die **Grünen** (seit 1993: Bündnis 90/Die Grünen) wurden als Bundespartei 1980 gegründet. Sie entstanden aus Bürgerinitiativen zum Schutz der Umwelt. Sie setzen sich vor allem für einen besseren Umweltschutz und für mehr direkte Demokratie und eine bessere Beteiligung aller unmittelbar Betroffenen an staatlichen Entscheidungen ein (45000 Mitgl.).
Die **Partei des Demokratischen Sozialismus (PDS)** ist die Nachfolgepartei der Sozialistischen Einheitspartei (SED) der ehemaligen DDR. Sie will in Deutschland Sozialismus* verwirklichen, hat sich aber von stalinistischen Auffassungen losgesagt (124000 Mitgl.).

(Autorentext)

Anschriften der Parteien:

Christlich Demokratische Union (CDU)
Bundesgeschäftsstelle, Friedrich-Ebert-Allee 73—75, 53113 Bonn

Christlich Soziale Union (CSU)
Geschäftsstelle, Lazarettstr. 33, 80636 München

Sozialdemokratische Partei Deutschlands (SPD)
Bundesgeschäftsstelle, Ollenhauerstr. 1, 53113 Bonn

Freie Demokratische Partei (F.D.P.)
Bundesgeschäftsstelle, Baunscheidstr. 15, 53113 Bonn

Bündnis 90/Die Grünen
Bundesgeschäftsstelle, Ehrental 2—4, 53332 Bornheim

M 15 a Plakate aus dem Wahlkampf vor der Bundestagswahl 1987

(Fotos: Orth/Trost)

M 15 b Zeitungsanzeigen der Parteien im Wahlkampf 1987

RAU statt KOHL

Nur Tatsachen: Trotz bester Weltkonjunktur zwei Millionen Arbeitslose. Monat für Monat. Milliarden Gewinne fließen ins Ausland. Bei uns wird nicht genug investiert. Schon über eine Million Familien sind abhängig von Sozialhilfe. Solange bei uns soziale Kälte regiert, geht es unserem Land nicht wirklich gut.

Deshalb: Umdenken und erneuern.

Deutschland braucht wieder einen Kanzler, dem man vertrauen kann. JOHANNES RAU. **SPD**

Diese Wahl entscheidet:

Zukunft statt Rot-Grün

Wir Deutschen haben den neuen Aufschwung geschafft. Es geht uns heute besser als vor vier Jahren. Wir stehen besser da als die meisten Länder. SPD und Grüne wollen unser tüchtiges Land krank jammern. Wenn sie die Mehrheit bekommen, steht die Zukunft auf dem Spiel.

Es kommt auf jede Stimme an! **CDU**

(Mindener Tageblatt vom 5. 1. 1987 S. 5, 9. 1. 1987 S. 5, 13. 1. 1987 S. 5)

❶ Beschreibe die großen Parteien in der Bundesrepublik Deutschland (M 14). Worin unterscheiden sie sich? M 14 kann nur sehr knappe Informationen über die Parteien geben. Nähere Informationen könnt ihr bei den örtlichen Geschäftsstellen der Parteien oder bei den angegebenen Adressen der Bundesgeschäftsstellen erhalten.

❷ Beobachte, falls gerade Bundestags-, Landtags- oder Kommunalwahlen stattfinden, den Wahlkampf der Parteien. Sammelt Wahlkampfmaterial, das ihr in ähnlicher Weise untersuchen könnt wie M 15a und M 15b.

❸ Untersuche an Hand der in M 15a und M 15b wiedergegebenen Wahlkampfmaterialien, wie die Parteien um Wählerstimmen werben:
— Wie sind die Plakate gestaltet (M 15a)? Welche Informationen erhält der Wähler?
— Welche Begriffe werden in den Wahlparolen benutzt und warum?
— Was sagen die Parteien über den politischen Gegner, was nehmen sie für sich in Anspruch (M 15b).

M 16 Wie der Wahlkampf organisiert wird

Viele Monate vor der Wahl bereits fangen die Vorbereitungen an. Wahlkampfleiter und Wahlhelfer werden gesucht, Plakatständer inspiziert, Stadthalle, Gaststätten oder andere öffentliche Räume vorbestellt, Veranstaltungen für die Vorwahlzeit werden konzipiert [...] In Versammlungen werden zunächst die eigenen Parteifreunde motiviert und mobilisiert, im Wahlkampf aktiv mitzuhelfen.
Schriften werden erstellt. Welche Zielgruppen sollen angesprochen werden? Berufstätige, Frauen, Jugendliche und ältere Bürger, der Mittelstand, Landwirte, Vertriebene. Niemand darf vergessen werden.
Der Text für Flugblätter wird entworfen, Gestaltungsvorschläge werden gemacht, die Auflagen festgelegt, Druckereien beauftragt. Dann wird verteilt — auf Informationsständen, an Haushalte, bei Veranstaltungen.
Für das Plakatbild muß der Kandidat fotografiert werden. Welches Foto ist das beste, sitzt die Krawatte, ist das Lächeln ansprechend? Der erste Probeabzug kommt. Da sind zu viele Haare hinter dem Ohr. Bitte wegretuschieren. Der zweite Abzug. Jetzt ist alles o. k.
Der persönliche Brief des Kandidaten in einer Auflage von über 50000 für alle Haushalte wird besprochen. Wie soll die Selbstdarstellung aussehen, welches Image soll erreicht werden? Alles muß bis zum Wahltermin an den Mann gebracht worden sein. Dazu ist es notwendig, eine Verteilerorganisation aufzubauen, Städte und Stadtteile werden in Straßenzügen untergliedert, Verteiler eingeplant, belebte Plätze wie Markt, Altenheime, Fußballstadion, Schulen, Betriebe werden aufgelistet. Wer verteilt wann, wo, welches Material.
Doch nicht nur zur Verteilung werden Helfer gebraucht. Kolonnen müssen Plakate kleben und gegebenenfalls erneuern. Bei Veranstaltungen werden Ordner durch Armbinden kenntlich gemacht. Lautsprecheransagen werden vorbereitet, Behinderte und ältere Bürger wollen zum Wahllokal gefahren werden.
Weitere Hilfstruppen bieten, manche biedern sich an. Wählerinitiativen unterstützen dort, wo die Partei schwach vertreten ist, erarbeiten Argumentationen, die sich nicht so streng an Parteivorgaben halten müssen, sprechen vernachlässigte Zielgruppen an [...]
Laufend finden Besprechungen statt. Aktivitäten und Termine müssen koordiniert werden. Trotzdem kommt es zu Überschneidungen. Zwei, drei Veranstaltungen zu gleicher Zeit. Obwohl alle Verantwortlichen Terminpläne haben. Der Kandidat geht zu beiden Veranstaltungen. Touch and go. Kurz sehen lassen und wieder weiter. Von morgens bis nach 5.30 Uhr Betriebstor-Aktion. Anschließend Marktaktion, Hausbesuche, Gespräche im Café. Sprechstunde, Dämmerschoppen, Bürgerversammlung, Info-Stand. Sonntagmorgen zwei Frühschoppen, Altennachmittag mit Kaffee und Kuchen, Jungwähler-Fête. Spielplätze werden besichtigt, auf dem Trimm-Pfad wird getrimmt, Altenheime, Krankenhäuser, Vereine und Ausstellungen werden besucht.
Auf Marktplätzen und Straßen werden Bürger angesprochen, es wird mit ihnen diskutiert [...] Sympathiewerbung und Mobilisierung der Anhängerschaft werden groß geschrieben. Also gibt's Scheunenfe-

ste, Sommerfeste, Straßenfeste, Nachbarschaftstreffen mit Freibier und Würstchen, Freizeit-Festivals, Kinderfeste, Marktfeste, Prominenten-Fußball, Tanz, Tombola.
Höhepunkte des Wahlkampfes sind in aller Regel Besuche von Prominenten. Sie sind aber auch Höhepunkte an Arbeit und organisatorischem Einsatz: Räumlichkeiten mieten und schmücken, Polizei benachrichtigen, Feuerwehr und Rotes Kreuz informieren, Presse einladen, Themen ausdenken, Plakate und Handzettel drucken, Einladungen schreiben, Versammlungsleiter bestimmen und schulen, Zeit für Referat und Diskussion festlegen, Lautsprecheranlage überprüfen, eventuell Rahmenprogramm vorbereiten, Kontakt halten mit dem persönlichen Referenten des Prominenten, Anfahrtsweg aufzeigen und eventuell Stadtplan schicken, auf örtliche Besonderheiten aufmerksam machen, dafür sorgen, daß der Gast ununterbrochen telefonisch erreichbar ist, Verantwortliche für diese einzelnen Aufgaben benennen.
Verantwortlich für alles ist der Wahlkampfleiter. Er fällt in engem Kontakt mit dem Kandidaten alle Entscheidungen, er plant die Termine und überwacht sie, er muntert erschöpfte und enttäuschte Parteifreunde auf, ist Tag und Nacht erreichbar und verbreitet überall und immer Optimismus.

(Das Parlament Nr. 39/40, 25. 9. 1976 [gekürzt], zitiert nach Falk Esche u. a. Parteiendemokratie, Hoffmann u. Campe, Hamburg 1978, S. 15f.)

M 17

Das Geld der Parteien

M 17a

Einnahmen der Parteien im Jahre 1992

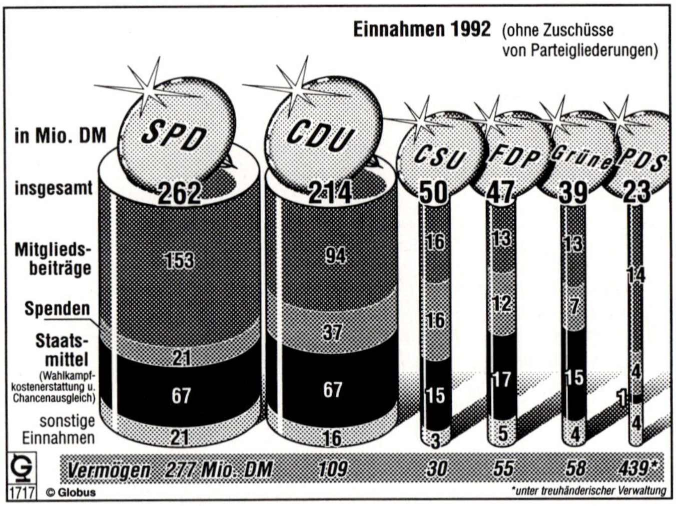

Zur Erläuterung: Die „Staatsmittel" bestehen vor allem aus einer Erstattung der Wahlkampfkosten (je 1,30 DM für die ersten 5 Mio. Stimmen, 1,– DM für jede weitere Stimme bei Bundestags- und Europawahlen). Hinzu kommt ein staatlicher Zuschuß von 0,50 DM für jede DM, die Mitglieder zahlen oder Privatleute spenden (bis zu 6000 DM pro Person). Außerdem sind Beiträge und Spenden an die Parteien bis zu einem Höchstbetrag von 6000 DM (bzw. 12000 bei Ehepaaren) steuerlich begünstigt.

M 17b

Aufschlüsselung der Ausgaben der Bundestagsparteien nach Ausgabearten im Jahre 1985 (in Mio. DM)

	CDU	CSU	F.D.P.	GRÜNE	SPD
1. Personalangaben	59,12 (31,4%)	10,81 (28,3%)	6,38 (22,0%)	2,65 (9,5%)	58,55 (32,3%)
2. Laufender Geschäftsbetrieb	39,94 (21,2%)	6,69 (17,5%)	7,33 (25,3%)	3,63 (13,1%)	30,48 (16,8%)
3. Innerparteiliche Gremienarbeit und Information	14,30 (7,6%)	1,57 (4,1%)	2,61 (9,0%)	3,76 (13,5%)	10.11 (5,6%)
4. Öffentlichkeitsarbeit und Wahlen	64,45 (34,2%)	14,93 (39,1%)	9,68 (33,4%)	8,58 (30,9%)	65,84 (36,3%)
5. Zuschüsse an Gliederungen der Partei	5,50 (2,9%)	0,57 (1,5%)	0,45 (1,6%)	7,66 (27,6%)	12,55 (6,9%)
6. Zinsen	0,78 (0,4%)	0,29 (0,8%)	0,90 (3,1%)	0,05 (0,2%)	1,24 (0,7%)
7. Sonstige Ausgaben	4,44 (2,4%)	3,29 (8,6%)	1,61 (5,6%)	1,44 (5,2%)	2,67 (1,5%)
Insgesamt	188,53 (100,1%)*	38,15 (99,9%)*	28,97 (100,0%)	27,77 (100,0%)	181,45 (100,1%)*

* = Rundungsfehler

(Quelle: Bundestags-Drucksache 10/6194 vom 16. 10. 1986)

M 17c Wofür die Parteien Geld brauchen

Parteien sollen [...] die ständige, lebendige Verbindung zwischen Bürger und Staat, zwischen Gesellschaft und Politik herstellen. Daher sind Parteien mit Transmissionsriemen* verglichen worden: Sie nehmen Fragen, Probleme, Bedürfnisse und Interessen der Bürger, vor allem auch ihrer eigenen Mitglieder auf, übersetzen sie innerhalb der eigenen Organisation von Stufe zu Stufe, vom Ortsverein bis zum Bundesparteitag, und vermitteln sie schließlich in die Einrichtungen des Staates, in die Parlamente, in die Regierungen und die Verwaltungen.

Der Transmissionsriemen läuft nicht nur in dieser einen Richtung, sondern auch umgekehrt: Entscheidungen in den Parlamenten und Regierungen werden den Bürgern in den Parteien erklärt und Mehrheiten für diese Entscheidungen im Volk gesucht. Parteien sind auch Beschwerdestellen, an die sich der einzelne Bürger [...] wendet: Ein Rentner beklagt sich bei seinem Abgeordneten, der Sprechstunde im Büro seiner Partei abhält, daß er die Berechnung seiner Rente nicht verstehe. [...] Parteien wählen Personen, die in ihren Organisationen Ämter übernehmen — vom Kassierer im Ortsverein bis zum Bundesvorsitzenden. Vor allem aber nominieren (benennen) sie Kandidaten für die Parlamente und Regierungen, vom Gemeinderat bis zum Bundestag und vom Ortsbürgermeister bis zum Kanzler. [...]

In der Öffentlichkeit [...] ist der Eindruck entstanden, als verpulverten die Parteien all ihr Geld im Wahlkampf und gäben es für Hochglanzbroschüren, bunte Plakate mit nichtssagenden Werbesprüchen, Luftballons und Kugelschreiber aus. Dies ist ein Irrtum. Allein die Veranstaltung eines Bundesparteitages, dem laut Satzung höchsten Gremium einer Partei, das für das Funktionieren innerparteilicher Demokratie zumindest nicht unwichtig ist, dürfte die beiden großen Parteien über 1 Million Mark kosten: Da ist ein großer Konferenzsaal mit Pressetribüne und Nebenräumen anzumieten, Reise- und Übernachtungskosten von mehreren hundert Delegierten sind zu übernehmen, die Gehälter der Mitarbeiter, die Honorare der Stenographen zu zahlen sowie die Anträge zu drucken und vorher mit der Post auszusenden. Ausgaben für Konferenzen und Sitzungen belaufen sich bei der SPD und CDU für die Bundesebene auf jährlich 4 bis 5 Millionen Mark.

(Peter Lösche, Wovon leben die Parteien? — Über das Geld in der Politik, Frankfurt/Main [Fischer Taschenbuch Verlag] 1984, S. 10f. und 15f.)

❶ Beschreibe die Organisation und den Aufbau des Wahlkampfes (M 16). Erkläre, was mit den einzelnen im Text beschriebenen Maßnahmen erreicht werden soll.

❷ Erläutere an Hand von M 17a, aus welchen Quellen sich die Parteien finanzieren, und vergleiche die einzelnen Einnahmeposten bei den verschiedenen Parteien.

❸ Untersuche an Hand von M 17b, wofür die Parteien ihr Geld verwenden. Welche Unterschiede lassen sich bei den einzelnen Parteien feststellen? Wie groß ist der Anteil der Ausgaben für Wahlkämpfe?

❹ Wie wird in M 17c die Frage beantwortet, „warum die Parteien Geld brauchen"?

M 18 Sprache als Wahlkampfwaffe

Geht man davon aus, daß politische Willensbildung im Wahlkampf wohl kaum geprägt sein dürfte durch die ausführliche Kenntnisnahme umfänglicher Wahlprogramme, sondern mehr durch den Gebrauch öffentlichkeitswirksamer Schlagwörter, Slogans und einprägsamer Redewendungen, so verdient politische Sprache das besondere Interesse [...]

Dabei dürften einige Ergebnisse der Sprach- und Kommunikationswissenschaft zur Rolle und Bedeutung der Sprache in der Politik für Wahlkampfzeiten besondere Geltung beanspruchen:

1. Die Sprache des Wahlkampfes richtet sich an ein heterogenes (nicht gleichartiges) Massenpublikum, ein „Jedermann-Publikum", um dessen Zustimmung gerungen wird.
2. In der politischen Willensbildung des Wahlkampfes geht es nicht um den Austausch von Argumenten an sich. Politische Kommunikation im Wahlkampf soll also nicht nur über Sachverhalte informieren, sondern auch Sachverhalte bewerten. Argumente im Wahlkampf sind insofern Bestandteile parteilicher Rhetorik mit dem Ziel [...] der überredenden Beeinflussung.
3. Erfolgreich sind Wahlkampfargumente vor allem dann, wenn sie auf Bildern und Texten aufbauen, die vielen vertraut sind [...]

Insgesamt bestehen in der Wissenschaft ebenso wie in der öffentlichen Meinung kaum Zweifel darüber, daß die politische Willensbildung in Wahlkämpfen weniger auf Überzeugung als auf [...] Überredung angelegt ist. Dabei geht es den Parteien weniger oder zumindest nicht in erster Linie um das bessere Argument, um die überzeugenderen Alternativen. Die Wahlkampfauseinandersetzungen scheinen sich vielmehr in dem Maße von den politischen Inhalten wegzubewegen, je näher der Wahltermin rückt.

(Ulrich Sarcinelli, Wahlen und Demokratie. Der Wahlkampf als Testfall für die politische Bildung, in: ders. (Hrsg.), Wahlen und Wahlkampf in Rheinland-Pfalz, Opladen [Leske] 1984, S. 216)

M 19 Wählerstruktur der Parteien

M 19a Stammwähler und Wechselwähler

Mit dem Abschluß der Kandidatenaufstellung ist die Grundlage für den eigentlichen Wahlkampf geschaffen. Die in der Hauptsache von Parteien getragenen Wahlkämpfe auf Bundes-, Landes- oder Gemeindeebene sind in jeder einzelnen Phase mit bestimmten Zielen verbunden.
Zunächst soll auf die bevorstehende Wahl aufmerksam gemacht und eine „Wahlkampfatmosphäre" geschaffen werden. Die Zahl derer, die sich aus unterschiedlichen Gründen einer bestimmten Partei verbunden fühlen, etwa aufgrund sozialer Herkunft oder ihrer Konfession, wird auf mehr als 60% geschätzt. Die Wahlkampfatmosphäre soll zunächst dazu beitragen, diese sog. Stammwähler zu mobilisieren und zur Teilnahme an der Wahl zu bewegen.
Am wenigsten hat der Wahlkampf das Ziel, Stammwähler einer anderen Partei zu überzeugen. Wahlwerbung mit Plakaten, Kundgebungen, Versammlungen, Straßendiskussionen bis hin zu Hausbesuchen der Kandidaten u. a. will vielmehr jene ansprechen, deren Entscheidung für die anstehende Wahl noch nicht gefallen ist. Wenn diese Entscheidung von Wahl zu Wahl unterschiedlich ausfallen kann, spricht man von Wechselwählern. Diese müssen ebenso wie die Neuwähler, die zum ersten Mal an einer Wahl teilnehmen, von einer Partei erst überzeugt werden.

(Lothar Böhnert, Heinrich Cloppenburg u. a., Gemeinschaftskunde Gymnasium 10. Schuljahr, Paderborn [Schöningh] 1985, S. 90 f.)

M 19b Stammwähler von CDU/CSU und SPD

Die Wählerentscheidung in der Bundesrepublik Deutschland ist auch heute noch maßgeblich determiniert (bestimmt) erstens durch Konfessionsstruktur und (katholischer) Kirchenbindung sowie zweitens durch die sozio-ökonomische Konfliktlinie zwischen Kapital* und Arbeit [...]
So verfügt die CDU/CSU unverändert in den ländlichen Gemeinden über eindeutige Mehrheiten, die SPD ist hingegen in städtischen Gebieten stärker als die Union. Der Stimmenanteil der Union wird dabei um so größer, je höher der Katholikenanteil und desto geringer die Bevölkerungsdichte ist. Die Anteile der Sozialdemokraten verhalten sich dazu in etwa spiegelbildlich; sie sind um so höher, je niedriger der Katholikenanteil und desto stärker die Bevölkerungsdichte ist. [...]
Die Sozialdemokraten haben ihre Hochburgen unverändert in städtischen Arbeitergegenden, die Unionsparteien in ländlichen Regionen mit einem hohen Anteil an selbständig Erwerbstätigen.

(Rainer-Olaf Schultze, Die Bundestagswahl 1987 — eine Bestätigung des Wandels, in: Aus Politik und Zeitgeschichte, Beilage zur Wochenzeitung Das Parlament, B 12/87 vom 21. 3. 1987, S. 13)

M 19c Wählerstruktur bei der Bundestagswahl 1990

Partei	CDU/CSU		SPD		FDP		Grüne/B90		PDS	
Wahlgebiet	West	Ost	West	Ost	West	Ost	West[1]	Ost	West	Ost
Geschlecht										
männlich	44,6	42,9	34,7	24,4	11,3	13,5	4,9	6,5	0,4	8,8
weiblich	45,9	42,8	34,6	24,4	11,1	13,7	5,3	8,7	0,2	7,5
Alter										
18—24 Jahre	37,9	36,3	35,5	22,9	9,6	10,6	10,8	13,9	0,6	10,3
60 und älter	55,2	48,6	30,6	25,6	10,0	12,4	0,7	2,2	0,1	9,0
Berufsgruppe										
Arbeiter	39,0	49,8	46,7	24,8	6,0	11,0	3,2	5,0	0,2	5,3
Angestellte, leit. Angest.	43,0	37,0	35,9	25,1	12,1	15,0	5,3	10,3	0,3	9,9
Beamte	46,7	34,4	31,9	24,1	12,7	19,4	6,1	6,0	0,1	13,1
Selbständige	56,9	50,3	17,9	16,2	18,1	21,5	4,8	4,7	0,4	4,3
in Ausbildung	31,1	18,1	33,5	23,1	11,8	11,9	16,9	25,0	1,3	16,4
Konfession										
katholisch	56,3	65,8	26,6	11,5	8,8	11,4	4,5	6,3	0,1	1,5
evangelisch	39,6	53,4	39,7	20,1	13,3	15,4	4,3	6,1	0,2	1,8
keine	25,7	33,3	45,0	28,7	11,2	12,9	11,7	8,8	1,4	12,9

[1] In den alten Bundesländern kandidierten nur DIE GRÜNEN (s. M 16)

(Forschungsgruppe Wahlen: Bundestagswahl 1990. Berichte der Forschungsgruppe Wahlen e.V. Nr. 61. Mannheim 1990, S. 31)

❶ Erkläre an Hand von M 18 die Bedeutung der Wahlkampfsprache für einen erfolgreichen Wahlkampf. Ziehe dazu M 15 und M 17 hinzu.

❷ Erkläre, vor welche unterschiedlichen Aufgaben Stamm- und Wechselwähler die Parteien stellen (M 19a).

❸ Stelle aus M 19b und M 19c unterschiedliche Merkmale der Wähler der im Bundestag vertretenen Parteien zusammen. Stellt fest, bei welchen Bevölkerungsgruppen die einzelnen Parteien ihre Schwerpunkte haben, und achtet auch auf Unterschiede zwischen Ost und West (M 19c; vgl. M 21).

M 20 Ergebnisse der Bundestagswahlen 1949–1994

	1949	1953	1957	1961	1965	1969	1972	1976	1980	1983	1987	1990	1994
Wahlberechtigte (Mio.)	**31,2**	**33,1**	**35,4**	**37,4**	**38,5**	**38,7**	**41,4**	**42,1**	**43,2**	**44,1**	**45,3**	**60,4**	**60,5**
Wahlbeteiligung in %	78,5	86,0	87,8	87,7	86,8	86,7	91,1	90,7	88,7	89,1	84,4	77,8	79,0
Gültige Stimmen (Mio.)	**23,7**	**27,6**	**29,9**	**31,6**	**32,6**	**33,0**	**37,5**	**37,8**	**37,9**	**38,9**	**37,9**	**46,5**	**47,1**
davon für die Parteien in %													
CDU/CSU	31,0	45,2	50,2	45,3	47,6	46,1	44,9	48,6	44,5	48,8	44,3	43,8	41,4
SPD	29,2	28,8	31,8	36,2	39,3	42,7	45,8	42,6	42,9	38,2	37,0	33,5	36,4
FDP/DVP	11,9	9,5	7,7	12,8	9,5	5,8	8,4	7,9	10,6	7,0	9,1	11,0	6,9
GRÜNE	—	—	—	—	—	—	—	—	1,5	5,6	8,3	5,0	7,3
PDS	—	—	—	—	—	—	—	—	—	—	—	2,4	4,4
Republikaner	—	—	—	—	—	—	—	—	—	—	—	2,1	1,9
DP } GDP	4,0	3,3	3,4	2,8	—	0,1	—	—	—	—	—	—	—
GB/BHE }	—	5,9	4,6										
Zentrum	3,1	0,8	0,3	—	—	—	—	—	—	—	0,1	—	0,0
Bayernpartei	4,2	1,7	0,5	—	—	0,2	—	—	—	—	0,1	0,1	0,1
DRP; NPD	1,8	1,1	1,0	0,8	2,0	4,3	0,6	0,3	0,2	0,2	0,6	0,3	—
KPD; DFU; DKP	5,7	2,2	—	1,9	1,3	0,6	0,3	0,3	0,2	0,2	—	—	—
Sonstige	9,1	1,5	0,5	0,2	0,3	0,2	0,1	0,3	0,1	0,1	0,6	1,7	1,7
Abgeordnetensitze im Deutschen Bundestag													
CDU/CSU	139	243	270	242	245	242	225	243	226	244	223	319	294
SPD	131	151	169	190	202	224	230	214	218	193	186	239	252
FDP/DVP	52	48	41	67	49	30	41	39	53	34	46	79	47
GRÜNE	—	—	—	—	—	—	—	—	—	27	42	8	49
PDS	—	—	—	—	—	—	—	—	—	—	—	17	30
DP	17	15	17	—	—	—	—	—	—	—	—	—	—
GB/BHE	—	27	—	—	—	—	—	—	—	—	—	—	—
Zentrum	10	3	—	—	—	—	—	—	—	—	—	—	—
Bayernpartei	17	—	—	—	—	—	—	—	—	—	—	—	—
DRP	5	—	—	—	—	—	—	—	—	—	—	—	—
KPD	15	—	—	—	—	—	—	—	—	—	—	—	—
Sonstige	16	—	—	—	—	—	—	—	—	—	—	—	—
Insgesamt	**402**	**487**	**497**	**499**	**496**	**496**	**496**	**496**	**497**	**498**	**497**	**662**	**672**
Berliner Abgeordnete	19	22	22	22	22	22	22	22	22	22	22		

DP = Deutsche Partei; GB/BHE = Gesamtdeutscher Block/Bund der Heimatvertriebenen und Entrechteten; DRP = Deutsche Reichspartei; DFU = Deutsche Friedensunion.
(Schmidt-Zahlenbild 88502)

M 21

Bundestagswahlen 1949—1994

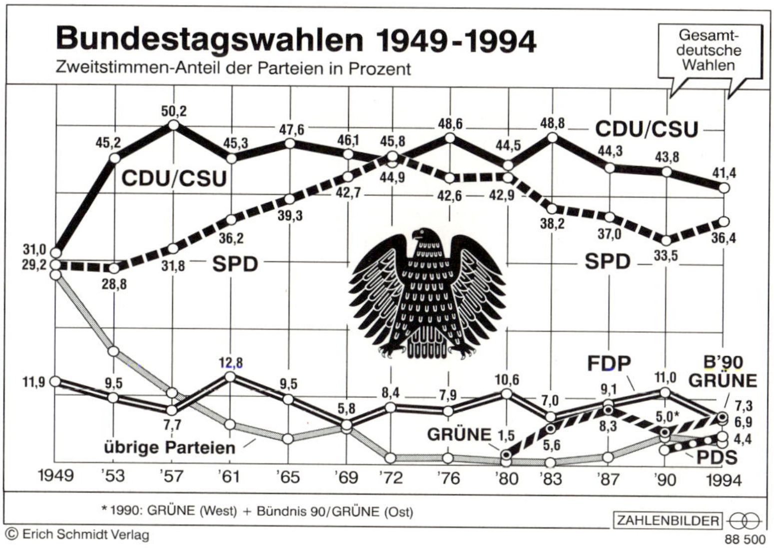

M 22

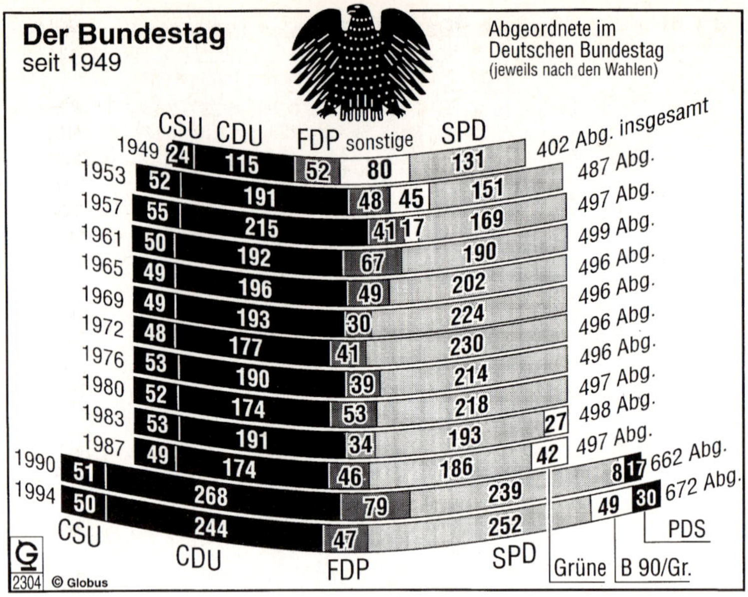

M 23

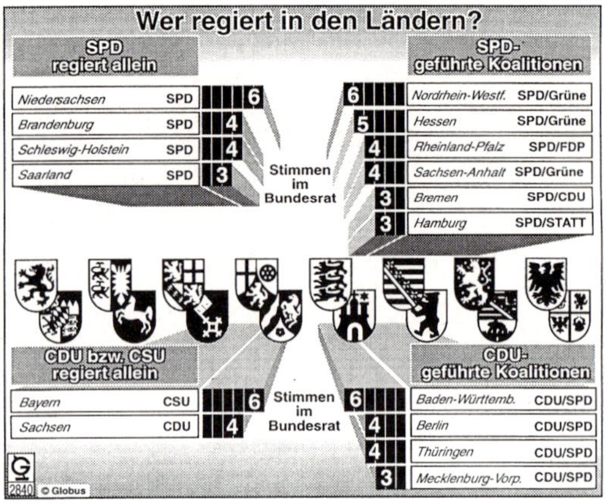

❶ Untersuche die Ergebnisse der Bundestagswahlen seit 1949 (M 20/M 21). Die folgenden Fragen sollen dir dabei helfen:
- Welche Entwicklung ist bei der Wahlbeteiligung festzustellen?
- Ab wann beteiligen sich die derzeit im Bundestag vertretenen Parteien an den Wahlen, und wie entwickelt sich ihr Stimmenanteil? Lassen sich längerfristige Entwicklungstrends feststellen?
- Inwieweit lassen sich am Stimmenanteil der zwei bzw. drei größten Parteien Prozesse der „Konzentration" und der „Dekonzentration" des Parteiensystems feststellen?
- Was fällt bei der Bundestagswahl 1990 im Vergleich der Wahlgebiete West und Ost auf?

❷ Untersuche die Zusammensetzung von Regierungskoalitionen und Oppositionen seit 1949 (M 14, M 22):
- Welche Parteienkoalitionen stellten die Regierung und welche Parteien waren in der Opposition?
- In welchen Abständen kommt es zu einem Wechsel der führenden Regierungspartei (Partei des Bundeskanzlers)?
- Wie stark ist die Regierung tragende Mehrheit und die Opposition in den einzelnen Wahlperioden?

❸ Informiere dich auch über die Ergebnisse der Bundestagswahl vom Oktober 1994 und der in 1994 durchgeführten Landtagswahlen in Niedersachsen, Sachsen-Anhalt, Brandenburg, Sachsen, Bayern, Mecklenburg-Vorpommern und Thüringen. Zu welchen Regierungsbildungen (vgl. M 14, M 22, M 23) haben sie geführt?

Zur Sicherung des Grundwissens

Nach der Erarbeitung des Kapitels 6 solltet ihr
- *das Wahlsystem der Wahlen zum Bundestag der Bundesrepublik Deutschland beschreiben können (M 1 bis M 7);*
- *Aufgabe und Bedeutung der Wahlen in der Demokratie und die Merkmale einer demokratischen Wahl erläutern können (M 10 und M 11);*
- *die Bedeutung der Kandidatenaufstellung für die Wahl und das Wahlergebnis erklären können (M 12);*
- *Anlage, Organisation und Finanzierung des Wahlkampfes für die Bundestagswahl beschreiben können (M 16, M 17);*
- *angeben können, wie sich die Stimmenanteile der großen Parteien in der Geschichte der Bundesrepublik Deutschland entwickelt haben und welche Parteien Regierung und Opposition gestellt haben (M 20 und M 21).*

7 Aus der Arbeit von Bundestag und Bundesrat

In den beiden vorangegangenen Kapiteln ist schon deutlich geworden, daß das Parlament, die Volksvertretung eine zentrale Rolle in einer parlamentarischen Demokratie spielt. Im einzelnen kann man folgende Aufgaben oder Funktionen des Bundestages unterscheiden:
1. Beratung und Beschluß von Gesetzen als den allgemeinverbindlichen Regelungen für das Gemeinwesen **(Gesetzgebungs-Funktion)**,
2. Wahl des Bundeskanzlers als Grundlage der Regierungsbildung **(Wahlfunktion)**,
3. Vertretung der Bevölkerung mit einer angemessenen Berücksichtigung ihrer vielschichtigen, teilweise einander widerstreitenden Interessen **(Repräsentations- bzw. Artikulationsfunktion)**,
4. Kontrolle der Regierung und der ihr unterstellten Behörden **(Kontrollfunktion)**.
Der erste Abschnitt beschäftigt sich genauer mit der Gesetzgebungsfunktion. Ihr könnt den Prozeß der Gesetzgebung an einem Beispiel aus dem Jahre 1988, das euer Bundesland Niedersachsen in besonderer Weise betraf, verfolgen. M 2 und M 3 erläutern zunächst das Problem, um das es in dem Gesetzgebungsverfahren ging. In M 4 bis M 17 findet ihr dann die Materialien zu diesem Fallbeispiel. Die Arbeit mit dem Fallbeispiel kostet etwas Zeit und Mühe, da ihr euch dann nicht nur allgemein mit dem Thema Gesetzgebung, sondern auch mit dem konkreten Problem, um das es geht, auseinandersetzen müßt. Dadurch wird der Prozeß der Gesetzgebung aber auch wesentlich lebendiger, und ihr könnt auch einiges über die besonderen Probleme eures Bundeslandes und seine Rolle in der Bundespolitik lernen.
Wenn ihr das Fallbeispiel nicht bearbeiten wollt, findet ihr in M 1 und M 18 bis M 20 allgemeine Materialien zur Gesetzgebung durch Bundestag und Bundesrat. Materialien zur Wahl- und Kontrollfunktion des Bundestages findet ihr in Kapitel VIII (Die Bundesregierung trifft politische Entscheidungen).

Ein Gesetz entsteht

M 1 Wie kommt es zu einem Gesetz?

Zunächst muß irgend jemand ein Interesse an einer gesetzlichen Regelung haben. Es kann sein, daß viele einzelne Bürger Beschwerden geäußert und an Abgeordnete, an den Bundestag, an Verwaltungsbehörden oder an die Regierung geschrieben haben und Abhilfe verlangen. Fachleute auf einem bestimmten Gebiet, eine Gruppe von Bürgern oder ein Verband haben Vorschläge gemacht für eine neue Regelung oder für die Verbesserung einer bestehenden Regelung. Die Verwaltungsbehörden haben Mängel an einer gesetzlichen Regelung festgestellt und darüber ihrem Minister berichtet. Abgeordnete, ein Minister oder die Regierung wollen einen Plan, einen politischen Programmpunkt ihrer Partei verwirklichen. Auch Vereinbarungen mit anderen Staaten können neue Bestimmungen erforderlich machen. Erweisen sich solche Forderungen oder Anregungen als notwendig, um Mängel für eine größere, unbestimmte Zahl von Menschen zu beheben, so werden sie von einem Ministerium, und das ist bei weitem der häufigste Fall, oder von einer Gruppe von Abgeordneten oder auch von einer Landesregierung aufgegriffen, und ein Gesetzentwurf wird vorbereitet. Oft sind viele Besprechungen mit Abgeordneten, mit Fachleuten oder anderen Ministerien, mit Verbänden oder Landesregierungen und mehrere Vorentwürfe notwendig, ehe ein Gesetzentwurf fertiggestellt ist. Ein in dem federführenden Ministerium erarbeiteter Entwurf wird dem Bundeskabinett, der versammelten Bundesregierung, vorgelegt. Stimmt das Bundeskabinett diesem Entwurf zu, kann die „Regierungsvorlage“ nun in das eigentliche Gesetzgebungsverfahren eingebracht werden.

(Legislative, Exekutive, Rechtsprechung. Die Aufgaben unserer Verfassungsorgane. 12. Auflage 1985 [Dümmler, Bonn], S. 20)

M 2 Das Problem

M 2a Wirtschaftlich starke und schwache Regionen in der Bundesrepublik Deutschland 1981 bis 1985

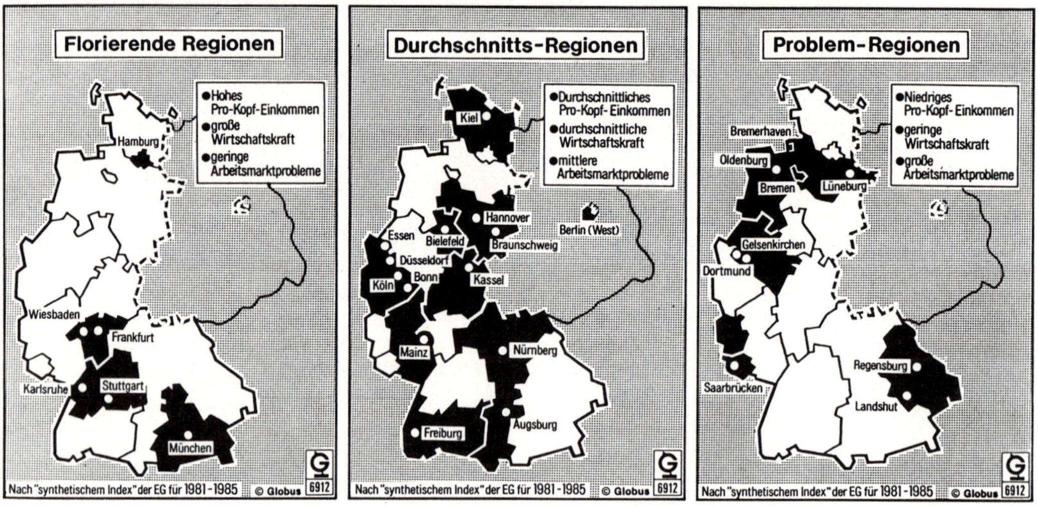

Erklärungen: Ein Index ist eine Meßzahl, die das Verhältnis mehrerer Zahlen, in diesem Fall für das wirtschaftliche Wohlergehen verschiedener Regionen in der Bundesrepublik Deutschland angibt. Synthetisch heißt zusammengesetzt. In diesem Fall bedeutet das, daß in den Index die in dem Schaubild genannten Faktoren (Pro-Kopf-Einkommen = Durchschnittseinkommen je Einwohner, Wirtschaftsleistung, Arbeitsmarktprobleme = Höhe der Arbeitslosigkeit) eingegangen sind. (Autorentext)

M 2b Regionale Verteilung der Arbeitslosigkeit 1993

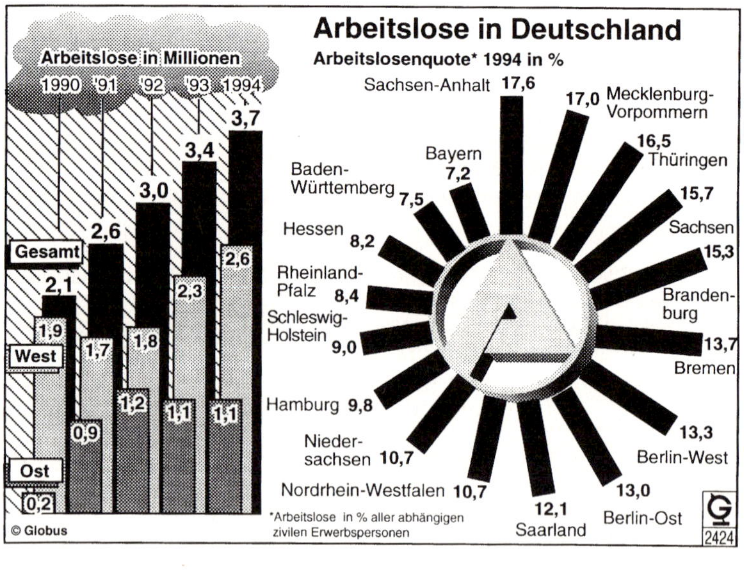

Erklärung: Die Arbeitslosenquote bezeichnet den Anteil der bei den Arbeitsämtern registrierten Arbeitslosen an den abhängigen Erwerbspersonen (beschäftigte Arbeitnehmer + Arbeitslose).
(Autorentext)

M 2c Wirtschaftswachstum in den Bundesländern

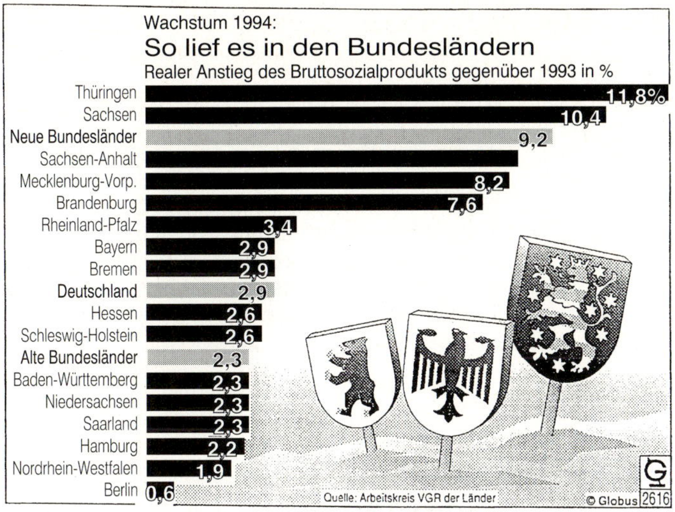

Bundesdurchschnitt: 3,2%

Erklärungen: Die „Wirtschaftsleistung“ wird berechnet nach dem in Geld ausgedrückten Wert aller in einem bestimmten Zeitraum erzeugten Waren und Dienstleistungen. Man nennt sie auch das „Bruttosozialprodukt“. Wenn bei der Berechnung des Wachstums die Preissteigerungen berücksichtigt, d. h. „herausgerechnet“ werden, spricht man von dem „realen Anstieg der Wirtschaftsleistung“. Von der Höhe des Wachstums des Bruttosozialprodukts (im Vergleich zum Vorjahr), dem Wirtschaftswachstum, hängt in entscheidendem Maße das Ausmaß der Arbeitslosigkeit und die Entwicklung der Einkommen ab. (Autorentext)

M 2d

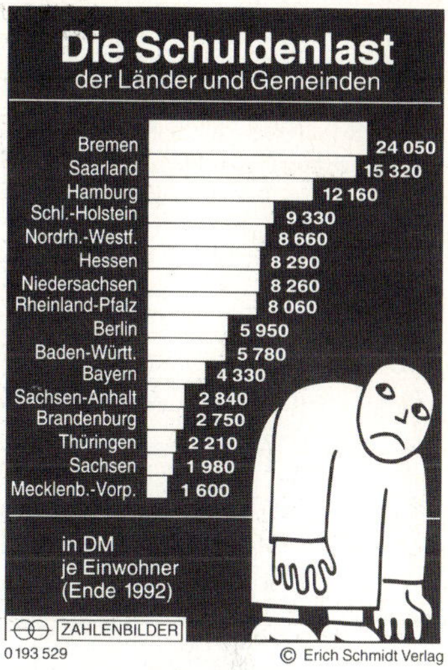

Durchschnitt aller Länder: 7,7%

Erklärung: Für jedes Jahr erstellen der Bund, die einzelnen Bundesländer und die Gemeinden einen Haushaltsplan, in dem die Einnahmen (aus Steuern, Gebühren u. a.) und die Ausgaben (für Wirtschaftsförderung, Landwirtschaft, Bildung usw.) zusammengestellt werden. Soweit „Löcher in den Kassen“ vorhanden sind, d. h. die Ausgaben größer sind als die Einnahmen aus Steuern usw., müssen Kredite aufgenommen werden, d. h. es werden Schulden gemacht. Dabei gibt es aber große Unterschiede von Bundesland zu Bundesland. Am tiefsten in den roten Zahlen stecken die seit langem von der Werften-, Kohle- und Stahlkrise betroffenen Länder im Norden und Westen der Bundesrepublik. (Autorentext)

M 2e

Lasten der Sozialhilfe in den einzelnen Bundesländern

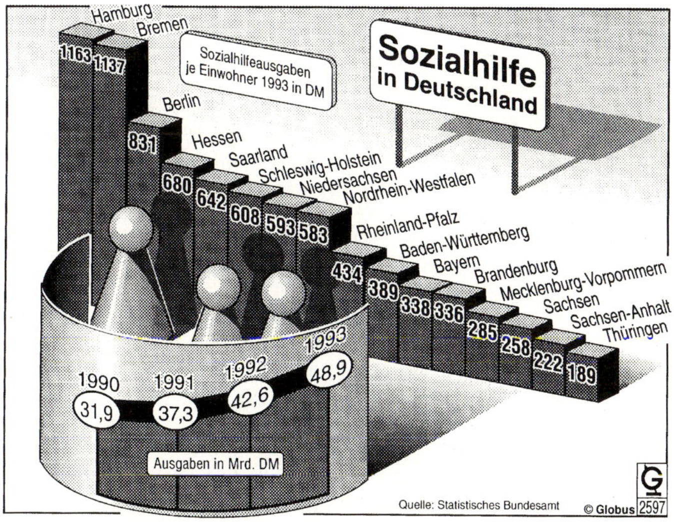

Erklärung: Unter Sozialhilfe versteht man die Gewährung von Geld- und Sachleistungen (z. B. Kleidung) an Menschen, die durch eigenes Einkommen oder die Unterstützung naher Angehöriger nicht einen angemessenen Lebensunterhalt sichern können. Dazu gehören Bezieher niedriger Renten, Pflegebedürftige, die auf einen teuren Heimplatz angewiesen sind, und Arbeitslose, die zu wenig oder gar keine Arbeitslosenunterstützung vom Arbeitsamt bekommen. Seit dem starken Anstieg der Arbeitslosigkeit in den Jahren ab 1981 ist auch der Anteil der Sozialhilfeempfänger stark angestiegen (1986: 3 Mio.; 1990: ca. 4 Mio.). Die Sozialhilfe (1989: 28,8 Mrd. DM; 1990: 31,5 Mrd.) wird von den Städten und Gemeinden gezahlt, deren Einnahmen wieder zum größten Teil aus den Haushalten der Bundesländer stammen.

(Autorentext)

M 3 Strukturschwächen und ihre Ursachen

Die in M 2 dargestellten Unterschiede zwischen verschiedenen Regionen und Ländern in der Bundesrepublik gehen auf Ungleichgewichte in der Wirtschaftsstruktur zurück. Die Wirtschaftsstruktur eines Landes ist u. a. gekennzeichnet durch die natürliche Beschaffenheit des Wirtschaftsraumes (Bodenschätze, Flüsse, Meeresküste usw.), durch die Anteile von landwirtschaftlicher und industrieller Produktion sowie der Erzeugung von Dienstleistungen, durch den Entwicklungsstand der Technik und der Verkehrswege (Straßen, Eisenbahnstrecken, Kanäle). Eine gute Wirtschaftsstruktur ist u. a. durch ein gut ausgebautes Verkehrsnetz und das Vorherrschen von Wirtschaftszweigen, die und technisch fortschrittliche, zukunftsträchtige Produkte herstellen bzw. begehrte Dienstleistungen anbieten, gekennzeichnet.
Strukturschwächen bzw. -stärken verschiedener Bundesländer haben im Regelfall vielfältige, häufig sehr lang zurückreichende Ursachen. Sie lassen sich nicht einfach auf die Politik der gerade regierenden Parteien zurückführen; allerdings kann eine gezielte Wirtschaftspolitik in starkem Maße zur Überwindung von Strukturschwächen beitragen (s. u.). Traditionell rein landwirtschaftlich geprägte Regionen sind in der Regel strukturschwach, da sie zu wenig Arbeitsplätze anbieten können. Durch technische Entwicklungen, durch Veränderungen der Nachfrage, durch das Entstehen von Konkurrenz im eigenen Land oder im Ausland kann es dazu kommen, daß sich die Wirtschaftsstruktur bestimmter Regionen verbessert oder verschlechtert (Strukturwandel). In der Bundesrepublik Deutschland waren in den letzten 20 Jahren Krisenbranchen, die unter Absatzschwierigkeiten, Pleiten und Arbeitsplatzverlusten zu leiden hatten, neben der Landwirtschaft vor allem der Kohlebergbau, die Stahlindustrie, der Schiffbau, die Textil- und die Lederindustrie. Da diese Branchen ihre Produktionsstätten vor allem in den nördlichen Bundesländern hatten, verschlechterte sich die wirtschaftliche Struktur dieser Bundesländer. Die süddeutschen Bundesländer, in denen zukunftsträchtige Industrien wie Maschinenbau, Chemie, Elektrotechnik und Elektronik stärker vorhanden waren, verbesserten demgegenüber ihre Position.
Durch gezielte staatliche Maßnahmen (Strukturpolitik) kann auf die Wirtschaftsstruktur Einfluß genommen werden. Dazu gehören einmal Subventionen (Zuschüsse) an Krisenbranchen, um gefährdeten Unternehmen das Überleben zu ermöglichen. Wichtiger sind jedoch Investitionen, d. h. die Verwendung von staatlichen Mitteln zur Förderung neuer, krisensicherer Produktionsanlagen z. B. durch den Bau von Verkehrswegen und die Förderung von zukunftsträchtigen Wirtschaftszweigen. Dadurch kann die Wirtschaftsstruktur positiv beeinflußt werden, ein positiver Strukturwandel herbeigeführt werden.

(Autorentext)

❶ Erkläre, wie es zur Erarbeitung eines Gesetzesentwurfes kommt (M 1). Was geschieht, bevor der Gesetzentwurf ins Parlament eingebracht wird? Am Ende von M 1 wird von einer „Regierungsvorlage" ausgegangen, also von einem von der Bundesregierung eingebrachten Gesetzesvorschlag. Ein Gesetzentwurf kann jedoch auch vom Bundesrat oder aus dem Bundestag eingebracht werden. Siehe dazu M 18.

❷ M 2a bis M 2e enthalten verschiedene Materialien zu einem bedeutenden politischen Problem in der Bundesrepublik Deutschland. Ihr könnt diese Materialien auch arbeitsteilig bearbeiten und euch gegenseitig über die Ergebnisse berichten. Die folgenden Fragen sollen euch Hilfen bei der Erschließung der Materialien geben:
— M 2a: Erkläre den Unterschied zwischen „florierenden Regionen" und „Durchschnitts- bzw. Problemregionen". Stelle fest, wie Niedersachsen insgesamt und die Region deines Wohnortes hier eingeschätzt wird.
— M 2b: Erkläre, was man unter der Arbeitslosenquote versteht, und untersuche, wie sich die Länder mit hoher und geringer Arbeitslosigkeit über das Bundesgebiet verteilen. Erkundige dich nach der Quote in deiner Region (Arbeitsamtsbezirk).
— M 2c: Erkläre, was man unter dem „Anstieg der Wirtschaftsleistung" versteht und bestimme die Position Niedersachsens im Vergleich zu den anderen Bundesländern und zum Bundesdurchschnitt.
— M 2d: Erkläre, wie es dazu kommt, daß der Staat Schulden macht, und bestimme die Position Niedersachsens im Vergleich zu den anderen Bundesländern und dem Durchschnitt der Bundesländer.
— M 2e: Erkläre, was man unter Sozialhilfe versteht, wie sich der Aufwand für die Sozialhilfe entwickelt hat und wie er sich auf die einzelnen Bundesländer verteilt.

❸ Erkläre, was man unter Strukturschwächen und Strukturwandel versteht und was die wesentlichen Ursachen von regionalen Strukturschwächen sind (M 3). Beschreibe auf diesem Hintergrund zusammenfassend das in M 2 dargestellte Problem. Kennzeichne insbesondere die Position und die Interessen Niedersachsens.

M 4 **Die Ausgangslage**

Nach Artikel 72 des Grundgesetzes ist es Aufgabe des Bundes, „die Einheitlichkeit der Lebensverhältnisse" in der Bundesrepublik Deutschland zu wahren. Dazu gehört auch, daß sich die wirtschaftlichen Verhältnisse in den einzelnen Bundesländern nicht zu weit auseinanderentwikkeln. Um dieses zu erreichen, gibt es ein „Gesetz über den Finanzausgleich zwischen Bund und Ländern", dessen letzte Fassung im Dezember 1987 beschlossen wurde. Seine Auswirkungen gibt das folgende Schaubild wieder.

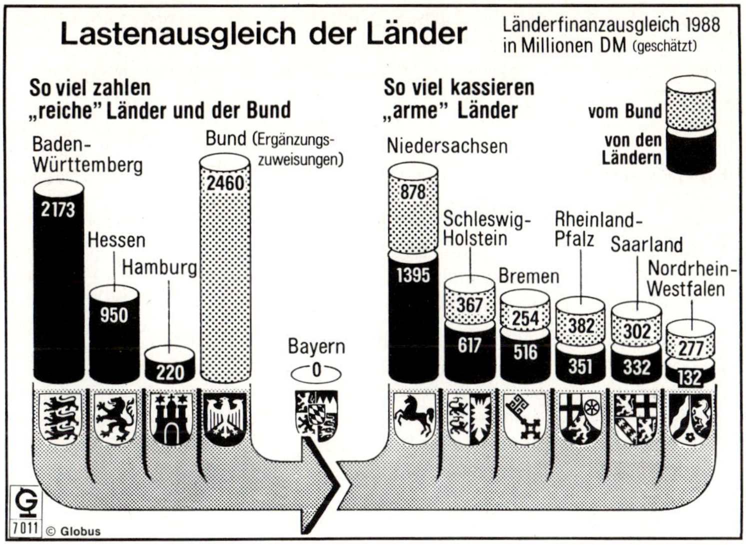

Dieser im Dezember 1987 beschlossene „Lastenausgleich der Länder" stellte aber die norddeutschen Bundesländer noch nicht zufrieden.

Für das Verständnis des folgenden Fallbeispiels aus der Zeit von Februar bis Dezember 1988 ist es wichtig, die damals geltenden Mehrheitsverhältnisse in Bundestag und Bundesrat zu kennen, da alle wichtigen Gesetze sowohl der Mehrheit im Bundestag als auch der Mehrheit im Bundesrat bedürfen (Näheres siehe M 18). Im Bundestag hatte eine Koalition von CDU/CSU (223 Sitze) und F.D.P. (46 Sitze) mit zusammen 269 Sitzen eine Mehrheit. Diese Parteien stellten zusammen die Bundesregierung unter Bundeskanzler Helmut Kohl (CDU). Demgegenüber hatte die Opposition von SPD (186 Sitze) und Grünen (42 Sitze) zusammen 228 Mandate. Die Mehrheitsverhältnisse im Bundesrat zeigt das nebenstehende Schaubild (den Stand von 1992 zeigt M 23, S. 112).

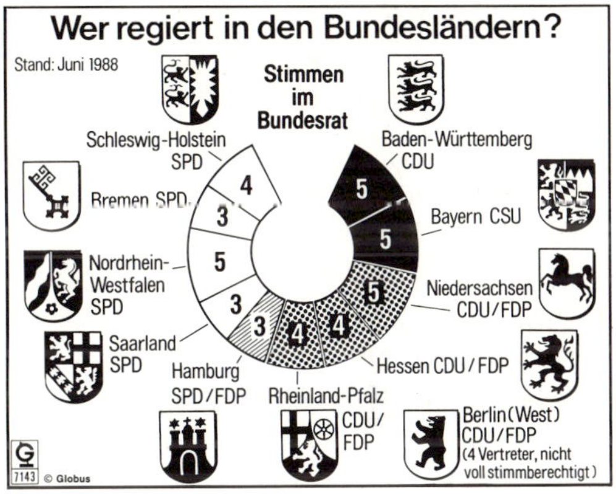

M 5 **Das Land Niedersachsen macht einen Gesetzesvorschlag**

26. 2. 1988

Albrecht-Plan für Sozialhilfe entzweit Union

SPD-Länder tragen Vorschlag zur Neuaufteilung der Kosten zwischen Bund, Ländern und Gemeinden mit

Von unserem Korrespondenten Rolf-Dietrich Schwartz

Bonn, 26. Februar. In Fragen der Verteilung von Sozialhilfekosten auf Bund und Länder ist zwischen Bund und unionsregierten Ländern sowie innerhalb der unionsregierten Länder ein Konflikt offen ausgebrochen. Der niedersächsische Ministerpräsident Ernst Albrecht (CDU) will im Bundesrat noch im Frühjahr ein Gesetz einbringen, nach dem der Bund die Hälfte der Sozialhilfeleistungen bezahlen soll, die derzeit von Ländern und Gemeinden getragen werden. Bei seiner Initiative wird er außer vom CDU-regierten Schleswig-Holstein auch von sämtlichen SPD-regierten Ländern (Nordrhein-Westfalen, Saarland, Hamburg und Bremen) unterstützt. Damit hat Albrecht die Mehrheit des Bundesrates auf seiner Seite.

Erbitterten Widerstand gab es dagegen [...] von Bayern und Baden-Württemberg, aber auch von Hessen und Rheinland-Pfalz.

(Frankfurter Rundschau vom 27. 2. 1988 S. 4)

M 6 Das Gesetzesvorhaben wird diskutiert

M 6a

8. 3. 1988

SPD will Albrecht helfen

Auch im Bundestag Mehrheit für Umschichtung bei Sozialhilfe?

Von unserem Korrespondenten Rolf-Dietrich Schwartz

Bonn, 8. März. Die vom niedersächsischen Ministerpräsidenten Ernst Albrecht (CDU) in die Wege geleitete Bundesratsinitiative, dem Bund vom kommenden Jahr an die Hälfte der Sozialhilfelasten zu übertragen und ihm dafür vier Prozent mehr am Aufkommen der Umsatzsteuer zuzugestehen, wird von der SPD im Bundestag unterstützt. [...]
Die CDU-Landesgruppen von Niedersachsen, Schleswig-Holstein und Nordrhein-Westfalen im Bundestag haben ebenfalls Zustimmung signalisiert, da ihnen die regionale Verbundenheit wichtiger sei als parteipolitische Fraktionsdisziplin, so daß auch im Bundestag eine Mehrheit für den Albrecht-Vorstoß absehbar erscheint.

(Frankfurter Rundschau vom 9. 3. 1988 S. 4)

M 6b

15. 3. 1988

CDU-Finanzminister lehnen Albrecht-Plan ab

Südliche Bundesländer nicht Zahlmeister

hmr. Stuttgart, 15. März. Die Finanzminister von Baden-Württemberg, Bayern und Rheinland-Pfalz haben den Vorschlag des Landes Niedersachsen, die Sozialhilfekosten zur Hälfte auf den Bund zu übertragen, kategorisch abgelehnt. Sollte der Vorschlag Niedersachsens im Bundesrat eingebracht werden, hieß es im Anschluß an Beratungen der Minister in Stuttgart, so sei mit dem kompromißlosen Widerstand der Süd-Länder einschließlich Hessens zu rechnen. [...]
Die süddeutschen Länder sähen sich heute schon in der Rolle des Zahlmeisters der Nation, wird geklagt. Nunmehr sei die Schmerzgrenze endgültig erreicht.

(Frankfurter Allgemeine Zeitung vom 16. 3. 1988 S. 13)

M 6c

25. 4. 1988

CDU folgt Albrechts Plan für Sozialhilfe nicht

Kosten sollen aber umgeschichtet werden

Von unserem Korrespondenten Rolf-Dietrich Schwartz

Bonn, 25. April. Der niedersächsische Ministerpräsident Ernst Albrecht (CDU) hat im Präsidium seiner Partei keine Zustimmung für seinen Gesetzentwurf gefunden, mit dem die Hälfte der auf den Gemeinden lastenden Sozialhilfeausgaben auf den Bund abgewälzt [...] werden soll, [...]
Einvernehmen bestand unter den Führungspolitikern der CDU, daß ein Ausgleich für das finanzielle Ungleichgewicht zwischen dem Norden und dem Süden der Bundesrepublik Deutschland gefunden werden müsse.
Die Mehrheit des CDU-Präsidiums ließ allerdings keinen Zweifel an ihrer Entschlossenheit, einen anderen Weg als den von Albrecht gewiesenen gehen zu wollen.

(Frankfurter Rundschau vom 26. 4. 1988 S. 1 f.)

M 7 Der Gesetzentwurf wird in den Bundesrat eingebracht und dort beschlossen

29. 4. 1988

Schleswig-Holstein, Berlin und die SPD-Länder folgen im Bundesrat den Wünschen Niedersachsens

Albrechts Antrag zur Sozialhilfe/
Bayern und Späth nicht einverstanden [...]

hal. Bonn, 29. April. Der Bundesrat hat der Gesetzesinitiative Niedersachsens zur Neuverteilung der Sozialhilfe zugestimmt und den Antrag an den Bundestag überwiesen. Für den Antrag stimmten die vier sozialdemokratisch geführten Länder sowie Niedersachsen, Schleswig-Holstein und Berlin [...]
Durch die Initiative soll ein hochverschuldetes Bundesland wie Norrhein-Westfalen mit seinen Gemeinden um 1,73 Milliarden Mark entlastet werden; für Niedersachsen soll die Entlastung 716 Millionen Mark ausmachen. Heftige Kritik an der Initiative hat der bayerische Finanzminister Streibl (CSU) geübt. Streibl bezeichnete das Vorhaben Albrechts, das von den CDU-regierten Ländern Schleswig-Holstein und Berlin sowie von den SPD-regierten Ländern unterstützt wird, als falsch. [...]
Der baden-württembergische Ministerpräsident Späth bezeichnete ebenso wie Streibl die Initiative Niedersachsens als falsche Therapie. [...] Außerdem komme der Finanzausgleich vor allem den nördlichen Bundesländern zugute [...]

Der nordrhein-westfälische Ministerpräsident Rau (SPD) unterstützte [...] den niedersächsischen Vorschlag. [...]
Dem pflichtete der Hamburger Oberbürgermeister von Dohnanyi (SPD) bei.

(Frankfurter Allgemeine Zeitung vom 30. 4. 1988 S. 1 f.)

❶ Untersuche die in M 4 beschriebene Ausgangslage. Die folgenden Fragen sollen dir helfen, das Material zu untersuchen:
- Wer ist bei dem „Lastenausgleich der Länder" Geber, wer ist Nehmer?
- Welche Parteien haben im Bundestag die Mehrheit und stellen gemeinsam die Regierung?
- Wie groß bzw. wie knapp ist die Mehrheit der von CDU und CSU regierten Länder im Bundesrat?

❷ Beschreibe den Gesetzesvorschlag Niedersachsens und seine Motive (M 5). Dazu kannst du zusätzlich auf M 2 und M 3 zurückgreifen.

❸ Untersuche, welche Reaktionen der Vorstoß Niedersachsens auslöst (M 6). Welche unterschiedlichen Interessen kommen dabei ins Spiel?

❹ Erkläre, was den Beschluß des Bundesrates zu dem Gesetzesvorschlag Niedersachsens so politisch brisant macht (M 7).

M 8 Reaktionen auf den Beschluß, Bemühungen um eine Verständigung bei den Bonner Regierungsparteien CDU, CSU und F.D.P. und Einigung über ein neues Konzept

M 8a

3. 5. 1988

Dregger mahnt zur Einheit

CDU-Spitze
um Beilegung des Sozialhilfe-Konflikts bemüht

Von unserem Korrespondenten Rolf-Dietrich Schwartz

Bonn, 3. Mai. Die am Freitag im Bundesrat mit Hilfe der SPD-regierten Länder angenommene Gesetzesinitiative des niedersächsischen Ministerpräsidenten Ernst Albrecht (CDU) zur Verlagerung der halben Sozialhilfelast von den Ländern und Gemeinden auf den Bund hat an der CDU-Spitze Bemühungen zur Beilegung des Konfliktes ausgelöst.
Die NRW-Landesgruppe der CDU im Bundestag wie auch der Fraktionsvorsitzende Alfred Dregger schlossen am Dienstag aber „wechselnde Mehrheiten" bei der Abstimmung im Bundestag (das sind Mehrheiten mit Hilfe der Oppositionsfraktionen, d. Red.) ausdrücklich aus. Nach Dreggers Worten sucht nun das CDU-Präsidium nach einer Lösung, der die Unionsländer und die gesamte Fraktion zustimmen können. Das Ziel müsse erreicht werden, bevor die Albrecht-Vorlage im Bundestag beraten werde. „Die Mehrheit der Union und der Bestand der Koalition dürfen deshalb nicht in Frage gestellt werden", mahnte Dregger.

(Frankfurter Rundschau vom 4. 5. 1988 S. 1)

M 8b

16. 5. 1988

CDU kommt nur langsam voran

Im Sozialhilfestreit
muß weiter nach Lösung gesucht werden

Von unserem Korrespondenten Rolf-Dietrich Schwartz

Bonn, 16. Mai. Das Treffen einer Kommission des CDU-Präsidiums zur Lösung des Streits über die Verteilung der Sozialhilfekosten zwischen Bund und Ländern am Sonntagabend ist ergebnislos verlaufen. Die CDU-Spitze will nun in dieser Woche mit den führenden CDU-Politikern in den Ländern und mit dem Koalitionspartner F.D.P. verstärkt nach Kompromissen suchen.

(Frankfurter Rundschau vom 17. 5. 1988 S. 1)

M 8c

27. 6. 1988

Albrecht stellt dem Bund neue Forderung

Plan für Sozialhilfekosten aufgegeben

Von unserem Korrespondenten Rolf-Dietrich Schwartz

Bonn, 27. Juni. Der niedersächsische Ministerpräsident Ernst Albrecht (CDU) hat von seinem mit Hilfe der SPD-Länder vom Bundesrat gebilligten Gesetzentwurf zur Umverteilung der Sozialhilfekosten von den Ländern auf den Bund Abschied genommen und einen neuen Gesetzentwurf „zur Förderung von Investitionen in strukturschwachen Ländern" erstellt.
Über Albrechts neue Forderung, die auf zusätzlich drei Milliarden Mark vom Bund für die nord- und westdeutschen Bundesländer hinausläuft, müssen sich die Spitzen der Regierungsparteien am Freitag dieser Woche verständigen [...]
Die von Albrecht geforderten „Finanzhilfen für besonders bedeutsame Investitionen strukturschwacher Länder und Gemeinden" sollen zunächst für die Dauer von zehn Jahren ab 1989 und mit einer jährlichen Steigerungsrate von 2,5 Prozent aus dem Bundeshaushalt gezahlt werden. In seinem ursprünglichen Vorschlag zur Umverteilung der Hälfte der Sozialhilfekosten von den Ländern auf den Bund war eine Belastung des Bundes von zunächst 4,7 Milliarden Mark vorgesehen.

(Frankfurter Rundschau vom 28. 6. 1988 S. 1)

M 8d

4. 7. 1988

Albrecht steckt zurück

Von unserem Korrespondenten Rolf-Dietrich Schwartz

Bonn, 4. Juli. [...]
Wie am Montag aus den getrennt tagenden Vorstandssitzungen der Fraktionen von CDU/CSU und F.D.P. über die Lösung der Finanzprobleme verlautete, (sind für) [...] die Finanzhilfe zugunsten strukturschwacher Länder (Albrecht-Initiative) nach den Koalitionsplanungen nun 2,4 Milliarden Mark im Bundeshaushalt vorgesehen. Obwohl der niedersächsische CDU-Ministerpräsident zunächst knapp fünf Milliarden Mark und zuletzt drei Milliarden Mark gefordert hatte, zeigte er sich mit dem Ergebnis zufrieden. Die Strukturhilfen sollen nach vier Jahren einer Revision unterzogen werden.

(Frankfurter Rundschau vom 5. 7. 1988 S. 1)

M 9 Der Streit um die Verteilung der Mittel für Strukturhilfen an strukturschwache Länder

M 9a

7. 7. 1988

Union streitet um Albrecht-Milliarden

Bayern meldet höhere Ansprüche an

Von unserem Korrespondenten Rolf-Dietrich Schwartz

Bonn, 7. Juli. Im Streit über die sogenannte Albrecht-Initiative ist noch kein Ende abzusehen. Bei der Verteilung der von den Spitzen der Koalitionsfraktionen bereits beschlossenen Finanzhilfen für strukturschwache Länder in Höhe von knapp 2,5 Milliarden Mark meldete Bayern am Donnerstag offiziell neue Ansprüche an.

(Frankfurter Rundschau vom 8. 7. 1988 S. 1 f.)

M 9b

8. 8. 1988

Keine Einigung über die Verteilung der Strukturhilfen für finanzschwache Länder

Stoltenberg will bald eine Entscheidung / Die Regierungschefs der Union beim Bundesfinanzminister

[...]

Kg. Bonn, 8. August. Die CDU-regierten Länder haben sich mit Bundesfinanzminister Stoltenberg noch nicht über die Verteilung der 2,4 Milliarden Mark einigen können, die die Bundesregierung im Zusammenhang mit der Verabschiedung der Steuerreform jährlich den finanzschwachen Ländern als Strukturhilfe zugesagt hat. Allerdings soll es eine Annäherung der Standpunkte gegeben haben.

(Frankfurter Allgemeine Zeitung vom 9. 8. 1988, S. 1)

M 9c

15. 9. 1988

Land Hessen geht leer aus

Bonner Koalition über Strukturfonds einig / Wiesbaden: Unannehmbar

Von unserem Korrespondenten Rolf-Dietrich Schwartz

Bonn, 15. September. Nach dem von der Bundesregierung noch geheimgehaltenen, aber bereits in einem Bonner Koalitionsgespräch vorgestellten Verteilungsmodell eines Hilfsfonds für strukturschwache Länder gehen Hessen und Baden-Württemberg leer aus. Hessens Finanzminister Manfred Kanther nannte es deshalb unannehmbar [...]
Das von Bundesfinanzminister Gerhard Stoltenberg erarbeitete Modell soll in der nächsten Woche im Kabinett verabschiedet werden. Das Stoltenberg-Modell sieht für alle Bundesländer außer Hessen und Baden-Württemberg einen festen Sockelbetrag von jeweils 1,44 Prozent oder 35 Millionen Mark aus dem Strukturfond vor.
Niedersachsen stehen [...] 24,6 Prozent oder 603 Millionen Mark jährlich zu. Nordrhein-Westfalen kann mit 32,6 Prozent oder 798 Millionen Mark zusätzlich rechnen. Rheinland-Pfalz erhält 10,3 Prozent oder 253 Millionen Mark. Schleswig-Holstein wird mit 9,8 Prozent oder 239 Millionen Mark bedacht. Der Anteil Bayerns beträgt 6,3 Prozent oder 156 Millionen Mark. Hamburgs Anteil beträgt 5,3 Prozent oder 130 Millionen Mark. Das Saarland bekommt 4,4 Prozent oder 108 Millionen Mark. Auf Berlin entfallen 3,6 Prozent oder 87 Millionen Mark. Bremen kann mit 3,1 Prozent oder 75 Millionen Mark kalkulieren.

(Frankfurter Rundschau vom 16. 9. 1988 S. 1)

M 9d

16. 9. 1989

CDU Mauschelei vorgeworfen

Bonn, 16. September (dpa). Als einen „schlichten Skandal“ hat die stellvertretende SPD-Partei- und Fraktionsvorsitzende Herta Däubler-Gmelin die Verteilung der Strukturfondsmittel an die Länder bezeichnet, die dem reichen Bayern noch 140 Millionen Mark bringe. Frau Däubler-Gmelin warf den CDU-Politikern vor, sich ungeniert selbst zu bedienen. „Hier wird in der CDU-Parteizentrale gemauschelt. Das ist ungeheuer schädlich in unserer Demokratie", sagte die SPD-Politikerin. Die Verteilung des Fonds gehöre in den Bundesrat und Bundestag, nicht ins CDU-Präsidium.

(Frankfurter Rundschau vom 17. 9. 1988 S. 4)

M 10 Die Bundesregierung beschließt einen neuen Gesetzentwurf

12. 10. 1988

Bonner Kabinett beschloß umstrittene Strukturhilfe

Bonn, 12. Oktober (dpa/AP). Die Bundesregierung hat am Mittwoch den umstrittenen, von Bundesfinanzminister Gerhard Stoltenberg (CDU) vorgelegten Gesetzentwurf zur Verteilung von jährlich 2,45 Milliarden Mark Investitionshilfen an neun Bundesländer verabschiedet. Mit diesem Betrag will Bonn zehn Jahre lang strukturschwachen Gebieten helfen. Leer ausgehen werden Hessen und Baden-Württemberg. Das Gesetz soll zum 1. Januar 1989 in Kraft treten.

Das Kabinett stimmte dem Entwurf zu, obwohl einige Länder Widerstand leisten, Hessen im Bundesrat nicht zustimmen will und auch die F.D.P. am Vortag Einschränkungen verlangt hatte. Das Abstimmungsverhalten im Bundesrat und Bundestag gilt als noch völlig ungewiß. Stoltenberg sagte, daß Änderungen bei der Verteilung der Mittel zur Überbrückung der noch bestehenden Meinungsunterschiede zwischen den Ländern möglich seien, die 2,45 Milliarden aber nicht überschritten würden.

(Frankfurter Rundschau vom 13. 10. 1988 S. 1)

❶ Beschreibe die Reaktionen auf den Beschluß des Bundesrates und erkläre, warum den Bonner Regierungsparteien CDU, CSU, F.D.P. und den von CDU/CSU regierten Ländern eine Einigung so schwer fällt (M 8a) bis M 8c). Erläutere, wie am Ende doch noch eine Einigung erreicht wird (M 8d und M 8e).

❷ Beschreibe den Streit um die Verteilung der Geldmittel und sein Ergebnis (M 9a bis M 9c und M 10).

❸ Setze dich mit der in M 9d wiedergegebenen Kritik an den Entscheidungsfragen auseinander.

❹ Welche Risiken für den Gesetzentwurf der Bundesregierung sieht der Zeitungsbericht in M 10.

M 11 Der Bundesrat nimmt Stellung

4. 11. 1988

Der Bundesrat stimmt dem Gesetzentwurf über Strukturhilfen zu

Ausgleich der unterschiedlichen Wirtschaftskraft der Länder angestrebt

Kg. Bonn, 4. November. Der Bundesrat hat am Freitag nach einer langen und kontroversen Debatte den wesentlichen Grundsätzen des von der Bundesregierung vorgelegten Gesetzentwurfs über Finanzhilfen des Bundes an die strukturschwachen Länder mit Mehrheit zugestimmt. Anträge der Länder Hessen und Baden-Württemberg, die auf die Ablehnung dieser umstrittenen Gesetzesinitiative zielten, fanden keine Zustimmung.

(Frankfurter Allgemeine Zeitung vom 5. 11. 1988 S. 1 f.)

M 12 Der Bundestag berät und beschließt

7. 12. 1988

Mit den Stimmen von CDU/CSU, F.D.P. und SPD hat der Bundestag am 8. Dezember dem Strukturhilfegesetz-Entwurf der Bundesregierung zugestimmt.

Bundesfinanzminister Dr. Gerhard Stoltenberg wies in der Debatte darauf hin, daß es sich bei dem Gesetz nicht um einen „Neben-Finanzausgleich" handele, wie häufig behauptet werde. Vielmehr seien alle Gelder zweckgebunden. Der Bund werde seine Hilfe auf die Länder konzentrieren, die einen Rückstand im Vergleich zum Bundesdurchschnitt aufwiesen. Nachdrücklich verteidigte der Minister die Haltung des Bundes, keine Sozialhilfekosten der Gemeinden zu übernehmen, wie es der niedersächsische Ministerpräsident Dr. Albrecht zunächst gefordert hatte. Die Strukturprobleme durch Sozialhilfekosten könnten nicht durch eine Verlagerung der Gelder gelöst werden.

Bundesfinanzminister Dr. Gerhard Stoltenberg (60)

(Foto: Strack)

Dr. Peter Struck (45),
Rechtsanwalt, Uelzen
Abgeordneter der SPD

(Foto: Bundesbildstelle)

Uwe Hüser (29),
Student, Koblenz
Abgeordneter der Grünen

(Foto: Strack)

Nach den Worten des SPD-Abgeordneten Dr. Peter Struck ist jedoch der Albrecht-Plan noch nicht vom Tisch. Das Nord-Süd-Gefälle auszugleichen, sei noch lange nicht erreicht. Das nun vorgelegte Gesetz sei zwar „sehr enttäuschend", aber ein bescheidener Anfang. Die SPD stimme dem Entwurf daher zu nach dem Motto „Besser ein Spatz in der Hand als eine Taube auf dem Dach".

Der CDU-Abgeordnete Dietrich Austermann nannte das Gesetz einen wichtigen Beitrag zur Verbesserung der Wirtschafts- und Forschungsstruktur der finanzschwachen Länder. Der Haushaltsausschuß des Bundestages habe zudem sichergestellt, daß es sich dabei tatsächlich um ein Strukturhilfe- und nicht um ein „aufgeblähtes" Konjunkturförderungsprogramm handele. Es liege nun an den Ländern, diese Chance zu nutzen und in einen Struktur-Wettbewerb miteinander einzutreten.

Für die CSU begrüßte es der Haushaltsexperte Dr. Klaus Rose, daß der Gesetzentwurf die Voraussetzung dafür schaffe, die Bundesrepublik noch „zukunftsgerechter" zu entwickeln. Er lobte unter anderem die Maßnahmen zur Verbesserung der Hochschulen, der Dorferneuerung und die durch die Finanzhilfe mögliche bessere Entwicklung im ländlichen Raum. Dies sei schon immer ein „originäres Anliegen der CSU" gewesen.

Während die FDP-Abgeordnete Ursula Seiler-Albring an die Länder appellierte, die Finanzhilfen nicht zum „Stopfen von Haushaltslöchern", sondern für den Aufbau einer regional ausgewogenen Infrastruktur zu nutzen, lehnte Uwe Hüser von den Grünen das Gesetz als „wenig hilfreich" ab. Es nütze den Gemeinden kaum, da sie weiter mit ihren Sozialhilfekosten leben müßten, die wenigstens zum Teil hätten vom Bund übernommen werden müssen. Nur eine Übernahme dieser Kosten hätte den Gemeinden das Geld zur Verfügung gestellt, das sie dringend brauchten.

ddp

(Das Parlament vom 6. 1. 1989 S. 3, die Fotos von Struck und Hüser nach: Das Parlament vom 8. 7. 1988 S. 3 und 7)

M 13

Die Fachausschüsse des Bundestages

Viele Gesetzentwürfe sind heute so spezialisiert, daß nur Fachleute darüber beraten können. Darum richtet der Bundestag Ausschüsse ein, die sich mit besonderen Fragen, Gesetzesvorlagen, Änderungen u. a. beschäftigen. Ihnen gehören Abgeordnete aller im Parlament vertretenen Parteien an. Die Ausschüsse werden entsprechend den Fraktionsstärken* besetzt. Von den

Die ständigen Ausschüsse des 13. Bundestags

Ausschußmitglieder ▼ — Ausschußvorsitz = ▒

CDU/CSU	SPD	B'90/Grüne	FDP	PDS	Ausschuß	Ausschußmitglieder
8	6	1	1	1	Ausschuß für Wahlprüfung, Immunität und Geschäftsordnung	17
15	12	2	2	1	Petitionsausschuß	32
17	14	3	3	2	Auswärtiger Ausschuß	39
17	14	3	3	2	Innenausschuß	39
8	6	1	1	1	Sportausschuß	17
15	12	2	2	1	Rechtsausschuß	32
17	14	3	3	2	Finanzausschuß	39
18	15	3	3	2	Haushaltsausschuß	41
17	14	3	3	2	Wirtschaftsausschuß	39
15	12	2	2	1	Ausschuß für Ernährung, Landwirtschaft und Forsten	32
17	14	3	3	2	Ausschuß für Arbeit und Sozialordnung	39

Ausschußmitglieder	Ausschuß	CDU/CSU	SPD	B'90/Grüne	FDP	PDS
39	Verteidigungsausschuß	17	14	3	3	2
39	Ausschuß für Familie, Senioren, Frauen und Jugend	17	14	3	3	2
32	Ausschuß für Gesundheit	15	12	2	2	1
39	Ausschuß für Verkehr	17	14	3	3	2
39	Ausschuß für Umwelt, Naturschutz und Reaktorsicherheit	17	14	3	3	2
17	Ausschuß für Post und Telekommunikation	8	6	1	1	1
32	Ausschuß für Raumordnung, Bauwesen und Städtebau	15	12	2	2	1
39	Auschuß für Bildung, Wissenschaft, Forschung und Technologie	17	14	3	3	2
32	Ausschuß für wirtschaftliche Zusammenarbeit und Entwicklung	15	12	2	2	1
17	Ausschuß für Fremdenverkehr und Tourismus	8	6	1	1	1
39	Ausschuß für Angelegenheiten der Europäischen Union	17	14	3	3	2

ZAHLENBILDER

64 113

Fraktionen werden Fachleute in die Ausschüsse entsandt. Die Ausschüsse können auch von sich aus Sachverständige, die nicht Mitglieder des Bundestages sind, zur Beratung hinzuziehen.
Die Ausschüsse tagen in der Regel nicht öffentlich, sie können jedoch in Ausnahmefällen die Öffentlichkeit zulassen und öffentliche Anhörungen von Sachverständigen oder Interessenvertretern durchführen. In den Ausschüssen fallen in den meisten Fällen die eigentlichen Entscheidungen, weil die Abgeordneten der einzelnen Fraktionen sich in der Regel der Meinung der aus ihrer Fraktion in die einzelnen Ausschüsse entsandten Fachleute anschließen. Die Ausschüsse erstatten über ihre Arbeit einen Bericht, der allen Bundestagsabgeordneten zugeleitet wird und Gegenstand der weiteren Beratung im Plenum ist. Eine Übersicht über die Ausschüsse des 1987 gewählten 11. Bundestages gibt dir das folgende Schaubild.

(Autorentext)

M 14 Der Bundesrat beschließt

16. 12. 1988

Neun Länder erhalten zehn Jahre lang Strukturhilfen des Bundes

Bundesrat stimmt zu — 2,45 Milliarden DM jährlich —

Die Länder mit Ausnahme von Baden-Württemberg und Hessen erhalten ab 1. Januar 1989 zehn Jahre lang Strukturhilfen in Höhe von jährlich jeweils 2,45 Milliarden DM zur Förderung besonders bedeutsamer Investitionen. Einem entsprechenden Gesetz hat der Bundesrat am 16. Dezember 1988 mit Mehrheit zugestimmt. Baden-Württemberg und Hessen sehen das Vorhaben als finanzpolitisch verfehlt an.

(Alle Bundesländer außer Baden-Württemberg und Hessen, die ablehnten, stimmten dem Gesetzentwurf zu.)

(Das Parlament vom 6. 1. 1989 S. 1)

M 15 Auswirkungen des Gesetzes in Niedersachsen

Niedersächsischer Haushalt für 1989 verabschiedet

jöb. Hannover, 9. Dezember. Mit der Einstimmen-Mehrheit der Koalition ist am Freitagnachmittag zehn Tage vor der Abstimmung über den SPD-Mißtrauensantrag der niedersächsische Landeshaushalt nach dreitägiger Debatte verabschiedet worden. Der Etat 1989 umfaßt etwa 30,5 Milliarden Mark und übertrifft damit den Haushalt des Vorjahres um etwa eine Milliarde ...
In der Schlußaussprache wies Finanzministerin Breuel darauf hin, daß ... die Investitionsquote auf gut 13 Prozent angehoben werden konnte. Das Strukturhilfe-Gesetz mache weitere Investitionen möglich. Von den 652 Millionen Mark, die an Niedersachsen fallen, erhielten die Kommunen direkt und indirekt mehr als vierzig Prozent, sagte Frau Breuel.

(Frankfurter Allgemeine Zeitung vom 10. 12. 1988 S. 4)

❶ Untersuche, welche Positionen die einzelnen Bundesländer in den Beratungen des Bundesrates (M 11) und Regierung, Regierungsparteien und Opposition in den Beratungen des Bundestages (M 12) einnehmen. Stelle fest, in welchen Punkten Einigkeit besteht und wo die Unterschiede bestehen. Untersuche, an welchen Interessen sich dabei die Stellungnahme orientiert.

❷ Stelle an Hand von M 13 fest, was Bundestagsausschüsse sind, welche Aufgaben sie haben und wie sie zusammengesetzt sind. Überlege, welche die zuständigen Ausschüsse für den Gesetzentwurf zum Strukturhilfefond sind.

❸ Stelle fest welche Beschlüsse abschließend in Bundestag und Bundesrat fallen (M 12 und M 14).

❹ Beschreibe an Hand von M 15 die Auswirkungen des Gesetzes für Niedersachsen.

❺ Für einen zusammenfassenden Überblick über das Fallbeispiel kann es hilfreich sein, ein Ablaufschema zu erstellen, bei dem Daten und Ereignisse in einer Tabelle kurz zusammengefaßt werden.

❻ Charakterisiere zusammenfassend die Rolle der Bundesländer, der Bundesregierung, der Regierungsparteien und der Opposition in dem Gesetzgebungsverfahren. Stelle fest, zu welchem Zeitpunkt und zwischen wem die eigentlichen Entscheidungen gefallen sind.

M 16 Das Bundesverfassungsgericht

Bundesverfassungsgericht (BVG):
Das B., das höchste Gericht in der Bundesrepublik Deutschland, ist ein mit den Garantien richterlicher Unabhängigkeit ausgestatteter echter Gerichtshof und zugleich ein oberstes Verfassungsorgan (wie der Bundestag oder der Bundesrat). Seine außerordentlich weitreichenden Befugnisse erklären sich aus den Erfahrungen mit dem nationalsozialistischen Unrechtsstaat, die zur Schaffung eines lückenlosen verfassungsgerichtlichen Rechtsschutzsystems auch gegenüber dem Gesetzgeber geführt haben, dessen Gesetzesbeschlüsse nicht mehr ohne Rücksicht auf ihre inhaltliche Übereinstimmung mit der Gerechtigkeit verbindlich sein sollen. Das B. entscheidet letztverbindlich alle Streitigkeiten zwischen den obersten Staatsorganen (z. B. Bundestag und Bundesrat) sowie zwischen Bund und Ländern über deren verfassungsmäßige Kompetenzen; es schützt den Bürger gegen alle Eingriffe der öffentlichen Gewalt in seine Grundrechte

(Verfassungsbeschwerde) und kontrolliert die Übereinstimmung der Bundes- und Landesgesetze mit dem Grundgesetz (Normenkontrollverfahren). Ferner sind dem B. eine Reihe weiterer Aufgaben übertragen, die der Bewahrung und dem Schutz der demokratischen Ordnung dienen, z. B. das Parteiverbot und das Wahlprüfungsverfahren. Die Entscheidungen des Gerichts, die regelmäßig über den Einzelfall hinaus erhebliche Bedeutung erlangen, binden die übrigen Verfassungsorgane des Bundes und der Länder sowie alle Behörden und Gerichte. Erklärt das B. ein Gesetz für nichtig, so hat dieser Spruch selbst Gesetzeskraft.

(Schülerduden „Politik und Gesellschaft“, hg. von der Fachredaktion des Bibliographischen Institutes, 2. Auflage, Mannheim, Bibliographisches Institut, 1985, S. 73f.)

M 17 Anrufung des Bundesverfassungsgerichtes

16. 12. 1988

Auch Späth klagt gegen Bonn

Widerstand gegen Zustimmung des Bundesrats zur Länderhilfe

Bonn, 16. Dezember (AP). Das Bundesverfassungsgericht wird sich demnächst mit dem Strukturhilfe-Gesetz des Bundes beschäftigen müssen, das der Bundesrat mehrheitlich billigte. Baden-Württembergs Ministerpräsident Lothar Späth (CDU), dessen Land neben Hessen keine Hilfen des Bundes erhalten wird, kündigte in der Debatte die Klage beider Länder in Karlsruhe an.
(Die beiden Bundesländer begründeten ihre Klage damit, daß neben dem bestehenden Finanzausgleichsgesetz nach § 104a Grundgesetz (siehe M 4) ein zweites Ausgleichsgesetz unzulässig sei. Diese verfassungsrechtliche Argumentation und die Gegenargumentation der Bundesregierung können hier nicht dargestellt werden.)

(Frankfurter Rundschau vom 17. 12. 1988 S. 1)

❶ Erkläre die Aufgaben des Bundesverfassungsgerichtes und seine Bedeutung in der Verfassungsordnung der Bundesrepublik Deutschland (M 16).

❷ Erkläre, warum die Bundesländer Hessen und Baden-Württemberg gegen das beschlossene Gesetz beim Bundesverfassungsgericht klagen (M 17).

❸ Die Rolle des Bundesverfassungsgerichtes wird häufig so beschrieben, daß es in dem Spannungsverhältnis von Recht und Politik stehe. Erkläre diese Aussage am Beispiel der Anrufung des Bundesverfassungsgerichtes in dem beschriebenen Gesetzgebungsverfahren.

M 18 Der Weg eines Gesetzes

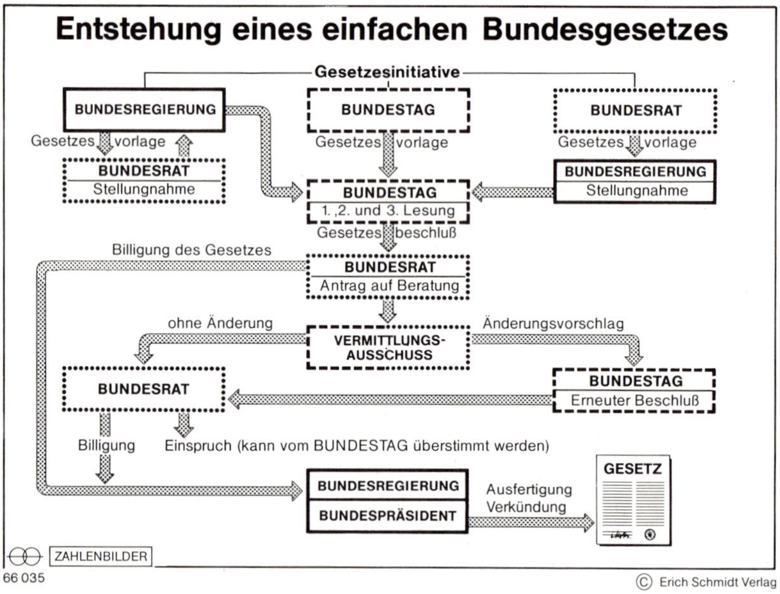

Das Schema beschreibt die Entstehung eines sogenannten „einfachen Bundesgesetzes“. So werden Gesetze genannt, die nach dem Grundgesetz nicht unbedingt der Zustimmung des Bundesrates bedürfen. Bei solchen Gesetzen kann der Bundesrat nur Einspruch erheben. Dieser Einspruch kann jedoch vom Bundestag überstimmt werden, woraufhin das Gesetz in Kraft treten kann.

Anders ist es bei zustimmungsbedürftigen Gesetzen. Bei diesen Gesetzen kann ein Beschluß des Bundestages nur Gesetz werden, wenn der Bundesrat ihm ausdrücklich zugestimmt hat. Der Bundesrat kann, wenn seine Änderungswünsche im Vermittlungsverfahren nicht berücksichtigt werden, das Gesetz durch seinen Einspruch endgültig zu Fall bringen. Zustimmungsbedürftige Gesetze sind alle Gesetze, bei denen die Einnahmen und Ausgaben der Länder berührt werden oder die von den Ländern und ihren Verwaltungen mit durchgeführt werden müssen. Da das in der Regel der Fall ist, sind fast alle wichtigen Gesetze von der Zustimmung des Bundesrates abhängig. (Autorentext)

M 19 **Der Vermittlungsausschuß**

Der Vermittlungsausschuß besteht aus 11 Mitgliedern des Bundesrates (je ein Mitglied aus jedem Land) und 11 Vertretern des Bundestages (Mitglieder von Regierungsparteien und Opposition entsprechend ihrer Stärke im Bundestag). Der Vermittlungsausschuß tritt in Aktion, wenn es zu Meinungsverschiedenheiten über Gesetzesvorlagen zwischen Bundestag und Bundesrat kommt. Wenn der Bundesrat Einwände gegen einen Gesetzesbeschluß des Bundestages hat und eine Abänderung erreichen will, ruft er den Vermittlungsausschuß an. Der Vermittlungsausschuß kann den Gesetzesbeschluß des Bundestages billigen oder verändern, er wird dann dem Bundesrat und gegebenenfalls dem Bundestag zur erneuten Beschlußfassung zugeleitet. Der Vermittlungsausschuß hat insbesondere dann eine große Bedeutung, wenn in Bundestag und Bundesrat andere Parteien die Mehrheit haben, wie es von 1969 bis 1982 der Fall war. Der Vermittlungsausschuß tagt grundsätzlich nicht öffentlich. (Autorentext)

❶ Das Schema in M 18 stellt zusammenfassend den Werdegang eines Bundesgesetzes dar. Stellt fest, wo sich die in dem Schema genannten Stationen in den vorhergehenden Materialien wiederfinden und welche Vorgänge in dem Schema nicht erfaßt werden.

❷ Erkläre den Unterschied zwischen einem einfachen und einem zustimmungsbedürftigen Gesetz (M 18). Welche Bedeutung hat der Bundesrat aufgrund der Tatsache, daß die Mehrzahl der wichtigen Gesetze zustimmungsbedürftige Gesetze sind? Allgemeines zur Bedeutung einer bundesstaatlichen Ordnung findest du in M 9 in Kapitel V.

❸ Beschreibe Aufgaben und Bedeutung des Vermittlungsausschusses (M 19).

Die Arbeit der Abgeordneten im Bundestag

M 20 **Zwei Berichte aus dem Bundestag und drei Karikaturen**

M 20a **„... ein Bild gähnender Leere."**

„Das Plenum bot [...], als der Bundestagspräsident die Sitzung eröffnete, ein Bild gähnender Leere. [...] Ein Blick über die Abgeordnetensitze weckte den Eindruck, daß es mit dem parlamentarischen Interesse nicht weit her sein könnte."
(Frankfurter Allgemeine Zeitung, 18. 11. 1978, S. 4; Foto: dpa/Popp)

M 20b „Hitziges Wortgefecht“ — aus einer Bundestagssitzung (November 1988)

Zu einer heftigen Auseinandersetzung kommt es zwischen Bundeskanzler Dr. Helmut Kohl und dem Vorsitzenden der SPD-Fraktion Dr. Hans-Jochen Vogel. Kohlt wirft dem Oppositionsführer vor, er betreibe mit einer Plakataktion gegen die Gesundheitsreform „Volksverhetzung“. Hier folgen Auszüge des hitzigen Wortgefechts:

Bundeskanzler Helmut Kohl (CDU)

Dr. Kohl, Bundeskanzler:
Nun, Herr Abgeordneter Vogel,
(Dr. Vogel [SPD]: Herr Abgeordneter Kohl!)
ziehen Sie durch Land und machen Volksverhetzung in Sachen Gesundheitsreform.
(Lebhafter Beifall bei der CDU/CSU — Zurufe von der SPD: Unerhört!)
— Doch, doch, das machen Sie.
(Weitere anhaltende Rufe von der SPD — Glocke des Präsidenten)
Herr Abgeordneter Vogel, wenn Sie die Flugblätter lesen, die Ihre Partei draußen gegen Blüm, gegen mich und andere verteilt, dann müssen Sie erkennen, daß das unerträglich ist, und das muß hier einmal zur Sprache gebracht werden.
(Lebhafter Beifall bei der CDU/CSU und der F.D.P.)
[...]
Ich habe diesen Begriff wirklich aus der Empörung über das gebraucht, was ich jeden Tag draußen an Flugblättern lesen muß. Wenn es Ihnen um den Begriff geht, bin ich gerne bereit, diesen Begriff zu streichen, Herr Angeordneter Vogel; damit habe ich kein Problem. Aber ich erhalte den Vorwurf aufrecht, daß Sie Tag für Tag überall in der Bundesrepublik Deutschland eine Propaganda machen, die von A bis Z unwahr und unrichtig ist, die nicht der Wahrheit entspricht.
Ich habe, als ich Ihre Empörung bemerkt habe, sofort eine Richtigstellung vorgenommen. Ich möchte mir wünschen, daß Sie sich bei Ihren Bemerkungen einmal ebenso verhielten. Das gilt es noch einmal zu sagen.
(Beifall bei Abgeordneten der CDU/CSU und der F.D.P. — Unruhe bei der SPD — Zuruf von der SPD: So etwas darf einem Bundeskanzler nicht passieren! — Frau Dr. Däubler-Gmelin [SPD]: Das darf ein Bundeskanzler nicht machen!)
— Meine Damen und Herren, ich weiß, Sie sind sehr stark im Austeilen. Aber Sie sind sehr schwach im Hinnehmen, wenn andere Ihnen einmal mit der gleichen Münze zurückzahlen.
(Beifall bei Abgeordneten der CDU/CSU — Zurufe von der SPD) [...]

Hans-Jochen Vogel, Vorsitzender der SPD-Fraktion im Bundestag

Dr. Vogel (SPD): Herr Präsident! Meine sehr verehrten Damen und Herren! Die Szene, die wir soeben erlebt haben und die durch die Unbesonnenheit des Bundeskanzlers herbeigeführt worden ist, war bedrückend.
(Zuruf von der CDU/CSU: Hetzer! — Dr. Waigel [CDU/CSU]: Ach Gott, ach Gott! — Weiterer Zuruf von der CDU/CSU: Staatsschauspieler!)
Es ist ohne Beispiel, daß der Bundeskanzler der Bundesrepublik Deutschland dem Vorsitzenden der stärksten Oppositionsfraktion und seiner gesamten Fraktion Volksverhetzung vorwirft.
(Zurufe von der CDU/CSU)
Das ist ein Wort, meine sehr verehrten Damen und Herren, das an die Zeit vor 1933 erinnert. Ich nehme zur Kenntnis, daß Sie nach wiederholter Aufforderung, Herr Bundeskanzler, den Ausdruck „Volksverhetzung“ zurückgenommen haben. Ich nehme ebenso zur Kenntnis, daß die Unionsfraktion den Ausdruck „Volksverhetzung“ mit stürmischem Beifall begleitet hat.
(Zuruf von der CDU/CSU: Sie hetzen ja schon wieder!)
Ich warte darauf, daß sich auch der Vorsitzende dieser Fraktion zur Korrektur und zur Zurücknahme entschließt. Herr Bundeskanzler, ich habe heute morgen festgestellt, daß Sie zum Dialog nicht fähig sind.
(Dr. Waigel [CDU/CSU]: Kehren Sie vor Ihrer Tür!)
Ihr Ausbruch hat diese Feststellung unterstrichen.

(Das Parlament Nr. 49 vom 2. 12. 1988 S. 4, die Fotos nach: P wie Politik, Gemeinschaftskunde/Wirtschaftslehre in Baden-Württemberg, Hauptschule 9, Paderborn, Schöningh, 1989, S. 24)

M 20 c

„Wetten, keiner merkt ..."

(Zeichnung: Horst Haitzinger, tz. München)

(Lothar Böhnert u. a., Gemeinschaftskunde Baden-Württemberg, 10. Schuljahr, Paderborn, Schöningh, 1985, S. 158)

M 20 d

„Mir wird von alledem so dumm, als ging mir ein Mühlrad im Kopf herum ..." (Faust 1,4) Karikatur: Gerboth

M 20 e

Karikatur: Haitzinger

M 21 Ein Bundestagspräsident faßt Kritik aus der Bevölkerung am Bundestag zusammen

Kein Thema hat mich und uns alle, was die Arbeitsweise des Bundestages anlangt, so stark beschäftigt wie die Gestaltung unserer Plenarsitzungen. Aus der Bevölkerung wird mancherlei Kritik an uns geübt, möchte ich sagen, durchweg Kritik, die aus einer positiven Grundeinstellung zum Deutschen Bundestag herrührt. Unsere Bürger identifizieren sich sehr wohl mit dem Deutschen Bundestag als ihrer Volksvertretung, aber sie üben Kritik an mancherlei Erscheinungsformen, die wir bieten. Sie meinen — und ich glaube, darin haben sie sogar recht —, daß viele unserer Sitzungen, auch unserer wichtigen Sitzungen, zu schwach von Kolleginnen und Kollegen des Hauses besucht sind. Sie meinen, daß die Reden, die hier gehalten werden, zu lang seien. Sie meinen, daß zu viele Reden abgelesen werden. Daß manche Reden zu schwer verständlich seien, sagen auch manche Bürger, und schließlich [...] stört es manche Bürger, daß die Reden hier oft oder gelegentlich sehr scharf werden.

(Abschiedsrede des damaligen Bundestagspräsidenten Carl Carstens nach seiner Wahl zum Bundespräsidenten am 31. 5. 1979 im Bundestag, in: Das Parlament Nr. 23, 9. 6. 1979, S. 11)

❶ Beschreibe, wie die beiden Berichte (M 20 a und M 20 b) aus dem Bundestag auf dich wirken. Fasse den Eindruck von der Arbeit des Bundestages zusammen, den man aus den beiden Berichten bekommen kann.

❷ Beschreibe die Karikaturen und erkläre die Absicht der Zeichner (M 20 c, M 20 d, M 20 e).

❸ Stelle die Kritikpunkte an der Arbeit des Bundestages zusammen, die M 21 nennt. Hast du ähnliche oder andere Kritik am Bundestag selbst schon gehört?

M 22 Plan einer Sitzungswoche des Bundestages

DEUTSCHER BUNDESTAG
— Tagungsbüro —
ZT 5/14 — 1421 —

Bonn, den 27. November 1967
Hausruf: 2551

Wochenplan

für Plenar-, Ausschuß-, Fraktions- und Arbeitskreissitzungen
in der Woche vom 30. November bis 4. Dezember 1987

Montag, 30. November 1987	**Uhr:**	**Sitzungssaal**
Die GRÜNEN-Fraktionsvorstandssitzung	14.00	HT 10
F.D.P.-Fraktionsvorstandssitzung	16.00	A 205
CDU'CSU-Fraktionsvorstandssitzung	16.30	F 213
SPD-Fraktionsvorstandssitzung	17.00	F 11
Dienstag, 1. Dezember 1987		
Arbeitsgruppe 15 der CDU/CSU (Wirtschaftliche Zusammenarbeit)	8.00	NH 2102
Arbeitsgruppe „Verteidigung" der F.D.P.	8.00	A 209
Arbeitsgruppe 14 der CDU/CSU (Deutschlandüolitik und Berlinfragen)	8.30	NH 2701
Arbeitsgruppe „Sicherheitsfragen" der SPD	8.30	NH 2302
Arbeitsgruppe „Agrarpolitik und ländlicher Raum" der F.D.P.	8.30	A 215
Arbeitsgruppe 1 der CDU/CSU (Recht)	8.45	NH 2101
Arbeitsgruppe VIII/IX DIE GRÜNEN	9.00	HT 1203
Arbeitsgruppe „Umwelt" der SPD	9.00	+
Arbeitsgruppe 5 der CDU/CSU (Verkehr)	9.00	NH 2122
Arbeitsgruppe 9 der CDU/CSU (Haushalt)	9.00	NH 2501
Arbeitsgruppe 18 der CDU/CSU (Umwelt, Naturschutz und Reaktorsicherheit)	9.00	PT 18
Arbeitsgruppe „Innerdeutsche Beziehungen" der SPD	9.00	NH 2722
Arbeitsgruppe 12 der CDU/CSU (Außenpolitik)	9.00	NH 2704
Arbeitsgruppe „Außenpolitik" der SPD	9.00	NH 2703
Arbeitskreis I der F.D.P.	9.00	A 215
Arbeitsgruppe „Wirtschaftliche Zusammenarbeit" der SPD	9.00	++
Arbeitskreis II DIE GRÜNEN	9.00	HT 315
Arbeitsgruppe 13 der CDU/CSU (Verteidigung)	9.15	NH 2704
Arbeitsgruppe „Wirtschaft" der SPD	9.30	NH 2503
Arbeitsgruppe „Inneres" der SPD	9.30	NH 2304
Arbeitsgruppe „Ernährung, Landwirtschaft und Forsten" der SPD	9.30	NH 2303
Arbeirskreis I DIE GRÜNEN	9.30	HT 614
Arbeitsgruppe „Jugend, Familie und Gesundheit" der SPD	9.30	NH 2522
Arbeitsgruppe 3 der CDU/CSU (Wirtschaft)	9.30	F 214
Arbeitsgruppe 11 der CDU/CSU (Jugend, Familie, Frauen und Gesundheit)	9.30	F 113
Arbeitsgruppe 10 der CDU/CSU (Arbeit und Soziales)	9.30	NH 2103
Arbeitsgruppe „Forschung und Technologie" der SPD	9.30	NH-Turm 1
Arbeitsgruppe „Arbeit und Sozialordnung" der SPD	9.30	NH 1901
Arbeitsgruppe 2 der CDU/CSU (Inneres und Sport)	9.30	NH 2104
Arbeitsgruppe 8 der CDU/CSU (Finanzen)	10.00	F 213
Arbeitskreis VII der SPD	10.00	+++
Arbeitskreis V DIE GRÜNEN	10.00	HT 808
Arbeitsgruppe „Haushalt" der SPD	10.00	NH 2504
Arbeitsgruppe „Finanzen und Steuern" der F.D.P.	10.00	A 216
Arbeitsgruppe „Raumordnung, Bauwesen und Städtebau" der SPD	10.15	NH 2301
Arbeitsgruppe „Steuern" der SPD	10.15	NH 1902
Arbeitsgruppe 16 der CDU/CSU (Forschung und Technologie)	10.30	NH 2102
Arbeirskreis I der SPD	10.30	NH 2703
Arbeitskreis 17 der CDU/CSU (Bildung und Wissenschaft)	11.00	NH 2303
Arbeitsgruppe 11 der CDU/CSU (Jugend, Familie, Frauen und Gesundheit)	11.00	NH 2303
Arbeitskreis II DIE GRÜNEN	11.00	HT 315
Arbeitskreis i der CDU/CSU (Raumordnung, Bazwesen und Städtebau)	11.00	NH 2302
Arbeitsgruppe 6 der CDU/CSU (Post- und Fernmeidewesen)	11.00	F 215
Arbeitskreis II der F.D.P.	11.00	A 216
Arbeitskreis IV der F.D.P.	11.00	A 117
Arbeitskreis III der SPD	11.30	NH 2503
Arbeitskreis VI der SPD	11.30	NH 2301
Arbeitskreis IV der SPD	11.30	NH 1901
Arbeitskreis II der SPD	11.30	NH 2304
Gruppe der Vertriebenen- und Flüchtlingsabgeordneten der CDU/CSU	11.45	NH 2702
Arbeitskreis V der F.D.P.	12.00	N 217

Ausschußgruppe Petitionen der CDU/CSU		12.15	NH 2101
Arbeitsgruppe „Petitionen" der SPD		13.00	x
Arbeitskreis V der SPD		13.00	NH 1902
DIE GRÜNEN-Fraktionssitzung		14.00	HT 12
CDU/CSU-Fraktionssitzung		15.00	CDU/CSU-Saal
SPD-Fraktionssitzung		15.00	SPD-Saal
F.D.P.-Fraktionssitzung		15.00	F.D.P.-Saal
Arbeitskreis VIII der SPD		xx	x
Mittwoch, 2. Dezember 1987			
U. A. Außenwirtschaft und Handelspolitik	(9)	8.00	NH 2503
Petitionsausschuß	(2)	8.00	NH 2102
U. A. für Zonenrandförderung	(17)	8.00	NH 2703
U. A. „Schwerpunkte für Ressortforschung im Geschäftsbereich des Bundesministers für Raumordnung, Bauwesen und Städtebau	(16)	9.00	NH 2301
Verteidigungsausschuß	(12)	9.00	NH 2701
Ausschuß für Ernährung, Landwirtschaft und Forsten	(10)	9.00	NH 2504
Innenausschuß	(4)	9.15	NH 2304
Finanzausschuß	(7)	9.15	NH 2302
Ausschuß für Jugend, Familie, Frauen und Gesundheit	(13)	9.15	NH 2101
Ausschuß für Wirtschaft	(9)	9.30	NH 2503
Auswärtiger Ausschuß	(3)	9.30	NH 2704
Ausschuß für Verkehr	(14)	9.30	NH 2303
Ausschuß für Arbeit und Sozialordnung	(11)	9.30	NH 1901
Ausschuß für Umwelt, Naturschutz und Reaktorsicherheit	(21)	9.30	NH 2102
Ausschuß für Bildung und Wissenschaft	(19)	10.00	NH 2103
Ausschuß für innerdeutsche Beziehungen	(17)	10.00	NH 2703
Kommission des Ältestenrates für den Einsatz neuer Informations- und Kommunikationstechniken und -medien		10.00	NH 2522
Rechtsausschuß	(6)	10.00	NH 2104
Ausschuß für wirtschaftliche Zusammenarbeit	(20)	10.40	xxx
Ausschuß für Raumordnung, Bauwesen und Städtebau	(16)	11.00	NH 2301
45. Plenarsitzung — Fragestunde (90 Minuten) —		13.00	Plenarsaal
Ausschuß für wirtschaftliche Zusammenarbeit	(20)	13.30	*
1. Untersuchungsausschuß — öffentlich		14.00	NH 1903
1. Untersuchungsausschuß — nicht öffentlich —		**	NH 2703
Ausschuß für Forschung und Technologie	(18)	15.00	NH 2103
U. A. für Fragen der EG	(3)	16.00	NH 2702
Arbeitsgruppe „Menschenrechte" der SPD		16.00	NH 2122
U. A. für Menschenrechte und humanitäre Hilfe	(3)	17.00	NH 2303
U. A. für Abrüstung und Rüstungskontrolle	(3)	18.00	NH 2704
Donnerstag, 3. Dezember 1987			
Christliche Morgenfeier		8.30	NH 2103
U. A. „Rahmenpläne der gemeinschaftsaufgabe Verbesserung der regionalen Wirtschaftsstruktur	(9)	8.00	NH 2503
46. Plenarsitzung ***		9.00	Plenarsaal
1. Untersuchungsausschuß — öffentlich —		9.00	NH 1903
Haushaltsausschuß	(8)	9.30	****
Ältestenrat		13.00	PT 18
Petitionsausschuß	(2)	15.00	NH 1903
Freitag, 4. Dezember 1987			
Christliche Morgenfeier		7.30	NH 2103
47. Plenarsitzung		8.00	Plenarsaal

+ KR 3 Restaurant am Tulpenfeld
++ KR 4 Restaurant am Tulpenfeld
+++ Landesvertretung Hessen
x Deutsche Parlamentarische Gesellschaft
xx $1\frac{1}{4}$ Stunde nach Beendigung der Fraktionssitzung
xxx Frankfurt
* Eschborn
** im Anschluß an die öffentliche Sitzung des 1. Untersuchungsausschusses
*** — Fragestunde 13.00 Uhr (90 Minuten) —
**** Berlin

M 23

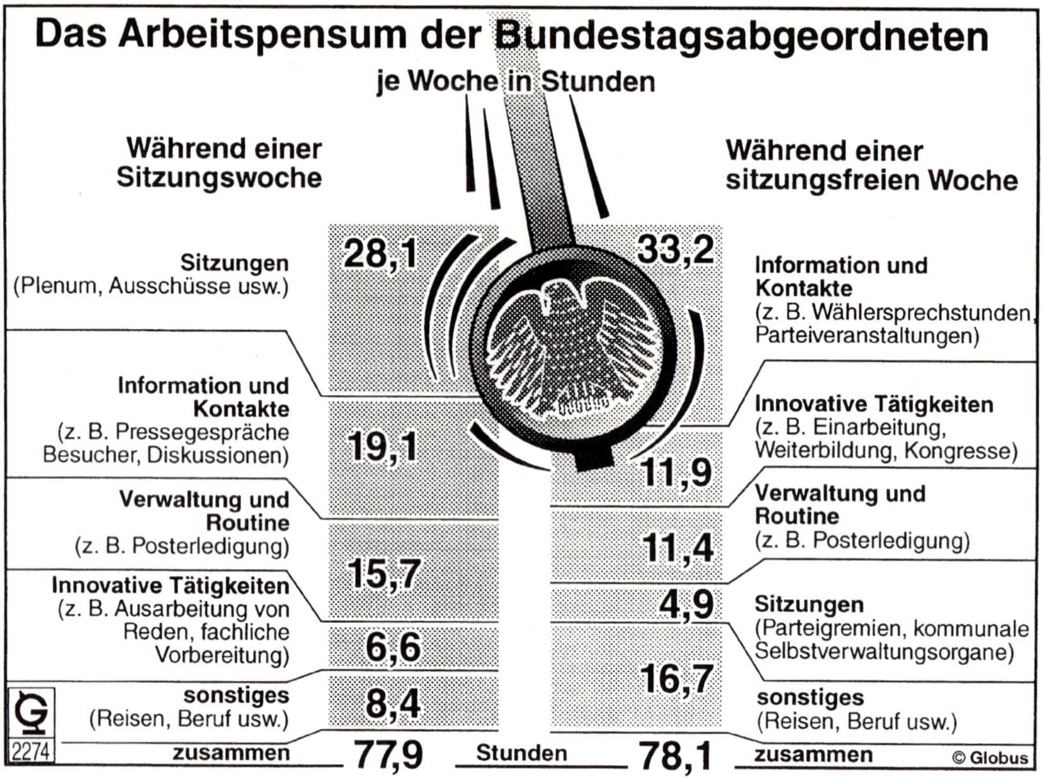

Mit fast 80 Stunden ist die Arbeitswoche eines deutschen Parlamentariers mehr als doppelt so lang wie die eines „Durchschnitts"-Arbeitnehmers. Einen großen Teil der Zeit – während der Sitzungswochen – beanspruchen Plenar- und Ausschußsitzungen, nämlich gut 28 Stunden, gefolgt von über 19 Stunden Informations- und Kontakttätigkeiten und beinahe 16 Stunden Verwaltungs- und Routinearbeiten.

M 24

Eine stellvertretende Bundestagspräsidentin über die Kritik am Bundestag

(Liselotte Funcke, damals stellvertretende Präsidentin des Bundestags erklärt die Nichtanwesenheit vieler Bundestagsabgeordneter bei Bundestagssitzungen:)

— Kein Mensch kann stundenlang zuhören. Wer dies verlangt, sollte einmal bei sich selbst ausprobieren, wieviel und wie lange er Reden aufzunehmen in der Lage ist. Abgeordnete sind auch nur Menschen. Sollte man sie zwingen, stundenlang anwesend zu sei, wäre das eine Zeitvergeudung letztlich ohne Sinn.

— Politik ist heute Team-Work. Es kann nicht ein Abgeordneter in allen politischen Gebieten zu Hause sein. Jeder hat Schwerpunktgebiete, in die er sich verstärkt einarbeiten muß, dafür kann er andere in den Einzelheiten seinen Kollegen überlassen. Ein stundenlanges Anhören von Reden in fremden politischen Bereichen nimmt Zeit und Konzentration für das eigene Schwerpunktgebiet fort.

— Die Meinungsbildung der Abgeordneten vollzieht sich nicht im Plenum des Bundestages, sondern in Ausschüssen, Fraktionssitzungen, Parteitagen, Kommissionen. Die Plenarsitzung dient der Unterrichtung der Öffentlichkeit. In einer freien Demokratie soll die Bevölkerung am

Entstehen eines Gesetzes oder an der Kontrolle der Regierung durch das Parlament teilhaben können. Sie soll erfahren, warum ein Gesetzentwurf vorgelegt wird, was er enthält, wie Koalition und Opposition darüber denken und welche Alternativen es gibt. Für diese Information der Öffentlichkeit bedarf es keines vollen Plenarsaals, sondern informativer Reden, aufmerksamer Berichterstatter bei den Medien und ausreichend großer Besuchertribünen.

— Die Arbeitswoche eines Abgeordneten in Bonn ist randvoll gefüllt mit Fraktions-, Ausschuß- und Kommissionssitzungen, Besprechungsterminen, Betreuung von Besuchern aus dem Wahlkreis, Vorbereitungen im eigenen Fachgebiet, Briefwechsel, Informationsgesprächen, Fachlektüre, Zeitungsauswertung. Es müßten wichtige Arbeiten unerledigt bleiben, wenn $1^1/_2$ Tage in der Woche allein der Anwesenheit im Plenum vorbehalten bleiben müßten. Der Öffentlichkeit kann aber schwerlich an unzureichender Sachvorbereitung, unerledigter Korrespondenz, mangelndem Kontakt mit der Bevölkerung und versäumten Fachgesprächen des Abgeordneten gelegen sein.

— Aus diesen Gründen ist in allen traditionellen freien Parlamenten der Welt die Anwesenheit im Plenum begrenzt. Nur dort, wo die Abgeordneten nicht viel zu sagen haben, weil die Politik anderswo gemacht wird, gibt es volle Häuser. Möchte das nicht zu denken geben?

(Liselotte Funcke als Vizepräsidentin des Deutschen Bundestages in: Deutsche Zeitung Nr. 8 vom 16. Februar 1979)

M 25 Zwei Bundestagsabgeordnete über die Plenarsitzungen

M 25 a Der Bundestagsabgeordnete Irmer (F.D.P.) 1987

Meine Damen und Herren, ein wesentlicher Punkt fällt bei den Plenardebatten auf: Eigentlich müßte es doch das Ziel der Debatte sein, daß man andere, die einem zuhören, überzeugen kann. Deshalb müßte es an sich normal sein, daß am Ende der Debatte Meinungsumschwünge stehen, daß sich der eine oder andere etwas anders überlegt, weil er eben dem Kollegen zugehört hat. Das findet ja nun hier aus den bekannten Gründen nicht statt. Deshalb sollten wir doch vielleicht sagen, was wir hier sind: Wir sind eine PR-Veranstaltung*. Es ist in der Demokratie wichtig, daß die Öffentlichkeit auch das Parlament kontrollieren kann, und das tut sie ja über das Fernsehen und die anderen Medien. Machen wir uns nichts vor: Wir sind hier im wesentlichen eine PR-Veranstaltung.

Das wird überdeutlich, wenn man sieht, wie z. B. vor Wahlkämpfen oder vor Wahltagen die Debatten geführt werden. ... Wir sollten vielleicht eine Änderung der Geschäftsordnung dahingehend vorsehen, daß man sich auch ausdrücklich zum Wahlkampf melden kann. Das wäre zumindest ehrlich, denn so haben wir es hier erlebt.

(Heiterkeit und Beifall bei allen Fraktionen)

(Das Parlament Nr. 40/41 vom 3./10. 10. 1987 S. 4)

M 25 b Der Bundestagsabgeordnete Apel (SPD) 1972

Solche Plenarsitzungen sind, wie es Fachleute nennen, „permanenter (ständiger) Wahlkampf". Im Deutschen Bundestag wird den Bürgern gezeigt, wie sich die politischen Kräfte zu den vielfältigen Problemen unseres Landes stellen und wie sie sie lösen wollen. Hier sind alle politischen Parteien gemeinsam in einem Saal vertreten. Sie sind der gegenseitigen Kritik ausgesetzt. Sie können keine unbewiesenen Behauptungen aufstellen, denn der Widerpart reagiert prompt. Die Redner müssen klar und überzeugend reden, sie müssen Persönlichkeit zeigen, ohne die Bürger zu schrecken. Denn es geht nicht nur darum, gut im Plenarsaal zu argumentieren. Es geht vor allem auch darum, entweder direkt über Rundfunk oder Fernsehen oder indirekt über die Presse den eigenen Wählern und Anhängern Argumente zu liefern und Unentschlossene zu gewinnen. Es gibt keine härtere Bewährungsprobe für Politiker und ihre Argumente, als das Auftreten im Plenum.

(Hans Apel, Bonn, den ..., Tagebuch eines Bundestagsabgeordneten, Köln 1972, S. 125)

M 26 Zwei Meinungen zu dem Problem „Gewissensfreiheit des Abgeordneten und Fraktionsdisziplin"

a) Fraktionsdisziplin ist unentbehrlich

— Der Abgeordnete verdankt das Mandat ausschließlich seiner Partei. Dem trägt das Grundgesetz Rechnung, indem es in Artikel 21 die politische Willensbildung durch die Parteien hervorhebt. Die Loyalität zur Partei muß gegenüber der Gewissensfreiheit des Abgeordneten Vorrang haben, zumal diese angesichts der vielfältigen Interessen, die auf den Abgeordneten einwirken, ohnehin unrealistisch ist.

(Informationen zur politischen Bildung Nr. 119/124, Das parlamentarische System der Bundesrepublik Deutschland, Neudruck Bonn 1980, S. 31, Autor: Eckhart Jesse)

Kontinuierliche Arbeit, langfristig in Angriff genommene Gesetzeswerke, entscheidende Abstimmungen über politische Grundfragen verlangen, daß nichts dem Zufall überlassen wird. Dies träte dann ein, wenn jeder Abgeordnete aufgrund seiner augenblicklichen Laune entscheiden könnte. Es bedeutet ein völliges Verkennen der Aufgabe und Arbeitsweise moderner Parlamente, wenn gefordert wird, die Abgeordneten in jeder Frage ihre eigene Entscheidung treffen zu lassen. Die individuellen Einsichten der einzelnen Abgeordneten sollen sich in der Fraktionssitzung zu einer von der Mehrheit getragenen Gesamtkonzeption verdichten: in der Plenarsitzung sollen und können nur alternative Konzeptionen gegenüberstehen [...]

(Heinz Rausch, Der Abgeordnete — Idee und Wirklichkeit, München 1973[3], S. 126)

b) Die Gewissensfreiheit geht vor

— Das Grundgesetz verankert das freie Mandat in Artikel 38. Dieser wird durch den Artikel 21, der den Parteienstaat betont, keineswegs hinfällig. Die beiden Artikel schließen sich nicht aus, sondern stehen lediglich in einem Spannungsverhältnis.

— Sicherlich ordnet sich der Abgeordnete im allgemeinen der Fraktionslinie unter und hält Fraktionsdisziplin. In Zweifelsfällen geht jedoch die Gewissensentscheidung vor. So stärkt das ungebundene Mandat die innerparteiliche Demokratie, braucht sich der „unbequeme" Abgeordnete doch nicht jedem Druck zu beugen.

(Informationen zur politischen Bildung Nr. 119/124, Das parlamentarische System der Bundesrepublik Deutschland, Neudruck Bonn 1980, S. 31, Autor: Eckhart Jesse)

Von der Mehrheit abweichende Gewissensentscheidungen werden für den Betroffenen sehr selten ohne Schmerz und Opfer abgehen. Zumindest aber muß den Abgeordneten, die so nach ihrem Gewissen entscheiden, das Odium des „Abweichlers", des „Rebellen", des „Dissidenten" genommen werden. Eine freiheitliche Demokratie braucht keine politischen Märtyrer, die um ihres Gewissens und ihrer Überzeugung willen Mandat und Karriere opfern. Wohl aber braucht sie immer wieder Abgeordnete, die abweichend von der Mehrheit, nach bestem Wissen und Gewissen und ohne dabei Repressalien befürchten zu müssen, von ihrem Individualrecht der Gewissensfreiheit in „Reden, Handlungen, Abstimmungen und Wahlen" Gebrauch machen können.

(Hildegard Hamm-Brücher, Gewissenhaftigkeit stärkt die Glaubwürdigkeit, in: Das Parlament, Nr. 50, 17. 12. 1983, S. 16)

❶ Stelle die Informationen zusammen, die M 22 und M 23 über die Arbeit der Bundestagsabgeordneten enthält. Wofür wenden die Bundestagsabgeordneten die meiste Zeit auf?

❷ Erkläre, wie in M 24 das Fehlen vieler Bundestagsabgeordneten bei Bundestagsdebatten begründet wird. Erkläre die Aussage, nur dort, wo die Abgeordneten nicht viel zu sagen haben, gebe es volle Häuser. Stimmst Du der hier geäußerten Meinung zu?

❸ Beschreibe, wie die beiden Bundestagsabgeordneten die Plenarsitzungen des Bundestages sehen und welche Bedeutung sie ihnen zuschreiben (M 25). Überlege, inwieweit einige der in M 20 und M 21 geschilderten Erscheinungen aus der Bundestagsarbeit durch die Aussagen von M 25 erklärt werden.

❹ Stelle die in M 26 enthaltenen Meinungen zu dem Problem „Gewissensfreiheit und Fraktionsdisziplin" einander gegenüber. Lies dabei nach, was Artikel 38 des Grundgesetzes (M 6 in Kapitel V) zu diesem Problem sagt.

Zur Sicherung des Grundwissens

Nach der Erarbeitung des Kapitels 7 solltet ihr

— die verschiedenen Aufgaben bzw. Funktionen des Bundestages der Bundesrepublik Deutschland unterscheiden können (Vorspann);

— angeben können, wie ein Gesetz entsteht, beraten und verabschiedet wird (M 1, M 13, M 18 bis M 20);

— Bedeutung und Aufgaben des Bundesverfassungsgerichts der Bundesrepublik Deutschland erklären können (M 16);

— die Arbeit der Bundestagsabgeordneten und deren Probleme beschreiben können (M 22 bis M 25);

— den Konflikt zwischen dem Prinzip der Gewissensfreiheit der Abgeordneten und dem Grundsatz der Fraktionsdisziplin erläutern können (M 26).

8 Die Bundesregierung trifft politische Entscheidungen

M 1 **Sitzung des Bundeskabinetts unter der Leitung von Bundeskanzler Helmut Kohl**

(Foto: Presse- und Informationsamt der Bundesregierung. Bundesbildstelle, Bonn.)

M 2

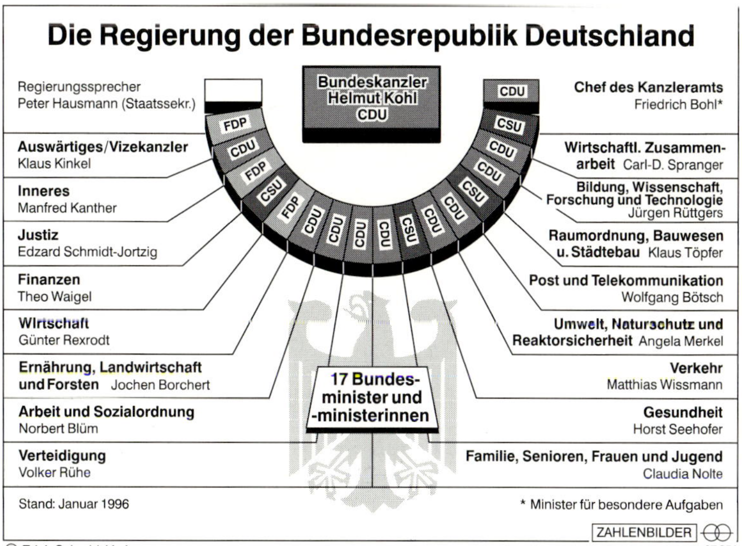

M 3

Die Bundeskanzler der Bundesrepublik Deutschland

Konrad Adenauer (CDU) 1949—1963

Ludwig Erhard (CDU) 1963—1966

Kurt Georg Kiesinger (CDU) 1966—1969

Willy Brandt (SPD) 1969—1974

Helmut Schmidt (SPD) 1974—1982

Helmut Kohl (CDU) seit 1982

(Fotos: Bundesbildstelle, Schafgans)

M 4

Über die Arbeitsweise der Bundesregierung

Die Arbeitsweise der Regierung wird durch drei Grundsätze gekennzeichnet:

- Nach Art. 65 GG bestimmt der Bundeskanzler die Richtlinien der Politik und trägt dafür die Verantwortung gegenüber dem Parlament (Kanzlerprinzip). Der Bundestag kann nur dem Regierungschef (und nicht den einzelnen Ministern) das Vertrauen entziehen; er muß dann an seiner Stelle einen neuen Bundeskanzler wählen.
- Die vom Kanzler festgesetzten Richtlinien der Politik sind für die Bundesminister verbindlich und von ihnen in ihrem jeweiligen Geschäftsbereich selbständig und in eigener Verantwortung zu verwirklichen (Ressortprinzip).
- Angelegenheiten von allgemeiner Bedeutung sind der Bundesregierung zur gemeinsamen Beratung und Beschlußfassung vorzulegen, darunter alle Gesetzentwürfe, aber auch z. B. Meinungsverschiedenheiten zwischen den Bundesministern (Kollegialprinzip).

Der Bundeskanzler leitet die Geschäfte der Bundesregierung nach einer von ihr beschlossenen und vom Bundespräsidenten genehmigten Geschäftsordnung. Er führt auch den Vorsitz im Bundeskabinett. Schaltzentrale und Koordinierungsstelle der Regierungsarbeit ist das Bundeskanzleramt, das vom Chef des Bundeskanzleramts geleitet wird. Das Amt unterrichtet den Kanzler über allgemeine politische Fragen und über die Arbeit der Ministerien; es koordiniert die Regierungstätigkeit, bereitet die Kabinettssitzungen vor und erledigt die Sekretariatsgeschäfte der Regierung.

(Schmidt-Zahlenbilder Nr. 67123 vom September 1988)

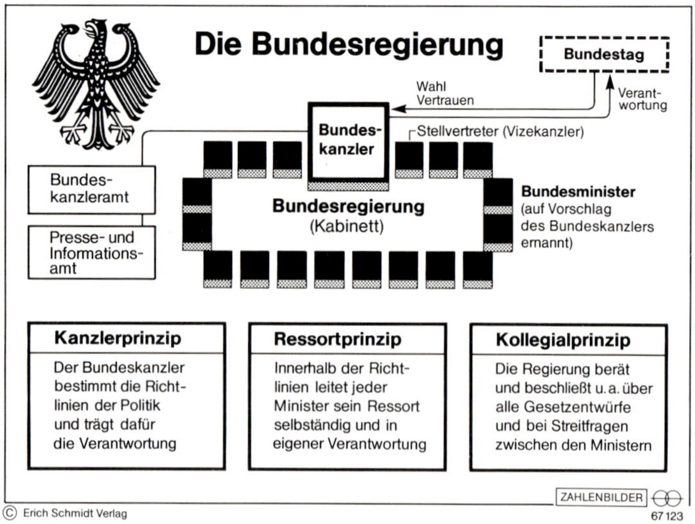

M 5 Aufgaben der Bundesregierung

Bei der Bundesregierung liegt die Aufgabe der politischen Führung. Von ihr sollen die wesentlichen Impulse und Initiativen zur Gestaltung der inneren Verhältnisse und der auswärtigen Beziehungen ausgehen. Die Bundesregierung bedarf aber der Zustimmung der „Regierungsparteien" im Bundestag. Das ergibt sich aus ihrer Bestellung, ihrer politischen Einbindung und der Notwendigkeit, die meisten politischen Maßnahmen durch ein Gesetz verbindlich zu machen.
Die Bundesregierung hat außerdem als Spitze der „vollziehenden Gewalt" auch die politische Verantwortung für die Ausführung der Gesetze, soweit der Bund zuständig ist. Ihr ist also neben der politischen Führung eine Fülle von staatlichen Aufgaben übertragen. Die starke Stellung des Bundeskanzlers sichert ihr dabei ein hohes Maß an Macht und Einfluß bei der Gestaltung der Politik.

(nach: Hartwich u. a., Politik im 20. Jahrhundert, Braunschweig [Westermann] 1976, S. 248)

❶ Übertrage die Liste der Mitglieder der Bundesregierung (M 2) in dein Heft und schreibe die Namen dazu, die du kennst.

❷ Untersuche, wie in M 4 das Verhältnis von Bundeskanzler und Bundesministern beschrieben wird. Beschreibe den Zusammenhang zwischen den drei genannten Prinzipien.

❸ Beschreibe mit Hilfe von M 5 die Aufgaben der Bundesregierung.

M 6 Der Terminkalender von Bundeskanzler Helmut Kohl vom 2. 9. bis 6. 9. 1985

MONTAG	8.30 Uhr	Kleine Lage
	9.00 Uhr	Präsidiumssitzung
	10.00 Uhr bis 14.00 Uhr	Bundesvorstandssitzung der CDU
	14.00 Uhr	Aktenstudium
	15.00 Uhr	Redebesprechung
	16.30 Uhr	Vorstandssitzung der CDU/CSU-Bundestagsfraktion
	20.30 Uhr	Koalitionsgespräch
DIENSTAG	7.30 Uhr	Kleine Lage
	8.00 Uhr bis 9.00 Uhr	Ministergespräch
	9.00 Uhr bis 11.00 Uhr	Sitzung der CDU/CSU-Bundestagsfraktion
	11.30 Uhr bis 14.00 Uhr	Gespräch mit ausländischem Staatsmann
	14.00 Uhr	Sondersitzung Bundestag
	18.00 Uhr	Rede bei der Grundsteinlegung des Hauses für die Christlich-Demokratsiche Arbeitnehmerschaft in Königswinter
	20.00 Uhr	Vorbereitung Sitzung Bundestag (Haushalt)
MITTWOCH	8.00 Uhr	Kleine Lage
	9.00 Uhr bis 13.00 Uhr	Sitzung Bundestag (Haushalt)
	13.00 Uhr	Gespräch mit dem außenpolitische Sprecher der CDU/CSU-Bundestagsfraktion
	15.00 Uhr	Aktenstudium
		Gespräch mit dem Chef des Bundeskanzleramtes
	18.00 Uhr	Empfang in der Berliner Landesvertretung
	20.00 Uhr	Kabinettssitzung betr. Europa
DONNERSTAG	8.00 Uhr	Kleine Lage
	9.00 Uhr bis 16.00 Uhr	Sitzung Bundestag (Haushalt)
	17.00 Uhr	Gespräch mit Kabinettsmitgliedern zur Vorbereitung der anschließenden Sitzung
	18.00 Uhr bis 22.30 Uhr	Gespräch Kabinett mit dem Deutschen Gewerkschaftsbund und der Bundesvereinigung der Deutschen Arbeitgeberverbände
FREITAG	8.00 Uhr	Kleine Lage
	9.00 Uhr	Auswärtiger Besucher
	10.00 Uhr	Präsident des Deutschen Feuerwehrverbandes
	11.00 Uhr	Interview
	13.30 Uhr	Glug nach München
	15.00 Uhr	Empfang — Gespräch mit führenden Persönlichkeiten aus Politik und Wirtschaft
	19.00 Uhr	Gespräch mit Mitgliedern des CDU-Kreisverbandes Ludwigshafen

* Kleine Lage: Beratung des Bundeskanzlers mit dem Chef des Kanzleramtes und seinen engsten Beratern

(Aus: Politik, hrsg. von Bernhard Sutor, 2. Auflage, Paderborn, Schöningh, 1987, S. 172)

M 7 Alltag eines Ministers — ein Bericht aus dem Jahre 1974 über den damaligen Bundesarbeitsminister Herbert Ehrenberg (SPD)

Der folgende Bericht stammt bereits aus dem Jahr 1974. Auch wenn inzwischen die Regierung gewechselt hat, ist die folgende Beschreibung der Arbeit eines Bundesministers auch heute noch zutreffend.

Es ist Mittwochmittag, kurz nach dem Ende der Kabinettssitzung. Herbert Ehrenbergs Sekretärin meldet sich mit Terminwünschen [...]

Marlene Westerhausen berichtet von Anforderungen aus dem Wahlkreis: dort hat man ihren Chef für ein Tagesprogramm vorgesehen, aber eine „Kaffeestunde mit Rentnern" ist alles, was Ehrenberg zugestehen kann. Zu viele verlangen nach ihm: eine Gruppe Verleger bittet um Information und Diskussion, bei Parteivorstand und Parteirat muß er präsent sein, eine Reise in die USA, eine andere nach Genf sollen vorbereitet werden, die Wahlkämpfe in Niedersachsen, Hessen und Bayern fordern ihren Tribut. [...] In seinem Bonner Arbeitszimmer, wartet nach Marlene Westerhausen schon der Chef des Ministerbüros, Dr. Klaus Achenbach, auf Ehrenbergs, für ein dickes Aktenpaket entscheidendes Wort. Wer, das zum Beispiel gilt es zu klären, soll sich um eine Gruppe ausländischer Sozialpolitiker kümmern? [...] Die Antwort auf eine Kleine Anfrage zur Situation der koreanischen Krankenschwestern braucht noch den Segen des Ministers, [...] dann darf Klaus Achenbach ein paar Themen abhaken für diesen Tag. Ein Dutzend Akten aus dem Berg hat Herbert Ehrenberg fürs erste zur Seite gelegt und zur Sonntagslektüre bestimmt.

Die nächste halbe Stunde ist der Vorbereitung einer Live-Diskussion im ZDF mit Biedenkopf, Lieselotte Funcke und dem bayerischen Kultusminister gewidmet. Um Herbert Ehrenberg sitzen die Chefs der Grundsatzabteilung seines Hauses, der Pressesprecher, Alexander Lang, und wieder der Leiter des Ministerbüros. [...] Der nächste Programmpunkt: ein Interview mit dem Chefredakteur der gewerkschaftseigenen Wochenschrift „Welt der Arbeit", ein Gespräch, das Ehrenberg Antworten zu allen die Öffentlichkeit interessierenden Belangen seines Ressorts abfordert, von den Renten bis zur Arbeitslosigkeit. [...]

Und Ehrenberg leistet, was ihm abverlangt wird, hier wie später in der „Leitungsbesprechung", die sonst jeden Montagmorgen auf dem Programm steht. Der Wahlkampf in Niedersachsen hat die Verschiebung notwendig gemacht. [...] Mit von der Partie sind nur die drei Staatssekretäre, Hermann Buschfort, der parlamentarische, Anke Fuchs und Reinhard Strehlke, die beiden beamteten Stellvertreter. Vor dieses Gremium kommen alle entscheidungsreifen Probleme, die innerhalb des Hauses über Ressorts hinausgreifen. Hier hat das politische Weichenstellen seinen Ort. [...]

Am Abend will die wirtschaftspolitische Kommission beim sozialdemokratischen Parteivorstand ihren Teil von Ehrenbergs Sachkunde abhaben. [...] Um elf ist der Arbeitsminister zu Hause, meistens wird es später.

Donnerstag um neun, als der Kanzler eine Regierungserklärung [...] abgibt, ist er schon wieder auf seinem Platz, ziert die Regierungsbank im Deutschen Bundestag, bis Helmut Schmidt gesagt hat, was zu sagen ist. [...] Dann sitzt Herbert Ehrenberg in der Abgeordnetenlobby, im Kreis von Referenten aus seinem Haus, und regiert weiter. Diesmal geht es um den Entwurf für das Krankenhausfinanzierungsgesetz. [...] Eine Abstimmung holt den Minister ins Plenum zurück.

Nachmittags hat ihn sein Büro zurück. Achenbach und die Staatssekretäre schleppen neue Akten herein. [...] Gegen 18 Uhr muß er ins Plenum zurück. Die Koalition hat „strittige Abstimmungen" zu bestehen. Vielleicht wird Ehrenberg selbst als Redner auftreten. Aber dazu kommt es nicht, der Auftritt im Fernsehen hat Vorrang. [...] (Das Wochenende verbringt Ehrenberg) im niedersächsischen Wahlkampf, in den er am Ende dieser Bonner Sitzungswoche, nach Plenumsdebatten und Regierungsgeschäften, nach den Pflichtstunden in der Fraktion und im Fraktionsvorstand, eintaucht [...]

(Sybille Krause-Burger, Stimmen sammeln, Volk vertreten, Macht genießen. Vom Alltag der Politiker in Partei, Parlament und Regierung, Bonn 1979, S. 84—93)

❶ Fertige mit Hilfe von M 6 eine Aufstellung über Tätigkeiten des Bundeskanzlers. Was wird daraus über die politische Rolle des Bundeskanzlers deutlich? Überlege, inwieweit eine Zuordnung der einzelnen Tätigkeiten zu unterschiedlichen „Arten des Regierens" (Sich informieren, Kontakte pflegen, planen, koordinieren, entscheiden) möglich ist.

❷ Stelle zusammen, mit welchen Personen und Gruppen der Kanzler zusammentrifft (M 6). Versuche die Bedeutung dieser Gesprächspartner für eine erfolgreiche Regierungsarbeit aufzuzeigen.

❸ Beschreibe den Alltag eines Ministers (M 7). Wo findet die Arbeit statt, wer arbeitet ständig mit dem Minister zusammen? Mit wem trifft er im Rahmen seiner Tätigkeit zusammen?

M 8 „Das Sagen hat der Kanzler" — Über die Regierungsbildung nach der Bundestagswahl

Obwohl in der Bundesrepublik Deutschland die Bürger ihre Regierung nicht direkt wählen, wissen sie jedoch am Wahltag, welche Kandidaten für das Amt des Regierungschefs im Bundestag zur Wahl stehen werden. Die Parteien stellen bereits im Wahlkampf ihren Kanzlerkandidaten heraus. Außerdem

Seit Donnerstag, dem 5. Februar 1987, verhandeln in Bonn die Delegationen von CDU, CSU und F.D.P. über ein Koalitionsabkommen zur Bildung einer neuen Bundesregierung. Links der CSU-Vorsitzende Franz Josef Strauß, neben ihm der Chef der CSU-Landesgruppe im Bundestag, Theo Waigel, gegenüber der CDU-Vorsitzende Helmut Kohl, daneben CDU-Generalsekretär Heiner Geißler, Gerhard Stoltenberg, Ernst Albrecht und Alfred Dregger. (Foto: AP)

(Das Parlament Nr. 9—10 vom 28. 2./7. 3. 1987 S. 4)

haben sie in der Vergangenheit meistens angekündigt, mit welcher anderen Partei sie im Falle eines Wahlsieges eine Koalition eingehen werden. Doch sind Koalitionszusagen keine Garantie dafür, daß die möglichen Koalitionspartner den gleichen Kandidaten unterstützen. [...]
Solche Übereinkommen, die die personelle Besetzung wichtiger Ämter und die programmatischen Vorhaben festschreiben, nennt man Koalitionsvereinbarungen. Sie haben allerdings keine rechtsverbindliche Wirkung. Diesen Vereinbarungen gehen oft wochenlange Koalitionsverhandlungen zwischen den führenden Vertretern der Parteien voraus. Spezialprobleme werden in Unterkommissionen verhandelt. Die Themen der in der Öffentlichkeit aufmerksam beobachteten Gespräche, sind weitgehend durch die Wahlprogramme vorgezeichnet. Wer sich letztendlich mit welcher Forderung durchsetzt, hängt nicht nur von der Qualität der Argumente ab. Auch die Reaktionen außerhalb der Verhandlungsrunden, die oft durch gezielte Informationen der Beteiligten hervorgerufen werden, haben Einfluß auf das Verhandlungsergebnis. [...]
Jede Bundesregierung möchte nicht nur die Zustimmung der Bevölkerung — diese hat sie zumindest für die Wahlperiode von vier Jahren —, sie braucht sie unbedingt im Parlament. In der Geschichte der Bundesrepublik Deutschland wurden deshalb schon mehrfach aus koalitionspolitischen Gründen Aufgabenbereiche aus Ministerien ausgegliedert und zu einem neuen Ressort zusammengefaßt. Dazu zählten z. B. das Ministerium für Atomfragen und das Gesundheitsministerium.
Doch wieviele Ministerien geschaffen und welche Minister sie leiten sollen, darüber entscheidet, rein rechtlich gesehen (Art. 64 Abs. 1 GG), allein der Bundeskanzler. Er hat das Sagen und schlägt dem Bundespräsidenten die Bundesminister (und Staatssekretäre) vor, der sie dann ernennt oder auf Bitten des Kanzlers wieder entläßt. Die Minister, die nicht Mitglieder des Bundestages oder einer Partei sein müssen, sind somit vom Bundeskanzler abhängig und können nicht vom Bundestag gewählt oder gestürzt werden. Dem Plenum gegenüber verantwortlich ist allein der Regierungschef. Der Bundespräsident ... empfängt nach der Bundestagswahl die Führer der Parteien und verschafft sich ein Bild darüber, welche Partei oder Koalition eine mehrheitsfähige Regierung bilden kann. Den aussichtsreichsten Bewerber schlägt er dann dem Bundestag vor. ... Alle Bundeskanzler, bis auf die Wahl Kohls durch das konstruktive Mißtrauensvotum am 1. Oktober 1982, wurden bisher auf Vorschlag des Bundespräsidenten im ersten Wahlgang gewählt.

Barthel Schölgens

(Das Parlament Nr. 9—10 vom 28. 2./7. 3. 1987 S. 3)

M 9 Der Bundespräsident

Der Bundespräsident ist das Staatsoberhaupt der Bundesrepublik Deutschland. Er wird im Gegensatz zum Reichspräsidenten in der Weimarer Republik nicht unmittelbar vom Volk, sondern von der Bundesversammlung auf 5 Jahre gewählt. Eine einmalige Wiederwahl ist möglich. Die Bundesversammlung setzt sich aus allen Bundestagsabgeordneten, das sind 518, und zusätzlich aus einer gleichen Anzahl von Personen zusammen, die von den Landtagen ausgewählt werden.
Die Hauptaufgabe des Bundespräsidenten ist, den Staat im Innern und nach außen zu vertreten (repräsentieren). Dies geschieht zum Beispiel bei seinen Besuchen im Ausland. Er darf kein anderes besoldetes Amt, kein Gewerbe, keinen Beruf ausüben und muß neutral über den Parteien und gesellschaftlichen Gruppen stehen. Deshalb hat sein Wort auch besonderes Gewicht. Bisher wiesen die Bundespräsidenten jeweils auf die Grundsätze der Demokratie hin, mahnten zur Besonnenheit im politischen Meinungsstreit, forderten gegenseitige Achtung und riefen zur aktiven Beteiligung in Gesell-

Roman Herzog
Bundespräsident
seit 1994

(Foto: Bundesbildstelle, Bonn)

schaft und Politik auf. So steht der Bundespräsident als Symbol für das gemeinsame Ganze.

Obwohl er nicht die Richtlinien der Politik der Bundesrepublik bestimmt, hat er doch einige Macht im Innern:

— Er hat das Recht, dem Bundestag einen Kandidaten zur Wahl des Bundeskanzlers vorzuschlagen.
— Bundesminister werden von ihm auf Vorschlag des Bundeskanzlers ernannt und entlassen.
— Bundesgesetze und Verträge bedürfen, um wirksam zu werden, seiner Unterschrift. (Gegenzeichnung).

Weiter kann er u. a. die Strafe eines Verurteilten mildern oder aufheben (begnadigen); ferner kann er die Einberufung des Bundestages verlangen und ihn unter bestimmten Bedingungen auflösen, wenn zum Beispiel die Wahl eines Bundeskanzlers unmöglich ist.

(P wie Politik, Gemeinschaftskunde in Baden-Württemberg, Realschule 10, hg. von Xaver Fiederle und Franz Filser, Paderborn, Schöningh, 1989, S. 85)

❶ Beschreibe an Hand von M 8 den Prozeß der Regierungsbildung. Erkläre, warum die in der Überschrift zitierte Aussage („Das Sagen hat der Kanzler") nur mit Einschränkungen gilt.

❷ Beschreibe die Aufgaben des Bundespräsidenten, und kennzeichne seine Rolle in der politischen Ordnung der Bundesrepublik Deutschland (M 9).

M 10 Fragen im Bundestag an die Bundesregierung

a) 54. Sitzung des 10. Bundestages am 10. Februar 1984

Es wird beraten:

— Antwort der Bundesregierung auf die Große Anfrage der SPD zur Politik der Bundesregierung im südlichen Afrika.

(Drucksachen Nrn. 10/230, 10/833)

Angesichts zahlreicher ungelöster Konflikte im südlichen Afrika, die schwerwiegende Auswirkungen auf die Weltpolitik haben können, stellt die SPD der Bundesregierung zahlreiche Fragen zu deren künftiger Südafrikapolitik, und zwar speziell in bezug auf die Republik Südafrika, auf Namibia und die sogenannten „Frontstaaten".

b) 21. Sitzung des 11. Deutschen Bundestages am 25. Juni 1987

Was steht zur Debatte?

Große Anfrage der Fraktion DIE GRÜNEN
Maßnahmen gegen Luftverschmutzung
(Drucksache 11/305)

Auf dem Hintergrund eines nahezu unvermindert anhaltenden Waldsterbens und einer zunehmenden Belastung der Luft richten DIE GRÜNEN im Bundestag eine Große Anfrage an die Bundesregierung. In dieser Form fordern sie die Regierung auf darzulegen, welche umwelt- und energiepolitischen Maßnahmen sie gegen Waldsterben und Luftverunreinigung zu ergreifen gedenkt. Zudem verlangen DIE GRÜNEN Auskunft über die Menge des Schadstoffausstoßes im Straßenverkehr und die Möglichkeiten einer Senkung dieser Emissionswerte.

(Das Parlament vom 25. 2. 1984 S. 5, vom 18. 7. 1987 S. 2)

M 11 Zwei Beispiele für aktuelle Stunden

a) Thema: Giftmülldeponien

Die Oppositionsfraktionen der SPD und der Grünen haben in einer aktuellen Stunde des Bundestages von Bund und Ländern gefordert, alle Giftmülldeponien zu erfassen und umgehend zu sanieren. Die Kosten seien möglichst den Verursachern anzulasten. Nachdem in Hamburg und dem Saarland hochgiftiges Dioxin gefunden worden ist, sprach die Grüne-Abgeordnete Erika Hickel von einer „chemischen Zeitbombe". Dagegen wiesen die Sprecher der Koalitionsparteien auf die bestehenden gesetzlichen Regelungen hin, warnten vor einer Dramatisierung, räumten zugleich aber ein, daß es „Vollzugsdefizite" gebe.

Unionsvertreter bestritten, daß eine Untersuchung des Umweltbundesamtes über die Dioxinbelastung durch Müllverbrennungsanlagen geheimgehalten worden sei. Der CDU-Abgeordnete Reinhard Göhner sagte, nach Feststellungen des Umweltbundesamtes kämen lediglich ein bis fünf Gramm Dioxin jährlich aus allen Müllverbrennungsanlagen. Dies bedeute keine gesundheitliche Gefahr. Dagegen hatte Frau Hickel auf Berichte verwiesen, wonach allein aus solchen Anlagen in Nordrhein-Westfalen jährlich bis zu 30 kg Dioxin in die Umwelt geraten. Peter Boroffka (CDU) warf daraufhin den Grünen vor, im Bundestag eine „giftgrüne Horrorshow" abzuziehen und zu versuchen, möglichst jede Woche eine Aktuelle Stunde zu haben, um damit in die Medien zu kommen.

(Das Parlament Nr. 6, 11. 2. 1984, S. 5)

b) Thema: Tiefflüge von Militärflugzeugen

Müssen Tiefflüge unbedingt sein?

In einer Aktuellen Stunde diskutierte der Deutsche Bundestag über die Gefährdung der Bevölkerung durch militärische Flugübungen

Trotz der Kritik von Umweltschutzverbänden und Opposition nach den Abstürzen von zwei Militärflugzeugen in Bayern und Baden-Württemberg hält die Bundesregierung an militärischen Übungs-Tiefflügen fest. Dies sei zur Ausbildung der Luftwaffenpiloten auch in Zukunft unerläßlich, erklärte Bundesverteidigungsminister Manfred Wörner am 14. April in einer von den GRÜNEN beantragten Aktuellen Stunde des Bundestages. Wörner wies darauf hin, daß in seiner Amtszeit die Anzahl der Tiefflüge von 90000 auf 70000 jährlich reduziert worden sei.

Die GRÜNEN nannten die Tiefflüge Ausdruck einer aggressiven Militärdoktrin und verlangten ihre völlige Abschaffung. Tiefflüge simulierten das Unterfliegen der gegnerischen Luftabwehr, was Beleg für ein falsches und aggressives militärstrategisches Denken sei. Die GRÜNEN bemängelten außerdem, daß mindestens zwei Drittel der bundesdeutschen Atomkraftwerke nicht gegen Flugzeugabstürze gesichert seien.

Während die Koalitionsparteien die Haltung der Bundesregierung unterstützten, forderte die SPD, auf Tiefflüge solange zu verzichten, bis die Ursachen der beiden Flugzeugabstürze restlos geklärt seien. Das Restrisiko eines Absturzes auf ein Atomkraftwerk nannten sie nicht verantwortbar.

Redner der F.D.P. betonten, daß die Belästigungen und Gefährdungen der Bevölkerung auf ein Minimum reduziert werden müßten. Militärischer Flugbetrieb sei für die Sicherheit der Bundesrepublik aber notwendig.

(Das Parlament vom 29. April 1988 S. 6)

M 12 Die Bundesregierung berichtet

Ihren zweiten „Bericht zum Stand der Bemühungen um Rüstungskontrolle und Abrüstung sowie der Veränderungen im militärischen Kräfteverhältnis" hat die Bundesregierung dem Bundestag Mitte Juli 1983 vorgelegt. Mit Beschlüssen vom Januar und März 1982 hatte das Parlament verlangt, daß alljährlich ein Bericht über diese Sachgebiete der Sicherheitspolitik angefertigt werden muß.

(Das Parlament Nr. 34, 27. 8. 1983, S. 1)

M 13 Der Bundestag setzt einen Untersuchungsausschuß ein

Die (illegale) Lieferung von U-Boot-Plänen an Südafrika durch die Kieler Howaldtswerke-Deutsche Werft (HDW) wird erneut im Bundestag untersucht. Das Parlament in Bonn setzte am 2. April auf Antrag der SPD einen neuen Untersuchungsausschuß für die Vorgänge ein. Der erste U-Boot-Untersuchungsausschuß hatte in der vergangenen Legislaturperiode wegen der Bundestagswahl seine Arbeit einstellen müssen.

Die Oppositionsparteien SPD und GRÜNE begründeten ihre Forderung nach einem neuen Untersuchungsausschuß damit, daß noch viele Fragen zu dem Geschäft und zu einer möglichen Beteiligung oder Mitwisserschaft der Bundesregierung offen geblieben seien. Den Koalitionsfraktionen CDU/CSU und F.D.P. warfen der SPD-Abgeordnete Nobert Gansel und die GRÜNEN-Parlamentarierin Uschi Eid vor, mit ihrer Mehrheit die Arbeit des vorigen Ausschusses verzögert zu haben.

Union und F.D.P. wiesen diese Vorwürfe zurück. Der Sachverhalt sei längst geklärt. Die bisherigen Untersuchungen hätten ergeben, daß weder Bundeskanzler Helmut Kohl noch einer seiner Minister die Zustimmung zu dem illegalen Geschäft gegeben habe.

❶ Untersuche die Fragen aus dem Bundestag an die Regierung (M 10). Was soll durch diese Fragen erreicht werden?

❷ Beschreibe den Verlauf der in M 11 beschriebenen aktuellen Stunden. Wie verhalten sich Oppositionsparteien, Regierung und Regierungsparteien? Warum haben die Oppositionsfraktionen diese aktuelle Stunde beantragt?

❸ Begründe, warum der Bundestag der Regierung die Verpflichtung zur regelmäßigen Berichterstattung auferlegt hat (M 12).

❹ Untersuche, warum die Opposition einen Untersuchungsausschuß beantragt (M 13). Wie reagieren die Regierungsparteien?

M 14 Kontrolle der Regierung durch das Parlament

Der Bundestag hat zur Kontrolle der Regierung die folgenden Instrumente:

— Die *Große Anfrage* muß schriftlich gestellt und von mindestens 26 Abgeordneten (Fraktionsstärke) unterstützt werden. An deren Beantwortung durch die Regierung schließt sich im Plenum eine Aussprache an, wenn mindestens 26 Abgeordnete sie verlangen. Vor allem die Opposition nutzt diese Möglichkeit, um die Regierung zu zwingen, Rede und Antwort zu stehen und Rechenschaft über Vorgänge von grundsätzlichem Interesse abzulegen. Andererseits versucht die Opposition, ihre Alternativen darzustellen und Schwächen der Regierung zur Sprache zu bringen. Große Anfragen, deren Anzahl in den letzten Legislaturperioden zurückging, sind ein Mittel der politischen Auseinandersetzung.

— *Kleine Anfragen,* die nach der Geschäftsordnung Auskunft über „bestimmt bezeichnete Bereiche" verlangen, werden von mindestens 26 Abgeordneten schriftlich gestellt und ebenso beantwortet.
— Die auf 60 Minuten begrenzte Mündliche Anfrage (*Fragestunde*). Die Frage muß der Abgeordnete — jeder darf in einer Sitzungswoche bis zu zwei an die Bundesregierung richten — in der Regel drei Tage vor der Fragestunde einreichen.

Da die Abgeordneten (vorher nicht bekannte) Zusatzfragen stellen, können die Minister und die Staatssekretäre von der Opposition in die Enge getrieben werden.

— Die *Aktuelle Stunde,* erst 1965 eingeführt, dient dazu, die Debatten lebendiger zu gestalten. Um der „Lust am Monologisieren" entgegenzuwirken, darf jeder Redebeitrag eine Dauer von fünf Minuten nicht überschreiten. Geht die Redezeit der Regierung über 30 Minuten hinaus, verlängert sich die Aussprache um diese Zeit. Aktuelle Stunden, die mindestens 26 Abgeordnete beantragen müssen, können im Anschluß an eine Fragestunde stattfinden.
— *Untersuchungsausschüsse,* die das Parlament auf Antrag eines Viertels seiner Mitglieder einberuft, sollen Mißstände und undurchsichtige Sachverhalte unabhängig von anderen Staatsorganen klären. Der Ausspruch eines Ausschußvorsitzenden: „Wir werden doch kein Eigentor schießen" charakterisiert das Dilemma eines Untersuchungsausschusses. Wahrheitsfindung und die parteipolitische Bindung der Abgeordneten lassen sich nämlich nicht immer auf einen Nenner bringen. Da die Zusammensetzung eines Untersuchungsausschusses die Mehrheitsverhältnisse des Parlaments widerspiegelt, ist die parlamentarische Opposition auch hier in der Minderheit. Sie hat aber die Möglichkeit, durch ein Minderheitsvotum die öffentliche Meinung für sich einzunehmen.

(Informationen zur politischen Bildung Nr. 119/124. Das parlamentarische System der Bundesrepublik Deutschland. Neudruck Bonn 1980, S. 40f., Autor: Eckhart Jesse)

Ausführliche Informationspflicht der Bundesregierung

Aufgrund der gesetzlichen Bestimmungen oder durch besondere Beschlüsse ist die Bundesregierung verpflichtet, dem Deutschen Bundestag in regelmäßigen Abständen oder auch ohne besondere Terminfestlegung eine Vielzahl von schriftlichen Berichten über bestimmte Sachgebiete vorzulegen. Diese Berichte informieren über politische und gesellschaftliche Zustände in der Bundesrepublik Deutschland und gehören zu den wichtigsten Hilfsmitteln bei der Kontrolle der Regierungstätigkeit durch das Parlament. Eine Zusammenstellung ergibt, daß es sich um 86 verschiedene Sachgebiete handelt, über die der Bundestag Auskunft erhält, manchmal knapp, auf wenigen Druckseiten, oft sehr ausführlich in umfangreichen Berichtbänden und Materialsammlungen.

(Das Parlament Nr. 34, 27. 8. 1983, S. 1)

M 15 Anfragen an die Regierung in Zahlen (10. Wahlperiode des Bundestages 1983—1987)

Große Anfragen an die Regierung:	175
Davon	
— von den GRÜNEN:	87
— von der SPD:	60
Kleine Anfragen an die Regierung:	1006
Davon	
— von den GRÜNEN:	802
— von der SPD:	140

(Zahlen nach: Statistisches Jahrbuch 1987 S. 91 und: Das Parlament vom 13. 12. 1986 S. 2)

M 16 Kontrolle der Regierung früher und heute

Artikel 20 des Grundgesetzes (siehe Kapitel V M 5) unterscheidet die drei Staatsgewalten gesetzgebende Gewalt, ausführende Gewalt und rechtsprechende Gewalt. Daran anknüpfend hat das Bundesverfassungsgericht in einer grundlegenden Entscheidung aus dem Jahre 1952 die Gewaltenteilung zu den grundlegenden Prinzipien der demokratischen Ordnung in der Bundesrepublik Deutschland gezählt.

Der ursprüngliche Gedanke der Gewaltenteilung, wie er im 18. Jahrhundert von dem französischen Philosophen Montesquieu entwickelt wurde, sah drei voneinander unabhängige Gewalten (Gesetzgebende, Ausführende und Rechtsprechende Gewalt), die sich zum Schutz der Freiheit und zur Vermeidung von Machtmißbrauch gegenseitig im Gleichgewicht halten und kontrollieren sollten. In dieser ursprünglichen Form der Kontrolle der Regierung durch das Parlament sieht das Parlament als ganzes einer von ihm unabhängigen, z. B. durch einen Fürsten eingesetzten Regierung gegenüber.

Diese Form von Gewaltenteilung und Regierungskontrolle besteht in der Bundesrepublik nicht mehr. Die Regierung geht aus der Mehrheit des Parlaments hervor. Der Regierungschef ist häufig Vorsit-

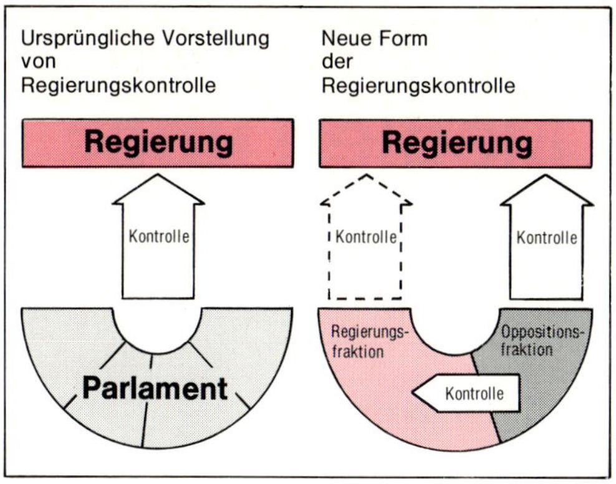

(Graphik: Hermann Falke)

zender seiner Partei und zugleich Abgeordneter im Parlament. Auch die anderen Mitglieder der Regierung sind in der Regel Abgeordnete. Sie sind also Mitglied zweier Gewalten, der gesetzgebenden Gewalt und der ausführenden Gewalt. Sie sitzen im Bundestag auf der Regierungsbank und stimmen gleichzeitig als Abgeordnete mit ab, die Trennung der politischen Gewalten ist verwischt. Daraus folgt eine neue Form der Kontrolle: Regierung und Regierungsparteien werden durch die Opposition kontrolliert, während die Kontrolle der Regierung durch die Regierungsparteien wegen der engen Verbindung eingeschränkt ist. Aber auch die Regierungsparteien kontrollieren die Regierung:

„Während die Mehrheit durch möglichst verborgene Kontrolle möglicher öffentlicher Kritik an der Regierung zuvorzukommen und damit möglichen Einbußen ihrer eigenen Machtposition vorzubeugen und diesbezügliche Kritik möglichst unwirksam zu halten versucht, ist die Opposition bemüht, möglichst öffentlich und laut durchschlagend und unmittelbar zu kritisieren, mit dem Ziel, die Regierung abzulösen."

(Autorentext, das Zitat aus: Uwe Thaysen, Parlamentarisches Regierungssystem in der Bundesrepublik Deutschland, Opladen 1976², S. 65)

❶ Beschreibe die Instrumente der Kontrolle der Regierung durch das Parlament (M 15). Wie wirken die einzelnen Instrumente? Welche erscheinen am wirkungsvollsten?

❷ Begründe, warum die Oppositionsfraktionen deutlich mehr Anfragen an die Regierungsparteien stellen als die Regierungsparteien (M 16).

❸ Erkläre den Unterschied zwischen der ursprünglichen und der neuen Form von Regierungskontrolle (M 17). Inwieweit kann man heute von einer Kontrolle der Regierung durch das Parlament sprechen?

Zur Sicherung des Grundwissens

Nach der Erarbeitung des Kapitels 8 solltet ihr

- *Aufgaben und Arbeitsweisen der Bundesregierung der Bundesrepublik Deutschland erläutern können (M 4 bis M 7);*
- *den Prozeß der Regierungsbildung nach der Bundestagswahl beschreiben können (M 8);*
- *angeben können, welche Aufgaben der Bundespräsident hat und welche Rolle er in der Demokratie der Bundesrepublik Deutschland spielt (M 9);*
- *die verschiedenen Möglichkeiten der Kontrolle der Bundesregierung durch den Bundestag nennen und die heutige Form der Regierungskontrolle erläutern können (M 10 bis M 15, M 16).*

9 Jugendliche informieren sich aus den Medien über Politik

Information oder Manipulation durch die Presse?

M 1 Presserat rügt „Quick" und „Bild"

Bonn (dpa) Der Deutsche Presserat, das Selbstkontrollorgan der Zeitungen und Zeitschriften, hat die Illustrierte Quick und die Bild-Zeitung für zwei Beiträge gerügt. Der Vorsitzende des Beschwerdeausschusses des Presserates, Manfred Protze, sagte in Bonn, die Quick habe zu einem Bericht über Samstagsarbeit telephonisch Stellungnahme eingeholt, die dann als Leserbriefe gedruckt worden sein. Eine derartige Manipulation stelle die Glaubwürdigkeit von Leserbriefen und der Berichterstattung insgesamt in Frage. Mit den Grundsätzen der Wahrhaftigkeit und der Sorgfalt seien solche Methoden nicht vereinbar. Die Quick-Redaktion wies die Vorwürfe zurück, weil der Beschwerdeführer gewußt habe, daß seine telephonische Stellungnahme als „Leserbrief" gedruckt würde. Die Bild-Zeitung wurde gerügt, weil sie bei der Berichterstattung über einen Freitod so detaillierte Angaben über Personen und Wohnung gemacht habe, daß eine Identifizierung der Familie des Betroffenen in breiter Öffentlichkeit ermöglicht worden sei. Die Angehörigen, insbesondere zwei minderjährige Kinder, seien dadurch psychisch in Mitleidenschaft gezogen worden. Der Presserat war der Meinung, daß die Zeitung die Intimsphäre der Betroffenen verletzt habe.

(Süddeutsche Zeitung vom 19. 7. 1987)

Wenn ihr den vorliegenden Pressebericht (M1) gelesen habt und euch zu den darin angesprochenen Fällen eine Meinung bilden wollt, werdet ihr sicherlich bald merken, daß darin eine Reihe von Begriffen, Fragen und Problemen enthalten sind, die der Klärung bedürfen. Es sind zugleich Fragen, um die es u. a. in diesem Kapitel gehen soll:

- *Wie kommen Zeitungsmeldungen zustande?*
- *An welchen Grundsätzen orientieren sich Journalisten bei ihrer Arbeit?*
- *Was heißt „Manipulation" und welche Rolle spielt der „Deutsche Presserat"?*
- *Gibt es Grenzen der Pressefreiheit, die z. B. darin liegen, daß die „Intimssphäre" der Betroffenen nicht verletzt werden darf?*

Vielleicht ergeben sich für euch aus dem Bericht noch weitere Fragen und Probleme, die ihr formulieren solltet, bevor ihr euch der Arbeit an diesem Abschnitt zuwendet.

M 2a Woher weiß die Zeitung was sie weiß?

Ist man, wenn man Zeitung liest, nicht immer wieder erstaunt über die Fülle von Stoff und die Breite der Angebotspalette, die hier auf den Zeitungsseiten zusammengetragen ist? Die Frage, woher die Zeitung eigentlich das alles weiß, drängt sich dem Leser geradezu auf. Schließlich können die Journalisten, die die wichtigsten Ereignisse eines Tages aus aller Welt zusammentragen, nicht überall sein und nicht alles wissen. Die Neuigkeiten aus aller Welt beziehen die Zeitungen von Nachrichtenagenturen. Meldungen über die Geschehnisse im Erscheinungsgebiet einer Zeitung dagegen werden von einigen Korrespondenten* gesammelt.
Nachrichtenagenturen — es gibt etwa 180 solcher Unternehmen in rund 130 Ländern der Erde — sind Organisationen, die entweder in einer bestimmten Region oder auch weltweit Wissenswertes von Geschehnissen sammeln und weiterverbreiten. Ihre Aufgabe soll es sein, die Welt so zu sehen, wie sie ist, und wahrheitsgetreu darüber zu berichten.
Von den rund 180 Nachrichtenagenturen spielen im internationalen Nachrichtengeschäft nur etwa zwei Dutzend Agenturen eine Rolle. Neben den vier westlichen Weltagenturen Agence France-Presse (AFP). Associated Press (AP) und United Press International (UPI) sind es Reuter sowie die staatlich gelenkten Agenturen des Ostens TASS und XINHUA. Auch ein gutes Dutzend großer National-

agenturen aus dem Osten und Westen arbeiten international. Dazu gehören die Deutsche Presse-Agentur (dpa) genauso wie der Allgemeine Deutsche Nachrichtendienst (adn) aus der DDR.
Rund siebzig Prozent aller Meldungen aus dem Ausland, die von deutschen Zeitungen gebracht werden, stammen von Agenturen. Rund sechzig Prozent Agenturnachrichten bestreiten die Inlandsberichterstattung bei den kleinen und mittleren Zeitungen.
Wichtige Meldungen der Innen- und der Außenpolitik werden aber oft von den eigenen Korrespondenten der Medien verfaßt. In der Bundespressekonferenz in Bonn haben sich knapp 400 Journalisten deutscher Medien zusammengeschlossen, die etwa 200 Publikationsorgane Zeitungen, Zeitschriften, Funk und Fernsehen sowie Agenturen und Pressedienste beliefern. Große Zeitungen sowie Rundfunk- und Fernsehanstalten haben auch an den wichtigsten Plätzen im Bundesgebiet eigene Korrespondenten. Außer in Bonn sitzen sie vor allem in den Landeshauptstädten sowie in West-Berlin und in Karlsruhe, dem Sitz der Bundesgerichte.

(Hansjoachim Höhne, Woher weiß die Zeitung, was sie weiß? In: Die Presse in der deutschen Medienlandschaft. Bundeszentrale für polit. Bildung 1985, Themenheft 3, S. 30 ff.)

M 2b Nachrichtenagenturen in der Bundesrepublik Deutschland

Agentur	Dienste mit Meldungen aus dem Inland	Dienste mit Meldungen aus dem Ausland	Umfang der Dienste (Wörter)
Deutsche Presse-Agentur, Hamburg (dpa)	ja	ja	ca. 65 000[1]
Deutscher Depeschendienst, Bonn (ddp)	ja	ja	45 000
Associated Press, Frankfurt (AP)	ja	ja	45 000
Reuter, Frankfurt	ja	ja	40 000
Agence France Presse, Bonn (AFP)	wenig	ja	25 000
Vereinigte Wirtschaftsdienste, Eschborn (nur Wirtschaftsnachrichten) (VWD)	ja	ja	10 000
Allgemeiner Deutscher Nachrichtendienst, ADN	wenig	ja	25 000
Telegrafnoje Agenstwo Sowjetskowo Sojussa (TASS)	—	ja	6 000
Inter Press Service Bonn	—	ja	6 000

[1] mit Landesdiensten.

(Quelle: Hansjoachim Höhne: Report über Nachrichtenagenturen. Baden 1984)

M 3 Der Weg der Nachricht

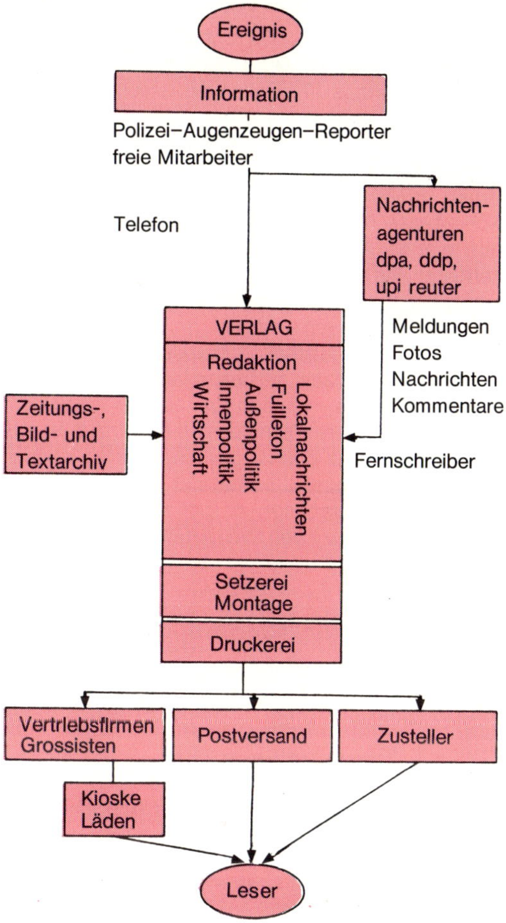

(Landesinstitut für Schule und Weiterbildung Neue Informations- und Kommunikationstechnologien. Soest 1986, S. 75)

❶ Beschreibt anhand von M 2 a/b die Bedeutung der Nachrichtenagenturen für das Massenmedium* Zeitung.

❷ Überprüft den politischen Teil (zumeist die ersten Seiten) der in euren Familien gelesenen Tageszeitungen auf die dort angegebenen Nachrichtenquellen hin (Angabe in Klammern zu Beginn des jeweiligen Berichtes durch die Abkürzungen für die Agentur oder für den eigenen Korrespondenten). Läßt sich in der Verteilung der Quellen ein Unterschied zwischen Lokalzeitungen und großen überregionalen Tageszeitungen feststellen?

❸ In M 3 ist der Weg einer Nachricht vom Ereignis bis zum Leser skizziert. Versucht, zu den beiden Fällen aus M 1 den Nachrichtenweg in das Schema einzuordnen.

❹ Über den Aufbau eines Zeitungsverlages solltet ihr euch später durch einen entsprechenden Besuch informieren (s. dazu Arbeitshinweis 7 nach M 11).

M 4a Die Flut der Wörter

Die Deutsche Presse-Agentur (dpa) liefert über 70000 Wörter täglich, das sind 300 DIN-A4-Seiten (zu 240 Wörtern). Reuter bietet täglich fast 200 solcher Seiten an, je 170 Seiten die Associated Press (AP) und der Deutsche Depeschendienst (ddp); dazu kommen bei einigen Redaktionen noch die rund 120 Manuskriptseiten der Agence France Press (AFP). Das ergibt Tag für Tag bis zu 960 Schreibmaschinenseiten, je nach der Zahl der abonnierten Agenturen — einen stattlichen Lexikonband also oder ungefähr fünf Romane von Peter Handke [...]
Fünf bis sechs Seiten täglich, je nach Anzeigenlage, umfaßt der Nachrichtenteil der Süddeutschen Zeitung. Sie gilt damit als besonders stark nachrichtenorientiert. dpa, AP, ddp und Reuter, dazu verschiedene kleinere Dienste stehen ihr zur Verfügung — und trotz des vergleichsweise umfangreichen Nachrichtenteils, so hat der Nachrichtenchef Karl Mekiska errechnet, druckt die Süddeutsche Zeitung nur etwa sieben Prozent des Agenturmaterials.

(Wolf Schneider: Unsere tägliche Desinformation. Wie die Massenmedien uns in die Irre führen, Stern-Buch im Verlag Gruner & Jahr, Hamburg [2]1984, S. 178f.)

M 4b Zwang zur Selektion

Die Sachzwänge des Journalismus sind einerseits offenkundig und andererseits nicht allen Journalisten in vollem Umfang gegenwärtig, vor allem aber bei ihren Lesern und Hörern überraschend wenig bekannt. Der unentrinnbare, manchmal erstickende Zwang ist der zur Auswahl des wenigsten, zur Selektion*. Nach der alten Faustregel: Das meiste, was auf der Welt passiert, berichten die Agenturen nicht. Das meiste, was die Agenturen berichten, wird nicht gedruckt und nicht gesendet, Das meiste, was gedruckt oder gesendet wird, wird nicht gehört und nicht gelesen. Und das meiste, was gehört und gelesen wird, wird nicht verstanden.
Dabei ist dies noch eine euphemistische* Darstellung des Sachverhalts, ja eine gefährliche Halbwahrheit: Was heißt denn „[...] auf der Welt passiert"? Der häufigste Zustand an einem beliebigen Ort der Erde ist erfreulicherweise der, daß überhaupt nichts „passiert", sondern daß Mensch und Tier einigermaßen friedlich vor sich hinleben; der zweithäufigste Zustand ist, daß Menschen und Verhältnisse sich langsam verändern, gänzlich ohne Putsch, Skandal und Erdbeben — also ohne die Knalleffekte, bei denen es Journalisten in den Fingern juckt. Nur die plötzliche Veränderung aber, „die ruckhaften Augenblickseffekte", zumal alles Unerwartete, Regelwidrige und Dramatische, haben die Chance, den Weg in die Öffentlichkeit zu finden.
So erfahren wir über die Normalzustände, den Alltag, in den meisten Ländern wenig — mit der Folge, daß wir entweder meinen, Copacabana und Karneval wären typisch für Rio de Janeiro oder daß wir umgekehrt die Erde für einen Ort der Katastrophen halten, der sie nicht ist.

(Wolf Schneider, [= M 4a], S. 11f.)

M 4c

(Zeichnung: Gudrun Schecker)

M 5 Ein Beispiel

Ein Beispiel: Honecker[1] hält in Ostberlin eine zweistündige Rede über die künftige Politik der SED. Für den Korrespondenten* gibt es keine Zweifel, daß diese Rede zur Information des Lesers wichtig ist, daß sie also Nachrichtenwert hat. Wollte man in diesem Falle das theoretische Höchstmaß an „objektiver" Information erreichen, müßte [man] die Ausführungen in voller Länge, und zwar in direkter Rede, abdrucken. Diesem abstrakten Ideal der objektiven Berichterstattung steht indes einiges im Wege. Der Umfang der Zeitung ist beschränkt; würde sie alle Ereignisse und Reden, die an einem bestimmten Tag berichtenswert erscheinen, in gleicher Ausführlichkeit wiedergeben, entstünde ein für den Leser völlig unübersichtliches, praktisch un-

[1] Im Original ist von Ulbricht die Rede. Walter Ulbricht war in der Zeit von 1950—1971 1. Sekretär der SED und Staatschef der DDR (Vorgänger von Honecker).

brauchbares Informationsarchiv, ein Nachrichtengrab.

Der Korrespondent der Zeitung (oder der Nachrichtenagentur) ist daher zu einer Entscheidung genötigt. Er muß eine Auswahl aus der Rede treffen; er muß das Wichtigste vom weniger Wichtigen scheiden. Der Redakteur, dem diese Meldung — unter hundert anderen – als Fernschreiben auf den Schreibtisch flattert, bearbeitet die Nachricht noch einmal; ihm fällt es zu, sie in das große Nachrichten-Mosaik einzuordnen. Was ihm am wichtigsten erscheint, wird er in direkter Rede wiedergeben, weniger Wichtiges in indirekter Rede; denn Abwechslung erhöht die Lesbarkeit. Bei weiten Passagen der Rede wird nichts anderes übrig bleiben, als stark geraffte Zusammenfassung zu geben.

Damit ist die Aufgabe des Redakteurs noch nicht erfüllt. Weitere Entscheidungen sind zu treffen: Plazierung, Aufmachung, Überschriften. Herrscht gerade Saure-Gurken-Zeit, wie die Kollegen zu sagen pflegen, liegt also nicht viel Aufregendes aus dem Weltgeschehen vor, wird mit der Honecker-Rede „aufgemacht“; das heißt, sie wird auf der ersten Seite der Zeitung wiedergegeben, erhält die Hauptschlagzeile und wird somit zum wichtigsten Ereignis des Tages erhoben. Bricht freilich am gleichen Tag, an dem Honecker die Rede gehalten hat, gerade ein Krieg in Nahen Osten aus, wird sich Honecker mit einer Plazierung der Rede an anderer Stelle begnügen müssen, weil das andere Ereignis dem Redakteur wichtig erscheint. Auch in diesem Falle bleibt dem Journalisten die Wahl nicht erspart. Soll die Rede dreispaltig oder zweispaltig gebracht werden oder womöglich auf eine bescheidene einspaltige Meldung reduziert werden? Und schließlich: Wie lautet die Schlagzeile, die Unterüberschrift, der Vorspann? Selbst im „objektiven“ Nachrichtenteil der Zeitung kommt der Redakteur nicht umhin, täglich zahllose Entscheidungen zu treffen, bei denen er sich auf seine journalistische Erfahrung und sein politisches Augenmaß verlassen muß.

Noch eins kommt hinzu: Alle diese Entscheidungen muß der Redakteur gewöhnlich unter Zeitdruck treffen, denn das Blatt muß rechtzeitig fertig werden. Eine Zeitung, die den Nachtexpreß nach X-Stadt verpaßt, die nicht rechtzeitig auf dem Frühstückstisch liegt, interessiert den Abonnenten nicht mehr. Andererseits hat die Redaktion den Ehrgeiz, auch kurz vor Umbruchschluß* noch wichtige Nachrichten ins Blatt hereinzunehmen, ja womöglich noch zu kommentieren. Eine Zeitung, die weniger aktuell ist als die Konkurrenz, würde bald ins Hintertreffen geraten.

Unter diesen Umständen kann man keine chemisch reine „Objektivität“ erwarten. Eine einzige Ausgabe einer großen Tageszeitung enthält allein in ihrem redaktionellen Teil, nehmen wir einmal an, 263 Haupt-, Unter- und Zwischentitel. Das sind 263 Entscheidungen der bearbeitenden Journalisten, 263 Werturteile; denn selbst der kleinste Artikel enthält mehrere Aussagen. Welche ist die wichtigste? Es ist leicht zu sagen: Hier sind die Überredungsspezialisten am Werk, hier wird Meinungsmache betrieben. Die Wirklichkeit ist weniger hintergründig. Man probiere einmal das folgende Gesellschaftsspiel: Die Anwesenden mögen in drei Minuten eine zutreffende Überschrift für eine Meldung entwerfen. Das Ergebnis wird an Vielfalt nichts zu wünschen übrig lassen.

(Hans Schuster / Leo Sillner:Die Zeitung, Olzog, München 1968, S. 16ff.)

M 6

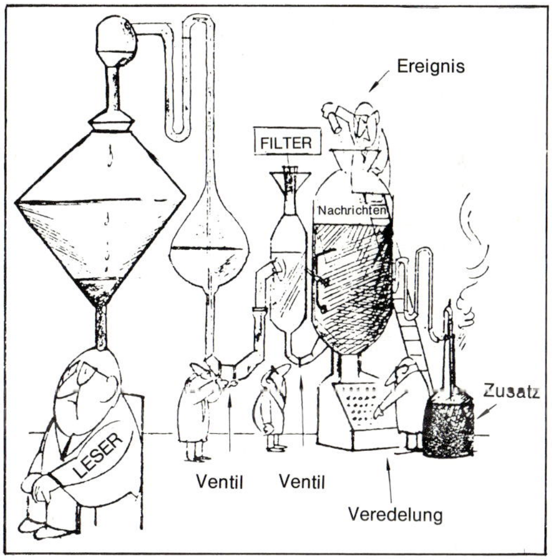

(Zeichnung: Hanel)

❶ Erläutert anhand von M 4a/b welches Problem sich für eine Zeitung aus der „Flut der Wörter“ ergibt und inwiefern der „Sachzwang“ zur Auswahl dazu führt, daß wir über die „Normalzustände“ wenig erfahren. Was will die Karikatur M 4c zu diesem Problem zum Ausdruck bringen?

❷ In M 5 werden die unvermeidlichen Zwänge zur Auswahl, wie sie sich auf dem Weg vom Ereignis bis zum Zeitungsbericht (vgl. M 3) ergeben, an einem Beispiel konkretisiert. Macht euch die einzelnen Entscheidungszwänge der Reihe nach klar, und probiert das am Schluß des Textes erwähnte „Gesellschaftsspiel“ einmal aus (jemand von euch könnte dazu einen Zeitungsbericht ohne Überschrift in der Klasse vorlesen).

❸ Führt der Auswahl- und Entscheidungszwang eurer Meinung nach zwangsläufig zu dem, was man „Manipulation“* nennt? Oder muß dieser Begriff anders verstanden werden (vgl. M 1)?

❹ Beschreibt die Karikatur M 6 und überlegt — unter Bezugnahme auf M 5 — was der Zeichner zum Ausdruck bringen will.

M 7 Manipulation durch Wortwahl

a) Wie durch die Auswahl der Nachrichten, deren Aufmachung und das Auslassen bedeutungsvoller Nachrichten kann auch durch die Placierung der Nachricht manipuliert werden: Steht sie am Kopf einer Zeitungsseite bzw. am Anfang der Nachrichtensendung oder erst irgendwo an weniger beachteter Stelle? Eine andere Möglichkeit ist die Manipulation mit Zahlen, die für Leser oder Hörer nicht nachprüfbar sind. Vielfältige Manipulationsmöglichkeiten sind aber auch durch Wort und Bild gegeben. Z. B. werden Begriffe umgekehrt: Ein militärischer Überfall wird zur „Befriedungsaktion", Gefangenenmord heißt: „auf der Flucht erschossen", politische Häftlinge werden „Kriminelle", Regierungsgegner nennt man „Volksverhetzer", der Verteidigungsminister wird zum „Kriegsminister". Man liest und hört auch häufig: „Nach Ansicht der Experten ..." oder „Beobachter sind der Ansicht ...", also Worte, die beim Empfänger Vertrauen einflößen sollen. Wie man mit wenigen Worten einen Text manipulieren kann, sehen Sie hier: Man schreibt nicht:
„X sagte ...", sondern:
„X ließ sich dazu hinreißen zu sagen ..."
„X, der wegen seiner politischen Uneinsichtigkeit bekannt ist, sagte ..."
„X sagte erstaunlicherweise ..."
Politische Gegner stempelt man als „radikal", „fanatisch", „faschistisch", „Ultras", „extrem" ab.
Selbst mit den kleinen Anführungszeichen kann manipuliert werden. Welchen Eindruck gewinnen Sie, wenn sie lesen: „... er hielt dies für eine ‚gute Lösung'!" oder „... er hielt dies für eine gute Lösung!"?

(W. Dieckerhoff u. a., Mitentscheiden—Mitverantworten. Köln-Porz [Verlag Stam] 1981, S. 31 f.)

b) Über die Reaktion der Parteien auf das Ergebnis der Wahl zum Berliner Abgeordnetenhaus berichtete „Der Spiegel" u. a. wie folgt:

„Um Fassung bemüht, jammerte Dregger (CDU) im Präsidium über die Wahlniederlage." „Statt zusammenzurücken, wie von Kohl gewünscht, fielen die Unierten übereinander her."
„Die Freidemokraten machten es sich leichter, als sie ihre Wahlwunden leckten." „Sorgfältig und freudig erregt haben die Sozis auch aus den Reihen der F.D.P. schon Signale aufgefangen."

(Der Spiegel Nr. 6 v. 6. 2. 1989, S. 17—22)

M 8 „Tarnungsmanöver

(Zeichnung: Luis Murschetz)

Während in M 4—M 6 die „Sachzwänge" bei der Nachrichtenauswahl im Vordergrund stehen, geht es in M 7 ff um mögliche persönliche und politische Einstellungen von Journalisten, die — bewußt oder unbewußt — die Nachrichtenauswahl beeinflussen und die Art ihrer Tätigkeit bestimmen.

❶ Erläutert, inwiefern die in M 7 zitierten Beispiele über das hinausgehen, was durch Sachzwänge unvermeidlich ist. Überprüft einen aktuellen Zeitungsbericht auf solche oder ähnliche „Manipulationen" hin.

❷ M 8 will auf einen wichtigen Grundsatz hinweisen, gegen den Journalisten nicht selten verstoßen. Erläutert, was der Karikaturist zum Ausdruck bringen will und warum es so wichtig ist, daß Journalisten zwischen Berichterstattung (Information) und eigener Bewertung der berichteten Vorgänge so streng wie möglich unterscheiden (vgl. auch M 29, letzter Satz). Untersucht aktuelle Zeitungstexte auf dieses Problem hin, und stellt fest, ob ein „Kommentar" deutlich als solcher markiert und ggf. auch graphisch von einem „Bericht" abgesetzt ist.

M 9a Bestimmen die „Schleusenwärter" die Tagesordnung?

In den angesehenen Tageszeitungen und den Nachrichtensendungen von Fernsehen und Hörfunk bestimmen zumeist anonyme Nachrichtenredakteure den Kurs. Diese Redakteure, die „Schleusenwärter" (gate-keeper), ... entscheiden darüber, welcher winzige Bruchteil der täglichen Nachrichtenflut tatsächlich Karriere macht; ... Denn ein Thema kann nur dann Gegenstand der öffentlichen Meinung sein, wenn es durch eine der publizistischen „Schleusen“ hineingelassen wird in die Kommunikationsstränge, das heißt, wenn es auf die Tagesordnung („agenda“) der diskussionswürdigen Probleme gerät.

Die amerikanische Publizistik* hat den Begriff des agenda-setting geprägt: Der Journalist „sets the agenda“ — er ist es, der die Themen, die er für wichtig hält, auf die Tagesordnung rückt und damit über die Rangordnung der politischen Probleme entscheidet. Er reduziert zum Beispiel eine zweistündige Wahlrede auf ihre einzige Entgleisung in einem einzigen Satz, macht daraus die Schlagzeile — und hat damit jenes Thema in die Welt gesetzt, über das die Kommentatoren nur mit ihren Meinungen herziehen. Er destilliert aus zwanzig Einzelmeldungen das Thema „Kältewelle“, er stülpt über ein Sammelsurium von Unruhen und Schießereien den Begriffstopf „Bürgerkrieg“ — oder eben nicht. Die Meinung ist frei, doch worüber die Bürger überhaupt Meinungen haben können, das haben zuvor zu einem erheblichen Teil die Journalisten per agenda-setting entschieden. Noch dazu auffallend wenige Journalisten: überwiegend nämlich die von den Nachrichtenagenturen, weil die meisten Funk- und Presseredaktionen ihre Vorstellung vom Rang der Weltereignisse an der Papierflut oder dem „Eil“-Klingeln der Agenturen orientieren. So werden die Journalisten zu Mitschöpfern der Ereignisse.

...

Die agenda-setting function, im Deutschen unzulänglich als „Thematisierungsfunktion“ oder „Scheinwerfer-Effekt“ bezeichnet, hat die landläufige Einschätzung ersetzt, Massenmedien würden ihren Benutzern eine Meinung vorschreiben. Der Schlüsselsatz, der den Anstoß gab: „Die Presse mag überwiegend erfolglos sein, wenn es darum geht, den Leuten zu sagen, was sie zu denken haben. Aber sie sagt den Lesern enorm erfolgreich, worüber sie nachzudenken haben.“

(Wolf Schneider, [M 4a], S. 16f., 201f.)

M 9b Das Selbstverständnis der Journalisten

Die Journalisten sind sich ihrer bevorrechtigten Stellung in der Gesellschaft bewußt. Zu diesem Ergebnis kommt der Publizistikwissenschaftler* Wolfgang Donsbach in seiner Studie „Legitimationsprobleme des Journalismus“ (Verlag Karl Alber, Freiburg / München 1982), die Untersuchungen zur Frage zusammenfaßt, welche Rolle und Bedeutung sich Journalisten in dieser Gesellschaft selbst zumessen.

Wie Donsbach herausfand, hat die überwiegende Mehrzahl der Journalisten nach eigenen Bekunden bereits ganz konkret auf Sachverhalte durch die Berichterstattung Einfluß genommen. Als Motive für die Wahl des Journalistenberufs wurden konkrete, politische Anliegen, das Streben nach gesellschaftlichem Einfluß und gesellschaftlicher Privilegierung* ermittelt. „Das berufliche Selbstverständnis“, schreibt Donsbach, „kommt einer teilnehmenden politischen Rolle sehr viel näher als einer neutralen. Kritik und Kontrolle, politische Ambitionen und der Anspruch, für andere Partei zu ergreifen, sind den Journalisten als berufliche Aufgaben wichtiger oder mindestens genauso wichtig wie die Informationsfunktion“.

(Hermann Meyn in: Informationen zur politischen Bildung Nr. 208, 1985, S. 30f.)

M 10a Schranken der Pressefreiheit

Nach Artikel 5 Absatz 2 des Grundgesetzes finden Meinungs-, Informations- und Pressefreiheit „ihre Schranken in den Vorschriften der allgemeinen Gesetze, den gesetzlichen Bestimmungen zum Schutze der Jugend und in dem Recht der persönlichen Ehre“. Wer als Journalist oder auch als Bürger gegen das Strafgesetzbuch verstößt, indem er beispielsweise jemanden verleumdet, kann sich nicht auf die Meinungs- und Pressefreiheit berufen. Die allgemeinen Gesetze dürfen allerdings keinesfalls das Grundrecht der Presse- und Meinungsfreiheit in seinem Wesensgehalt antasten. Diese Bestimmung des Artikels 19 des Grundgesetzes hat in der Praxis im Bereich des Persönlichkeitsschutzes für den Gesetzgeber zu einer schwierigen Güterabwägung zwischen dem Grundrecht der Pressefreiheit auf der einen Seite und dem Persönlichkeitsrecht auf der anderen Seite geführt.

Um Bestrebungen des Gesetzgebers abzuwehren, die Pressefreiheit zugunsten anderer Rechte zu beschränken, bildete sich 1956 ein aus zehn Verlegern und Journalisten bestehendes Selbstkontrollorgan der Presse — der Deutsche Presserat. Er machte sich in vielen Resolutionen zum Anwalt der in der Presse Tätigen. In den siebziger Jahren verlagerte sich der Schwerpunkt der Arbeit des Presserates auf die Ahndung von Verstößen der Presse gegen den von ihm erarbeiteten „Pressekodex“.

(Informationen ..., M 9b, S. 5)

M 10b Publizistische Grundsätze (Pressekodex)

1. Achtung vor der Wahrheit und wahrhaftige Unterrichtung der Öffentlichkeit sind oberstes Gebot der Presse.
2. Zur Veröffentlichung bestimmte Nachrichten und Informationen in Wort und Bild sind mit der nach den Umständen gebotenen Sorgfalt auf ihren Wahrheitsgehalt zu prüfen. Ihr Sinn darf durch Bearbeitung, Überschrift oder Bildbe-

schriftung weder entstellt noch verfälscht werden. Dokumente müssen sinngetreu wiedergegeben werden. Unbestätigte Meldungen, Gerüchte und Vermutungen sind als solche erkennbar zu machen.
Bei Wiedergabe von symbolischen Fotos muß aus der Unterschrift hervorgehen, daß es sich nicht um ein dokumentarisches Bild handelt.

3. Veröffentlichte Nachrichten oder Behauptungen, die sich nachträglich als falsch erweisen, hat das Publikationsorgan, das sie gebracht hat, unverzüglich von sich aus in angemessener Weise richtigzustellen.
4. Bei der Beschaffung von Nachrichten, Informationsmaterial und Bildern dürfen keine unlauteren Methoden angewandt werden.

[...]

7. Die Presse achtet das Privatleben und die Intimsphäre des Menschen. Berührt jedoch das private Verhalten eines Menschen öffentliche Interesse, so kann es auch in der Presse erörtert werden. Dabei ist zu prüfen, ob durch eine Veröffentlichung Persönlichkeitsrechte Unbeteiligter verletzt werden.
8. Es widerspricht journalistischem Anstand, unbegründete Beschuldigungen, insbesondere ehrverletzender Natur, zu veröffentlichen.
9. Veröffentlichungen in Wort und Bild, die das sittliche oder religiöse Empfinden einer Personengruppe nach Form und Inhalt wesentlich verletzen können, sind mit der Verantwortung der Presse nicht zu vereinbaren.
10. Auf eine unangemessen sensationelle Darstellung von Gewalt und Brutalität soll verzichtet werden. Der Schutz der Jugend ist in der Berichterstattung zu berücksichtigen.

(Veröffentlicht vom Deutschen Presserat am 12. 12. 1973)

M 11

Kaczmarek/journalist

❶ Erläutert, was der Begriff „Schleusenwärter" zum Ausdruck bringen will und was die „agenda-setting"-Theorie beinhaltet (M 9a). Was unterscheidet diese Theorie von der ebenfalls immer wieder diskutierten Annahme, daß die Presse das Denken der Leser unmittelbar beeinflußt?
Wie beurteilt ihr selbst diese Thesen?

❷ Beschreibt, wie sich aufgrund der in M 9b zitierten Untersuchung das Selbstverständnis der Journalisten darstellt.
— Inwiefern genießen Journalisten eine „Vorzugsstellung" in der Gesellschaft?
— Kennt Ihr selbst konkrete Beispiele dafür, daß Journalisten bei Ihrer Arbeit ihre „Privilegien" in dem beschriebenen Sinne (M 9b) genutzt haben? Zur „Rolle" und zu den Funktionen der Presse in der Demokratie vgl. später M 16.

❸ Erläutert anhand von M 10a und unter Rückgriff auf M 1, inwiefern das Grundrecht der Pressefreiheit und das Recht der persönlichen Ehre (bzw. der Schutz der Intimsphäre, s. M 1) miteinander in Konflikt geraten können. Was bedeutet hier „Güterabwägung" (M 10a)?

❹ Welches Ziel hat sich der „Deutsche Presserat" gesetzt (M 10a)? Worin kann die „Ahndung von Verstößen" bestehen (vgl. M 1)?

❺ Versucht die Grundsätze des „Pressekodex" (M 10b) möglichst durch konkrete Beispiele zu erläutern. Gegen welche Grundsätze hatten „Quick" und „Bild" (s. M 1) verstoßen?

❻ Erklärt die Darstellung der Karikatur M 11. Was ist mit „Berufsethik" gemeint? — Welche weiteren Kriterien (Entscheidungsmaßstäbe) könnten auf den nicht sichtbaren Seiten des Würfels stehen? Welchen Eindruck will diese Darstellung erwecken?

❼ Nach der Bearbeitung des Abschnittes „Information oder Manipulation durch die Presse?" solltet ihr auf jeden Fall den Besuch eines Zeitungsverlages durchführen und/oder einen Redakteur einer Tageszeitung zu einem Gespräch (zu einer „Expertenbefragung"; vgl. dazu den Anhang S. 255) in den Unterricht einladen. Neben zahlreichen Einzelfragen, die die praktische Seite seiner Arbeit betreffen (Tätigkeitsbereich, Größe und Art der Zeitung, Benutzung von Nachrichtenagenturen) solltet ihr folgende Frage nicht vergessen:
— Von welchem Selbstverständnis seiner Arbeit geht der Redakteur aus? — Dazu könnt ihr euch an den Ergebnissen der Studie orientieren, über die in M 9b berichtet wird und die ihr dem Redakteur vorher mitteilen solltet. Zieht dazu auch M 7—9a heran.

Falls ihr auch den Abschnitt „Ist die Pressefreiheit gefährdet?" (M 15ff.) bearbeiten wollt, solltet ihr den Verlagsbesuch bzw. die Expertenbefragung erst danach ansetzen.

M 12 Wer Zeitung liest, weiß mehr

Zahlreiche Untersuchungen belegen, daß ein hoher Kenntnisstand oder eine Zunahme von politischen Kenntnissen stärker mit dem Lesen von Zeitungen und Zeitschriften verknüpft ist als mit der Nutzung

des Fernsehens. Es gibt auch Hinweise darauf, daß Zeitungsleser mehr Hintergrundwissen besitzen und dies aus der Zeitung entnehmen.

[...] Die Tageszeitung hat bei der Wissensvermittlung strukturelle Vorteile. Der Berliner Publizistikwissenschaftler* Fritz Eberhard, prägte hierfür den Ausdruck von der „Disponibilität" der Zeitung: Sie kann zu beliebigen Zeitpunkten und an beliebigen Orten gelesen werden. Hinzu kommt die außergewöhnliche Informationsfülle und die Möglichkeit der eigenständigen Auswahl. Am wichtigsten scheint jedoch zu sein, daß der Leser die Geschwindigkeit der Informationsaufnahme selbst bestimmen kann — er kann Artikel überfliegen oder gründlich lesen, er kann Pausen einlegen oder Sätze zweimal lesen. Kein „fremdes" Zeitmaß, wie bei Hörfunk und Fernsehen, stört die Aufnahme, das Durchdenken und die Kritik des Gelesenen. Die Zeitung erfüllt somit für die demokratische Willensbildung eine eminent wichtige politische Funktion.

Die Darstellung und Wahrnehmung von Argumentationszusammenhängen scheint bei dem flüchtigen Medium Fernsehen, das von den Zuschauern eher mit dem Anspruch auf Unterhaltung konsumiert wird, schwieriger.

[...] Auffallend ist die Bedeutung des Lesens bei Fernsehzuschauern für ihre Vorstellung von Politik. Fernsehen führt dazu, daß der „action"-Aspekt von Politik verstärkt wahrgenommen wird, zusätzliches Zeitungslesen korrigiert diesen Eindruck. Bei Personen, die neben dem Fernsehen ziemlich wenig lasen, ergaben sich bei einer Untersuchung Mitte der sechziger Jahre irreale, fast spielerische Vorstellungen vom politischen Geschehen. Personen, die neben dem Fernsehen regelmäßig lasen, kamen zu einem realistischeren Verständnis von Politik. Sie ... hatten im Gegensatz zu den Wenig-Lesern den Eindruck, daß Politik eine schwierige Sache sei.

(Rainer Mathes, Was wissen wir von den Wirkungen der Presse? In: Das Parlament Nr. 37 vom 15. 9. 1984, S. 11)

M 13

Mediennutzung in Minuten pro Tag

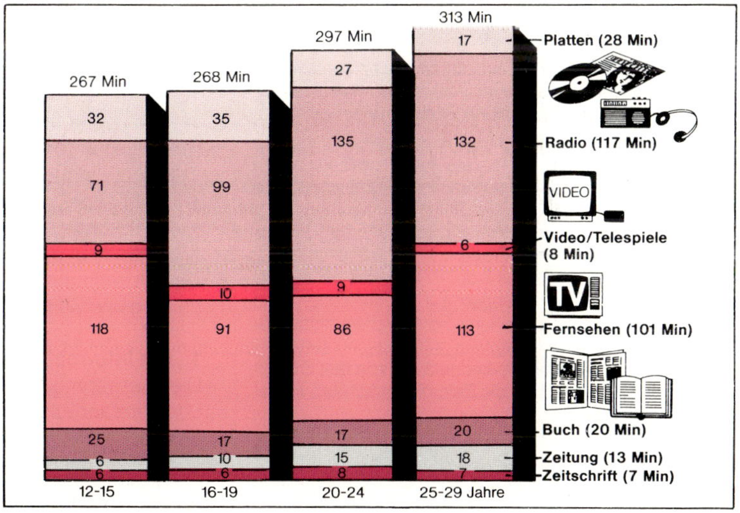

Eine Untersuchung aus dem Jahr 1993 ergab für die 14—19jährigen eine Zeit von 44 Min. für Platten/Kassetten, 125 Min. für Radio, 133 Min. für Fernsehen.

(Media-Analyse AG)

Im Wochendurchschnitt entfallen von den 1440 Minuten des 24-Stunden-Tages 345 Minuten auf den Tätigkeitsbereich der Produktion, 705 Minuten werden täglich zur Regeneration, also für Schlafen, Essen, Körperpflege, Einkaufen usw. benötigt. Die restlichen 390 Minuten stehen als Freizeit zur Verfügung.

Während des Tages wenden sich die zwölf- bis 29jährigen Jugendlichen und jungen Erwachsenen im Wochendurchschnitt fast 5 Stunden den Massenmedien zu. Doch lediglich ein kleiner Anteil von 40 Minuten kommt dabei den Lesemedien zugute: 20 Minuten davon der Lektüre von Büchern, 13 Minuten der Zeitung und 7 Minuten den Zeitschriften. Im Schnitt hört der Jugendliche 2 Stunden Radio und knapp eine halbe Stunde Platten bzw. Kassetten. In diesem Zusammenhang muß darauf hingewiesen werden, daß die Mediennutzung hier sekundären Charakter hat, d. h. neben anderen Tätigkeiten stattfindet.

Betrachtet man die Buchnutzer isoliert, fällt auf, daß sie im Schnitt pro Tag immerhin 104 Minuten dem

Buch zuwenden. Aber dazu gehört eben nur knapp jeder fünfte der befragten Jugendlichen und jungen Erwachsenen.

(Sparkassen-Schul-Service über die Studie „Jugend und Medien" der Medienkommission von ARD und ZDF und der Bertelsmann-Stiftung 1986)

M 14

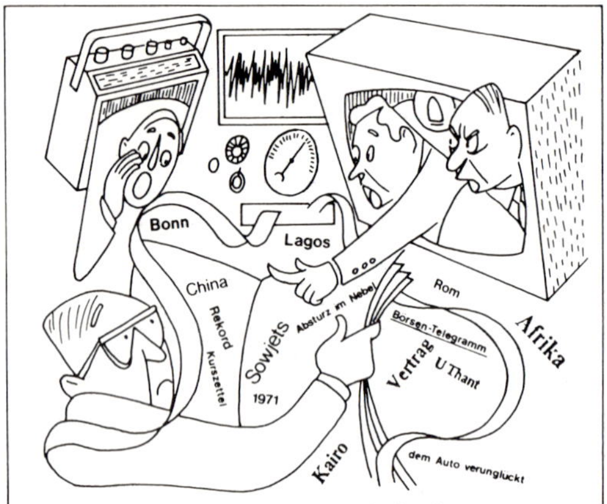

Informiert sein ist alles! Zeichnung: Hicks

❶ Erläutert, inwiefern nach M 12 die Tageszeitung „bei der Wissensvermittlung strukturelle Vorteile" gegenüber dem Fernsehen hat. Welche Vorzüge des Zeitungslesens werden genannt? Warum wird das Fernsehen im Hinblick auf die politische Information als ein „flüchtiges" Medium bezeichnet, das den „action"-Aspect von Politik in den Vordergrund rückt?

❷ Beschreibt die Ereignisse der Untersuchung zur Mediennutzung (M 13), die auf einer repräsentativen Umfrage bei etwa 4000 Jugendlichen und jungen Erwachsenen beruhen.
Berücksichtigt bei der Auswertung der Befragungsergebnisse auch folgende Fragen:
— Was fällt beim Vergleich der Ergebnisse für die verschiedenen Altersgruppen auf (rechts neben dem Säulendiagramm stehen die Durchschnittswerte für die Gesamtgruppe)?
— Wo bleibt bei einer Mediennutzung von fast 5 Stunden (12—15jährige) die Zeit, die ihr für eure Hausaufgaben braucht?
— Inwiefern wird das Problem von Durchschnittszahlen an der Kategorie „Bücherlesen" besonders deutlich?

❸ Überlegt auf dem Hintergrund von M 12, warum die Befragungsergebnisse (vor allem zu den 12—19jährigen) Aufsehen erregten und als „besorgniserregend" bezeichnet wurden.

❹ Die Karikatur M 14 will auf ein Problem bei der Information über Politik hinweisen, das wir hier nicht ausführlicher erörtern wollen. Erläutert, was der Zeichner zum Ausdruck bringen wollte (die Stichwörter und Namen stammen von 1971 und sind daher z. T. nicht mehr verständlich; vielleicht könnt Ihr sie durch solche aus dem aktuellen Informationsangebot ersetzen). Wie ließe sich eurer Meinung nach das Problem entschärfen?

Ist die Pressefreiheit gefährdet?

M 15 Aus dem Grundgesetz für die Bundesrepublik Deutschland

Artikel 5
(1) Jeder hat das Recht, seine Meinung in Wort, Schrift und Bild frei zu äußern und zu verbreiten und sich aus allgemein zugänglichen Quellen ungehindert zu unterrichten. Die Pressefreiheit und die Freiheit der Berichterstattung durch Rundfunk und Film werden gewährleistet. Eine Zensur findet nicht statt.
(2) Diese Rechte finden ihre Schranken in den Vorschriften der allgemeinen Gesetze, den gesetzlichen Bestimmungen zum Schutze der Jugend und in dem Recht der persönlichen Ehre.

Artikel 18
Wer die Freiheit der Meinungsäußerung, insbesondere die Pressefreiheit (Art. 5 Absatz 1) [...] zum Kampfe gegen die freiheitliche demokratische Grundordnung mißbraucht, verwirkt diese Grundrechte [...]

M 16 Die politischen Funktionen der Massenmedien in der Demokratie

In der Demokratie werden den Massenmedien Presse, Hörfunk und Fernsehen drei einander zum Teil stark überschneidende Funktionen zugeordnet:
- Information,
- Mitwirkung an der Meinungsbildung,
- Kontrolle und Kritik.

Zu den weiteren Aufgaben zählen aber auch Unterhaltung und Bildung.

1. Die Informationsfunktion

Die Massenmedien sollen so vollständig, sachlich und verständlich wie möglich informieren, damit die Staatsbürger in der Lage sind, das öffentliche Geschehen zu verfolgen. Mit ihren Informationen sollen die Presse, der Hörfunk und das Fernsehen dafür sorgen, daß der einzelne die wirtschaftlichen, sozialen und politischen Zusammenhänge begreift, die demokratische Verfassungsordnung versteht, seine Interessenlage erkennt und über die Absichten und Handlungen aller am politischen Prozeß Beteiligten so unterrichtet ist, daß er selbst aktiv daran teilnehmen kann — als Wähler, als Mitglied einer Partei oder auch einer Bürgerinitiative. Da unsere Gesellschaft viel zu großräumig geworden ist, kommen wir mit dem direkten Gespräch, der unmittelbaren Kommunikation, nicht mehr aus. Wir als einzelne und die vielfältigen Gruppen, die in dieser

Gesellschaft bestehen, sind darauf angewiesen, miteinander ins Gespräch gebracht zu werden — dafür sollen die Massenmedien sorgen. Dabei müssen wir uns der Tatsache bewußt sein, daß wir die Welt zum großen Teil nicht mehr unmittelbar erfahren; es handelt sich überwiegend um eine durch Medien vermittelte Welt.

2. Die Meinungsbildungsfunktion

Bei der Meinungsbildung fällt den Massenmedien ebenfalls eine bedeutsame Rolle zu. Dies ergibt sich aus der Überzeugung, in der Demokratie sei allen am meisten damit gedient, wenn Fragen von öffentlichem Interesse in freier und offener Diskussion erörtert werden. Es besteht dann die Hoffnung, daß im Kampf der Meinungen das Vernünftige die Chance hat, sich durchzusetzen. Auch hier ist natürlich wieder zu bedenken: Die Meinungen, die sich der einzelne Bürger bildet und beispielsweise in politischen Gesprächen formuliert, kommen nicht in erster Linie aufgrund von Wirklichkeitserfahrung, sondern aufgrund von Wirklichkeitsvermittlung durch die Medien zustande.

3. Kritik- und Kontrollfunktion

Im parlamentarischen Regierungssystem obliegt in erster Linie der Opposition die Aufgabe der Kritik und Kontrolle. Diese wird unterstützt und ergänzt durch die Kritik- und Kontrollfunktion der Medien. Ohne Presse, Hörfunk und Fernsehen, die Mißstände aufspüren und durch ihre Berichte unter anderem parlamentarische Anfragen und Untersuchungsausschüsse anregen, liefe die Demokratie Gefahr, der Korruption oder der bürokratischen Willkür zu erliegen. Gegen den Einwand, Kritik könne dem Ansehen des Gemeinwesens schaden, ist zu sagen: Nicht jene, die Mängel aufdeckten, schadeten dem Staat, sondern alle diejenigen, die für solche Mißstände verantwortlich waren. Andererseits wird argumentiert, die Kontrolle der Medien dürfe sich nicht auf den Staat beschränken, sondern müsse sich auf die gesamte Gesellschaft erstrecken. Den Medien als Teil dieser Gesellschaft könne dabei nicht zugestanden werden, eine Art eigenständige vierte Gewalt neben den Institutionen des demokratischen Staates zu sein.

(Informationen [...], M 9b, S. 1f.)

❶ Informiere dich über das Grundrecht der Presse- und Informationsfreiheit (M 15).
— Inwiefern ist die Pressefreiheit ein Teil des Grundrechts der freien Meinungsäußerung?
— Inwiefern lassen sich Meinungs-/Pressefreiheit und Informationsfreiheit voneinander unterscheiden (M 15)?
— Warum ist im Grundgesetz nicht ausdrücklich auch das Fernsehen genannt?

❷ Überlegt, inwiefern die Medien, wenn sie ihre Funktionen (M 16) wahrnehmen wollen, in Gefahr geraten können, das „Recht der persönlichen Ehre" (M 15, vgl. M 10a) zu verletzen. — Zum Problem des Jugendschutzes vgl. im Kapitel „Familie" M 48/49.

❸ Eine besondere Grenze der Pressefreiheit ist durch das Grundgesetz (Art. 18) selbst festgelegt (M 15).
— Versuche zu erklären, was mit „freiheitlich demokratische Grundordnung" gemeint ist (vgl. Kap. 5, M 6).
— Was soll mit der Bestimmung des Artikel 18 gewährleistet werden?
— Wie könnte ein solcher Fall, daß jemand das Grundrecht der Meinungs-/Pressefreiheit „verwirkt" (= verliert), konkret aussehen?

❹ Beschreibe die drei politischen Funktionen der Massenmedien (M 16).

❺ Inwiefern überschneiden sich die drei Funktionen zum Teil stark?

❻ Versuche Beispiele dafür zu nennen, daß die Massenmedien durch Aufdeckung von Mißständen ihre Kontrollfunktion wahrgenommen haben.

❼ Neben den drei politischen Funktionen wird den Massenmedien auch eine „Unterhaltungsfunktion" zugeschrieben. Erläutere, was damit gemeint ist.

M 17 Pressefreiheit = Verlegerfreiheit?

M 17a „Stern"-Chefredaktion wird umgebaut

Hamburg (AP) — Die Chefredaktion des Hamburger Magazins Stern wird grundlegend umgestaltet. Wie der Verlag Gruner und Jahr am Montag in Hamburg mitteilte, soll künftig der zur Zeit noch als stellvertretender Chefredakteur und Chefreporter bei der Süddeutschen Zeitung tätige Herbert Riehl-Heyse, gleichberechtigt mit dem bisherigen Redaktionsleiter Michael Jürgs, das Blatt leiten. Die beiden anderen bisherigen Chefredakteure, Heiner Bremer und Klaus Liedtke, seien abberufen worden. Nach Angaben des Verlags soll Riehl-Heyse „spätestens ab 1. Januar 1990" seine Arbeit beim Stern aufnehmen. Über den weiteren beruflichen Weg der bisherigen Stern-Chefredakteure Bremer und Liedtke teilte der Verlag nichts mit.

(Süddeutsche Zeitung v. 17. 1. 1989)

M 17b Die Stellung des Verlegers

Eigentümer von Zeitungsverlagen sind in aller Regel Verleger. Sie beauftragen mit der redaktionellen Leitung der Zeitung einen Mann ihres Vertrauens, den Chefredakteur, der in Absprache mit dem Verleger die einzelnen Redakteure aussuchen, einstellen und entlassen kann (im einzelnen sind die jeweiligen Kompetenzen heute bei vielen Zeitungen durch besondere „Redaktionsstatute"* unterschiedlich geregelt). Aufgrund der Besitzverhältnisse und der Verantwortung für den wirtschaftlichen Erfolg des Unternehmens wird dem Verleger das Recht zugesprochen, in die Redaktionsarbeit einzugreifen, wenn z. B. die politische Ausrichtung seinen Vorstellungen nicht entspricht oder ihm Ansehen und Bestand des Unternehmens gefährdet erscheinen. Daraus resultiert das Problem der „inneren Pressefreiheit" (der Unabhängigkeit der Journalisten von der „privaten" Macht des Verlegers) im Unterschied zur „äußeren Pressefreiheit", der Unabhängigkeit der Presse von staatlichen Eingriffen (Zensur).

(Autorentext)

M 17c „Die Freiheit von 200 reichen Leuten"

„Pressefreiheit", schrieb der hochangesehene Publizist Paul Sethe in den sechziger Jahren, „ist die Freiheit von 200 reichen Leuten, ihre Meinung zu verbreiten". Der Satz gilt auch heute noch. [...]
Das Grundgesetz garantiert in Artikel 5 jedem Deutschen „das Recht, seine Meinung in Wort, Schrift und Bild frei zu äußern und zu verbreiten". Die finanziellen Mittel dazu gibt es ihm nicht an die Hand. Auch der Satz, daß „die Pressefreiheit [...] gewährleistet" sei, bedeutet nur die verbindliche Zusage des Verfassungsgebers, den Zeitungen nicht das Wort zu verbieten, solange sie sich an Recht und Gesetz halten. Paul Sethe, liberal-konservativ von Hause aus, wollte denn mit seiner kritischen Bemerkung auch durchaus nicht gegen die Verleger von Meinungsblättern polemisieren, sondern nur einen Sachverhalt feststellen, der zum Nachdenken Anlaß gibt: Die Presse ist in der Bundesrepublik Deutschland wie in allen Demokratien westlichen Zuschnitts privatwirtschaftlich organisiert. Zeitungsverlage sind Produktionsbetriebe wie andere auch. Sie stellen ein Erzeugnis her und verkaufen es, um damit Geld zu verdienen, Gewinn zu machen, jedenfalls aber keinen Verlust. Die Eigenart des Produkts Zeitung oder Zeitschrift besteht im Gegensatz zu anderen Erzeugnissen nur darin, daß es neben dem Papierwert und ganz gewöhnlichen Konsumgütern wie Unterhaltung, Börsen- und sonstigen Marktübersichten und dem Anzeigenteil auch politische Information und politische Meinung transportiert. Eben diese Eigenart aber macht Zeitungsverleger im Gegensatz zu den Herstellern von Automobilen, Margarine oder grüner Seife unversehens zu privilegierten* Trägern und Inhabern des Grundrechts der Meinungs- und Pressefreiheit. Sie haben, rein tatsächlich, mehr Meinungs-, mehr Pressefreiheit als jeder andere Bürger in diesem Lande, mehr auch als jeder bei ihnen beschäftigte Journalist. In ihren Zeitungshäusern verfügen sie nicht nur — wie der Bundeskanzler im Kabinett — über die Richtlinienkompetenz*, sondern notfalls über die Befugnis, zu entscheiden, ob ein ganz bestimmter, einzelner Artikel erscheinen darf oder nicht. Und sie machen davon, wie nicht nur Insider wissen, zuweilen auch Gebrauch. [...]

(Hans Schueler, Vom Privileg der Pressefreiheit. In: Das Parlament Nr. 37 v. 15. 9. 1984)

M 17d „Nicht die ganze Wirklichkeit"

Was Paul Sethe 1965 schrieb (M 17c), ist inzwischen fast zu einem geflügelten Wort geworden.
Karl-Hermann Flach, selbst ein Journalist, hat eine treffende Antwort darauf gegeben: „Wenn diese harten Sätze, die im Prinzip richtig sind, die ganze Wirklichkeit erfassen würden, wären wir mit der Pressefreiheit bereits am Ende. Erfreulicherweise gibt es noch Verleger, die den unabhängigen Meinungen ihrer Journalisten genügend Raum geben. Die einen tun es, weil sie wirklich davon überzeugt sind, daß ein freies Pressewesen mit seiner inneren Liberalität* steht und fällt; die anderen, weil sie nicht die geistige Überlegenheit besitzen, um die ihnen formal unterstellten Redakteure ‚zu führen'; und die dritten, weil ihre Unternehmen so groß und kompliziert geworden sind, daß sie gar nicht recht übersehen können, was in den einzelnen Redaktionen geschieht. Es gibt natürlich auch Mischtypen, bei denen von allen genannten Gründen ein wenig zutrifft. Schließlich gibt es eine gewisse Freiheitsmarge, die auf einer, Gott sei Dank, nicht völlig ausrottbaren Schlamperei beruht." [...]

(Schuster/Sillner, S. 52f. = M 5)

M 17e

(Journalist 2/79, S. 32)

M 17f

Ich als Verleger will Sie doch nur beim Kampf um die Pressefreiheit unterstützen.

(Quelle: Der Stern Nr. 5/73)

❶ Der in M 17a berichtete Fall verweist auf ein viel diskutiertes Problem der Pressefreiheit, das Verhältnis zwischen „Verleger" und „Redakteuren". Analysiert den Vorgang mit Hilfe der Informationen aus M 17b und erläutert mit eigenen Worten die Begriffe „innere" und „äußere" Pressefreiheit.

❷ In M 17c wird verdeutlicht, worauf die Machtstellung des Verlegers beruht. Gebt den Inhalt dieses Textes mit eigenen Worten wieder und überlegt, warum der Verfasser einen „Anlaß zum Nachdenken" sieht.

❸ Warum erfaßt nach M 17d das zitierte Wort von Paul Sethe nicht die „ganze Wirklichkeit"?

❹ Erläutert die Aussageabsicht der beiden Karikaturen M 17e/f. Stellen sie das Problem der inneren Pressefreiheit unterschiedlich dar?

Zur Sicherung des Grundwissens

Nach der Erarbeitung der drei ersten Abschnitte des Kapitel 9 solltet ihr

- *die vier größten, in der Bundesrepublik tätigen Nachrichtenagenturen nennen und die Bedeutung erläutern können, die Nachrichtenagenturen für die Massenmedien haben (M 2a/b);*
- *den Unterschied angeben können zwischen dem unvermeidlichen „Zwang zur Selektion" und bewußter „Manipulation" bei der Berichterstattung durch die Medien (M 4a, M 5, M 7);*
- *die „agenda-setting"-Theorie kurz erläutern können (M 9a);*
- *erklären können, was man unter „Presse- und Informationsfreiheit" versteht und worin sie ihre Schranken findet (M 15, M 10a);*
- *erläutern können, welches Ziel sich der „Deutsche Presserat" mi seinem „Pressekodex" gesetzt hat (M 10a 2. Abschnitt, M 10b);*
- *die drei politischen Funktionen der Massenmedien in der Demokraie nennen und kurz erläutern können (M 16);*
- *den Unterschied zwischen „innerer" und „äußerer" Pressefreiheit erklären und die Stellung des Verlegers kurz beschreiben können (M 17b).*

Pressekonzentration

Mitentscheidend für die Presse- und Informationsfreiheit ist, daß die Vielfalt im Zeitungswesen und damit die Vielfalt der veröffentlichten Meinungen erhalten bleibt. Pressekonzentrationen — als ein Prozeß der Verteilung aller erscheinenden Zeitungen auf immer weniger Verlage — bedeutet daher immer auch die Gefahr der Einschränkung der Presse- und Informationsfreiheit.
Im folgenden könnt ihr euch ein Bild vom Ausmaß, den Ursachen und den Folgen der Pressekonzentration in der Bundesrepublik Deutschland machen.

M 18a Die Zeitungslandschaft

Bei Zeitungen besteht eine Vielfalt des Niveaus, der Themenschwerpunkte und der politischen Richtung. Unterscheiden lassen sich:

— *Überregionale Tageszeitungen* mit akzentuierter politischer Linie und relativ anspruchsvollem Niveau, die als wichtigste Träger der argumentativen öffentlichen Meinung auf zentralstaatlicher Ebene gelten können. Zu ihnen gehören u. a. die rechtsorientierte „Die Welt", die liberal-konservative „Frankfurter Allgemeine Zeitung", die liberale „Süddeutsche Zeitung" und die linksorientierte „Frankfurter Rundschau".

— *Regionale Tageszeitungen* in größerer Anzahl und mit insgesamt hoher Auflage, die den Charakter informierender Blätter mit landespolitischem Gewicht (hervorragende Beispiele: Neue Ruhr-Zeitung, Hannoversche Allgemeine Zeitung, Stuttgarter Zeitung) besitzen. [...]

— *Lokale Tageszeitungen,* deren Verbreitungsgebiet sich auf einen oder mehrere Stadt- und Landkreise beschränkt. Sie berichten insbesondere auch über lokale und kommunalpolitische Vorgänge, eine Funktion, die teilweise auch Lokalausgaben oder -teile regionaler und überregionaler Blätter erfüllen. [...]

— *Boulevardblätter* mit magerem Informationsgehalt. Zu nennen sind hier vor allem die überregionale „Bild"-Zeitung mit der weitaus größten, wenn auch im letzten Jahrzehnt zurückgegangenen Auflage aller Tageszeitungen, daneben großstadtbezogene Blätter wie die „BZ" (Berlin).

— *Politische Wochenschriften* mit akzentuierter politischer Tendenz, am einflußreichsten das linksliberale Nachrichtenmagazin „Der Spiegel" und die liberale „Die Zeit"[1]. Enger auf bestimmte Adressatengruppen gerichtet sind u. a. der CSU-nahe „Bayernkurier", die rechtsextreme „Deutsche Nationalzeitung" und der konservativ-katholische „Rheinische Merkur".

[1] Hinzugekommen sind u.a. das Wochenmagazin „Focus" und die Wochenzeitung „Die Woche" (s. M 18b).

— *Illustrierte* und sonstige unterhaltende, fachliche und verbandspolitische wöchentliche oder monatliche Periodika mit unterschiedlich starken politischen Anteilen. Als politisch engagiert und relevant kann hier vor allem der linksorientierte „Stern" gelten.

(Wolfgang Rudzio, Das politische System der Bundesrepublik Deutschland [Leske-Verlag], Opladen, 3. Aufl. 1991, S. 204f.)

M 18b Auflagen ausgewählter Zeitungen und Zeitschriften

Zeitung/Zeitschrift	Verkaufte Auflage (in 1000) 1970[1]	1980[1]	1994
Bild-Zeitung (Springer-Verlag)	3391	4710	4426
Süddeutsche Zeitung	259	331	400
Frankfurter Allgemeine	255	312	395
Die Welt (Springer-Verlag)	226	204	208
Frankfurter Rundschau	147	184	189
Bild am Sonntag (Springer-Verlag)	2169	2483	2584
Die Zeit	262	389	477
Welt am Sonntag (Springer-Verlag)	340	326	388
Die Woche	—	—	114
Rheinischer Merkur	50	141	108
Der Spiegel	890	948	1003
Focus	—	—	620
Stern	1634	1741	1250
Bunte	1702	1425	796
Neue Revue	1761	1238	555

[1] 4. Quartal

(Nach: Institut der deutschen Wirtschaft „Zahlen 1995", S. 9)

M 18c Regionalzeitungen Niedersachsens 1993[1]

	(Auflage in 1000)
Hannoversche Allgemeine Zeitung	432
Nordwest-Zeitung (I) Oldenburg	226
Braunschweiger Zeitung	216
Neue Osnabrücker Zeitung	204
Niedersächsisches Tageblatt Lüneburg	103
Nordwest-Zeitung (II „Ostfriesen-Mantel") Oldenburg	72
Deister- und Weserzeitung Hameln	71
Neue Presse Hannover	60
Cellesche Zeitung	34
Oldenburgische Volkszeitung Vechta	42

[1] 1. Quartal 1993

(Media Perspektiven, Basisdaten 1993, S. 49f.)

❶ Erläutert, was man unter „Pressekonzentration" versteht und inwiefern darin eine Gefährdung (also eine vom Gesetzgeber nicht erwünschte Beschränkung) der Presse- und Informationsfreiheit liegen kann (Einleitung zu M 18).

❷ Verschafft euch anhand von M 18a—c zunächst einen Überblick über die Vielfalt des Pressewesens in der Bundesrepublik Deutschland. Bringt nach Möglichkeit für die in M 18a genannten unterschiedlichen Arten von Zeitungen und Zeitschriften jeweils mindestens ein Exemplar in den Unterricht mit.

❸ Wichtig ist vor allem der Unterschied zwischen überregionalen bzw. regionalen Tageszeitungen, die ganz überwiegend im Abonnement verkauft werden, und „Boulevardblättern", die überwiegend an Kiosken verkauft werden und täglich durch eine auffällige Aufmachung die Aufmerksamkeit des Publikums auf sich ziehen müssen.

Anhand der Titelseiten einer überregionalen Zeitung und einer Boulevardzeitung vom gleichen Tag könnt ihr untersuchen, worin sich beide Zeitungstypen unterscheiden. Beachtet beim Vergleich folgende Gesichtspunkte:

— Welchen Bereichen (Politik, Wirtschaft, Kultur, Sport, Wetter, Sensationelles, Sonstiges) sind die einzelnen Nachrichten (s. Überschriften) zuzuordnen? Welche Unterschiede in der Verteilung ergeben sich?
— Über welche Ereignisse wird in beiden Zeitungen auf der ersten Seite berichtet? Welche Unterschiede bei der Formulierung der Überschriften sind zu erkennen, und wie sind sie zu erklären? Überprüft auch die Formulierungen der übrigen Überschriften.
— Wie lassen sich die Unterschiede in der Aufmachung (dem „Lay-out") der Titelseiten beschreiben und erklären? Wie wirken die Titelseiten insgesamt auf den Betrachter?
— Welche Interessen und Bedürfnisse der Leser werden jeweils besonders angesprochen? Worauf kommt es den jeweiligen Redaktionen vor allem an? Wie beurteilt ihr selbst beide Zeitungen im Hinblick auf die Informationsfunktion der Massenmedien (vgl. M 16)?

❹ Stellt fest, nach welchen Arten von Zeitungen und Zeitschriften die Tabelle M 18b geordnet ist, und berechnet dann den prozentualen Anteil, den die genannten Zeitungen und Zeitschriften des Springer-Verlags an der Gesamtauflage der genannten Tages- und Wochenzeitungen haben („Marktanteil"). Zum Marktanteil aller Springer-Tageszeitungen auf dem gesamten Tageszeitungsmarkt der Bundesrepublik s. M 20; zur Stellung des Springer-Verlages auf den Märkten für Boulevard-Zeitungen, für Sonntagszeitungen und für Programmzeitschriften s. M 23, letzter Abschnitt.

❺ M 18c gibt die Auflagenzahlen für die wichtigsten Tageszeitungen in Niedersachsen an. Berechnet den Marktanteil der „Hannoverschen Allgemeinen" (den Verlag und die Namen der „Verbundzeitungen" könnt ihr aus M 20 [Rang 8] entnehmen).

M 19 Strukturdaten zur Tagespresse in der Bundesrepublik Deutschland (einschl. West-Berlin)[4]

	1954	1967	1989	1993[4]
Verlagsbetriebe[1], die Tageszeitungen herausgeben	624	535	358	384
Vollredaktionen[1]	225	158	119	137
Redaktionelle Ausgaben[1]	1500	1416	1344	
Verkaufsauflagen aller Tageszeitungen in Mio. Exemplaren	13,4	18	20,5	25,4
Ein-Zeitungs-Kreise[2] Anzahl	85	145	157[3]	
in % aller Kreise	15,2	25,7	47,9[3]	55,1
in % der Gesamtbevölkerung	8,5	16,1	35,9[3]	38,2

[1] „Vollredaktionen" („Publizistische Einheiten"): Sammelbegriff für Zeitungen, die mindestens mit dem gleichen sogenannten „Mantel" (mindestens die ersten Seiten einer Zeitung mit dem allgemeinen politischen und wirtschaftlichen Teil) erscheinen, aber oft ganz verschiedene Namen tragen und in eigenen „Verlagsbetrieben" erscheinen. „Redaktionellen Ausgaben" unterscheiden sich durch Lokalseiten, die z. B. auf einen bestimmten Ort oder Kreis bezogen sind. Etwa vier Fünftel aller redaktionellen Ausgaben decken als „Kreiszeitungen" jeweils einen Kreis oder Teile davon ab. — Beispiel: Die Publizistische Einheit „Westfälische Nachrichten" erscheint in 8 Verlagen als Herausgebern und 23 redaktionellen Ausgaben.

[2] Ein-Zeitungs-Kreise = Kreise und kreisfreie Städte, in denen die Einwohnerzahl der Gebietsteile überwiegt, deren Bevölkerung sich nur aus *einer* Tageszeitung über das aktuelle Geschehen informieren kann.

[3] Zahlen von 1985

[4] 1993 Daten für Gesamtdeutschland

(Zusammengestellt aus: Walter J. Schütz, Deutsche Tagespresse 1993. In: Media Perspektiven Nr. 4/1994, S. 168ff.)

M 20 Die zehn größten Verlagsgruppen auf dem Zeitungsmarkt (Tageszeitungen) in der Bundesrepublik Deutschland[1]

Rang	Verlagsgruppe	Zeitungen(Auswahl)	Marktanteil (%)
1	Axel Springer-Verlag AG, Hamburg/Berlin	Bild-Zeitung; Die Welt; Hamburger Abendblatt; B.Z., Berlin; Berliner Morgenpost	23,3 (22,8)
2	Zeitungsgruppe WAZ, Essen	WAZ, Essen; Westfälische Rundschau, Dortmund; Westfalenpost, Hagen	5,5 (5,6)
3	Verlagsgruppe Stuttgarter Zeitung/Rheinpfalz/Südwest-Presse	Stuttgarter Nachrichten; Die Rheinpfalz, Ludwigshafen; Freie Presse, Chemnitz	5,0 (5,2)
4	Verlagsgruppe M. DuMont Schauberg, Köln	Kölner Stadtanzeiger; Express, Köln/Bonn; Mitteldeutsche Zeitung, Halle	4,4 (4,5)
5	Gruner + Jahr AG & Co KG, Hamburg	Sächsische Zeitung; Berliner Zeitung; Hamburger Morgenpost	3,6 (3,8)
6	Verlagsgruppe Süddeutscher Verlag / Friedmann Erben	Süddeutsche Zeitung; Abendzeitung, München/Nürnberg; Donau-Kurier, Ingolstadt	3,2 (3,3)
7	Frankfurter Allgemeine Zeitung GmbH/ Frankfurter-Societätsdruckerei GmbH	Frankfurter Allgemeine Zeitung; Frankfurter Neue Presse; Märkische Volksstimme, Potsdam	2,9 (3,1)
8	Verlagsgruppe Münchener Zeitungsverlag/ Westfälischer Anzeiger/Dirk Ippen	Münchner Merkur; tz, München; Offenbach Post; Westfälischer Anzeiger, Hamm	2,7 (2,7)
9	Holtzbrinck, Stuttgart	Südkurier Konstanz; Main Post, Würzburg; Lausitzer Rundschau (52%); Saarbrücker Zeitung (52%)	2,5 (2,5)
10	Verlagsgruppe Madsack/Gerstenberg, Hannover	Hannoversche Allgemeine Zeitung; Neue Presse, Hannover; Göttinger Tageblatt	2,5 (2,1)

[1] Stand: 1995 (in Klammern 1993), 1. Quartal; Gesamtauflage der Tageszeitungen: 25,5 Mio.

(Quelle: Röper, Horst: Daten zur Konzentration der Tagespresse in der Bundesrepublik Deutschland. In: Media Perspektiven 2/1995)

❶ Die Tabelle M 19 soll Aufschluß darüber geben, ob und inwieweit es in der Nachkriegszeit einen Konzentrationsprozeß in der Tagespresse gegeben hat. Klärt vor ihrer Auswertung zunächst, wie sie aufgebaut ist und wie die verwendeten Begriffe zu verstehen sind. Was haben „Ein-Zeitungs-Kreise" mit Konzentration zu tun?

❷ Was läßt sich aufgrund der Zahlen über die Konzentration in den Jahren von 1954—1989 sagen? In welchen Bereichen ist die Entwicklung am auffälligsten?

❸ Erkundet die „Presselandschaft" in eurem lokalen oder regionalen Bereich. Wohnt ihr in einem „Einzeitungs-Kreis", oder machen sich mehrere Zeitungen Konkurrenz? Wie sind die Besitz- und Größenverhältnisse? Welche Unterschiede gibt es ggf. unter den Zeitungen?

❹ M 20 enthält die Angaben zu den 10 größten (von 384 im Jahre 1993) Zeitungsverlagen. Rechnet die einzelnen Marktanteile zusammen. Wie groß ist der Anteil der 5 bzw. der 10 größten Verlage an der Gesamtauflage? Welcher Anteil bleibt für die übrigen Verlage?

M 21 Ursachen der Pressekonzentration

Vor allem wirtschaftliche Ursachen

Die vielfältigen Ursachen der Pressekonzentration sind vor allem wirtschaftlicher Art. In einer Untersuchung werden u. a. genannt:

1. die steigenden Personalkosten für den redaktionellen Bereich und die Kostensteigerungen für technische Rohstoffe (vor allem Papier) und maschinelle Ausstattung (neuerdings stellt vor allem die Einführung der Mikroelektronik* im Druckwesen hohe Ansprüche an die Finanzkraft der Verlage bzw. Druckereibetriebe);
2. die wachsende Angewiesenheit auf Fremdkapital*;
3. die wachsende Abhängigkeit von Werbeeinnahmen, bedingt durch die teils gewollte, teils unvermeidliche Stagnation* der Erlöse aus Straßenverkauf und Abonnement; mit dieser Abhängigkeit stieg der Zwang zu kostenwirksamen Veränderungen wie z. B. vermehrten Anstrengungen zur Steigerung der Auflagenhöhe, zur Verbesserung des „werblichen Umfeldes", zu drucktechnischen Verbesserungen und zu erhöhten Aufwendungen für die Leseranalyse.

Diese Faktoren führten zu einer verschärften Konkurrenzsituation zwischen den einzelnen Verlagsunternehmen bzw. zwischen Presse und anderen Massenmedien und fast durchweg zu einem erhöhten Kostendruck, beides Auswirkungen, die es für Unternehmen, die nach Rentabilitätsgesichtspunkten* geführt werden, unumgänglich erscheinen lassen, aus Rationalisierungsgründen größere Betriebseinheiten zu bilden, d. h. ihre Gewinnchancen durch Fusion* oder Kartellbildung* zu verbessern.

(H. Schatz, Medienpolitik — am Beispiel der Pressekonzentration. In: Massenkommunikation in der Demokratie, Reihe „Politische Bildung" 1980/81, Klett Nr. 964631, S. 63)

M 22a Die Bedeutung des Anzeigengeschäfts

Für eine Tageszeitung, die z. B. 1,20 DM kostet, müßte der Leser eigentlich etwa 3,50 DM bezahlen, wenn die Herstellungskosten allein durch den Verkaufspreis gedeckt werden sollten. Knapp zwei Drittel der Kosten werden durch Anzeigenwerbung gedeckt, vor allem durch die Veröffentlichung lokaler Geschäftsanzeigen (47% der Anzeigenwerbung) und von Stellenanzeigen (13%). Die gesamten Herstellungskosten verteilen sich auf die Technik (29%), den Vertrieb und die Zustellung (20%), die Redaktionskosten (16%), das Papier (14%), die Anzeigenabteilung (11%) und die Verwaltung (10%).
Bekanntlich richtet sich der Anzeigenpreis nach der Höhe der Auflage: Je mehr Leser eine Zeitung hat, desto mehr Geld kann sie von ihren Anzeigenkunden verlangen (eine Anzeigenseite in Bild kostet etwa 220000 DM, in der WAZ etwa 110000 DM). Und umgekehrt: Die Inserenten bevorzugen die Zeitungen mit den höchsten Auflagen am Ort. Wer am Ort wenig oder keine Konkurrenz hat, wird hohe Anzeigenpreise durchsetzen können. Andererseits können große Verlage bewußt niedrigere Anzeigenpreise einsetzen, um konkurrierende kleinere Verlage auszuschalten.

(Autorentext)

M 22b

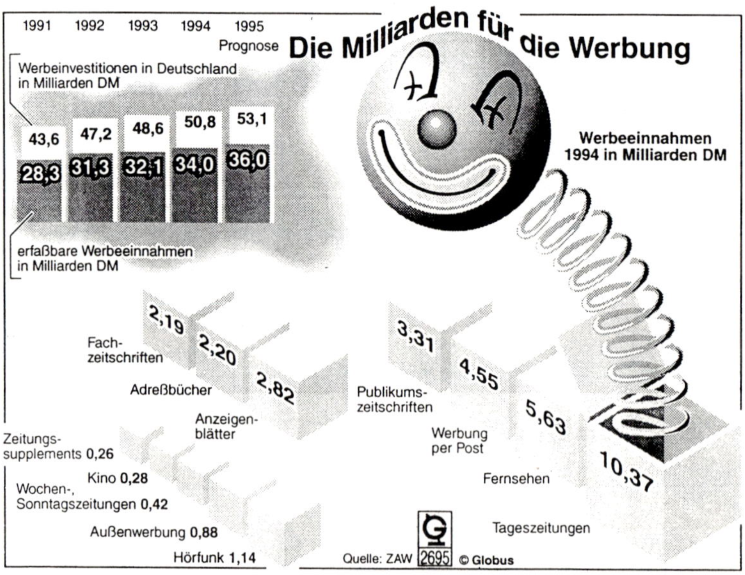

M 22c Wie weit reicht die Macht der Inserenten?

Im Zusammenhang mit der Anzeigenabhängigkeit der Presse wird immer wieder die Frage gestellt, ob Anzeigenkunden Einfluß auf den Inhalt der Zeitungen und Zeitschriften ausüben können. Die Antwort lautet: In vereinzelten Fällen sind in der Vergangenheit durchaus Druckversuche von Inserenten bekanntgeworden. Solche Pressionen haben deshalb wenig Aussicht auf Erfolg, weil zwischen Anzeigenkunden und Zeitung eine gegenseitige Abhängigkeit besteht. Ein Händler beispielsweise hat (zur Zeit) kaum eine Möglichkeit, auf seine Angebote aufmerksam zu machen, wenn er das einzige Lokalblatt boykottiert. Auflagenstärkere Zeitungen würden dem Druck ohnehin nicht nachgeben, weil ein Anzeigenentzug einzelner Kunden die Rentabilität nicht gefährden würde.

[...] Viele Inserenten plazieren beispielsweise Anzeigen im „Spiegel“, ob ihnen dessen politische Richtung paßt oder nicht, weil der „Spiegel“ ein kaufkräftiges Publikum mit vielen Entscheidungsträgern erreicht.

(Hermann Meyn in: Informationen zur politischen Bildung Nr. 208, S. 16f.)

M 23 Folgen der Pressekonzentration — Maßnahmen

Wenn man beurteilen will, wie sich die Pressekonzentration auf die öffentlichen Aufgaben der Presse (vgl. M 16) auswirkt, müßte man genau wissen, wie sich der Inhalt (das Angebot an Informationen und Meinungen) der verbliebenen Zeitungen unterscheidet von dem Angebot, das vor dem Konzentrationsprozeß bestand. Diese Frage läßt sich z. Z. nur sehr teilweise und vorläufig beantworten.

Allgemein läßt sich immerhin sagen, daß auf jeden Fall durch den Konzentrationsprozeß die Vielfalt und die Unterschiedlichkeit an Informationen und Meinungen zwischen den einzelnen Zeitungen sich vermindert hat. Zeitungsverleger, die eine für ihre Anzeigenkunden attraktiv hohe Auflage erreichen wollen, werden in ihrem Blatt eher gemäßigte und „durchschnittliche“ als besonders ausgeprägte und eindeutige politische Meinungen und Urteile veröffentlichen. Massenblätter müssen sich eher am Durchschnitt oder an der Mehrheitsmeinung der Leserschaft orientieren, um auf diese Weise auch die Einstellungen und Erwartungen der Anzeigenkunden nicht zu verletzen.

Andererseits zeigen die großen überregionalen Tageszeitungen (s. M 18a/b) der Bundesrepublik Deutschland (Frankfurter Allgemeine Zeitung, Die Welt, Süddeutsche Zeitung, Frankfurter Rundschau) doch so viel deutliche Positionsunterschiede zwischen „Links“ und „Rechts“, daß man durchaus von einer ausreichenden Informations- und Meinungsvielfalt — jedenfalls in diesem Bereich — sprechen kann.

Auch die oft diskutierten lokalen Zeitungsmonopole* müssen differenziert beurteilt werden. Einerseits gewährleistet die Betriebsgröße dieser Zeitungen, daß den Redaktionen genügend Mittel zur Verfügung stehen, um sorgfältig zu recherchieren und umfangreich zu informieren; auch wird die Selbständigkeit des Blattes gegenüber lokalen Behörden und Interessengruppen eher gestärkt. Andererseits entfällt natürlich der Leistungsdruck und die gegenseitige Kontrolle, die normalerweise durch die Konkurrenz mehrerer Zeitungen entstehen. Entscheidend für die Beurteilung bleibt, ob bei Monopolzeitungen die Vielfalt von Informationen und Meinungen innerhalb des Blattes (z. B. durch die Veröffentlichungen unterschiedlicher Standpunkte innerhalb der Redaktion) gesichert werden kann. Viele beurteilen dies eher skeptisch. Sie befürchten, daß sich der Spielraum für eine inhaltlich vielgestaltige Presse — zumindest im lokalen Bereich — zunehmend verengt.

Um die Pressekonzentration zu beschränken, wurde 1976 die „Pressefusionskontrolle“ eingeführt. Danach muß das Bundeskartellamt* Zusammenschlüsse von Presseunternehmen eigens genehmigen. Es kann die Zustimmung verweigern, wenn durch die Fusion* eine „marktbeherrschende Stellung“ entsteht. Dadurch wurde es für Großverlage zunehmend schwieriger, zusätzliche Verlage aufzukaufen. So wurde z. B. der Axel-Springer-Verlag mit zwei Verboten belegt. Springer hat auf den Märkten für Straßenverkaufszeitungen mit „Bild“ (78% Marktanteil), für Sonntagszeitungen mit den Blättern „Welt am Sonntag“ und „Bild am Sonntag“ (95% Marktanteil) und für Programmzeitschriften mit „Hör zu“ und „Funkuhr“ (50% Marktanteil) überragende Stellungen. Die Mehrheitsbeteiligung am Münchener Zeitungsverlag (Münchener Merkur) wurde daher dem Springer-Verlag ebenso untersagt wie die Fusion* mit dem Burda-Verlag, der selbst zu den größten Verlagen für „Publikumszeitschriften“ (Illustrierte, Frauen- und Programmzeitschriften) zählt.

(Autorentext nach H. Schatz [= M 32] und Bericht des Bundeskartellamtes über seine Tätigkeit in den Jahren 1981/82 [in: Drucksache 10/243, S. 75ff. des Deutschen Bundestages, 10. Wahlperiode])

M 24

„Meine Herren, wir verkaufen hier eine Zeitung und nicht Ihre Meinung."

(Kurt Halbritter, „Jeder hat das Recht")

❶ Erläutert anhand von M 21 die wichtigsten Ursachen der Pressekonzentration. Es wäre wünschenswert, wenn ihr die allgemeinen Hinweise durch den Besuch eines Zeitungsverlages (vgl. Arbeitshinweis 6./7. nach M 9) konkretisieren könntet. Dazu solltet ihr aus M 21 einen Fragenkatalog (zu den einzelnen Komplexen) zusammenstellen (auch zu den Angaben in M 22 a und c).

❷ Macht euch anhand von M 22 a/b die Bedeutung des Anzeigengeschäfts klar und stellt die Beziehung zwischen hoher Auflage und Anzeigenpreisen heraus. Vielleicht könnt ihr anhand je eines Exemplars einer Tageszeitung, der Wochenendausgabe einer Tageszeitung und einer Wochenzeitschrift (z. B. „Der Spiegel") den Anteil der Anzeigen am Gesamtumfang der Zeitung ungefähr berechnen.

❸ Erklärt, warum es nur relativ selten vorkommen mag, daß Anzeigenkunden Einfluß auf den Inhalt der Zeitungen nehmen (M 22 c). Vergleicht dazu aber auch den Hinweis in M 23 (2. Abschnitt, letzter Satz).

❹ In M 23 wird zunächst gesagt, daß sich die entscheidende Frage zu den Folgen der Pressekonzentration „z. Zt. nur sehr teilweise und vorläufig" beantworten läßt. Erläutert diese Frage mit eigenen Worten, und überlegt, welche Art von Untersuchungen notwendig wäre, um die Frage besser beantworten zu können. Warum sind solche Untersuchungen sehr aufwendig und schwierig?

❺ Arbeitet die in den Abschnitten 2—4 von M 23 enthaltenen vorläufigen Aussagen deutlich heraus.

❻ Erläutert (auch mit Hilfe der Glossarbegriffe) die Tätigkeit des Bundeskartellamtes (M 23, letzter Abschnitt).

❼ Auf welchen Aspekt des Problems Pressekonzentration bezieht sich die Karikatur M 24? Was will sie zum Ausdruck bringen?

Wer kontrolliert das Fernsehen?

M 25 Rundfunk und Fernsehen — öffentlich-rechtlich und privat

Im Unterschied zum Pressewesen und zu vielen anderen Ländern, in denen auch die Rundfunk- und Fernsehanstalten privaten Firmen (z. B. in den USA) oder dem Staat (z. B. in der DDR) gehören, gab es bei uns bis etwa 1984 (Beginn des Kabelfernsehens, s. u.) im Bereich von Rundfunk und Fernsehen ausschließlich „öffentlich-rechtliche" Anstalten. Dieser Begriff besagt, daß solche Einrichtungen weder in privatem Besitz (wie die Presse) stehen noch dem Staat gehören, daß sie vielmehr Einrichtungen der Gesellschaft, der „Öffentlichkeit" sind, die sich selbst verwalten können und von Vertretern der wichtigsten gesellschaftlichen Gruppen (Parteien, Kirchen, Gewerkschaften, Arbeitgeber, Sportorganisationen usw.) mitbestimmt werden (vgl. dazu M 27 a). Diese Organisation, für die es in den einzelnen Bundesländern unterschiedliche Modelle gibt — jenachdem ob die Parteien oder die übrigen gesellschaftlichen Gruppen den größeren Einfluß ausüben — ist „rechtlich", d. h. durch Gesetze festgelegt.
Seit der Einführung des Kabelfernsehens (vgl. dazu M 32) existieren nun neben den beiden öffentlichen-rechtlichen Sendern, der ARD mit ihren neun Landesrundfunkanstalten und dem ZDF, private Sender, wie z. B. SAT 1 und RTL plus. Über die Einführung des Privatfernsehens hat es heftigen Streit und bis 1987 erhebliche rechtliche Unsicherheit gegeben. Erst nachdem das Bundesverfassungsgericht im November 1986 die Grundsätze für das Nebeneinander von privaten und öffentlich-rechtlichen Sendern festgelegt hatte (s. M 33), einigten sich die Bundesländer im April 1987 in einem „Medienstaatsvertrag" auf Bestimmungen, nach denen sich die Mediengesetze der einzelnen Länder zu richten haben.

(Autorentext)

M 26 Was das Bundesverfassungsgericht von den öffentlich-rechtlichen Medien verlangt

Art. 5 GG verlangt jedenfalls, daß dieses moderne Instrument der Meinungsbildung weder dem Staat noch einer gesellschaftlichen Gruppe ausgeliefert wird. Die Veranstalter von Rundfunkdarbietungen müssen also so organisiert werden, daß alle in Betracht kommenden Kräfte in ihren Organen Einfluß haben und im Gesamtprogramm zu Wort kommen können, und daß für den Inhalt des Gesamtprogramms Leitgrundsätze verbindlich sind, die ein Mindestmaß von inhaltlicher Ausgewogenheit, Sachlichkeit und gegenseitiger Achtung gewährleisten. Das läßt sich nur sicherstellen, wenn diese organisatorischen und sachlichen Grundsätze durch Gesetz allgemein verbindlich gemacht werden. Art. 5 GG fordert deshalb den Erlaß solcher Gesetze.

Art. 5 GG hindert nicht, daß auch Vertretern des Staats in den Organen des „neutralisierten" Trägers der Veranstaltungen ein angemessener Anteil eingeräumt wird. Dagegen schließt Art. 5 GG aus, daß der Staat unmittelbar oder mittelbar eine Anstalt oder Gesellschaft beherrscht, die Rundfunksendungen veranstaltet.

(BVerlG 12. 1962, S. 259ff., hier zit. nach: Günther Zehner [Hrsg.]. Der Fernsehstreit vor dem Bundesverfassungsgericht, Karlsruhe 1965, 2. Bd., S. 331ff.)

M 27a Der NDR — ein „pluralistischer Typ"

Der verfassungsgerichtlichen Forderung entsprechend, daß Funk und Fernsehen weder einer Regierung noch einer gesellschaftlichen Gruppe allein überantwortet werden dürfen, setzen sich die Leitungs- und Kontrollgremien der Rundfunkanstalten und des ZDF aus politischen Repräsentanten (Regierungs-, Fraktions- und Parteivertreter) und Vertretern gesellschaftlicher Gruppen (Kirchen, Gewerkschaften, Arbeitgeberverbände, Industrie- und Handelskammern*, Presse, Jugendorganisationen, Vertriebenenverbände, Bildungsinstitutionen u. a.) zusammen. Zu unterscheiden hat man hier jeweils zwischen dem Rundfunkrat, der die Programmgestaltung kontrollieren soll und den Intendanten (Leiter) der Anstalt wählt, und dem Verwaltungsrat mit betriebswirtschaftlich-administrativen Aufgaben. Die Anteile der verschiedenen Gruppen in den Rundfunkräten variieren von Anstalt zu Anstalt. Durchweg besteht jedoch heute ein deutliches Übergewicht der Vertreter gesellschaftlicher Gruppen (*Pluralistisches Modell*).

So setzt sich beispielsweise der Rundfunkrat des Westdeutschen Rundfunks, der größten ARD-Anstalt, aus insgesamt 41 Mitgliedern zusammen. Von diesen werden

— 12 vom Landtag des Landes Nordrhein-Westfalen nach dem Verhältnis der Fraktionen entsandt;
— weitere 17 von gesellschaftlichen Organisationen (3 Vertreter der Religionsgemeinschaften, 3 der Gewerkschaften, ferner je ein Vertreter der Arbeitgeber-, Handwerker-, Landwirtschafts-, Kommunalen Spitzen-, Verbraucher-, Naturschutz-, Kriegsopfer- und Wohlfahrtsverbände, des Sportbundes, des Jugendrings und der Heimatbünde) bestimmt;
— 9 Mitglieder aus den Bereichen Publizistik, Kultur, Kunst und Wissenschaft (zum Teil durch den Landtag) benannt;
— schließlich vertreten je ein Mitglied die Gruppe der Älteren, der Behinderten und der Ausländer.

[...]

Nach dem Stand von 1989/90 kommen so von insgesamt 436 Mitgliedern der ARD- und ZDF-Rundfunkräte 123 aus der Politik, d. h. sind Vertreter von Parlamenten, Regierungen und Parteien. Weit über diese politischen Repräsentanten ausgreifend haben sich jedoch parteipolitische Fronten in den Aufsichtsgremien herauskristallisiert. *Fraktionsähnliche „Freundeskreise"* der Unions- und der SPD-Sympathisanten sowie der ungebundenen „Grauen" umfassen etwa dreiviertel aller Rundfunkratsmitglieder. Dementsprechend wird von politischen Konstellationen in den einzelnen Anstalten gesprochen, etwa einer CDU/CSU-geneigten Mehrheit beim ZDF oder einer sozialdemokratisch orientierten Mehrheit beim Norddeutschen Rundfunk.

(W. Rudzio, Das politische System der Bundesrepublik Deutschland, Leske, Opladen 1991, S. 210f.)

M 27b Organisation des NDR

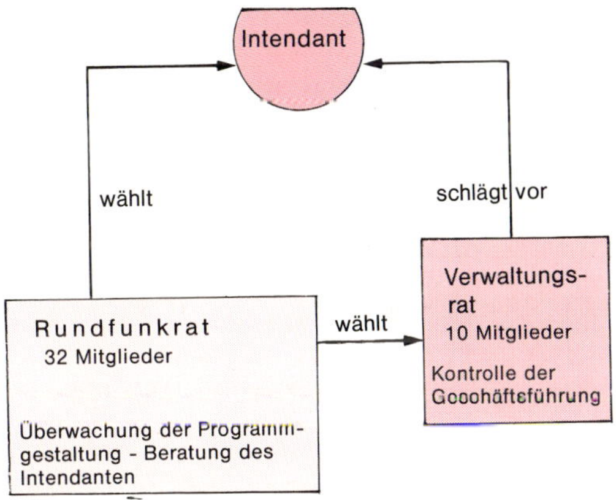

M 28 NDR-Rundfunkrat 1988

Hans Hansen, Europa-Union Deutschland, Vorsitzender (bis 12. 12. 1987)
Reinhard Scheibe, MdL, SPD/Niedersachsen, Erster Stellvertreter (ab 12. 12. 1987 amtierender Vorsitzender)
Peter Uhlenbroock, Landesverband Hamburgischer Haus-, Wohnungs- und Grundeigentümer e. V. Zweiter Stellvertreter
Dieter Haaßengier, CDU/Niedersachsen
Josef Stock, CDU/Niedersachsen
Prof. Dr. Dall'Asta, CDU/Schleswig-Holstein
Dr. Henning Voscherau, SPD/Hamburg
Michael Schmelich, Die GRÜNEN/Hamburg und Niedersachsen

Friedrich-Wilhelm Wandersleb, Ev. Kirche
Dechant Peter Schmidt, Röm.-kath. Kirche
Michael Fürst, Jüdische Kultusgemeinde
Jan Sierks, DGB, Landesbezirk Nordmark
Karl Neumann, DGB, Landesbezirk Niedersachsen
Erwin Dunst, DAG
Valentin Schiedek, Deutscher Beamtenbund
Gernot Preuß, Arbeitgeberverbände/Industrie
Jochen Hahne, Arbeitgeberverbände/Handel
Karl Möller, Handwerksverbände
Wolfgang Feuer, Bauernverbände
Anneliese Frahne, Frauenverbände
Hartmut Grünheid, Jugendverbände
Georg Kugland, Sportverbände Niedersachsen
Dr. Friedel Gütt, Sportverbände Hamburg
Günter Petersdorf, Vertriebenenverbände
Günter Hennings, Verband der freien Berufe im Lande Niedersachsen
Dr. Karsten Hoppenstedt, Arbeitsgemeinschaft der kommunalen Spitzenverbände Niedersachsen
Oberstleutnant Manfred Engel, Deutscher Bundeswehrverband e. V.
Prof. Dr. Hans-Dietrich Roopke, Niedersächsischer Bund für freie Erwachsenenbildung e. V.
Claus Klein, Reichsbund der Kriegsopfer, Behinderten, Sozialrentner und Hinterbliebenen e. V.
Landesverband Niedersachsen
Prof. Dr. Wilhelm Pfannkuch, Landesmusikrat Schleswig-Holstein e. V.
Wolf Pohl, Bund für Umwelt und Naturschutz

(NDR-Geschäftsbericht, Hamburg 1987/88, S. 4)

❶ Beschreibt, was man unter der „öffentlich-rechtlichen" Struktur von Rundfunk und Fernsehen zu verstehen hat und wie das Bundesverfassungsgericht diese Struktur begründet hat (M 25, erster Abschnitt und M 26).

❷ Anhand von M 27/28 könnt ihr den Aufbau des NDR genauer untersuchen. Erläutert auch, inwiefern es sich nach M 27a um ein „pluralistisches Modell" handelt. Worin liegt der Unterschied zum „parlamentarischen Modell"? Welches von beiden entspricht eurer Meinung nach den Grundsätzen des Bundesverfassungsgerichtes (M 26) am besten?

M 29 „Zur Wahrheit verpflichtet"

§ 7

(1) Der NDR ist in seinen Sendungen zur Wahrheit verpflichtet. Er hat sicherzustellen, daß

1. die bedeutsamen politischen, weltanschaulichen und gesellschaftlichen Kräfte und Gruppen im Sendegebiet im Gesamtprogramm des NDR angemessen zu Wort kommen können,
2. das Programm nicht einseitig einer Partei oder einer Gruppe, einer Interessengemeinschaft, einem Bekenntnis oder einer Weltanschauung dient, und
3. in seiner Berichterstattung die Auffassungen der wesentlich betroffenen Personen, Gruppen oder Stellen angemessen und fair berücksichtigt werden.

Wertende und analysierende Einzelbeiträge haben dem Gebot journalistischer Fairneß und in ihrer Gesamtheit der Vielfalt der Meinungen zu entsprechen. Ziel aller Informationssendungen ist es, sachlich und umfassend zu unterrichten und damit zur selbständigen Urteilsbildung der Bürger beizutragen.

(2) Alle Sendungen mit Bedeutung für die Information und Meinungsbildung sind gründlich und gewissenhaft zu recherchieren. Tatsachenbehauptungen sind zu überprüfen. Die Nachrichtengebung muß allgemein, unabhängig und objektiv sein. Kommentare sind deutlich von Nachrichten zu trennen und unter Nennung des Verfassers als solche zu kennzeichnen.

(Staatsvertrag über den Norddeutschen Rundfunk für die Länder Hamburg, Niedersachsen und Schleswig Holstein)

M 30 Was heißt „ausgewogen"?

In ihren Richtlinien verlangen weder das ZDF noch die ARD, daß jede einzelne Sendung ausgewogen sein muß. In den Richtlinien des Zweiten Deutschen Fernsehens vom 11. Juli 1963 heißt es: „Die Ausgewogenheit des Gesamtprogramms bedingt jedoch nicht Überparteilichkeit in jeder Einzelsendung. Sendungen, in denen bei strittigen Fragen ein Standpunkt allein oder überwiegend zu Geltung kommt, bedürfen eines entsprechenden Ausgleichs." In den „Grundsätzen für die Zusammenarbeit im ARD-Gemeinschaftsprogramm ‚Deutsches Fernsehen' vom 9. 7. 1971" wird ausgeführt, daß die Verpflichtungen zu einem Mindestmaß von inhaltlicher Ausgewogenheit „nicht nur für das ARD-Gemeinschaftsprogramm als Ganzes, sondern auch für dessen einzelne Sparten" gelten.
Sparten sind beispielsweise die Magazinsendungen. Aus der Sicht der ARD wäre die Forderung nach Ausgewogenheit erfüllt, wenn ihre Magazinsendungen insgesamt ausgewogen wären. Nach diesem Verständnis könnte also beispielsweise „Monitor", vereinfacht formuliert, durchaus eher „links" sein, wenn nur gesichert wäre, daß „Report" oder ein anderes zeitkritisches ARD-Magazin eher „rechts" ausgerichtet bliebe.

(Hermann Meyn in: Informationen zur politischen Bildung Nr. 208, S. 25)

M 31 Der eigene Standpunkt

„Bestimmte Redakteure, ja, Gruppen von Redakteuren benutzen das Instrument Rundfunk bewußt, um nur ihre eigenen Standpunkte zur Geltung zu bringen. Ich erinnere mich an ein Gespräch mit einer hochintelligenten jungen Redakteurin über eine Sendung, die ich in der Form für absolut unredlich hielt, weil die massiv mit vielen Faktenbehauptungen angegriffene andere Seite nicht gehört worden war. Als ich das von ihr verlangte — den anderen Standpunkt auch zur Geltung kommen zu lassen —, hat sie mir völlig entgeistert geantwortet, das könne ich doch wohl nicht von ihr erwarten. Sie halte den Standpunkt der anderen Seite für falsch, im Hinblick auf die gesellschaftspolitische Entwicklung der Bundesrepublik Deutschland sogar für gefährlich, und könne diese Leute nicht einfach zu Wort kommen lassen."

(Der ehemalige SFB-Intendant Franz Barsig in einem Gespräch mit dem „Spiegel", Nr. 26, 1978, S. 90ff.)

❶ Erläutert, an welchen Grundsätzen sich die journalistische Arbeit im NDR, insbesondere im Bereich der Informationssendungen, orientieren muß (M 29). Zieht zum Vergleich auch M 26 und M 10b hinzu.

❷ In der Diskussion um die politische Berichterstattung in Rundfunk und Fernsehen spielt der vom Bundesverfassungsgericht festgelegte Grundsatz der „Ausgewogenheit" (s. M 26) eine wichtige Rolle. Erörtert anhand von M 30, ob diese Ausgewogenheit sich eurer Meinung nach auf jede einzelne Sendung oder nur auf das Gesamtprogramm beziehen sollte. Was wird in dieser Hinsicht in M 29 gefordert? Wie beurteilt ihr das Beispiel in M 31?

❸ Versucht eine politische Informationssendung des Fernsehens auf das Problem von Einseitigkeit und Ausgewogenheit hin zu untersuchen.

M 32

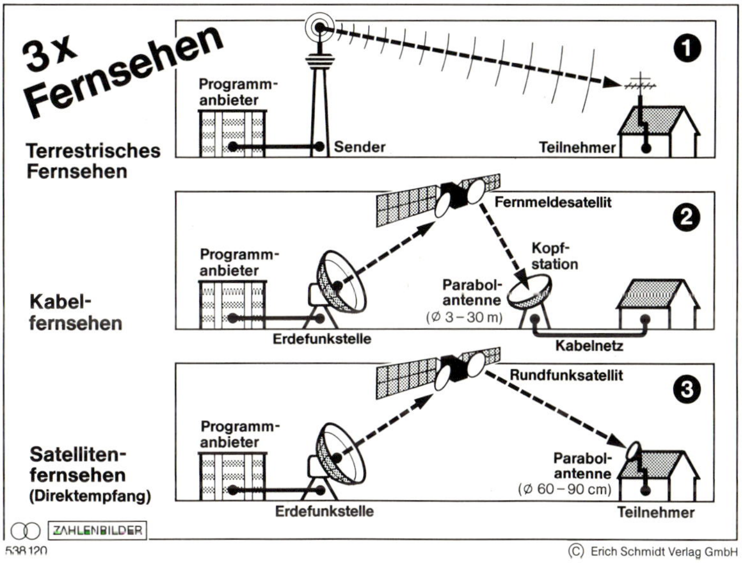

Seit etwa 1984 besteht für immer mehr Haushalte die Möglichkeit, neben den drei traditionellen Programmen (ARD, ZDF, 3. Programm) zahlreiche weitere, überwiegend private Sender einzuschalten (vgl. M 25). Die Voraussetzungen dafür wurden durch die Einführung des Kabelfernsehens geschaffen. Bis Ende 1993 waren rd. 20 Mio. Haushalte (rd. 60% aller Haushalte) anschließbar. Angeschlossen waren 13,1 Mio. Haushalte (65% der anschließbaren Haushalte, 39% aller Haushalte). Die Telekom strebt an, bis 1997 (im Westen schon bis 1995) rd. 80% der anschließbaren Haushalte anzuschließen.

M 33 „Geringere Anforderungen an den privaten Rundfunk"

Für die Sicherung der Meinungsvielfalt im Bereich von Hörfunk und Fernsehen sind in erster Linie die öffentlich-rechtlichen Rundfunkanstalten verantwortlich. Die Richter sprechen von einer „dualen Ordnung" des Rundfunks; die öffentlich-rechtlichen Rundfunkanstalten müssen die Bevölkerung mit einem „inhaltlich umfassenden Programmangebot" versorgen. Ist diese Grundversorgung gesichert, dann sind an private Rundfunkanbieter nicht gleich hohe Anforderungen der Meinungsvielfalt zu stellen.

Doch auch der private Rundfunk muß einen Grundstandard an Meinungsvielfalt gewährleisten. Die

Mediengesetze müssen klare Richtlinien enthalten, die auch im Privatfunk ein „möglichst hohes Maß an gleichgewichtiger Vielfalt" garantieren.
Meinungsvielfalt bedeutet auch im privaten Rundfunk, daß alle politischen und gesellschaftlichen Kräfte, auch Minderheiten, in Funk- und Fernsehen zu Wort kommen. Vielfalt muß es in allen Bereichen der Meinungsbildung geben. Meinungsbildung, so die Richter, „vollzieht sich nicht nur durch Nachrichtensendungen, politische Kommentare oder Sendereihen über Probleme der Vergangenheit, der Gegenwart oder der Zukunft, sondern ebenso in Hör- und Fernsehspielen, musikalischen Darbietungen oder Unterhaltungssendungen". (1 BvF 1/84, S. 35)

(Das Parlament Nr. 46/47 vom 15./22. 11. 1986, S. 7. Verf.: Christine Landfried)

M 34 Privatfernsehen: Gesellschafter

Sender/Gesellschafter	Anteil %
RTL	
Compagnie Luxembourgeoise de Télédiffusion (CLT)	49,9
Ufa Film- und Fernseh GmbH (Bertelsmann)	37,1
Westdeutsche Allgemeine Zeitung (WAZ)	10,0
Burda GmbH	2,0
Frankfurter Allgemeine Zeitung (FAZ)	1,0
SAT. 1	
PKS Programmgesellschaft (Kirch-Gruppe)	43,0
Axel Springer Verlag	20,0
APF Aktuell Presse Fernsehen	20,0
AV-Euromedia	15,0
Neue Medien Ulm TV	1,0
Ravensburger Film & TV	1,0
Pro 7	
Gerhard Ackermanns	49,9
Thomas Kirch	47,1
Georg Kofler	3,0
RTL 2	
Heinrich Bauer Verlag	33,1
Tele München	33,1
CLT	24,0
Ufa Film- und Fernseh GmbH (Bertelsmann)	7,8
Burda GmbH	1,0
FAZ	1,0
Kabel 1	
Pro 7	45,0
TEFI Handels AG (Otto Beisheim)	45,0
Georg Kofler	10,0
VOX	
News International (Rupert Murdoch)	49,9
Ufa Film- und Fernseh GmbH (Bertelsmann)	24,9
Canal Plus	24,9
dctp	0,3

Stand: März 1995; Quelle: Bayer. Landeszentrale für neue Medien
(Aktuell '96, Das Lexikon der Gegenwart, Harenberg, Dortmund 1995, S. 334)

M 35 Hurra, wir sind verkabelt

Seit einigen Wochen sind wir „angeschlossen". Ans Kabelfernsehen. Nun haben wir zu Hause Boris Becker live, wo immer er gerade spielt.
Ein Druck auf Knopf 10 der Fernbedienung genügt, und Boris ist (SAT 1) präsent. Manchmal gegen einen ganz Großen. Meistens gegen irgendeinen Tenniszwerg, den er gerade „vom Platz fegt". Wenn Knopf 10 nichts bringt, dann bringt's mit großer Wahrscheinlichkeit Knopf 9 (RTL plus): Boris ballt die Fäuste.
Wir haben jetzt insgesamt 14 Kanäle, auf denen es in unserem Apparat Bilder gibt. Wir schalten mehrmals in der Minute um. Man will ja was haben von seinem Vorzugsprogramm. Wir drücken also auf Knopf 6 (ARD 1 plus) und rutschen in die „Inspektion Lauernstadt", von der gerade der elfte Teil gesendet wird. Wir drücken auf Knopf 9 (RTL plus) — es wird ein italienischer Film aus dem Zweiten Weltkrieg gezeigt. Wir springen hurtig um auf „4" (DDR-Fernsehen, 1. Programm) und kommen gerade zurecht, wie eine uns völlig unbekannte Miss Marple* vor einer weiblichen Leiche steht, als hätte sie soeben einen Fehlgriff im Supermarkt getan.
Inzwischen, offengestanden, verspüren wir eine leichte Nervosität: es plagt uns die Sorge, daß wir eigentlich gar nichts mehr richtig mitbekommen.
Sogar die Wetterberichte machen uns nun nervös. Denn fast jeder Kanal hat sein eigenes Wetter.
Mit einem Wort: Wir sind ein bißchen irritiert, seit wir „angeschlossen" sind. Wir können gar nicht mehr so schnell hinschauen, wie wir umschalten. Zum Beispiel, wir drücken auf Knopf 10, und wenn nicht Boris spielt, dann spielen sie meistens einen „Action"-Film, in dem gerade „verfolgt" wird. Bei „Verfolgung" wissen wir immerhin, daß es sich um die Wiederholung irgendeiner US-Produktion handelt. Verfolgt wird entweder mit Pferden, dann ist es ein klassischer Western, oder mit quietschenden Reifen, dann sind Starsky und Hutch nicht weit.
„Schalte doch mal um", sagt meine Frau, „vielleicht gibt's anderswo was Besseres." Sie weiß aus Erfahrung, daß Verfolgungen ungefähr zwei Minuten dauern. Wir schalten also um und kommen in eine neue Verfolgungsjagt. Diesmal in historischen Kostümen. Irgendein Bodybuilding-Athlet aus Italien mimt einen völlig verkannten Helden aus der Antike: Herakles oder Achilles [...]
Seit gestern liege ich abends wieder auf dem Teppich und lese. Verachte mir niemand die vielen Kanäle; sie helfen — abzuschalten.

Gerhard Seehase

(Die Zeit vom 26. 9. 1986)

M 36 a

M 36 b

„Na endlich, das wurde aber auch Zeit"

M 37 Pro und contra Programmvermehrung

Mehr Fernsehen bringt mehr Information

Eine wichtige Voraussetzung für die Teilnahme am politischen Leben sind allgemein zugängliche Informationen, die auch über den unmittelbaren Erfahrungsbereich hinausgehen. Wir sind daher vielfach auf Massenkommunikationsmittel* (Presse und Rundfunk) angewiesen, die uns Fakten und Hintergründe, aber auch unterschiedliche Ansichten und Meinungen als Orientierungshilfen anbieten. Das, so meinen die Befürworter von Kabel- und Satellitenfernsehen (s. M 32) sei nur möglich durch eine Vielzahl von Hörfunk- und Fernsehprogrammen, denn mehr Programme bringen mehr Informationen ins Haus. Und der mündige Bürger sei durchaus in der Lage, das für ihn Wissenswerte herauszusuchen.

Mehr Fernsehen und damit mehr Programme hieße auch mehr Arbeitsplätze für Journalisten, Kameraleute, Techniker und Sekretärinnen.

Programmanpassung und Verflachung

Programmvermehrung, so meinen deren Gegner, ist nicht gleichzusetzen mit größerer Programmvielfalt. Die zusätzlichen Privatprogramme werden zunächst einmal noch mehr von dem senden, was jetzt schon die höchsten Zuschauerzahlen hat. Spielfilme, Serien, Quizspiele, Shows und Sport. Weniger Features, (Dokumentarbericht aus Reportagen, Kommentaren und Dialogen), z. B. über Arbeitslosigkeit, Umweltverschmutzung oder Ausländerfragen. Stattdessen Berichte über Lady Di, Prinzessin Caroline oder Königin Silvia.

Das vermehrte Angebot an Unterhaltung wird viele Menschen dazu verleiten, den Fernseher öfter einzuschalten. Jede zusätzliche Fernsehminute geht zu Lasten der zwischenmenschlichen Beziehungen. Wer immer mehr Lebenszeit für das Fernsehen reserviert, dem gehen Gelegenheiten zu Kontakten und Gesprächen mit anderen Menschen verloren.

(POLITIK ... betrifft uns, Ausgabe 2/87: Vielfalt durch öffentlich-rechtlichen Rundfunk?, S. 24, Verlag Bergmoser Höller, Aachen)

❶ Erläutert anhand von M 25 (2. Abschnitt) und M 32, welche Veränderungen seit 1984 im Bereich von Rundfunk und Fernsehen eingetreten sind.

❷ Welche Anforderungen hat das Bundesverfassungsgericht für den öffentlich-rechtlichen und den privaten Bereich festgelegt? Warum werden an die privaten Anbieter „nicht gleich hohe Anforderungen der Meinungsvielfalt" gestellt? Haltet ihr diese Entscheidung für richtig? (M 33)

❸ Versucht an konkreten Beispielen zu erläutern, inwiefern sich nach Auffassung des Gerichtes Meinungsbildung (auch politischer Art) auch in „Hör- und Fernsehspielen, musikalischen Darbietungen oder Unterhaltungssendungen" vollzieht (M 33, letzter Abschnitt).

❹ Informiert euch anhand von M 34, wem die beiden wichtigsten privaten Fernsehsender gehören und wodurch die Konkurrenz zwischen ihnen gekennzeichnet ist.

❺ Beschreibt, welche Erfahrungen Gerhard Seehase (M 35) mit dem Kabelfernsehen gemacht hat. Könnt ihr von eigenen Erfahrungen berichten?

❻ Erläutert, in welcher Weise die beiden Karikaturen (M 36 a/b) zu der Programmvermehrung durch Kabelfernsehen Stellung nehmen. Wie beurteilt ihr die Entwicklung?

❼ In M 37 werden in knapper Form mögliche Vorteile und vermutete Nachteile der Programmvermehrung durch die privaten Sender genannt. Versucht, die Pro- und Contra-Argumente im einzelnen zu erläutern.

❽ Es gibt über die Folgen der Programmvermehrung inzwischen einige wissenschaftliche Untersuchungen. Aus ihnen geht hervor, daß die Nutzung des Kabelfernsehens bei Kindern (nicht bei Erwachsenen) zu einer wesentlichen Verlängerung der Fernsehzeit führt, und daß die Kabelfernsehzuschauer sich mehr Unterhaltungssendungen und Spielfilme (oft minderer Qualität) ansehen als Zuschauer, die „nur" das öffentlich-rechtliche Fernsehen empfangen können. Inwieweit entspricht dieses Ergebnis den in M 37 enthaltenen Annahmen?

M 38 Struktur der Programmangebote in der Gesamtsendezeit – Anteile an der Sendedauer in Prozent

	ARD		ZDF		SAT 1		RTL	
Programmkategorien	1989	1994	1989	1994	1989	1994	1989	1994
Information/Bildung	33,4	38,4	39,8	45,0	26,0	16,6	22,5	20,0
Nachrichtensendungen	10,4	8,1	10,2	8,1	6,8	2,3	7,4	6,1
Frühstücksfernsehen	–	9,9	–	10,2	11,0	8,4	8,4	5,2
Mittagsmagazine	–	2,3	–	2,4	–	–	–	1,0
Politische Informationssendungen	7,9	4,7	7,4	4,6	0,4	0,7	1,3	0,8
Wirtschaftssendungen	1,9	1,1	0,6	0,4	4,3	0,1	1,7	–
Regionalsendungen	1,8	1,9	0,7	4,4	–	1,2	–	1,2
Zeitgeschichtliche Sendungen	0,5	0,7	1,0	0,8	0,7	0,1	–	0,3
Kulturelle Informationssendungen	5,4	1,6	8,0	2,9	1,0	0,8	2,1	0,9
Wissenschafts-/Techniksendungen	0,6	0,2	0,5	0,1	0,1	–	–	–
Diverse Alltagsinformationssendungen	3,8	6,6	7,4	10,3	1,7	1,5	1,0	3,1
Unterhaltende Informationssendungen	1,1	1,2	4,0	0,6	–	1,1	0,5	1,1
Fiction (ohne Kinder-/Jugendprogramm)	30,8	31,4	30,0	32,4	50,7	47,6	49,3	35,0
Spielfilm	12,1	13,8	11,9	12,8	25,4	18,0	13,7	6,9
Fernsehfilm/-spiel	5,8	6,5	7,5	6,6	0,0	4,2	0,4	1,7
Fernsehserie	12,2	11,1	9,1	12,7	25,0	25,2	35,2	26,2
Bühnenstücke	0,7	–	1,5	0,3	0,2	0,1	–	0,3
Nonfiktionale Unterhaltung	6,5	9,9	6,5	4,6	1,3	5,9	4,3	15,4
Talkshows	0,6	4,6	–	0,5	–	2,9	0,4	12,0
Spiele/Shows/Nummern	6,0	5,3	6,5	4,1	1,3	3,0	3,8	3,4
Musik	3,0	1,3	2,2	3,0	–	0,5	5,5	0,7
Sport	8,9	4,5	6,0	2,8	3,8	3,9	4,6	2,4
Kinder-/Jugendsendungen	10,1	9,7	6,5	7,3	6,0	4,6	5,1	8,3
Sonstige Programmsparten (incl. Programmvorschau)	4,4	3,4	6,0	3,2	3,6	3,4	—	3,6
Werbung	2,8	1,5	3,0	1,7	8,5	17,5	6,2	14,5
Sedeminuten gesamt/pro Tag	885	1256	874	1216	1136	1437	1093	1440

(Quelle: Krüger, Udo Michael: Trends im Informationsangebot des Fernsehens. In: Media Perspektiven Nr. 2/1995, S. 75)

Im Hinblick auf den Vergleich des Programmangebotes öffentlich-rechtlicher und privater Fernsehsender schlagen wir euch eine kleine Untersuchung vor, die ihr selbständig durchführen könnt:

— Besorgt euch eine Programmzeitschrift und wählt aus ihr die Programme der ARD („1. Programm“) und des ZDF („2. Programm“) sowie die von SAT 1 und RTL vom selben Tage aus. Fertigt dann mit Hilfe der Tabelle M 38 („Programmkategorien“) ein einfaches Schema an, in das ihr die jeweiligen Sendezeiten in Minuten und Stunden eintragen könnt. Falls sich bei der Zuordnung einiger Sendungen zu den Kategorien des Schemas Schwierigkeiten ergeben sollten, könnt ihr sie gemeinsam diskutieren und entscheiden.

— Um ein wirklich aussagekräftiges Ergebnis zu erhalten, müßtet ihr nun in einer Programmzeitschrift für eine ganze Woche die Zeiten aufschreiben, die die verschiedenen Sender jeweils auf die betreffende Art von Sendung verwenden. Damit diese Auswertung für jeden von euch nicht zuviel Arbeit macht, könntet ihr z. B. in vier Gruppen arbeiten, von denen sich jede Gruppe einen der 4 Sender „vornimmt“.

— Sammelt nach der Auswertung die Ergebnisse in der Klasse und rechnet nun die gesammelten Sendezeiten in Prozentsätze (für jeden einzelnen Sender) um. Vergleicht euer Untersuchungsergebnis mit dem in der Tabelle M 38, und stellt die Unterschiede zwischen ARD/ZDF und RTL/Sat 1 heraus. Inwieweit werden die in M 37 enthaltenen Annahmen durch eure und die Untersuchung M 38 bestätigt?

Zur Sicherung des Grundwissens

Nach der Erarbeitung der beiden letzten Abschnitte des Kapitels 9 solltet ihr

- *vier verschiedene Arten von Tageszeitungen nennen können (M 18a);*
- *angeben können, was man unter „Pressekonzentration“ versteht, wie man sie messen kann und wie sie sich seit den 50er Jahren entwickelt hat (Einleitung zu M 18a, M 19);*
- *kurz die besondere Stellung des Axel-Springer-Verlages beschreiben können (M 18b, M 20);*
- *die wirtschaftlichen Ursachen der Pressekonzentration nennen können (M 21/22);*
- *erläutern können, was man unter „Pressefusionskontrolle“ versteht (M 23, letzter Abschnitt);*
- *den Unterschied zwischen „öffentlich-rechtlicher“ und „privater“ Struktur von Rundfunk und Fernsehen beschreiben können (M 25, M 34);*
- *die Hauptforderung erläutern können, die das Bundesverfassungsgericht an die Programmgestaltung von Rundfunk und Fernsehen gestellt hat (M 26, M 33);*
- *die drei Organe des NDR nennen und ihre Stellung kurz erläutern können (M 27b).*

10 Bürger vor Gericht

Fotos:
Festnahme eines Jugendlichen (Thomas Grimm, abacus, Hamburg)
Gerichtsverhandlung (foto-present)
Jugendlicher in seiner Zelle (Sven Simon)
Justitia (Aus: PZ, Nr. 49, Bonn, Mai 1987)

Ladendiebstahl ist kein Kavaliersdelikt

M 1 Der „Einstand“

Peter K. ist neu in der Klasse 10 einer Realschule. Es ist doppelt schwer für ihn, Anschluß zu finden, denn seine Familie zog erst unlängst vom Lande in die große Industriestadt. Peter ist dazu etwas schüchtern und spricht noch Dialekt.
Er ist daher froh, als es ihm gelingt, über seinen Banknachbarn Willi Kontakt zu einer der „Cliquen“ in der Klasse zu finden. Allerdings herrscht in dem „Klub“, in den er aufgenommen werden soll, eine recht fragwürdige Kameraderie, denn man verlangt von ihm, etwas zum Einstand zu stiften, und zwar im „Selbstbedienungsverfahren“! „Der ist doch viel zu doof, auch nur 'ne kleine Platte zu klauen“, spottet Klaus, der mit dem Eintritt des Neuen in die Clique nicht einverstanden ist. Das will Peter nicht auf sich sitzen lassen. Noch am gleichen Nachmittag stiehlt er in einem großen Kaufhaus eine Schallplatte und wird dabei erwischt.
Am nächsten Morgen ist in der Klasse der Teufel los. „Wie konnte der sich bloß so doof anstellen“, spotten die einen. Die Mehrheit der Klasse allerdings, der Peter leid tut, überlegt, wie man ihm aus der Patsche helfen könnte. „Geh' du doch mal 'rüber zu dem Geschäftsführer und sprich mit ihm“, fordern sie Werner B., den Klassensprecher auf. „Wenn du ihm sagst, daß der Peter bloß geklaut hat, weil Klaus gemeint hat, er wäre ein Blödmann, dann ziehen die vielleicht die Anzeige noch zurück.“
Werner läßt sich schließlich breitschlagen. Er macht sich auf den Weg ins Kaufhaus. Herr Pfeiffer, der Geschäftsführer, hört ihn zunächst ruhig an, erläutert ihm dann aber den Standpunkt des Geschäftsinhabers. „An dem, was du da von deinem Klassenkameraden erzählt hast, ist sicher etwas Wahres dran, solche Fälle kennen wir. Aber Diebstahl bleibt Diebstahl! Was meinst du, was passieren würde, wenn wir da immer nachgeben würden? Du sagst, du willst sogar den Schaden, den Peter angerichtet hat, ersetzen, aber kannst du dir eigentlich vorstellen, was für ein Schaden entstünde, wenn wir, wie du, solche Fälle als ‚Bagatelle‘ abtun würden? Weißt du überhaupt, wie hoch der Schaden ist, der jährlich durch solche Diebstähle entsteht? Die Dummen, die den Schaden zahlen müssen, sind am Ende die ehrlichen Kunden; denn die müssen höhere Preise bezahlen, weil die Verluste mitgedeckt werden müssen. Deshalb können wir die Anzeige nicht zurückziehen, schließlich leben wir in einem Rechtsstaat. Peter ist mit seinen vierzehn Jahren nach dem Strafgesetzbuch (§ 68) Jugendlicher und im Falle des Ladendiebstahls voll verantwortlich für sein Tun. Er muß die Folgen tragen.“
Enttäuscht über den Ausgang des Gesprächs kommt Werner am nächsten Morgen in die Klasse. „Peter wird doch angezeigt“, sagt er, als die anderen ihn bestürmen, was der Geschäftsführer zu der ganzen Sache gemeint habe. „Er hat von Strafmündigkeit geredet und von Rechtsstaat, aber was er damit eigentlich gemeint hat, ist mir nicht ganz klar geworden!“
„Die sind doch gemein, gleich einen anzuzeigen, bloß weil er eine kleine Platte mitgenommen hat. Dabei wollte er doch eigentlich gar nicht klauen, das müßten die doch einsehen“, so lautet der Kommentar. Die Klasse ist zum großen Teil auf Peters Seite. Einige aber meinen, daß nicht nur er schuld sei, sondern auch die, die ihn zum Klauen angestiftet haben.

(Johannes Erger, Annemarie Haase, Heinrich Küppers, Gestaltung und Gefährdung des Rechtsstaates, R. Oldenbourg Verlag, München 1978, S. 2)

❶ Peter versuchte Anschluß zur Gruppe zu bekommen und ist dabei in einen Konflikt geraten (M 1). Beschreibe diesen Konflikt, und überlege, welche Lösungsmöglichkeiten es für Peter gab.

❷ Wer ist deiner Meinung nach am meisten Schuld daran, daß es zum Diebstahl gekommen ist: Peter, der sich überreden ließ, oder Klaus, der ihn angestiftet hat?

❸ In M 1 wird von einem Gespräch berichtet, das Klassensprecher Werner mit dem Geschäftsführer des Kaufhauses geführt hat.
a) Bildet zwei Gruppen: Die erste sucht Argumente für Werner, die zweite für den Geschäftsführer.
b) Spielt verschiedene Möglichkeiten des Gesprächs, in dem Werner den Geschäftsführer davon überzeugen will, die Anzeige zurückzunehmen. Jeweils ein Mitglied aus den beiden Gruppen soll dabei die Rolle eines Gesprächspartners übernehmen. ▶

Bevor ihr beginnt, klärt folgende Punkte:

- Überlegt, von welchen Faktoren außer den Sachargumenten Verlauf und Ergebnis des Gesprächs beeinflußt werden könnten (z. B. Zeitknappheit des Geschäftsführers, rhetorische* Überlegenheit eines Beteiligten, Gesprächsatmosphäre, Einfluß Dritter auf die Gesprächspartner): Wie wirken sich diese Punkte aus?
- Es ist wichtig, vorher zu vereinbaren, unter welchen inhaltlichen Vorgaben das Rollenspiel stattfindet. Den Rahmen bildet die Darstellung in M 1. Wenn ihr zusätzliche Elemente hineinbringen wollt, müßt ihr euch vorher gemeinsam darauf verständigen.
- Legt eine Obergrenze für die Dauer des Gesprächs fest, damit es in seinem Verlauf nicht „zerfasert".
- Der Verlauf des Gesprächs und die in ihm genannten Argumente sollten protokolliert werden, damit hinterher bei der Auswertung nichts vergessen wird.
- Überlegt, unter welchen Gesichtspunkten ihr das Gespräch anschließend auswerten wollt.

M 2 Ladendiebstähle in der Bundesrepublik Deutschland

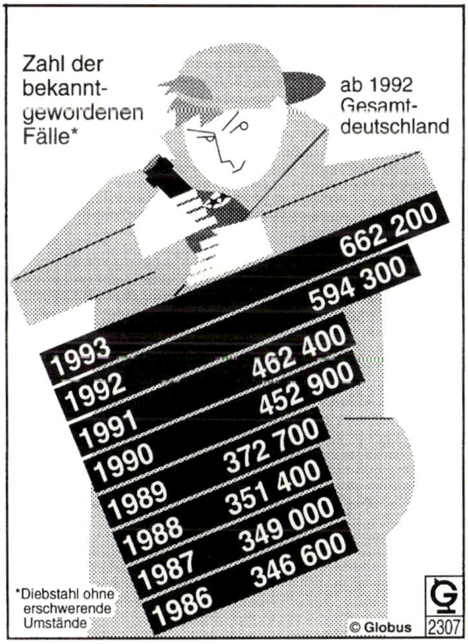

1994 gab es 585671 Ladendiebstähle (–11,7%).

M 3 Milliardenschaden durch Ladendiebstahl

Dem deutschen Einzelhandel entstehen durch Ladendiebstähle nach „vorsichtiger" Schätzung eines seiner Spitzenverbände im Jahr Schäden von fast 3 Mrd. DM. Das erklärte schon 1988 in Köln die Bundesarbeitsgemeinschaft der Mittel- und Großbetriebe des Einzelhandels (BAG). Inzwischen ist die Zahl der Diebstähle drastisch gestiegen (s. M 2). Der durchschnittliche Schaden je Ladendiebstahl, der sich 1988 noch auf 138 DM belief, hat sich bis 1992 auf 160 DM erhöht. Schätzungen zufolge werden nur rd. 5% der Diebe erwischt.

(Autorentext)

M 4

(Foto: Trost)

❶ Erläutere zusammenfassend, wie sich die Zahl der Ladendiebstähle seit 1970 entwickelt hat. Suche Vergleichszahlen, mit deren Hilfe du die Angaben über die Zahl der Fälle und die Höhe der Verluste anschaulich machen kannst (M 2, M 3).

❷ Nach Angaben des Innenministeriums wurden 1988 allein im Land Niedersachsen 42317 Fälle von Ladendiebstahl erfaßt. Überlege, welche Folgen solch hohe Diebstahlziffern haben. Berücksichtige dabei den Polizei- und Justizapparat, Geschäftsinhaber und Verbraucher.

❸ Sammelt Informationen über Ladendiebstähle in eurer Stadt oder Gemeinde. Befragt dazu den Einzelhandelsverband, Geschäftsinhaber und die Polizei. Erkundigt euch dabei vor allem danach, ob es bestimmte Tätergruppen gibt, welche Motive eine Rolle spielen und welches Ausmaß Ladendiebstahl angenommen hat.

❹ Erkläre, welches grundsätzliche Problem durch die beiden Fotos verdeutlicht wird (M 4).
Die Zahl der Ladendiebstähle könnte man sicher verringern, indem man die Präsentation der Ware verändert und den Selbstbedienungsbereich wieder verkleinert. Überlege, warum dies die Kaufleute nur sehr ungerne tun.

M 5 Ursachen für den Ladendiebstahl

Ordne die hier wahllos aufgezählten möglichen Ursachen in vorwiegend gesellschaftliche oder überwiegend persönliche; ergänze, wenn dir noch weitere Ursachen bzw. Motive einfallen:
Reiz des Verbotenen; Wirkung der Werbung; plötzlicher Drang, etwas besitzen zu wollen; „Selbstbedienungs"läden; Konsumzwänge; Verleitung durch Kameraden; zu wenig Taschengeld; Anonymität des Eigentümers; Geltung vor Freunden und Nachbarn; physischer Zwang (Anwendung von Gewalt) durch andere; Medieneinflüsse; Größe der Warenhäuser; Wegwerfgesellschaft — Überflußgesellschaft; um einem anderen eine Freude zu machen ... u. a. m.

Gesellschaftliche Motive:	Persönliche Motive:

Fertige entsprechende Tabellen in deinem Heft an.

(Hassemer, Sandmann: Ladendiebstahl, Verlag F. Schöningh, Paderborn 1985[2] S. 20)

M 6 Wer sind die Täter?

Das erschreckende Phänomen ist, daß es längst nicht mehr überwiegend Jugendliche sind, die aus Geltungsbedürfnis stehlen oder aufgrund einer unsinnigen Mutprobe Sachen aus Regalen entwenden, die sie unter Umständen noch nicht einmal gebrauchen können. Heute stehlen Bürger aller sozialen Schichten, und die Anzahl der Wiederholungstäter im Amateurbereich nimmt ständig zu. Ladendiebstahl aber ist kein Kavaliersdelikt mehr, so meinen nicht nur die betroffenen Händler, sondern auch die Staatsanwaltschaften und die Polizei. Laut Statistik stieg die Anzahl der Wiederholungstäter auf mittlerweile zwei Drittel aller Erwischten.
Die Dunkelziffer* kann hier nur geschätzt werden, die Statistik selbst kann sich durch die Einbeziehung dieser Schätzwerte allerdings nur noch verschlechtern.
Kritiker jedoch vermuten, daß Ladendiebe heute oft auch als eine Art „Feigenblatt" für Inventurdifferenzen* im Einzelhandel mißbraucht werden. Aber Tatsache ist, daß die Ladendiebstahls-Tendenz seit Jahren steigend ist. Ladendiebstahl ist heute eine volkswirtschaftlich relevante* Größe.
Aufgrund von Erfahrungen gibt es für die Aufschlüsselung der Inventurdifferenz* eine Faustregel: „Ein Drittel sind innerbetriebliche Fehler, beispielsweise falsche Buchungen oder falsche Auszeichnungen; ein weiteres Drittel wird durch Kundendiebstahl verursacht, das letzte Drittel fällt auf den Lieferanten- und Angestelltendiebstahl."
Eine namhafte Unternehmensberatung hat 72000 Ladendiebstähle ausgewertet. Ergebnis: In den großen Supermärkten gingen nicht weniger als 17,5% der Diebstähle eben nicht auf das Konto von unehrlichen Kunden, sondern Angestellte und Lieferanten hatten lange Finger gemacht. Und das sind nur die erfaßten Diebstähle. Alle anderen illegalen Manipulationen von Lieferanten und Angestellten, die ebenso die Warenverluste vergrößern, aber beispielsweise als Bruch, Verderb oder Verschleiß ausgegeben werden, ergeben erst das Gesamtbild, mit dem der Einzelhandel zu Recht wenig zufrieden ist.

(Thomas Dreiskämper, in: Kleiner Wirtschaftsspiegel, hrsg. vom Deutschen Sparkassenverband, Heft 4/1988, S. 12f.)

❶ Überlege, welche der Ursachen für Ladendiebstähle, die du in M 5 aufgelistet hast, dir am wichtigsten erscheinen.

❷ Überlege, wer durch Ladendiebstähle geschädigt wird. Ladendiebstahl ist eine ernstzunehmende Straftat, für die es keine Rechtfertigung gibt und die keineswegs als „harmloser Sport" angesehen werden kann. Welche Argumente sprechen gegen eine solche Verharmlosung? Ziehe hierzu auch die Zahlen aus M 2, M 3 und M 6 hinzu.

❸ Erläutere die Aussagen aus M 6 zur Zusammensetzung der Täterschaft bei Ladendiebstählen. M 6 macht deutlich, daß es nicht nur Kunden sind, die für Diebstähle verantwortlich sind. Erkläre, welche weiteren Ursachen für Inventurdifferenzen es gibt.

M 7 Maßnahmen gegen Ladendiebstahl

M 7a Auch Kaufleute und Hausdetektive müssen sich an das Recht halten

Die Einzelhandelsbranche geht mit ihrem „Hauptfeind Nr. 1“ nicht gerade zimperlich um. Von dem Rechtsgrundsatz, daß jeder zunächst unschuldig sei, bis seine Schuld bewiesen ist, scheinen viele Ladendetektive oder übereifrige Angestellte noch nichts gehört zu haben. Aber auch wenn ein begründeter Verdacht auf Diebstahl besteht, sich dieser im Laufe der Observierung erhärtet und es sich schließlich herausstellt, daß der Gefaßte tatsächlich ein Ladendieb ist — zartfühlend sind die selbsternannten „Polizisten“ fast nie.
Rechtliche Möglichkeiten hat ein Privatdetektiv genauso wenige oder genauso viele wie ein Bürger oder Kunde; nämlich fast keine. Jede Person des öffentlichen Lebens hat das Recht — sobald eine Straftat vorliegt — den Täter vorübergehend festzunehmen. Und zwar nur so lange, bis die Personalien festgestellt sind oder die Polizei verständigt und eingetroffen ist. Mehr darf auch ein Kaufhausdetektiv nicht tun.
In rd. 60% der Fälle läuft das Geschehen ohne Aufsehen ab. Denn mehr als jeder zweite erwischte Ladendieb geht nach erfolgter Ansprache durch den Detektiv oder den Kaufhausangestellten anstandslos mit ins Büro, gibt seine Verfehlung zu und läßt seine Personalien ohne Widerspruch aufnehmen. Gerade einmal 30% der Delinquenten* versuchen sich herauszureden oder wissen von nichts, zumindest bis die Polizei vor Ort eintrifft und Tascheninhalte auf ihre Herkunft hin klärt.
Nur rd. 10% der Ladendiebe werden aggressiv, versuchen sich durch Flucht den Weg in die Freiheit zu erstürmen oder werden sogar physisch gewalttätig gegen den Feststellenden.
Aber nicht nur der Angestellte, auch die Geschäftsleitung kann mit wenig Aufwand gerade noch unentschlossene Ladendiebe abschrecken: durch das Aufstellen großer und gut sichtbarer Hinweistafeln. Der Gelegenheitsdieb wird ermahnt und gewarnt. Die Kundschaft „muß halt wissen, daß in unserem Haus Diebstahl aktiv und mit der zur Verfügung stehenden gesetzlichen Härte verfolgt wird“, meint ein Bochumer Kaufhausdetektiv.

(Thomas Dreiskämper in: Kleiner Wirtschaftsspiegel, hrsg. vom Deutschen Sparkassenverband, Heft 4/1988, S. 12f.)

M 7b Fangprämien in Warenhäusern

In der Praxis verlangen viele Kaufhäuser von den ertappten Ladendieben unter Androhung einer Strafanzeige neben der Rückgabe oder Bezahlung der gestohlenen Ware die Zahlung einer Bearbeitungsgebühr oder einer Fangprämie. Obwohl danach zumeist von einer Strafanzeige abgesehen wird, ist das Verfahren rechtlich bedenklich, weil es auf eine Art Selbstjustiz hinausläuft. Das Recht ist ja auch dazu da, die Selbstjustiz zu verhindern. Nicht der Geschädigte, sondern nur das Gericht darf den Täter bestrafen.

(Hassemer, Sandmann [= M 5], S. 21)

M 8 Sicherungseinrichtungen in Warenhäusern

Kontrollspiegel

Video-Überwachung

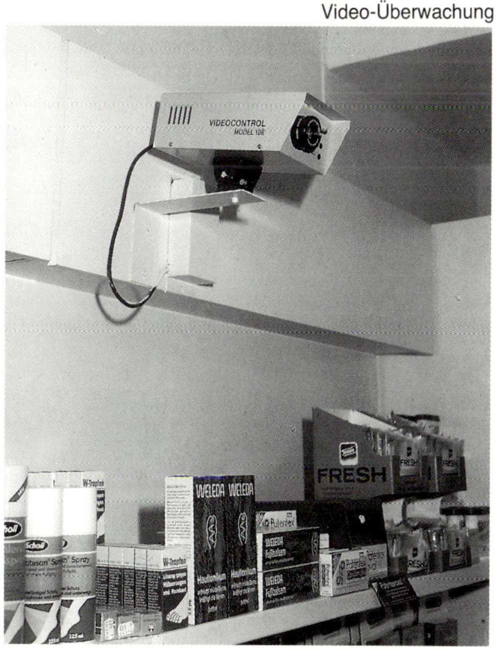

Elektronische Schleusen

Fotos: Trost (2), Schlottmann (2)

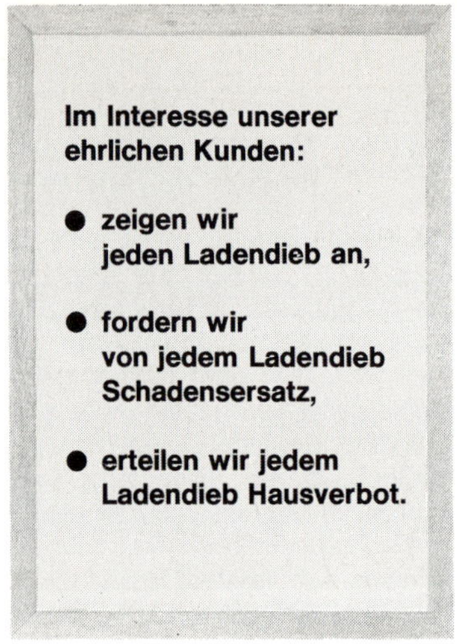

Warnschilder

❶ In M 7/8 findest du eine Reihe von Maßnahmen, mit deren Hilfe sich Geschäftsinhaber zu schützen versuchen. Welche hältst du für sinnvoll und richtig, welche für bedenklich? Begründe deine Auffassung.

❷ Erkläre, was mit der Aussage gemeint ist, sogenannte „Fangprämien" würden auf „Selbstjustiz" hinauslaufen (M 7b). Teilst du diese Auffassung?

❸ Überlege, wie sich die Zahl der Ladendiebstähle am besten verringern ließe. Beziehe in deine Überlegungen nicht nur technische und organisatorische Überlegungen ein, sondern berücksichtige auch das persönliche Umfeld der Täter. Die Arbeitsergebnisse zu M 5 (gesellschaftliche und persönliche Motive) können dir dabei eine Hilfe sein.

Verletzungen der Rechtsordnung

M 9 Wozu brauchen wir eine Rechtsordnung?

Wie oft wird auf die Paragraphen, auf die Bestimmungen, die das äußere Zusammenleben der Menschen regeln, gescholten! Da ärgert sich der Autofahrer: Er hat ein Strafmandat bekommen wegen Überschreitung der 50-km-Begrenzung, die im Stadtverkehr vorgeschrieben ist. Herr Müller findet es lächerlich, daß ihn Herr Meier angezeigt hat, nur weil er sich ein paar Mauersteine genommen hat, die Herr Meier auf seinem Grundstück gelagert hatte. Die Kinder ärgern sich, weil ihnen verboten wird, die Garagentür von Herrn Lehmann mit Inschriften zu versehen. Alle Erwachsenen sind mit dem Staat unzufrieden, der ihnen Steuern abnimmt. Aber nun sehen wir uns die Angelegenheit einmal von der anderen Seite an! Da sind die Fußgänger, Mütter mit kleinen Kindern, Schulkinder, alte, gehbehinderte Leute: Sie kommen im Straßenverkehr in Gefahr, weil der Autofahrer ohne Beachtung der 50-km-Begrenzung durch die Straßen rast. Herr Meier hat viel Geld für die Mauersteine ausgegeben und sie mühsam herangekarrt — nun nimmt sie ihm Herr Müller einfach fort. Herrn Lehmanns Garagentür muß wegen der „Inschriften" neu gestrichen werden. Der Staat hat, wenn er auf Steuern verzichtet, kein Geld mehr für die Dinge, die wir alle haben wollen: gute Schulen, moderne Krankenhäuser, neue Straßen.

Wir sehen, es stehen sich hier zwei ganz verschiedene Seiten gegenüber: Die einen möchten etwas ganz Bestimmtes tun, so schnell fahren, wie sie wollen; sich nehmen, was sie gerade brauchen. Die anderen wollen sich das nicht gefallen lassen: Sie wollen nicht durch die Autofahrer gefährdet werden; sie wollen ihre Garagentür, ihr Haus nicht beschädigen lassen. Jochen Schneider findet es heute vielleicht nicht der Rede wert, wenn er mit seinem Fahrrad den Kotflügel vom Auto der Frau Müller zerkratzt hat; am nächsten Tag ist er empört, weil ihm ein Klassenkamerad die Speichen seines Fahrrades verbogen hat.

Nun stellen wir uns einmal vor, wie es wäre, wenn nicht geregelt wäre, was man tun darf und was verboten ist: Der Stärkere, der Klügere, der Mächtigere könnte sich nehmen, was er wollte. Er nähme dem Schwächeren das neue Moped fort, er besorgte sich von allem das Beste. Der Schwächere könnte sich ohne Hilfe nicht wehren, er wäre dem Stärkeren hilflos ausgeliefert.

Daß das nicht geht, müssen selbst die einsehen,

die sich heute noch stark und den Schwächeren überlegen vorkommen. Auch sie können durch Krankheit, durch Unglücksfall, durch Alter eines Tages zu den Schwächeren gehören. Der Staat hat daher eine Ordnung geschaffen, durch die das Zusammenleben der Menschen weitgehend geregelt wird. Diese Ordnung nennen wir die Rechtsordnung.

(Ilse Staff: Rechtskunde für junge Menschen, Verlag M. Diesterweg, Frankfurt, Berlin, München 1979, S. 7f.)

M 10

Kriminalität in Deutschland

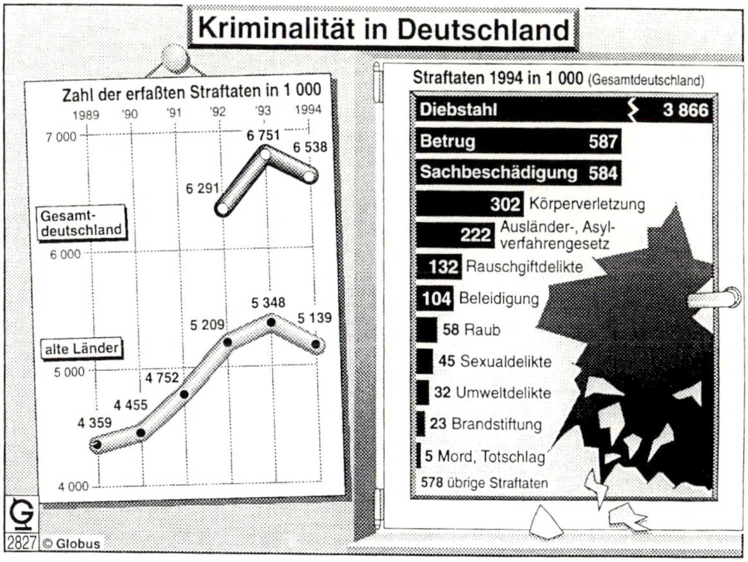

Die Angaben zur Kriminalitätsentwicklung in der Bundesrepublik Deutschland beruhen in der Regel auf den Aussagen der Polizeilichen Kriminalstatistik (PKS). Diese Statistik erscheint jährlich und hat die Aufgabe, die Entwicklung der Kriminalität und einzelner Deliktsarten zu dokumentieren. Beobachtet werden Art und Anzahl der erfaßten Straftaten, Tatort und Tatzeit, Opfer und Schäden, Aufklärungsergebnisse, Alter, Geschlecht und Nationalität der Tatverdächtigen.
Viele Angaben fehlen jedoch, denn die PKS erfaßt nur die der Polizei bekanntgewordenen Straftaten, einschließlich der mit Strafe bedrohten Versuche und der vom Zoll bearbeiteten Rauschgiftdelikte.

(Autorentext)

M 11 **Kriminalitätsentwicklung in Niedersachsen 1993**

In Niedersachsen hat sich die Zunahme von Straftaten im vergangenen Jahr deutlich verlangsamt. Nach einem sprunghaften Anstieg der Straftaten um 13,5 Prozent im Jahr 1992 lag die Steigerungsrate im vergangenen Jahr bei 2,3 Prozent. Die am Montag von Innenminister Glogowski (SPD) vorgestellte polizeiliche Kriminalstatistik für Niedersachsen verzeichnet 650151 Delikte. In 303353 Fällen (46,6 Prozent) konnte die Polizei die Täter ermitteln. Die Aufklärungsquote war damit die niedrigste seit 1987. [...]

Diebstahldelikte hatten 1993 wieder den weitaus größten Anteil (61 Prozent) an der allgemeinen Kriminalität und fielen auch beim Anstieg der Straftaten am meisten ins Gewicht (plus 12517 Fälle). Überdurchschnittliche Zunahmen verzeichnet die Statistik bei Diebstählen aus Automaten (plus 32 Prozent) und Schaufenstern (plus 23 Prozent) sowie bei Wohnungseinbrüchen (plus 14 Prozent). Nur jedes fünfte dieser Verbrechen wurde aufgeklärt. Bessere Erfolge hatte die Polizei bei Autodiebstählen (plus 16 Prozent), wo jeder dritte Fall aufgeklärt wurde. Besonders risikoarm scheinen dagegen Diebstähle von Großvieh zu sein. Sie nahmen um 34 Prozent zu — 82 von hundert Tätern entkamen unerkannt. Den Opfern von Diebstählen entstand ein Schaden von insgesamt 505 Millionen Mark.
Um mehr als zwölf Prozent abgenommen haben die von der Polizei registrierten Verstöße gegen das Ausländerrecht. 1993 wurden 31221 Verstöße gezählt. „Die neue Asylrechtsregelung hat offensichtlich Wirkung gezeigt“, heißt es dazu in einem Kommentar des Innenministeriums. Besonders stark zurückgegangen sei die Zahl der registrierten illegalen Grenzübertritte. Andererseits habe es einen starken Anstieg bei den Straftaten gegen das Asylverfahrensgesetz gegeben. Die Zahl der ausländerfeindlichen Straftaten betrug im vergangenen Jahr 570, 152 weniger als im Vorjahr. Wie auch in anderen Bundesländern folgten dem Brandanschlag von

Solingen im Juni 1993 eine hohe Zahl von Nachahmungstaten. Nach Ansicht des Innenministeriums zeigen die Erfahrungen der Vergangenheit, daß den fremdenfeindlichen Straftaten kein einheitliches, sondern ein breit gefächertes Ursachen- und Motivbündel zugrundeliege.
Die Polizeistatistik schlüsselt den hohen Anteil von Nichtdeutschen (34,5 Prozent) an den ermittelten Tatverdächtigen auf verschiedene Weise auf: So waren Ausländer mit festem Wohnsitz in Niedersachsen nur mit neun Prozent an den Tatverdächtigen beteiligt. Von den 42600 straffällig gewordenen Asylbewerbern war mehr als ein Drittel im Zusammenhang mit Verstößen gegen Vorschriften aufgefallen, die nur für Nichtdeutsche gelten. Andererseits führt die Statistik auch auf, daß bestimmte allgemeine Straftaten wie Taschendiebstähle und verbotene Glücksspiele zu jeweils etwa 75 Prozent von Ausländern verübt wurden.
Ausgesprochen hoch ist mit 74 Prozent der Ausländeranteil auch bei den Tätern, die der organisierten Kriminalität zugerechnet werden. Die Polizei ermittelte 604 Verdächtige aus 25 Ländern. Fast 27 Prozent seien türkische, 11,5 Prozent rumänische Staatsangehörige gewesen, sagte Innenminister Glogowski. [...] Hauptsächlich gehe es dabei um Drogen- und Waffenhandel, sowie um das Verschieben von Autos, Lastwagen und Schiffsladungen.

(Frankfurter Allgemeine Zeitung v. 22. 2. 1994, S. 5)

M 12

Jugendkriminalität

Straftaten(gruppen)	alte Länder mit Gesamt-Berlin 1994	alte Länder mit Gesamt-Berlin Anstieg zu 1993 in v. H.	neue Länder 1994	neue Länder Anstieg zu 1993 in v. H.
Straftaten insgesamt	116103	13,5	54114	11,9
Ladendiebstahl	43559	18,0	16374	30,3
Diebstahl unter erschw. Umständen	19122	7,9	15984	9,0
Sachbeschädigung	16799	13,4	9322	24,8
Körperverletzung — insgesamt —	14722	4,9	8677	10,2
Leistungserschleichung	5023	11,1	400	37,9
Allg. Verstöße nach § 29 BtMG mit Cannabis	4330	41,1	241	162,0
Raub, räuberische Erpressung und räuberischer Angriff auf Kraftfahrer	2990	12,6	2600	8,2

(Polizeiliche Kriminalstatistik 1994)

❶ Erkläre, was man unter einer Rechtsordnung versteht, und erläutere, warum sie notwendig ist (M 9).

❷ Erläutere die Darstellung M 10. — In der von der Kriminalitätsstatistik genannten Summe sind alle Arten von Straftaten zusammengefaßt. Warum ist es problematisch, allein aufgrund dieser Gesamtsumme Aussagen über den Grad der Gefährdung des Bürgers durch Kriminalität zu treffen?

❸ Überlege, was es bedeutet, daß hier nur die gemeldeten Straftaten erfaßt sind (M 10).

❹ Analysiere den Bericht über die Kriminalitätsentwicklung in Niedersachsen (M 11). Was ist bei der Beurteilung der Ausländerkriminalität zu berücksichtigen?

❺ Der Anteil der 14—21jährigen Tatverdächtigen an der Gesamtzahl dieser Altersgruppe liegt etwa doppelt so hoch (z. B. 1988 in Niedersachsen bei 4,2%) wie der Anteil der über 21jährigen Tatverdächtigen an ihrer Altersgruppe (1988 in Niedersachsen 2,1%). Worin könnten eurer Meinung nach die Gründe für diesen Unterschied liegen?

❻ Erläutere die Aussagen der Tabelle M 12. Bei welchen Delikten ist der Anstieg der Zahl der 14—18jährigen Tatverdächtigen besonders groß? Wie erklärst du dir diese Schwerpunkte?

Recht haben und Recht bekommen — Die Rechtsordnung in der Bundesrepublik Deutschland

M 13 **Die Justiz — ein Irrgarten?**

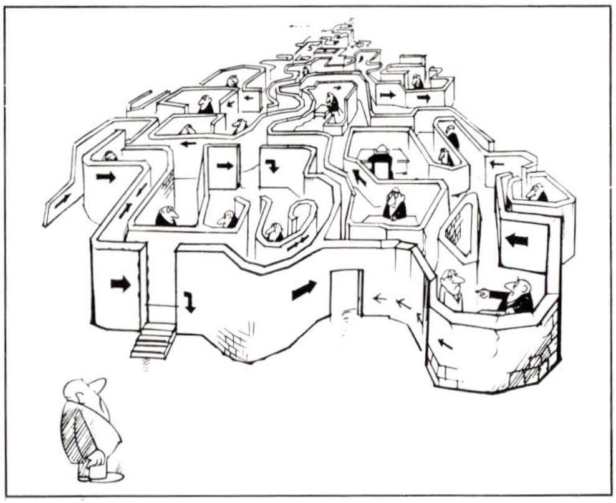

(Hans Martin Schmidt, Walter Hanel; Juristen sind gar nicht so, Köln [6]1979, S. 69)

M 14 Öffentliches Recht und Privatrecht

Rechtliche Normen* betreffen einerseits den privaten, andererseits den öffentlichen Lebensbereich. Die grundlegende Unterscheidung, die für die Einteilung des Rechts bedeutsam ist, ist dementsprechend die zwischen privatem Recht und öffentlichem Recht. [...]
Privatrechtliche Normen regeln also die Beziehungen zwischen rechtlich gleichrangigen Rechtssubjekten*, zum Beispiel zwischen Vermieter und Mieter, zwischen Käufer und Verkäufer oder zwischen Arbeitgeber und Arbeitnehmer. [...]
Um öffentliches Recht handelt es sich demgegenüber dann, wenn der Staat (oder auch eine Gemeinde) als Inhaber hoheitlicher Gewalt dem einzelnen Bürger gegenübersteht. Von einer Instanz der öffentlichen Gewalt wird etwas „angeordnet", „genehmigt" oder „verboten", wird beispielsweise Sozialhilfe* „bewilligt", eine Steuer „erhoben" oder zur Bundeswehr „einberufen". Öffentliches Recht liegt darüber hinaus auch dann vor, wenn das rechtliche Verhältnis zwischen verschiedenen Trägern der öffentlichen Gewalt (zum Beispiel zwischen Bund und Ländern) betroffen ist.

(Wolfgang Horn in: Informationen zur politischen Bildung, Nr. 216, Recht 1, hrsg. v. der Bundeszentrale für politische Bildung, Bonn 1987, S. 19f.)

M 15

Öffentliches Recht und Privatrecht

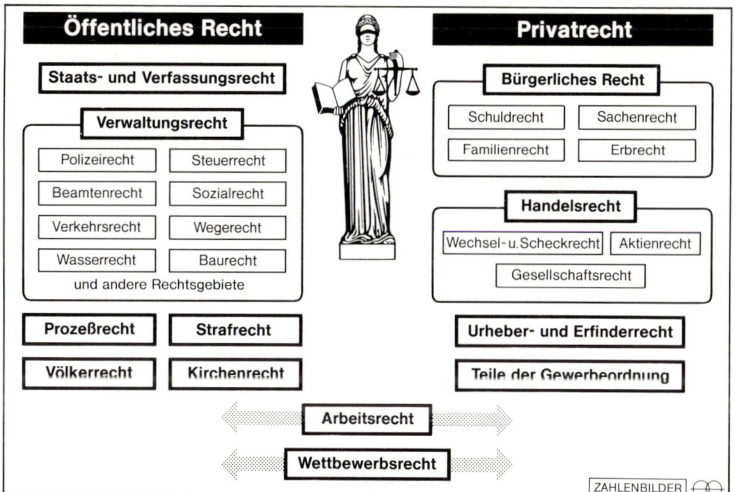

128 020

Zum öffentlichen Recht gehört in erster Linie das Staatsrecht, das sich mit den Erscheinungsformen und Einrichtungen des Staates befaßt. Auch die verfassungsrechtlichen Normen fallen in das Gebiet des öffentlichen Rechts. Dazu zählen weiterhin das gesamte Verwaltungsrecht (insbesondere das Polizei-, Steuer-, Beamten- und Sozialrecht), das Strafrecht, das Prozeßrecht, das Völkerrecht und das Kirchenrecht. So wie der Staat allein befugt ist, Gesetze zu erlassen, kann nur er durch die von ihm eingesetzten Organe die Beachtung der Gesetze überwachen und gegebenenfalls erzwingen.
Im Gegensatz zum öffentlichen Recht regelt das Privat- oder Zivilrecht allein die Rechtsbeziehungen der Menschen untereinander. Das schließt nicht aus, daß auch der Staat oder die Gemeinde privatrechtlich tätig werden kann, z. B. beim Abschluß eines Mietvertrages. Hier ist der Staat dem einzelnen nicht über-, sondern vollkommen gleichgeordnet. Die Mehrzahl der privatrechtlichen Vorschriften ist im Bürgerlichen Gesetzbuch enthalten. Es umfaßt das Schuldrecht, das Sachenrecht, das Familienrecht und das Erbrecht. Daneben finden sich privatrechtliche Bestimmungen im Handelsgesetzbuch, im Aktien- und Gesellschaftsrecht, im Wechsel- und Scheckrecht, im Urheberrecht und zum Teil auch in der Gewerbeordnung. Einzelne Rechtsgebiete lassen eine strenge Trennung zwischen öffentlichem Recht und Privatrecht nicht zu. So sind z. B. im Arbeitsrecht und auch im Wettbewerbsrecht sowohl öffentlich-rechtliche wie privatrechtliche Vorschriften enthalten.

M 16 Die Rechtsprechung

Die **Rechtsprechung** zielt darauf ab, auftretende **Konflikte** im Sinne eines Interessenausgleichs und in **geordneten Verfahren** zu regeln. Sie soll sich an der Verwirklichung von Gerechtigkeit orientieren.

Straf- und Zivilgerichtsbarkeit sollen dazu dienen, in der Gesellschaft auftretende Konflikte im öffentlichen (bzw. staatlichen) und im privaten Bereich möglichst verständlich zu regeln.
Notwendige Voraussetzung: allgemein **verbindliche Rechtsnormen** und die **staatliche Macht bzw. Autorität** zur Durchsetzung des Rechts.

Zivil- und Strafgerichtsverfahren:
Die Einleitung eines gerichtlichen Verfahrens beginnt mit der **Klage** (im Zivilgerichtsverfahren) bzw. der **Anklage** durch den Staatsanwalt (Strafgerichtsverfahren). Während im Zivilprozeß der **„Verhandlungsgrundsatz“** gilt (nur was vor Gericht vorgetragen wird, kann im Streitfall berücksichtigt werden), gilt im Strafprozeß der **„Untersuchungsgrundsatz“:** das Gericht muß selbst aktiv werden, um die Wahrheit zu finden; z. B. Zeugenvernahme oder Sachverständige beauftragen.

Die verschiedenen Grundsätze ergeben sich daraus, daß

a) im Zivilprozeß sich zwei (rechtlich gleich gestellte) Parteien gegenüberstehen.
b) im Strafprozeß der Staat ein Interesse an der Bestrafung eines Täters hat.

Die **Beweisaufnahme** soll dazu dienen, den wahren Sachverhalt herauszufinden.
Zeugen- und Sachverständigenvernahme oder auch Beweisstücke, die dem Gericht vorgelegt werden, sind Teil der Beweisaufnahme.

Staatsanwalt und **Verteidiger** sind angehalten, zur richtigen Urteilsfindung beizutragen. Ihre **Plädoyers** schließen sich im Strafverfahren der Beweisaufnahme an.
Vordringliche Aufgabe des Verteidigers: Hervorhebung aller den Angeklagten entlastenden Momente. Der Staatsanwalt betont darüber hinaus auch das den Angeklagten Belastende.
Nach dem „letzten Wort“ des Angeklagten zieht sich das Gericht zur **Urteilsfindung** zurück.

Angeklagter, aber auch Staatsanwalt können in der Regel gegen das Urteil **Rechtsmittel** einlegen. Darunter wird verstanden:
— Berufung
— Revision*
— Beschwerde.
Die Berufung ist eine Neuauflage des Verfahrens.
Die Revision ist eine Überprüfung der richtigen Gesetzes- und Verfahrensanwendung.
Die Beschwerde ist die Bitte an die nächst höhere Behörde zur Überprüfung der Entscheidung einer untergeordneten Stelle.

Bei Streitfällen, sowohl im privatrechtlichen (z. B. Mietrecht, Vertragsrecht, Arbeitsrecht) als auch im öffentlich-rechtlichen Bereich (z. B. Verwaltungsrecht, Beamtenrecht), **steht jedem Bürger der Rechtsweg offen:** d. h. es gibt immer die Möglichkeit, zur Klärung eines Rechtsfalles ein Gericht anzurufen.
Im öffentlich-rechtlichen Bereich sind dies insbesondere Verwaltungsgerichte oder besondere Gerichte, im privatrechtlichen Bereich die ordentlichen Gerichte.

(Armin Zwerger, Kompendium Gemeinschaftskunde, Verlag F. Schöningh, Paderborn 1988, S. 177f.)

M 17 **Der Aufbau der Gerichtsbarkeit** **Rechtswege — Rechtsmittel**

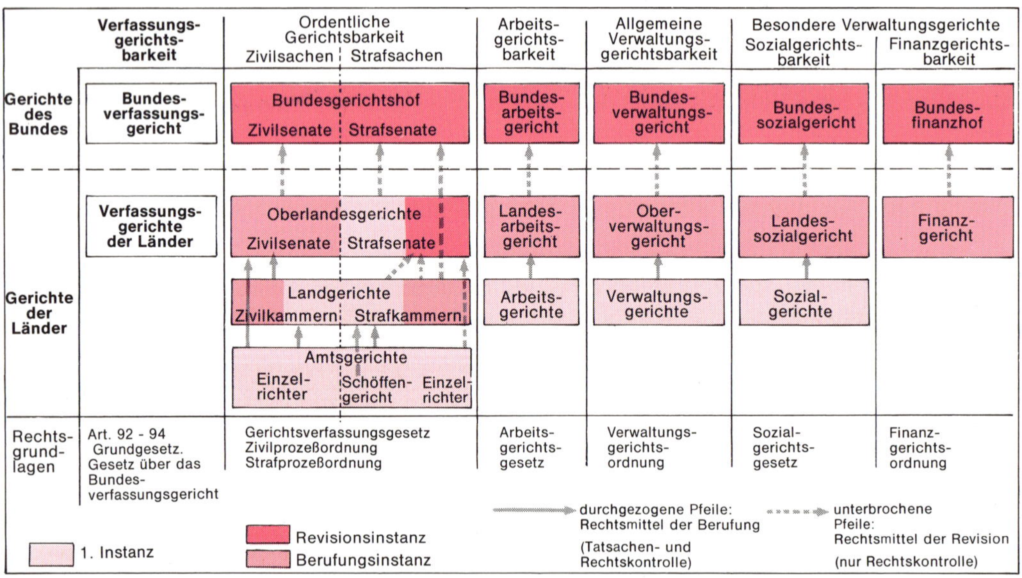

Das Schaubild kann nur die wichtigsten Gerichtsbarkeiten darstellen. Neben diesen sind noch folgende zu nennen: Disziplinargerichte des Bundes und der Länder, Richterdienstgerichte des Bundes und der Länder, Wehrdienstgerichte (Bund), Patentgericht (Bund), Rückerstattungsgerichte (Bund), Schiffahrtsgerichte (bei bestimmten Ordentlichen Gerichten), Nichtstaatliche Berufungsgerichte der freien Berufe (zum Beispiel Ärzte, Rechtsanwälte).

(Nach Fritz Endemann, in: Recht und Rechtspolitik, Kohlhammer Taschenbücher „Bürger im Staat“, Band 1070, hrsg. von der Landeszentrale für politische Bildung Baden-Württemberg, Stuttgart 1985, S. 26—27)

M 18

Der Instanzenweg in der Zivil- und Strafgerichtsbarkeit

(Hans Martin Schmidt, Walter Hanel, Juristen sind gar nicht so, Verlag O. Schmidt, Köln [6]1979, S. 67)

M 19

Welche Aufgaben haben die verschiedenen Gerichte?

Wenn ein Strafgesetz verletzt wird oder wenn ein Mensch vor Gericht klagt, weil die ihm nach den Gesetzen zustehenden Rechte verletzt worden sind, so können folgende Gerichte tätig werden:

1. Die **Amtsgerichte.** Sie entscheiden in der Regel über weniger schwere Strafsachen (z. B. Diebstahl oder Verkehrsdelikte) und über Zivilsachen, in denen es sich um Streitigkeiten handelt, die für den Kläger und den Beklagten einen Wert von 5000 DM nicht überschreiten. Bei den Amtsgerichten gibt es auch sog. „Familiengerichte", die z. B. über die Rechte von Kindern und über Ehescheidungen zu befinden haben.
2. Die **Landgerichte.** Sie sind für schwerwiegende Strafsachen (z. B. Mord oder Raub) zuständig und für Zivilsachen, in denen es um Streitigkeiten geht, die für den Kläger und den Beklagten einen höheren Wert als 5000 DM haben. Außerdem kann sich in vielen Streitfragen derjenige, der mit einem Urteil des Amtsgerichts nicht zufrieden ist, an das Landgericht wenden und die Nachprüfung des amtsgerichtlichen Urteils verlangen.
3. Die **Oberlandesgerichte.** Sie entscheiden in erster Linie über Beschwerden, Berufungen und Revisionen*, mit denen die Nachprüfung der Urteile der Amts- und Landgerichte bezweckt wird. In politischen Strafsachen sind die Oberlandesgerichte auch in „Erster Instanz" tätig, d. h. sie entscheiden in einem Fall, den vorher noch kein anderes Gericht überprüft hat.
4. Der **Bundesgerichtshof.** Er wird vor allem dann angerufen, wenn es sich darum handelt, in einer Streitfrage eine grundsätzliche Entscheidung zu treffen. [...]

Im Bundesgerichtshof und in den Oberlandesgerichten sind nur „Berufsrichter" tätig, d. h. Richter, die durch Ablegung von zwei Staatsprüfungen bewiesen haben, daß sie zum Richter befähigt sind. In den Landgerichten und Amtsgerichten gibt es außer den Berufsrichtern auch „Laienrichter", d. h. Richter, die keine juristische Ausbildung haben. Es sind die Schöffen*. Sie werden zusammen mit den Berufsrichtern in Strafsachen tätig. Diese Regelung ist getroffen worden, weil ein Strafurteil besonders schwerwiegende Folgen für den Verurteilten hat. Diese Folgen sollen grundsätzlich nur eintreten, wenn außer den Juristen auch Menschen, die wie die meisten Angeklagten keine juristischen Fachkenntnisse haben, der Überzeugung sind, daß der Angeklagte bestraft werden muß.

Außer den Straf- und Zivilgerichten gibt es für manche Rechtsstreitigkeiten besondere Gerichte. Über Arbeitsstreitigkeiten, z. B. über den Streit, ob die Kündigung eines Arbeitsverhältnisses zulässig ist, entscheidet das **Arbeitsgericht.** Entsteht ein Streit über die Frage, ob eine Verwaltungsbehörde* gegenüber einem Staatsbürger richtig gehandelt hat, z. B. ob er ihm die Erlaubnis, eine Gastwirtschaft oder ein Hotel zu eröffnen, zu Recht verweigert hat, so ist das **Verwaltungsgericht** zuständig. Ist jemand der Meinung, er erhalte eine zu geringe Rente, oder geht es um Fragen der Sozialversicherung*, so kann er sich an das **Sozialgericht** wenden.

(Ilse Staff [= M 9], S. 12ff.)

❶ Erläutere, was mit der Karikatur M 13 zum Ausdruck gebracht werden soll. Empfindest du ähnlich wie der Mann vor dem Irrgarten?

❷ Erkläre möglichst mit eigenen Worten den Unterschied zwischen öffentlichem und privatem Recht (M 14, M 15).

❸ Beschreibe die grundsätzlichen Unterschiede und die Gemeinsamkeiten bei Zivil- und Strafrechtsverfahren (M 16).

❹ Welche unterschiedlichen Rechtsmittel können gegen ein Urteil eingelegt werden? Überlege, warum hier differenziert wird (M 16).

❺ M 17 zeigt den „Irrgarten Justiz" in systematischer Form. Dargestellt ist sowohl die hierarchische* Gliederung als auch die Unterteilung nach Gerichtsbarkeiten. Erläutere mit Hilfe von M 17 den Aufbau des Gerichtswesens in der Bundesrepublik Deutschland.

❻ Beschreibe die Karikatur M 18 und erläutere, was mit ihr verdeutlicht werden soll. In M 19 werden die Aufgaben der verschiedenen Gerichte geschildert. Zeige die entsprechenden Gerichte und Rechtswege in der Übersicht M 17.

❼ Für welche Arten von Rechtsstreitigkeiten gibt es besondere Gerichte? Suche weitere Beispiele für Streitfälle, bei denen diese Gerichte zuständig sind.

M 20 Rechtsschutz und Rechtsprechung

In Artikel 97 des Grundgesetzes ist die **Unabhängigkeit der Richter** festgelegt. Dies bedeutet, daß sie keinen Weisungen unterliegen, sondern allein dem Gesetz unterworfen sind. Richter können auch nicht abgesetzt werden. Die richterliche Unabhängigkeit hat das Ziel, eine unparteiische Rechtsprechung zu ermöglichen.
Das **Verbot von Ausnahmegerichten** ist ein alter Rechtsgrundsatz. Ein Ausnahmegericht wäre ein Gericht, das extra für die Entscheidung bestimmter Fälle gebildet würde — abweichend von der gesetzlichen Zuständigkeit. Keine Ausnahmegerichte sind dagegen Gerichte für bestimmte Sachgebiete (vgl. M 17), z. B. Arbeits- oder Sozialgerichte.
Wichtig im Gerichtsverfahren ist der **Grundsatz des rechtlichen Gehörs.** Jeder darf sich vor Gericht zu seinem Fall äußern. Voraussetzung für eine Bestrafung ist, daß die **Strafbarkeit vor Begehung der Tat gesetzlich bestimmt** war. Es muß also vorher feststehen, welche Handlungen oder Verhaltensweisen strafbar sind und welche Strafe möglich ist. Rückwirkende Strafgesetze sind unzulässig. Das **Verbot der Doppelbestrafung** besagt, daß niemand wegen ein und derselben Tat zweimal bestraft werden darf. Schließlich gibt es für den Bürger besondere **Rechtsgarantien bei der Freiheitsentziehung.** Beschränkungen der persönlichen Freiheit sind nur aufgrund eines Gesetzes zulässig. Die Entscheidung darüber ist grundsätzlich Sache des Richters. Die Polizei darf jemanden aus eigener Machtvollkommenheit nicht länger als bis zum Ende des Tages nach dem Ergreifen in Gewahrsam halten.

(Autorentext nach: Informationen zur politischen Bildung, Nr. 200 [Der Rechtsstaat], hrsg. von der Bundeszentrale für politische Bildung, Bonn 1983, S. 11f.)

M 21 Beratungshilfegesetz und Prozeßkostenbeihilfe: Ein Beitrag zur Chancengleichheit vor Gericht

M 21 a

(Karikatur: Fritz Wolf)

M 21 b „Guter Rat ist nicht teuer"

Chancengleichheit bedeutet für den Bürger nicht nur die Gewährleistung gleicher Rechte. Er muß seine Rechte auch wahrnehmen und notfalls gerichtlich durchsetzen können. Oft wurde in der Vergangenheit ein aussichtsreicher Prozeß nicht geführt, weil die Prozeßkosten eine Barriere beim Zugang zum Gericht bildeten. Heute muß niemand mehr aus finanzieller Not auf sein gutes Recht verzichten.
Das Beratungshilfegesetz sichert dem Bürger mit geringem Einkommen eine nahezu kostenlose Rechtsberatung und Rechtvertretung außerhalb eines gerichtlichen Verfahrens. Den Zugang zu den Gerichten erleichtert dem rechtsuchenden Bürger das Gesetz über die Prozeßkostenhilfe: Danach werden die Kosten der Prozeßführung, falls notwendig, ganz oder teilweise vom Staat getragen. Inzwischen haben Tausende von Bürgern diese Hil-

fen in Anspruch genommen, z. B. bei Mietstreitigkeiten, Familienrechtsstreitigkeiten, in Auseinandersetzungen über Wohngeld- oder Bauangelegenheiten.
Damit nicht auf Kosten der Steuerzahler mutwillig und unbegründet prozessiert wird, müssen für eine kostenlose Rechtsberatung und für die Prozeßkostenhilfe gewisse Voraussetzungen erfüllt sein.

(Guter Rat ist nicht teuer. Das Beratungshilfegesetz und das Gesetz über die Prozeßkostenbeihilfe, hrsg. v. Bundesminister der Justiz, Heinemannstr. 6a, 5300 Bonn 2, 2. Auflage Bonn 1987, S. 1)

M 22

(Hannoversche Allgemeine Zeitung v. 11. 2. 1989)

❶ Arbeite heraus, welche Grundsätze für die Rechtsprechung in der Bundesrepublik Deutschland gelten (M 20). Erläutere die einzelnen Punkte. Aus welchen Gründen sind sie von so großer Bedeutung?

❷ Erkläre, worauf mit der Karikatur M 21 a aufmerksam gemacht werden soll. Welche Funktionen haben in diesem Zusammenhang in die M 21 b beschriebenen Maßnahmen?

❸ Beschreibe die Karikatur M 22 und erläutere das Problem, das durch sie anschaulich gemacht wird.

Zur Sicherung des Grundwissens

Nach der Erarbeitung der drei ersten Abschnitte von Kapitel 10 solltet ihr
- *erklären können, warum Ladendiebstahl keine Bagatelle ist (M 1, M 3);*
- *einige Probleme nennen können, die sich bei der Durchführung von Maßnahmen gegen Ladendiebstahl ergeben (M 7 a/b);*
- *erklären können, was man unter einer „Rechtsordnung“ versteht und aus welchen Gründen sie unbedingt notwendig ist (M 9);*
- *angeben können, welche Art von Delikten den größten Anteil an der Gesamtkriminalität ausmacht (M 10);*
- *den Unterschied zwischen „Öffentlichem Recht“ und „Privatrecht“ erläutern können (M 14/15);*
- *mindestens drei Zweige der Gerichtsbarkeit nennen und kurz erläutern sowie ihren Stufenaufbau angeben können (M 17, M 19);*
- *die in M 20 aufgeführten rechtsstaatlichen Prinzipien nennen und kurz erläutern können;*
- *die Bedeutung der Gesetze über „Beratungshilfe“ und „Prozeßkostenhilfe“ kurz beschreiben können (M 21 b).*

Zivilprozeß und Strafprozeß

In der Rechtsordnung der Bundesrepublik Deutschland wird zwischen Zivil- und Strafprozeß unterschieden. Im **Zivilprozeß** *geht es um Rechtsstreitigkeiten der Bürger untereinander. Einige Beispiele: Das Opfer eines Verkehrsunfalles fordert Schadensersatz, der Unfallgegner will nicht zahlen. Ein Vermieter möchte eine Mieterhöhung, der Mieter wehrt sich dagegen. Der Kläger versucht im Zivilprozeß mit Hilfe des Gerichts sein Recht zu bekommen. Strafen können nicht verhängt werden, der Zivilprozeß kann mit einer gütlichen Einigung (z. B. Vergleich) oder einem Urteil des Gerichts enden.*
Was ist demgegenüber ein **Strafprozeß?** *Das Strafgesetzbuch (StGB) und viele andere Gesetze enthalten Bestimmungen darüber, welches Verhalten nicht erlaubt ist und bestraft wird. In den Gesetzen steht, welche Strafen ggf. verhängt werden*

können. Mit diesen Strafvorschriften will der Gesetzgeber die Rechte der Bürger gewährleisten und ihr Zusammenleben regeln. Nur der Staat darf — durch die Gerichte — seine Bürger für eine Tat bestrafen. Im Strafprozeß versucht das Gericht, die Wahrheit in einem Fall herauszubekommen und ein gerechtes Urteil zu finden.
Zu Beginn des Kapitels hatten wir das Beispiel eines Ladendiebstahls aufgegriffen. Im folgenden soll zunächst anhand eines Diebstahlprozesses der Gang eines Strafverfahrens deutlich gemacht werden (M 23—M 27). Danach könnt ihr anhand eines konkreten Falles (M 28) den Ablauf eines Zivilprozesses verfolgen.

M 23 § 242 Strafgesetzbuch (StGB)

(1) Diebstahl: Wer eine fremde bewegliche Sache einem anderen in der Absicht wegnimmt, sich dieselbe rechtswidrig zuzueignen, wird mit Freiheitsstrafe bis zu fünf Jahren oder mit Geldstrafe bestraft.
(2) Der Versuch ist strafbar.

M 24 Gang eines Strafverfahrens

1. Der Warenhausbesitzer kann einen ertappten Ladendieb bei der Polizei anzeigen, oder die Polizei erstattet eine **Strafanzeige** von Amts wegen an den Staatsanwalt.
2. Danach kommt es zu einem **Ermittlungsverfahren** durch die Polizei und die Staatsanwaltschaft, um vorläufig die Tatsachen und Rechtsfragen zu klären.
Erst dann entscheidet die Staatsanwaltschaft, ob Anklage erhoben werden soll. Wenn die Ergebnisse des Ermittlungsverfahrens für eine Anklage nicht ausreichen, so wird das Verfahren „eingestellt".
3. Andernfalls erhebt die Staatsanwaltschaft **Anklage** bei dem zuständigen Gericht.
Nunmehr prüft das Gericht anhand der Ergebnisse des Ermittlungsverfahrens, ob die Weiterführung des Verfahrens gerechtfertigt ist. Man nennt dies **„Zwischenverfahren".**
Das Gericht kann die Eröffnung des Hauptverfahrens ablehnen.
4. Hält das Gericht die im Ermittlungsverfahren festgestellten tatsächlichen und rechtlichen Verdachtsgründe für ausreichend, so eröffnet es das **Hauptverfahren** und läßt die Anklage zur Hauptverhandlung zu („Eröffnungsbeschluß").
5. In der mündlichen **Hauptverhandlung** werden der gesamte Vorgang und das gesamte rechtliche Problem erörtert. Sie ist der wichtigste Teil des Hauptverfahrens.
6. Das Hauptverfahren schließt mit einem **Urteil** ab. Im Falle einer Verurteilung schließt sich ein **„Vollstreckungsverfahren"** an. Im Vollstreckungsverfahren werden Art, Dauer und Umfang der verhängten Strafe durchgeführt und überwacht.

(Hassemer/Sandmann [= M 5], S. 20f.)

M 25

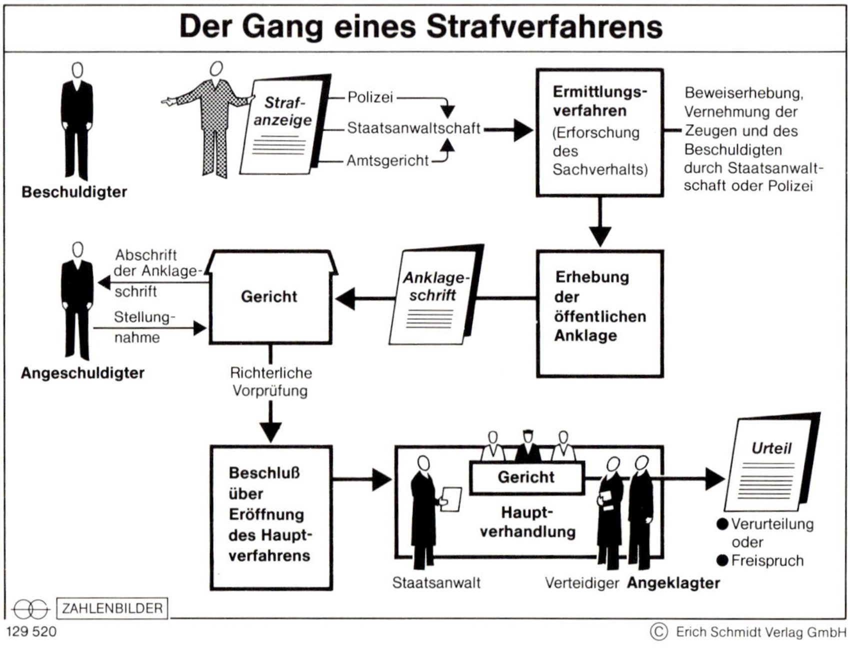

M 26 Keine Anzeigepflicht

Keineswegs muß es nach jedem Ladendiebstahl zu einem Strafverfahren kommen. Für den Warenhausbesitzer besteht keine Pflicht zur Anzeige bei der Polizei; er hat vielmehr das Recht, einen Strafantrag zu stellen. Stellt er den Strafantrag nicht, so darf etwa der Diebstahl eines Vierfarben-Kugelschreibers nur ausnahmsweise verfolgt werden:

Diebstahl und Unterschlagung geringwertiger Sachen (§ 248a StGB):
Der Diebstahl und die Unterschlagung geringwertiger Sachen werden in den Fällen der §§ 242 (Diebstahl) und 246 (Unterschlagung) nur auf Antrag verfolgt, es sei denn, daß die Strafverfolgungsbehörde wegen des besonderen öffentlichen Interesses an der Strafverfolgung ein Einschreiten von Amts wegen für geboten hält.

(Hassemer/Sandmann [= M 5], S. 20f.)

M 27 Wie die Hauptverhandlung abläuft

Aus der Strafprozeßordnung (StPO)

§ 243. [Gang der Hauptverhandlung]
(1) Die Hauptverhandlung beginnt mit dem Aufruf der Sache. Der Vorsitzende stellt fest, ob der Angeklagte und der Verteidiger anwesend und die Beweismittel herbeigeschafft, insbesondere die geladenen Zeugen und Sachverständigen erschienen sind.
(2) Die Zeugen verlassen den Sitzungssaal. Der Vorsitzende vernimmt den Angeklagten über seine persönlichen Verhältnisse.
(3) Darauf verliest der Staatsanwalt den Anklagesatz.
(4) Sodann wird der Angeklagte darauf hingewiesen, daß es ihm freistehe, sich zu der Anklage zu äußern oder nicht zur Sache auszusagen. Ist der Angeklagte zur Äußerung bereit, so wird er [...] zur Sache vernommen.

§ 244. [Beweisaufnahme]
(1) Nach der Vernehmung des Angeklagten folgt die Beweisaufnahme.
(2) Das Gericht hat zur Erforschung der Wahrheit die Beweisaufnahme von Amts wegen auf alle Tatsachen und Beweismittel zu erstrecken, die für die Entscheidung von Bedeutung sind.

§ 245. [Umfang der Beweisaufnahme]
(1) Die Beweisaufnahme ist auf alle vom Gericht vorgeladenen und auch erschienenen Zeugen und Sachverständigen sowie auf die sonstigen nach § 214 Abs. 4 vom Gericht oder der Staatsanwaltschaft herbeigeschafften Beweismittel zu erstrekken.

§ 249. [Verlesung von Schriftstücken]
(1) Urkunden und andere als Beweismittel dienende Schriftstücke werden in der Hauptverhandlung verlesen.

§ 258. [Schlußvorträge]
(1) Nach dem Schluß der Beweisaufnahme erhalten der Staatsanwalt und sodann der Angeklagte zu ihren Ausführungen und Anträgen das Wort.
(2) Dem Staatsanwalt steht das Recht der Erwiderung zu; dem Angeklagten gebührt das letzte Wort.
(3) Der Angeklagte ist, auch wenn ein Verteidiger für ihn gesprochen hat, zu befragen, ob er selbst noch etwas zu seiner Verteidigung anzuführen habe.

§ 260. [Urteil]
(1) Die Hauptverhandlung schließt mit der auf die Beratung folgenden Verkündigung des Urteils.

❶ Erläutere mit Hilfe des Schaubildes den Ablauf eines Strafverfahrens (M 24, M 25).

❷ Der Auszug aus der Strafprozeßordnung (M 27) ermöglicht es euch, den Ablauf einer Hauptverhandlung genau nachzuvollziehen. Beschreibt in einem Kurzaufsatz diesen Ablauf in eigenen Worten.

❸ Spielt den Verlauf eines Gerichtsverfahrens. Es soll dabei um Diebstahl gehen. Bevor ihr beginnt, klärt folgende Fragen:
— Welche Personen treten in der Verhandlung auf?
— Welche Aufgaben nehmen sie wahr?
— Wie wollen Verteidiger, Angeklagter und Staatsanwalt argumentieren?
— Welcher Sachverhalt wird der Verhandlung zugrundegelegt?
— Welche Beweismittel gibt es?

Diejenigen, die eine Rolle übernehmen, bereiten sich mit Hilfe anderer Schülerinnen und Schüler in einer Kleingruppe darauf vor. Einige übernehmen die Spielregie, achten dabei auf die Einhaltung der Regeln (M 27) und legen den zeitlichen Rahmen für den Ablauf des Spiels fest. Eine Gruppe von Protokollführern hält den Verlauf fest.
Überlegt euch vorher, unter welchen Gesichtspunkten ihr das Spiel hinterher auswerten wollt.

❹ Überlegt, ob ihr zum Abschluß der Unterrichtsreihe einen Richter oder einen Staatsanwalt zu einer „Expertenbefragung" in den Unterricht einladen und/oder den Besuch einer Gerichtsverhandlung planen wollt. Hinweise zu der Durchführung einer „Expertenbefragung" findet ihr am Schluß des Buches (S. 255).

M 28 Der Zivilprozeß — Malermeister Drägger fordert seinen Lohn

Heinz Drägger ist Malermeister. Einige Tage vor dem Weihnachtsfest beauftragte ihn Frau Lustig, ihre Küche neu zu streichen. Kurz zuvor war ein Wasserrohr gebrochen und hatte den alten Anstrich verdorben. Der Geselle Fritz Streicher wies Frau L. zwar vor Beginn der Arbeit darauf hin, die Wände seien für einen neuen Anstrich noch zu feucht; er sei nicht sicher, ob der neue Anstrich halte. Frau L. wollte jedoch zum Weihnachtsfest alles tipp topp haben und bestand auf sofortiger Arbeit.

Als Herr D. ihr später die Rechnung über 800 DM zuschickte, erklärte Frau L., sie sei nicht bereit zu zahlen, da der neue Anstrich schon abblättere. Auf seine Mahnung erhielt Herr D. nicht einmal eine Antwort. Wie soll er nun zu seinem Geld kommen?

Herr D. kann sich an einen **Rechtsanwalt** wenden. Der Rechtsanwalt ist der berufene Berater des Bürgers in allen Rechtsfragen. Ihn sollte man immer dann in Anspruch nehmen, wenn die Rechtslage nicht völlig klar ist. Braucht jemand dringend fachkundigen Rechtsrat und glaubt, sich keinen Anwalt leisten zu können, so ist er keineswegs schutzlos. Er sollte sich dann beim Amtsgericht nach den Möglichkeiten der außergerichtlichen Rechtsberatung für Bürger mit geringerem Einkommen erkundigen. Herr D. will nicht gleich einen Rechtsanwalt einschalten. Er wendet sich daher an die Rechtsantragstelle beim Amtsgericht, um sich zu erkundigen, was er machen kann. Er erfährt, daß er einen Mahnbescheid beantragen oder Klage erheben kann.

Ein **Mahnbescheid** wird auf Antrag des Gläubigers vom Amtsgericht erlassen. Das Mahnverfahren soll die kostspieligere Zivilklage ersetzen, wenn zu erwarten ist, daß der Schuldner seine Zahlungsverpflichtung nicht bestreitet. Der Gläubiger soll auf diese Weise schnell und billig seine Forderung eintreiben können.

Herr D. entschließt sich, sogleich **Klage** zu erheben. Dabei will er seine Sache, die ihm ganz klar erscheint, selbst vertreten. Das kann er auch. Die Parteien dürfen beim Amtsgericht — mit Ausnahme in Ehe- und bestimmten Familiensachen — die Prozesse selbst führen. Erst beim Landgericht — und natürlich beim Oberlandesgericht und beim Bundesgerichtshof — müssen sich beide Parteien anwaltlich vertreten lassen. Herr D. setzt eine Klageschrift mit zwei Abschriften auf. Wer sich das nicht zutraut, kann die Klage auch mündlich zu Protokoll bei der Rechtsantragstelle erheben. In der Klageschrift teilt Herr D. dem Amtsgericht seine Forderung gegen Frau Lustig mit und schildert im einzelnen den Sachverhalt. Für den Hergang der Malerarbeiten beruft er sich auf seinen Gesellen als Zeugen. Schon auf der Rechtsantragstelle hatte Herr D. erfahren, daß er — gleichgültig ob beim Mahnverfahren oder bei der Klageerhebung — einen Vorschuß auf die Gerichtskosten wird zahlen müssen. „Was kann mich ein Rechtsstreit wohl insgesamt kosten?“ denkt Herr D. Auf Heller und Pfennig läßt sich das immer erst am Ende des Verfahrens sagen. Jetzt kann man die Kosten nur überschlägig ermitteln. Wer diese Kosten nicht zahlen kann, der sollte **Prozeßkostenhilfe** beantragen. Dieses neue Rechtsinstitut ist an die Stelle des früheren Armenrechts getreten. Wird einer Partei Prozeßkostenhilfe bewilligt, braucht sie die Gerichtskosten und die Gebühren ihres Anwalts nicht oder nur in Raten zu zahlen. Nähere Auskünfte dazu gibt erforderlichenfalls die Rechtsantragsstelle des Amtsgerichts oder ein Rechtsanwalt.

Herr D. kauft bei der Gerichtskasse für 33,— DM Gerichtskostenmarken und gibt seine Klage beim Amtsgricht ab. Das Gericht bestimmt jetzt einen **Termin zur mündlichen Verhandlung,** zu dem beide Parteien geladen werden. Frau Lustig erhält gleichzeitig mit der Klageschrift die Aufforderung, sich innerhalb einer Frist von zwei Wochen zur Sache zu äußern.

Frau L. ist sich ihrer Sache nicht so sicher; sie zieht deshalb einen Rechtsanwalt zu Rate. Der schreibt dem Gericht in einem längeren Schriftsatz, Herr D. habe „mangelhaft“ gearbeitet; zum Beweis beruft er sich auf das Gutachten eines Sachverständigen. Im übrigen habe der Geselle nichts von einer zu feuchten Wand gesagt; als Zeugen hierfür benennt der Rechtsanwalt die Tochter von Frau Lustig.

Am Terminstag geht Herr D. zum Amtsgericht. Vor dem Gerichtssaal findet er eine Terminliste mit mehreren Fällen angeheftet, die alle an diesem Vormittag behandelt werden; seine Sache ist auch aufgeführt.

Alsbald wird sein Fall aufgerufen. Er geht zusammen mit dem Rechtsanwalt von Frau L. zum Richtertisch. Der Richter faßt zunächst zusammen, worum es in dieser Sache geht. Die Parteien können sich dann dazu äußern. Dann fragt der Richter beide Seiten, ob sie sich vergleichen wollen.

Der **Vergleich,** der im Wege der gütlichen Einigung geschlossen wird, ist kein billiger Ausweg für das Gericht, das sich um eine Entscheidung drücken will. Vielmehr verpflichtet das Gesetz den Richter, darauf hinzuwirken, daß sich die Parteien nach Möglichkeit gütlich einigen. Das hat gute Gründe: Ein zu einem früheren Zeitpunkt geschlossener Vergleich ist für beide Parteien oft billiger und nervensparender als ein langwieriger Prozeß. Zudem — oft haben ja nicht beide Seiten ganz so Unrecht. Ein Vergleich berücksichtigt dies häufig besser, als das im Urteil möglich wäre.

Herr D. lehnt einen Vergleich ab; er ist überzeugt, gute Arbeit geleistet zu haben und möchte dafür sein Geld. Da ein Vergleich nicht zustande kommt, verkündet der Richter nun einen Beschluß, wonach in einem neuen Termin die von den streitenden Parteien benannten Zeugen und ein Sachverständiger vernommen werden sollen.

Wer seinen Anspruch erfolgreich durchsetzen will, muß ihn notfalls **beweisen. Beweismittel** können z. B. Zeugen oder Sachverständige oder Urkunden sein. Die **Urkunden** sind das zuverlässigste und am wenigsten angreifbare Beweismittel. Steht der Inhalt eines Vertrages schwarz auf weiß fest, so gibt es keinen Streit über das, was man erklärt hat. Dagegen ist der **Zeuge** als das weitaus häufigste Beweismittel nicht so zuverlässig. So können zwei Zeugen über den Inhalt eines bloß mündlich geschlossenen Vertrages mit bestem Gewissen zwei

ganz unterschiedliche Darstellungen geben. Der **Sachverständige** schließlich hat die Aufgabe, mit seinem Fachwissen einen Tatsachenvorgang zu begutachten. Dabei ist er lediglich ein Gehilfe des Gerichts, denn den Prozeß muß allein der Richter entscheiden. Er muß alle Beweise sorgfältig prüfen, um sich daraus ein Urteil zu bilden. Ein Richter ist aber auch nur Mensch und kein Hellseher. Die Antwort auf die Frage, wem er glauben soll, ist oft die schwierigste Aufgabe des ganzen Prozesses.
Nach zwei Monaten findet die **Beweisaufnahme** statt.
Zuerst erstattet der Sachverständige sein Gutachten. Er hatte sich in der Zwischenzeit zusammen mit den Parteien die Küche von Frau L. angesehen. Nun kommt er zum Ergebnis, die Farbe blättere nur deshalb ab, weil die Wände beim Anstrich noch zu feucht waren. Jetzt kommt es entscheidend auf die Aussagen der beiden Zeugen an! Der Richter belehrt sie eingehend, die Wahrheit zu sagen. Die Tochter von Frau Lustig könnte ihre Aussage verweigern, weil sie mit ihrer Mutter, der Beklagten, verwandt ist. Wenn sie aber aussagt, so gilt die Wahrheitspflicht auch für sie!
Zuerst wird Fritz Streicher vernommen. Er sagt eindeutig, er habe Frau Lustig auf die noch feuchten Wände aufmerksam gemacht und sie auf das Risiko eines Anstrichs hingewiesen. Frau L. habe jedoch darauf bestanden, mit der Arbeit solle sofort begonnen werden. Dagegen sagt die Tochter, sie könne sich an diese Äußerung des Gesellen nicht erinnern. Allerdings sei sie erst von der Schule nach Hause gekommen, als der Geselle schon mit der Arbeit angefangen hatte.

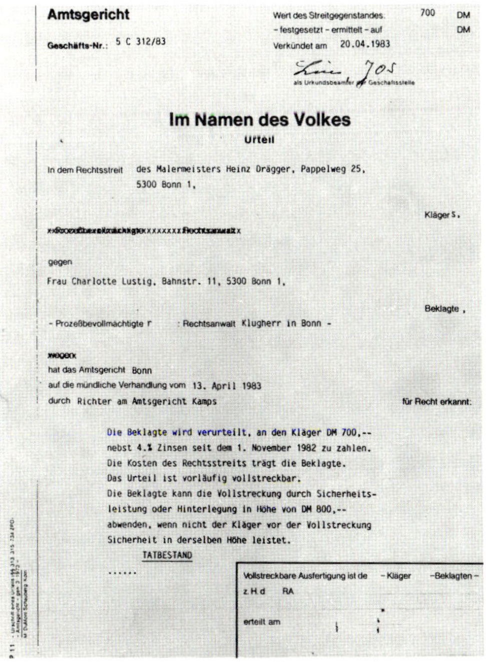
Amtsgericht

Wert des Streitgegenstandes: 700 DM
- festgesetzt - ermittelt - auf DM

Geschäfts-Nr.: 5 C 312/83

Verkündet am 20.04.1983

als Urkundsbeamter der Geschäftsstelle

Im Namen des Volkes

Urteil

In dem Rechtsstreit des Malermeisters Heinz Drägger, Pappelweg 25, 5300 Bonn 1,

Kläger s,

~~Prozeßbevollmächtigte Rechtsanwalt~~

gegen

Frau Charlotte Lustig, Bahnstr. 11, 5300 Bonn 1,

Beklagte,

- Prozeßbevollmächtigte r : Rechtsanwalt Klugherr in Bonn -

~~wegen~~

hat das Amtsgericht Bonn
auf die mündliche Verhandlung vom 13. April 1983
durch Richter am Amtsgericht Kamps für Recht erkannt:

Die Beklagte wird verurteilt, an den Kläger DM 700,-- nebst 4.% Zinsen seit dem 1. November 1982 zu zahlen.
Die Kosten des Rechtsstreits trägt die Beklagte.
Das Urteil ist vorläufig vollstreckbar.
Die Beklagte kann die Vollstreckung durch Sicherheitsleistung oder Hinterlegung in Höhe von DM 800,-- abwenden, wenn nicht der Kläger vor der Vollstreckung Sicherheit in derselben Höhe leistet.

TATBESTAND

......

Vollstreckbare Ausfertigung ist de - Kläger - Beklagten -
z.H.d RA
erteilt am

Nach der Beweisaufnahme können die streitenden Parteien noch einmal Stellung nehmen. Dann gibt der Richter den Termin bekannt, an dem er das **Urteil** verkünden wird. Zu diesem Termin brauchen die Parteien nicht zu erscheinen. Sie bekommen das schriftliche Urteil zugeschickt.
In seinem Urteil gibt das Gericht Herrn D. Recht. Frau Lustig muß nun die 800 DM und die gesamten Kosten des Rechtsstreits zahlen. Sie könnte das Urteil zwar noch mit der **Berufung** anfechten. Dann würde der Fall noch einmal vor dem Landesgericht behandelt werden. Ihr Rechtsanwalt rät ihr aber angesichts des klaren Beweisergebnisses davon ab.

(Was Sie über den Zivilprozeß wissen sollten [Faltblatt], hrsg. vom Justizminister des Landes Nordrhein-Westfalen, Düsseldorf 1983)

❶ Erläutere mit Hilfe der Informationen, die du in dem Bericht über den Zivilprozeß des Malermeisters Drägger findest, folgende Begriffe:
— Rechtsanwalt
— Prozeßkostenbeihilfe
— Vergleich
— Beweismittel
— Sachverständige
— Beweisaufnahme.

❷ Erstelle eine tabellarische Übersicht, aus der der Ablauf der Auseinandersetzung zwischen Herrn Möller und Frau Lustig deutlich wird.

❸ Zeichne ein Schaubild, das den grundsätzlichen Ablauf eines Zivilprozesses einschließlich Revision* zeigt. Ziehe dazu auch M 17 und M 19 hinzu, und unterscheide zwischen Prozessen mit einem Streitwert unter bzw. über 5000 DM.

M 29 Bürger und Verwaltung

Auch Behörden müssen sich an Regeln halten. Verwaltungen dürfen nicht gegen bestehende Rechtsvorschriften verstoßen und müssen allgemeine Rechtsgrundsätze (zum Beispiel das Verbot der Willkür) beachten. Für alle Maßnahmen, die in den Freiheitsraum des Bürgers eingreifen, ist eine gesetzliche Grundlage nötig.
Bei Ermessensentscheidungen* darf sich die Behörde nicht von sachfremden Erwägungen leiten lassen. Sie muß auf die Verhältnismäßigkeit der Mittel achten und darf nicht „mit Kanonen auf Spatzen schießen". Gleichliegende Sachverhalte dürfen nicht ohne vernünftigen Grund unterschiedlich behandelt werden. Auch der Grundsatz von Treu und Glauben darf nicht verletzt werden. Hat beispielsweise eine Behörde die schriftliche Zusage gemacht, einen bestimmten Verwaltungsakt zu erlassen, dann ist sie dazu auch verpflichtet — es sei denn, die Zusage war rechtswidrig oder die Sach- und Rechtslage hat sich grundsätzlich geändert.
Wie kann sich der Bürger gegen rechtswidriges Verhalten der Verwaltung schützen? Zunächst hat er die Möglichkeit, sich an die Behörde zu wenden, die die Maßnahme erlassen hat (sogen. **Gegenvor-**

stellung). Er kann jedoch auch eine **Fachaufsichtsbeschwerde** an die übergeordnete Behörde richten. Geht es um das persönliche Verhalten eines Beamten, ist eine **Dienstaufsichtsbeschwerde** angebracht.
Wenn ein betroffener Bürger mit einem Verwaltungsakt nicht einverstanden ist, kann er dagegen **Widerspruch** einlegen. Dieses muß innerhalb eines Monats schriftlich (oder zur Niederschrift) bei der erlassenden Behörde erfolgen. Erhält der Bürger daraufhin einen Bescheid, der den Widerspruch zurückweist, kann er **Klage vor dem Verwaltungsgericht** erheben.
(Autorentext)

M 30

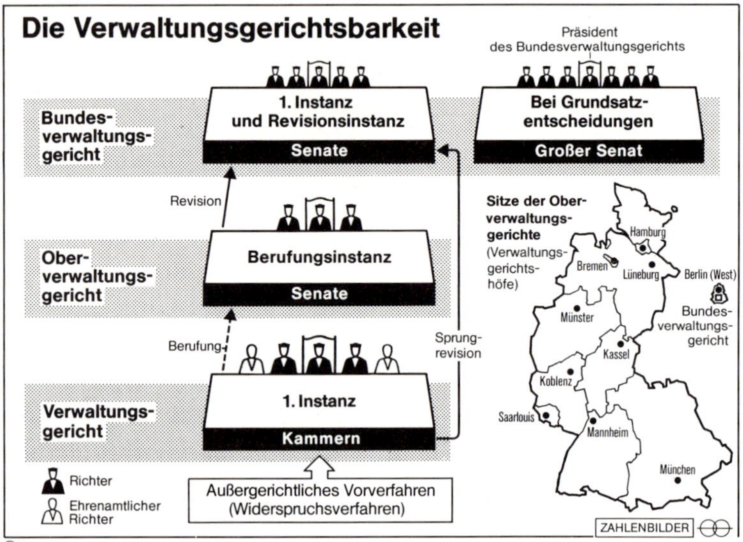

© Erich Schmidt Verlag GmbH 129 141

Die Verwaltungsgerichtsbarkeit ist dreistufig aufgebaut. In den Ländern bestehen **Verwaltungsgerichte** (VG) als erste Instanz und **Oberverwaltungsgerichte** (OVG) bzw. Verwaltungsgerichtshöfe (VGH) als Berufungsinstanz. Oberste Instanz — mit Sitz in Berlin (West) — ist das **Bundesverwaltungsgericht** (BVerwG). Die Verwaltungsgerichte entscheiden in Kammern, die mit drei Berufsrichtern und zwei ehrenamtlichen Richtern besetzt sind. Mit drei Richtern — bei abweichender Landesgesetzgebung auch mit fünf Richtern — treffen die bei den Oberverwaltungsgerichten gebildeten Senate ihre Entscheidungen. Mit fünf Richtern sind die Senate des Bundesverwaltungsgerichts besetzt. In grundsätzlichen Rechtsfragen entscheidet der Große Senat des Bundesverwaltungsgerichts.

❶ Erläutere das Schaubild M 30 mit eigenen Worten.
❷ Überlege dir einige Fälle, in denen Bürger mit dem Handeln der Verwaltung nicht einverstanden sind. Zeige an diesen Beispielen auf, welche Möglichkeiten für die Betroffenen bestehen (M 29/30).
❸ Sind dir einige Verwaltungsgerichtsentscheidungen bekannt? Berichte darüber.

Jugendstrafrecht: Vorrang der Erziehung vor der Strafe

Im folgenden findet ihr einige Informationen zum Jugendstrafrecht. Ihr werdet erfahren, von welchen Grundsätzen es sich leiten läßt, welche Rolle das Alter eines Täters spielt und wie Jugendstraftaten bestraft werden.

M 31 „Ich wünschte, ich wäre jünger“

„Der Angeklagte war zur Tatzeit Jugendlicher“, heißt es in mancher Urteilsbegründung. Und da macht es eben einen Unterschied, ob man 12, 15 oder 19 Jahre alt ist, wenn man z. B. einen Automaten „knackt“. Und manch einer wünschte dann, jünger zu sein. Mündigkeit ist keine Strafe, sondern eine Chance, sein Leben selber in die Hand zu nehmen, und so ist auch „Strafmündigkeit“ ein notwendiger Teil der wachsenden Eigenverantwortlichkeit. Der Gesetzgeber hält auch hier ein Stufenmodell für angemessen, um den jeweiligen Entwicklungsstand des jungen Menschen zu berücksichtigen. Die rechtlichen Grundlagen sind im Jugendgerichtsgesetz (JGG) verankert.

Rücksichtnahmen auf das Alter sind kein Freibrief. Kinder bis zum 13. Lebensjahr sind zwar strafunmündig, können also rechtlich in keinerlei Form für schuldig befunden und bestraft werden; bei bestimmten Verfehlungen können und müssen jedoch Erziehungsmaßnahmen ergriffen werden. In einem besonders schlimmen Falle wird z. B. eine Heimerziehung angeordnet. In der großen Mehrheit aller Fälle geht der Jugendrichter bei 14- bis 18jährigen von der vorhandenen „strafrechtlichen Verantwortung" aus. Auch wer zu wenig Taschengeld bekommt (oder zu viel!), durch Warenangebot und Werbung verführt wird, zu Hause zu streng, zu großzügig oder gar nicht erzogen wird, oder wer in seiner Clique „Mut" beweisen will, weiß dennoch, daß Ladendiebstahl Unrecht ist, daß man sich dabei an fremdem Eigentum vergreift. Wer Heranwachsender ist, also 18 bis 21 Jahre alt, wird zunächst als Erwachsener angesehen.
Dennoch wird im Jugendstrafrecht der Jugendliche nicht als „kleiner Erwachsener" behandelt, den man „nur etwas milder" bestraft. In erster Linie sollen den Jugendlichen bei Fehltritten Hilfen und Chancen geboten werden. Auch die Strafe versteht sich dabei als ein Erziehungs- und Änderungsversuch.

(Wolfgang Redwanz, in: Zeitlupe 19, Rechte und Pflichten, hrsg. v. der Bundeszentrale für politische Bildung, Bonn 1986, S. 6)

M 32 Aus dem Jugendgerichtsgesetz:

§ 1 (2) Jugendlicher ist, wer zur Zeit der Tat vierzehn, aber noch nicht achtzehn, Heranwachsender, wer zur Zeit der Tat achtzehn, aber noch nicht einundzwanzig Jahre alt ist.
§ 3 Ein Jugendlicher ist strafrechtlich verantwortlich, wenn er zur Zeit der Tat nach seiner sittlichen und geistigen Entwicklung reif genug ist, das Unrecht der Tat einzusehen und nach dieser Einsicht zu handeln. Zur Erziehung eines Jugendlichen, der mangels Reife strafrechtlich nicht verantwortlich ist, kann der Richter dieselben Maßnahmen anordnen wie der Vormundschaftsrichter.
§ 105 (1) Begeht ein Heranwachsender eine Verfehlung, die nach den allgemeinen Vorschriften mit Strafe bedroht ist, so wendet der Richter die für einen Jugendlichen geltenden Vorschriften ... entsprechend an, wenn
1. die Gesamtwürdigung der Persönlichkeit des Täters bei Berücksichtigung auch der Umweltbedingungen ergibt, daß er zur Zeit der Tat nach seiner sittlichen und geistigen Entwicklung noch einem Jugendlichen gleichstand, oder
2. es sich nach der Art, den Umständen oder den Beweggründen der Tat um eine Jugendverfehlung handelt.
3. Das Höchstmaß der Jugendstrafe für Heranwachsende beträgt zehn Jahre.

M 33 Urteile im Namen des Volkes

M 33 a

In der Strafsache gegen Monika [redacted], 17 Jahre, hat das Jugendgericht [redacted] in nichtöffentlicher Sitzung für Recht erkannt:
Die Angeklagte ist schuldig wegen Diebstahls. Sie ist zu verwarnen.
Seit Mai 1984 lebte die Angeklagte mit Herrn [redacted] zusammen, den sie in der letzten Woche heiratete. Sie erwartet ein Kind.
Am 25. 10. 1986 suchte die Angeklagte das [redacted] in [redacted] auf. Aus der Auslage entnahm sie einen Geldbeutel im Wert von 3,50 DM, ein Kopfband im Wert von 4,20 DM, einen Faschingshut im Wert von 18,40 DM, ein Partystirnband im Wert von 2,30 DM und Partyohrringe im Wert von 5,50 DM.
Ohne Bezahlung versuchte sie das Kaufhaus zu verlassen. Diese Feststellungen beruhen auf dem glaubhaften Geständnis der Angeklagten.
Unter Berücksichtigung ihres Geständnisses sowie der Tatsache, daß sie strafrechtlich bisher noch nicht in Erscheinung getreten ist, hielt es das Gericht für ausreichend, sie jugendrichterlich zu verwarnen.

(Wolfgang Redwanz in: Zeitlupe 19 [= M 31], S. 6)

M 33 b

In der Strafsache gegen Andreas [redacted], 16 Jahre, und Thomas [redacted], 17 Jahre, hat das Jugendgericht für Recht erkannt:
Die Angeklagten sind schuldig wegen vorsätzlicher Körperverletzung.
Sie sind zu verwarnen.
Dem Angeklagten Andreas [redacted] wird folgende Auflage erteilt: Zahlung einer Geldbuße von 200,— DM in Monatsraten von 50,— DM an die Arbeiterwohlfahrt [redacted].
Dem Angeklagten Thomas wird folgende Weisung erteilt: Ableistung eines 60stündigen Sozialdienstes bei der Arbeiterwohlfahrt.
Die Kosten des Verfahrens haben die Angeklagten zu tragen.
Strafrechtlich ist der Angeklagte Andreas [redacted] bisher nicht, der Angeklagte Thomas [redacted] bereits mehrfach in Erscheinung getreten.
In der Nacht zum 1. September 1984 hielten sich die Angeklagten in der Gaststätte [redacted] in [redacted] auf. Nachdem sie alkoholische Getränke in heute nicht mehr feststellbarer Menge zu sich genommen hatten, verließen sie die Gaststätte. Vor der Tür mischten sich die Angeklagten ohne rechtfertigenden Grund in eine Auseinandersetzung anderer Jugendlicher ein und versetzten ihnen mehrere „Kopfnüsse" und Schläge. Aufgrund des festgestellten Sachverhalts haben sich die Angeklagten wegen

Körperverletzung gemäß §§ 223 und 232 Strafgesetzbuch (StGB) schuldig gemacht. Bei beiden ist von strafrechtlicher Verantwortlichkeit gemäß § 3 JGG auszugehen. Reifeverzögerungen in geistiger und sittlicher Hinsicht von solch erheblichem Ausmaß, daß sie zu den Tatzeiten außerstande gewesen wären, das Unrecht ihres Verhaltens einzusehen oder entsprechend zu handeln, können ausgeschlossen werden.

(Wolfgang Redwanz in: Zeitlupe 19 [= M 31], S. 6f.)

M 34 Die Folgen von Jugendstraftaten

Staatsanwalt und Jugendrichter haben einen gewissen Ermessensspielraum, bei kleineren Verfehlungen von einer Gerichtsverhandlung abzusehen. Das kann z. B. dann der Fall sein, wenn es sich um einen sehr geringfügigen Schaden handelt, dieser bereits wiedergutgemacht worden ist, und der Staatsanwalt sicher sein kann, daß die Eltern von sich aus entsprechende Maßnahmen ergreifen. Das gilt sicherlich schon nicht mehr für einen Wiederholungsfall.

Das Jugendgerichtsgesetz (JGG) regelt die möglichen Folgen von Straftaten:

§ 5 (1) Aus Anlaß der Straftat eines Jugendlichen können Erziehungsmaßregeln angeordnet werden.

(2) Die Straftat eines Jugendlichen wird mit Zuchtmitteln oder mit Jugendstrafe geahndet, wenn Erziehungsmaßregeln nicht ausreichen.

Der Paragraph 10 erläutert, welche Weisungen der Richter Jugendlichen auferlegen kann:

1. Weisungen zu befolgen, die sich auf den Aufenthaltsort beziehen,
2. bei einer Familie oder in einem Heim zu wohnen,
3. eine Lehr- oder Arbeitsstelle anzunehmen,
4. Arbeitsleistungen zu erbringen,
5. den Verkehr mit bestimmten Personen oder den Besuch von Gast- oder Vergnügungsstätten zu unterlassen oder
6. bei einer Verletzung von Verkehrsvorschriften an einem Verkehrsunterricht teilzunehmen.

„Zuchtmittel" haben nicht die Rechtswirkung einer Strafe (§ 13 JGG). Es handelt sich um „Verwarnungen" (vgl. Fall M 33a) und die „Erteilung von Auflagen" (vgl. Fall M 33b). Der Richter kann dem Jugendlichen auferlegen, den verursachten Schaden wiedergutzumachen, sich persönlich bei einem Verletzten zu entschuldigen, oder einen Geldbetrag zugunsten einer gemeinnützigen Einrichtung zu zahlen. Das wird ein Richter nur dann tun, wenn ein Jugendlicher über entsprechende Geldmittel selbständig verfügt. Zu den „Zuchtmitteln" gehört auch der Jugendarrest als Freizeitarrest (bis zu vier Wochenenden), als Kurzarrest (bis zu sechs Tagen) und als Dauerarrest (bis zu vier Wochen). Ein Schüler müßte Kurzarrest mit Sicherheit in den Ferien absitzen, um schulische Versäumnisse zu vermeiden.

Die **Jugendstrafe** ist Freiheitsentzug in einer Jugendstrafanstalt. Unter bestimmten Voraussetzungen kann eine Jugendstrafe zur Bewährung ausgesetzt werden. Für die Dauer der Bewährungszeit (2—3 Jahre) steht dem Jugendlichen ein Bewährungshelfer zur Seite.

Der Vorrang der Erziehung vor der Strafe kommt auch dadurch zum Ausdruck, daß bei Jugendgerichtsprozessen die Öffentlichkeit ausgeschlossen ist. Erziehungsmaßregeln, Verwarnungen und Auflagen erscheinen auch nicht im „Strafregister" und somit auch nicht in einem „Polizeilichen Führungszeugnis", das z. B. ein Arbeitgeber verlangen kann. Solche Maßnahmen werden jedoch in einem „Erziehungsregister" gespeichert. Die Justizbehörden können sich auf diese Weise einen Überblick über die Vorgeschichte eines Falles verschaffen.

Ein Jugendlicher, der von einem Jugendrichter „lediglich" verwarnt und belehrt worden ist, wollte dann von diesem genau wissen, welche Bedeutung denn eine solche Maßnahme habe, ob er denn nun bestraft sei oder nicht.

Der Richter führte als Vergleich den Fußballsport an, der als Strafe „gelbe" und „rote" Karten kennt.

(Wolfgang Redwanz in: Zeitlupe 19 [= M 31], S. 7)

❶ Erkläre in eigenen Worten die Bestimmungen des Jugendgerichtsgesetzes (M 31, M 32).

❷ Erstelle eine Tabelle, aus der hervorgeht, wie Kinder, Jugendliche und Erwachsene im Strafrecht jeweils behandelt werden (M 31, M 32).

❸ Bei den abgedruckten Urteilen (M 33a/b) handelt es sich um echte Fälle und Urteile, die allerdings nur auszugsweise wiedergegeben werden. Entsprechen die Strafen deiner Vorstellung von Gerechtigkeit? Was müßte man alles wissen, um sich ein genaues Bild zu machen?

❹ Im Jugendstrafrecht hat Erziehung Vorrang vor Strafe. Erläutere, was mit dieser Aussage gemeint ist (M 34).

❺ Wo liegen deiner Meinung nach Gefahren und Chancen, wenn der Jugendrichter sehr milde oder sehr harte Urteile verhängt?

❻ Überlege, warum es bei einer Verhandlung vor dem Jugendgericht besonders wichtig ist, daß (wie bei jedem Strafprozeß) über die Lebensgeschichte des Angeklagten ausführlich gesprochen wird.
Stelle dar, warum die familiären Bedingungen, unter denen der angeklagte Jugendliche aufgewachsen ist, von großer Bedeutung für seinen Lebensweg sind.

❼ Stelle aus den Urteilen (M 33a/b) und aus M 34 die Maßnahmen zusammen, die bei Verfehlungen Jugendlicher angewendet werden können.

❽ Suche Beispiele für den auch im Jugendgerichtsprozeß gültigen Satz: „Wenn zwei das gleiche tun, so ist es noch lange nicht dasselbe."

❾ Erläutere, was der Richter mit seinem Bild von den „gelben" und den „roten" Karten ausdrücken will (M 34).

M 35

(P wie Politik 9, hrsg. v. Xaver Fiederle und Franz Filser, Verlag F. Schöningh, Paderborn 1985, S. 151)

Strafe und Strafvollzug

Zu der Frage, welchen Sinn Strafe und Strafvollzug haben können, gibt es unterschiedliche Auffassungen. Die einen sprechen von Hilfe, von gesellschaftlicher Verantwortung. Sie fordern modernen Strafvollzug, Urlaub auf Ehrenwort, offene Vollzugsanstalten, möglichst niedrig gehaltene Strafen. Die anderen sprechen vom Schutz des Bürgers, von Abschreckung. Sie fordern rechtzeitige Aburteilung und konsequente Haftbedingungen. Um diese Fragen geht es in den folgenden Materialien.

❶ In M 35 findest du Meinungsäußerungen zu der Frage, warum Jugendliche straffällig werden. Erläutere die vorgetragenen Standpunkte und beziehe dazu Stellung.

❷ „Selbst Schuld oder Opfer der Umwelt?" Für jede Auffassung gibt es Argumente und Gegenargumente. Stelle sie zusammen und verdeutliche, welcher Ansicht du zuneigst. Begründe deine Meinung.

M 36

Strafen im Mittelalter (Tengler Laienspiegel, 1508)

(Informationen zur politischen Bildung, Nr. 216 [Recht 1. Grundlagen des Rechts], hrsg. von der Bundeszentrale für politische Bildung, Bonn 1987, S. 22)

M 37 **Immer wieder werden die Zellen gefilzt**

In einem Frauengefängnis

Die eisenbeschlagene Tür wird mit einem Ruck geöffnet. Der Raum erscheint winzig. Bis zum Fenster gegenüber sind es fünf Schritte. Zwei gerade von Wand zu Wand. Nur mit Mühe läßt sich der einzige Stuhl zwischen dem Bett links und dem Spind rechts hindurchzwängen. Denn nur wer ihn besteigt, kann nach draußen sehen, die Fensterbank liegt mannshoch. Ein paar Krähen schweben an diesem kalten Morgen über die Mauern in den Hof und lassen sich auf kahlen Ästen nieder, unbefangen, wie Tiere sind. Ein Stück Straße ist zu sehen, Autos, Busse, dann ein Wohnblock, aus dessen offenen Schlafzimmerfenstern weiße Federbetten zum Lüften quellen. Hier aber ist ein Gitter vor dem Fenster.

Bei Sonnenschein oder nachts, wenn Neonleuchten den Hof erhellen, zeichnet sich das Gitter über der schweren Tür ab. Sie hat keine Klinke, dafür einen Spion, durch den sich der Raum vom Flur her beobachten läßt. Schräg neben der Tür die Toilette. Erfaßt der Spion auch sie? Die Wände sind gelb, stellenweise verschmiert, abgeblättert; über der eisernen Bettstatt ein rostiger Metallkasten, an dem ein Stecker baumelt, das ist das Radio. Die viel zu laute Tonstärke läßt sich nicht regulieren. Ein Tisch, ein Waschbecken mit Sprüngen und einem Handspiegel darüber an einem Nagel, das Klo, eine Kredenz aus billiger Holzimitation. Knast.

Gefängnisalltag

Frauengefängnis Frankfurt-Preungesheim, insgesamt etwa 250 Insassen: In den meisten Zellen der Station A4, wo die zu Langstrafen Verurteilten einsitzen, werden die Vorhänge, so welche vorhanden sind, nicht geöffnet, auch nicht bei Sonne, damit man das Gitter nicht sieht. Mit bescheidensten Mitteln sind die Räume ein wenig wohnlich gemacht. Poster, ein gehäkeltes Deckchen, Kunstblumen, das ist es schon. Dreimal am Tag, von 6 bis 8 Uhr, von 11 bis 13 und von 16 bis 20 Uhr, werden die Zellen aufgeschlossen. Dann geht man vorbei am Glashaus der Vollzugsbeamtin über die wie ein Tigerkäfig vergitterte Galerie in den Gemeinschaftsraum. Auch er ist eine Zelle, eine größere zwar und mit offener Tür und einigen Annehmlichkeiten ausgestattet. Doch dort ist es eigentlich noch viel schlimmer.

Der Lärm ist unerträglich. Aus den offenen Zellen plärrt Rockmusik. Der Fernseher im Gemeinschaftsraum läuft ununterbrochen. Keine der Frauen schaut zu; nur eine Kolumbianerin hat sich selbstvergessen in einen der mit Markisenstoff bezogenen Sitze verkrochen, sie versteht aber kein Wort. Eine Frau weint und zerknüllt einen Brief ein ums andere Mal. Neben ihr auf dem Sofa schäkern zwei andere, schrill lachend. Vor den drei Kaffeemaschinen drängen sich mehrere mit Thermoskannen, es wird unentwegt Kaffee gekocht, obwohl dies auf Kosten der Gefangenen geht und einen Großteil ihres Arbeitslohnes verschlingt. [...]

Sonderurlaub

Zwei Frauen springen auf, es geht um Sonderurlaub. Kann ich? Darf ich auch? Während sie wie hysterisch aus dem Raum rennen, um sich sogleich wieder auf den Antrag zu stürzen, verstummen andere. Für die Lebenslangen ist es nichts mit Sonderurlaub. „Man freut sich ja für die anderen", sagt eine, „aber uns tut es schon verdammt weh." Von Maria ist die Rede, die nach elf Jahren zum erstenmal raus darf, zu einer Kur. „Ich freu' mich wirklich für sie", sagt eine Ältere. Aber ob es wohl gutgeht? „Die weiß doch gar nicht mehr, was es heißt zu leben."

Maria tritt zögernd ein. „Hab' ich doch nie geglaubt, daß es jemals wieder sein könnte, daß ich frei umhergehen soll. Und jetzt ist es da, mein Gott." Sie wird umarmt, alle schreien auf sie ein. Sie hat es noch nicht begriffen. „Ich hab' solche Angst. Die Geräusche, die sind doch ganz anders da draußen. Ohne Bewachung, nein, das kann nicht wahr sein. Hier ist doch mein Leben, hier bin ich zu Hause. Ich sag' euch, wer behauptet, nur sein Körper wär' eingesperrt, der Kopf aber ist draußen, das stimmt nicht. Auch der Kopf ist eingesperrt, auch die Seele." Ihr Gesicht ist naß von Tränen. [...]

Drogen im Gefängnis

Eine Gefangene, an deren Händen Ringe glänzen, wird hinauszitiert. Mit hochrotem Gesicht kommt sie wieder und heult in die Sitzkissen. „Drogen", flüstert eine, „damit hat sie sich jetzt wieder alles kaputtgemacht". Über Rauschgift wird nicht gesprochen, obwohl es damit von Tag zu Tag schlimmer wird. Immer wieder müssen die Zellen gefilzt werden, worunter das Vertrauensverhältnis zu den Vollzugsbeamtinnen, das sich ohnehin in nur wenigen Fällen einstellt, stark leidet. Wie soll es zu einem Miteinander kommen, wenn jeder gegen jeden steht?

Der Drogenmißbrauch hat vieles, was ein humaner Strafvollzug zuließe, zunichte gemacht. Jede Briefmarke wird abgelöst, darunter könnte Stoff sein; immer wieder Urinuntersuchungen, jedes Stück Kuchen von draußen muß wieder mehrfach durchgeschnitten werden. Schreibpapier? „Nein, das können Sie nicht mit in die Zelle nehmen, Papier wird oft mit Rauschgift getränkt." Das Mißtrauen richtet sich gegen alles und jeden. Es hat sich auch unter den Gefangenen mehr denn je breitgemacht.

(Gisela Friedrichsen, in: Frankfurter Allgemeine Zeitung, Ausgabe v. 21. 1. 1989)

M 38 Aus dem Strafvollzugsgesetz

Aufgaben des Vollzuges
(§ 2 StVollzG)
Im Vollzug der Freiheitsstrafe soll der Gefangene fähig werden, künftig in sozialer Verantwortung ein Leben ohne Straftaten zu führen (Vollzugsziel). Der Vollzug der Freiheitsstrafe dient auch dem Schutz der Allgemeinheit vor weiteren Straftaten.

Gestaltung des Vollzuges
(§ 3 StVollzuG)

I. Das Leben im Vollzug soll den allgemeinen Lebensverhältnissen so weit wie möglich angeglichen werden.
II. Schädliche Folgen des Freiheitsentzuges ist entgegenzuwirken.
III. Der Vollzug ist darauf auszurichten, daß er dem Gefangenen hilft, sich in das Leben in Freiheit einzugliedern.

(Auszug aus dem gültigen Strafvollzugsgesetz)

M 39

Strafe – wozu?

Menschen werden aus den verschiedensten Gründen straffällig. In jeder Gesellschaft werden Verstöße gegen bestehende Gesetze geahndet. Aber welchen Sinn haben Strafen – wozu dienen sie?

Man sollte auch einem straffällig Gewordenen eine Chance geben und ihm helfen, sich wieder in die Gesellschaft einzugliedern. Für den Betroffenen soll Strafe dazu dienen, in Zukunft ein Leben ohne Straftaten führen zu können.

Wenn jemand seine Tat nicht bereut, gibt es keine Gewähr dafür, daß er sie nicht wiederholt. Man kann einen Täter oft erst dadurch zwingen, über sich nachzudenken, wenn man ihn einsperrt. Er muß seine Schuld erkennen und sühnen.

„Auge um Auge Zahn um Zahn" ... Das klingt zwar ein bißchen hart, trifft aber den Kern. Wenn jemand anderen Menschen Leid angetan hat, soll er dafür auch büßen. Dem Unrecht muß die Vergeltung folgen – schon aus Gerechtigkeitsgründen.

Wenn Verbrechen oder Vergehen nicht bestraft würden, gäbe es keine Abschreckung für andere. Vor einer Strafe muß man Angst haben. Nur so können neue Taten verhindert werden. Schon deshalb dürfen Strafen nicht zu milde ausfallen.

(P wie Politik, Gemeinschaftskunde 9. Schuljahr, hrsg. von Xaver Fiederle und Franz Filser, Verlag F. Schöningh, Paderborn 1985, S. 157)

❶ Im Mittelalter kannte das Strafrecht schwere Körperstrafen (M 36). Stelle zusammen, welche Art von Strafen auf der Abbildung zu sehen sind, und überlege, warum sie angewandt wurden. Welche Funktion hat Strafe hier?

❷ Versetzt euch in die Lage der Strafgefangenen, deren Alltag in M 37 geschildert wird. Welche Probleme werden deutlich?

❸ Überlegt, worin die Ursachen für das Bedrückende im Gefängnisleben liegen.

❹ Welche Ziele für den Strafvollzug werden im Gesetz (M 38) formuliert, welche Schwierigkeiten ergeben sich in der Praxis?

❺ In M 39 findest du vier verschiedene Aussagen über den Sinn von Strafe. Erläutere die unterschiedlichen Vorstellungen. Welcher Auffassung neigst du zu? Begründe deine Meinung.

❻ Überlege, welchen Sinn eine Bestrafung in den folgenden drei Fällen haben kann:

Fall 1: Paul Huber hat giftige Abwässer seiner Firma in einen Fluß geleitet.

Fall 2: Karin Kästner ist zu leichtsinnig Auto gefahren und hat einen schweren Unfall verursacht.

Fall 3: Manfred Müller war als SS-Offizier während des Zweiten Weltkrieges an der Tötung von Juden beteiligt.

M 40

(Illustration: Marie Marcks, aus: Klipp und klar — 100x Bürgerrecht, Bibliographisches Institut, Meyers Lexikonverlag, Mannheim, Wien, Zürich 1979, S. 171)

M 41 Häftlinge schneidern Roben für die Gerichtsbarkeit

Jugendliche im Gefängnis ausgebildet / Gelernt wird an Amtstrachten

Siegburg, 8. Januar (AP). Immer mehr Roben und Talare für Staatsanwälte, Richter und Verteidiger werden im Gefängnis geschneidert. In der Justizvollzugsanstalt Siegburg nähen jugendliche Häftlinge in der Gefängnis-Schneiderei im Jahr rund 150 Amtstrachten für die Gerichtsbarkeit. Den Inhaftierten mache es nichts aus, ausgerechnet für diese Berufsgruppe zu Nadel und Faden zu greifen, versichert Schneidermeister Karl-Josef Schorn, der seit fünfzehn Jahren die Schneiderwerkstatt leitet.

Da die Tätigkeit im anstaltseigenen Betrieb verhältnismäßig gut bezahlt wird, hat sich nach den Worten Schorns noch kein Häftling geweigert, eine richterliche Robe anzufertigen. Dabei wäre es „reiner Zufall, wenn ein Jugendlicher für den Richter oder Staatsanwalt einen Talar anfertigen würde, der ihn hinter Schloß und Riegel gebracht hat", sagt der 52 Jahre alte Schneidermeister.

Zwölf bis fünfzehn Jugendliche sind in der Gefängnis-Schneiderei beschäftigt. Einige von ihnen erhalten dort eine reguläre Ausbildung zum Herrenschneider. „Gerade in der ersten Zeit lernen die Jungs ihr Handwerk an den Amtstrachten, später machen sie dann bessere Sachen wie Anzüge", berichtet der Gefängnis-Schneider. Über Aufträge von der Gerichtsbarkeit kann sich Schorn nicht beklagen: „In den Beschaffungsstellen der Gerichte hat es sich inzwischen rumgesprochen, daß wir gute Arbeit machen", erzählt er stolz. [...]

Die Schneiderwerkstatt in der Justizvollzugsanstalt ist nach Schorns Worten ein „Eigenbetrieb der Justiz", der „genauso arbeitet wie ein Handwerksbetrieb draußen". Viele der in Siegburg zu Herrenschneidern ausgebildeten Strafgefangenen hätten nach dem Ende ihrer Haftstrafe „gute Arbeitsplätze" bekommen. Einige hätten inzwischen sogar eine Zusatzausbildung an Textilfachschulen begonnen.

(Frankfurter Allgemeine Zeitung v. 9. 1. 1989)

M 42

Sport- und Freizeitmöglichkeiten in der Jugendstrafanstalt Hameln. Die Praxis hat gezeigt, daß solche Freizeitaktivitäten der Strafgefangenen zu größerer Ausgeglichenheit, einem Abbau von Aggressionen, offenerem Auftreten und allgemein zu einer Verbesserung der Atmosphäre in den Anstalten führen.

(Foto: Trost)

M 43 „Ziemlich fidel sind unsere Gefängnisse!"

Es ist schon einigermaßen erstaunlich, was im Strafvollzug der Bundesrepublik Deutschland so möglich ist. Früher sprach man gelegentlich von „fidelen" Gefängnissen, heute muß man wohl die Gefängnishaft mit der Unterkunft in einem Hotel gehobener Klasse vergleichen. Möglicherweise ist die Verpflegung nicht jedem gerade recht, aber Kurzweil wird ausreichend geboten.

Einen besonderen Rang nimmt die Justizvollzugsanstalt Hamburg-Fuhlsbüttel ein. Sie wird von einem Diplom-Psychologen geleitet, dem 125 Vollzugsbeamte, Ärzte, Pädagogen, Psychologen und Soziologen beigegeben sind. Insgesamt werden unter seiner Leitung 550 Häftlinge von 210 Beamten und Angestellten betreut. [...]

Der Strafvollzug in der Bundesrepublik Deutschland läßt entschieden zu wünschen übrig. Die Vollzugsbedingungen sind, je nach Landeszugehörigkeit, verschieden. Es gibt keine bundesweite Regelung. So kommt es, daß vor allem in SPD-regierten Ländern die Resozialisierungsmaßnahmen bei weitem Sühne und Abschreckung überwiegen. Zudem wird den Häftlingen hotelähnlicher Komfort geboten. In „Santa Fu" sind die Insassen durchweg in Einzelzellen untergebracht. Sie dürfen diese auch individuell einrichten, Radio und Fernsehgeräte sind erlaubt.

Ausbildungskurse der verschiedensten Art werden angeboten. Ganze Berufe können erlernt werden. In einer schulischen Abteilung können Hauptschul- und Realschulabschluß erworben werden, und für den Sport gibt es in „Santa Fu" den Fußball-, den Handball- und den Tennisplatz, sogar Volleyball wird angeboten. Natürlich stehen eine Bibliothek und Bastelräume zur Verfügung und Gesprächsgruppen. Selbst Datenverarbeitung an sechs anstaltseigenen Computern kann vom Informatik-Lehrer gelehrt werden. [...]

Nicht alle Vollzugsanstalten sind derart generös, aber in vielen geht es ähnlich zu. Die sogenannte Resozialisierung steht obenan. Wie darauf reagiert wird, das geht daraus hervor, daß noch im vergangenen Jahr 2859 Gefangene ihren Hafturlaub zur Flucht nutzten. Zwar konnten 2495 wieder eingesammelt werden — doch was ist mit den anderen? Was ist mit denen, die während des Urlaubs neue, gefährliche Straftaten begehen?

(Carl-Wilhelm Busse, Kommentar im Westfalenblatt, Ausgabe v. 26. 10. 1988)

M 44 „Sühne ist sinnlos"

Unser Strafvollzug wurde bis 1977 durch Verwaltungsrichtlinien, also ohne eigenes Gesetz, geregelt. Typisches Merkmal des Strafens mit diesem Vorschriftenwerk war der ununterbrochene Ausschluß aus der Gesellschaft vom Strafantritt bis zur Entlassung. Der Vollzug hatte „dem Gefangenen zu der Einsicht zu verhelfen, daß er für begangenes Unrecht einzustehen hatte". Das „Einstehen" bestand in den Kerkermauern als Umwelt, in der Leere eines bis ins Detail reglementierten kargen Alltags und in der sozialen Stigmatisierung*, Ganove, Lump, Verbrecher zu sein, kurz: ein minderwertiger Mensch.

Das seit 1977 rechtskräftige Strafvollzugsgesetz war das Ergebnis der in den sechziger Jahren einsetzenden Reform und wurde als Grundlage weiterführender Reformen konzipiert. Neu im Gesetz war das Bild vom Strafgefangenen. Das sollte nicht mehr der tagaus, tagein sühnende Sträfling sein, sondern ein Mensch, der auf ein Leben in Freiheit ohne Straftaten vorbereitet wird — durch Ausbildung, Umschulung, Behandlungsmaßnahmen. Geschlossener und offener Vollzug, Arbeit, Ausgang und Urlaub außerhalb der Mauern wurden möglich.

[...] Die Fortführung der Reform und die Verwertung bisheriger Erfahrungen ist notwendig.

Wie Rückfallstatistiken belegen, bleibt etwa jeder zweite zur Bewährung entlassene Strafgefangene ohne nachfolgende Straftat, dagegen nur jeder vierte, der bis zum letzten Tag in Haft blieb. Sicher werden „die Schlimmen" länger festgehalten. Durch die Auswahl allein läßt sich der unterschiedliche Effekt jedoch nicht erklären. Die starre, bis zum letzten Tag hinter Gittern verbrachte Freiheitsstrafe schult nun mal nicht gut für das Leben in Freiheit, noch weniger für ein straffreies.

Nun können nicht alle Gefangenen zur Bewährung entlassen werden. Das Strafvollzugsgesetz gibt jedoch eine breite Palette von Möglichkeiten, den Rückfall weniger wahrscheinlich zu machen, indem es vertretbare Risiken schon vor der Entlassung eingeht. Und da beginnt das Problem! Zwar wird das Versagen der Freiheitsstrafe nach der Entlassung selbst bei schwersten Verbrechen hingenommen. Findet ein Rückfall aber bei einem Urlaub innerhalb der Freiheitsstrafe statt, dann wird er als Skandal betrachtet. Die Vollzugsanstalt soll Gefängnis sein und nicht mehr, hermetisch wegsperren und streng bestrafen, was immer das schließlich zur Folge hat.

Der gelockerte Strafvollzug wird seit Anfang der siebziger Jahre (er wurde schon vor dem Gesetz erprobt) überwiegend erfolgreich praktiziert. Bis heute mißbrauchen sehr wenige Gefangene die gebotene Freiheit. Die Morde an zwei Polizisten in Hannover durch „haftbeurlaubte Verbrecher", wie auf einer am Tatort angebrachten Tafel stand, sind jedoch nicht allein schlimme Verbrechen, sondern auch ein Rückschlag auf dem Weg zu einem vernünftigen Strafvollzug. Sensationsträchtige Mißerfolge werden mehr beachtet als der normale Ablauf. Sie bringen der Gegenreform Zulauf. Das Gefängnis als Stätte der Sühne, des Darbens, des mit Mauern und Gittern bewehrten Ausschlusses aus der Gesellschaft hat uralte Tradition.

(Georg Wagner, in: Die Zeit, Ausgabe v. 8. 4. 1988)

❶ Beschreibe die Bildergeschichte M 40 und erläutere das Problem, das hier angesprochen wird. Versetze dich in die Rolle eines Personalchefs, der sich zwischen einem etwas besser qualifiziertem Strafentlassenen und einem unbescholtenem Arbeitnehmer entscheiden muß.
Ihr könnt das Bewerbungsgespräch mit dem Strafentlassenen auch in einem kleinen Rollenspiel nachstellen.

❷ Die Höhe der Rückfallquote ist nicht allein davon abhängig, wie die Gefangenen in der JVA auf das Leben in Freiheit vorbereitet werden.
Überlege, welche weiteren Einflüsse es gibt.

❸ Erläutere, welchen Nutzen die in M 41 und M 42 angesprochenen Maßnahmen für die Strafgefangenen haben.

❹ Strafgefangene haben nach Verbüßung ihrer Strafe oft große Probleme, wieder in den Kreis ihrer Familie, Freunde und Bekannten zurückzukehren. Auch die Wiedereingliederung in das Berufsleben macht Schwierigkeiten. Überlegt, welche Möglichkeiten sich anbieten, den Betroffenen die Rückkehr zu erleichtern.

❺ In M 43 und M 44 findest du zwei gegensätzliche Positionen zur Art des Strafvollzuges. Arbeite die jeweiligen Gedankengänge heraus und beziehe dazu Stellung.

❻ Welches Verständnis vom Sinn der Strafe wird in den beiden Texten deutlich?

Zur Sicherung des Grundwissens

Nach der Erarbeitung der beiden letzten Abschnitte von Kapitel 10 solltet ihr
- *den Unterschied zwischen „Zivilprozeß" und „Strafprozeß" erläutern können (Einleitung zum Abschnitt, vor M 23);*
- *den Gang eines Strafverfahrens beschreiben können (M 24/25);*
- *folgende für einen Zivilprozeß wichtigen Begriffe erläutern können: Vergleich, Beweismittel, Sachverständiger, Beweisaufnahme (M 28);*
- *angeben können, für welche Angelegenheiten die Verwaltungsgerichte zuständig sind (M 29);*
- *die Bedeutung der Altersstufen (14, 18, 21 Jahre) im Jugendstrafrecht erklären können (M 31/32);*
- *zwischen „Erziehungsmaßregeln", „Zuchtmitteln" und „Jugendstrafen" im Jugendstrafrecht unterscheiden können (M 34);*
- *die beiden gesetzlich vorgeschriebenen Aufgaben des Strafvollzugs in der Bundesrepublik nennen und kurz erläutern können (M 38);*
- *Sinn und Problematik eines „offenen Strafvollzugs" erläutern können (M 43/44).*

11 Die Bedeutung von Arbeit und Beruf

Was uns die Arbeit bedeutet

M 1a **Sprüche über die Arbeit**

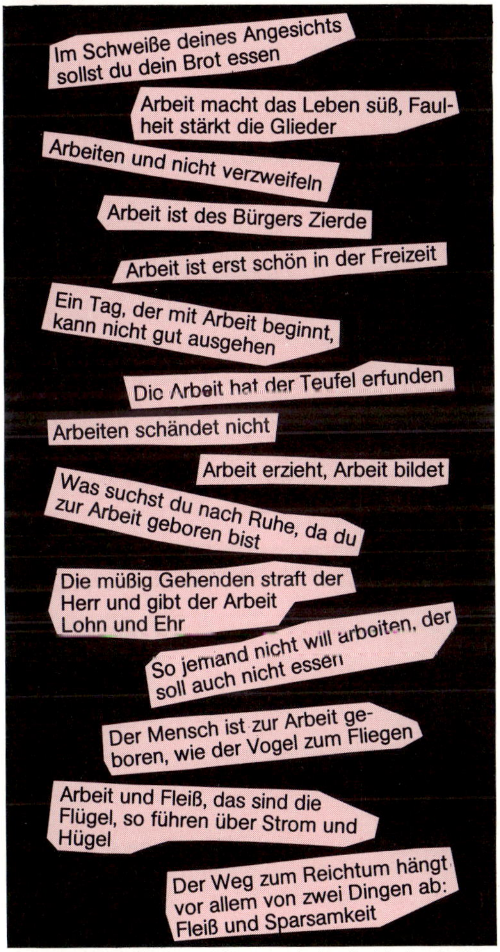

(Rüdiger von Voß, Monica und Jürgen entdecken die Arbeitswelt, Oldenbourg, München 1974, S. 14)

❶ Erläutert, welche Auffassungen von Arbeit und welche Einstellungen dazu in den einzelnen „Sprüchen" zum Ausdruck kommen.

❷ Nehmt zu den einzelnen Sprüchen Stellung und versucht dabei, eure eigene Einstellung zur Arbeit darzulegen und zu diskutieren.

M 1b **Heinrich Böll: Anekdote zur Senkung der Arbeitsmoral**

In einem Hafen an einer westlichen Küste Europas liegt ein ärmlich gekleideter Mann in seinem Fischerboot und döst. Ein schick angezogener Tourist legt eben einen neuen Farbfilm in seinen Fotoapparat, um das idyllische Bild zu fotografieren: blauer Himmel, grüne See mit friedlichen schneeweißen Wellenkämmen, schwarzes Boot, rote Fischermütze. Klick. Noch einmal: klick, und da aller guten Dinge drei sind und sicher ist, ein drittes Mal: klick. Das spröde, fast feindselige Geräusch weckt den dösenden Fischer, der sich schläfrig aufrichtet, schläfrig nach seiner Zigarettenschachtel angelt; aber bevor er das Gesuchte gefunden, hat ihm der eifrige Tourist schon eine Schachtel vor die Nase gehalten, ihm die Zigarette nicht gerade in den Mund gesteckt, aber in die Hand gelegt, und ein viertes Klick, das des Feuerzeuges, schließt die eilfertige Höflichkeit ab. Durch jenes kaum meßbare, nie nachweisbare Zuviel an flinker Höflichkeit ist eine gereizte Verlegenheit entstanden, die der Tourist — der Landessprache mächtig — durch ein Gespräch zu überbrücken versucht.
„Sie werden heute einen guten Fang machen."
Kopfschütteln des Fischers.
„Aber man hat mir gesagt, daß das Wetter günstig ist."
Kopfnicken des Fischers.
„Sie werden also nicht ausfahren?"
Kopfschütteln des Fischers; steigende Nervosität des Touristen. Gewiß liegt ihm das Wohl des ärmlich gekleideten Menschen am Herzen, nagt an ihm die Trauer über die verpaßte Gelegenheit.
„Oh, Sie fühlen sich nicht wohl?"
Endlich geht der Fischer von der Zeichensprache zum wahrhaft gesprochenen Wort über. „Ich fühle mich großartig", sagte er. „Ich habe mich nie besser gefühlt." Er steht auf, reckt sich, als wolle er demonstrieren, wie athletisch er gebaut ist. „Ich fühle mich phantastisch."
Der Gesichtsausdruck des Touristen wird immer unglücklicher, er kann die Frage nicht mehr unterdrücken, die ihm sozusagen das Herz zu sprengen droht: „Aber warum fahren Sie dann nicht aus?"

Die Antwort kommt prompt und knapp. „Weil ich heute morgen schon ausgefahren bin."

„War der Fang gut?"

„Er war so gut, daß ich nicht noch einmal auszufahren brauche, ich habe vier Hummer in meinen Körben gehabt, fast zwei Dutzend Makrelen gefangen [...]"

Der Fischer, endlich erwacht, taut jetzt auf und klopft dem Touristen beruhigend auf die Schultern. Dessen besorgter Gesichtsausdruck erscheint ihm als ein Ausdruck zwar unangebrachter, doch rührender Kümmernis.

„Ich habe sogar für morgen und übermorgen genug", sagt er, um des Fremden Seele zu erleichtern. „Rauchen Sie eine von meinen?"

„Ja, danke."

Zigaretten werden in die Münder gesteckt, ein fünftes Klick, der Fremde setzt sich kopfschüttelnd auf den Bootsrand, legt die Kamera aus der Hand, denn er braucht jetzt beide Hände, um seiner Rede Nachdruck zu verleihen.

„Ich will mich ja nicht in Ihre persönlichen Angelegenheiten mischen", sagt er, „aber stellen Sie sich mal vor, Sie führen heute ein zweites, ein drittes, vielleicht sogar ein viertes Mal aus und Sie würden drei, vier, fünf, vielleicht sogar zehn Dutzend Makrelen fangen [...] stellen Sie sich das mal vor."

Der Fischer nickt.

„Sie würden", fährt der Tourist fort, „nicht nur heute, sondern morgen, übermorgen, ja, an jedem günstigen Tag zwei-, dreimal, vielleicht viermal ausfahren — wissen Sie, was geschehen würde?"

Der Fischer schüttelt den Kopf.

„Sie würden sich in spätestens einem Jahr einen Motor kaufen können, in zwei Jahren ein zweites Boot, in drei oder vier Jahren könnten Sie vielleicht einen kleinen Kutter haben, mit zwei Booten oder dem Kutter würden Sie natürlich viel mehr fangen — eines Tages würden Sie zwei Kutter haben, Sie würden [...]", die Begeisterung verschlägt ihm für ein paar Augenblicke die Stimme, „Sie würden ein kleines Kühlhaus bauen, vielleicht eine Räucherei, später eine Marinadenfabrik, mit einem eigenen Hubschrauber rundfliegen, die Fischschwärme ausmachen und Ihren Kuttern per Funk Anweisung geben. Sie könnten die Lachsrechte erwerben, ein Frischrestaurant eröffnen, den Hummer ohne Zwischenhändler direkt nach Paris exportieren — und dann [...]", wieder verschlägt die Begeisterung dem Fremden die Sprache. Kopfschüttelnd, im tiefsten Herzen betrübt, seiner Urlaubsfreude schon fast verlustig, blickt er auf die friedlich hereinrollende Flut, in der die ungefangenen Fische munter springen. „Und dann", sagt er, aber wieder verschlägt ihm die Erregung die Sprache.

Der Fischer klopft ihm auf den Rücken, wie einem Kind, das sich verschluckt hat. „Was dann?" fragt er leise.

„Dann", sagt der Fremde mit stiller Begeisterung, „dann könnten Sie beruhigt hier im Hafen sitzen, in der Sonne dösen — und auf das herrliche Meer blicken."

„Aber das tu ich ja schon jetzt", sagt der Fischer, „ich sitze beruhigt am Hafen und döse, nur Ihr Klikken hat mich dabei gestört."

Tatsächlich zog der solcherlei belehrte Tourist nachdenklich von dannen, denn früher hatte er auch einmal geglaubt, er arbeite, um eines Tages einmal nicht mehr arbeiten zu müssen, und es blieb keine Spur von Mitleid mit dem ärmlich gekleideten Fischer in ihm zurück, nur ein wenig Neid.

(Heinrich Böll: Aufsätze, Kritiken, Reden. Kiepenheuer & Witsch, Berlin 1967, S. 464—466)

M 1c Grundbedürfnisse

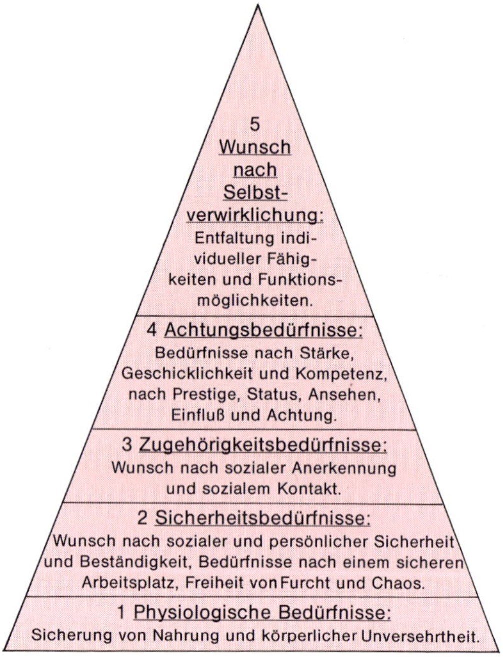

(Arten der Grundbedürfnisse nach Maslow, © Regenthal 1978)

M 1d Was bedeutet „Arbeit" für die Bevölkerung der Bundesrepublik Deutschland?

Auf die Frage „Was bedeutet Arbeit für Sie?" meinten 64 Prozent der Befragten der 1988 durchgeführten bundesweiten Bevölkerungsbefragung der Wirtschaftsjunioren Deutschland, sie diene dem reinen Lebensunterhalt, und 57 Prozent vermittelt die Arbeit hauptsächlich den Umgang mit anderen Menschen. Gerade bei der jüngeren Generation wird die Arbeit weniger als notwendige Pflicht empfunden, vielmehr ist und bleibt die Arbeit bei zwei Dritteln der Bevölkerung ein Mittel zur Selbstentfaltung, der Selbstbeschäftigung und der sozialen Anerkennung.

(Autorentext)

M 1 e Die Bedeutung der Arbeit

In der Bundesrepublik Deutschland gibt es ca. 25 Millionen Erwerbstätige. 85 Prozent der Erwerbstätigen verrichten abhängige Arbeit und 15 Prozent selbständige Arbeit. Das heißt, der größte Teil der Erwerbstätigen mit ihren Familien ist unmittelbar auf den Lohn aus abhängiger Arbeit angewiesen und damit im besonderen von den Verhältnissen in der Arbeitswelt betroffen.

Für den Lebensinhalt und die Lebenserfahrungen der Arbeitnehmer und ihrer Familien ist mithin die Arbeit von zentraler Bedeutung.

— Arbeit sichert über den Lohn die Existenz in der Gesellschaft.
— Arbeit bestimmt die zeitliche Aufteilung und inhaltliche Ausfüllung des Lebens.
— Was jemand in der Gesellschaft gilt, wird weithin durch seine Position in der Arbeitswelt bestimmt.
  Ebenso wie die Umwelt leitet auch jeder einzelne für sich selbst seine Rolle, seine Bedeutung wesentlich aus der Arbeitsposition ab.
— Arbeit hat also neben der wirtschaftlichen Sicherung unmittelbar Anteil an der Entwicklung des Selbstgefühls des einzelnen Menschen.

(POLITIK ... betrifft uns 1/79: Ohne Ausbildung, ohne Arbeit — keine Zukunft für die Jugend!, S. 13, Bergmoser + Höller Verlag Aachen)

M 1 f Was Jugendliche von der Berufsarbeit erwarten

Die Deutsche Bank ließ durch das IJF Institut für Jugendforschung in München eine große Repräsentativbefragung zum Thema „Jugend und Beruf" bei 17- bis 29jährigen durchführen.

• Die befragten Jugendlichen zwischen 17 und 29 Jahren streben stärker als Ende der siebziger Jahre nach Erfolg und Anerkennung im Beruf.

• So strebt die junge Generation nicht nur in der Freizeit, sondern auch in der Arbeit nach einem Maximum an Spaß und Lust. „Lust an der Arbeit", dieses Prinzip bestimmt in starkem Maße die Vorstellungen der jungen Leute. Hier heben sie sich ganz bewußt von ihren Eltern ab, bei denen sie einen freudlosen Verschleiß im Berufsleben kritisieren.

• Die jungen Leute sind auch nicht „froh", überhaupt eine Arbeit gefunden zu haben, sondern knüpfen ihre Leistungsbereitschaft stärker denn je an die Forderung nach Selbstverwirklichung. Dies ist sowohl eine Forderung der Ehrgeizigen wie auch derjenigen, die weniger nach äußeren Erfolgen streben.

• Das entscheidend Neue ist aber, mit welcher Intensität die jungen Leute über neue Formen des Arbeitslebens nachdenken, die nicht den starren, eingebundenen Acht-Stunden-Alltag zum Vorbild haben. Sie streben immer mehr Flexibilität und persönliche Freiheit an. So zeigt die Studie:

— Die jungen Leute sind zu höchstem persönlichen Einsatz bereit, dies aber nicht mehr nach den „sturen" gewohnten Formen.

Noch nie waren die Träume so ausgeprägt wie heute,

— sich selbständig zu machen
— freiberuflich tätig zu sein
— „Phasen-Arbeit" zu machen („ordentlich reinpowern und dann wieder Pause")
— Job-sharing* zu versuchen o. ä.

• In puncto Arbeit sind die Eltern — und dies ist als ein eher trauriges Ergebnis der Studie anzusehen — kein Vorbild für die Jugend von heute, im Gegenteil, ihr Leben schreckt Jugendliche eher ab. 72 Prozent, also knapp drei Viertel der Befragten, möchten es, was Arbeit und Beruf betrifft, anders machen als ihre Eltern! Sie wollen sich also ihr Leben besser einteilen und Beruf und Freizeit besser einrichten, ohne dabei auf etwas verzichten zu müssen.

• Der Trend zu einer qualitativ erhöhten Arbeitsbereitschaft zeigt dann aber auch ein weiteres Motiv, nämlich das Ziel, möglichst viel Geld zu verdienen, um einen anspruchsvollen Lebensstil zu verwirklichen. Kaufen zu können, was erhöhten Lebensgenuß verspricht, ist für die Mehrzahl der Jugendlichen von heute zu einer Grunderwartung geworden. So ist die Bereitschaft, so viel zu arbeiten und zu verdienen, daß man sich fast jeden Luxus erlauben kann, seit 1979 deutlich angestiegen, und sie zeigt sich besonders ausgeprägt bei jungen Leuten mit höherer Schulbildung.

(Schulbank, Köln September 1988)

❶ Beachtet bei der Analyse der „Anekdote" von Heinrich Böll (M 1 b) folgende Fragen und Hinweise:
— Wodurch unterscheiden sich der Fischer und der Tourist in ihrem Äußeren und in ihrem Verhalten?
— Wozu dient die Arbeit nach Ansicht des Touristen, wozu dient sie nach Meinung des Fischers?
— Welche Auswirkungen haben die Arbeitsauffassung des Touristen und die des Fischers für den einzelnen und die Gesellschaft?
— Was beabsichtigt Böll mit seiner Anekdote? Achte auf den Titel.

❷ Erläutert, was die Arbeit für den einzelnen bedeutet und ordnet die Bedeutung den Grundbedürfnissen zu. Sucht dazu entsprechende Beispiele (M 1 b, M 1 c, M 1 d, M 1 e).

❸ Welche Meinung zeigt sich bei den Jugendlichen in bezug auf den Beruf (M 1 f)?

❹ Welchen Aussagen würdest du eher zustimmen, welchen nicht? (M 1 d, M 1 f)?

Schüler treffen Vorentscheidungen für die Berufswahl

M 2 Fehlstarts?

Befragt man Jugendliche, warum sie ihre Lehre abgebrochen haben oder mit ihrer Berufsausbildung unzufrieden sind, erhält man recht unterschiedliche, aber stets nachdenklich stimmende Aussagen.

Peter M., 17 Jahre, Kfz-Mechaniker, 2. Ausbildungsjahr:
„Den Job hätte ich billiger haben können. Die mittlere Reife habe ich eigentlich nur wegen meiner Eltern gemacht. So'n richtigen Bock hatte ich nie. Entsprechend waren dann auch meine Noten — nicht gerade top. Die Berufsschule stinkt mir kolossal — aber wer schreibt schon gern Berichte?"

Evi S., 15 Jahre, Friseurin, Ausbildungsabbruch nach zwei Monaten:
„Wenn ich nicht so gut drauf bin, lasse ich mir das anmerken — auch als Friseurlehrling. So künstlich freundlich sein, ne — das läuft bei mir nicht. Meine Kolleginnen und mein Chef konnten dies — immer nur lächeln, wenn Kunden kamen, egal, was vorher war. Nach acht Wochen haben wir uns getrennt im gegenseitigen Einvernehmen, wie bei den Fußballstars."

Sascha S., 15 Jahre, Berufsgrundbildungsjahr:
„Schätzen Sie mal, wie viele Bewerbungen ich geschrieben habe — insgesamt 28. Und nun langsam zum Mitschreiben: achtundzwanzig. Dann habe ich das Handtuch geworfen. Sechs Betriebe haben geantwortet, bei den restlichen warte ich heute noch auf Nachricht. Mit „Fünfen" in Mathematik und Biologie muß man doch auch noch Chancen haben und kann doch nicht so einfach abgeschoben und übergangen werden."

Patrik B., 15 Jahre, Bäcker, 1. Ausbildungsjahr:
„Mein Praktikum habe ich im Herbst letzten Jahres in einer Schreinerei gemacht — war irre gut. Jeden Tag hat man mir gesagt, daß ich der geborene Tischler sei. Herr K. hat mir auch die Lehrstelle fest versprochen. Darauf habe ich mich verlassen und deshalb auch weiter nichts mehr unternommen. Als ich jetzt Anfang Juni zu Herrn K. kam, hatte er doch so 'nem Typ zugesagt. An sein Versprechen konnte er sich leider auch nicht mehr erinnern. Eine Riesenschweinerei, so was! Zum Glück fand ich dann kurz vor Torschluß noch eine Lehrstelle als Bäcker. Wissen Sie, wann ich da morgens aufstehen muß?"

(Wirtschaftsspiegel 1/89, S. 10)

M 3 „Was werden?"

— diese Frage stellt sich für jeden Jahrgang aufs neue. Die Antwort darauf ist noch nie so schwergefallen wie in den letzten Jahren und wird in den nächsten Jahren auch nicht viel einfacher werden. Die Antwort darauf ist auch nicht endgültig — durch Fort- und Weiterbildung, Umschulung und Berufswechsel kann sich der gewählte und ausgeübte Beruf auch später noch ändern. Gerade im Berufs- und Wirtschaftsleben hat sich viel verändert: Die technische Entwicklung hat sich mit dem Siegeszug der Neuen Technologien* geradezu überstürzt. Veränderte Organisations- und Unternehmensformen, neue individuelle und gesellschaftliche Bedürfnisse, strukturelle* Veränderungen unserer Wirtschaft mit schrumpfenden Märkten und hoher Arbeitslosigkeit haben die Berufswahl schwieriger gemacht. Die Schüler mit ihren ratgebenden Eltern, Freunden, Lehrern, Berufsberatern und Fachleuten aus der Wirtschaft stehen der Frage „Was werden?" oft ratlos gegenüber. Die Entscheidung kann dem einzelnen nicht abgenommen werden — wohl aber können wir durch Informationen und Ratschläge helfen.

Mit dem Ende der Schulzeit im Sekundarbereich I (Klasse 10) müssen die ersten Vorentscheidungen gefällt werden: Willst du eine Berufsausbildung beginnen (gleichzeitige Ausbildung in Beruf und Berufsschule = duales System)? Willst du ohne Berufsausbildung arbeiten gehen („jobben", dabei aber bis zum 18. Lebensjahr der Berufsschulpflicht nachkommen)? Willst du eine berufliche Ausbildung in einer berufsbildenden Schule beginnen (Berufsfachschule, Fachschule oder Fachgymnasium)? Oder willst du in die Oberstufe eines Gymnasiums, Gesamtschule oder Privatschule eintreten, um mit der allgemeinen Hochschulreife (Abitur) die Befähigung zu einem Studium an einer wissenschaftlichen Hochschule (Universität) zu erlangen oder auch eine entsprechende Ausbildung zu beginnen? Also sollte man schon in Klasse 9/10 Vorentscheidungen für seine spätere Berufswahl treffen, die überlegt und direkt auf den Berufswunsch und/oder auf die Berufswahl orientiert sind, um falsche Entscheidungen und Umwege zu vermeiden. Wer die Entscheidungen für den späteren Beruf aufgrund von rechtzeitigen, umfassenden und gründlichen Informationen und Einschätzungen seiner Fähigkeiten und Interessen fällt, ist zwar auch nicht vor Fehlentscheidungen und Problemen gefeit, aber er braucht sich keine Vorwürfe zu machen und kann der Berufswahl gelassen entgegensehen.

(Autorentext)

M 4 Alternativen nach erfüllter allgemeiner Schulpflicht (vereinfachte Darstellung)

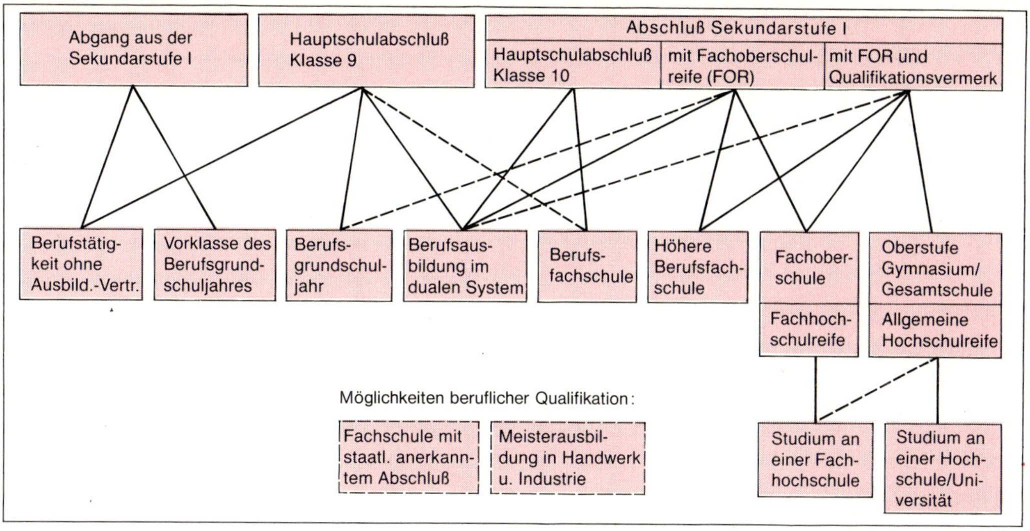

Anmerkung: Wenn ihr Genaueres über die Ausbildungsmöglichkeiten in eurem Heimatort wissen wollt, dann müßtet ihr euch die Informationsbroschüren der zuständigen Arbeitsämter und Schulverwaltungsämter besorgen. In diesen Schriften erfahrt ihr meist sehr genau, welche Fachrichtungen u. beruflichen Schwerpunkte im schulischen und dualen System angeboten werden.

(Floren, u. a.: Politik 3, Paderborn [Schöningh], 1988)

❶ Erläutere, wie die Berufswahl in den verschiedenen Beispielen ablief (M 2).

❷ Wodurch haben sich die Jugendlichen bei ihrer Berufswahl leiten lassen? Welche „Fehler" haben sie ggf. gemacht? (M 2)

❸ Warum scheint die Berufswahl schwieriger geworden zu sein? Welche Vorentscheidungen müssen für euch in Klasse 9/10 schon gefällt werden? (M 3)

❹ Erläutert die verschiedenen Bildungswege als Wege zum späteren Beruf anhand entsprechender Beispiele. (M 4, M 3)

❺ Zeigt Möglichkeiten auf, eine falsche Vorentscheidung durch „Umwege" zu korrigieren (z. B. Abgang Klasse 10 und „jobben" — später aber Arzt werden wollen). (M 3, M 4)

M 5 Möglichkeiten zur beruflichen Orientierung

	Angebote seitens der Berufsberatung und anderer Institutionen	**Möglichkeiten zur Eigeninitiative**
Maßnahmen:	— Informationsveranstaltungen sowie themenspezifische Veranstaltungen der Berufsberatung in der Schule — Sprechstunden der Berufsberatung in der Schule — Sprechstunden im Arbeitsamt — berufskundliche Vortragsveranstaltungen — berufskundliche Ausstellungen — berufliche Einzel- bzw. Gruppenberatung (ggf. einschl. psychologischer Begutachtung) — Seminarveranstaltungen der Berufsberatung (z. B. Bewerbertraining) — Betriebsbesuche/Arbeitsplatzerkundungen — Tage der Offenen Tür bei Betrieben bzw. bei Bildungseinrichtungen/Hochschulen — Einführungsvorträge an Hochschulen — Beratung/Information durch die Studienberatung — Arbeitsgemeinschaften in der Schule	— Gespräche mit Berufsvertretern — Expertenbefragungen — Ferienpraktika, Vorpraktika — Ferien-Jobs — (gelegentliche) Nebentätigkeit als Schüler (Hobby-Kurse) — Informationsgespräche mit Ausbildungs- und Personalabteilungen — Informationsgespräche mit Ausbildungsberatern der Kammern — Informationsgespräche bei Sekretariaten der Hochschulen bzw. Fachbereiche — Informationsgespräche bei Studentenwerken der Hochschulen — Informationsgespräche mit Studentischen Verbänden — Informationsgespräche mit Gewerkschaften/Berufsverbänden — Tage der Offenen Tür bei Betrieben

Selbstinformationseinrichtungen der Berufsberatung:	Berufsinformationszentren[2] — Lesemappen — berufskundliche Kurzfilme — Diareihen — Hörprogramme — Bücher — BiZ-Computer	
Medien: (s. auch S. 206)	— „Beruf Aktuell"[1] — „Blätter zur Berufskunde"[3] — STEP-plus (für Absolventen Sek. I)[1] — STEP A (Abiturienten)[1] — abi Berufswahl Magazin[1]	— Fachbücher, Fachzeitschriften — berufskundliche Ratgeber-Literatur — Studienführer — Studieneinführungsliteratur — Sendungen in Hörfunk und Fernsehen — Tages- und Wochenzeitungen, Magazine

[1] Herausgeber: Bundesanstalt für Arbeit, Regensburger Str. 104, 8500 Nürnberg; STEP-Versandstelle: Postfach 1134, 6806 Viernheim; „Beruf Aktuell" ist in jeder Schule vorhanden.
[2] Anschriften in Niedersachsen s. S. 206.
[3] Einzusehen in den Arbeitsämtern und in Bibliotheken (auch in Schulen); Bestellkarten für zwei kostenlose Hefte in „Beruf Aktuell" oder beim Arbeitsamt.

M 6 Berufs-Check

Wer keinen Bock auf Studieren hat und lieber gleich Arbeitsluft schnuppern will, der steht vor einem Labyrinth von Möglichkeiten. Da hilft nur: Systematisch vorgehen! Beispielsweise so

- Welche Berufe gibt's, die für Abiturienten interessant sind, und welche interessieren mich am ehesten?
- Welche Tätigkeiten und Aufgaben erwarten mich in diesen Berufen?
- Welche Ausbildungsformen gibt's für die geplanten Ausbildungsrichtungen?
- Wie lange dauert die Ausbildung, wie ist sie strukturiert?
- Kann die Ausbildung verkürzt werden?
- Wer bildet in diesen Berufen aus?
- Welcher Betrieb ist am ehesten geeignet (Größe, Auftragslage, Entfernung usw.)?
- Welche Bewerbungstermine sind zu beachten?
- Bestehen besondere Bedingungen für eine Bewerbung?
- Werden Einstellungstests veranstaltet?
- Welche Abschlüsse sind möglich?
- Wie hoch ist die Ausbildungsvergütung?
- Wie sieht's mit finanziellen Förderungsmöglichkeiten aus?
- Ist eine spätere Übernahme wahrscheinlich?
- Wie sehen dann die Fortbildungs- und Aufstiegsmöglichkeiten aus?

(Aus: AOK-Abiturjournal '87/'88, S. 9)

M 7 Ein bewährter Weg – der Berufswahlfahrplan

Folgt man einer bekannten Redensart, so führen viele Wege nach Rom; ebenso viele Wege führen auch zu einem Ausbildungsberuf. So verschieden die Charaktere, Einstellungen und Meinungen der Lehrstellensuchenden sind, so unterschiedlich gestalten diese auch ihre Berufssuche und Berufswahl.

Man kann diese „Strecke" umständlich und mit Umwegen gespickt zurücklegen oder in leicht zu bewältigende und logisch aufeinanderfolgende Etappen oder gar in noch kleinere Schritte aufteilen und dadurch schnell und sicher zum Ziel gelangen. Vorteilhaft ist ein übersichtlich gegliederter Plan, der so angelegt ist, daß er die Richtung zeigt, aber nicht einengt.

Der Berufswahlfahrplan besteht aus aufeinanderfolgenden Phasen oder Zeitabschnitten. Die Orientierungsphase beginnt, wie Untersuchungen belegen, schon in der Kindheit. Daran schließt sich die Informationsphase an, die etwa bis zum Ende der vorletzten Klassenstufe reicht. Das letzte Schuljahr wird geprägt von der endgültigen Berufsentscheidung des Bewerbers. Hieran schließt sich dann die Phase der Verwirklichung, also die Lehre, an.

Die zeitliche Einordnung der vier Phasen wird wohl häufig variieren, nicht aber die senkrechte Anordnung. So baut die zweite Phase auf der ersten auf, und die letzte läßt sich ohne die vorhergehenden nur schwer erreichen. Jede Phase besteht aus einzelnen Schritten, die zum richtigen Beruf führen.

Gerd Rothfuchs, Etschberg

(Wirtschaftsspiegel 1/89, S. 11)

M 8

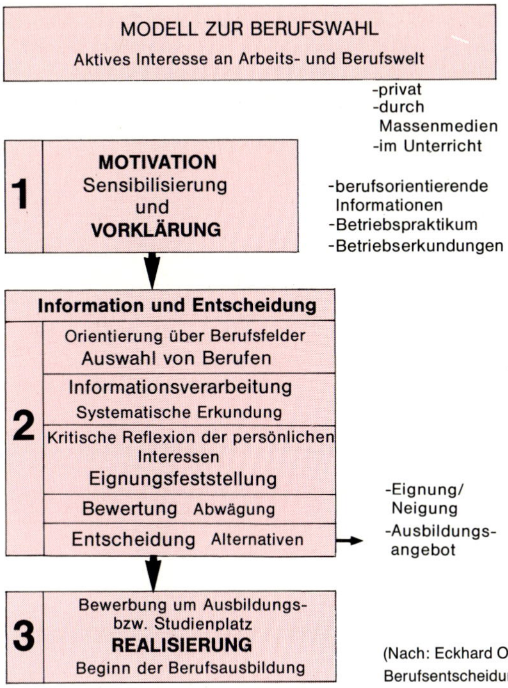

❶ Erläutert Möglichkeiten und Wege zur Berufsorientierung. M 5—M 6 sind eigentlich für Abiturienten gedacht, können aber auch für Schüler der Klasse 10 hilfreiche Hinweise geben (vgl. auch M 8)

❷ In welcher Phase der Berufswahl bist du? Was müßtest du jetzt machen? Was erscheint dir schon sicher, was unsicher (M 7)?

❸ Erstelle deinen eigenen „Berufswahlfahrplan"! (großes Plakat für dein Zimmer zum Reinschreiben deiner Gedanken/Ideen/Fragen/Alternativen)

❹ Besorgt euch entsprechende Informationen und Beratungen über die Berufswahl und die Berufswünsche (vgl. M 5 und S. 206).

❺ Stellt euch gegenseitig eure beruflichen Überlegungen vor und diskutiert sie!

(Nach: Eckhard Ostertag, Berufswahl – leichtgemacht. Der Fahrplan für eine systematische Berufsentscheidung, Joachim-Beyer-Verlag, Hollfeld 1984)

Der Lehrstellenmarkt: Vom Lehrstellen- zum Lehrlingsmangel

M 9

Die hohe Zahl der 15/16jährigen 1978—1982 repräsentiert die geburtenstarken Jahrgänge von 1962—1965. Diese Jahrgänge sind 1996 im Alter von 31 bis 34 und sorgen — nunmehr als Elterngeneration — für wachsende Schülerzahlen von etwa 1995 bis 2005.

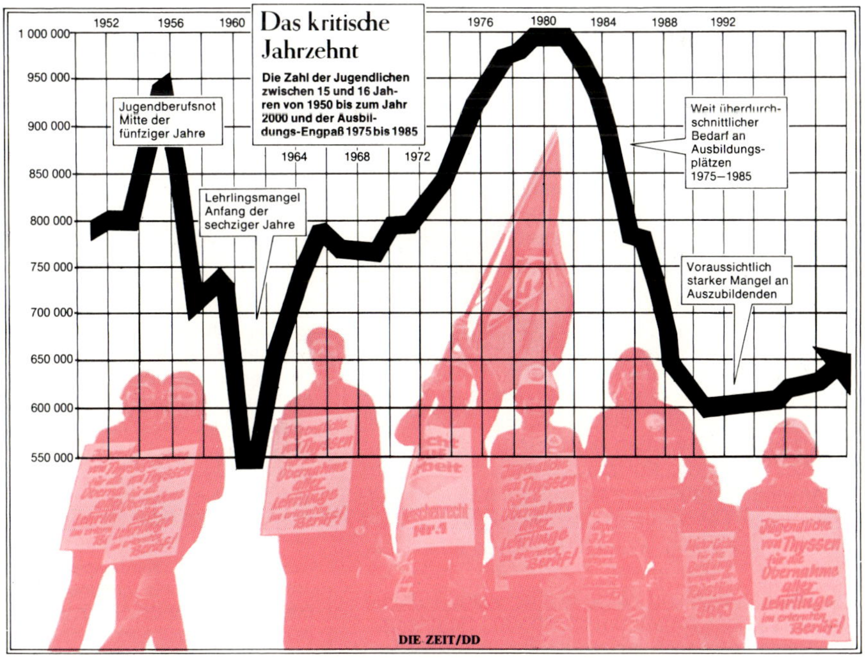

(Die Zeit, Nr. 53, 23. 12. 1977, S. 15)

M 10 Schüler und Schulabgänger 1991—2010

In einem Bericht über eine Prognose der Kultusministerkonferenz (KMK) zur Entwicklung der Schüler- und Schulabgängerzahlen aus dem Jahre **1989** *hieß es:*

„Das starke Absinken der Geburtenhäufigkeit seit der zweiten Hälfte der sechziger Jahre („Pillenknick"*) hatte schon ab 1976 einen ständigen Rückgang der Schülerzahlen zur Folge. Nach der jüngsten Schülerprognose der Kultusministerkonferenz setzt sich dieser rückläufige Trend vorerst noch bis 1994 fort. Mit 8,1 Mio. (34% weniger als 1975) erreicht die Schülerzahl an den allgemeinbildenden und beruflichen Schulen der Bundesrepublik Deutschland dann ihren tiefsten Stand. Die einzelnen Bildungsbereiche und Schularten bekommen die Auswirkungen des Geburtenrückgangs — je nach den Altersjahrgängen ihrer Schüler — in zeitlich verschobenen „Wellen" zu spüren.
Auch die Absolventenzahlen der verschiedenen Bildungsgänge werden durch die Veränderungen der Jahrgangsstärke in wechselndem Ausmaß und zu unterschiedlichen Zeitpunkten beeinflußt. Zwischen 1985 und 1990 — so die Prognose der Kultusministerkonferenz — sinkt die Zahl der Absolventen sämtlicher allgemeinbildenden Schulformen in der Bundesrepublik von 957000 auf 655000, d. h. um über 30%. Fünf Jahre später (1995) sind voraussichtlich gar nur noch 598000 Schulabgänger zu erwarten (38% weniger als 1985). Daß sich für das nachfolgende Jahrzehnt (bis 2006) wieder eine leichte Zunahme der Absolventenzahlen andeutet, ändert nichts an der grundlegenden Tatsache, daß die Nachwuchsbasis für den Arbeitsmarkt, die Hochschulen, die Bundeswehr und das Sozialsystem der Bundesrepublik auf lange Dauer sehr viel schmaler sein wird, als sie noch in den achtziger Jahren war."
(Schmidt Zahlenbilder 1989)

Im April **1993** *stellte die Kultusministerkonferenz eine neue Prognose auf. In einem Bericht darüber (vgl. auch die beiden Tabellen) heißt es:*

„Die Kultusministerkonferenz (KMK, Bonn) prognostizierte im April 1993 für die westdeutschen Bundesländer einen Anstieg der Schülerzahlen um rd. 1,6 Mio. bis 2003 vor allem wegen der geburtenstarken Jahrgänge [...] Anfang der 90er Jahre und der Zuwanderung aus Ostdeutschland und Osteuropa. Die westdeutschen Schülerzahlen im Sekundarbereich I (5.—10. Schuljahr), die bereits seit 1991 zunahmen, werden bis 2004 um 29,3% auf 4,4 Mio. ansteigen. Für die Sekundarstufe II wird ein Anstieg ab 1995 um 23% auf 3,1 Mio. erwartet. In den neuen Ländern wird die Schülerzahl bis 1996 um 7% auf 2,9 Mio. steigen, bis Ende 2010 aber wieder auf 2,1 Mio. sinken. Die Schülerzahl in Ost- und Westdeutschland nahm im Schuljahr 1992/93 gegenüber dem Vorjahr um rd. 100000 Schüler zu. Der Anstieg wird sich auf die künftigen Studentenzahlen auswirken, weil die Zahl der Absolventen mit Hoch- und Fachhochschulreife von 1991 bis 2010 um 36% auf 233000 pro Jahr zunehmen wird."
(Lexikon aktuell '94)

Entwicklung der Schülerzahlen (West)

Bildungsbereich	Schüler (1000)				
	1991	1995	2000	2005	2010
Primarstufe	2516	2793	2935	2644	2230
Sek. I	3421	3751	4202	4404	3979
Sek. II (allg.-bil.)	523	565	665	748	766
Sek. II (beruflich)[1]	2063	1955	2037	2230	2317
Sonderschulen	252	276	298	291	257
Insgesamt[2]	8837	9406	10199	10373	9600

[1] Inkl. Voll- und Teilzeitschulen und Kollegschulen; [2] inkl. Vorschulen; Quelle: Kultusministerkonferenz

Entwicklung der Absolventenzahlen (West)

Qualifikation	Absolventen (1000)				
	1991	1995	2000	2005	2010
Ohne Abschluß[1]	51	53	59	66	63
Hauptsch.-Abschl.	191	193	203	234	228
Realsch.-Abschl.	223	233	264	300	295
Fachhochschulr.	5	5	6	6	7
Hochschulreife	166	155	185	202	226
Insgesamt	637	639	717	808	818

[1] Inkl. Sonderschulen für Lernbehinderte; Quelle: Kultusministerkonferenz

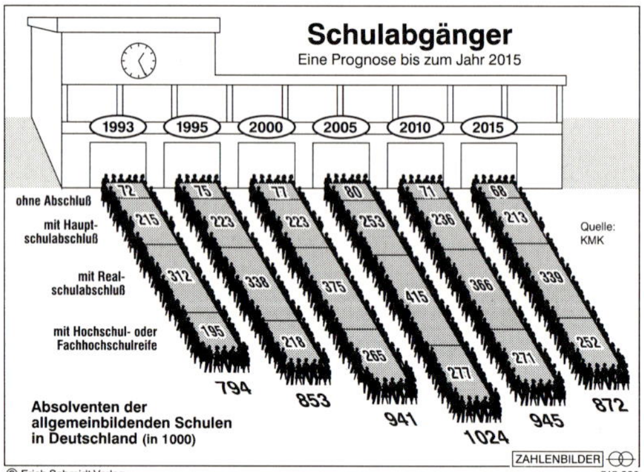

515 220

❶ Das gesamte Ausbildungsproblem ist auch ein Problem der Bevölkerungsentwicklung. Verdeutliche diese Feststellung mit Hilfe von M 9 (zum Absinken der Kurve nach 1980 erläutere den im Glossar erklärten Begriff „Pillenknick"). Nimm zur Erläuterung M 30, S. 20 und M 11 hinzu.

❷ Beschreibe die beiden unterschiedlichen Prognosen zur Entwicklung der Schüler- und Schulabgängerzahlen um 1989 und 1993 (M 10). Berücksichtige bei der Erklärung die Zuwanderung von Aussiedlern und Ausländern seit 1989 (insgesamt ca. 3,5 Mio.) und die Tatsache, daß die geburtenstarken Jahrgänge der 60er Jahre (s. M 30, S. 20) Anfang der 90er Jahre in das „gebärfähige" Alter kommen (s. Text zu M 9).

M 11

Berufsausbildung 1986—1993

Die Situation der betrieblichen Berufsausbildung stellt sich in West- und Ostdeutschland sehr unterschiedlich dar. Im alten Bundesgebiet, wo in der ersten Hälfte der achtziger Jahre noch ein „Lehrlingsberg“ Kopfzerbrechen bereitete, wurde in den Folgejahren über den Mangel an Lehrlingen geklagt. Mit abnehmender Jahrgangsstärke hatte sich die Zahl der ausbildungswilligen Jugendlichen innerhalb weniger Jahre dramatisch verringert, so daß es in vielen Berufszweigen schwierig wurde, die benötigten Nachwuchskräfte zu finden. So suchten in Westdeutschland 1992 rund 400 000 Jugendliche einen Ausbildungsplatz; gleichzeitig bot die Wirtschaft aber 723 000 Lehrstellen an. Inzwischen hat sich die Situation wieder deutlich geändert: Aufgrund der Konjunkturflaute (1993) baute die Wirtschaft viele Ausbildungsplätze ab, während die Bewerberzahlen wieder anstiegen.

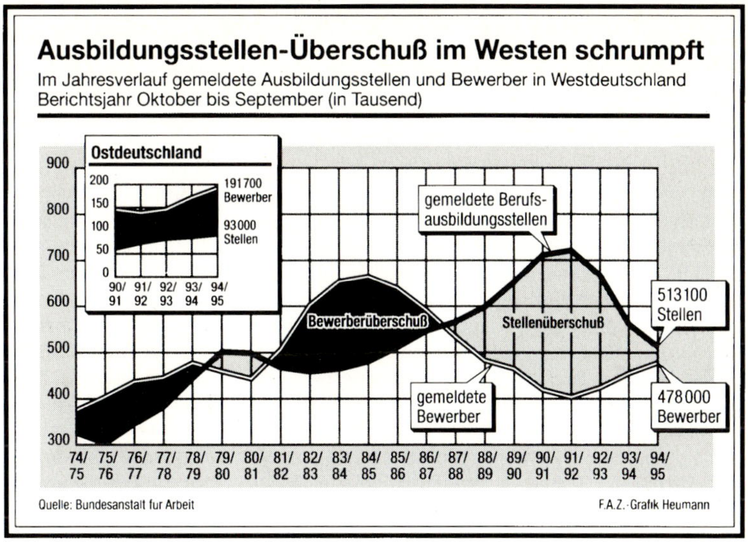

(Thomas Heumann; Quelle: Frankfurter Allgemeine Zeitung)

Im krassen Gegensatz zur Lehrstellensituation im Westen stehen die Probleme der beruflichen Bildung in den neuen Bundesländern. [...] Da die Ausbildung in der ehemaligen DDR weitgehend in Großbetrieben, Kombinaten und Produktionsgenossenschaften konzentriert war, ging bei deren Auflösung ein großer Teil der Ausbildungskapazitäten verloren, ohne daß genügender Ersatz durch neue Unternehmen geschaffen wurde. Öffentlich geförderte überbetriebliche Ausbildungsstätten mußten die Lücken schließen (zur Grafik und zur Entwicklung 1995 vgl. M 13).

M 12

Fertigungsberufe: Lehrlinge bleiben rar

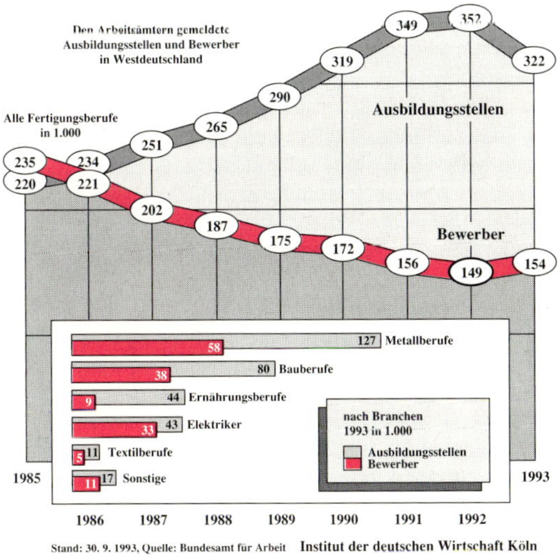

M 13

Wirtschaft erreicht ihr Lehrstellenziel nicht

Die Lage auf dem Lehrstellenmarkt hat sich zum Ende des Berufsberatungsjahres 1994/95 etwas gebessert. Der diesjährige Ausbildungsjahrgang sei so gut wie untergebracht, teilte die Bundesanstalt für Arbeit mit. In den neuen Bundesländern waren Anfang Oktober nur knapp 1000 Lehrstellen noch nicht besetzt, im vorangegangenen Berufsberatungsjahr (Stichtag: 30. September) waren es noch 1400 gewesen. Allerdings sind diesmal mehr Bewerber unversorgt geblieben. Die Zahl der noch nicht vermittelten Jugendlichen erhöhte sich gegenüber dem Vorjahr von 1500 auf 5600, davon allein 4300 in Sachsen. In Westdeutschland ist die Zahl der freien Stellen gegenüber dem Vorjahr von 52 800 auf 43 200 gesunken, die Zahl der unversorgten Bewerber stieg von 17 500 auf 19 500.

Der Präsident der Bundesanstalt, Bernhard Jagoda, äußerte die Hoffnung, daß auch den Jugendlichen in Sachsen noch geholfen werden könne. Aus dem Sonderprogramm von Bund und ostdeutschen Ländern könnten dort 2000 außerbetriebliche Ausbildungsplätze finanziert werden. In Mecklenburg-Vorpommern, Berlin, Brandenburg, Sachsen-Anhalt und Thüringen — hier wird die sogenannte Gemeinschaftsinitiative Ost von den Arbeitsämtern umgesetzt — sei das Programm im wesentlichen abgewickelt, erklärte Jagoda. Dem Land Sachsen bot er abermals die Hilfe der Arbeitsämter an. Die Gemeinschaftsinitiative Ost wird je zur Hälfte vom Bund und den neuen Ländern getragen. Mit dem Programm in Höhe von 857 (Vorjahr: 784) Millionen DM werden dreieinhalb Jahre lang 14500 (14000) außerbetriebliche Lehrstellen in Ostdeutschland finanziert.

Insgesamt haben sich in den vergangenen zwölf Monaten in den neuen Bundesländern 191700 Jugendliche über die Arbeitsämter um eine betriebliche Ausbildungsstelle bemüht, das sind zwölf Prozent mehr als Ende September 1994. Die Zahl der gemeldeten Stellen erhöhte sich dagegen nur um 6,3 Prozent auf 93000. In Westdeutschland wuchs die Zahl der Bewerber gegenüber dem vorherigen Berufsberatungsjahr um 5 Prozent auf 478000. Gleichzeitig meldeten Betriebe und Verwaltungen 513000 freie Ausbildungsplätze, das ist ein Rückgang um 8,6 Prozent. [...]

(Frankfurter Allgemeine Zeitung v. 10. 10. 1995)

Die Wirtschaft hat ihr Ziel, in diesem Jahr 600000 neue Ausbildungsverträge abzuschließen, verfehlt. Bis zum gesetzlichen Stichtag 30. September seien rund 573000 neue Ausbildungsverträge registriert worden, meldete das Bundesbildungsministerium am Montag. In dieser Zahl sind bereits 12000 Verträge aus dem Sonderprogramm für die ostdeutschen Bundesländer sowie 15000 Verträge aus dem Benachteiligtenprogramm der Nürnberger Bundesanstalt enthalten. Dafür wenden Staat und Arbeitslosenversicherung rund eine Milliarde Mark auf. Bildungsminister Jürgen Rüttgers (CDU) wertete die Bilanz insgesamt dennoch positiv. Der seit Mitte der 80er Jahre anhaltende Rückgang der Zahl der neuen Ausbildungsverträge sei gestoppt. In den alten Ländern sei das Ergebnis des Vorjahres (über 450000 neue Verträge) erneut erreicht worden. In den neuen Ländern hätten die Betriebe nach einem nur geringen Zuwachs im Vorjahr jetzt wieder kräftig zugelegt. Insgesamt gebe es noch rund 50000 offene Stellen bei 25000 nicht vermittelten Jugendlichen.

(Frankfurter Allgemeine Zeitung, Dezember 1995)

M 14 Mehr Studiosi als Azubis

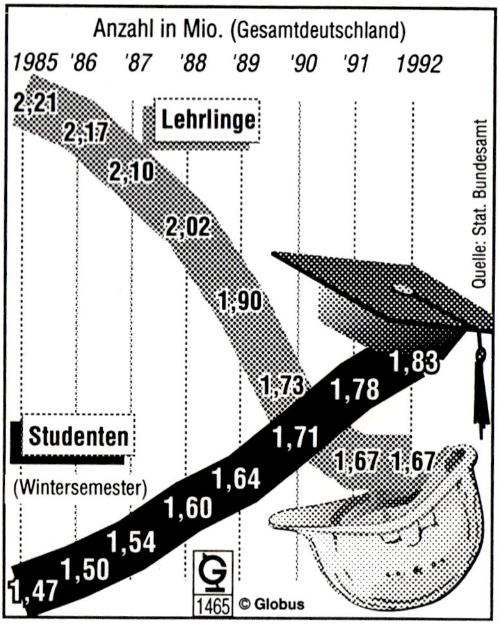

Das Studium gewinnt immer mehr an Attraktivität. 1990 gab es in Westdeutschland erstmals mehr Studenten als „Auszubis". Inzwischen haben bereits 31 Prozent der jungen Leute die Hochschulreife, fast neun Prozent mehr als vor zehn Jahren. Nahezu jeder 5. Lehrling (19,6%) hatte 1990 Abitur (im kaufmännischen Bereich: 27,9%). „Hauptzubringer" für die Berufsausbildung blieb die Realschule (34,4%; Hauptschule: 27,3%).

M 15 „Nicht um jeden Preis Abitur" Unattraktive Facharbeit durch zu große Nachfrage

Der sich abzeichnende Mangel an Facharbeitern hat zu Überlegungen geführt, wie man das Berufsbild der Facharbeiter attraktiver machen kann. Dazu nimmt Prof. Dr. Burkart Lutz, Forschungsdirektor am Institut für sozialwissenschaftliche Forschung (ISF) München, Stellung.

SZ: Die Frage ist also: Wie muß man zukunftsgerecht ausbilden?

Lutz: Man muß verschiedene Dinge tun. Man muß die berufspraktische Ausbildung neu placieren in unserem Bildungssystem. Man muß versuchen, die Bedeutung von Facharbeiterausbildung anzuheben. Das heißt: Man muß die Brücken von der Realschule zur industriellen Lehrwerkstatt, die heute noch sehr dünn sind, ganz stark machen. Doch davon darf man sich keine kurzfristigen Wunder erwarten, denn die Realschule gerät ja selber unter zunehmenden Konkurrenzdruck durchs Gymnasium.

Man muß zweitens die regionalen Verhältnisse sehen. Auf dem Lande draußen, in weniger dichtbesiedelten Gebieten, ist oftmals der Weg zum Gymnasium doch ein Problem. Dort gibt es sicherlich — aber auch das trägt allenfalls noch ein Jahrzehnt — die Möglichkeit, intelligente Hauptschüler für industrielle Ausbildung zu gewinnen. Dazu muß man allerdings rausgehen aus den Ballungsgebieten, wie das eine Reihe von Großbetrieben bereits praktiziert; deren Lehrwerkstätten liegen in den Zweig-

werken, die ursprünglich, vor zwanzig oder dreißig Jahren, nur als „verlängerte Werkbänke" gedacht waren.
Das dritte, und dies ist das Entscheidende: Man muß natürlich die Berufsperspektiven der Facharbeiter verändern.
Man muß zwischen der Facharbeiterposition und dem Ingenieur vielfältige Übergänge schaffen, die qualifizierten und engagierten Fachkräften Aufstiegsmöglichkeiten schaffen.
SZ: Zukünftige Anreize für eine Facharbeiterkarriere werden also sicher nicht nur beim Verdienst ansetzen können.
Lutz: Selbstverständlich. Und hier muß viel mehr experimentiert und ausprobiert werden. In einer marktwirtschaftlichen Gesellschaft, auf die wir alle so stolz sind, die wir gerade groß unseren Brüdern und Schwestern in der DDR als die Lösung aller Probleme anpreisen, in einer Marktwirtschaft gibt es viele Mechanismen, um neue Lösungen auszuprobieren. In diesem für unsere Gesellschaft eigentlich zentralen Bereich, nämlich bei der Erzeugung und Verwendung von Berufsqualifikation, gibt es von marktwirtschaftlichen Experimenten, von Prämien für Innovationen und ähnlichem keine Spur. Hier herrschen eingemauerte, festgefügte Interessenstrukturen. Das muß man anfangen, ein bißchen aufzubrechen.
SZ: Was aber sollen die Jugendlichen von heute tun? Welche Schlußfolgerungen für Ausbildungs- und Berufswahl dürfen und müssen sie ziehen?
Lutz: Für Jugendliche, meine ich, macht es durchaus Sinn, ein bißchen gegen den Strom zu schwimmen. Vielleicht nicht um jeden Preis Gymnasialabitur zu machen, wenn man anfängt, sich zu langweilen, wenn das Gefühl aufkommt, es wird alles schal ...
Wer zum Beispiel aus der 11. Klasse übersteigt, kann innerhalb von knapp drei Jahren eine interessante, gute Industrielehre abschließen, auf der elektrischen Seite oder auf der maschinentechnischen. Dann ist er auch noch nicht viel älter als seine ehemaligen Mitschüler, die jetzt vielleicht eine Warteschleife für ein Numerus-clausus-Fach ziehen müssen.

(Beilage Jugend und Berufswahl zur Süddeutschen Zeitung v. 15. 2. 1990)

❶ Auf dem Ausbildungsmarkt ergab sich etwa seit 1989 eine „Trendwende" vom Lehrstellen- zum Lehrlingsmangel. Erläutere, was damit gemeint ist, und stelle fest, wie viele angebotene Ausbildungsplätze auch 1992 und 1993 noch unbesetzt blieben (M 11 und M 13). Wie hat sich die Situation danach entwickelt?

❷ Vergleiche die Situation in den alten und neuen Bundesländern (M 11, M 13).

❸ Erkläre, warum sich in den letzten Jahren in Westdeutschland weniger Schulabgänger um eine Lehrstelle bewarben, warum aber seit 1993 auch die Unternehmen deutlich weniger Lehrstellen anboten (M 13, M 14).

❹ Schon in M 11 wird auf ein Problem hingewiesen, das immer wichtiger zu werden scheint (Stichwort: Facharbeitermangel). Erläutere anhand von M 15, worum es geht. Nehmt Stellung zu den Vorschlägen von Prof. Lutz (M 15), wie man dem Problem abhelfen könnte. Wie seht ihr selbst die Situation?

M 16

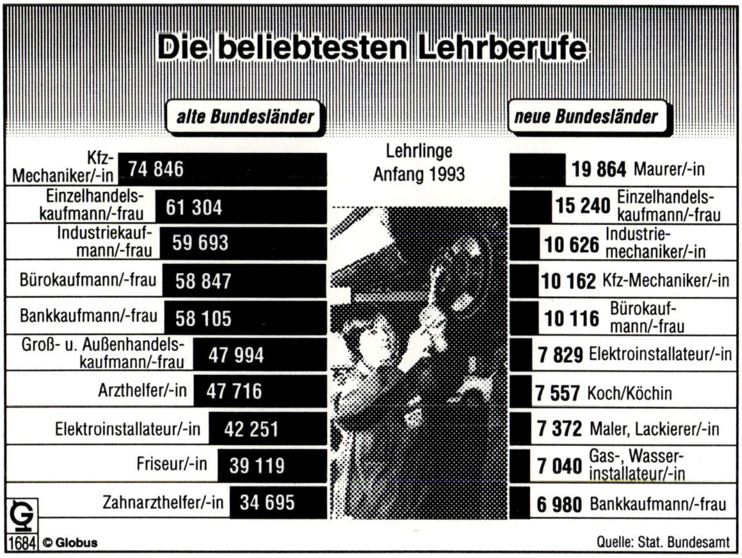

M 17

Berufswelt im Wandel

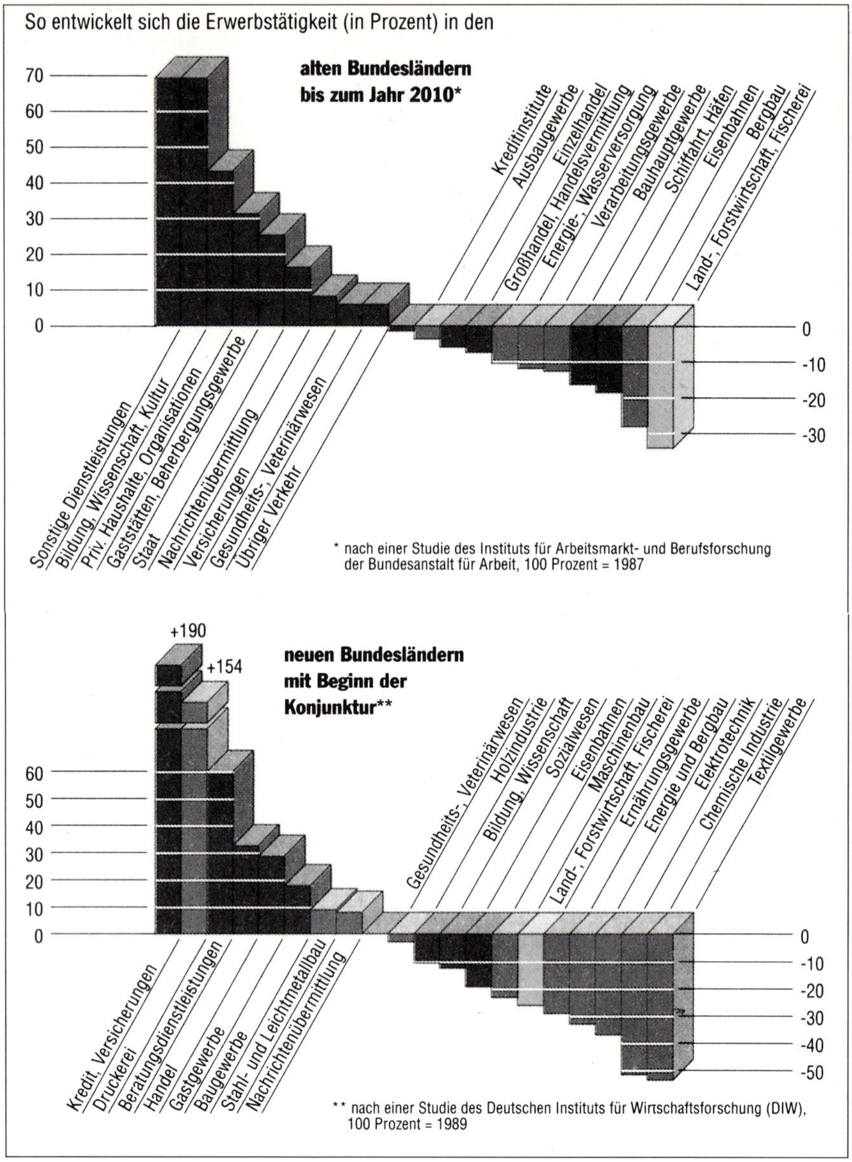

(perspektiven '92 — Das Abiturienten-Magazin der Kaufmännischen Krankenkasse — KKH — 1-91/92, S. 8)

M 18 **Was beim Berufsstart zählt**

Außerfachliche Qualifikation wie Zuverlässigkeit und Leistungsbereitschaft rangieren bei der Unternehmensentscheidung zur Übernahme von Auszubildenden und im Vorstellungsgespräch bei externen Bewerbern ganz oben. Die klassischen Tugenden wie Pünktlichkeit und Ordnungsliebe sind nicht mehr ganz so wichtig.

Jugendliche, die über eine abgeschlossene Erst-Ausbildung verfügen und sich um einen Arbeitsplatz bewerben, sind gegenüber formal höherqualifizierten Bewerbern durchaus konkurrenzfähig. Das liegt nicht zuletzt an der hohen Wertschätzung der dualen Berufsausbildung in den Unternehmen.

Bei der Entscheidung, einen Auszubildenden nach Abschluß der Lehre zu übernehmen, achten die Betriebe sowohl auf die fachliche Leistung als auch auf das persönliche Verhalten des Auszubildenden.

- *Fast 44 Prozent der Ausbildungsbetriebe im IHK- und Handwerksbereich beurteilen die fachlichen und außerfachlichen Qualifikationen gleichgewichtig.*

Arbeitstugenden oder soziale Qualifikationen beleuchten weniger den fachlichen, sondern vielmehr den Persönlichkeitsbereich (Graphik).

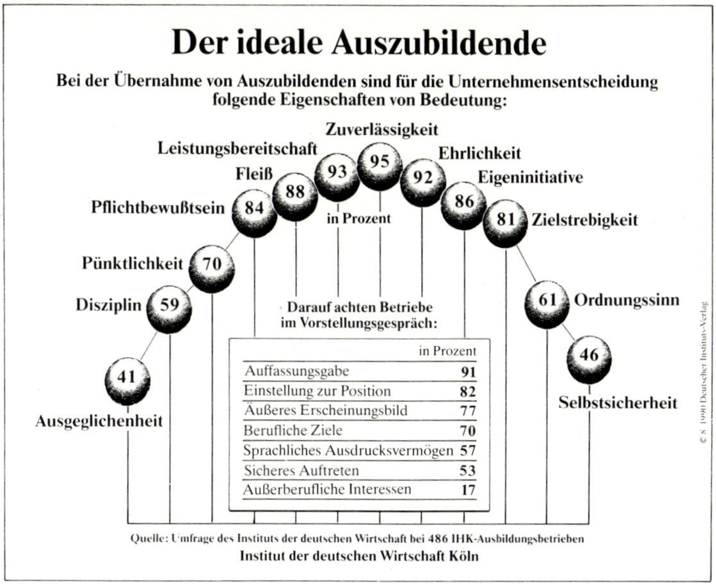

(© 8/1990 Deutscher Instituts-Verlag)

• *Der ideale Auszubildende ist zuverlässig, bereit zur Leistung, ehrlich und fleißig, er zeigt Initiative und Pflichtbewußtsein.*

Weniger gefragt sind eher klassische Tugenden wie Pünktlichkeit und Ordnungssinn oder Disziplin. Die geringste Bedeutung für die Betriebe haben Eigenschaften wie Selbstsicherheit und Ausgeglichenheit.

Zuverlässigkeit wurde von allen Handwerksbetrieben als wichtigste Arbeitstugend eingestuft. Gleichfalls wichtig sind hier Ehrlichkeit (99,5 Prozent) und Fleiß (95,7 Prozent).

Bei externen Bewerbern werden zusätzliche Kriterien angelegt:

• Bei diesen Bewerbungen achten im IHK-Bereich die Unternehmen vornehmlich auf vollständige, optisch ansprechende Unterlagen, gute Rechtschreibung und klaren schriftlichen Ausdruck sowie auf die Abschlußnote der Ausbildung.

• In Handwerksbetrieben wird das Hauptaugenmerk auf vollständige Unterlagen gelegt, gefolgt von der Abschlußnote der Ausbildung. Da hier manuelle Tätigkeiten überwiegen, wird auf Rechtschreibung und sprachliches Ausdrucksvermögen weniger Wert gelegt.

Hat der Bewerber die erste Hürde des Bewerbungsverfahrens genommen, kann er sich auf folgende Anforderungen einstellen (Graphik):

• *Nach Ansicht der Mehrheit der Betriebe ist die Auffassungsgabe, die der Bewerber beim Vorstellungsgespräch an den Tag legt, von entscheidender Bedeutung. Dabei wird erwartet, daß er sich bereits Gedanken über seine potentielle Position und die daran geknüpften Erwartungen gemacht hat.*

Externe Bewerber müssen die gleichen Arbeitstugenden bringen, wie sie für die eigenen Auszubildenden gefordert werden. In der Probezeit kann der Bewerber zeigen, ob er die als wichtig bewerteten Arbeitstugenden besitzt. Einen ersten persönlichen Eindruck gewinnen die Unternehmen im Vorstellungsgespräch. Etwa ein Drittel der Betriebe stützt sich auf die in den Bewerbungsunterlagen erkennbaren Persönlichkeitsmerkmale. Graphologische Gutachten und psychologische Tests wenden nur wenige Betriebe an.

Gefragt nach künftig entscheidenden Qualifikationen, äußerten sich die IHK-Betriebe wie folgt:

• *Für kaufmännische Berufe* gilt, daß im fachlichen Bereich die Beherrschung von EDV-Kenntnissen künftig unabdingbar ist. Gefordert sind aber auch außerfachliche Qualifikationen wie logisches Denken, Analysefähigkeit oder Motivation.

• *In gewerblich-technischen Berufen* sind insbesondere fachliche Qualifikationen und Kenntnisse in EDV, CNC, CAD und Elektronik von Bedeutung. Außerfachliche haben eine eher nachrangige Bedeutung.

Demgegenüber ist im Handwerk die Fähigkeit, mit neuen Technologien umzugehen, weniger bedeutsam. Grund: Die Qualität der Arbeit wird dort weniger vom Technikeinsatz als vom Menschen selbst gesteuert.

(Marion Huchtermann, in: iwd Nr. 8 vom 22. 2. 1990)

❶ Analysiert die beiden Übersichten M 16 und M 17, und versucht, ansatzweise die Unterschiede zwischen den alten und neuen Bundesländern zu erklären. Wie sieht es mit den „Lehrstellen-Hits" im Hinblick auf die in M 17 vorhergesagte Entwicklung aus?

❷ M 31 informiert über die Kriterien der Betriebe, wenn sie Auszubildende übernehmen oder neue Mitarbeiter/innen einstellen. Welche Anforderungen stehen ganz „oben"? Worauf wird weniger Wert gelegt?

„Die Zukunft gehört den Qualifizierten"

M 20

Erwerbstätigkeit: Immer mehr Dienstleister

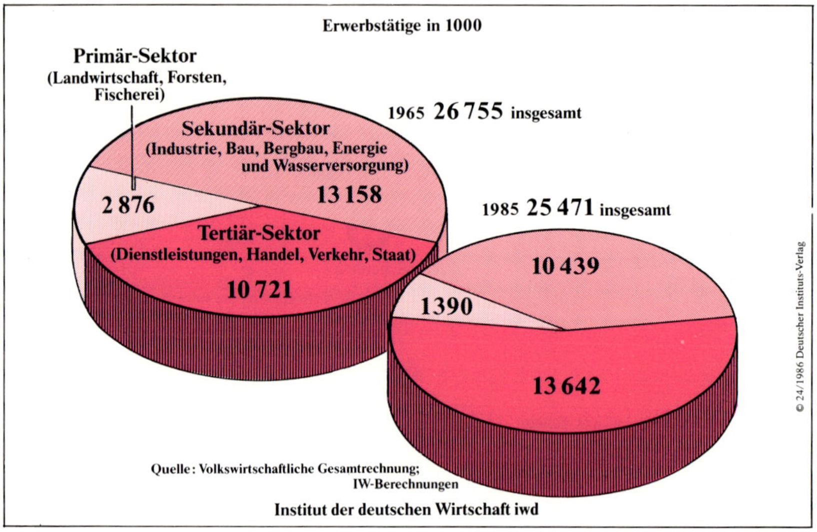

(Institut der deutschen Wirtschaft, 24/1986, S. 5)

M 21 Arbeitsmarkt: Vorteil für Qualifizierte

Tatsache ist, daß eine Lehre — egal in welchem Beruf — auf jeden Fall Vorteile bringt. Aus drei Gründen:

1. Eine betriebliche Ausbildung ist nach wie vor der beste Schutz vor Arbeitslosigkeit. Denn die Arbeitslosenquote von Facharbeitern, die eine Berufsausbildung absolviert haben, ist mit 7,1% deutlich niedriger als die Arbeitslosenquote der Nichtfacharbeiter und Ungelernten insgesamt (15,1%).

2. Ausgebildete Arbeitslose finden erfahrungsgemäß leichter und schneller einen Arbeitsplatz als Ungelernte. Die Fachleute der Arbeitsverwaltung schätzen, daß arbeitslose Jugendliche im Alter von bis zu 25 Jahren mit einer abgeschlossenen Ausbildung nach durchschnittlich etwa drei Monaten eine neue Stelle finden. Im Durchschnitt dieser Altersgruppe — einschließlich Ungelernter sowie schulisch und an Hochschulen Ausgebildeter — dauert es jedoch fast fünf Monate.

3. Eine abgeschlossene Ausbildung erleichtert das Zurechtfinden und Umlernen auch in einer fremden Beschäftigung. Befragungen des Bundesinstituts für Berufsbildung ergaben, daß viele, die in ihrem erlernten Ausbildungsberuf keinen Arbeitsplatz fanden, einen Teil des Erlernten in verwandten Berufen einsetzen konnten.

(iwd Nr. 41 v. 8. 10. 1987, S. 7)

M 22 Gute Schulbildung schützt vor Arbeitslosigkeit

Eine gute schulische Vorbildung bleibt ein Schutz gegen drohende Arbeitslosigkeit. In einer Längsschnittuntersuchung*, die das Institut für Arbeitsmarkt- und Berufsforschung in Nürnberg unter jungen Erwachsenen im Alter von 23 und 24 Jahren 1985 vorgenommen und jetzt veröffentlicht hat, bestätigte sich erneut, daß sowohl die Schulbildung wie auch die Qualität der beruflichen Erstausbildung neben den regionalen Arbeitsmöglichkeiten die entscheidenden Faktoren dafür sind, wer von Arbeitslosigkeit betroffen wird.

Wer 1961 geboren wurde, gehört zu einem der ersten sogenannten geburtenstarken Jahrgänge. Zwei von fünf der jetzt im Erwerbsleben Stehenden, das sind 42 Prozent, waren schon mindestens einmal erwerbslos. Damit ist diese Personengruppe stärker von Arbeitslosigkeit betroffen als ältere Personen, stellt die Studie fest. Das Risiko erhöht sich, wenn Defizite bei der Ausbildung hinzukommen: Fast jeder zweite aus der untersuchten Gruppe, der zuletzt eine Schule für Lernbehinderte oder eine Hauptschule ohne Abschluß besucht hat, über keine abgeschlossene Berufsausbildung verfügt und in einer Region mit einer ungünstigen Arbeitsmarktsituation wohnt, war zum Befragungszeitpunkt arbeitslos. Von den Gleichaltrigen, die zumindest den Hauptschulabschluß besitzen und einen

günstigeren regionalen Arbeitsmarkt vorfanden, waren dagegen nur 5 Prozent arbeitslos. Bedeutung besitzen auch die Schulnoten: Insbesondere eine gute Mathematiknote werde bei Personalentscheidungen als Bonus gewertet.
Die Ergebnisse der Untersuchung von Hermine Kraft und Heinz Stegman sind veröffentlicht in den „Materialien aus der Arbeitsmarkt- und Berufsforschung" Heft 8/1988 und können bei der Bundesanstalt für Arbeit bezogen werden. ank

(Frankfurter Allgemeine Zeitung 16. 4. 1989)

M 23 a

Immer weniger Ungelernte

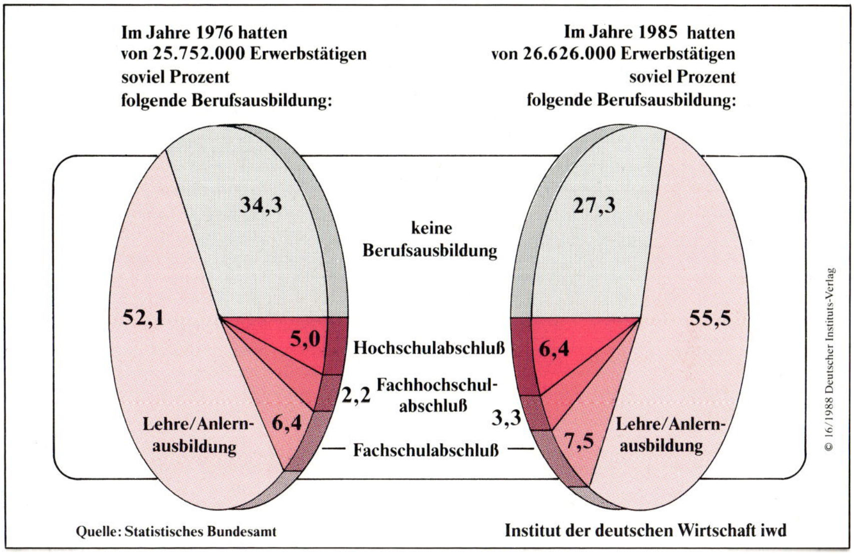

M 23 b **Die Qualifikationsstruktur der Arbeitsplätze — 1982 und 2000**[1]

Qualifikationsniveau	Anteile in Prozent 1982	2000	Arbeitsplatzgewinn (+) bzw. -verlust (—) in Tausend
ohne Ausbildungsabschluß	32,0	19,8	−3172
betriebliche Ausbildung, Berufsfachschule	52,9	58,7	+1315
Fachschulabschluß	6,6	6,7	+ 23
Hochschul- u. Fachhochschulabschluß	8,5	14,8	+1552
Insgesamt	100,0	100,0	− 282

[1] Grundlage: mittlere Variante des Wirtschaftswachstums (+ 2,5 Prozent pro Jahr), tätigkeitsspezifischer Trend der Qualifikations-Struktur. Quelle: IAB-Prognos Projektion

(Uni Berufswahlmagazin Sonderheft 87/88, S. 5)

❶ In M 20 ist eine bestimmte Entwicklung der Erwerbstätigenzahlen in den drei Wirtschaftssektoren* erkennbar. Beschreibe diese Tendenz, und rechne die absoluten Zahlen in Prozentzahlen um. — Vorausberechnungen (Projektionen) haben für das Jahr 2000 folgende Verteilung ergeben: 4,3% (prim. S.), 38% (sek. S.), 57,7% (tert. S.). Bedeutet das eine Fortsetzung der beschriebenen Tendenz?

❷ Erläutere mit Hilfe von M 21 und M 22 die Gründe für eine qualifizierte Ausbildung. Was läßt sich über die Beziehungen zwischen fehlender Berufsausbildung und Arbeitslosigkeit sagen?

❸ Analysiere die statistischen Daten M 23 a/b und zeige auf, welche Entwicklung sich abzeichnet. Zeichne anhand der Zahlen aus beiden Übersichten (also für 1976, 1982, 1985 und 2000) ein Säulendiagramm. Jede der 4 Säulen müßte in 4 Abschnitte unterteilt werden (Hochschul- und Fachhochschulabschluß wie in M 23 b zusammengefaßt).

M 24 Anhang: Die Suche nach dem Traumberuf

Viele von euch haben sicherlich einen Beruf vor Augen, den sie besonders gerne ergreifen würden. Häufig stellt man sich den Wunsch- oder Traumberuf in den schönsten Farben vor. Es fehlen oftmals konkrete und realistische Vorstellungen. Wir weisen im folgenden auf Materialien hin, die ihr leicht im Unterricht erarbeiten könnt, so daß die Berufsorientierung und die Berufswahl leichter fallen.

a) Wie entwickeln sich die Berufswünsche?
Die Deutsche Bank hat über viele Jahre hinweg Gespräche mit zahlreichen Jugendlichen und jungen Erwachsenen geführt, aufgezeichnet und veröffentlicht. In diesen Diskussionen mit Experten werden einige typische Probleme der Berufsorientierung deutlich. Eine interessante und informative Lektüre:

Jugend und Beruf, Gespräche mit jungen Menschen, Ausgabe 1989 (erhältlich in allen Filialen der Deutschen Bank)

b) Welche Schritte solltest du tun, um eine fundierte Berufswahl treffen zu können?
Hier muß die kostenlos (beim Arbeitsamt) erhältliche Broschüre der Bundesanstalt für Arbeit in Nürnberg „Mach's richtig" hervorgehoben werden. In einer sehr anschaulichen und einprägsamen Weise werden alle Probleme der Berufswahl angeboten. Dieses Heft wird jährlich aktualisiert.

c) Bewerbung — Einstellungstest — Vorstellungsgespräch
In den beiden Büchern „Testtraining für Ausbildungsplatzsucher" und „Keine Angst vor Einstellungstests" werden die oben genannten Probleme genau beschrieben und kritisch hinterfragt. Die kritische Aufarbeitung bedeutet keineswegs, daß konkrete Hilfen zu kurz kommen. Leider sind beide Bücher recht umfangreich:
Hesse/Schrader, Testtraining für Ausbildungsplatzsucher, Frankfurt/M. 1986
Christa Titze, Keine Angst vor Einstellungstests. Ein Ratgeber für Bewerber, Falken-Verlag, Niedernhausen 1986
Etwas weniger kritisch, aber sehr informativ und übersichtlich sind die Mappen der Deutschen Bank. Sie informieren umfassend über alle Probleme der Berufswahl und des Berufseintritts und enthalten Hinweise auf alle weiteren, für Schüler geeigneten Veröffentlichungen. Besonders wichtig sind die Materialien zum Ausbildungsvertrag und zum Arbeitsplatz:
extra infos für Realschüler/Mittlere Bildungsabschlüsse,
extra infos für Abiturienten und Fachoberschüler, Hrsg. Deutsche Bank, Frankfurt/Main (für eine Schutzgebühr von 5,– DM erhältlich in den Filialen)

d) Allgemeine Informationen
Reichhaltige und gut aufbereitete Informationen zu allen für Jugendliche wichtigen Aspekten aus den Bereichen Ausbildung und Arbeit enthalten die folgenden drei Taschenbücher, die man kostenlos beziehen kann:
— Wie geht's? Informationen für junge Leute. Hrsg. vom Bundesminister für Arbeit und Soziales — Referat Presse und Information, Postfach, 5300 Bonn
— Politik für junge Leute und
— Politik für Arbeitnehmer. Hrsg. vom Presse- und Informationsamt der Bundesregierung. Welckerstraße 11, 5300 Bonn

(Floren u. a.: Politik 3. Paderborn 1988, S. 73)

Berufsinformationszentren in Niedersachsen

3300 Braunschweig, Cyriaksring 10, Tel. (0531) 807-446
3400 Göttingen, Groner-Tor-Str. 22, Tel. (0551) 402-1
3380 Goslar, Robert-Koch-Str. 11, Tel. (05321) 557201
3250 Hameln 1, Süntelstr. 6, Tel. (05151) 2080
3000 Hannover, Brühlstr. Eingang Escherstr. 17, Tel. (0511) 107-2199
2950 Leer, Heisfelder Str. 2, Tel. (0491) 801-1
3070 Nienburg, Verdener Str. 21, Tel. (05021) 807-319
4460 Nordhorn, Kokenmühlenstr., Tel. (05921) 173309
2900 Oldenburg, Raiffeisenstr. 27, Tel. (0441) 228-408
4500 Osnabrück, Johannistorwall 56, Eingang Spindelstr., Tel. (0541) 811-0
2160 Stade, Salztors-Contrescarpe 9, Tel. (04141) 106233
3110 Uelzen 1, Lüneburger Str. 72, Tel. (0581) 8800
2848 Vechta, Kronenstr. 5, Tel. (04441) 889222
2940 Wilhelmshaven, Mitscherlichstr. 47, Tel. (04421) 298-346
3180 Wolfsburg 1, Kleistr. 26, Tel. (05361) 205-0

Zur Sicherung des Grundwissens

Nach der Erarbeitung von Kapitel 11 solltet ihr
- *die Bedeutung der Arbeit für den einzelnen in einigen Aspekten erläutern können (M 1 d/e);*
- *die wichtigsten Ausbildungsmöglichkeiten nach dem Abschluß der Sekundarstufe I beschreiben können (M 4);*
- *die Entwicklung am Ausbildungsstellenmarkt seit etwa 1975 kurz skizzieren und ihre in der Bevölkerungsentwicklung liegenden Ursachen angeben können (M 12, M 9);*
- *erklären können, was man unter „Veränderung der Wirtschaftsstruktur" versteht, und einige Berufe nennen können, die davon negativ und positiv betroffen sind (M 18, M 19, M 20);*
- *erklären können, inwiefern im Hinblick auf die zukünftige wirtschaftliche Entwicklung eine gute Schul- und Berufsausbildung immer wichtiger wird (M 21/22, M 23 b).*

12 Bürger engagieren sich für den Schutz unserer gefährdeten Umwelt

Die Diskussion um Umweltschutz und Umweltpolitik entwickelt sich mit einer Geschwindigkeit, die es unmöglich macht, darüber in einem Schulbuch einen vollständigen und aktuellen Überblick zu geben. Wissenschaft und Politik arbeiten ständig an Vorschlägen zur Vermeidung und Beseitigung von Umweltschäden. Gleichzeitig kommen immer wieder neue Probleme zu den bereits bekannten hinzu.
Aus diesem Grunde wird in diesem Kapitel auch nicht versucht, das große Feld des Umweltschutzes vollständig zu erfassen. Ihr findet jedoch einige grundlegende Informationen, die für alle Bereiche von Bedeutung sind.
Aus der Vielzahl umweltpolitischer Themen werden hier exemplarisch die Gefahren für unser Wasser, die Verkehrspolitik sowie die Arbeit der Ökologiebewegung (hier zum Problem Waldsterben) herausgegriffen.
Auch wenn das Kapitel dazu ausführliche Materialien enthält, wird es für euch sicherlich hilfreich sein, wenn ihr zusätzlich aktuelle Informationen sammelt.

Umweltprobleme

M 1 Raumschiff Erde

Wir können uns die Erde als ein riesiges Raumschiff vorstellen, das mit rd. 5 Milliarden Menschen an Bord durch das Weltall rast. Die Steuerungssysteme des Raumschiffes sind nicht auf Rückkehr programmiert. Die Verbindung zum Heimatplaneten ist abgebrochen. Zum Überleben müssen Besatzung und Passagiere des Raumschiffes mit den vorhandenen Bordvorräten an Nahrung, Wasser, Sauerstoff, Energie usw. auskommen. Eine Auffüllung neuer Vorräte ist unmöglich.
Zu Beginn der Reise schienen die Vorräte unabsehbare Zeit auszureichen. Inzwischen haben sie sich jedoch erheblich vermindert und sind dabei, weiterhin sprunghaft abzunehmen, da sich die Menschen an Bord rapide vermehren. Zum Teil werden die Vorräte auch durch Abfälle und sonstige Schadstoffe für die Raumschiffmitglieder unverwertbar. Überhaupt machen Abfall- und Schadstoffmengen das Zusammenleben im Raumschiff immer schwieriger; denn diese Stoffe müssen an Bord untergebracht werden und führen mit der wachsenden Zahl von Menschen zu zunehmendem Unrat im Raumschiff. Klima- und Ventilationsanlagen arbeiten wegen der Verschmutzung nicht mehr richtig. Die Luft zum Atmen wird knapp. Einige Mitglieder des Raumschiffes geraten in Panik und prophezeien einen baldigen Tod durch Ersticken, Verdursten, Verhungern oder Erfrieren. Andere beuten immer stärker die zu Ende gehenden Vorräte aus, schlagen Warnungen in den Wind und vertrauen darauf, daß ihnen schon „irgend etwas" zur Rettung in letzter Stunde einfallen wird. Getan wird von den Raumschiffmitgliedern wenig oder gar nichts, obwohl drastische Entscheidungen notwendig wären.
Nun — es mag der Phantasie des einzelnen überlassen bleiben, sich das weitere Geschehen an Bord des Raumschiffs Erde auszumalen.

(Günter Hartkopf, Eberhard Bohne, Umweltpolitik. Grundlagen, Analysen, Perspektiven. Westdeutscher Verlag, Opladen 1983, S. 1)

M 2

„Ja, laßt uns etwas dagegen unternehmen!"

(Zeichnung: Fritz Behrendt, in: Der Tagesspiegel)

❶ Erläutere das Bild vom „Raumschiff Erde" und erkläre, auf welche umweltpolitischen Probleme angespielt wird (M 1).

❷ Beschreibe die Karikatur M 2 genau, und erläutere, was der Zeichner mit ihr deutlich machen will.

❸ Betrachte die Abbildung M 3 genau, und zeige, wo welche Umweltprobleme auftreten. Überlege, von welchen Punkten auch dein Wohnort betroffen ist. Sammle Zeitungsausschnitte und andere Informationen dazu.

❹ Die Abbildung bezieht sich besonders auf die Umweltprobleme von Städten. Inwieweit unterscheiden sie sich von der Situation im ländlichen Raum?

M 3 Umweltprobleme unserer Städte

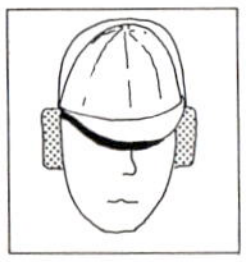

Lärmbelastung

1 Straßen- und Schienenverkehrslärm
2 Industrie- und Gewerbelärm
3 Fluglärm
4 Freizeitlärm

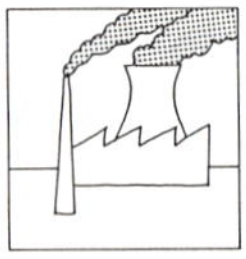

Luftverunreinigung

5 Luftvorbelastung aufgrund weit entfernter Schadstoffquellen
6 Luftbelastung durch Hausbrand, Industrie und Gewerbe, Kraftwerke, Müllverbrennungsanlagen u. a.
7 Luftbelastung durch Abgase des motor. Straßenverkehrs
8 Überwärmung der Luft durch Kraftwerke, Industriebetriebe, Hausfeuerungen u. a.
9 Behinderung des Luftaustausches durch Verbau von „Frischluftschneisen"
10 Smog-Bildung bei Inversions-Wetterlagen

Schädigung von Natur u. Landschaft

11 Vernichtung ökologisch empfindl. Standorte
12 Freiflächen durch Zersiedlung
13 Landschaftsschäden durch Gesteinsabbau
14 Aufschüttung von Materialhalden (Schadstoffeinsickerungen u. a.)
15 Landschaftszerstörung durch großflächige Verkehrsbauten, Überlandleitungen u. a.
16 Massiver Einsatz von Pflanzenschutzmitteln i. d. Landwirtschaft

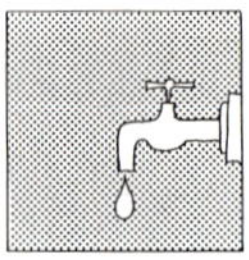

Gefährdung der Wasserversorgung

17 Grundwasserabsenkungen, mangelnde Infiltration infolge Überbauung und Flächenversiegelung
18 Grundwasserabsenkungen durch Flußbegradigung
19 Schadstoffeinsickerung in das Grundwasser
20 Schadstoffbelastetes Uferfiltrat
21 Grund- und Oberflächengewässer-Verunreinigung durch Ölunfälle u. a.

Abwasserbeseitigung

22 Verschmutzung der Gewässer durch unzureichende Reinigung der kommun. Abwässer

23 Einleitung umweltgefährdender Stoffe durch Gewerbe und Industrie in kommunale Kanalisation und Kläranlage

24 Verunreinigung der Oberflächengewässer durch direkte Abwassereinleitungen aus Industriebetrieben

Abfallbeseitigung

25 Wachsende Abfallmengen: Energieverbrauch und Emissionen durch aufwendige Sammlung und Transport

26 Beanspruchung und Belastung von Flächen für die Ablagerung von Abfällen

27 Boden- und Grundwassergefährdung durch Emissionen von Altablagerungen

28 Wachsende Umweltbelastung durch neue Stoffgemische in Produktion und Konsum (u. a. Chemisierung des Haushalts)

(Aus: Umweltschutz in Niedersachsen. Kurzbericht. Hrsg. v. der Niedersächsischen Landesregierung, Ministerium für Bundesangelegenheiten, Hannover, Mai 1985, S. 33)

Wasser schonen und schützen

M 4 Nordsee südlich von Helgoland mit Öl verunreinigt

Hamburg, 10. Februar (dpa). Ein finnisches Motorschiff hat die Nordsee im Bereich der Deutschen Bucht südlich der Insel Helgoland in „gravierendem Ausmaß" mit Öl verschmutzt. Nach Mitteilung des Grenzschutzkommandos Küste in Bad Bramstedt (Kreis Segeberg) vom Freitag konnte die Besatzung eines Hubschraubers der Grenzschutzfliegerstaffel Küste das Schiff am Donnerstag als Verursacher für eine Gewässerverunreinigung in der Größenordnung von sechs Seemeilen mal 50 Meter (561600 Quadratmeter) ausmachen. Die Grenzschützer fertigten Videoaufnahmen an und zogen Wasserproben. Sie wurden für die weiteren Ermittlungen an die Wasserschutzpolizei Bremen abgegeben.

(Frankfurter Allgemeine Zeitung, 11. 2. 1989)

M 5

Als Kavaliersdelikt wird Müll im Meer nicht empfunden: Ein Schiff versucht den öligen Dreck aus der See zu holen.

(Foto: Deutsche Forschungs- und Versuchsanstalt für Luft- und Raumfahrt e.V.)

Meeres-Verschmutzung

Wie ernst dieses Thema ist, wurde in den letzten Jahren mehrmals durch Unfälle von Tankschiffen deutlich, bei denen größere Mengen Öl ausliefen. Doch nicht nur die spektakulären Tankerunfälle sind es, die die Meere gefährden, sondern auch die vielen „kleinen Verunreinigungen" wie zum Beispiel das Abpumpen von Bilgewasser* der Handelsschiffe und ähnliche „Nebensächlichkeiten". Galt noch vor einigen Jahren das Überschreiten der zulässigen Grenzwerte als Kavaliersdelikt, so werden nun derartige Verstöße mit Gesetzeshärte verfolgt und Strafen ausgesprochen.
Zur Zeit patroullieren an der deutschen Nord- und Ostseeküste regelmäßig zwei Flugzeuge der Marine. Sie sind vollgestopft mit Elektronik und konnten bereits etliche Ölsünder überführen. Inzwischen gibt es noch bessere Geräte, die wesentlich empfindlicher sind und einen größeren Abbildungsbereich (etwa 100 Kilometer) besitzen. Berücksichtigt man die inzwischen verfeinerten Methoden der Umweltsünder, um lästige Abfälle wie etwa Bilgenwasser loszuwerden, wird klar, daß die Methoden zum Aufspüren ständig weiter verbessert werden müssen. Ganz wichtig geworden ist das Vorgehen gegen chemische Verschmutzungen. Öl, so grotesk dies auch klingen mag, ist im Vergleich zu manch anderen Stoffen, die ins Meer eingeleitet werden, noch relativ harmlos. [...] Weder eine fundierte Analyse der Verschmutzung noch eine perfekte Überwachung der gefährdeten Zonen, ja selbst die Bestrafung einzelner Umweltsünder können das Grundübel an der Wurzel packen. Nur mit einer Änderung des menschlichen Verhaltens ist die Verwandlung der Meere in Kloaken noch aufzuhalten.

(Frankfurter Allgemeine Zeitung, 31. 1. 1989)

Schiffsmüll nach Niedersachsen statt in die Nordsee

Seit Anfang 1989 nimmt das Land Niedersachsen kostenlos Müll und Fäkalien von Schiffen an, die seine Häfen anlaufen. Dies ist eine Reaktion auf die Sperrung von Badestränden wegen Verseuchung des Nordseewassers mit Salmonellen im Sommer 1988. Das Auftreten der Salmonellen wurde darauf zurückgeführt, daß Fahrgastschiffe Fäkalien direkt ins Meer leiteten. Über das ostfriesische Wattenmeer werden jährlich rd. 2,9 Mio. Schiffspassagiere befördert.

(Lexikon-Aktuell 90, Dortmund 1989, S. 314)

M 6

Was die Nordsee schlucken muß

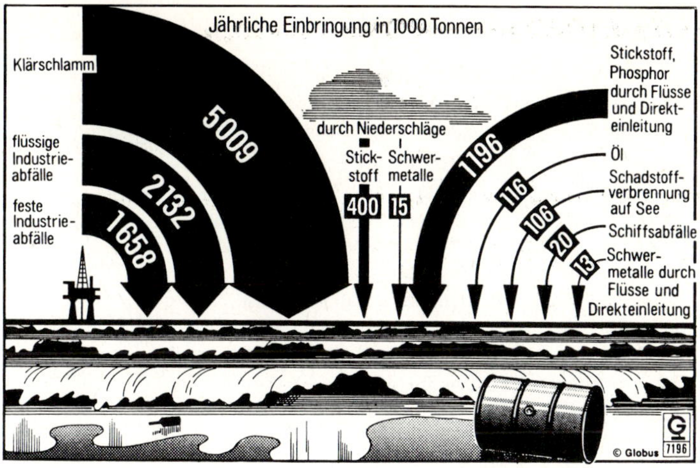

❶ In M 4—6 findest du Berichte und Informationen zur Verschmutzung der Nordsee. Stelle zusammen, welche Ursachen genannt werden.

❷ Suche Vergleichszahlen, die die Zahlenangaben aus M 6 anschaulich machen.

❸ Überlege, aus welchen Motiven heraus die Meeresverschmutzung verursacht bzw. in Kauf genommen wird. Was bedeutet dies für Maßnahmen, deren Ziel eine Beendigung des gegenwärtigen Zustandes ist? Wie könnte man möglichst erfolgversprechend vorgehen?
Stelle mögliche Maßnahmen zusammen, und überlege, welche Probleme bei der Verwirklichung zu erwarten sind.

M 8 **Der Zustand unserer Flüsse**

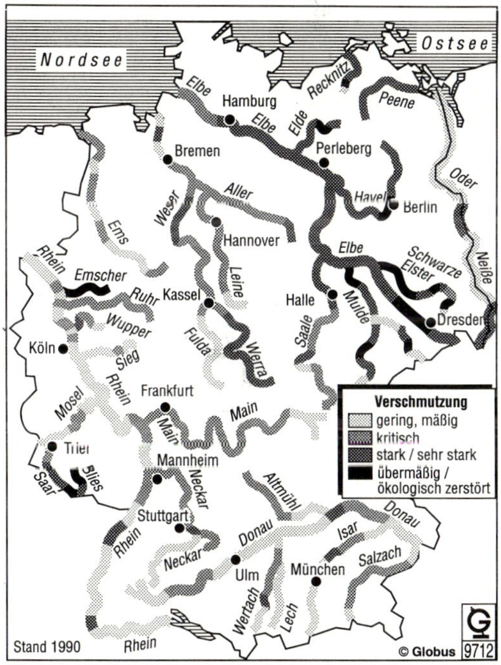

M 7 **Die Werra — ein Salzwasserfluß**

Im vergangenen Jahr hat die Salzbelastung von Werra und Weser eine Größenordnung von 14 Millionen Tonnen erreicht — eine Menge, die 15000 Güterzüge mit je 50 Wagen füllen würde. 90 Prozent der Salzfracht stammen aus den Kalibetrieben der DDR.

Nach den Beobachtungen des niedersächsischen Sportfischerverbandes weisen mehr als die Hälfte der gefangenen Fische Geschwüre auf, die auf Kalium zurückgeführt werden. Kalium gilt in Konzentrationen von mehr als 100 Milligramm pro Liter als Zellgift, das zu Stoffwechselstörungen führt. Offene Geschwüre sind daher meist die äußeren Anzeichen schwerer Fischerkrankungen. Oft führen sie zu Lähmungen, die Fische verenden qualvoll am Boden der Gewässer.

Die Salzbelastung von Werra und Weser stellt zahlreiche Anstrengungen auf dem Gebiet der Gewässerreinhaltung in Frage. Gelingt es nicht, der Versalzung Herr zu werden, so sind Investitionen in Milliardenhöhe für den Gewässerschutz nutzlos.

(Frankfurter Allgemeine, 17. 2. 1988)

M 9 Die Verschmutzung des Trinkwassers nimmt zu

Zu viele Schwermetalle, Nitrate, Pestizide / Von Carl Graf Hohenthal

Bonn, 21. November. Die deutschen Wasserversorgungs-Unternehmen befinden sich in einem Dilemma. Einerseits werden immer höhere Anforderungen an die Qualität des Trinkwassers gestellt, andererseits nimmt die Belastung der Gewässer mit schädlichen Stoffen immer weiter zu. Das stellt die rund 6300 Unternehmen der öffentlichen Wasserwirtschaft, die etwa 98 Prozent der Bevölkerung in der Bundesrepublik Deutschland versorgen, vor wachsende Schwierigkeiten. Dabei gibt es nirgendwo in Mitteleuropa soviel Wasser wie in der Bundesrepublik Deutschland. Als Grund- und Quellwasser, in Flüssen und Seen stehen etwa 92 Milliarden Kubikmeter des Stoffes zur Verfügung, ohne den Leben auf der Erde nicht sein kann. Davon fließen 64 Milliarden Kubikmeter oberirdisch, 28 Milliarden Kubikmeter unterirdisch ab. Dieses Grundwasser liefert mehr als 70 Prozent des Trinkwassers, von dem Haushalte und Industrie etwa fünf Milliarden Kubikmeter pro Jahr verbrauchen. Es ist also genügend Wasser da.

Ernste Sorgen bereitet allerdings der Zustand dieses Wassers. Seen und Flüsse werden von Industrie und Haushalten verschmutzt; vor allem die Schwermetalle tragen erheblich zu der zunehmenden Belastung bei. Für besonders problematisch erachtet die Wasserwirtschaft jedoch die immer stärkere Belastung des Grundwassers durch Nitrate und Pestizide, wie sie in der Landwirtschaft verwendet werden. In den vergangenen zehn Jahren nahm der Verbrauch von Pflanzenschutzmitteln in der Bundesrepublik Deutschland um 60 Prozent zu. Insgesamt 30 000 Tonnen rund 300 verschiedener Wirkstoffe setzt die chemische Industrie pro Jahr ab. Das bedeutet eine durchschnittliche Belastung der landwirtschaftlichen Nutzfläche mit 2,6 Kilogramm je Hektar. Manche Stoffe zersetzen sich schnell, andere brauchen dazu Monate. Zu den hartnäckigsten Stoffen gehören die Herbizide Atrazin und Simazin, deren Zerfall auf dem Ackerboden mehr als ein Jahr dauern kann. Allein 3000 Tonnen Atrazin werden pro Jahr auf westdeutschen Feldern versprüht. Die Folgen lassen nicht auf sich warten: Immer mehr Pflanzenschutzmittel werden im Trinkwasser gefunden. [...] „Die Lage ist sehr ernst", hört man beim BGW (Bundesverband der deutschen Gas- und Wasserwirtschaft), da ein Ende der Giftwelle nicht abzusehen sei. Die Wasserwerke fordern vor allem, dem Verursacherprinzip wieder zur Geltung zu verhelfen. Die Landwirtschaft müsse selbst die „Reparaturkosten" der von ihr verursachten Schäden übernehmen, etwa durch Zahlung einer Stickstoffabgabe, um die Überdüngung zu verringern. Einen „Wasserpfennig", der von den Verbrauchern zu entrichten ist und der die Bauern dafür entschädigt, daß sie ihre Felder nicht überdüngen, lehnen die Wasserwirtschaftler scharf ab, da dies nicht dem Verursacherprinzip entspreche. Vorwürfe machen sie auch der chemischen Industrie, die naturgemäß möglichst viele Tonnen ihrer Gifte verkaufen möchte.

(Frankfurter Allgemeine Zeitung, 22. 11. 1988)

M 10 Trinkwasser

Vor kaum einer Umweltkatastrophe ist so lange gewarnt worden wie vor der Algenpest in der Nordsee, die in diesem Sommer große Teile der Fischbestände in Skandinavien vernichtet hat. Und kaum ein Problem betrifft den Menschen direkter als die zunehmende Verseuchung des Trinkwassers. Beides hat über weite Strecken die gleiche Ursache — hohe Einträge von Nitraten.

Um zumindest das Trinkwasser zu schützen, hatte die Europäische Gemeinschaft schon im Juli 1980 eine Richtlinie verabschiedet, die einen Richtwert von 25 Milligramm Nitrat pro Liter und einen Höchstwert von 50 Milligramm festlegt. Diese Richtlinie bestimmte zwar das Limit, gab aber nicht vor, was zu tun sei, um es einzuhalten. Die Verantwortlichen der Generaldirektion Umweltschutz in Brüssel bemühten sich schon bald, zu einer wirksameren und verbindlicheren Regelung zu kommen. Denn in fast allen Ländern der Gemeinschaft wird der Höchstwert überschritten. Doch Querschüsse aus anderen Abteilungen der EG-Kommission, hartnäckige — und wirksame — Interventionen der Wirtschaftslobby und Widerstand aus Bonn standen davor.

Grundgedanke der Brüsseler Umweltschützer war, die Richtlinie zur Wasserqualität so zu erweitern, daß die Verursacher habhaft gemacht werden können. So sollten unter anderem Höchstwerte für die Verwendung von Kunstdünger und Maßnahmen gegen die Überdüngung mit tierischer Gülle festgelegt werden. Doch daraus wird nichts, die Landwirte und die Chemieindustrie sollen geschont werden.

Auf den großen Tierhaltungsbetrieben fallen gewaltige Mengen von flüssigem Mist an, der auf die Felder gespritzt wird. Früher, als Schweine, Bullen und Hühner mit wirtschaftseigenem Futter ernährt wurden, gab es ein Gleichgewicht zwischen vorhandener Fläche und Gülleanfall. Heute importieren Europas moderne Mastbetriebe, die in der Nähe der Nordseehäfen angesiedelt sind, einen großen Teil ihres Energie- und Eiweißbedarfs. Millionen Tonnen von Maniok aus Thailand, Maiskleber aus Amerika und Soja aus Brasilien werden zu Schweinekoteletts umgewandelt. Doch die Gülle aus diesen Mammutbetrieben, die umgerechnet bis zu 3000 Schweine je Hektar halten, wandert auf dieselben

Flächen wie vor Jahrzehnten. Ein Hektar Ackerboden kann aber maximal die Gülle von 40 Schweinen aufnehmen.
Doch nicht nur die Gülle, auch die in den letzten Jahrzehnten dramatisch gesteigerte Verwendung von Kunstdünger belastet das Wasser. Die Nitratbelastung des Trinkwassers erreicht in der Bundesrepublik Deutschland nicht nur in den Viehzucht-, sondern auch in den reinen Ackerbaugebieten Spitzenwerte. Im Bundeslandwirtschaftsministerium räumt man ein: „Die Landwirte düngen ihr Getreide bis an die Grenze zum Umfallen." Weil häufig mehr Dünger ausgebracht wird, als die Pflanzen überhaupt aufnehmen, gelangen die nicht verbrauchten Stickstoffverbindungen ins Grundwasser. Da die EG ohnehin mit Getreideüberschüssen von Millionen Tonnen zu kämpfen hat, ist nicht zu sehen, was gegen die Einführung von Höchstgrenzen für die Düngung spricht, selbst wenn es anfänglich zu Ertragseinbußen käme.

(Thomas Hanke, in: Die Zeit, 30. 12. 1988)

M 11 Erklärung der Niedersächsischen Landesregierung zum „Tag der Umwelt" am 5. Juni 1987 (Auszug)

Mit dem Motto des diesjährigen Tages der Umwelt „Wasser schonen und schützen" wird ein zentrales Thema des Umweltschutzes angesprochen. Die Bedeutung des Wassers als Lebensgrundlage und als wichtigstes Lebensmittel tritt heute verstärkt in unser Bewußtsein. Meldungen über Schadstoffbelastungen von Grundwasser, Flüssen, Seen und Meeren machen für jeden deutlich, daß wir uns einen sorglosen Umgang mit dem Wasser nicht mehr leisten können. Es gilt deshalb, erkennbare Fehlentwicklungen zügig zu korrigieren, vor allem aber — Vorsorge zu treffen.
Verantwortlich und damit gefordert sind alle: Staat, Wirtschaft, Landwirtschaft, Verbände und jeder von uns als Verbraucher. Die Erhaltung unserer Lebensgrundlagen ist eine Gemeinschaftsaufgabe von Staat und Bürgern; an ihrer Bewältigung werden uns nachfolgende Generationen messen. [...]
Auch die Qualität der Oberflächengewässer ist noch zu verbessern. Dazu sind nach wie vor Investitionen, z. B. für die Erweiterung und Modernisierung von Kläranlagen, nötig. Die bisher vorrangig auf mechanisch-biologischer Grundlage betriebene Klärung von Abwässern muß in vielen Fällen durch weitergehende Reinigungsverfahren ergänzt werden, um eine hochwertige Gewässernutzung zu gewährleisten.
Grundwasser- und Gewässerschutz erfordern erhebliche finanzielle Aufwendungen, die nur durch eine weitgehende Anwendung des Verursacherprinzips erbracht werden können. Insgesamt muß es darum gehen, die volkswirtschaftlichen Kosten des Umweltschutzes zu betriebswirtschaftlichen Kosten zu machen. [...]
Auch der einzelne Bürger steht in der Verantwortung, mit Wasser sparsam umzugehen und es nicht unbedacht zu verschmutzen. Heute sind es nicht zuletzt die 20 Millionen Haushalte in der Bundesrepublik Deutschland, die — auch bei modernsten Kläranlagen — unser Wasser belasten, und zwar durch die vielfältige Verwendung von Chemieprodukten — etwa Wasch- und Putzmitteln oder Schädlingsbekämpfungsmitteln — in Haus und Garten. Dabei bedarf es zumeist keines großen Aufwandes, sondern nur eines bewußteren Handelns, um den Einsatz wassergefährdender Stoffe zu vermeiden.
Der Umwelttag 1987 soll Anlaß und Anstoß geben, über unseren Umgang mit Wasser nachzudenken. Erfolge für die Umwelt erfordern eine nachhaltige und dauerhafte Änderung unserer Einstellung und unseres Verhaltens.

M 12 „Umwelt schonen, Wasser sparen"

Wir sind alle daran gewöhnt, jederzeit fast jede beliebige Menge an Trinkwasser in guter Qualität zur Verfügung zu haben. Der Wasserreichtum, den wir vielen anderen Ländern der Erde voraus haben, darf uns aber nicht dazu verleiten, mit dem nassen Gold sorglos und verschwenderisch umzugehen. Denn die Bereitstellung großer Mengen von Trinkwasser und die Beseitigung des Abwassers erfordern einen hohen technischen Aufwand und bedeuten immer auch eine Belastung der Natur.
Wenn wir Grundwasser fördern, so ist dies ein Eingriff in den Kreislauf der Natur und hat Auswirkungen auf Pflanzen und Tiere. Und wenn wir das Wasser mit Stoffen verschmutzen, die nur mit hohem Aufwand oder überhaupt nicht wieder aus dem Wasser entfernt werden können, dann belasten wir damit unsere Bäche, Flüsse und Meere und schädigen Wassertiere, Fische und Wasserpflanzen. Und schließlich können diese Schadstoffe über die Nahrungskette auch noch unsere eigene Gesundheit beeinträchtigen.
Jedem von uns sollte daher im eigenen Interesse, in dem der Mitmenschen und in dem der Natur daran gelegen sein, im täglichen Umgang mit dem lebensnotwendigen Gut Wasser so sparsam und so verantwortungsbewußt wie möglich zu sein.

(Der Niedersächsische Umweltminister informiert. Umwelt schonen, Wasser sparen. Tips für den Umgang mit Trinkwasser im Haushalt [Faltblatt])

❶ Das Beispiel M 7 und das Schaubild M 8 verdeutlichen, wie stark unsere Flüsse belastet sind. Überlege, welche Auswirkungen diese Verschmutzungen haben. Unterscheide dabei zwischen wirtschaftlichen und Umweltgesichtspunkten. Erläutere, inwieweit die Gewässerverschmutzung nicht nur ein umweltpolitisches, sondern auch ein ökonomisches Problem ist.

❷ Verdeutliche mit Hilfe von M 9 und M 10 die Zusammenhänge zwischen der landwirtschaftlichen Produktionsweise und der Gefährdung des Trinkwassers. Welche unterschiedlichen Sichtweisen und Interessenlagen werden in den Materialien deutlich?

❸ Erläutere die unterschiedlichen Auffassungen im Streit um die Einführung des sogen. „Wasserpfennigs" (M 9). Ziehe dazu auch die Materialien über die Prinzipien und Instrumente des Umweltschutzes in M 17–23 hinzu.

❹ Erläutere, was mit der Aussage gemeint ist, die volkswirtschaftlichen Kosten des Umweltschutzes müßten zu betriebswirtschaftlichen Kosten gemacht werden (M 11).

❺ Aus welchen Gründen ist das Einsparen von Wasser praktizierter Umweltschutz (M 11/12)?
Überlege, wie du konkret etwas zum Einsparen von Trinkwasser im Haushalt beitragen kannst.

Das Niedersächsische Umweltministerium, Archivstraße 2, 3000 Hannover 1, gibt kostenlos Informationsschriften und Faltblätter zum praktischen Umweltschutz ab.

Verkehrspolitik und Umweltschutz

M 13

(Horst Haitzinger, Politische Karikaturen, Bruckmann, München 1986)

M 14 **Individualverkehr oder Busse und Bahnen?**

(Fotos: Echte Nederlands Fietsersbond, Woerden/Niederlande, aus: Alptraum Auto. Eine hundertjährige Erfindung und ihre Folgen, Raben-Verlag, München 1986, S. 112f.)

M 15

„Rettet unseren Wald! Helft unserer Bahn!“

Rettet unseren bedrohten Wald! Schützt unsere gefährdete Umwelt! Helft unserer unverzichtbaren Eisenbahn! Diese Zusammenhänge, von unserer Gewerkschaft immer wieder öffentlich dargelegt, dringen immer tiefer ins politische Bewußtsein der Bundesbürger. Und immer lauter wird der Ruf nach einem grundlegenden Kurswechsel in der Verkehrspolitik unseres Landes. Dafür gibt es in der Tat gute Gründe. Die wichtigsten sind:

Über vier Fünftel seiner Leistungen erbringt der Schienenverkehr mit sauberer elektrischer Energie ohne Schadstoffe. Mit 15 Millionen Tonnen Schadstoffen jährlich wie beispielsweise Kohlenmonoxid, Stickstoff oder Blei zerstört dagegen der Straßenverkehr die ohnehin bereits hoch belastete Umwelt, gefährdet unsere Wälder und unsere Volksgesundheit. [. . .]

Im Vergleich zu seiner Transportleistung ist der Schienenverkehr am energiesparsamsten.

Hauptsächlich durch Straßen ist in der Bundesrepublik heute bereits eine Bodenfläche bedeckt, die der Summe aller Gebäudeflächen entspricht. Das ist ein unglaublicher Raubbau an unserer nicht vermehrbaren Landschaft. Dabei liegen die Vorteile der Schiene gegenüber der Straße auch auf diesem Gebiet klar auf der Hand. In Zahlen: Eine S-Bahn befördert auf einem Gleis von fünf Meter Breite ebenso viele Menschen wie eine fünfzehnspurige Autobahn von 55 Meter Breite.

[. . .]

Fazit: Alles spricht für die Bahn und für einen grundlegenden Kurswechsel in der Verkehrspolitik zugunsten der Schiene. Denn die Bahn ist das unfallsichere, energiesparende, witterungs- und ölunabhängige, umweltfreundliche und flächensparende Verkehrsmittel. Und deshalb gilt heute mehr denn je:

— Rettet unseren bedrohten Wald!
— Schützt unsere gefährdete Umwelt!
— Helft unserer unverzichtbaren Eisenbahn!

(Armin Manderla in: Der Deutsche Eisenbahner, Heft 12/1984)

M 16

(Anzeige des Verbandes der Automobilindustrie e.V., in: Frankfurter Allgemeine Zeitung, 16. 9. 1988)

❶ Erläutere das Problem, auf das mit der Karikatur aufmerksam gemacht werden soll (M 13).

❷ Auf welche Probleme soll mit Hilfe der Fotoserie (M 14) aufmerksam gemacht werden? Erläutere, was der Fotograf mit seinen Aufnahmen erreichen will, und zeige auf, welche gestalterischen Mittel er dazu einsetzt.

❸ Arbeite heraus, welche umweltpolitischen Argumente in M 15 genannt werden. Welches Ziel verfolgen die Autoren?

❹ Erläutere, was mit der Anzeige der Automobilindustrie erreicht werden soll (M 16). Mit welchen Argumenten soll der Leser von den Anliegen der Automobilindustrie überzeugt werden?
Wie wird in der Anzeige das Verhältnis Bahn/Auto beschrieben? Hältst du diese Betrachtungsweise für richtig. Begründe deine Meinung.

❺ Entwerfe eine Anzeige, die für die Benutzung öffentlicher Verkehrsmittel wirbt.

Grundprinzipien und Instrumente der Umweltpolitik

M 17 Grundprinzipien der Umweltpolitik

Das Vorsorge-, Verursacher- und Kooperationsprinzip

Ziel der Umweltpolitik muß es sein, die Gefahren für die Umwelt schon vorausschauend zu erkennen und drohenden Schäden vorzubeugen bzw. diese möglichst niedrig zu halten. Dieses als **Vorsorgeprinzip** bezeichnete Ziel der Umweltpolitik soll dazu dienen, die Naturgrundlagen zu schützen oder sie schonend in Anspruch zu nehmen.

Das **Verursacherprinzip** entspricht dem Grundgedanken einer sozialen Marktwirtschaft. Denn in einer marktwirtschaftlichen Ordnung sollen grundsätzlich alle Kosten den Produkten oder den Leistungen zugerechnet werden, die die einzelnen Kosten verursachen. Nach diesem Prinzip muß derjenige die Kosten einer Umweltbelastung tragen, der für ihre Entstehung verantwortlich ist. Das bedeutet aber nicht, daß als Verursacher immer derjenige anzusehen ist, bei dem während oder am Ende eines Produktions- oder Konsumprozesses die Umweltbelastung offensichtlich wird. Als Verursacher gilt vielmehr auch, wer durch Anwendung eines bestimmten Produktes die Grundlage für eine spätere Umweltbelastung legt. Die Bundesregierung versteht das Verursacherprinzip als Kostenzurechnungsprinzip; Schadensersatz- oder Haftungspflichten werden dadurch nicht begründet. Die öffentliche Hand sollte nur dann mit den Kosten für die Beseitigung von Umweltschäden belastet werden, wenn der Verursacher nicht festgestellt werden kann oder wenn akute Notstände beseitigt werden müssen und dies anderweitig nicht rasch genug erreicht werden kann.

Das **Kooperationsprinzip** beinhaltet die Auffassung, daß Umweltpolitik nur in einem engen Zusammenwirken zwischen der Öffentlichen Hand*, den gesellschaftlichen Kräften und den Bürgern selbst zu tragfähigen Ergebnissen kommen kann. Umweltpolitik nimmt insoweit im Spektrum aller staatlichen Zielsetzungen keine Sonderstellung ein; wegen der übergreifenden Aufgabenstellung und der grundlegenden Bedeutung des Umweltschutzes in allen Gesellschaftsbereichen wird jedoch die Notwendigkeit einer breiten Konsensbildung besonders hervorgehoben.

(Was Sie schon immer über Umweltschutz wissen wollten, hrsg. v. Bundesministerium des Innern, Verlag W. Kohlhammer, Stuttgart, Berlin, Köln, Mainz, 2. Auflage 1981, S. 14f.)

Hinweis: Seit 1986 ist in der Bundesrepublik das neugeschaffene Bundesministerium für Umwelt, Naturschutz und Reaktorsicherheit (Kennedyallee 5, 53175 Bonn) für Umweltpolitik zuständig.

❶ Erkläre, was unter dem Vorsorge-, dem Verursacher- und dem Kooperationsprinzip zu verstehen ist (M 17).

❷ Umweltschützer kritisieren heftig die Wirksamkeit der angeführten Prinzipien. Überlege, an welchen Punkten es hier Probleme geben kann. Welche Möglichkeiten gibt es, die Verbindlichkeit und Wirksamkeit der Prinzipien zu verbessern?

M 18a Geld für die Umwelt

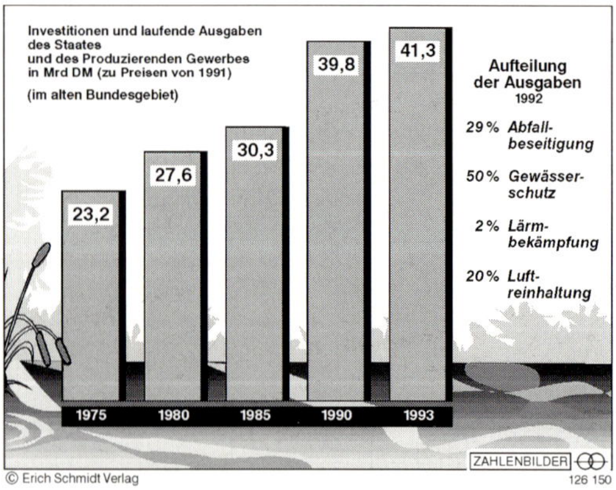

© Erich Schmidt Verlag 126 150

Gewässerschutz: hauptsächlich Ausgaben für Kläranlagen und Wasserwerke

M 18b

(Karikatur: Ronstein, aus: Die deutsche Landschaft stirbt, hrsg. v. Jochen Bölsche, Spiegelbuch im Rowohlt Taschenbuch-Verlag, Reinbek 1983, S. 203)

M 19 Instrumente der Umweltpolitik

M 19a Ordnungsrechtliche Regelungen

Die Erfolge der Umweltpolitik in der Bundesrepublik Deutschland stützen sich auf ein engmaschiges Netz ordnungsrechtlicher Regelungen. Sie bestimmen mehr oder weniger genau, in welcher Form und bis zu welcher Grenze die Umweltgüter Luft, Wasser und Boden durch wirtschaftliche Aktivitäten genutzt oder belastet werden dürfen.

Dieser ökologische Ordnungsrahmen wurde in den achtziger Jahren immer enger gezogen. Ein Beispiel dafür ist die Luftreinhaltepolitik: Kraftwerksbetreibern, Industrieunternehmen, Verkehrsteilnehmern sowie privaten Haushalten wird genau vorgeschrieben, welche Emissionsgrenzwerte* — etwa für den Ausstoß von Schwefeldioxid aus Heizungsanlagen — einzuhalten sind.

Ein straffer ökologischer Ordnungsrahmen, der die Anwendung eines hohen technischen Standes erzwingt, kann ökologisch sehr wirksam sein. Die bisherigen und bis zum Jahre 1995 vorgezeichneten Erfolge bei der Luftreinhaltung zeigen:

Die Emissionen wichtiger Luftbelastungs-Stoffe werden 1995 um fast 60 Prozent niedriger sein als 1978. Sehr stark wird der Ausstoß von Schwefeldioxid und Kohlenmonoxid sinken.

(Informationsdienst des Instituts der deutschen Wirtschaft, Nr. 3/Jg. 15, 19. Januar 1989, S. 4)

M 19b Auflagen und Abgaben

Auflagen, also strenge Gebote und Verbote, sowie Abgaben gehören in der Bundesrepublik Deutschland zum unerläßlichen Instrumentarium der Umweltpolitik. Die Vor- und Nachteile im einzelnen:

- Auflagen: Sie sind volkswirtschaftlich besonders kostspielig. Denn sie gehen nach der Rasenmäher-Methode vor, verhindern so ein ökonomisches Abwägen des betroffenen Unternehmens, wie die Umwelt am besten geschützt werden könnte. Zudem bieten sie keine Anreize zu technischen Innovationen* zum Schutz der Umwelt. Ist eine Auflage eingehalten, besteht für den Verursacher von Umweltbelastungen kein Interesse mehr, weitergehende Maßnahmen zu ergreifen.
- Umweltabgaben: Von ihnen können dagegen marktwirtschaftliche Lenkungssignale ausgehen, die zu einer kontinuierlichen Verbesserung der Umweltschutztechniken anregen. Umweltabgaben belegen die Nutzung der Umweltgüter mit Kosten. Folge: Es ist im Interesse des Verursachers von Umweltbelastungen, Kosten zu vermeiden. Anders ausgedrückt: Umweltabgaben versehen die Umweltgüter mit einem künstlichen Preis, der entsprechende Marktprozesse auslöst.

Insgesamt könnte eine richtige Kombination von Auflagen und Abgaben den Umweltschutz weiter vorantreiben.

(iwd, 19. Jan. 1989, S. 4)

M 20 Das Umweltstrafrecht

Seit dem 1. Juli 1980 bildet das Umweltstrafrecht einen eigenen Abschnitt im Strafgesetzbuch. In diesem Abschnitt werden Verhaltensweisen, die Menschen, Gewässer, die Luft, besonders schützenswerte Bestandteile der Natur und Landschaft und den Boden (einschließlich Flora und Fauna) schädigen oder gefährden können, zusammengefaßt und unter Strafe gestellt. Mit diesen Vorschriften macht der Gesetzgeber deutlich, daß die Umwelt als Rechtsgut gleichen Rang besitzt wie andere strafrechtlich geschützte Rechtsgüter. Denn Umweltdelikte sind keine Kavaliersdelikte: Sie sind strafbares Unrecht. In unserem Bewußtsein soll deshalb durch die neuen strafrechtlichen Bestimmungen auch die Überzeugung Wurzeln schlagen, daß der Umweltverschmutzer nicht schlechter, aber auch um kein Haar besser zu qualifizieren ist, als der Brandstifter, der Betrüger oder der Dieb.

(Was Sie schon immer über Umweltschutz wissen wollten ... [= M 17], S. 22)

M 21 „Durch Steuern die Umwelt schützen"

Ein ZEIT-Gespräch mit der SPD-Finanzpolitikerin Ingrid Matthäus-Maier (Auszug). Von Wolfgang Hoffmann und Klaus-Peter Schmid.

ZEIT: Frau Matthäus-Maier, seit Monaten redet die SPD von einem „ökologischen Steuersystem". Können Sie uns verraten, was das eigentlich ist?

Matthäus-Maier: Wir reden von einer ökologischen Weiterentwicklung des Steuersystems. Das heißt: Mehr als bisher soll der Umweltschutz in der Steuerpolitik berücksichtigt werden. Wir stellen uns folgendes vor: Auf der einen Seite wollen wir Umweltzerstörung zurückdrängen. Ein wichtiger Grund für Umweltzerstörung ist der Verbrauch von Energie. Da bietet es sich an, Energie durch eine Anhebung der Energiesteuern zu verteuern, um damit über den Preis einen marktwirtschaftlichen Anreiz zum Energiesparen zu geben. Auf der anderen Seite brauchen wir mehr Arbeitsplätze. Da ist es sinnvoll, den Faktor Arbeit durch eine Senkung der Lohnsteuer zu entlasten und dadurch mehr Arbeitsplätze zu schaffen. Beides möchten wir koppeln, indem wir die Energiesteuern erhöhen und gleichzeitig Lohn- und Einkommensteuer senken.

(Die Zeit, 17. 2. 1989)

M 22 Umweltverträglichkeitsprüfung als Instrument der Umweltplanung

Die Bundesregierung hatte im Umweltprogramm von 1971 gefordert:
„In Entscheidungen der öffentlichen Hand und Wirtschaft sind Umweltkriterien zu beachten."
[...] Umweltschützer beklagen, daß eine „echte" Umweltverträglichkeitsprüfung in der Umweltpolitik nicht oder nur ungenügend verwirklicht worden sei. Manche sprechen von „politischem Betrug". Vertretern wirtschaftlicher Interessen in Staat und Gesellschaft jagt der Gedanke an eine umfassende Umweltverträglichkeitsprüfung kalte Angstschauer den Rücken hinunter. [...]
Der ... institutionelle Rahmen sowie Grundsätze und Verfahrensregeln für eine programmbezogene Umweltverträglichkeitsprüfung — einschließlich Bestimmungen über die Durchführung öffentlicher Anhörungen und über die Veröffentlichung von Prüfungsergebnissen — sollten durch ein Gesetz festgelegt werden. Denn es handelt sich um ein umweltpolitisches Instrument von grundsätzlicher und weitreichender Bedeutung.

(Günter Hartkopf, Eberhard Bohne, Umweltpolitik. Grundlagen, Analysen, Perspektiven. Westdeutscher Verlag, Opladen 1983, S. 212, S. 220)

M 23 Aktivierung des Eigeninteresses

M 23a Aus der Regierungserklärung des Bundeskanzlers (Mai 1983):

„Das eigene Interesse der Wirtschaft am Umweltschutz muß gestärkt werden. Umweltfeindliche Produktionsverfahren dürfen sich nicht lohnen. Umweltfreundliches Verhalten muß sich auch wirtschaftlich auszahlen."

M 23b

Umweltschutz wird sich u. a. dann bezahlt machen, wenn ein Unternehmen
- durch den Verkauf von freiwilligen und zusätzlichen Emissionsminderungen Erlöse erzielen,
- durch Umweltschutzmaßnahmen Umweltabgaben sparen, bessere Verkaufserfolge erreichen oder
- wirtschaftliche Risiken infolge denkbarer Schadensersatzleistungen vermeiden kann.

Umweltschutz wird dann für Konsumenten erstrebenswert sein, wenn sie bei umweltfreundlichen Verhalten Kosten sparen oder Nachteile vermeiden können.
Wenn dem so ist, dann wird das Gewinn- und Eigennutzstreben von Unternehmen und Konsumenten für und nicht — wie bisher — gegen den Umweltschutz wirken. Dann ist es auch nicht mehr interessant, der Behörde zu erzählen, weshalb eine Umweltschutzmaßnahme angeblich oder tatsächlich aus technischen oder wirtschaftlichen Gründen „nicht geht", sondern die Unternehmensleitung wird geradezu die Ingenieure anspornen, nach kostengünstigen Umweltschutzlösungen zu suchen.

(Lutz Wicke, Die soziale Marktwirtschaft in der umweltpolitischen Bewährungsprobe, in: Aus Politik und Zeitgeschichte, 32/85, S. 19)

❶ Überlegt, welche konkreten Maßnahmen sich hinter den in M 18a angegebenen Investitionen verbergen.

❷ Beschreibe, wie der Karikaturist in M 18b die Lage der Umwelt charakterisiert, und erläutere das Problem, auf das er aufmerksam machen will.

❸ Vergleiche die in M 19—23 aufgeführten Instrumente der Umweltpolitik hinsichtlich
— ihrer Effektivität zum Schutz der Umwelt,
— ihrer wirtschaftspolitischen Auswirkungen,
— ihrer Praktikabilität.

❹ Überlege, von welchen Faktoren die Wirksamkeit der genannten Instrumente abhängig ist.

❺ Hältst du das Instrumentarium zum Schutz der Umwelt für ausreichend? Begründe deine Auffassung. Skizziere, in welche Richtung es deiner Meinung nach ggf. weiterentwickelt werden müßte.

Die Ökologiebewegung

M 24 Eine Umweltschutzorganisation im Kampf gegen das Waldsterben

Am 11. 11. 1982 fand in einer alternativen Gaststätte in dem Malerdorf Worpswede eine Versammlung von etwa vierzig Leuten statt. [...]
Es ging um die Satzung für einen neuen Verein. Der Zweck dieses Vereins sollte die Abwehr von chemischer Verschmutzung der Gewässer, des Bodens und der Luft sein mit dem Schwerpunkt: Kampf gegen das Waldsterben. [...]
Man einigte sich auf eine zentrale Geschäftsstelle in Bremen und den Aufbau möglichst vieler Regionalgruppen. Diese Außenstellen sollten selbständig planen und sich nach eigenen Vorstellungen zur Rettung des Waldes einsetzen. Bedingung war lediglich, sich an die Satzung zu halten, auf jeden Fall gewaltfrei zu bleiben und die Aktionen vorher mit der Zentrale abzusprechen. [...]
Der letzte Punkt der Tagesordnung war die Vorbereitung für einen landesweiten spektakulären Auftritt, mit dem die neue Organisation sich und ihre Forderungen in der Öffentlichkeit bekanntmachen wollte.
Am Montag, dem 21. Februar 1983, war es dann soweit. Fünf Robin-Wood*-Mitarbeiter schlichen um drei Uhr nachts auf das Gelände des Kohlekraftwerkes in Frimmersdorf bei Köln. Es gelang ihnen, unbemerkt einen 160 Meter hohen Schornstein zu besteigen. Nach mehreren Stunden harter und gefährlicher Arbeit flatterte ein weißes Spruchband abwärts mit der Aufschrift: STOPPT DEN SAUREN REGEN! Robin Wood. [...]

(Nina Ruprich, Erst wenn der letzte Baum gestorben ist. Alternative Organisationen im Umweltschutz, Fischer Taschenbuch Verlag, Frankfurt 1985, S. 97ff.)

Am 29. April 1983 besetzten Mitglieder der Umweltorganisation Robin Wood das im Bau befindliche Kraftwerk Buschhaus, um gegen den hohen Schwefeldioxidausstoß zu protestieren.

(Foto: Schwarz-Weiß-Verlag, Köln)

M 25 Stichwort: Waldsterben

Immissionsbedingtes Waldsterben trat seit der Errichtung größerer Industrien auf. Seit 1950 sind im Ruhrgebiet 40000 ha Nadelwald abgestorben. Neu ist nun das großflächige Auftreten der Schäden, die seit dem Beginn der 70er Jahre an Tannen, seit 1981 an Fichten registriert wurden. Inzwischen sind in der Bundesrepublik Deutschland fast alle Baumarten vom Waldsterben betroffen. [...]
Das Waldsterben tritt trotz mancher gegenteiliger offizieller Verlautbarungen in fast ganz Europa und in Nordamerika auf. Es handelt sich nicht um eine Erkrankung einzelner Baumarten, sondern um eine Störung der gesamten Beziehung Baum-Boden-Luft, eine Erkrankung des ganzen Öko-Systems.
Auswirkungen des Waldsterbens: Durch das Waldsterben sind die Waldfunktionen gefährdet. Die gravierendsten Funktionen dürften der Verlust des Waldes als Grundwasserspeicher [...] und das Verschwinden der Schutzwälder in den alpinen Regio-

nen sein, die eine Besiedlung der Alpentäler überhaupt erst ermöglichen. Daneben ist abzusehen, daß viele Waldbesitzer schon jetzt durch den verminderten Holzzuwachs und das schließliche Absterben ganzer Waldteile in den finanziellen Ruin getrieben werden. Die globalen Auswirkungen des Waldsterben auf Klima und Umwelt sind noch nicht annähernd erfaßt.
Gegenmaßnahmen: Seit Auftreten des Waldsterben wird über Gegenmaßnahmen diskutiert. Vordringlich ist eine rasche Verminderung der wichtigsten Schadstoffe Schwefeldioxid, Stickoxide sowie schwermetallhaltige Stäube.
Eine umfassende Minderung des Schadstoffauswurfs muß durch konsequente Energieeinsparung erreicht werden. Im Verkehrsbereich muß die Umstellung vom Individualverkehr mit Kfz auf den umweltfreundlicheren öffentlichen Personenverkehr beschleunigt und (müssen) die verbleibenden Kfz mit Abgasreinigungsanlagen [...] ausgerüstet werden. Schließlich muß die touristische Nutzung der angegriffenen Wälder besonders in den Bergregionen eingeschränkt [...] und das Abholzen weiterer Wälder für technische Großprojekte [...] vermieden werden.

(Umwelt-Lexikon, hrsg. v. der Katalyse-Umweltgruppe, Kiepenheuer & Witsch, Köln 1985, S. 249ff.)

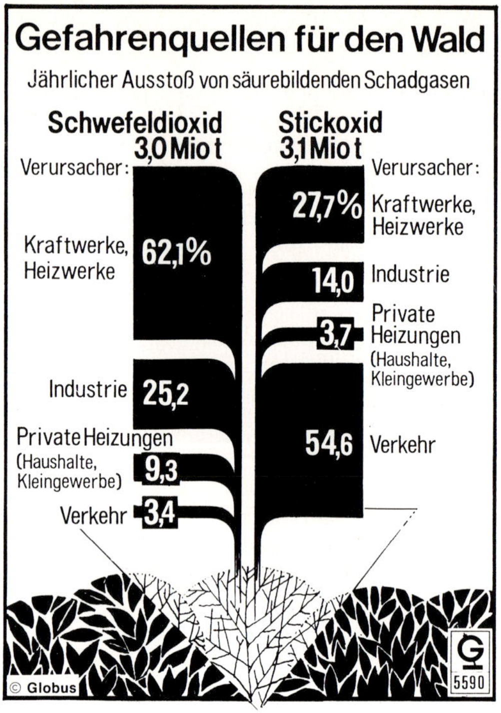

Im industriellen Bereich hat der Ausstoß säurebildender Schadgase durch den Einbau von Entstickungs- und Entschwefelungsanlagen stark abgenommen (die Grafik stammt von 1984). Im Straßenverkehr kam es allerdings trotz verschärfter Abgaswerte und der Einführung des Katalysators noch zu einer leichten Erhöhung des Ausstoßes von Stickoxid. 1990 betrug der gesamte Ausstoß von Stickoxid in den alten Bundesländern 2,7 Mio. t, in der ehemaligen DDR 0,7 Mio. t. Der Anteil des Autoverkehrs an den Stickoxidemissionen beträgt inzwischen 70%. Der Ausstoß von Schwefeldioxid betrug 0,94 Mio. t in den alten Bundesländern und — wegen der starken Nutzung von Braunkohle — 4,75 Mio. t in Ostdeutschland.

(Lexikon aktuell '94, S. 340)

M 26

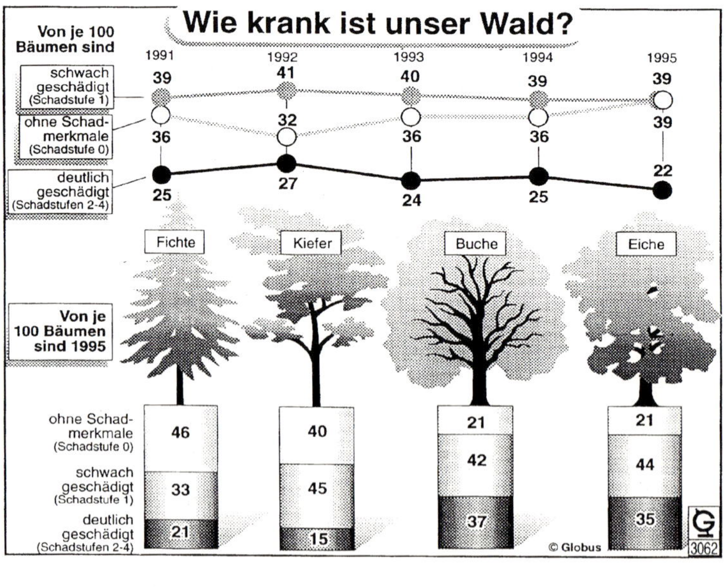

M 27 Wer gehört zur Ökologiebewegung?

Die Ökologiebewegung ist kein Verein, keine Partei und kein Verband. Sie ist überhaupt keine Organisation. Sie überschreitet Organisationsgrenzen und bricht sie auf. Sie ist deshalb schwer ab- oder einzugrenzen. Zu ihr gehören alle Menschen, die anfangen, Umweltbewußtsein zu entwickeln, ihre Werthaltung oder ihr Weltbild gegenüber ökologischen Aspekten zu öffnen und ihre Handlungen zu verändern. [...]
Im Denken und Fühlen der Menschen, die zur Ökologiebewegung gehören, beginnt das Wahnbild einer hart-industrialisierten Welt zu zerbröckeln. Sie fangen an, daraus für ihr Leben und Handeln Konsequenzen zu ziehen. Solche Konsequenzen können sehr unterschiedlich sein. Der eine mag sich einer Bürgerinitiative anschließen, der andere den „Grünen" oder dem Öko-Flügel einer anderen Partei, der dritte ist vielleicht Kommunalpolitiker und beginnt bei seinen Entscheidungen Umweltfragen zu beachten usw.

(Arnim Bechmann, Leben wollen. Anleitungen für eine neue Umweltpolitik. Kiepenheuer & Witsch, Köln 1984, S. 199f.)

M 28 Entstehung und Entwicklung der Ökologiebewegung

Die Ökologiebewegung ist ein Kind der 70er Jahre. Obwohl sie zunächst der Betroffenheit von Bürgern über die Zerstörung ihrer individuellen Alltagsumwelt entsprang, ist sie inzwischen zu einer sozialen Bewegung herangewachsen, die das Antlitz unserer Gesellschaft prägt.
Die Keimzellen der Ökologiebewegung sind Bürgerinitiativen. Sie bildeten sich erstmals gegen Ende der 60er Jahre, so z. B. 1967 in Karlsruhe („Notgemeinschaft Bürgerrecht" — eine Initiative gegen Fluglärm), 1969 in Frankfurt („Bürgerinitiative Westend" — sie kämpfte gegen die Zerstörung des Frankfurter Westends) oder 1970 in Berlin (Elterninitiative Märkisches Viertel — sie setzte sich für bessere Lebensbedingungen in der ersten großen Trabantenstadt Westberlins ein).
Der rasche Anstieg des öffentlichen Umweltbewußtseins seit 1970, die Zunahme von Umweltbelastung und die Thematisierung von Umweltproblemen durch die Bundesregierung schufen ein Klima, in dem sich ab 1970 immer mehr Bürger in Bürgerinitiativen zusammenfanden. [...] 1972 wurde in Karlruhe der Bundesverband Bürgerinitiativen Umweltschutz (BBU) gegründet, der im folgenden Jahrzehnt als Dachverband der Bürgerinitiativen ein beachtliches politisches Gewicht erlangte. Bereits in dieser Phase agierte die Ökologiebewegung offensiv. Sie trat mit Vorschlägen darüber, wie bestimmte Umweltbereiche reguliert werden sollten, an die Öffentlichkeit und entfachte bundesweit eine sich ständig verbreiternde Diskussion um die Gefahren der Atomenergie. [...]
Ab Mitte des vergangenen Jahrzehnts beeinflußte der einsetzende Wertwandel die Verhaltens- und Lebensformen immer stärker. Landkommunen, Bio-Produzenten und Alternativ-Unternehmen begannen zu sprießen. Die sich verdüsternden Zukunftsaussichten für die Lebenschancen innerhalb der Industriegesellschaft unterstützen diesen Entwicklungstrend zusätzlich.
Selbst die Wissenschaft mochte nicht ganz beiseite stehen. 1977 wurden mit dem ÖKO-Institut/Freiburg und dem „Institut für Energie und Umweltschutz" (IFEU) die ersten beiden vom Staat unabhängigen wissenschaftlichen Institute gegründet, die in gewollter Kooperation mit der Ökologiebewegung gegen Umweltzerstörung arbeiten. [...]
Seit 1975 stehen die Auseinandersetzungen um Wyhl, Brokdorf und Gorleben im Mittelpunkt öffentlichen Interesses. Viele Zehntausende von Menschen nehmen an Großdemonstrationen gegen die dort geplanten Kernkraft- bzw. die für Gorleben vorgesehene Wiederaufarbeitungsanlage teil. [...]
Ab 1980 verschmelzen Ökologie- und Friedensbewegung im gemeinsamen Wachstum immer mehr. Ihre Leitvorstellungen, ihre Ideen und ihre konkreten Konzepte wirken inzwischen über den engeren Umkreis beider Bewegungen hinaus, weit in die Gesellschaft hinein.

(Arnim Bechmann [= M 27], S. 200ff.)

❶ Verdeutliche, wie sich das Waldsterben in der Bundesrepublik Deutschland entwickelt hat, und erläutere die Ursachen, die Auswirkungen und mögliche Gegenmaßnahmen (M 25/26).

❷ Fasse zusammen, mit welchen Mitteln die Umweltschutzorganisation „Robin Wood" sich gegen das Waldsterben wendet. Stelle dabei besonders die Grundprinzipien ihrer Arbeit heraus. Überlege, warum sie sich auf diese Prinzipien verständigt haben dürfte und warum sie die geschilderten Aktionsformen bevorzugt (M 24).

❸ Erläutere, wie die Ökologiebewegung zusammengesetzt ist (M 27).

❹ Erstelle eine tabellarische Übersicht, die die Entwicklung der Ökologiebewegung deutlich macht. Stelle dabei besonders heraus, welche unterschiedlichen Akzentsetzungen in den verschiedenen Phasen ihrer Entwicklung festzustellen sind (M 28).

❺ Informiere dich darüber, welche Umweltschutzorganisationen es in deinem Wohnort oder in der Umgebung gibt. Wo liegen ihre Arbeitsschwerpunkte? Werte zur Informationsbeschaffung die Tageszeitungen aus, nutze Telefon- und Adreßbücher und sprich Kommunalpolitiker an. Auch die Bundesgeschäftsstellen von überregional tätigen Organisationen geben Auskunft über Kontaktanschriften ihrer Untergliederungen.

M 29 **Greenpeace aktiv**

Sitz Amsterdam/Niederlande

Gründung 1970

Mitglieder Rd. 2 Mio. in 32 Mitgliedsländern

Präsidentin Uta Bellion/ Deutschland (seit 1993)

Geschäftsführer Thilo Bode/Deutschland (seit 1995)

Funktion Internationaler Verein für den aktiven Schutz von Natur und Umwelt

Die Umweltschutzorganisation G., die Anfang der 90er Jahre wegen rückläufiger Einnahmen und steigender Kosten mit Entlassungen reagierte, verbuchte 1994 in Deutschland mit 70 Mio. DM Spendenaufkommen rd. 2,5 Mio. mehr als im Vorjahr. Weltweit beliefen sich die Spenden auf rd. 140 Mio. Dollar (197 Mio. DM).

Im Juni 1995 verhinderten Greenpeace und der erfolgreiche Boykott des Erdölkonzerns Shell die Versenkung seiner Ölplattform Brent Spar im Atlantik. Greenpeace hatte gegen das Vorhaben von Shell protestiert, weil auf der Ölplattform 100 t Ölschlämme durchsetzt mit Schwermetallen sowie weitere Giftstoffe lagerten, die das Meer verschmutzen könnten. Die Organisation befürchtete, daß die Versenkung der Ölplattform zum Präzedenzfall für die Beseitigung weiterer Ölplattformen werden könnte. In der Nordsee wurde 1995 auf 416 Bohrinseln und -plattformen Öl und Gas gefördert und gelagert. Die Versenkung der Ölplattform hätte mit 11,8 Mio. £ (26,6 Mio. DM) ein Viertel der Verschrottung an Land gekostet. Wo die Ölplattform entsorgt wird, war Ende 1995 unklar.

(Aktuell '96, Das Lexikon der Gegenwart, Harenberg, Dortmund 1995, S. 203 und 305)

Organisationen des Natur- und Umweltschutzes

Wer weitere Informationen sucht oder sich einer Organisation des Natur- und Umweltschutzes anschließen will, findet hier die Anschriften von Geschäftsstellen der wichtigsten Gruppen.

Bundesverband Bürgerinitiativen Umweltschutz e.V. (BBU)
Prinz-Albert-Str. 43, 53113 Bonn

Bund für Umwelt und Naturschutz Deutschland e.V. (BUND)
Im Rheingarten 7, 53225 Bonn

Deutscher Naturschutzring / Bundesverband für Umweltschutz e.V. (DNR)
Am Michaelshof 8—10, 53177 Bonn

Greenpeace Deutschland e.V.
Vorsetzen 53, 20459 Hamburg

Robin Wood e.V.
Erlenstr. 34—36, 28199 Bremen

Umweltstiftung WWF Deutschland
Hedderichstr. 110, 60596 Frankfurt,
Telefon 069/6050030

Zur Sicherung des Grundwissens

Nach der Erarbeitung von Kapitel 12 solltet ihr

- *die in M 3 aufgeführten Problembereiche nennen und jeweils an Beispielen konkretisieren können;*
- *ansatzweise darstellen können, wodurch die Verschmutzung der Nordsee, vieler Flüsse und des Trinkwassers jeweils zustande kommt (M 6, M 8, M 9);*
- *das „Verursacherprinzip" erklären und erläutern können, was seine Anwendung für das Verhalten der Industrie und der einzelnen Bürger bedeutet (M 11/12, M 17);*
- *den Zusammenhang zwischen Verkehrsentwicklung und Luftverschmutzung darstellen können (M 15);*
- *das Problem des „Waldsterbens" (Ursachen, Folgen) kurz skizzieren können (M 25);*
- *die Bedeutung des Vorsorge- und des Kooperationsprinzops erläutern können (M 17);*
- *den Unterschied zwischen „Auflagen" und „Abgaben" als Instrumenten der Umweltpolitik angeben und erklären können, was mit der Festlegung von „Emissionsgrenzwerten" gemeint ist (M 19 a/b);*
- *einige organisierte Gruppen der Ökologiebewegung nennen und ihre Ziele und Arbeitsweisen kurz beschreiben können (M 28).*

13 Der Jugendliche wird wehrpflichtig

M 1a

Kreiswehrersatzamt Aachen

5100 Aachen, den 15.03.1983
Beeckstraße 4–6

PK: 160165-S-41220
(PK bei Anfragen und Eingaben bitte angeben)

Einschreiben

Herrn

Franz Schuster

5100 Aachen

Malmedyer Str. 14

Bei Reisen in oder durch Gebiete außerhalb der Bundesrepublik Deutschland darf der Einberufungsbescheid nicht mitgenommen werden.

Der Fahrausweis ist **unter Angabe des Reisetages** möglichst frühzeitig, jedoch nicht früher als 10 Tage vor Reiseantritt, zu lösen.

Nicht in Anspruch genommene Militärgutscheine sind nach dem Eintreffen bei der Einheit abzugeben.

Unterrichten Sie Ihren Arbeitgeber unverzüglich vom Inhalt dieses Einberufungsbescheides.

Muster – Auszug –

Einberufungsbescheid

Sehr geehrter Herr Schuster!

Nach dem Musterungsbescheid vom 13.02.1983 stehen Sie für den Grundwehrdienst zur Verfügung.

Der Grundwehrdienst dauert 15 Monate (§ 5 Abs. 1 Satz 2 WPflG).
Sie werden gebeten, sich am 05.04.1983, bis 18.00 Uhr, in 4300 Essen 15, Rodberger-Str. 2 beim 3./LwAusbRgt 5 (Truppenteil) oder, falls ein Sammeltransport stattfindet, zur Sammelzeit am Sammelplatz einzufinden und sich bei Ihrer Ankunft zum Diensteintritt zu stellen.

Mit Ihrer Ankunft, spätestens aber mit dem Ablauf der obengenannten Frist, beginnt daher gemäß § 2 des Soldatengesetzes Ihr Wehrdienstverhältnis als Soldat.

Wenn Sie diesem Einberufungsbescheid schuldhaft nicht folgen, können Sie disziplinar, unter Umständen gerichtlich wegen eigenmächtiger Abwesenheit oder Fahnenflucht bestraft werden.

Rechtsbehelfsbelehrung:

Gegen diesen Bescheid kann binnen zwei Wochen nach Zustellung schriftlich oder zur Niederschrift beim Kreiswehrersatzamt **Aachen** Widerspruch eingelegt werden. Die Frist wird auch gewahrt durch Einlegung bei der Wehrbereichsverwaltung III, Wilhelm-Raabe-Str. 46, 4000 Düsseldorf 30

Der Widerspruch gegen diesen Einberufungsbescheid befreit Sie gemäß § 33 Abs. 5 WPflG nicht von der Pflicht, sich zum Diensteintritt zu stellen, und beseitigt auch nicht die Folgen des schuldhaften Ausbleibens.

KREISWEHRERSATZAMT AACHEN 6

Hochachtungsvoll
Im Auftrag
Pütz
Pütz
(Unterschrift)

(Aus: POLITIK ... betrifft uns, Unterrichtseinheit: Wehrpflicht-Dienst für die Sicherheit 5/83, S. 14, Bergmoser + Höller, Aachen)

M 1b

Junge Männer treten ihren Grundwehrdienst in der Kaserne an

Die beiden einleitenden Materialien sollen euch dazu anregen, zu Beginn dieses Kapitels darüber nachzudenken,

- *inwiefern die Bundeswehr eine Institution unseres Staates ist, mit der sich jeder von euch (insbesondere die Jungen unter euch) auseinandersetzen muß;*
- *welchen Einschnitt in euer Leben es bedeutet, wenn ihr einen solchen „Einberufungsbescheid" erhaltet;*
- *was ihr über die Bundeswehr vielleicht schon bzw. noch nicht wißt (M 1 enthält u. a. Begriffe wie Musterung, Grundwehrdienst, Soldatengesetz und WPfG = Wehrpflichtgesetz);*
- *welche Einstellung ihr vielleicht schon gegenüber der Bundeswehr entwickelt habt.*

Dabei sollten vielleicht auch die Mädchen unter euch ihre Meinung zu der Regelung sagen, daß nur Jungen zur Bundeswehr eingezogen werden. Sie sollten auch darüber nachdenken, warum es auch für Mädchen wichtig ist, sich im Unterricht mit der Bundeswehr und den damit zusammenhängenden Fragen zu beschäftigen.

Im folgenden könnt ihr euch sodann genauer darüber informieren,

- *was Wehrpflicht im einzelnen bedeutet und wie der Dienst in der Bundeswehr aussieht (M 2—M 10);*
- *welche Funktion die Bundeswehr im Rahmen des Ost-West-Konfliktes gehabt hat, wie dieser Konflikt sich entwickelte und endete (M 11—M 21);*
- *welche Aufgaben Bundeswehr und Nato in einer neuen Friedensordnung in Europa haben können (M 22—M 29);*
- *welche Bedeutung das Grundrecht auf Kriegsdienstverweigerung in der Bundesrepublik hat (M 30—37).*

Die Wehrpflicht und der Dienst in der Bundeswehr

M 2a Inhalt und Dauer der Wehrpflicht

§ 1 *Allgemeine Wehrpflicht*
(1) Wehrpflichtig sind alle Männer vom vollendeten achtzehnten Lebensjahr an, die Deutsche im Sinne des Grundgesetzes sind ...

§ 2 *Wehrpflicht der Ausländer und Staatenlosen*
(1) Ausländer, deren Heimatstaat Deutsche gesetzlich zum Wehrdienst verpflichtet, können unter den gleichen Voraussetzungen, unter denen Deutsche dort wehrpflichtig sind, durch Rechtsverordnung der Wehrpflicht unterworfen werden.

§ 3 *Inhalt und Dauer der Wehrpflicht*
(1) Die Wehrpflicht wird durch den Wehrdienst oder im Falle des § 25 durch den Zivildienst erfüllt. Sie umfaßt die Pflicht, sich zu melden, vorzustellen, nach Maßgabe dieses Gesetzes Auskünfte zu erteilen, sich auf die geistige und körperliche Tauglichkeit untersuchen und auf die Eignung für bestimmte Verwendungen prüfen zu lassen, den Wehrpaß und das Personalstammblatt in Empfang zu nehmen und zum Gebrauch im Wehrdienst bestimmte Bekleidungs- und Ausrüstungsstücke zu übernehmen und entsprechend dem Einberufungsbescheid zum Dienstantritt mitzubringen ...
(3) Die Wehrpflicht endet mit Ablauf des Jahres in dem der Wehrpflichtige das fünfundvierzigste Lebensjahr vollendet ...
(5) Im Verteidigungsfall endet die Wehrpflicht mit Ablauf des Jahres, in dem der Wehrpflichtige das sechzigste Lebensjahr vollendet.

§ 4 *Arten des Wehrdienstes*
(1) Der auf Grund der Wehrpflicht zu leistende Wehrdienst umfaßt
1. den Grundwehrdienst (§ 5),
2. den Wehrdienst in der Verfügungsbereitschaft (§ 5a),
3. Wehrübungen (§ 6),
4. im Verteidigungsfall den unbefristeten Wehrdienst; § 3 Abs. 5 bleibt unberührt.

(2) Ungediente Wehrpflichtige gehören zur Ersatzreserve. Wehrpflichtige, die in der Bundeswehr gedient haben, gehören zur Reserve ...

§ 5 *Grundwehrdienst*
(1) Grundwehrdienst leisten Wehrpflichtige, die das achtundzwanzigste Lebensjahr noch nicht vollendet haben. Der Grundwehrdienst dauert fünfzehn (seit 1996: zehn) Monate und beginnt in der Regel in dem Kalenderjahr, in dem der Wehrpflichtige das neunzehnte Lebensjahr vollendet ...

§ 6 *Wehrübungen*
(1) Eine Wehrübung dauert höchstens drei Monate.
(2) Die Gesamtdauer der Wehrübungen beträgt bei Mannschaften höchstens neun, bei Unteroffizieren höchstens fünfzehn und bei Offizieren höchstens achtzehn Monate.
(3) Die Gesamtdauer der Wehrübungen verlängert sich bei Wehrpflichtigen, die aus dem Grundwehrdienst vorzeitig entlassen wurden, um die Zeit, um die sie vorzeitig entlassen worden sind ...

§ 9 *Wehrdienstunfähigkeit*
Zum Wehrdienst wird nicht herangezogen,
1. wer nicht wehrdienstfähig ist,
2. wer entmündigt ist.

(Wehrpflichtgesetz in der ab 2. März 1983 geltenden Fassung [BGBl. I, 1983, S. 529ff.])

M 2b Ausschluß, Befreiung, Zurückstellung

§ 10 *Ausschluß vom Wehrdienst*
(1) Vom Wehrdienst ist ausgeschlossen,
1. wer durch ein deutsches Gericht wegen eines Verbrechens zu Freiheitsstrafe von mindestens einem Jahr oder wegen einer vorsätzlichen Tat, die nach den Vorschriften über Friedensverrat, Hochverrat*, Gefährdung des demokratischen Rechtsstaates oder Landesverrat und Gefährdung der äußeren Sicherheit strafbar ist, zu Freiheitsstrafe von sechs Monaten oder mehr verurteilt worden ist, es sei denn, daß die Eintragung über die Verurteilung im Zentralregister getilgt ist,
2. wer infolge Richterspruchs die Fähigkeit zur Bekleidung öffentlicher Ämter nicht besitzt...

§ 11 *Befreiung vom Wehrdienst*
(1) Vom Wehrdienst sind befreit
1. ordinierte Geistliche evangelischen Bekenntnisses,
2. Geistliche römisch-katholischen Bekenntnisses, die die Diakonatsweihe empfangen haben,
3. hauptamtlich tätige Geistliche anderer Bekenntnisse, deren Amt dem eines ordinierten Geistlichen evangelischen oder eines Geistlichen römisch-katholischen Bekenntnisses, der die Diakonatsweihe empfangen hat, entspricht,
4. Schwerbehinderte im Sinne des § 1 des Schwerbehindertengesetzes.

§ 12 *Zurückstellung vom Wehrdienst*
(1) Vom Wehrdienst wird zurückgestellt,
1. wer vorübergehend nicht wehrdienstfähig ist,
2. wer, abgesehen von den Fällen des § 10, Freiheitsstrafe, Strafarrest, Jugendstrafe oder Jugendarrest verbüßt, sich in Untersuchungshaft befindet oder nach § 63 Abs. 1 des Strafgesetzbuches in einem psychiatrischen Krankenhaus oder in einer Entziehungsanstalt untergebracht ist,
3. wer unter vorläufige Vormundschaft gestellt ist.
(2) Vom Wehrdienst werden Wehrpflichtige, die sich auf das geistliche Amt (§ 11) vorbereiten, auf Antrag zurückgestellt.
(3) Hat ein Wehrpflichtiger seiner Aufstellung für die Wahl zum Bundestag, zu einem Landtag oder zum Europäischen Parlament zugestimmt, so ist er bis zur Wahl zurückzustellen. Hat er die Wahl angenommen, so kann er für die Dauer des Mandats nur auf seinen Antrag einberufen werden.
(4) Vom Wehrdienst soll ein Wehrpflichtiger auf Antrag zurückgestellt werden, wenn die Heranziehung zum Wehrdienst für ihn wegen persönlicher, insbesondere häuslicher, wirtschaftlicher oder beruflicher Gründe eine besondere Härte bedeuten würde...

(Wehrpflichtgesetz, = M 2a)

M 3 Von der Meldung zum Einberufungsbescheid

In § 1 des Wehrpflichtgesetzes (s. M 2a) heißt es unter der Überschrift „Allgemeine Wehrpflicht", daß „alle Männer vom vollendeten achtzehnten Lebensjahr an" wehrpflichtig sind. Was das für die Jungen unter euch zunächst bedeutet, wird in § 3 angedeutet, wo es heißt, daß die Wehrpflicht die Pflicht umfaßt, „sich zu melden", sich „vorzustellen" und „untersuchen" zu lassen.
Das heißt konkret: Sobald ihr 18 Jahre alt geworden seid, erhaltet ihr vom Einwohnermeldeamt die Aufforderung zur schriftlichen Meldung (anhand eines Fragebogens). Das Einwohnermeldeamt leitet den von euch zurückgesandten Fragebogen an das „Kreiswehrersatzamt" weiter, das zunächst feststellt, ob ihr überhaupt wehrpflichtig seid; denn da gibt es Ausnahmen (S. M 2b).
Wer wehrpflichtig ist, den lädt das Amt zur „Musterung" ein. Sie besteht aus einer ärztlichen Untersuchung, deren Ergebnis die Grundlage für den dreiköpfigen „Musterungsausschuß" ist zu entscheiden, ob der Wehrpflichtige für den Wehrdienst geeignet ist und welcher Tauglichkeitsgrad vorliegt. Diesen „Musterungsbescheid" erhält der Wehrpflichtige ausgehändigt. Falls der Bescheid seine Eignung feststellt, muß der Wehrpflichtige damit rechnen, in nächster Zeit den Einberufungsbescheid (s. M 1a) zu erhalten, wenn er nicht einen Antrag auf „Zurückstellung" (s. M 2b) oder auf Kriegsdienstverweigerung (s. M 30ff.) stellt.

(Autorentext)

M 4 Wehrpflicht und Wehrdienst

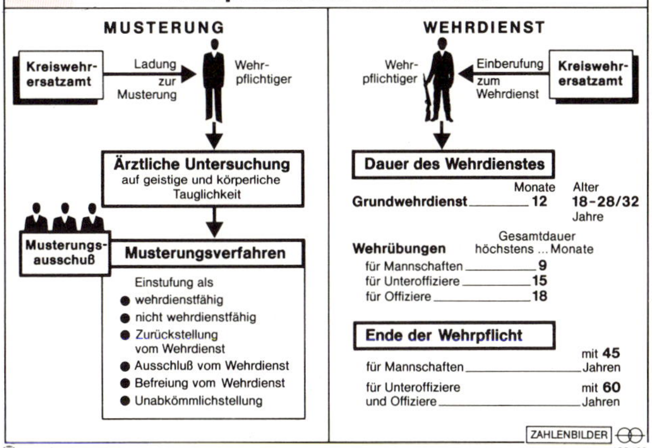

Mit Wirkung vom 1. 1. 1996 wurde die Dauer des Wehrdienstes (Grundwehrdienst) auf 10, die des Zivildienstes auf 13 Monate verringert.

❶ Informiert euch anhand von M 2a darüber, wer grundsätzlich der Wehrpflicht unterliegt und aus welchen Teilen die gesamte Wehrdienstzeit besteht.

❷ Erläutert die Unterschiede zwischen den Begriffen Ausschluß, Befreiung und Zurückstellung (M 2b). Überlegt, wie man die einzelnen Bestimmungen dazu begründen könnte.

❸ Angenommen, ein wehrpflichtiger Schüler befände sich gerade erst am Beginn der Jahrgangsstufe 12. Könnte er sich zurückstellen lassen bis zum Zeitpunkt nach der Abiturprüfung? Welche Bestimmung ist für diese Frage relevant (M 2b)?

❹ Überlegt euch ein Beispiel, in dem „wirtschaftliche" Gründe einen besonderen Härtefall und damit eine Zurückstellung begründen könnten.

❺ Informiert euch über den Ablauf des Verfahrens von der „Musterung" zur „Einberufung" (M 3; vgl. M 4). Vielleicht könnt ihr einen Schüler aus der Jahrgangsstufe 13, der die Musterung bereits hinter sich hat, in euren Unterricht einladen und ihn nach weiteren Einzelheiten befragen (z. B. welche „Tauglichkeitsgrade" es gibt usw.).

M 5 Ausbildungsbedingungen

Jährlich befinden sich etwa 220 000 Wehrpflichtige im Grundwehrdienst, der seit Anfang 1996 10 Monate dauert. Zu welcher Truppengattung (s. M 4) der Wehrpflichtige einberufen wird, hängt von der Bedarfssituation innerhalb der Bundeswehr, aber weitgehend auch von den schulischen oder beruflichen Vorkenntnissen und den Wünschen der Wehrpflichtigen ab. Der Grundwehrdienst beginnt mit der etwa drei Monate dauernden Grundausbildung, die als der anstrengendste Teil der gesamten Wehrdienstzeit angesehen wird. Hier sollen den Rekruten grundlegende militärische Kenntnisse und Fähigkeiten vermittelt werden (Gefechtsausbildung, Schießübungen, Sport und Unterrichtung über Rechte und Pflichten des Soldaten). Nach der Grundausbildung beginnt die Vollausbildung in den einzelnen Einsatzverbänden der Bundeswehr. Neben unentgeltlicher Unterkunft, Verpflegung, Dienstkleidung und Heilfürsorge erhalten Wehrdienstleistende den sogen. Wehrsold, dessen Höhe sich nach dem Dienstgrad richtet. Einfache Soldaten (Grenadiere) erhalten (seit 1. 6. 1989) täglich 11,50 DM, Gefreite (Beförderung i. d. R. nach 6 Monaten) 13 DM und Unteroffiziere 15 DM. Außerdem erhalten die Wehrpflichtigen ein Weihnachtsgeld (375 DM) und bei ihrer Entlassung ein Entlassungsgeld (1500 DM).

(Autorentext)

M 6a

Beispiel für einen Tagesablauf während der Grundausbildung

05.15 Uhr	Wecken
05.20 Uhr	Stubendurchgang durch den Unteroffizier vom Dienst (UvD)
05.35 Uhr	Körperpflege, Stuben- und Revierreinigen
06.00 Uhr	Frühstück
06.30 Uhr	Fertigmachen zum Dienst
06.40 Uhr	Antreten/Befehlsausgabe
06.50 bis 07.40 Uhr	Formalausbildung Grundstellung — Wendungen — Antrete- und Richtübungen — Gruß
07.50 bis 08.40 Uhr	Verhalten außer Dienst und in der Öffentlichkeit — Verhalten im Urlaub — Verhalten gegenüber Polizei, Feldjägern und Soldaten der NATO
08.40 bis 09.00 Uhr	Pause
09.00 bis 11.40 Uhr	Gefechtsdienst 1. Station: Bewegungen, Gangarten 2. Station: Beobachten und Melden 3. Station: Tarnen 4. Station: Verhalten als Alarmposten
11.50 Uhr	Mittagessen
12.40 Uhr	Stuben- und Revierreinigen
13.00 Uhr	Fertigmachen zum Dienst
13.10 Uhr	Antreten/Befehlsausgabe
13.15 bis 14.00 Uhr	Waffen- und Schießausbildung aller Truppen Gewehr G3 Grundlagen Grundsätze — Feuerarten und Schießarten Schießordnung Die Verantwortung für die Waffe
14.10 bis 16.15 Uhr	Sportausbildung Leichtathletik Weitsprung — Hochsprung — Kugelstoßen — kleine Ballspiele — anschließend Duschen
16.15 bis 17.00 Uhr	Technischer Dienst/Waffenreinigen, Innendienst
17.15 Uhr	Abendessen
21.00 Uhr	Stuben- und Revierreinigen
22.00 Uhr	Zapfenstreich

Hinweis: Die angegebenen Uhrzeiten sind Richtwerte

(Soldat heute. Herausgegeben vom Bundesverteidigungsministerium, Bonn 1985, S. 35)

M 6b

Mittagsappell vor dem Kompaniegebäude

Ein junger Unteroffizier weist Rekruten in die Grundbegriffe gefechtsmäßigen Verhaltens ein.

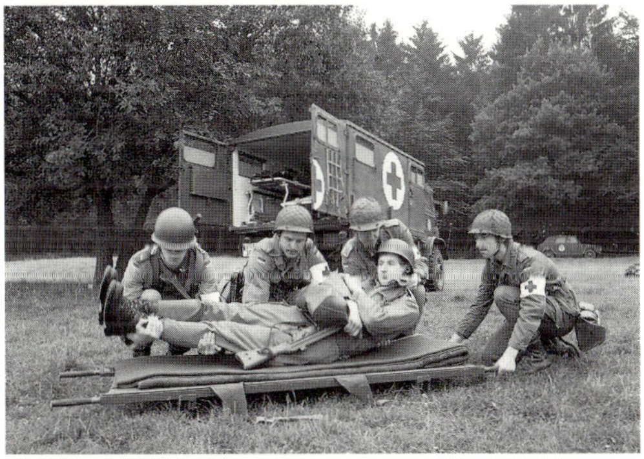

Sanitätssoldaten üben den Verwundetentransport

(Armee im Bündnis. Hrsg. vom Bundesverteidigungsministerium Bonn o. J. S. 58, 129, 133)

Macht euch anhand von M 5 und M 6 a/b ein Bild von den Bedingungen und dem Ablauf der Ausbildung in der Bundeswehr.

❶ Wie schätzt ihr die Besoldung ein? Vergleicht sie z. B. mit der Vergütung, die ein Auszubildender in anderen Bereichen erhält.

❷ Vergleicht den Tagesablauf während der Grundausbildung (M 6 a/b) mit dem euren (dem eines Schülers). Worin seht ihr die gravierendsten Unterschiede? Was würde euch möglicherweise am schwersten fallen?

M 7 „Staatsbürger in Uniform"

Die Soldaten der Bundeswehr sollen sich als „Staatsbürger in Uniform" verstehen. Dieses von Beginn der Bundeswehr an erklärte Leitbild besagt, daß die Bundeswehr keinen Bereich bilden soll, der von der übrigen demokratischen Gesellschaft der Bundesrepublik Deutschland abgesondert ist, daß sie kein „Fremdkörper" sein soll, in dem völlig andere Grundsätze herrschen, als sie sonst für den Bürger gelten. Soldaten sollen politisch denkende, mündige Bürger sein; sie sollen — abgesehen von gewissen Einschränkungen, die sich aus militärischen Notwendigkeiten ergeben — die gleichen Rechte besitzen wie Zivilisten.
Diesem Leitbild entsprechen die Grundsätze der „Inneren Führung", die in den ersten Jahren der Bundeswehr von führenden Generälen entwickelt wurden; sie enthalten Anweisungen und Ratschläge für die militärischen Vorgesetzten, die diese bei der Führung und Ausbildung der Soldaten beachten sollen (s. M 8).
Trotz dieser Grundsätze gibt es immer wieder Kritik an der Bundeswehr, sei es am übertriebenen Drill während der Grundausbildung (s. M 9), sei es daran, daß im weiteren Grundwehrdienst zuviel „gegammelt" werde, sei es an einzelnen Fällen, in denen die Rechte der Soldaten und damit die Grundsätze der „Inneren Führung" schwerwiegend verletzt werden (z. B. durch unwürdige Behandlung und sinnlose Schikanen). Um vor allem in diesem zuletzt genannten Bereich eine Kontrolle durch den Bundestag zu gewährleisten, gibt es nach Art. 45 GG das Amt des „Wehrbeauftragten des Deutschen Bundestages". Jeder Soldat hat das Recht, sich unmittelbar (ohne Einhaltung des Dienstweges*) an den Wehrbeauftragten zu wenden, wenn er sich in seinen Rechten verletzt fühlt oder sonstige Beschwerden und Bitten vorzutragen hat, die mit dem Dienst in der Bundeswehr zusammenhängen. So gab es z. B. im Jahre 1986 insgesamt 8619 solcher Eingaben an den Wehrbeauftragten, von denen sich etwa 250 auf schwere Grundrechtsverletzungen bezogen.

(Autorentext)

M 8 Leitsätze der „inneren Führung"

Die Führung der Soldaten soll sinnvolle und menschliche Beziehungen zwischen Vorgesetzten und Untergebenen gewährleisten.
Erzeugt werden soll Einsicht in die Befehle und der Wille zur Mitverantwortung. Beides ist notwendig für die Leistungen der Streitkräfte, durch die die Verteidigungsfähigkeit erst entsteht. Die Leitsätze für die Vorgesetzten verpflichten zu diesem Führungsstil:
Der Vorgesetzte soll Beispiel für Haltung und Pflichterfüllung sein (§ 10 [1] SG).

Dazu gehören auch Überzeugungskraft und Initiative, fachliches Können und ein gutes menschliches Verhältnis zu seinen Untergebenen.
Der Vorgesetzte bemüht sich, seinen Soldaten die Notwendigkeit der ihnen erteilten Aufträge zu erläutern und Verständnis für seine Anforderungen zu wecken. Der Vorgesetzte erklärt seinen Soldaten den Sinn ihrer Tätigkeit so, daß ihnen Handeln aus Einsicht möglich wird, damit Gehorsam auch dann geübt wird, wenn die Umstände (Krieg) Information und Erklärung nicht zulassen.
Der Vorgesetzte läßt sich — wenn zweckmäßig — vor Entscheidungen von Untergebenen beraten.
Diskussion ist ein wichtiges Mittel der Entscheidungsvorbereitungen. Die Gesamtverantwortung bleibt beim Vorgesetzten.
Dabei muß aber Befehl und Gehorsam der Grundsatz für die Führung der Soldaten bleiben. Er macht eine Armee erst funktionstüchtig.

(Sozialwissenschaften — Betrifft uns. Nr. 78/6, Aachen (Bergmoser u. Höller) o. J., S. 14)

❶ M 7/8 befassen sich mit der Stellung des Soldaten in der Bundeswehr und in der Gesellschaft. Was bedeuten die beiden berühmt gewordenen Begriffe „Staatsbürger in Uniform" und „Innere Führung"?

❷ In M 7 ist von „gewissen Einschränkungen" der Grundrechte die Rede. Im Soldatengesetz (SG) heißt es in § 15 (2): „Der Soldat hat sich so zu verhalten, daß die Gemeinsamkeit des Dienstes nicht ernstlich gestört wird. Der Soldat darf insbesondere nicht als Werber für eine politische Gruppe wirken, indem er Ansprachen hält, Schriften verteilt oder als Vertreter einer politischen Organisation arbeitet." Welches Grundrecht wird mit dieser Bestimmung eingeschränkt? Warum gilt diese Einschränkung in entsprechender Form auch für Lehrer und Schüler im Bereich der Schule?

❸ Erläutert, warum man das Amt des „Wehrbeauftragten" ein „Instrument der parlamentarischen Kontrolle" der Bundeswehr nennen kann (M 7).

❹ Inwiefern stehen die Grundsätze der „Inneren Führung" tendenziell im Widerspruch zu der geforderten Funktionstüchtigkeit der Armee (M 8)? Läßt sich eurer Meinung nach dieser Widerspruch in der Praxis lösen?

M 9 Disziplin muß sein — Schikane auch?

Jeder, der mit mir die Grundausbildung absolviert hat, wird als Charakterisierung der ersten Monate beim Bund für zutreffend befinden:
Während dieser Zeit muß man sich einfach zu oft als Sträfling im Gefängnis vorkommen. Dabei leuchtet mir die zentrale Schwierigkeit durchaus ein. Da müssen immer auf's Neue große Mengen Jugendlicher, weitgehend unwillig und von einem doch sehr liberalen Schulsystem geprägt, in kurzer Zeit an das rauhe Militär und seine Ordnung des Befehls und Gehorsams gewöhnt werden.
Den Weg, den die Militärs einschlagen, dem Herr zu werden, kann man — ohne zu dramatisieren — so beschreiben: 12 Wochen bewußt übertriebener Drill mittels äußerster Strenge, bisweilen sogar mit ein bißchen Schikane, und die Rekruten werden sich schon für den Rest ihrer Wehrdienstzeit ausreichend ordentlich und diszipliniert verhalten.
Das sieht im einzelnen so aus: Am allerersten Abend, man ist kaum angekommen, hallen mehrere Stunden lang die Befehle „Rührt euch" — „Stillgestanden" durch den Gang. Und wehe das klappt nicht bald haargenau, zentimetergenau — dann donnert's. Am nächsten Morgen heißt es Betten machen; nicht einfach ordentlich, nein, ein Muster muß es schon sein: Das Kopfkissen eingeklappt und die Kanten astrein, natürlich keine Welle im Bettuch. Und „hoffentlich läuft das bald". Es fragt einer, ob er mal auf die Toilette gehen darf. Der Unteroffizier sagt ja, der Rekrut geht. „Aaachtung" tönt es sogleich und: „Was haben wir vergessen?" Dem Armen fällt zu seinem Glück ein, daß es heißen muß: „Flieger X, Herr Unteroffizier, ich melde mich ab zur Toilette" und der Vorgesetzte darauf: „Na bitte und jetzt weg."
Diese Aufzählung ließe sich beliebig fortsetzen.
Meines Erachtens würde man besser daran tun, an die — erstaunlich große — Einsichtsfähigkeit erwachsener Menschen zu appellieren, indem man die Notwendigkeit eines vernünftigen Maßes an Ordnung, Disziplin und Sauberkeit für das Zusammenleben auf engstem Raum erläutert, ohne bei ihrer Durchsetzung gänzlich auf Druck zu verzichten. Starker Druck kann, ja muß sogar beim Fehlen dieser Einsicht in Einzelfällen gezielt eingesetzt werden, aber es wirkt sich verhängnisvoll aus, alle präventiv* damit zu überziehen.
Ich bin mir durchaus bewußt, daß die Erfahrungen, die ich in diesen 12 Wochen gemacht habe, nicht unbedingt repräsentativ sind, daß an verschiedenen Orten die Grundausbildung wesentlich vernünftiger abläuft. Aber ich meine, daß die Tatsache, daß es überhaupt so geschieht, wie ich es erlebt habe, eine kritische Darstellung rechtfertigt. [...]
Meine Ausführungen über die Grundausbildung mögen den Eindruck vermittelt haben, innerhalb der Streitkräfte herrsche eine Atmosphäre der Repression*. Während dieser drei Monate konnte man wahrlich nicht anders empfinden, und es ist — so finde ich — richtig, dies zu kritisieren. Das darf aber nicht den Blick dafür trüben, daß während der restlichen 12 Monate der Dienst sich ganz anders vollzieht: freier und selbständiger. Hier kommen dann auch die unbestrittenen liberalen Gesetze wesentlich besser zum Tragen.
Mir persönlich haben diese 15 Monate intellektuell nichts, menschlich — so glaube ich — sehr viel gebracht. Einmal, weil ich lernen mußte, mit einer ganz neuen, ungewohnten Situation fertig zu werden. Zum anderen — und das ist für mich wohl der

bleibende Gewinn — durch den intensiven Umgang mit Menschen aus anderen Milieus. In diesem Sinne war es bestimmt keine verlorene Zeit.

(Claus Kreß, Disziplin muß sein — Schikane auch? Als Wehrpflichtiger in der Bundeswehr. In: Franz H. U. Borkenhagen (Hrsg.), Demokratie in Oliv? Streitkräfte im Wandel. Bonn (Dietz Nachf.) 1986, S. 90ff.)

M 10 Positive und negative Seiten

Welche Vorteile hat der Wehrdienst für Sie?

(Antworten in Prozent der Befragten)	betrachte ich als persönl. Gewinn	stimmt nicht	stimmt, aber ist kein Vorteil
daß man gehorchen lernt	16,8	33,1	50,1
daß man körperlich fit wird	59,8	37,5	7,7
daß man lernt, Unannehmlichkeiten zu ertragen	43,4	22,3	34,3
daß man persönlich diszipliniert und fest wird	40,7	40,6	18,8
daß man härter und männlicher wird	25,0	60,0	14,9
daß man nicht viel arbeiten muß	11,6	52,7	35,7
daß man neue Freunde gewinnt	72,3	14,2	13,5
daß man Selbständigkeit lernt	48,1	44,9	7,0
daß man Leute kennenlernt, mit denen man sonst nie zusammengekommen wäre	64,9	7,3	27,7
daß man eine patriotische Gesinnung bekommt	8,8	70,5	10,7
daß man lernt, Ordnung und Sauberkeit zu halten	47,4	30,3	22,3
daß man eine gewisse Opferbereitschaft im Dienst der Allgemeinheit bekommt	31,0	39,4	29,6
daß man etwas für das spätere Berufsleben lernt	27,7	64,9	7,4

Welche Erfahrung in Ihrer bisherigen Bundeswehr-Zeit war für Sie unangenehm?

(Antworten in Prozent der Befragten)	ist mir unangenehm	stimmt nicht	stimmt, aber stört mich nicht
daß man aus dem normalen Leben fast völlig herausgerissen wird	75,7	8,4	15,9
daß das Quartier so eng und unfreundlich ist	56,8	19,5	23,7
daß man dauernd herumkommandiert wird	67,9	16,6	15,5
daß man große körperliche Strapazen aushalten muß	29,9	30,0	40,1
daß die Vorgesetzten in einem unnötig barschen Ton mit einem reden	55,5	23,7	20,8
daß man kein Privatleben hat	60,9	35,0	4,1
daß man mit fremden Leuten auf engstem Raum zusammenleben muß	30,1	15,0	54,9
daß man nicht seiner Vorbildung und seinen Kenntnissen/Fähigkeiten entsprechend behandelt wird	55,4	23,9	20,7
daß man den Kontakt zu Freunden verliert	59,5	37,0	3,5
daß man sich langweilt und die Zeit sinnlos vertut	59,9	29,6	10,5
daß man zu wenig Freizeit hat	65,8	29,0	5,2
daß man als Soldat von Zivilisten wenig geachtet und ernst genommen wird	37,2	33,6	29,2
daß man im beruflichen Weiterkommen zurückgeworfen wird	46,4	37,5	16,0

(M. Braun u. a.: Erziehung in der Bundeswehr, München 1984, S. 12ff. [Auszug])

Zur „Sicherung des Grundwissens" s. S. 247.

Die Frage, wie sie ihre Wehrdienstzeit beurteilen, werden Wehrpflichtige je nach ihrer persönlichen Erfahrung unterschiedlich beantworten. Wir haben daher die Auszüge aus dem Rückblick eines Wehrpflichtigen (M 9) durch Befragungsergebnisse ergänzt. M 10 beruht auf einer Befragung, die sich an Wehrpflichtige während ihrer Bundeswehrzeit richtete.

❶ Was haltet ihr selbst von der in M 9 kritisierten, bewußt gewählten Methode der „Militärs", während der Grundausbildung Ordnung und Drill in übertriebener Strenge zu handhaben? Was will man im Hinblick auf die genannte „zentrale Schwierigkeit" mit dieser Übertreibung erreichen?

❷ Beachtet bei der Beurteilung des Berichtes, daß der Autor ein Abiturient war. Welche Aspekte könnten von anderen Wehrpflichtigen möglicherweise anders bewertet werden?

❸ Die Auswertung von M 10 erfordert Zeit und Konzentration. Achtet vor allem auf die mit besonders hohen (bzw. niedrigen) Prozentwerten besetzten Aussagen, und versucht sie, soweit wie möglich, mit dem Erfahrungsbericht M 9 zu vergleichen.

Der Auftrag der Bundeswehr: Sicherung des Friedens

Wenn man den Auftrag der Bundeswehr, wie er in den verschiedenen Bestimmungen des Grundgesetzes und des Soldatengesetzes zum Ausdruck kommt (s. M 11), richtig verstehen will, muß man auch etwas über die Entstehung und Entwicklung des Ost-West-Gegensatzes und der beiden militärischen Bündnisse wissen, die sich mehr als 40 Jahre lang mitten in Deutschland gegenübergestanden haben (s. M 12).
Die Strategie des Nordatlantischen Verteidigungsbündnisses (NATO), als dessen Teil die Bundeswehr gegründet wurde, war in ihrer ersten Phase von der Überzeugung geprägt, daß die Gefahr eines sowjetischen Angriffs jederzeit gegeben sei. Da die USA gegenüber der Sowjetunion einen erheblichen Vorsprung in der Atomrüstung besaßen,

sollte die Androhung einer „massiven Vergeltung" (d. h. eines einseitig gezielten Atomschlages) den Gegner von einem tödlichen Angriff abschrecken. Als die Sowjetunion in der Atomrüstung gleichzog („atomares Patt"), mußte diese Strategie aufgegeben werden, weil nunmehr die zweiseitige Drohung eines Atomkrieges bestand, der die Gefahr der Vernichtung auch der westlichen Welt beinhaltete. Diese Einsicht führte in den 60er Jahren zum einen zur Entwicklung einer neuen NATO-Strategie, die sich mit dem Stichwort „flexible response" kennzeichnen läßt; zum anderen wurde die Politik der militärischen Abschreckung nunmehr durch eine Politik der „Entspannung" ergänzt, die darauf abzielte, durch gegenseitige Rüstungsvereinbarungen den Frieden sicherer zu machen (s. dazu M 15ff.).*

Der Prozeß der Entspannung, der sich sehr mühsam vollzog und von Zeiten stärkerer Konfrontation unterbrochen wurde, vollzog sich seit dem Amtsantritt des sowjetischen Parteichefs Gorbatschow und seiner konsequent verfolgten Politik des Ausgleichs und der Zusammenarbeit zwischen Ost und West mit großer Geschwindigkeit. Mit der Wiedervereinigung Deutschlands 1989/90 und der Auflösung des östlichen Machtblocks 1990/91 endete der Ost-West-Gegensatz, der mehr als 40 Jahre lang die Weltpolitik entscheidend geprägt hatte.

M 11 Der Auftrag der Bundeswehr

a) Grundgesetz Art. 87a

(1) Der Bund stellt Streitkräfte zur Verteidigung auf. Ihre zahlenmäßige Stärke und die Grundzüge ihrer Organisation müssen sich aus dem Haushaltsplan ergeben.
(2) Außer zur Verteidigung dürfen die Streitkräfte nur eingesetzt werden, soweit dieses Grundgesetz es ausdrücklich zuläßt.

b) Grundgesetz Art. 26 (1)

Handlungen, die geeignet sind und in der Absicht vorgenommen werden, das friedliche Zusammenleben der Völker zu stören, insbesondere die Führung eines Angriffskrieges vorzubereiten, sind verfassungswidrig. Sie sind unter Strafe zu stellen.

c) Soldatengesetz

§ 7 Grundpflicht des Soldaten
Der Soldat hat die Pflicht, der Bundesrepublik Deutschland treu zu dienen und das Recht und die Freiheit des deutschen Volkes tapfer zu verteidigen.

§ 8 Eintreten für die demokratische Grundordnung
Der Soldat muß die freiheitliche demokratische Grundordnung im Sinne des Grundgesetzes anerkennen und durch sein gesamtes Verhalten für ihre Erhaltung eintreten.

Gesetz über die Rechtsstellung der Soldaten (Soldatengesetz) in der Fassung der Bekanntmachung vom 19. August 1975 (BGBl. I, S. 2273ff.)

M 12 Die Entstehung des Ost-West-Gegensatzes

Nach dem Ende des vom nationalsozialistischen Deutschlands entfesselten *Zweiten Weltkrieges* (Mai 1945) übernahmen die Siegermächte die oberste Regierungsgewalt auf dem Gebiet des zerstörten Deutschen Reiches. Deutschland wurde in vier *„Besatzungszonen"* aufgeteilt, von denen die sowjetische das Gebiet der heutigen DDR umfaßte. Die Sowjetunion, die unter den Folgen des deutschen Angriffskrieges furchtbar gelitten hatte und sich in ihrer Politik von einem starken Sicherheitsbedürfnis lenken ließ, sorgte dafür, daß überall dort, wo ihre Truppen vorgedrungen waren, kommunistische Regierungen eingesetzt wurden (Polen, Ungarn, Rumänien, Bulgarien). Die westeuropäischen Staaten (Frankreich, England, die Benelux-Länder) schlossen sich im März 1948 zum „Brüsseler Pakt" zusammen, einem Bündnis, das zunächst noch eine gegen Deutschland gerichtete Zielsetzung hatte, aber bald eine gegen die Sowjetunion gerichtete Funktion erhielt.

Inzwischen hatten nämlich kommunistische Umsturzversuche in Griechenland und in der Türkei sowie die Ablösung einer demokratischen durch eine kommunistische Regierung in der Tschechoslowakei einen deutlichen *Wandel der Politik der USA* gegenüber der Sowjetunion herbeigeführt. Die amerikanische Regierung sah sich in ihrer Vorstellung von der „Einen Welt" („The One World"), in der alle Völker friedlich zusammenarbeiteten, getäuscht und ging mit ihrem Beschluß, Griechenland und die Türkei wirtschaftlich und militärisch zu unterstützen (12. 3. 1947) von einer Politik der Kooperation mit der Sowjetunion zu einer Politik der *„Eindämmung"* (containment) des sowjetischen Strebens nach Expansion (Ausdehnung des Herrschaftsbereichs) über. Es entwickelte sich ein *„Kalter Krieg"* zwischen den beiden Großmächten, in dem zwar eine militärische Auseinandersetzung vermieden, aber jede andere Möglichkeit gesucht wurde, die eigene Position zu stärken und die des Gegners zu schwächen.

So kam es am 24. 8. 1949 zur Unterzeichnung des *NATO-Vertrags* (North Atlantic Treaty Organization) zwischen den USA, Kanada, Großbritannien, Frankreich, den Benelux-Staaten, Norwegen, Dänemark, Island, Portugal und Italien. Griechenland und die Türkei traten dem Vertrag 1952 bei, die Bundesrepublik Deutschland wurde 1955 Mitglied.

Die Sowjetunion, die ihrerseits die Gründung amerikanischer Militärstützpunkte in vielen Teilen der Welt als eine bedrohliche „Einkreisung“ empfand, schloß zahlreiche Bündnisverträge mit den osteuropäischen Staaten, bis am 14. 5. 1955 — sozusagen als Antwort auf den Beitritt der Bundesrepublik Deutschland zur NATO — der gemeinsame „Osteuropäische Vertrag zur gegenseitigen Unterstützung“, meist *„Warschauer Pakt“* genannt, geschlossen wurde. Seitdem wurde bis 1989 die gesamte internationale Politik sehr weitgehend durch die Beziehungen zwischen diesen beiden „Blöken“ bestimmt (Ost-West-Beziehungen, Ost-West-Konflikt).

(Autorentext)

M 13 Ausdehnung sowjetischer Macht und Blockbildung in Europa nach 1945

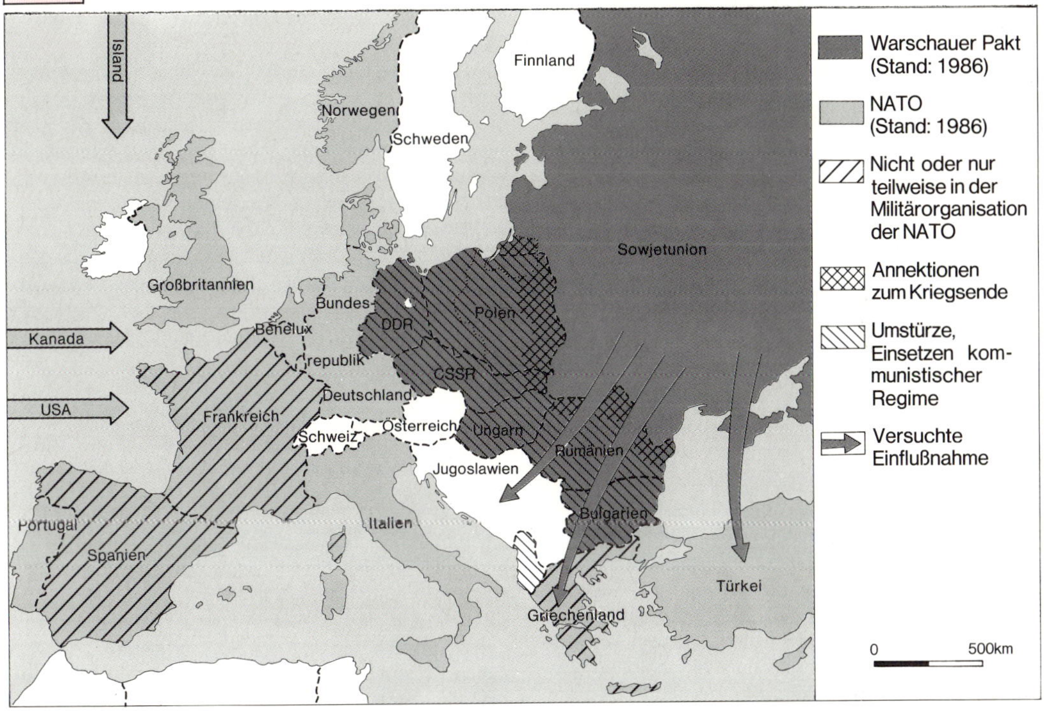

(A. Egner / G. Misenta, Friedenserhaltung und Friedensgestaltung. Hannover [Schroedel], S. 45)

❶ Stellt in M 11a—c die Formulierungen heraus, durch die der „Verteidigungsauftrag“ der Bundeswehr betont wird.

❷ Wenn ihr z. B. im Geschichtsunterricht die Entstehung des Ost-West-Gegensatzes bereits behandelt habt, könnt ihr M 12 und M 13 als Zusatzinformation oder Wiederholung betrachten. Andernfalls solltet ihr die Materialien gründlich erarbeiten und die Darstellung des Geschichtsbuches hinzuziehen.

❸ Beschreibt insbesondere, wie es zur Bildung der beiden Bündnissysteme NATO und Warschauer Pakt kam, und listet die Mitgliedstaaten beider Bündnisse auf (M 13).

M 14 Folgen des Ost-West-Konflikts

Das Wettrüsten der Großmächte

Der Anfang: die Kernspaltung

Voraussetzung für das atomare Wettrüsten war die Entdeckung der Urankernspaltung durch die deutschen Chemiker Otto Hahn und Friedrich Straßmann im Jahre 1938, unter Mitwirkung der österreichischen (und damals schon ins Ausland emigrierten) Physikerin Lise Meitner. Diese Entdeckung ermöglichte die *Entwicklung von Atomwaffen*. Eingesetzt wurde diese Waffe erstmals (und bisher letztmals) im August 1945 auf die japanischen Städte *Hiroshima* (Uranbombe) und *Nagasaki* (Plutoniumbombe). Das war das Ende des Zweiten Weltkriegs. In der Entwicklung der Zerstörungswaffen war damit eine Stufe erreicht, die nie erwartet und deshalb auch nie befürchtet worden war: Der Menschheit war eine Waffe in die Hand gegeben, mit der sie sich auslöschen konnte. Diese schreckliche Aussicht schien auch ihr Gutes zu haben: Viele hofften, die Atombombe könnte allein durch ihre bedrohliche Existenz jeden Angreifer abschrecken, letztlich sogar jeden Krieg unmöglich machen. Zum erstenmal fiel damit einer militärischen Waffe in erster Linie eine *politische Aufgabe zu*: Aggressionen von vornherein zu verhüten. Damit begann aber auch

„Es wird hier dauernd von Frieden gesprochen – meine Herren, der Frieden bin ich!“

(Karikatur von H. Brockmann in der Zeitschrift „Simplicissimus“)

eine schwierige Gratwanderung um die Glaubhaftigkeit von Verteidigungsbereitschaft.
Vier Jahre nach Hiroshima besaß auch die Sowjetunion einsatzfähige Atombomben. Damit war die Ausgangslage erreicht für ein jahrzehntelanges *Wettrüsten* mit dem Ziel, einen waffentechnischen Vorsprung zu erreichen oder den Vorsprung eines Gegners wettzumachen. Eine Zeitlang konnten beide Großmächte hoffen, daß ein solcher Vorsprung dauerhaft sein könnte.

Die Langstreckenraketen

Eine völlig neue Ausgangslage beim Wettrüsten der beiden Großmächte bahnte sich gegen Ende der fünfziger Jahre an: Im Mai 1957 starteten die USA erstmals erfolgreich eine Mittelstreckenrakete, schon im August folgte die UdSSR; nun aber bereits mit einer Langstreckenrakete. Im Oktober gelang den Sowjets der Start der ersten Weltraumrakete mit dem Satelliten Sputnik an Bord. Ein halbes Jahr hielt der Vorsprung der Russen, dann starteten auch die Amerikaner Langstrecken- und Weltraumraketen.
Damit aber war jedes frühere strategische Konzept hinfällig: Langstreckenraketen können bis 20000 km weit fliegen, also um die halbe Erde, von Kontinent zu Kontinent – und sie können Lasten transportieren und abwerfen, also auch Atombomben. Mehr noch: Im Gegensatz zu Langstreckenbombern benötigen sie vom Start bis zum fernen Ziel nicht viele Stunden Flugzeit, sondern nur Minuten. In weniger als einer halben Stunde ist jeder beliebige Punkt der Erde erreichbar.

Der Wettlauf um einen Vorsprung verlagerte sich nun auf andere technische Bereiche der Waffenentwicklung: Nicht wachsende Größe der Atombomben und der Trägerwaffen war das Ziel, sondern beispielsweise die Treffsicherheit der Raketen, die Lenkbarkeit der von der Rakete abgesprengten Atomköpfe, die Schnelligkeit der Einsatzbereitschaft, die Möglichkeit, Raketen von Flugzeugen, Schiffen und Unterseebooten abzufeuern, die Verkleinerung der Atomwaffen bis hin zur tragbaren Mine, zur Artilleriegranate von 15,2 Zentimetern Durchmesser.
Die Dauer eines einmal erreichten Vorsprungs schrumpfte weiter: Mitunter lagen zwischen der Erprobung der gleichen neuen Technik in Ost und West nur noch Monate. Mehr und mehr wurde nun versucht, technische Einrichtungen zu entwickeln, die in der Lage sein sollten, einen Angriff mit Atomwaffen abzufangen oder die Folgen eines solchen Angriffs tragbar zu machen und die *Zweitschlagfähigkeit** sicherzustellen (eigene Raketen vor Zerstörung zu schützen). Diese Zweitschlagfähigkeit ist Voraussetzung für die *Abschreckung*.

Umdenken beginnt

Damit aber wurde in der (westlichen) Öffentlichkeit eine Diskussion ausgelöst, ob Atomkriege nicht doch vielleicht führbar und gewinnbar sein könnten. Die Versuche, der technischen Entwicklung Herr zu werden, wurden für den außenstehenden Beobachter allmählich *unverständlich*, wurden mehr und mehr nur als Ergebnis eines wissenschaftlich-technischen Irrlaufs begreifbar. Immer deutlicher schien sich abzuzeichnen: Der Wettlauf der Rüstungsgiganten konnte nur als totes Rennen enden.
Als aber ein atomares Gleichgewicht der Großmächte erreicht und gegenseitig anerkannt war, ergaben sich plötzlich Möglichkeiten für erfolgversprechende Verhandlungen über *Rüstungsabbau* und *Rüstungskontrolle* (siehe M 15). Nun setzte ein Umdenken ein, das erstmals ernsthaft den völlig neuen Gegebenheiten der Nuklearzeit Rechnung trug.

(Freiheit und Frieden. Auf dem Weg zu einer Friedensordnung in Europa. Autor: C. D. Grupp, Stuttgart, Omnia Verlag, 1991, S. 50f.)

M 15 Verhandlungen über Rüstungskontrolle* und Abrüstung

Am 17. 11. 1969 unternahmen die beiden Supermächte die ersten Schritte zu Rüstungskontrollvereinbarungen mit dem Beginn der „Verhandlungen über die Begrenzung strategischer* Waffen“ (**SALT** = Strategic Arms Limitation Talks). Sie führten zu einem Abkommen („Interim Agreement“ vom 26. 5. 1972), das die Zahl landgestützter Interkontinentalraketen (ICBM)* und nuklearer U-Boot-Raketen (SLMB)* begrenzte.

Die Fortsetzung der SALT-Gespräche zog sich unerwartet lange hin. Erst am 18. 6. 1979 konnte in Wien der **SALT II**-Vertrag unterzeichnet werden. Er begrenzte die Gesamtzahl der Trägersysteme für strategische Waffen (Abschußrampen, schwere Bomber, Atom-U-Boote) auf die Höchstgrenze von 2250 auf jeder Seite. Unterhalb dieser Gesamthöchstgrenze wurden Höchstgrenzen für einzelne Waffensysteme bezogen.

Auf Initiative des amerikanischen Präsidenten Reagan begannen am 29. 6. 1982 in Genf erneut Verhandlungen über nuklearstrategische Waffen, die nun die Bezeichnung **START** (Strategic Arms Reduction Talks) erhielten. Damit sollte zum Ausdruck gebracht werden, daß es nicht mehr um eine Begrenzung, sondern um eine echte *Verringerung* strategischer Waffen gehen sollte. Ziel des amerikanischen Plans war es, die Trägersysteme auf 850 und die Zahl der Sprengköpfe um $^{1}/_{3}$ auf etwa 5000 zu reduzieren.

Darüber hinaus hatten die Supermächte bereits am 30. 11. 1982 ebenfalls in Genf mit einer Verhandlungsrunde über die Begrenzung nuklearer *Mittelstreckenwaffen* (**INF**)* begonnen, und zwar in Reaktion auf den *„Nato-Doppelbeschluß“* vom Dezember 1979, mit dem das westliche Bündnis die Aufstellung atomarer Mittelstreckenwaffen (Pershing II-Raketen und Cruise Missiles)* in Westeuropa für den Fall ankündigte, daß die Sowjetunion ihre seit 1977 westlich des Urals stationierten SS 20-Raketen (Reichweite: 5000 km) nicht abbaute.

Als die Nato im Herbst 1983 mit dieser „Nachrüstung“ begann, brach die Sowjetunion am 23. 11. 1983 beide Genfer Verhandlungen (START und INF) ab. Erst am 12. 3. 1985 trat man erneut in Verhandlungen ein.

Durch zwei Gipfeltreffen zwischen dem amerikanischen Präsidenten *Reagan* und den sowjetischen Parteichef *Gorbatschow* (im November 1985 in Genf und im Oktober 1986 in der isländischen Hauptstadt Reykjavik) sowie durch eine Reihe von Gorbatschow-Vorschlägen im Laufe des Jahres 1987 erhielten diese Verhandlungen neue Impulse und führten im Dezember 1987 zum Abschluß eines *Vertrags über die Vernichtung aller Mittelstreckenwaffen* (INF)* in Ost und West (s. M 16a). Die *START-Verhandlungen* wurden im Herbst des Jahres 1991 abgeschlossen. Vereinbart wurde die Reduzierung der Zahl der strategischen* Atomraketen um ein Drittel (s. M 17).

Parallel zu den Genfer Verhandlungen hatten seit 1975 in Wien Verhandlungen zwischen Nato und Warschauer Pakt über die Begrenzung *konventioneller Waffen in Europa* stattgefunden (MBFR*), die lange Zeit als aussichtslos galten. Auch sie konnten Ende 1990 mit der Unterzeichnung des „Vertrags über konventionelle Streitkräfte in Europa“ (**VKSE**) erfolgreich abgeschlossen werden (s. M 18)

(Autorentext)

❶ Bei der Erarbeitung von M 14 könnt ihr euch an den einzelnen Abschnitten und Absätzen des Textes orientieren. Erläutert insbesondere,
- welche Bedeutung die Erfindung der Atombombe für die Waffenentwicklung gehabt hat,
- in welchen Phasen sich das Wettrüsten zwischen den beiden Supermächten vollzog,
- durch welche Einsicht es allmählich zu einem Umdenken kam und
- was die Karikatur zum Ausdruck bringen will.

❷ Mit 15 gibt einen kurzen Überblick über die wichtigsten Verhandlungsbereiche zwischen den beiden Großmächten. Die Erarbeitung könnt ihr in Form einer Tabelle vornehmen, in der den jeweiligen Bezeichnungen (SALT, START, INF, WSE die wichtigsten Daten und Merkmale zuordnen könnt und die ihr nach der Erarbeitung von M 16—M 19 (nähere Erläuterung der drei Abrüstungsbereiche) ergänzen könnt.

M 16a Das Abkommen über die Vernichtung der Mittelstreckenwaffen

Präsident Gorbatschow und Präsident Reagan bei der Unterzeichnung des INF-Abkommens im Dezember 1987

(Funkbild: Reuter)

Folgende Raketen mittlerer und kürzerer Reichweite sollen aufgrund des Abkommens beseitigt werden:

Sowjetunion

Mittelstrecken-Raketen[1] (1000 bis 5500 km)	470
Reserve	356
Kurzstrecken-Raketen (500 bis 1000 km)	387
Reserve	541
	Total 1754 (mit ca. 3000 Sprengköpfen)

Vereinigte Staaten

Mittelstrecken-Raketen[2] stationiert	417
Kurzstrecken-Raketen stationiert	0
Reserve	170
	Total 817 (mit 890 Sprengköpfen)

[1] Typ: SS 20
[2] Typ: Pershing II

M 16b

Dem Frieden ein Opfer

(Zeichnung: Murschetz)

M 17 Von den rd. 11 000 Sprengköpfen des gegenwärtigen Bestandes der USA befinden sich rd. 25% auf ICBM* (GUS: rd. 60% ihres Bestandes), rd. 35% auf SLBM* (GUS: rd. 25%) und rd. 40% auf Langstrecken-Bombern (GUS: rd. 15%). START II sieht die Reduzierung (in zwei Schritten bis 2003) auf 500 USA-ICBM (Rußland 504), 1728 USA-SLBM (Rußland: 1744) und 1272 USA-Bomber (Rußland: 752) vor.
Anders als in START I sind die drei übrigen GUS-Republiken, die über strategische Atomsprengköpfe verfügen (Ukraine: 1656, Kasachstan: 1410, Weißrußland: 81) von START II nicht erfaßt. Laut START I sollen sie ihre Atomwaffen aber entweder vernichten oder an Rußland übergeben.

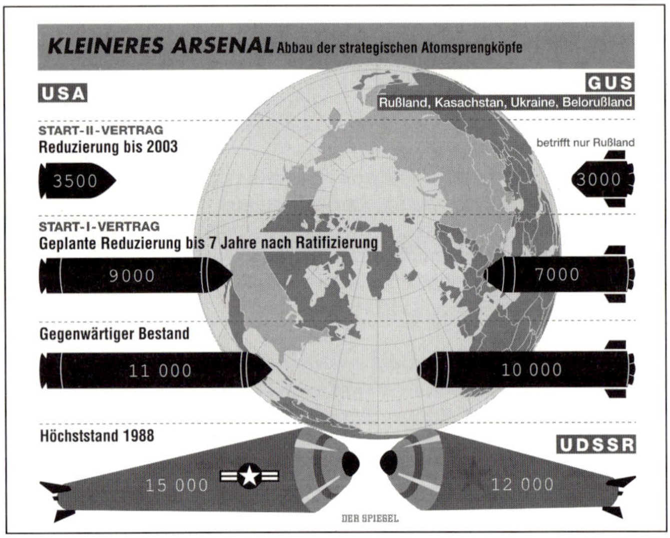

(DER SPIEGEL, Nr. 1, vom 4. 1. 1993, S. 93)

(Foto: dpa)

M 18 Konventionelle Abrüstung in Europa

„Die Unterzeichnerstaaten erklären feierlich, daß sie in dem anbrechenden neuen Zeitalter europäischer Beziehungen nicht mehr Gegner sind, sondern neue Partnerschaften aufbauen und einander die Hand zur Freundschaft reichen wollen". Mit diesem Satz beginnt die Erklärung, die die Mitgliedstaaten der Nato und des Warschauer Paktes bei der Unterzeichnung des „Vertrages über konventionelle Streitkräfte in Europa" (VKSE) am 19. 11. 1990 abgaben. Zu diesem Vertrag war es nach Verhandlungen gekommen, die seit dem 10. 1. 1989 im Rahmen und im Auftrag der „Konferenz für Sicherheit und Zusammenarbeit in Europa" (KSZE, s. M 22) geführt wurden.

Politiker und Diplomaten aus Ost und West sind sich einig. Als Meilenstein und Beginn einer neuen Epoche in Europa bezeichnen sie den am 19. November anläßlich des Sondergipfels der KSZE (Konferenz für Sicherheit und Zusammenarbeit in Europa; s. M. 22) in Paris unterzeichneten Vertrag über die Reduzierung konventioneller Rüstungen vom Atlantik bis zum Ural. Mit der Vereinbarung der 22 Staats- und Regierungschefs der NATO- und Warschauer Pakt-Staaten über einen quantitativen Gleichstand bei den wichtigsten konventionellen Waffen gelang ein bedeutender Schritt auf dem Weg zu einem stabilen Frieden in Europa. Nach gut 15 ergebnislosen Jahren bei den MBFR-Verhandlungen (Mutual Balanced Force Reduction)* benötigten die Teilnehmer im neu geschaffenen Rahmen der VKSE (Verhandlungen über konventionelle Streitkräfte in Europa) in Wien nur gut 20 Monate, um zu dieser Übereinkunft zu gelangen.

Laut Vertrag darf jede Seite im Reduzierungsraum nun noch über 20000 Panzer, 20ooo Artilleriegeschütze, 30000 gepanzerte Gefechtsfahrzeuge, 6800 Kampfflugzeuge und 2000 Kampfhubschrauber verfügen. Um Waffenkonzentrationen zu vermeiden, wurden diese Obergrenzen noch einmal in eine engere und eine erweiterte Zentralzone, eine periphere und eine Flankenregion unterteilt. Gerechnet auf die Gesamthöchstgrenzen für die jeweiligen Kategorien darf zusätzlich kein Einzelstaat über mehr als ein Drittel der erlaubten Waffen verfügen.

Abrüstung in Europa

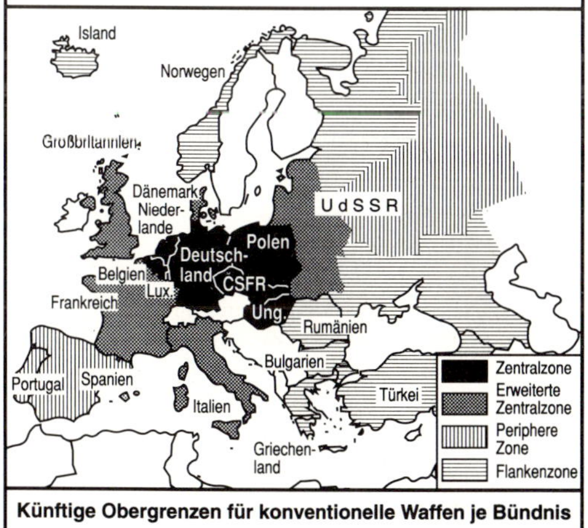

Künftige Obergrenzen für konventionelle Waffen je Bündnis

	Kampf-panzer	Kampf-fahrzeuge	Artillerie-geschütze	Kampf-flugzeuge	Kampf-hubschrauber
Insgesamt:	20 000	30 000	20 000	6 800	2 000
davon in der Zentralzone:	7 500	11 250	5 000		
Erweiterten Zentralzone:	2 800	8 010	4 100		
Peripheren Zone:	5 000	4 840	4 900		
Flankenzone:	4 700	5 900	6 000		

© Globus 8634

Die bisherige Überlegenheit des Warschauer Paktes hat zur Folge, daß die NATO ihr militärisches Gerät nur in geringem Maße abbauen muß (6400 = 24% der Kampfpanzer, 5300 = 15% der Kampffahrzeuge, 800 = 4% der Artilleriegeschütze; zum Anteil der Bundeswehr vgl. M 21). Die Reduzierungen für den Warschauer Pakt: 17700 (47%) Kampfpanzer, 14400 (32%) Kampffahrzeuge, 6700 (25%) Artilleriegeschütze, 1700 (45%) Kampfhubschrauber, 3200 (32%) Kampfflugzeuge; der Löwenanteil daran betrifft die Sowjetunion.

Der Vertragstext mit seinen Protokollen liest sich über weite Strecken wie ein Dokument, das früher mit dem höchsten Geheimhaltungsstempel versehen worden wäre. Mit der Unterzeichnung ist jeder Vertragsstaat verpflichtet, seine – im Rahmen des jeweiligen Bündnisses – ausgehandelten Stückzahlen in die Kürzungskategorien sowie ihre jeweiligen Standorte anzugeben, bis hinunter auf Einheiten von 1000 Mann. Über Streitkräftestrukturen und Verbandsgliederung muß eingehend informiert werden. Jeder vom Vertrag erfaßte Waffentyp muß in seinen technischen Einzelheiten erfaßt werden, Photographie anbei – schwarzweiß, aufgenommen von rechts und links, von oben und unten.

Dann folgen detaillierte Anweisungen, wie das überschüssige Gerät zu zerstören ist, wie Panzer, Flugzeuge und Geschütze zerstückelt und zerschnitten oder „durch eine schwere Abrißbirne aus Stahl oder einem ihr gleichwertigem Instrument" durch wiederholtes Niederfallen zerquetscht werden sollen – ein Leitfaden für Schrottverwerter. Vierzig Monate nach der Ratifizierung sollen die vereinbarten Höchstgrenzen dann erreicht sein.

(Das Parlament Nr. 49 v. 30. 11. 90, S. 20 und Die Zeit Nr. 48 v. 23. 11. 90, S. 11)

M 19 Konsequenzen für die Bundeswehr

Für die Bundeswehr ergeben sich aus dem KSE-Vertrag die weitaus höchsten Reduzierungsverpflichtungen innerhalb der NATO; der Grund liegt hauptsächlich darin, daß die Bundeswehr nach der deutschen Vereinigung das Gerät der ehemaligen Nationalen Volksarmee (NVA) übernommen hatte.

	Obergrenze	Bestand	Reduzierung
Kampfpanzer	4166	7133	2967 (42%)
Gepanzerte Kampffahrzeuge	3446	9598	6152 (64%)
Artillerie	2715	4644	1939 (42%)
Kampf-hubschrauber	306	357	51 (14%)
Kampfflugzeuge	900	1064	164 (14%)

Die Truppen der Bundeswehr werden gemäß der Absprache zwischen Bundeskanzler Kohl und Präsident Gorbatschow von 640000 (alte Bundeswehr + ehemalige NVA) auf 370000 (um 42%) reduziert.

(Autorentext/Zahlenangaben: Bundesverteidigungsministerium)

❶ Analysiert anhand von M 16a den Vertrag über die Vernichtung der Mittelstreckenwaffen (INF*; zu seinem Zustandekommen vgl. M 15), und beachtet dabei folgende Fragen:
— Auf welche Waffensysteme und welche Stationierungsbereiche (vgl. auch M 15) bezieht sich der Vertrag?
— Warum wurde der Vertrag von allen Seiten als ein wirklicher „Durchbruch“ und ein „historischer Fortschritt“ bezeichnet? Was unterscheidet ihn grundsätzlich von den SALT-Verträgen? Erläutert dazu auch die Begriffe „Rüstungskontrolle“ und „Abrüstung“.

❷ Um die Karikatur (M 16b) verstehen zu können, muß man das Ausmaß der gesamten Atomraketen-Rüstung kennen. Vergleicht dazu M 17 und erläutert dann, in welcher Weise der Karikaturist zum Abkommen über die Mittelstreckenraketen Stellung nimmt.

❸ Beschreibt den Inhalt und Bedeutung des Vertrags über konventionelle Streitkräfte in Europa (VKSE). Erläutert den Sinn der Aufteilung des Reduzierungsgebietes in 4 Zonen. Überlegt, warum es möglich war, die enorm schwierigen Verhandlungen in kurzer Zeit zum Erfolg zu führen, nachdem vorher 15 Jahre lang erfolglos über den gleichen Gegenstand verhandelt worden war (M 18).

❹ Beschreibt die besonderen Konsequenzen, die sich aus dem KSE-Vertrag für die Bundeswehr ergeben (M 19).

M 20 Folgen der Abrüstung

	Stand 1990/91	Stand 1995 (Reduzierung in %)
Stationierungsstreitkräfte (v. a. USA, GB)	402900	128000 (68%)
Bundeswehr, Soldaten	490000	370000 (24%)
Zahl der Standorte	720	604 (16%)
Mittel für Beschaffung	10,9 Mrd	7,21 Mrd (34%)

Die Auswirkungen der Abrüstung und der Streitkräftereduzierung auf die Arbeitsplätze lassen sich z. Z. nur abschätzen: Durch die Reduzierung der Bundeswehr auf 370000 Soldaten werden etwa 128000 Arbeitsplätze wegfallen (65000 Berufs- und Zeitsoldaten, 63000 zivile Bundeswehrangehörige); durch Abzug von Stationierungsstreitkräften weitere 60000 (inländische Zivilbeschäftigte). In der Rüstungsindustrie wird der Arbeitsplatzverlust auf 72000, bei Zulieferern für Industrie und Standorte auf weitere 137000 geschätzt.

Insgesamt ergibt sich so rechnerisch eine Gesamtzahl von 527000 betroffenen Arbeitsplätzen, die sich nicht gleichmäßig auf Deutschland verteilen, sondern sich auf die Standorte der Streitkräfte und der wehrtechnischen Industrie konzentrieren.

(Nach: IAP-Dienst Sicherheitspolitik Nr. 21 v. 24. 11. 91)

M 21a Landesregierung fordert Ausgleich

Hannover. Wie kaum eine andere Region in der Bundesrepublik sind Niedersachsen und Bremen, der Wehrbereich II, militärischen Belastungen ausgesetzt. Allein die Bundeswehr hat hier ein Viertel ihres gesamten Personalbestandes stationiert. Seit der Ankündigung, die bundesdeutsche Streitmacht von derzeit 470000 Mann auf 320000 zu verkleinern, gibt es für Kommunalpolitiker zwischen Ems und Elbe ein neues Thema: Wie kann der mit der Truppenreduzierung verbundene Verlust von Arbeitsplätzen und Steuereinnahmen verkraftet werden?

Welche Bedeutung das Militär für die Kommunen im Norden der Bundesrepublik hat, ergibt sich nicht allein aus der Zahl der Soldaten. Im Wehrbereich II sind 120000 deutsche, 17800 britische, 6000 US-amerikanische und 63000 niederländische Soldaten stationiert.

Auch die Zahl der zivilen Mitarbeiter in den Kasernen und militärischen Dienststellen ist beträchtlich. Bei der Bundeswehr im Wehrbereich II sind 34000 Arbeiter, Angestellte und Beamte beschäftigt. Hinzu kommen rund 1200 Auszubildende.

(Handelsblatt v. 15. 8. 90)

M 21b „Bundeswehr braucht ein Drittel weniger Rüstungsgüter“

Der Parlamentarische Staatssekretär beim Bundeswirtschaftsminister, Erich Riedl, geht davon aus, daß die Bundeswehraufträge an die deutsche Rüstungsindustrie im Gefolge der Wiener Abrüstungsvereinbarungen mittelfristig um etwa ein Drittel zurückgehen werden. Rund ein Viertel aller deutschen Unternehmen, die derzeit noch überwiegend Rüstungsgüter herstellten, rechneten in absehbarer Zeit mit erheblichen wirtschaftlichen Schwierigkeiten, betonte Riedl.

Über die wirtschaftlichen Auswirkungen des internationalen Abrüstungsprozesses gibt es laut Riedl zu Zeit nur unvollständige Erkenntnisse, die auf Befragungen von Rüstungsunternehmen basieren. Das Ausmaß der wirtschaftlichen Konsequenzen des Abrüstungsprozesses werde in entscheidendem Maße davon abhängen, inwieweit freiwerdende Kapazitäten für die Produktion ziviler Güter genutzt werden könnten. Grundsätzlich seien die auftretenden Konversionsprobleme um so leichter zu lösen, je größer das Unternehmen sei, je kleiner sein Wehrgüteranteil an der Gesamtproduktion und je weniger spezialisiert die von ihm produzierten Wehrgüter seien.

(Gerhard Hennemann, in: Süddeutsche Zeitung v. 27. 11. 90)

❶ Stellt die Probleme zusammen, die sich aus den Abrüstungsmaßnahmen, den Truppenreduzierungen der Bundeswehr und auch aus dem Abzug ausländischer NATO-Truppen aus der Bundesrepublik (M 20) zum einen für viele Gemeinden und Kreise (M 21a), zum anderen für die Rüstungsfirmen (M 21b) ergeben. Wonach hängt es nach Meinung des Staatssekretärs ab, ob solche Firmen die Probleme der „Konversion" (Umstellung der Produktion von militärischen auf zivile Güter) lösen können (M 21b)?

❷ Erkundigt euch, ob auch in eurer näheren Umgebung Gemeinden oder Firmen von dem Prozeß der Abrüstung und der Truppenreduzierungen betroffen sind. Vielleicht könnt ihr in einem Erkundungsgespräch vor Ort feststellen, worin konkret die Probleme bestehen und welche Chancen und Wege ihrer Lösung gesehen werden.

NATO und Bundeswehr im Rahmen einer neuen Friedensordnung in Europa

M 22 Konferenz über Sicherheit und Zusammenarbeit in Europa – KSZE

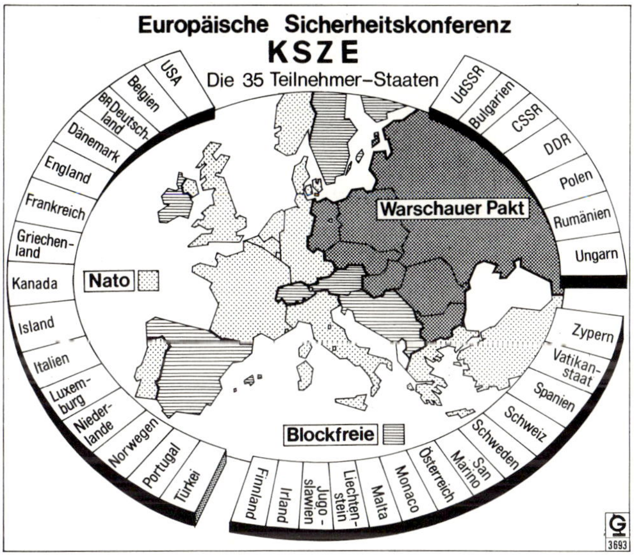

Mit dem Abklingen des Kalten Krieges zwischen Ost und West, der im gespaltenen Europa besonders bedrohliche Formen angenommen hatte, wuchs seit den sechziger Jahren die Bereitschaft zur *Entspannung*, das heißt zur Verständigung und praktischen Zusammenarbeit auch über die Trennlinien der Systeme hinweg. Starke Impulse erhielt der Entspannungsprozeß durch die *„Konferenz über Sicherheit und Zusammenarbeit in Europa"* (KSZE), die am 1. August 1975 mit der Unterzeichnung der *„Schlußakte von Helsinki"* durch hochrangige Vertreter der 35 beteiligten Staaten zu Ende ging. Neben 33 europäischen Staaten (mit Ausnahme Albaniens) hatten auch die USA und Kanada an der über zwei Jahre dauernden Konferenz teilgenommen, auf der alle im Ost-West-Verhältnis strittigen Fragen zur Sprache kamen.

Auf der KSZE-Außenministerkonferenz am 18./19. 6. 91 im Berliner Reichstagsgebäude saßen alle Teilnehmer an einem Tisch für 70 Personen, der für die Konferenz eigens hergestellt worden war: je zwei Vertreter für jeden der 35 Teilnehmerstaaten; darunter jetzt auch Albanien. Im Jahre 1991 wurden neben Rußland 14 weitere Nachfolgestaaten der ehemaligen Sowjetunion aufgenommen, im Verlauf des Jahres 1992 auch Kroatien, Slowenien und Bosnien-Herzegowina. Zusammen mit Rest-Jugoslawien (Serbien) ergab sich somit eine Gesamtzahl von 53 Mitgliedern.

(Foto: Presse- und Informationsamt der Bundesregierung, Bundesbildstelle, Bonn)

Die Verhandlungen fanden in Helsinki (3.—7. 7. 1973) und Genf (18. 9. 1973—21. 7. 1975) statt.
Die Ergebnisse der Konferenz sind in der abschließenden Deklaration zusammengefaßt. Dabei handelt es sich um kein völkerrechtlich verbindliches Dokument, sondern um eine gemeinsame politische Absichtserklärung über die Grundregeln des Zusammenlebens und die Ziele der künftigen Zusammenarbeit in Europa, deren Wirksamkeit im übrigen durch praktische Fortschritte im Entspannungsprozeß bestätigt werden muß. Die Schlußakte umfaßt *drei Hauptbereiche („Körbe)*: 1. Fragen der Sicherheit in Europa, 2. Zusammenarbeit auf den Gebieten der Wirtschaft, Wissenschaft und Technik und der Umwelt, 3. menschliche Kontakte, Information und kulturelle Zusammenarbeit. Weitere Abschnitte befassen sich mit Fragen der Sicherheit im Mittelmeerraum und mit der Einberufung einer Folgekonferenz.
Ausgehend von den in Helsinki vereinbarten Regeln für das friedliche Zusammenleben der Staaten, schuf der *KSZE-Prozeß* mit seinem dichten Geflecht von Begegnungen und Vereinbarungen die Grundlage für den Abbau der militärischen Konfrontation zwischen den Blöcken und für den demokratischen *Wandel in Mittel- und Osteuropa*. Als die Staats- und Regierungschefs der KSZE-Staaten im *November 1990 in Paris* zusammentrafen, konnten sie das Zeitalter der Teilung Europas feierlich für beendet erklären.

(Zeichnung: LUFF; © CCC)

Die von ihnen am 21. 11. 1990 unterzeichnete *„Charta von Paris"* bekräftigt die Prinzipien der Menschenrechte, der Demokratie und der Rechtsstaatlichkeit. Sie unterstreicht das Recht jedes einzelnen auf Gedanken- und Glaubensfreiheit, freie Meinungsäußerung, Vereinigungsfreiheit und Freizügigkeit, enthält die Verpflichtung, „die Demokratie als die einzige Regierungsform unserer Nationen aufzubauen, zu festigen und zu stärken", und bekennt sich zu Marktwirtschaft und sozialer Gerechtigkeit.

(Schmidt-Zahlenbilder)

M 23 Der Warschauer Pakt löst sich auf

„Die europäischen Länder sind vom Erbe der Vergangenheit – dem Zeitalter der Konfrontation und der Teilung des Kontinents – befreit. Die Charta von Paris (s. M 22) eröffnete ein neues Zeitalter der Demokratie, des Friedens und der Einheit in Europa. [...]
Die 22 Länder, die den Vertrag über die konventionellen Streitkräfte in Europa unterzeichneten, stellten in einer gemeinsamen Erklärung fest, daß sie einander nicht mehr als Feinde ansehen und eine neue Partnerschaft und Zusammenarbeit herstellen wollen (vgl. M 18) [...]
Angesichts der tiefgreifenden Änderungen, die in Europa stattfinden, und der Verwirklichung der auf der Sitzung des Politischen Konsultativkomitees am 7. Juni 1990 in Moskau beschlossenen Resolution haben die Mitgliedsländer des Warschauer Pakts als souveräne und gleichberechtigte Staaten beschlossen, mit Wirkung vom 31. März 1991 die militärischen Organe und Strukturen des Pakts aufzulösen.
Die Teilnehmer der Sitzung vertraten die Meinung, daß dies ein Beitrag zu einem weiteren Abbau des Militärpotentials in Europa sei. Es sei auch eine Hinwendung zu gesamteuropäischen Strukturen anstelle von Sicherheitsstrukturen, die sich auf Militärblöcke verlassen. [...]"

(Erklärung zur Auflösung der militärischen Strukturen des Warschauer Pakts. Veröffentlicht bei der Budapester Tagung der Außen- und Verteidigungsminister der WP-Mitgliedsländer am 1. 7. 91 – dpa-Übersetzung)

❶ Beschreibt das Zustandekommen und die Bedeutung der Konferenz über Sicherheit und Zusammenarbeit in Europa (KSZE; seit 1994: OSZE, Organisation für Sicherheit und Zusammenarbeit), und erläutert kurz den Inhalt der berühmten „Schlußakte von Helsinki" mit ihren drei „Körben". Macht euch die geographische Lage der 35 Teilnehmerstaaten klar (M 22), und vergleicht den Umfang dieses Zusammenschlusses mit dem der EU und dem der früheren Militärblöcke NATO und Warschauer Pakt (M 13).
Warum blieb es nach dem Beitritt Albaniens 1991 zunächst bei der Zahl von 35 Mitgliedern? Welche Ereignisse führten dazu, daß 1992 die KSZE aus 53 Mitgliedern bestand?

❷ Erläutert die Bedeutung der sogen. „Charta von Paris", die nach mehreren KSZE-Folgetreffen (1977/78 in Belgrad, 1980—1983 in Madrid, 1986—1989 in Wien) und zahlreichen Teilkonferenzen am 21. 11. 1990 unterzeichnet wurde (M 22).

❸ Stellt fest, worauf sich die Erklärung der Warschauer-Pakt-Staaten in den beiden ersten Abschnitten beruft, und versucht zu erläutern, warum sich die Auflösung dieser Organisation nach den Ereignissen in Deutschland und Osteuropa 1989/90 fast zwangsläufig ergeben mußte (M 23).

Zur „Sicherung des Grundwissens" s. S. 247.

M 24 Die NATO auf der Suche nach einem neuen Selbstverständnis

Die Ereignisse des Jahres 1991 stellten die NATO wiederholt vor die Notwendigkeit, ihr Selbstverständnis zu überprüfen und neu zu formulieren. Nach der Auflösung des Warschauer Paktes (s. M 23) beschloß die NATO am 7. 11. 91 beim Gipfeltreffen in Rom eine *neue Strategie*, welche die „flexible reponse*" und die „Vorneverteidigung*" ablöst. Statt von „Bedrohung" ist jetzt von „Risiken" die Rede, die durch die unsichere Entwicklung in der Sowjetunion, in den osteuropäischen Staaten, in der islamischen Welt und im Nahen Osten entstehen können. Eine „schlanke, bewegliche Verteidigung mit einer radikal verringerten nuklearen Abschreckung soll in Zukunft die Sicherheit des Bündnisgebietes garantieren. Kern der NATO-Verbände ist eine schlagkräftige, mobile Einsatztruppe, die vom „Mittelmeer bis zum Nordkap" in Krisensituationen schnell operieren kann.

Auf Initiative des amerikanischen Außenministers Baker und von Bundesaußenminister Genscher konstituierte sich im Dezember 1991 in Brüssel der *„NATO-Kooperationsrat"* (NAKR), in dem die 16 Natopartner mit den Vertragspartnern des ehemaligen Warschauer Paktes (s. M 12) und den drei baltischen Staaten, die sich im Frühjahr von der Sowjetunion gelöst hatten, durch regelmäßige Treffen eine immer engere politische und militärische Zusammenarbeit erreichen wollen (vgl. M 25). Zum gleichen Zeitpunkt, am 21. 12. 1991, beschlossen in Alma Ata die Präsidenten der sowjetischen Republiken (mit Ausnahme Georgiens) die *Auflösung der Sowjetunion*. Sie vereinbarten eine Zusammenarbeit in einer *„Gemeinschaft Unabhängiger Staaten"* (GUS) und übertrugen vorläufig Boris Jelzin, dem Präsidenten Rußlands, der größten Republik, die Kontrolle über die in vier Republiken verteilten strategischen Atomwaffen.

Diese Entwicklung wurde in den westlichen Ländern begrüßt, weckte aber auch Besorgnis über die ungeklärte Frage der dauerhaften Kontrolle über die sowjetischen Atomwaffen und über die außerordentlich schwierige wirtschaftliche Lage in vielen Teilen der ehemaligen Sowjetunion, die die Gefahr bewaffneter Konflikte in und zwischen den einzelnen neuen Staaten als nicht unwahrscheinlich erscheinen ließ.

(Autorentext)

M 25 „Kooperation und Partnerschaft"

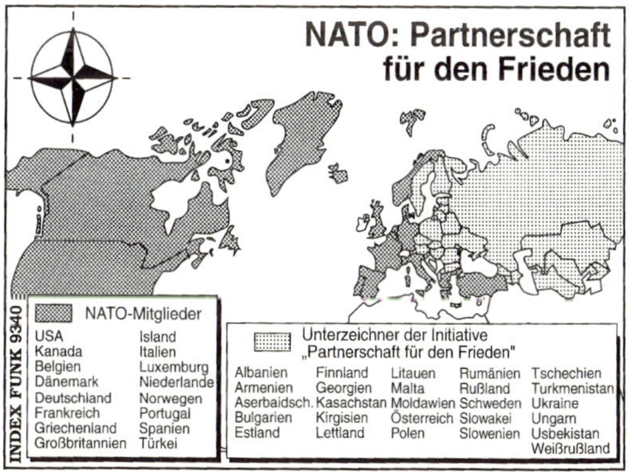

Im Januar 1994 ging die NATO einen großen Schritt weiter. Sie verabschiedete eine Einladung an alle europäischen Staaten, sich einem Vorhaben anzuschließen, das den Namen „Partnerschaft für den Frieden" erhielt. Es stellt den Staaten frei, selber zu entscheiden und auszuhandeln, wie intensiv sie mit der NATO zusammenarbeiten und welche Mittel sie dafür aufbringen wollen. Das Partnerschaftsprogramm wird die Unterzeichnerstaaten auch in einer neu eingerichteten Koordinierungszelle sehr viel dichter an die NATO heranführen, als dies im NAKR vorgesehen war. [...] Als ein Ersatz für die Erweiterung der NATO sind die genannten Maßnahmen indessen nicht gedacht. Wann eine solche Erweiterung jedoch stattfindet und auf wen sie sich letztlich erstreckt, ist angesichts der bestehenden Einwände bislang nicht eindeutig festgelegt worden.

Vierzig Jahre lang galt die NATO in der kommunistischen Propaganda als ein „imperialistisches" und „aggressives" Bündnis. Nur wenige Jahre nach dem Zerfall des Ostblocks bemühen sich die Regierungen der ehemaligen Warschauer-Pakt-Staaten Ostmitteleuropas um Aufnahme in diese Allianz. Sie betrachten sie als „Stabilitätsanker" und erwarten von ihr nicht zuletzt die Garantie ihrer äußeren Sicherheit. Dies gilt bislang besonders für Polen, das nicht noch einmal zwischen seinen Nachbarn Deutschland und Rußland zerrieben werden will. Daher sucht Warschau in der NATO, vor allem weil dem Bündnis die Vereinigten Staaten angehören, Schutz vor seinen Nachbarn im Osten wie im Westen.

Die Einwände gegen eine Ausdehnung der NATO sind vielfältiger Natur. Sie kommen zum einen aus den Reihen der Mitglieder, die vor zusätzlichen Verpflichtungen zurückscheuen. Ablehnend gegenüber einer NATO-Erweiterung äußern sich aber auch Rußland und solche Gruppierungen, die nach dem Ende des Ost-West-Konflikts in Europa eine völlig neue Sicherheitsordnung schaffen wollen, in der Bündnisse wie die NATO keinen Platz mehr haben bzw. in einem gesamteuropäischen Sicherheitssystem aufgehen sollen.

(Zeichnung: Burkhard Mohr)

Den ostmitteleuropäischen Staaten geht es jedoch nicht nur um den Schutz ihrer äußeren Sicherheit. Mit einer Mitgliedschaft in der NATO wollen sie vielmehr auch ihre endgültige und unwiderrufliche Zugehörigkeit zur pluralistischen Staatenwelt des Westens ausdrücken. Das Ende des Ost-West-Konflikts bietet hierfür aus der Sicht einiger ehemaliger Staaten des Warschauer Pakts eine möglicherweise einmalige historische Chance. Die Reaktion der NATO-Staaten war bislang jedoch zurückhaltend. Sie haben sich lediglich auf Maßnahmen geeinigt, die den Charakter von Zwischenentscheidungen tragen. Diese kommen den östlichen Nachbarn zwar entgegen. Eine ausdrückliche Sicherheitsgarantie geben sie ihnen jedoch nicht und verschieben die Aufnahme zumindest einiger neuer Mitglieder in eine noch unbestimmte Zukunft.

(Informationen zur politischen Bildung Nr. 246, 1995, S. 20f.; Verf.: Bernard von Plate)

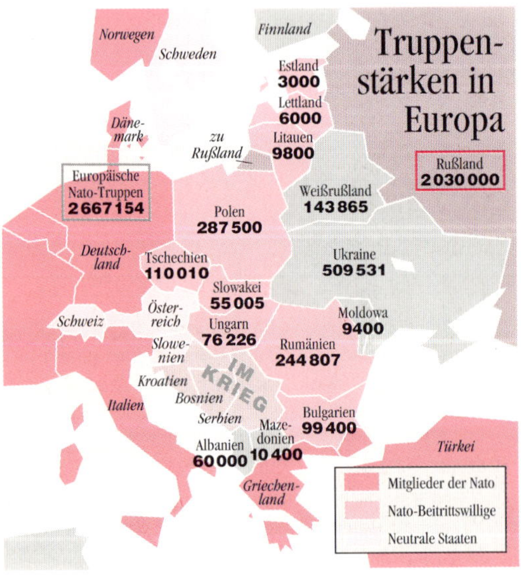

(© DIE WOCHE v. 13. 1. 1994, S. 18)

M 26 „Rußland darf nicht isoliert werden"

Die Nordatlantische Allianz [...] hat 1990 nach vierzig Jahren Kalten Krieges obsiegt, als der Sowjetkommunismus und das auf ihn gegründete imperialistische System in sich zusammenbrachen. Seitdem ist die Nato in Verlegenheit. [...]
Soll sich das Bündnis jetzt einen neuen Gürtel von Mitgliedern vorlagern, die entweder miteinander in Fehde liegen (Ungarn/Rumänien) oder sich um ihr Territorium streiten (Polen/Litauen, Polen/Ukraine) oder von internen ethnischen Konflikten bedroht sind (fast alle zwischen Baltikum und Karpaten)? Nein: Bevor eine Beitrittsdiskussion überhaupt sinnvoll wäre, sollten überall Minderheitenrechte verbrieft und Grenzen für unverletzlich erklärt sein.
Der Westen sollte sich davor hüten, den russischen Reformern Schwierigkeiten zu bereiten, [...] indem er ohne ersichtliche Not die Nato-Grenze dicht an die russische Grenze schiebt. Rußland darf nicht isoliert werden, solange es sich nicht durch wiederauflebende Aggressivität selbst isoliert. Es darf nicht ausgegrenzt werden, solange es auf Zusammenarbeit mit dem Westen setzt. [...]
Sicherheit heißt heutzutage nicht mehr ausschließlich militärische Sicherheit. In Osteuropa zumal hängt die Sicherheit weniger von militärischen Vorkehrungen ab als vielmehr von funktionierenden Marktwirtschaften und intakten demokratischen Institutionen. Beitritt zur Nato ist da weniger bedeutsam als Zugang zu den westlichen Märkten und Organisationen wie der Europäischen Union. Wird dieser Zugang verweigert, könnte auch die Osterweiterung des westlichen Bündnisses wenig ausrichten, um in Europa zusammenwachsen zu lassen, was zusammengehört.

(Theo Sommer, in: DIE ZEIT v. 7. 1. 1994, S. 4)

❶ Die Prinzipien der „flexible response*" und der „Vorneverteidigung" haben mehr als 20 Jahre lang die Strategie der Nato bestimmt. Erläutert knapp, was damit gemeint war (s. Glossar) und warum diese Grundsätze keinen Sinn mehr machen (M 24).

❷ Beschreibt die Entwicklung des Jahres 1991 in den Ländern der ehemaligen Sowjetunion, und informiert euch über neuere Entwicklungen (M 24). Inwiefern sind nach Meinung vieler Beobachter mit dem Zerfall des riesigen Sowjetreiches auch Gefahren und Risiken verbunden?

❸ Durch die grundlegenden Veränderungen im Bereich des früheren „Ostblocks" und durch den Wunsch vieler osteuropäischer Staaten, der NATO beizutreten, hat sich für die NATO eine neue und schwierige Situation ergeben. Versucht, sie anhand von M 25 zu beschreiben.

❹ Der Autor von M 26 wendet sich gegen eine „Ost-Erweiterung" der NATO. Versucht, seine Argumente zu erläutern und selbst zu dieser Frage Stellung zu nehmen.

M 27 Brauchen wir die Soldaten noch?

Pro

Militärische Konflikte mit anderen Staaten entstehen nicht im Zustand von Stabilität und Ordnung, sondern als Folge von Unsicherheit, als Produkt unklarer und hektischer Entwicklungen. Die Bundeswehr wird auch in einem vereinigten Deutschland ein wichtiges Element der Stabilität sein. Sie gibt der friedlichen Entwicklung die Sicherheit und die Ordnung, die ein solcher Prozeß benötigt.

Kein anderes Land wird eine deutsche Armee fürchten müssen. Die Soldaten bedrohen niemanden. Sie benötigen auch kein Feindbild, um ihre Existenz zu rechtfertigen. Sie werden ausschließlich der Verteidigung des Friedens und der Freiheit dienen.

Die Zeiten werden es hoffentlich möglich machen, die personelle Stärke der Armeen zu verringern, den Wehrdienst zu verkürzen und jede Maßnahme zur Abrüstung tatkräftig zu unterstützen; aber auch in der gesamtdeutschen Zukunft wird der Wehrdienst für jeden einzelnen Soldaten ein wichtiger Dienst am Frieden sein.

Kontra

Die Bundeswehr ist geschaffen worden, um einen Krieg zu verhindern. Nun fehlt der Gegner. Was also soll sie noch?

Früher gab es einmal die berechtigte Angst, die kommunistischen Staaten planten die Weltrevolution und bedrohten so die Freiheit des Westens. Seit dem Zerfall der kommunistischen Ideale existieren diese Bedrohungsängste nicht mehr.

Das vereinigte Deutschland wird mit Polen und der Tschechoslowakei, mit der ehemaligen Sowjetunion und allen anderen östlichen Staaten in friedlicher Nachbarschaft leben.

Wir brauchen keine Armee, um die friedlichen Grenzen zu schützen. Soldaten würden hier nur Mißtrauen säen.

Die immensen Ausgaben für Rüstung und Militär sind heutzutage nicht mehr zu verantworten. Diese Mittel können sinnvoller verwendet werden.

Wie soll man den Soldaten den Sinn einer Wehrpflicht vermitteln, wenn es keinen Feind gibt, vor dem wir geschützt werden müssen?

(W. Mattes, Politik erleben. Paderborn 1991, S. 255)

M 28

(Zeichnung: Horst Haitzinger)

M 29 Steigende Zustimmung für Bundeswehr und Wehrpflicht

Die Akzeptanz der Bundeswehr in der deutschen Öffentlichkeit ist in jüngster Zeit angestiegen.

Eine Infas-Umfrage über das Ansehen der Bundeswehr kommt zu einem „eher guten als schlechten" Ergebnis. Bei insgesamt 52 Prozent der Bevölkerung genießt die Bundeswehr hohes oder eher hohes Ansehen (14 bzw. 38 Prozent), bei insgesamt 43 Prozent ist es eher gering (27 Prozent) oder gering (16 Prozent).

Auch die Zustimmung zur Wehrpflicht hat sich einer Umfrage des Instituts für Demoskopie in Allensbach zufolge gewandelt. Die Wertschätzung des Wehrdienstes, die in den siebziger und achtziger Jahren eher niedrig war, nehme wieder zu, stellt Allensbach fest.

In den letzten Jahren ist der Anteil derer, die dem Zivildienst den höheren Wert zuschreiben, in den alten Bundesländern von 50 auf 32, in den neuen Bundesländern sogar von 60 auf 33 Prozent geschrumpft. Die Erkenntnis wächst, daß beide, Zivildienstleistende wie Rekruten, der Gesellschaft einen wichtigen Dienst erweisen.

Auch die Unterstützung für die Beibehaltung der Wehrpflicht nimmt zu, besonders in den neuen Bundesländern, wo vor fünf Jahren noch die Ablehnung der allgemeinen Wehrpflicht überwog. 1990 sprachen sich nur 44 Prozent der ostdeutschen Befragten für die Beibehaltung der Wehrpflicht aus, heute 52 Prozent, in Westdeutschland 55 Prozent.

Die Bevölkerung, so Allensbach, ist sich in den letzten Jahren bewußt geworden, daß das Ende des Warschauer Paktes nicht das Ende der Kriegsgefahr bedeutet. Nur eine Minderheit mag ausschließen, daß die Bundesrepublik irgendwann in einen größeren Konflikt hineingezogen wird: 34 Prozent der westdeutschen, 25 Prozent der ostdeutschen Bevölkerung fühlen sich in dieser Hinsicht völlig sicher und halten die Verwicklung in einen Krieg für ausgeschlossen.

Der Anteil der Bevölkerung, der die NATO als intaktes und starkes Bündnis sehen möchte, ist seit 1991 bis heute von 57 auf 71 Prozent gestiegen.

(DIE WELT v. 29. 10. 1995)

❶ Erörtert die in M 27 gegenübergestellten Argumente, und fügt aus eurer Diskussion heraus ggf. weitere Gesichtspunkte hinzu. Bezieht für eure eigene Beurteilung auch die Gesichtspunkte aus M 24—M 26 mit ein. Was will die Karikatur M 28 zum Ausdruck bringen?

❷ Analysiert die in M 29 aufgeführten Umfrageergebnisse. Was hat zu der beschriebenen Veränderung der Einstellungen geführt?

❸ Vielleicht könnt ihr zu M 29 eine eigene kleine Umfrage (z. B. in anderen 10. Klassen oder in einer älteren Jahrgangsstufe und/oder bei Verwandten und Bekannten) durchführen und die Ergebnisse vergleichen, auch unter Beachtung der zeitlichen Entwicklung. Beachtet dazu die Hinweise im Anhang dieses Buches (S. 251 f.).

Zur „Sicherung des Grundwissens" s. S. 247.

Das Grundrecht auf Kriegsdienstverweigerung in der Bundesrepublik Deutschland

M 30 Gesetzliche Grundlagen

a) Grundgesetz:

Artikel 4, Abs. 3 GG

Niemand darf gegen sein Gewissen zum Kriegsdienst mit der Waffe gezwungen werden. Das Nähere regelt ein Bundesgesetz.

Artikel 12 a, Abs. 2 GG

Wer aus Gewissensgründen den Kriegsdienst mit der Waffe verweigert, kann zu einem Ersatzdienst verpflichtet werden. Die Dauer des Ersatzdienstes darf die Dauer des Wehrdienstes nicht übersteigen. Das Nähere regelt ein Gesetz, das die Freiheit der Gewissensentscheidung nicht beeinträchtigen darf und auch eine Möglichkeit des Ersatzdienstes vorsehen muß, die in keinem Zusammenhang mit den Verbänden der Streitkräfte und des Bundesgrenzschutzes steht.

b) Gesetz zur Neuordnung des Rechts der Kriegsdienstverweigerung und des Zivildienstes vom 28. 2. 1983:

„Wer sich aus Gewissensgründen der Beteiligung an jeder Waffenanwendung zwischen den Staaten widersetzt und deshalb unter Berufung auf Artikel 4 Abs. 3 Satz 1 des Grundgesetzes den Kriegsdienst mit der Waffe verweigert, hat statt des Wehrdienstes Zivildienst außerhalb der Bundeswehr als Ersatzdienst gemäß Artikel 12 a Abs. 2 des Grundgesetzes zu leisten." (§ 1).

c) Zivildienstgesetz vom 29. 9. 1983

[i. d. ab 1. 1. 1984 geltenden Fassung]) „Im Zivildienst erfüllen anerkannte Kriegsdienstverweigerer Aufgaben, die dem Allgemeinwohl dienen, vorrangig im sozialen Bereich." (§ 1)

M 31 Was sind „Gewissensgründe"?

a) „Gewissen" — Definition des Bundesverfassungsgerichtes

Das Bundesverfassungsgericht hat in einer grundlegenden Entscheidung ausgesprochen, unter Gewissen sei „ein wie immer begründbares, jedenfalls aber real erfahrbares seelisches Phänomen zu verstehen, dessen Forderungen, Mahnungen und Warnungen für den Menschen unmittelbar evidente* Gebote unbedingten Sollens sind" (BVerfGE 12,54). [...]

Danach ist Gewissensentscheidung im Sinne des Art. 4 Abs. 3 GG jede ernste sittliche, d. h. an den Kategorien von Gut und Böse orientierte Entscheidung, die der einzelne in einer bestimmten Lage als für sich bindend und unbedingt verpflichtend innerlich erfährt, so daß er gegen sie nicht ohne ernstliche sittliche Not handeln könnte. [...]

[...] Damit wird aber auch zugleich das praktische Dilemma* deutlich. Gewissen ist in jedem Fall ein inneres Phänomen. Soll jedoch die Anerkennung als Kriegsdienstverweigerer ausgesprochen werden, so bedarf diese innere Erscheinung der äußeren Darstellung. Verwickelte seelische Vorgänge müssen im Anerkennungsverfahren rechtlich faßbar und durchsichtig gemacht werden. [...]

(Gebhard Müller. Die Verweigerung des Kriegs- und Ersatzdienstes in verfassungsrechtlicher Sicht. Manuskript o. J., zitiert nach: Franz W. Seidler / Helmut Reindl, Wehrpflicht—Kriegsdienstverweigerung—Zivildienst—Wehrgerechtigkeit [Reihe Kontrovers, hrsg. v. d. Bundeszentrale für politische Bildung], Bonn o. J., S. 41 ff.)

b) Religiöse Gründe

Religiöse Gründe für eine Kriegsdienstverweigerung sind nicht privilegiert*. Auch sie können nur dann eine Anerkennung als Kriegsdienstverweigerung zur Folge haben, wenn sie zu einer den Wehrpflichtigen innerlich verpflichtenden Gewissensentscheidung geführt haben (BVerwG, Beschluß vom 2. 9. 1968).

c) Politische Gründe

Kommt ein Wehrpflichtiger aufgrund von Erwägungen politischer oder sonstiger verstandesmäßiger oder vernunftsmäßiger Natur zu der ihn innerlich verpflichtenden Überzeugung, der Krieg als Gewaltanwendung zwischen den Menschen sei an sich und als solcher sittlich verwerflich, so kann er als grundsätzlicher Gegner des Krieges an einem solchen nicht ohne ernste Gewissensnot teilnehmen. Daher liegt auch in einem solchen Falle eine echte Gewissensentscheidung vor, die einen Anspruch auf Anerkennung des Kriegsdienstverweigerers begründet (BVerwG, Urteil vom 20. 6. 1968). [...]

d) „Situationsbedingte" Kriegsdienstverweigerung

Hält ein Kriegsdienstverweigerer sich zur Waffenanwendung in einer bestimmten Art von Kriegen oder gegenüber bestimmten gegnerischen Kriegsteilnehmern für fähig, so liegt nur eine situationsbedingte Kriegsdienstverweigerung vor, die dem Schutz des Art. 4 Abs. 3 GG, § 25 WPflG nicht unterliegt (BVerwG, Urteil vom 31. 10. 1968). [...]

(Zitiert nach: Wehrdienst und Zivildienst als Friedensdienst [Verf.: H. Wasser], Stuttgart [Klett] 1985, S. 57)

M 32 Das geltende Anerkennungsverfahren

Über den Antrag eines Ungedienten entscheidet grundsätzlich das zum Geschäftsbereich des Bundesministers für Jugend, Familie und Gesundheit gehörende Bundesamt für den Zivildienst (BAZ). Die Entscheidung ergeht aufgrund schriftlicher Unterlagen, also ohne persönliche Anhörung. Dem Antrag sind ein ausführlicher Lebenslauf, eine persönliche ausführliche Darstellung der Beweggründe für die Gewissensentscheidung sowie ein Führungszeugnis beizufügen. Für die Anerkennung genügt es, daß der Antrag vollständig sowie das Vorbringen schlüssig und zweifelsfrei ist. Die eigentliche „Probe auf die Gewissensentscheidung" ist in der Bereitschaft des Antragstellers zu sehen, den Zivildienst zu leisten, der nunmehr ein Drittel länger als der Grundwehrdienst dauert (20 Monate statt bisher 16 Monate). Sollte ausnahmsweise ein Antrag unvollständig sein, so muß dem Antragsteller Gelegenheit gegeben werden, das Fehlende nachzureichen oder zu ergänzen. Erst wenn auch danach der Antragsteller seinen Antrag nicht vervollständigt, muß davon ausgegangen werden, daß ihm an seiner Anerkennung als Kriegsdienstverweigerer nicht viel liegt.
Nicht Gegenstand der Prüfung durch das Bundesamt ist, ob die Begründung auch glaubhaft und ernsthaft ist. Durch die Schlüssigkeitsprüfung werden daher nur solche Fälle von der Anerkennung ausgeschlossen[1], in denen nach dem eigenen Vorbringen des Antragstellers es eben keine Gewissensgründe sind, die ihn am Kriegsdienst hindern. Und schließlich geht es noch um die denkbaren Widersprüche in den tatsächlichen Angaben. Auch hier ist das eigene Vorbringen des Antragstellers allein maßgebend. Ermittlungen des Bundesamtes sind ausdrücklich ausgeschlossen. Kann der Antragsteller den Widerspruch oder die Zweifel nicht beseitigen — hierzu muß ihm das Bundesamt Gelegenheit geben —, so soll der Prüfungsausschuß sich mit einem solchen Zweifelsfall befassen.
Über den Antrag eines Soldaten, Einberufenen, Gedienten usw. entscheidet der beim Kreiswehrersatzamt gebildete Ausschuß für Kriegsdienstverweigerung (AfKDV), und zwar in der Regel nach persönlicher Anhörung. Das Anhörungsverfahren vor dem AfKDV entspricht im wesentlichen der bisherigen Regelung[2]. Der Ausschuß hat den Antragsteller anzuerkennen, wenn zu seiner Überzeugung hinreichend sicher angenommen werden kann, daß die Verweigerung auf einer durch Art. 4 Abs. 3 des Grundgesetzes geschützten Gewissensentscheidung beruht.
Der Ausschuß kann ausnahmsweise ohne persönliche Anhörung anerkennen, wenn er die erforderliche Überzeugung schon aus dem Akteninhalt gewinnen kann.

(Presse- u. Informationsamt der Bundesregierung [Hrsg.], Wehrdienst— Kriegsdienstverweigerung. Zivildienst. Bonn, Oktober 1985, S. 6)

---

[1] Im Jahre 1987 wurden weniger als ein Prozent der schriftlichen Anträge abgelehnt.
[2] Bis zum Inkrafttreten des heute geltenden „Kriegsdienstverweigerungs-Neuordnungsgesetzes" am 1. 1. 1984 mußten sich *alle* Antragsteller einer mündlichen „Gewissensprüfung" vor einem Prüfungsausschuß unterziehen.

M 33 Ist die längere Dauer des Ersatzdienstes grundgesetzwidrig?

Schon in seinem Urteil von 1978 (s. M 31 a) hatte das Bundesverfassungsgericht darauf hingewiesen, daß eine im Vergleich zum Wehrdienst längere Dauer des Ersatzdienstes ein mögliches Mittel sei, nach Wegfall der mündlichen Gewissensprüfung die Ernsthaftigkeit eines Antrags auf Kriegsdienstverweigerung und das Vorliegen einer echten Gewissensentscheidung festzustellen. Im Urteil von 1985 heißt es dazu:

„Die bewußte Inkaufnahme des gegenüber dem Grundwehrdienst um fünf Monate verlängerten Zivildienstes soll als tragendes Indiz* für das Vorliegen einer Gewissensentscheidung gelten. In erster Linie soll die erschwerte Ausgestaltung des Zivildienstes sicherstellen, daß das Grundrecht nur von echten Kriegsdienstverweigerern in Anspruch genommen wird. Sie bildet nach dem Willen des Gesetzgebers zwar die eigentliche, aber nicht die einzige Probe auf das Gewissen. [...]"

Nun heißt es aber im Grundgesetz (§ 12a; s. M 30): „Die Dauer des Ersatzdienstes darf die Dauer des Wehrdienstes nicht übersteigen." Das Bundesverfassungsgericht hat (mit der Mehrheit seiner Richter) in der längeren Dauer des Ersatzdienstes deshalb keinen Widerspruch zum Grundgesetz gesehen, weil der Wehrdienst ja nicht nur aus dem Grundwehrdienst (fünfzehn Monate), sondern auch aus zusätzlichen Wehrübungen bestehe, die eine

Gesamtdauer von 9 bis 18 Monaten haben können (s. M 2). Außerdem liege der Sinn der Grundgesetzbestimmung, so das Gericht, darin, „ein Gleichgewicht der Belastung von Wehr- und Ersatzdienstleistungen sicherzustellen". Der Wehrdienst stelle aber in aller Regel eine stärkere Belastung dar.
Kritiker der Entscheidung des Bundesverfassungsgerichts, darunter auch zwei Bundesverfassungsrichter selbst, haben darauf hingewiesen, daß die Dauer von Wehrübungen bei einfachen Soldaten z. Z. kaum eine Woche ausmache und daß die Grundgesetzbestimmung auf die tatsächliche (nicht auf die theoretisch mögliche) Dauer des Wehrdienstes ziele. Die jetzt bestehende Regelung stehe also im Widerspruch zum Grundgesetz.
(Autorentext)

❶ Informiere dich anhand von M 30a—c über das Grundrecht auf Kriegsdienstverweigerung und die sich daraus ergebenden gesetzlichen Regelungen.

❷ Das Grundgesetz bindet das Recht auf Kriegsdienstverweigerung an das Vorliegen einer Gewissensentscheidung. Versucht mit Hilfe von M 31 a mit eigenen Worten zu sagen, was man im juristischen Sinn unter „Gewissen" versteht. Erläutert auch, welches „praktische Dilemma"* mit dem Problem der Gewissensentscheidung verbunden ist (zu den Konsequenzen, die sich daraus für das Anerkennungsverfahren ergeben, s. M 32).

❸ Erklärt, inwieweit neben religiösen auch politische Erwägungen das Recht auf Anerkennung als Kriegsdienstverweigerung begründen können (M 31 b, c). Was ist entscheidend für die Feststellung, daß es sich um eine echte Gewissenentscheidung handelt? Was hat das Bundesverwaltungsgericht demgegenüber als eine nicht dem Grundgesetz entsprechende „situationsbedingte" Kriegsdienstverweigerung bezeichnet (M 31 d)?

❹ M 32 enthält eine genaue Beschreibung des z. Zt. geltenden Anerkennungsverfahrens. Stellt die wichtigsten Regelungen heraus. Wie schätzt ihr selbst dies Verfahren ein?

❺ Erläutert möglichst mit eigenen Worten, wie das Bundesverfassungsgericht die längere Dauer des Zivildienstes gegenüber dem Wehrdienst begründet hat, und stellt sodann die Kritik heraus, die an dieser Entscheidung und der entsprechenden Gesetzgebung geäußert worden ist. Versucht, eine eigene Stellungnahme zu dieser Frage zu formulieren (M 33).

M 34

Kriegsdienstverweigerungs-Anträge 1958—1994

Im Zusammenhang mit dem Golfkrieg stiegen die Zahlen zu Beginn des Jahres 1991 sprunghaft an (insgesamt für 1991: 151212 Verweigerer). Für 1992 betrug die Zahl 133868, für 1993 130041, für 1994 125745 und für 1995 160600.

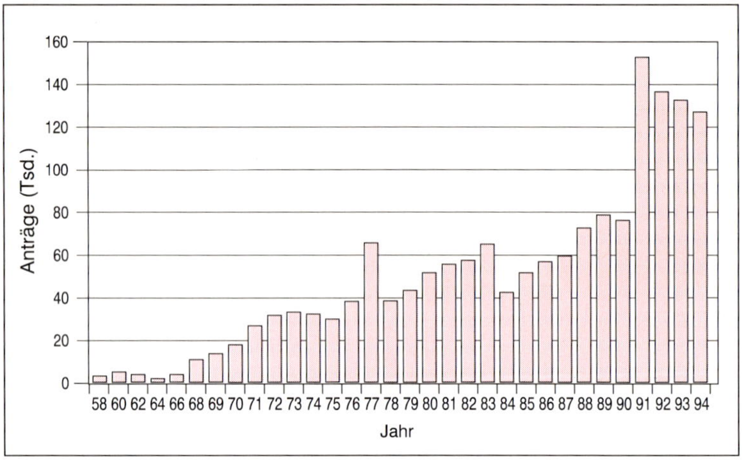

(Reader Sicherheitspolitik VII. 3, hg. vom Bundesverteidigungsministerium; Beilage zu „Informationen für die Truppe", Oktober 1995)

M 35 a **„Mehr Zivis als Soldaten"**

Die Zahl der Kriegsdienstverweigerer wird nach Berechnungen des Verteidigungsministeriums mit rund 160000 Antragstellern in diesem Jahr einen neuen Höchststand erreichen. Damit wollen 1995 erstmals mehr junge Männer Zivildienst leisten als im selben Jahr ihren Grundwehrdienst bei der Bundeswehr absolvieren (rund 150000).
[...] Der verteidigungspolitische Sprecher der CDU/CSU-Bundestagsfraktion, Paul Breuer, bezeichnete den Anstieg als „besorgniserregend". [...] Für Breuer ist dieser Widerspruch – Zustimmung zur Bundeswehr im allgemeinen einerseits, hohe KDV-Zahlen andererseits – ein „Beleg dafür, daß die hohe KDV-Quote nicht ausschließlich auf Gewissensgründen beruht". Sie sei vielmehr Ausdruck des sich in allen Teilen der Gesellschaft verbreitenden Pragmatismus, der sich in der Frage manifestiere, was man „für sich herausholen kann". Breuer ist der Ansicht, daß [...] politischer Gestaltungswille gefragt sei, um die Wehrpflicht „als Regelpflicht zu erhalten". Konkret schlug Breuer eine Überprüfung der nach wie vor vorhandenen Vorteile des Zivildienstes – heimatnahe Verwendung, bessere Bezahlung, günstige Dienstzeiten, keine Kasernierung – gegenüber dem Wehrdienst vor.
(WELT am Sonntag, Dez. 1995)

M 35b **Arbeitsbereiche und Arbeitgeber von Zivildienstleistenden**

Die wichtigsten Arbeitgeber der Zivildienstleistenden sind der Deutsche Paritätische Wohlfahrtsverband (20%), das Diakonische Werk (20%), der Deutsche Caritas-Verband (18%), das Deutsche Rote Kreuz (12%), die Deutsche Krankenhausgesellschaft (8%) und die Arbeiterwohlfahrt (7%). Die Tabelle zeigt die Zahl der Plätze.

(Stand: 15. 3. 1995; Quelle: Bundesamt für den Zivildienst [Köln])

(Lexikon aktuell '94, S. 530)

		Zivildienstplätze	Zivildienstleistende
01	Pflege- und Betreuungsdienste	82291	59757
02	handwerkliche Tätigkeiten	22173	18056
03	gärtnerische und landwirtschaftliche Tätigkeiten	4048	3079
04	kaufmännische und Verwaltungstätigkeiten	1007	523
05	Versorgungstätigkeiten	8448	6928
06	Tätigkeiten im Umweltschutz	6078	4848
07	Kraftfahrdienste	3208	2572
08	Tätigkeiten im Krankentransport und Rettungsdienst	11153	8054
11	Mobile Soziale Hilfsdienste	19814	13420
19	Individ. Schwerstbehindertenbetreuung	8472	4774
45	Individ. Schwerstbehindertenbetreuung von Kindern	1082	759
98	Spitzensportler	93	57
	Gesamt:	167867	122827

M 36 **„Attraktive Aspekte des Zivildienstes"**

Wie die Entwicklung zeigt, hat die Novellierung des Gesetzes (s. M 32, Anm. 2) die Zahl der Zivildienstanträge allerdings nicht gesenkt.
Dafür gibt es mehrere Gründe. Wer ernsthaft seinem Gewissen folgen will, wird dies in jeder Lage tun. Einen Anhaltspunkt dafür, daß auch andere Einflüsse stark sind, gibt ein Blick zurück in die Vergangenheit. Bis zum Jahre 1968, dem des Studentenprotestes und der Straßenschlachten der Außenparlamentarischen Opposition, lag die Zahl der Anträge auf Zivildienst zwischen 2500 und 6000. Dann schnellte sie hoch auf 14000, 19000, 27000 und 35000. Dies spricht für politische Motive. Daneben gibt es aber auch die Bequemlichkeitserwägungen. Sie sind durch die Verlängerung des Zivildienstes im Jahre 1984 um fünf Monate nicht widerlegt. Es bleiben nämlich — wie eine schon 1978 von Infas* angestellte Untersuchung zeigt — genug attraktive Aspekte des Zivildienstes.
Aus der Sicht der Betroffenen zählt beispielsweise folgendes: Wer Zivildienst leistet, wird nicht kaserniert. Er kann in aller Regel zu Hause schlafen und leistet seinen Dienst an seinem Wohnort oder in dessen näherer Umgebung. Dadurch wird ihm die Trennung von der vertrauten Umgebung erspart, die von der großen Mehrzahl der Wehrpflichtigen als der schwerwiegendste Begleitumstand ihres Dienstes in der Bundeswehr empfunden wird. Wer zu Hause essen kann, hat zudem den Vorteil, daß ihm das Verpflegungsgeld in bar ausgezahlt wird. Das sind zehn Mark pro Tag, ein Betrag, der sich am Monatsende auf eine Verbesserung des sich am Wehrsold orientierenden Entgeltes um etwa 300 DM summiert. Wer in der Kaserne ißt, muß darauf verzichten.

Von nicht geringerer Bedeutung ist für viele, daß ihre Arbeitszeit im Zivildienst — anders als bei der Bundeswehr — tariflich geregelt ist. Wer beispielsweise im Pflege- oder Krankendienst eingesetzt ist, arbeitet vierzig Stunden in der Woche, wer als Hausmeister oder Fahrer eines Unfallwagens seinen Zivildienst leistet, hat — inklusive Bereitschaftszeiten — die üblichen 56 Wochenstunden zu akzeptieren. Damit sind die freien Wochenenden ebenso wie der geregelte Freierabend und die Ferien gesichert. Der Zivildienst stellt sich somit für den jungen Mann als eine zwar — verglichen mit normaler beruflicher Tätigkeit — relativ schlecht bezahlte, ansonsten aber seinen gewohnten Lebensverhältnissen, Interessen und privaten Bedürfnissen gerecht werdende Unterbrechung des beruflichen Lebens dar.

(FAZ vom 10. 3. 1987 [Aufsatz von Karl Feldmeyer: „Viel geändert — wenig bewirkt"], S. 12)

M 37 **„Bequemlichkeitserwägungen nicht stichhaltig"**

Die Bequemlichkeitserwägungen, die der Autor anführt, erweisen sich bei näherem Hinsehen als nicht stichhaltig. Gerade für die Abiturienten bedeutet der Zivildienst den Verlust eines vollen Jahres gegenüber den vergleichbaren Soldaten, denn neben der um fünf Monate längeren Dauer muß man auch nach dem neuen Verfahren mit Wartezeiten von bis zu vier Monaten rechnen, bevor man überhaupt den Zivildienst antreten kann. Die Zivildienstleistenden sind auch finanziell nicht besser gestellt. Viele erhalten bis zu 300 Mark mehr als die Soldaten, jedoch müssen sie sich davon auch voll verpflegen. Für die, die nicht zu Hause wohnen, ist das gerade ausreichend, und die, die zu Hause leben, erzielen einen finanziellen Vorteil auf Kosten der Eltern, die dann ihren Sohn mitversorgen.

Zugegeben, generell brauchen Zivildienstleistende im Durchschnitt nur 40 Stunden in der Woche zu arbeiten. Doch zerstückelte Arbeitszeiten, Nachtdienste, Bereitschaftsdienste und Arbeitszeiten von 80 Stunden und mehr können durchaus von Zivildienstleistenden gefordert werden. Während meiner Zivildienstzeit war das sogar eher die Regel als die Ausnahme. (Ich war in der individuellen Schwerstbehindertenbetreuung tätig.)
Zusätzlich wird den Zivildienstleistenden ein erheblich höheres Maß an psychischer und seelischer Belastbarkeit abverlangt, beispielsweise in der Betreuung todkranker, geistig behinderter oder seelisch geschädigter Menschen. Oft tragen sie eine große Bürde an Verantwortung, so daß man kaum von der bequemen Alternative sprechen kann. [...]
Viel wichtiger für die steigende Zahl der Anträge scheint mir aber zu sein, daß der Zivildienst immer mehr als sinnvoller Dienst am Menschen betrachtet wird, mit dem man seine soziale und friedliche Einstellung verwirklichen kann. Solange das Wettrüsten immer sinnentfremdeter wird, so lange wird der Zivildienst als sozialer Friedensdienst eine positive und friedliche Alternative zum Wehrdienst bieten.
Stephan Klasen, Trier

(Leserbrief in der FAZ vom 22. 3. 1987 [Antwort auf M 36])

M 38 Bundespräsident von Weizsäcker über das Verhältnis von Wehr- und Zivildienst

Ich gehöre dem Jahrgang 1920 an. 1938 wurde ich zum zweijährigen Dienst in der Deutschen Wehrmacht einberufen. Wir waren damals als Soldaten keine besseren und keine schlechteren Menschen als die Generationen vor uns oder als die jungen Männer heute. Eines aber war klar: In der Wehrmacht wurde man ausgebildet, nicht nur um fremde Angriffe zu verhindern, sondern vor allem auch, um selber Kriege führen zu können.
Heute dagegen findet Wehrdienst seinen der Vernunft einsehbaren Zweck und seine sittliche Rechtfertigung allein in der Verhütung des Krieges. [...]
Der heutige Wehrdienst ist [...] Bestandteil unserer Einsicht und unserer Instrumente für eine Friedenspolitik, die wir wollen und zu der wir genötigt sind.
Das Vokabular des Grundgesetzes macht dies nicht unmißverständlich klar. Dort ist vom Kriegsdienst die Rede. Es widerspricht aber den Werten und Zielen unserer Verfassung und der übereinstimmenden Politik in unserer Demokratie, den Dienst der inzwischen mehr als fünf Millionen Wehrpflichtigen und Berufssoldaten sprachlich als Kriegsdienst zu bezeichnen. Der Begriff legt ein falsches Verständnis nahe und suggeriert* geradezu einen bösen Zweck, den es gar nicht gibt. Er kann Gefühle mobilisieren, die die sachliche und sittliche Bewertung erschweren oder gar verfälschen.
Wehrdienst ist Kriegsverhinderungsdienst. Wird dieses Ziel verfehlt, ist der Dienst am Ende seiner Brauchbarkeit angelangt.
Unsere Verfassung enthält als Grundrecht die persönliche Entscheidung über die Verweigerung des Dienstes mit der Waffe aus Gewissensgründen und statt dessen die Pflicht zur Ableistung eines Ersatzdienstes. Dies ist eine wahrhaft eindrucksvolle Regelung. Sie bringt den Respekt vor der Würde des Menschen und damit vor seinem persönlichen Gewissen in fundamentaler Weise zum Ausdruck.
Ich begegne diesem Grundrecht der Gewissensentscheidung und dem Zivildienst bewußt und entschieden mit hohem Respekt. Meine Haltung hat sich in zahlreichen Gesprächen und bei Besuchen von Zivildienstleistenden an ihrer Tätigkeitsstätte gebildet und bekräftigt.
Wer es wirklich ernst nimmt mit seiner eigenen Gewissensentscheidung, der wird seinen Mitmenschen mit Achtung vor ihren Zweifelsfragen, ihren Konflikten und ihrem Gewissen begegnen. Die eigene Gewissensentscheidung ist nicht Basis zur moralischen oder ideologischen Diskreditierung* anderer. Sie würde sonst alsbald zur Selbstgerechtigkeit.
Das Ringen um die moralische Bewertung des eigenen Verhaltens ist kein Vorrecht und kein Monopol des Verweigerers. Aus vielen Begegnungen mit Soldaten weiß ich sehr wohl, mit welchem wahren Ernst und hohen Verantwortungsbewußtsein sie ihr soldatisches Gewissen schärfen. Die ständige Auseinandersetzung mit Zweck und Rechtfertigung der bewaffneten Friedenssicherung ist geradezu Wesensmerkmal des Soldatenberufs geworden.
Entscheidungen des Gewissens sind persönlich. Jeder sollte dem anderen ein Gewissen als Maßstab seines Handelns zutrauen, zubilligen und es achten. [...]
Es gilt aber eine Grenze zu wahren. [...] [Es wäre bedenklich,] wenn wegen unseres liberalen Anerkennungsverfahrens und der verständlichen, von mir sehr wohl respektierten sozialen Wertschätzung bestimmter Teile des Zivildienstes der Eindruck entstünde, man könne sich beliebig zwischen Wehr- und Zivildienst entscheiden. Dies käme letzten Endes einer Entwertung des Gewissens und seines grundrechtlichen Schutzes gleich.

(Auszug aus der Rede des Bundespräsidenten Richard von Weizsäcker vor dem Arbeitskreis „Wehrdienst und Berufswelt" beim DGB am 5. 7. 1989. Aus: Stichworte zur Sicherheitspolitik Nr. 7/89, hrsg. vom Presse- und Informationsamt der Bundesregierung, S. 61f.)

M 39 Bundespräsident Herzog

Sorge bereitet mir nach wie vor die hohe Zahl derjenigen, die nach Gesetz den Wehrdienst verweigern. Zwar ist auch der Zivildienst ein bedeutsamer Faktor im sozialen System unseres Landes, und auch die Zivildienstleistenden verdienen hohen Respekt. Aber die Wehrpflicht ist für uns unabdingbar.

Wir müssen bei klarem Bekenntnis zur Wehrpflicht als der originären Bürgerpflicht zu einem angemessenen Verhältnis zwischen Wehr- und Ersatzdienst finden und auf jeden Fall eine Entwicklung verhindern, die noch mehr als schon bisher zu Lasten der Wehrdienstleistenden geht. Ich halte, wie ich soeben sagte, die Wehrpflicht für unabdingbar. Ich stehe aber auch zur Verpflichtung des Parlaments, sie glaubwürdig zu begründen, gerecht zu vollziehen und den Wehrdienst als die gegenüber dem Zivildienst vorrangige Pflicht öffentlich herauszustellen. Es wäre falsch, aus der vom Verfassungsgericht geforderten Gleichbehandlung der Wehrdienst- und Zivildienstleistenden eine Gleichrangigkeit beider Dienstformen abzuleiten. Gesellschaftlich wichtig und wertvoll — auch daran möchte ich keinen Zweifel lassen — sind allerdings beide Dienste. Wir müssen also darauf achten, daß das Gleichgewicht der Belastung von Wehr- und Ersatzdienstleistenden sichergestellt wird. Der Zivildienstleistende darf im Vergleich zum Wehrdienstleistenden weder schlechter noch besser gestellt werden. Es wäre meines Erachtens falsch, in diesem Zusammenhang die Wiedereinführung der Gewissensprüfung anzustreben. Wir müssen vielmehr den Wehrdienst attraktiver machen und – wenn nötig – auch über manche Formen des Zivildienstes noch einmal diskutieren. Allerdings: Ohne daß die Bevölkerung die Notwendigkeit der Wehrpflicht innerlich bejaht, laufen alle materiellen und streitkräfteinternen Aktualitätsmaßnahmen ins Leere.

(Rede bei der Kommandeurstagung der Bundeswehr am 15. 11. 1995; aus: Süddeutsche Zeitung v. 16. 11. 1995, S. 9)

❶ In der Entwicklung der Zahl der Anträge auf Kriegsdienstverweigerung (M 34) spiegelt sich in gewisser Weise auch die Geschichte der Änderungen des Anerkennungsverfahrens wider, auf die wir hier nicht näher eingegangen sind (so genügte z. B. von Juli bis Dezember 1977 eine einfache Mitteilung „per Postkarte“ für die Anerkennung). Erläutert die Entwicklung von 1990 bis 1995 und nehmt zu der in M 35a geäußerten Besorgnis Stellung (vgl. auch M 39).

❷ Erläutert einige euch vielleicht bekannte Institutionen und Arbeitsbereiche, in denen Zivildienstleistende tätig sind (M 35b).

❸ Beschreibt, warum nach Meinung des Autors von M 36 der Zivildienst für viele Jugendliche „attraktiv“ sein könnte, und vergleicht dazu die Argumente des Leserbriefschreibers (M 37).

❹ Anhand des Auszuges aus den Reden der Bundespräsidenten (M 38, M 39) könnt ihr das grundsätzliche Verhältnis zwischen Wehr- und Zivildienst noch einmal zusammenfassend diskutieren. Stellt deutlich heraus, worauf es den Bundespräsidenten ankommt.

❺ Wir können im Rahmen dieses kurzen Abschnitts nicht alle Probleme und Fragen, die sich mit dem Thema „Wehrdienst — Ersatzdienst“ verbinden lassen, behandeln. Eine gute Möglichkeit der näheren Auseinandersetzung mit euch interessierenden Fragen könnte ein Gespräch mit einem Jugendoffizier der Bundeswehr und einem Vertreter des Verbandes der Zivildienstleistenden schaffen. Beachtet dazu die Hinweise zur „Expertenbefragung“ im Anhang S. 255

Zur Sicherung des Grundwissens

Nach der Erarbeitung von Kapitel 13 solltet ihr

- *Inhalt und Dauer der Wehrpflicht anhand der Erläuterung folgender Begriffe beschreiben können: Wehrpflicht, Grundwehrdienst, Wehrübungen, Ausschluß, Zurückstellung, Befreiung (M 2 a/b);*
- *die Begriffe „Staatsbürger in Uniform“ und „Innere Führung“ als Leitzielvorstellungen des Dienstes in der Bundeswehr erläutern können (M 7, M 8);*
- *den Verteidigungsauftrag der Bundeswehr beschreiben und seine gesetzlichen Grundlagen benennen können (M 11);*

- *knapp beschreiben können, wie es nach dem Ende des 2. Weltkrieges zum Ost-West-Gegensatz und seinen Folgen gekommen ist (M 12—14);*
- *anhand der Erläuterung der Abkürzungen SALT, START, INF und VKSE die wichtigsten Bereiche der Abrüstungsverhandlungen und ihre Ergebnisse sowie deren Folgen für die Bundeswehr beschreiben können (M 15—M 20);*
- *die Bedeutung der KSZE kurz erläutern können (M 22);*
- *beschreiben können, wie sich das Ende des Ost-West-Konfliktes und die Auflösung des Warschauer Paktes auf das Selbstverständnis der Nato und der Bundeswehr auswirken (M 24, M 26, M 27);*

- *den ersten Satz aus Artikel 4, Abs. 3 des Grundgesetzes (Kriegsdienstverweigerung) zitieren können (M 30 a);*
- *erläutern können, wie das Bundesverfassungsgericht den Begriff „Gewissenentscheidung“ definiert hat (M 31);*
- *beschreiben können, welche grundsätzliche Schwierigkeit sich bei der Überprüfung einer Gewissensentscheidung ergibt und wie das z. Z. gültige Anerkennungsverfahren geregelt ist (M 31 a letzter Abschnitt, M 32);*
- *Dauer, Inhalt und Ausgestaltung des Zivildienstes kurz beschreiben können (M 30, M 36/37).*

Anhang

Hinweise zur Analyse von Statistiken

Statistische Daten spielen im Sozialkunde-Unterricht bei der Behandlung vieler Themen eine wichtige Rolle. Das ist schon deshalb so, weil man zur Beurteilung einzelner konkreter Fälle und Fakten wissen muß, wie es „im ganzen" oder „im Durchschnitt" aussieht. Statistiken sind in einer „Sprache" abgefaßt, die sich auf wenige Begriffe, auf Zahlen und grafische Zeichen beschränkt und die auf diese Weise eine Vielzahl und Vielfalt von Fakten unter ganz bestimmten Gesichtspunkten ordnet und zusammenfaßt. Um diese „Sprache" richtig verstehen und „übersetzen" zu können, muß man beim Lesen bestimmte Regeln beachten und anwenden. Das ist auch deshalb wichtig, weil Statistiken oft den Anschein vollkommener Objektivität und unbezweifelbarer Richtigkeit erwecken, obwohl sie z. B. Wesentliches verschweigen und den Leser u. U. in einer bestimmten Richtung beeinflussen, ihn „manipulieren" können. Die folgenden Hinweise sollen euch helfen, die Fähigkeit zu erwerben, Statistiken schnell und sicher lesen, erläutern und kritisch beurteilen zu können.

A. Arten von Statistiken

Statistiken (Statistische Daten) lassen sich grob unterteilen in Tabellen (zahlenmäßige Übersichten) und Grafiken (Veranschaulichung von Zahlenwerten und Größenverhältnissen mit Hilfe grafischer Elemente). Grafische Darstellungen gibt es in vielfältiger Form. Neben Schaubildern, die durch die Verwendung figürlicher Darstellungen gekennzeichnet sind (vgl. z. B. S. 10, 108, 211), sind Diagramme aller Art sehr gebräuchlich (u. a. Kurvendiagramme, wie z. B. S. 244, Stab- bzw. Säulendiagramme, wie z. B. S. 201 (M 16), 202, und Kreisdiagramme, wie z. B. S. 204, 205).
Die häufigste Form stellen aber wohl *Tabellen* dar. Deshalb sei ihr Aufbau hier kurz erläutert.
Die tabellarische Anordnung beruht im allgemeinen darauf, daß zwei Aspekte (Kategorien) eines (in der Überschrift genannten) Sachbereichs miteinander in Beziehung gesetzt werden. Das geschieht in der Weise, daß der eine Aspekt im Kopf der Tabelle (Kopfzeile) bezeichnet wird, der andere in der Seitenspalte (Vorspalte). Auf diese Weise ergeben sich in einer Tabelle (horizontale) *Zeilen* und (vertikale) *Spalten*, die dann mit Zahlenwerten gefüllt werden können (s. Skizze).

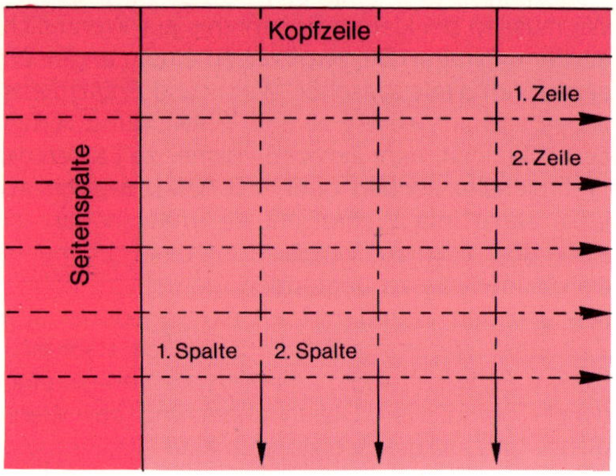

Wenn eine Tabelle etwa — um ein einfaches Beispiel zu wählen — die Stimmenanteile der z. Zt. im Bundestag vertretenen Parteien bei den letzten 5 Bundestagswahlen darstellen will, kann sie in der Kopfzeile die Namen dieser Parteien auflisten und in der Seitenspalte die fünf Wahljahre. Die Stimmenanteile werden in Prozent der abgegebenen gültigen Stimmen angegeben.

Parteien / Wahljahr	CDU/ CSU	SPD	F.D.P.	DIE GRÜNEN
1972	44,9	45,8	8,4	—
1976	48,6	42,6	7,9	—
1980	44,5	42,9	10,6	1,5
1983	48,8	38,2	7,0	5,6
1987	44,3	37,0	9,1	8,3

Diese Form der tabellarischen Anordnung ermöglicht es in unserem Beispiel, sozusagen „auf einen Blick" nicht nur die Anteile der Parteien im jeweiligen Wahljahr miteinander zu vergleichen (in den Zeilen), sondern auch die Entwicklung der Anteile für jede einzelne Partei über 15 Jahre hin zu überblicken (in den Spalten).

B. Arbeitsschritte bei der Analyse von Statistiken

Um eine exakte Erarbeitung zu gewährleisten, ist es notwendig, Beschreibung und Interpretation (Auswertung und kritische Beurteilung) deutlich zu trennen und dabei bestimmte Leitfragen zu beachten (nicht alle Fragen des folgenden Katalogs sind für jede einzelne Statistik von Bedeutung).

1. Beschreibung

a) *Aussagebereich und Quelle*
(Überschrift und Quellenangabe)
— Wozu soll die Statistik etwas sagen? Welche Frage will sie beantworten?
— Für welche Zeit und für welchen Raum soll sie gelten?

— Wer hat die Statistik verfaßt (verfassen lassen)? Auf welchen Quellen beruht sie?
— Bei Befragungsergebnissen: Auf welche Frage hatten die Befragten zu antworten? Welche Antwortmöglichkeiten hatten sie?

b) *Darstellungsform, Kategorien und Zahlen*
— Welche Form der Darstellung wurde gewählt?
— Welche Kategorien (Begriffe) werden miteinander in Beziehung gesetzt? (Z. B. bei Tabellen: Was steht in der Kopfzeile/Tabellenkopf, was in der Seitenspalte/Vorspalte?) Was bedeuten diese Begriffe genau?
— Welche Zahlenarten (absolute Zahlen, Prozentzahlen, Index*-Zahlen) werden verwendet? Auf welche Gesamtzahl (Basiszahl, Bezugsgröße) beziehen sich ggf. die Prozentzahlen?

Hinweis: Insbesondere bei Vergleichen zwischen *Prozentzahlen* muß man darauf achten, ob die Gesamtzahl angegeben ist. So kann z. B. der Vergleich zweier Zeitungsverlage, von denen der eine seine Auflage von 500000 auf 1 Million (also um 100%) gesteigert hat, der andere seine Auflage von 2 Millionen auf 3 Millionen (also um 50%) erhöht hat, einen ganz unterschiedlichen Eindruck hervorrufen, je nach dem, ob man diesen Vergleich in absoluten Zahlen (500000 im Vergleich zu 1 Million) oder in Prozentzahlen (100% im Vergleich zu 50%) formuliert.

Auch der Unterschied zwischen einer Veränderung in Prozent und in Prozentpunkten ist bei der Beschreibung zu beachten (s. Glossar s. v. prozentuale Veränderung).

2. Interpretation

a) *Auswertung*
— Welche Informationen lassen sich der Statistik entnehmen? (Was bedeutet z. B. eine bestimmte Zahl in der Tabelle, ein bestimmter Punkt auf der Kurve des Diagramms usw.?)
— Welche Aussagen (Beziehungen, Entwicklungen) sind im Hinblick auf die Fragestellung besonders wichtig? Lassen sich bestimmte Schwerpunkte (Maxima, Minima), regelhafte Verläufe, besondere Verhältnisse und Entsprechungen feststellen?
— Wie läßt sich die Aussage zusammenfassend formulieren?

b) *Kritik*
— Enthält die Statistik offensichtlich Mängel und Fehler (z. B. in der Berechnung, Benennung, grafischen Anlage usw.)?
— Zu welchem Bereich der Fragestellung macht die Statistik keine Angaben? Was müßte man wissen, um die Daten und ihren Stellenwert im größeren Zusammenhang beurteilen zu können?
— Läßt sich ein bestimmtes Interesse an der Veröffentlichung erkennen? Könnte sie jemandem nutzen oder schaden?

Hinweise zur sozialwissenschaftlichen Methode der Befragung

I. Zu einigen grundlegenden Aspekten

1. Was man durch Befragung erfahren kann

Die systematische Befragung von Personen über das, was sie getan haben, was sie gewöhnlich tun und was sie tun wollen, dazu über ihre Meinungen und Ansichten, ist heute das gebräuchlichste Mittel der Soziologen, Daten zu sammeln. Der Befragung unterworfen werden repräsentative Stichproben (s. u. 2.) von Gesamtbevölkerungen, aber auch nichtrepräsentative Stichproben und Gesamtheiten, so etwa die ganze Belegschaft einer Fabrik oder alle Ärzte einer Stadt. [...]

Über die Tatsache, daß man durch Fragen nur indirekte Auskünfte bekommt — verbales Verhalten, aber nicht tatsächliches Verhalten erfährt, Meinungen, die auszusprechen der Befragte für richtig hält, Gefühle, die ihm deutlich bewußt sind —, muß man sich allerdings im klaren sein. [...]

Wieviel Lohn die Arbeiter ausbezahlt bekommen und wieviel einige von ihnen am Zahltag im Wirtshaus lassen, stellt man am besten im Lohnbüro und im Wirtshaus fest. Doch was die Leute über ihren Verdienst — vielleicht im Verhältnis zu ihrer Arbeitsleistung, zu dem anderer Leute oder zu ihren Bedürfnissen — denken und sagen und was sie über ihre Wirtshausausgaben behaupten (und vielleicht auch, was ihre Frauen darüber behaupten), das kann man nur von ihnen selbst und von ihren Frauen erfahren. [...]

2. Was heißt „repräsentativ"?

[...] In der soziologischen Forschung können wir aber nur selten die ganze Gruppe oder Bevölkerung auf bestimmte Merkmale hin untersuchen. Dies ist eigentlich nur dem Staat bei Volkszählungen und Eintragungen in die Personenstandsregister möglich. Diese und andere amtlich gesammelten Daten (z. B. die Kriminalstatistik) werden von Soziologen selbstverständlich benutzt, ebenso alle irgendwo veröffentlichten Gesundheits- oder Wirtschaftsstatistiken; aber diese Daten haben neben Vorteilen auch manche Nachteile. So kann man sie oft nicht zueinander in Beziehung setzen, weil sie zu verschiedenen Zeiten mit verschiedenen Methoden gesammelt wurden. In der Praxis ist der Forscher deshalb meistens darauf angewiesen, seine eigenen Daten zu sammeln, und zwar von einer *Stichprobe*, einem verkleinerten repräsentativen Modell der Gesamtheit. Besitzt er Angaben über die Gesamtheit aus amtlichen Quellen, so wird er sein Modell nach diesen Angaben auf seine Stimmigkeit hin überprüfen. [...]

Das Ziel ist also, mit der Stichprobe (sample) ein verkleinertes Modell der Grundgesamtheit zu erhalten, denn man will ja von den an der Stichprobe beobachteten Merkmalen, von ihrer Verteilung und von ihren Beziehungen zueinander auf die Merkmale der Gesamtheit, auf ihre Verteilung und ihre Beziehungen zueinander schließen. Dazu muß die Stichprobe die Grundgesamtheit „repräsentieren".

3. Die Zufallsauswahl

[...]

Wenn wir aus einem Korb Pflaumen einige herausgreifen, aufbrechen und feststellen, daß sie alle wurmig sind, so schließen wir mit gutem Grund, daß dieser Korb ein schlechter Kauf wäre. Wenn wir uns aber nach unseren Erfahrungen mit italienischen Kellnern, französischen Zollbeamten und japanischen Studenten ein Bild der betreffenden Völker machen, so schließen wir inexakt, denn unsere „Probe-Exemplare" bilden keine (im statistischen Sinne) echte Zufallsauswahl (Random-Auswahl) von Italienern, Franzosen und Japanern, ja nicht einmal von bestimmten Gruppen innerhalb dieser Völker. Um eine repräsentative Zufalls-Stichprobe zu erhalten, müßten wir uns z. B. ein vollständiges Namensverzeichnis aller französischen Zollbeamten verschaffen, müßten diese Namen wie Lose in eine Trommel stecken, gut schütteln und dann wie bei einer Lotterie einzelne Namen ziehen. Die Hauptbedingung ist: Jede Einheit der Grundgesamtheit muß dieselbe berechenbare Chance haben, in die Stichprobe zu kommen. Dann erhalten wir eine echte Zufallsauswahl, die ein verkleinertes Abbild der Gesamtheit ist.

Wie groß aber muß die Stichprobe sein, um uns wirklich Verallgemeinerungen auf die Gesamtheit zu erlauben? Daß für die gängige Markt- und Meinungsforschung 2000 Personen befragt werden, die 50 oder auch 200 Millionen Menschen vertreten sollen, wird oft mit Erstaunen zur Kenntnis genommen. Viele wissenschaftliche Untersuchungen kommen jedoch mit noch kleineren Stichproben aus. Denn für den Grad der Genauigkeit der Ergebnisse kommt es ebenso auf die Güte der Stichprobe an wie auf ihre Größe. [...]

Immer bleibt es jedoch bei Umfragen ein Problem, an die für die Zufallsstichprobe gewählten Personen auch wirklich heranzukommen. Sie sind vielleicht ständig außer Haus und wollen sich nicht befragen lassen und jeder neue Besuch, den der Interviewer an derselben Adresse machen muß, kostet mehr Zeit und Geld — vier Besuche sind wohl schon die äußerste Grenze. Danach muß eine Einzelperson gewählt werden. Dieses Problem hat das Quoten-Verfahren nicht, dafür allerdings andere.

4. Das Quoten-Verfahren

Das Quoten-Verfahren, das bei Meinungsumfragen oft verwendet wird, überläßt es dem einzelnen Interviewer, innerhalb bestimmter „Quoten" die „Zielpersonen" selbst auszuwählen. Das Verfahren setzt voraus, daß man über zuverlässige Statistiken verfügt — als Grundlage für das Festsetzen von „Quoten". Die vorgeschriebenen Quoten erstrekken sich meist auf Geschlecht, Alter, Schulbildung, Ortsgröße und regionale Gliederung. So wird also ein sehr genaues repräsentatives Modell der Bevölkerung in bezug auf diese (oder andere) Quoten-Merkmale erreicht. Die dem Verfahren zugrunde liegende Annahme ist, daß dieses Modell auch die anderen Merkmale der Gesamtheit widerspiegelt.

[...] Quoten-Stichproben sparen Zeit und Geld, wenn bekannt ist, wie die benutzten Merkmale in der Bevölkerung verteilt sind, d. h. wenn es eine zuverlässige Statistik darüber gibt. Wie mehrfach nachgewiesen worden ist, weichen die erreichten Bevölkerungsquerschnitte und die Ergebnisse bei Befragungen nach der Random- und der Quoten-Methode nicht wesentlich voneinander ab. Trotzdem wird die Diskussion über die richtige Methode noch lange weitergehen, da es zwischen dem Streben nach Perfektion und den praktischen Gegebenheiten — der Arbeits- und Kostenaufwand muß schließlich im Verhältnis zum erwarteten Ergebnis stehen — niemals eine völlig befriedigende Lösung geben kann. Weitgehend werden nun heute solche Verfahren akzeptiert, bei denen Fehlerspannen von 2 bis 3 Prozent nach oben und nach unten einzukalkulieren sind. Damit ist die Genauigkeit von Briefwaagen erreicht und die vieler anderer täglich benutzter Meßgeräte überboten. Und das reicht aus für die meisten Verwendungszwecke von Meinungsumfragen. [...]

II. Zur praktischen Durchführung von Befragungen

1. Schriftlich oder mündlich

Quantitative Umfragen können schriftlich oder mündlich durch Interviewer vorgenommen werden. In beiden Fällen braucht man *Fragebogen*, um System in die Sache zu bringen, um die erhaltenen Antworten vergleichbar, zählbar, meßbar zu machen. Bei schriftlichen Umfragen hat man weniger Kontrollen über die Art der Beantwortung. So hören manche Leute mitten im Ausfüllen der Fragebogen auf, wenn sie müde werden, lassen sich von Verwandten helfen usw. Dafür ist jedoch das Verfahren billiger. [...]

Das *mündliche Interview* wiederum erlaubt nicht nur eine bessere Kontrolle des Vorgangs, sondern auch die Benutzung vieler verfeinerter Techniken, wie das Vorzeigen von Bildern, [...] das Stellen derselben Fragen an verschiedenen Punkten des Interviews, und was sich die Techniker der Umfrageforschung sonst noch ausgedacht haben. [...]

2. Die Strukturierung des Fragebogens

Der Fragebogen kann mehr oder weniger durchstrukturiert sein. Am einen Extrem steht Professor Kinseys[1] Interview: Er hatte überhaupt nichts schriftlich fixiert, hatte die Fragen im Kopf und brachte sie in der Reihenfolge und mit den Ausdrükken vor, die ihm für den jeweiligen Befragten passend erschienen. [...]

Am anderen Extrem stehen Fragebogen, bei denen nicht nur alle Fragen genau wörtlich vorgelesen werden, sondern auf denen auch die Antworten vorgegeben sind in Kategorien wie „Ja", „Nein", „Weiß nicht" oder „Stimme damit überein — Absolut, Ziemlich, Einigermaßen, Etwas, Gar nicht", oder nach der Frage: „Können Sie mir nach dieser Liste sagen, welches Ihre Hauptinteressengebiete sind, für was davon Sie sich besonders interessieren?" — eine Liste mit 19 Angaben zur Gedächtnisstütze.

[...] Je sorgfältiger der Fragebogen durchstrukturiert (standardisiert) ist, desto besser lassen sich die Antworten zählen und vergleichen, desto näher kommt der Fragebogen einem exakten Meßinstrument. Das gilt aber nur, wenn der Fragebogen auch gründlich ausprobiert (vorgetestet) wurde, so daß nicht etwa ein Drittel aller Befragten ihre Hauptbeschäftigung während der Freizeit nicht erwähnt finden oder verlegen sagen müssen: „Ich weiß nicht", weil sie die Frage nicht verstehen. [...]

3. Welchen Einfluß die Form der Fragen haben kann

Der Einfluß, den die Frage-Formulierung auf die Verteilung von Antworten hat, ist in der Öffentlichkeit nicht genügend bekannt — das zeigen z. B. die zahlreichen Veröffentlichungen von Prozentzahlen in Zeitungsartikel ohne Angabe des Wortlautes der Frage. Selbst kleine Änderungen können die Ergebnisse stark beeinflussen. Elisabeth Noelle-Neumann[2] schildert das folgende Beispiel: Nichtberufstätige Hausfrauen wurden gefragt, ob sie gerne berufstätig sein würden. Die Hälfte der Fragebogen enthielt keine Alternative, während die andere Hälfte die Frage so formulierte: „Wären Sie gern berufstätig, oder ziehen Sie es vor, nur Ihre Hausarbeit zu tun?" Die erste Version der Frage ohne die Alternative ergab 17 Prozent der Antworten „Möchte berufstätig sein" und 38 Prozent „Möchte halbtags arbeiten"; 19% sprachen sich für „nur Hausarbeit" aus, 26% waren unentschieden. Die zweite Version der Frage, die eine andere Möglichkeit bot, ergab nur 24 (10 + 14) Prozent von arbeitswilligen Hausfrauen; 68 Prozent sagten, sie

[1] Amerikanischer Sexualforscher (1896—1956), der durch eine Befragung von 20000 amerikanischen Männern und Frauen (Kinsey-Report) bekannt wurde.

[2] Leiterin des Instituts für Demoskopie* in Allensbach

zögen es vor, nur ihre Hausarbeit zu tun (nur 8% waren unentschieden). Was bedeuten diese Unterschiede? Man kann annehmen, daß die „Nur-Hausfrauen“ unsicher sind und meinen, sie sollten eigentlich zur Arbeit gehen wollen — bis der Interviewer ihnen die Alternative „nur Hausarbeit“ anbietet und zeigt, daß ihm dies auch recht wäre. Aber darauf kommt es in diesem Zusammenhang nicht an. Das Angebot möglicher Alternativen in der Frage-Formulierung ist ohnehin nicht die einzige Quelle von großen Unterschieden bei Umfrage-Ergebnissen, die allein auf die Form der Frage zurückzuführen sind. Hier soll nur klargestellt werden, daß alle Berichte über Umfrage-Ergebnisse, die nicht die Fragen im Wortlaut zitieren, verdächtig sind. Noch zweifelhafter sind Vergleiche von Umfragen, die mit verschiedenen Fragen dasselbe Thema angehen, doch gerade solche Vergleiche werden vor Wahlen häufig gemacht.

(Imogen Seger, Knaurs Buch der modernen Soziologie. München/Zürich 1973, S. 180ff.)

III. Was zu beachten ist, wenn Schüler selbst eine Befragung durchführen wollen

1. Zunächst solltet ihr euch darüber klar werden, zu welchem Thema die Befragung stattfinden soll, zu welchen einzelnen Gesichtspunkten des Themas ihr etwas erfahren wollt. Falls ihr eure Ergebnisse mit solchen vergleichen wollt, die im Buch dargestellt sind, wäre es natürlich zweckmäßig, wenn die gleichen Gesichtspunkte auch in eurer Befragung berücksichtigt würden.

2. Sodann gilt es zu überlegen, ob ihr die Befragung schriftlich (anhand eines Fragebogens) durchführen wollt oder ob ihr eure Fragen mündlich stellen und die Antworten z. B. mit einem Kassettenrecorder aufnehmen wollt („Interview“, s. o. II 1). Bei der Entscheidung über diese Frage ist auch folgendes zu bedenken: Eine Fragebogenaktion ist immer dann sinnvoll, wenn ihr eine größere Zahl von Personen befragen und die Ergebnisse in einer Statistik darstellen wollt. Die Befragten können dann die Fragebogen auch ausfüllen, wenn ihr nicht dabei seid. Ihr braucht sie dann nur wieder einzusammeln und könnt sie im Unterricht auswerten. Ein „Interview“ ist immer dann sinnvoll, wenn ihr etwas ausführlichere Stellungnahmen von (nicht allzu vielen) Personen zu bestimmten Problemen und Fragen erfahren wollt. Die Befragten haben dabei ja die Möglichkeit, sich auf eure Fragen frei (also z. B. auch mit „zwar ..., aber ...“) zu äußern. Das bedeutet allerdings auch, daß sich die Ergebnisse solcher Interviews nicht so leicht auswerten und übersichtlich darstellen lassen.

3. Nun könnt ihr daran gehen, die Zahl der Fragen und ihre genaue Formulierung festzulegen. Das ist nicht dasselbe wie die Überlegung zu 1. Es kommt jetzt darauf an, das, was man wissen will, in einzelnen, möglichst einfach zu beantwortenden Fragen genau zu erfassen (unsere Hinweise beziehen sich von jetzt an hauptsächlich auf die Fragebogen-Methode). Achtet auf folgende Punkte:

— Die Fragen müssen klar und leicht verständlich (nicht zu lang und nicht zu kompliziert) formuliert sein.
— Sie müssen so gestellt werden, daß eine eindeutige, aussagekräftige und nach Möglichkeit leicht auszuwertende Antwort erfolgen kann. Beispiel: Die Frage „Gehst du oft ins Kino?“ mit der Antwortmöglichkeit „ja“ oder „nein“ führt zu keinem aussagekräftigen Ergebnis, weil man nicht weiß, was der einzelne Befragte unter „oft“ versteht. Besser wäre z. B. die Frage „Wie oft gehst du durchschnittlich ins Kino?“ mit den Antwortmöglichkeiten „weniger als einmal im Monat“, „1—2mal im Monat“, „mehr als zweimal im Monat“.
— Der leichteren Auswertung und Ergebnisdarstellung wegen sollte der Fragebogen überwiegend geschlossene Fragen enthalten, d. h. solche, zu denen die anzukreuzenden Antwortmöglichkeiten vorgegeben werden (vgl. o. II 2; im Gegensatz zu offenen Fragen, zu denen die Befragten ihre Antwort frei formulieren können).
— Besonders solche Fragen, die nicht auf Tatsachen, sondern auf Meinungen und Urteile zielen, müssen so „neutral“ formuliert werden, daß sie nicht von vornherein eine bestimmte Antwort schon nahelegen (vgl. o. II 3.). Statt „Findest du nicht auch, daß unsere Schülervertretung nichts Vernünftiges leistet?“ müßte es etwa heißen: „Bist du mit der Arbeit unserer SV zufrieden, oder hast du etwas Wichtiges daran auszusetzen?“ — Bei solchen und ähnlichen Fragen sollte man sich dann nicht auf die Antwortmöglichkeiten „ja“ und „nein“ beschränken, sondern auch die Antwort „teils-teils“ anbieten und ggf. die Möglichkeit geben, konkrete Punkte zu nennen.
— Die Zahl der Fragen sollte nicht zu groß sein, und auch ihre Reihenfolge sollte überlegt sein. Allgemeinere Fragen sollten vor Fragen stehen, die sich auf bestimmte Einzelheiten beziehen; Fragen, die wahrscheinlich auf starkes Interesse der Befragten stoßen, sollten schon deshalb am Anfang stehen, weil die Befragten dann eher bereit sein dürften, auch die übrigen, sie vielleicht nicht so interessierenden Fragen zu beantworten.

4. Bei der Durchführung der Befragung müßt ihr unbedingt auch einige rechtliche Gesichtspunkte beachten. Die wichtigsten sind:

— Die Teilnahme an der Befragung muß für die Befragten *freiwillig* sein.
— Es muß gewährleistet sein (besonders bei der Auswertung und der Ergebnisdarstellung), daß

die Befragten *anonym* bleiben, d. h. es darf auf keinen Fall erkennbar sein, welche Personen welche Antworten gegeben haben.

— Wenn ihr eure Befragung nur in eurer Klasse durchführt und/oder euch nur an eure persönlichen Bekannten wendet (als freiwillige Hausaufgabe), trägt euer Fachlehrer / euere Fachlehrerin die *Verantwortung*. Wollt ihr euch darüber hinaus an Schüler/innen anderer Klassen und/oder an Passanten wenden, müßt ihr vorher die Zustimmung eures Schulleiters einholen. Sollen Schüler mehrerer Schulen befragt werden, bedarf es der Zustimmung der Schulleiter aller betroffenen Schulen.

— Ihr dürft die Ergebnisse eurer Befragung nur in eurem Unterricht und innerhalb der Schule verwenden. Wenn ihr Ergebnisse über den Rahmen der Schule hinaus veröffentlichen wollt, braucht ihr dazu die Genehmigung der Schulaufsichtsbehörde, die ihr ggf. über euren Schulleiter einholen könnt.

(Autorentext)

Hinweise zur Unterrichtsmethode der Expertenbefragung

Ein Experte ist ein Sachverständiger, also eine Person, die über einen bestimmten Sachverhalt aus eigenem Erleben und/oder intensiver Beschäftigung genaue Kenntnisse hat. Ein Experte kann häufig Sachverhalte genauer und anschaulicher darstellen als das z. B. in Texten möglich ist, er hat zudem häufig Informationen, die in Büchern (noch) nicht vorhanden sind.
Hauptzweck von Expertenvortrag und Expertenbefragung ist die Informationsgewinnung. Der Unterschied zu einer politischen Diskussion, in der es zentral um Meinungsbildung, Meinungsaustausch und ggf. Entscheidungsfindung geht, darf nicht verwischt werden. Das schließt nicht aus, daß eine Expertenbefragung nach einer gewissen Zeit in eine politische Diskussion übergeht.
Jeder Experte hat aber neben Kenntnissen auch Meinungen zu den Gegenständen oder Sachverhalten, mit denen er sich beschäftigt hat. Wertungen und Meinungen, die sich ein Experte bei der Auseinandersetzung mit dem Gegenstand gebildet hat, können eine wertvolle Anregung für die eigene Meinungsbildung sein. Voraussetzung dafür ist jedoch, daß der Experte und seine Zuhörer zwischen Informationen und Wertungen soweit wie möglich trennen. Der Experte ist dann nicht mehr sachliche Autorität, sondern grundsätzlich gleichberechtigter Gesprächspartner.
Eine Expertenbefragung hat gegenüber einem Expertenvortrag den Vorzug, daß die zu übermittelnden Informationen genau auf die Bedürfnisse der Zuhörer abgestimmt werden können und daß die Zuhörer Verlauf und Ergebnis der Veranstaltung aktiv mitgestalten können. Deshalb konzentrieren sich die folgenden Hinweise auf die Expertenbefragung. Bei der Vorbereitung und Durchführung einer solchen Befragung sollte folgendes beachtet werden:

1. Auswahl des Themas für eine Expertenbefragung

Nicht jedes Thema eignet sich für eine Expertenbefragung. Da eine Expertenbefragung einen nicht unerheblichen Aufwand für den Experten und seine Zuhörer bedeutet, sollte sie nur veranstaltet werden, wenn die gewünschten Informationen nicht oder nur erheblich schlechter auf anderem Weg beschafft werden können.

2. Auswahl des Experten

Der Experte muß so ausgewählt werden, daß er für das gewählte Thema über den bisherigen Kenntnisstand der Zuhörer hinaus tatsächlich Neues vermitteln kann. Das muß vorher eventuell durch ein Vorgespräch mit dem Experten ermittelt werden.

3. Organisatorische und inhaltliche Vorbereitung

Ort, Zeitpunkt und Dauer der Befragung sollten frühzeitig vereinbart werden, Sitzordnung, Gesprächsleitung und die Form des Festhaltens der Ergebnisse (Protokollführung) vorher abgeklärt werden.
Gezieltes Fragen setzt eine gewisse Kenntnis des Gegenstandes voraus. Die Zuhörer müssen also bereits in das Thema der Befragung eingearbeitet sein. Fragenbereiche und Einzelfragen sollten auf der Grundlage der bisherigen Beschäftigung mit dem Gegenstand genau vorbereitet sein. Im Regelfall sind auch vorherige Vereinbarungen darüber, wer welche Fragen zu welchem Zeitpunkt stellt, unumgänglich. Der Experte sollte rechtzeitig über die an ihn gerichteten Erwartungen informiert werden, damit er sich — falls notwendig — gezielt auf die Befragung vorbereiten kann.

4. Durchführung der Befragung

Eine Expertenbefragung kann nur gelingen, wenn alle Beteiligten (Experte, Frager und Zuhörer, Gesprächsleiter) sich an die am Anfang formulierten Regeln halten. In besonderer Weise dafür verantwortlich ist der Gesprächsleiter. Er muß z. B. darauf achten, daß die vorbereiteten Themenbereiche zur Sprache kommen, daß der Experte und die Fragenden nicht abschweifen, daß der Unterschied zu einer politischen Diskussion erhalten bleibt bzw. der Übergang zu einer solchen Diskussion deutlich markiert wird.

5. Auswertung der Befragung

Jede Expertenbefragung sollte zu einem späteren Zeitpunkt ohne den Experten ausgewertet werden. Der sachliche Ertrag sollte klar bestimmt werden. Dieses Ergebnis sollte daraufhin überprüft werden, welche neuen Informationen gewonnen wurden und inwieweit das Ziel der Befragung erreicht wurde. Auch Vorbereitung, Organisation und das Verfahren sollten im Hinblick auf weitere Befragungen kritisch überprüft werden.

(Autorentext)

Hinweise zur Arbeit mit Karikaturen

Karikaturen haben ihren Platz seit eh und je in den politischen Teilen von Zeitungen und Zeitschriften. In fast jeder Zeitung werdet ihr heute nahezu täglich mindestens eine Karikatur finden. Seit Jahren finden sich Karikaturen zunehmend auch in Schulbüchern verschiedener Fächer, insbesondere in Politik- und Sozialkunde-Büchern. Es erscheint daher sinnvoll, einige kurze Hinweise zu geben auf das Wesen politischer Karikaturen und auf einige Punkte, die beim Umgang mit ihnen zu beachten sind.

I. Merkmale der Karikatur

Der Journalist Otto Köhler hat einmal gesagt: „Karikaturen spitzen ein Problem zu; dabei kommentieren sie wohlwollend oder bösartig, verkürzen, unter- oder übertreiben. In jedem Fall sind sie anregend, da sie Meinung machen, ja provozieren wollen" (In: Spiegel Nr. 49, 1967, S. 42).
Diese Bemerkung faßt die beiden wichtigsten Wesenszüge von Karikaturen gut zusammen.

1. Eine karikaturistische Zeichnung will ihren Gegenstand (das Verhalten einer Person, ein Ereignis, eine Situation, ein Problem) bewußt nicht genauso wiedergeben, wie es der Realität entsprechen würde. Der literarischen Form der Satire vergleichbar, *übertreibt* sie in ihrer Darstellung *absichtlich*, was ihr wichtig erscheint (z. B. die lange Nase oder sonstige Besonderheiten des Aussehens oder Verhaltens von Politikern, z. B. die Folgen einer bestimmten politischen Maßnahme usw.). Sie versucht auf diese Weise, bestimmte typische Merkmale eines Verhaltens (einer Situation usw.) *sichtbar zu machen und zu „entlarven"*, Widersprüche aufzudecken zu dem, was eigentlich (aus der Sicht des Karikaturisten) wünschenswert wäre. Häufig werden dabei Personen und Vorgänge in *Bildern* wiedergegeben (z. B. der Deutsche als „deutscher Michel" mit der Zipfelmütze, die militärische Rüstung als großer Drachen, Europa — entsprechend dem griechischen Mythos — als Frau, die auf einem Stier reitet). Mit dieser übertreibenden, oft einseitig verkürzten und häufig auf bekannte Bildvorstellungen anspielenden Darstellung hängt es zusammen, daß man beim Betrachten einer Karikatur nicht selten lachen oder schmunzeln muß. Diese Reaktion ist zumeist Ausdruck des Wiedererkennens: Man erkennt auf einen Blick, was gemeint ist.

2. Damit ist der zweite Wesenszug einer Karikatur bereits angedeutet: Karikaturen wollen einen politischen Sachverhalt *nicht einfach darstellen,* sie wollen ihn „kommentieren", wollen *Stellung dazu beziehen, Kritik daran üben.* Verglichen mit den Textsorten einer Zeitung, handelt es sich nicht um eine „Meldung", sondern um einen meinungsbildenden „Kommentar". Das Verständnis einer Karikatur setzt also in jedem Fall voraus, daß man den Sachverhalt, auf den sie sich bezieht, schon kennt. Gute Karikaturen sind fast so etwas wie eine kurze Geschichte: Sie nehmen Bezug auf Geschehenes, legen seine „Struktur" bloß, beleuchten es aus einer bestimmten Perspektive, regen dazu an zu fragen, was wohl die Gründe für die dargestellte Situation sein könnten und wie es weitergehen könnte.
Wichtig ist: Karikaturen zu verstehen, heißt zu *erkennen, was der Zeichner „sagen" will,* welches Ziel er verfolgt, für wen er Partei ergreift. Verstandene Karikaturen fordern daher ihren Betrachter immer zur Auseinandersetzung, zur eigenen Stellungnahme heraus.

3. Trotz ihrer Vorzüge darf man gewisse *Grenzen und Gefahren* bei der Arbeit mit Karikaturen nicht übersehen. Die Stärke der Karikatur – ihre subjektiv geprägte und zugespitzte Hervorhebung bestimmter Aspekte (Probleme, Widersprüche, Mißstände), ist oft auch ihre Schwäche: Andere wichtige Aspekte eines Zuammenhangs werden ausgeblendet oder einseitig verkürzt; eine umfassende Information kann (und will) die Karikatur nicht geben. Karikaturen können andere Materialien nicht ersetzen. „Karikaturisten ... sind ... schreckliche Vereinfacher — allerdings nicht aus ... Mangel an Einsicht und Differenzierungsvermögen, sondern mit bestem Wissen und Gewissen: Sie wollen ja nicht erläutern, sondern läutern — die Praxis der kritischen Vernunft nämlich." (J. Eberle, Im Trüben gefischt. Karikaturen der Stuttgarter Zeitung. Stuttgart 1970).

II. Umgang mit Karikaturen — Ein Beispiel

Es empfiehlt sich, beim Umgang mit Karikaturen im Unterricht drei einfache Schritte zu beachten, die hier an einem konkreten Beispiel (s. M 15 aus Kap. I) kurz erläutert werden sollen.

(Karikatur von Peter Leger, aus: Vorwärts v. 13. 9. 1979)

1. Genau beschreiben, was zu sehen und ggf. zu lesen ist

Ein großes Transparent, auf dem in riesiger Schrift der Grundgesetzartikel über die Gleichberechtigung von Männern und Frauen zu lesen ist, wird auf der einen Seite von einem Mann, offenbar dem Familienvater, getragen. Er hält das Transparent mit beiden Händen hoch und bringt in seiner ganzen Haltung zum Ausdruck, daß er bewußt und entschlossen für die Gleichberechtigung demonstrieren will. Seine Frau, die auf der anderen Seite das Transparent zu tragen hat, kann es kaum festhalten, da sie „alle Hände voll zu tun" hat. Gebeugt unter der Last schwerer Einkaufsgegenstände, die sie sich unter die Arme geklemmt hat, schiebt sie mit der rechten Hand den Kinderwagen mit dem darinliegenden Baby; an der linken Hand, die eine schwere Tasche hält, muß sie auch ihren kleinen Sohn noch mitziehen.

2. Erkennen, was die Karikatur zum Ausdruck bringen, was sie kritisieren will

Was der Karikaturist mit dieser Zeichnung sagen will, läßt sich leicht erkennen. Der Ehemann tritt zwar mit großen Worten nach außen für die Gleichberechtigung von Mann und Frau in der Familie ein, läßt in der Praxis aber seine Frau die gesamte Arbeit für den Familienhaushalt (hier: Einkaufen und Betreuung der Kinder) allein leisten. Allgemein gesagt: Ehemänner setzen sich zwar mit Worten lauthals für die Gleichberechtigung in der Familie ein, in der Realität aber tun sie nichts dafür, daß es zu einer wirklichen Gleichverteilung der Belastung kommt, die durch die Arbeit für den gemeinsamen Familienhaushalt entsteht.

3. Stellungnehmen zur Aussage der Karikatur

Vordergründig könnte man zunächst sagen, daß die dargestellte Situation, die der Zeichner ja bewußt „unwirklich" gestaltet hat, auch im Hinblick auf das Verhalten der beiden Ehepartner im Alltag kaum zu beobachten ist. Helfen Männer nicht gern ihren Frauen beim Tragen von Einkaufsgegenständen? Nehmen sie nicht gern ihre Kinder an die Hand? Handelt es sich nicht um eine falsche Überteibung? Dem Karikaturisten kam es aber gerade darauf an, durch die „unwirkliche" Übertreibung einer Einzelsituation auf das allgemeine Problem der Rollenverteilung und der Arbeitsteilung in der Familie drastisch hinzuweisen. Er will (s. o. I 2) kritisieren, daß verheiratete Frauen die Arbeit im Haushalt noch immer weitgehend allein, ohne die Hilfe ihrer Männer, leisten müssen. Wie weitgehend diese Kritik berechtigt ist, wie es heute „im Durchschnitt" der Familien aussieht, läßt sich der Karikatur nicht entnehmen. Insofern stellt sie nur den Anstoß für den Betrachter dar, über die Rollenverteilung in der eigenen Familie nachzudenken, sich ggf. über wissenschaftliche Untersuchungsergebnisse zu diesem Problem zu informieren, über Möglichkeiten zur Änderung der geschlechtsspezifischen Arbeitsteilung zu diskutieren usw.

(Autorentext)

Hinweise zur Bearbeitung von Texten

I. Zum Stellenwert der Arbeit mit Texten im sozialkundlichen Unterricht

Politische Wirklichkeit erschließt sich in vielfältiger Weise:
— beim Hören von Reden, Vorträgen, mündlichen Äußerungen von Politikern, Wissenschaftlern oder auch Lehrern im Sozialkunde-Unterricht,
— durch gedrucktes Material (Fotos, Karikaturen, Schaubilder, Statistiken und Texte),
— durch Beobachtung politischer Ereignisse, z. B. einer Demonstration, einer Wahlversammlung oder Gemeinderatssitzung, sei es unmittelbar oder auch vermittelt durch Medien wie Rundfunk und Fernsehen,
— durch aktive Auseinandersetzung mit politischen Sachverhalten in Gesprächen mit Experten, Gleichgesinnten und politischen Gegnern,
— durch spielende Vorwegnahme oder spielenden Nachvollzug politischer Handlungen z. B. in der Form einer simulierten Gemeinderatssitzung,
— durch aktive politische Beteiligung z. B. in der Schülermitverwaltung, in Jugendorganisationen oder Parteien.

Eine umfassende Erschließung der politischen Wirklichkeit ist nur möglich, wenn eine Verengung auf eine oder nur wenige dieser Möglichkeiten vermieden wird. Im Bereich und in Verantwortung der Schule können aber nicht alle der genannten Möglichkeiten in gleicher Weise benutzt werden. Auch kann ein Schulbuch für viele der genannten Möglichkeiten nur — wie in einer Vielzahl von Arbeitshinweisen geschehen — Anregungen geben. In erster Linie stellt es Fotos, Karikaturen, Schaubilder, Statistiken und Texte zur Analyse der politischen Wirklichkeit und zur Meinungsbildung als Grundlage einer aktiven politischen Beteiligung bereit.

Die Beschäftigung mit *Texten* ist also nur eine von vielen Möglichkeiten, sich politische Wirklichkeit zu erschließen. Sie hat aber einen besonderen Stellenwert: Gedruckte Texte sind im Gegensatz zum gesprochenen Wort, zu Beobachtungen und politischen Gesprächen nicht „flüchtig“, sondern für eine auch wiederholte genaue Analyse zugänglich. Zudem lassen sich politische Sachverhalte und Probleme in Texten besonders genau und differenziert beschreiben, sie sind daher ein unverzichtbares Mittel der politischen Kommunikation. Ein sachgemäßer Umgang mit Texten muß deshalb im Sozialkunde-Unterricht wie auch in anderen Fächern geübt werden. Die folgenden Hinweise sollen euch die Arbeit mit Texten erleichtern. Sie sollen die Empfehlungen zum Umgang mit Texten ergänzen, die auch in anderen Fächern, insbesondere im Deutschunterricht gegeben werden.

II. Schritte der Textbearbeitung

Die Autoren dieses Buches schlagen ein Verfahren der Bearbeitung von Texten vor, bei dem vier Hauptschritte unterschieden werden:

1. *Klarstellung des inhaltlichen Zusammenhangs,* in dem der Text gelesen wird, und der Fragestellung, unter der die Textlektüre geschieht.
2. *Texterschließung:* In diesem zweiten Schritt kommt es darauf an, den Wortlaut des Textes in seinen einzelnen Aussagen möglichst genau zu erfassen. Ohne ein solches genaues Verständnis der einzelnen Aussagen müssen alle weiteren Schritte zu falschen oder unzureichenden Ergebnissen führen.
3. *Textkommentierung:* Die Textaussagen werden über die einfache Erfassung des Inhaltes hinaus genauer, z. B. im Hinblick auf die Art der Argumentation oder nicht ausgewiesene Voraussetzungen, analysiert und erläutert und in größere sachliche Zusammenhänge eingeordnet. Dazu gehört auch, daß die Art des Textes (Textsorte) als Grundlage einer genaueren Analyse bestimmt wird.
4. *Texterörterung und -bewertung:* Auf der Grundlage eines genauen Verständnisses der Textaussagen und deren tiefergehenden Analyse können die Aussagen des Textes unter bestimmten Gesichtspunkten beurteilt und bewertet werden.

In der Praxis der Textbearbeitung werden die vier Schritte nicht immer ganz genau getrennt. Je einfacher der Text ist und je geübter der Leser in der Bearbeitung von Texten ist, desto eher ist eine Verbindung insbesondere der Schritte Texterschließung und Textkommentierung möglich. Nicht alle Texte erfordern eine gleichgewichtige Beachtung aller Schritte.

III. Erläuterung der Schritte der Textbearbeitung

1. Klarstellung des inhaltlichen Zusammenhangs

Das Lesen eines Textes geschieht nie voraussetzungslos. In den meisten Fällen ist ein bestimmtes Vorwissen schon vorhanden, oder der Text ist ein Glied in einer Reihe schon erarbeiteter Materialien. Sich dieser Zusammenhänge zu vergegenwärtigen, erleichtert das Verständnis und die Einordnung der neuen Informationen; es hilft, gezielt und wirksam im Hinblick auf eine klare Fragestellung zu lesen. In diesem Zusammenhang gehört es auch, sich der Zielrichtung einer vorgegebenen Aufgabenstellung genau zu vergewissern. In den Arbeitshinweisen dieses Buches finden sich viele Erschließungshilfen, die dabei helfen können, Wichtiges von Unwichtigem zu unterscheiden.

2. Texterschließung

2.1 Jede Texterschließung sollte damit beginnen, die äußeren *Textmerkmale* festzustellen:
— Was ist nach der Überschrift der Gegenstand des Textes?
— Wer ist der Verfasser (z. B. Politiker einer bestimmten Richtung, Fachwissenschaftler, Vertreter von Interessengruppen)?
— Wer ist oder war ursprünglich der Adressat (z. B. eine breite Öffentlichkeit bei Zeitungsartikeln, ein bestimmtes Publikum bei einer Rede, Fachleute auf einem bestimmten Gebiet bei einem wissenschaftlichen Text)? Wird der Entstehunganlaß genannt?
— Wann und wo ist der Text ursprünglich veröffentlicht worden? Wie aktuell sind die Aussagen?

Die Beantwortung dieser Fragen erleichtert in vielen Fällen das Verständnis des Textes und seine spätere Einschätzung.

2.2 Schnelles, flüchtiges Lesen genügt in vielen Fällen unseren Ansprüchen, zum Beispiel, wenn wir einen leichten Roman lesen oder eine Zeitungsseite „überfliegen". Für eine genaue Erschließung eines politischen Textes ist jedoch eine *gründliche und sorgfältige Lektüre* notwendig.

a) Zunächst gilt es, die *Hauptaussagen* des Textes herauszufinden, einen im Text enthaltenen Argumentationszusammenhang richtig zu verstehen. Dabei ist es eine gute Hilfe, auf *zentrale Begriffe* zu achten, auf die einzelne Textaussagen und manchmal auch ganze Abschnitte bezogen sind. „Signalwörter" für die richtige Erfassung des Gedankenganges sind häufig auch *Verbindungswörter* (Konjunktionen), auf die man ganz besonders achten sollte: Ob ein Satz z. B. dem vorangehenden einen weiteren Gesichtspunkt *hinzufügt,* ob er die vorangehende Aussage *begründen* oder sie *einschränken,* ob er ihr einen anderen Gesichtspunkt *gegenüberstellen* will, ob er eine Aufstellung *beginnen* oder sie *abschließen* will, läßt sich an Wörtern wie „außerdem, und", „denn, weil", „allerdings, obwohl", „andererseits", „zunächst", „schließlich" leicht erkennen.

b) Dabei kann man sich verschiedener *Hilfsmittel* bedienen:
— *Unterstreichen* oder farbiges Markieren von Kernaussagen und zentralen Begriffen, bei längeren Sätzen oder Abschnitten unter Umständen auch am Rand.
— Randvermerke in Form von *Zeichen,* z. B.? = Verständnislücke, Unklarheit z. B. bei Fremdwörtern und Fachbegriffen,! = (vorläufige) Zustimmung, ?! = Zweifel, (vorläufige) Kritik.
In Verbindung mit solchen Zeichen, aber auch ohne sie können kurze *Randbemerkungen* die Zielrichtung oder Begründung der Zustimmung oder der Kritik kennzeichnen.
— Randvermerke in Form einer *Zusammenfassung* von Absätzen in kurzen, prägnanten Formulierungen, auch in der Form von Überschriften.
Auf diese Weise kann, falls der Originaltext eine solche *Gliederung* z. B. durch Zwischenüberschriften nicht schon enthält, auch eine inhaltliche Gliederung des Textes entstehen. Wichtig ist jedoch, daß eine solche Gliederung erst im Verlauf und nach einer genauen Textlektüre entstehen kann und nicht am Anfang der Texterfassung steht.
— Im Verlauf oder am Ende der Lektüre müssen unbekannte Fremdwörter und Fachbegriffe mit dafür geeigneten Hilfsmitteln (Fremdwörterlexikon, Fachwörterbücher oder einem Glossar wie in diesem Buch) soweit wie möglich abgeklärt werden. Kurze Erklärungen können — soweit nötig — am unteren oder oberen Rand oder an der Seite vermerkt werden.

Alle diese Mittel zur Kennzeichnung des Textes müssen jedoch so sparsam verwendet werden, daß die *Übersichtlichkeit* nicht verloren geht. Wenn in einem Text 80% der Wörter unterstrichen sind, können die Unterstreichungen ihre Funktion, Wichtiges hervorzuheben, nicht mehr erfüllen.
Ein auf diese Weise bearbeiteter und gekennzeichneter Text ist bei einer genaueren Interpretation und Kommentierung, bei einer späteren nochmaligen Lektüre oder bei einem Gespräch über den Text (z. B. im Unterricht) viel leichter zu erfassen.

c) Wenn — wie bei *ausgeliehenen Büchern* — eine solche Kennzeichnung des Textes nicht möglich ist, kann man sich helfen, indem man sich entsprechende Notizen in einem Heft, auf abzuheftenden Blättern oder auf in das Buch eingelegte Zettel macht. Dabei muß darauf geachtet werden, daß eine Zuordnung der Notizen auch im zeitlichen Abstand leicht möglich ist. Deshalb sind genaue Vermerke, z. B. der Seitenzahl oder Materialbezeichnungen unumgänglich. In manchen Fällen ist auch die Herstellung eines *Textauszuges* (Exzerpt) angebracht. Das ist eine knappe Zusammenfassung des Textes in eigenen Worten, in die an zentralen Stellen wörtliche Zitate eingefügt werden können. Durch eine klare Gliederung und Anordnung der Textaussagen, die den Sinn und den Zusammenhang von Aussage berücksichtigt, durch Abkürzungen und Symbole (z. B. Pfeil = daraus folgt) kann ein Exzerpt das Verständnis und das Behalten eines Textes wesentlich erleichtern.

3. Textkommentierung

Dieser Schritt ist darauf gerichtet, über eine einfache Erfassung des Inhaltes hinaus zu einem tieferen Verständnis des Textes und zu seiner Einordnung in größere Sachzusammenhänge zu gelangen.

3.1 Für ein tieferes Textverständnis ist es notwendig, sich zunächst zu vergegenwärtigen, mit welcher *Textsorte* man es zu tun hat. Für eine solche Bestimmung von Textsorten gibt es unterschiedliche Möglichkeiten. Eine erste einfache Einteilung unterscheidet zwischen den im solzialkundlichen Unterricht vorherrschenden sogenannten „Sachtexten" und Texten, die eine vom Autor erdachte, „konstruierte" Wirklichkeit darstellen („fiktionale Texte") und sich dazu bestimmter literarischer Formen bedienen (Roman, Kurzgeschichte, Gedicht, Lied).

Eine im Fach Sozialkunde verbreitete Einteilung geht von der unterschiedlichen Aussageabsicht von Texten aus:

a) *Darstellende, sachverbindliche Texte:* Der Autor will vorrangig Dinge, Sachverhalte, Probleme darstellen und erklären (informierende, fachwissenschaftliche Texte).

b) *Sozialverbindliche Texte:* Der Autor will vorrangig ein bestimmtes Verhalten von Menschen verbindlich regeln (Gesetze, Verträge, Hausordnungen u. a.).

c) *Werbende Texte:* Der Autor will vorrangig für eine bestimmte Überzeugung werben (Wahlpropaganda, politische Rede, politischer Kommentar u. a.).

d) *Persönlich-mitteilende Texte:* Der Autor will vorrangig eine persönliche Mitteilung machen, von sich und seinen Erfahrungen berichten (Erlebniserzählungen, Tagebücher, Memoiren u. a.).

Diese Textsorten finden sich nicht immer in reiner Form, Mischformen sind verbreitet.

Die Unterscheidung solcher Textsorten ist kein Selbstzweck. Sie erleichtert vielmehr das Verständnis des Textes und ermöglicht es, eine gezielte Analyse nach bestimmten Schwerpunkten vorzunehmen: So kann z. B. bei einem sachverbindlichen Text die genaue Analyse der mitgeteilten Tatsachen, bei einem sozialverbindlichen Text die Art der Legitimation (Begründung) der formulierten Verhaltensanforderungen und bei einem werbenden Text die Analyse der verwendeten Mittel zur Überzeugung oder Überredung des Adressaten im Vordergrund stehen.

3.2 Im Zusammenhang mit der Bestimmung der Textsorte ist in vielen Fällen eine Untersuchung der verwendeten besonderen *sprachlichen Mittel* sinnvoll, auch wenn diese nicht den gleichen Umfang und die gleiche Intensität erreichen wird wie im Fach Deutsch oder in einer Fremdsprache. Dazu gehört z. B.

— Welche Sprachebene wurde gewählt (Umgangssprache, wissenschaftliche Sprache, Sprache der Werbung usw.)? Welches Vokabular herrscht vor?

— Welche auffälligen Bilder, Vergleiche, Sprachfiguren bestimmen den Text?

— Welche Eigentümlichkeiten des Aufbaus, der „Komposition" eines Textes fallen auf (sprachliche Gliederung, Wiederholungen, Anordnung von Schlüsselworten)?

Auch hier gilt wieder, wie bei der Bestimmung der Textsorte, daß die Untersuchung der sprachlichen Form nicht Selbstzweck ist und nicht in jedem Fall gleich ergiebig sein kann.

3.3 Auf der Grundlage einer Bestimmung der Textsorte und einer Untersuchung der sprachlichen Mittel ist eine genauere *Untersuchung des sachlichen Gehaltes* an Hand folgender Gesichtspunkte möglich:

— Wie kommt der Autor zu seinen Erkenntnissen? Woher bezieht er seine Informationen?

— Wie begründet der Autor seine Aussage, seine These, die Position, für die er wirbt?

— Inwieweit sind die Argumente sachlich richtig, widerspruchsfrei, zielgerichtet, vollständig?

— Von welchen expliziten (ausdrücklich genannten) bzw. impliziten (nicht ausdrücklich genannten) Voraussetzungen geht der Autor in seiner Argumentation aus?

— Auf welche politischen oder fachwissenschaftlichen Zusammenhänge nimmt der Autor ausdrücklich oder indirekt Bezug?

— Welche Sachverhalte, Erkenntnisse, Theorien muß man heranziehen, um zu einem richtigen Verständnis bzw. zu einer angemessenen Bewertung des Textes zu kommen?

— Zu welchen Ergebnissen kommt der Autor? Welche sachlichen Unklarheiten bleiben? Wo zeigen sich Argumentationslücken? Welche Fragen läßt der Autor offen?

Nicht bei allen Texten ist eine Beantwortung aller angeführten Fragen sinnvoll oder möglich. Die genannten Gesichtspunkte verstehen sich als Maximalkatalog, der je nach Text und Verwendungszusammenhang akzentuiert und eingeschränkt werden muß.

4. Texterörterung und -bewertung

Bei diesem Schritt geht der Leser über die Erfassng des Textinhaltes und seine genauere Untersuchung und Kommentierung hinaus und bestimmt sein Verhältnis zum Text. Auch wenn Bewertungen bei den vorhergehenden Schritten immer schon „mitgeschwungen" haben, müssen sie am Ende der Arbeit mit einem Text genau formuliert und begründet werden. Eine gut begründete Textbewertung resultiert im Regelfall aus einer *Texterörterung*, in der Aussagen des Textes, ausgehend von bestimmten Gesichtspunkten, abgewogen und Pro- und Contra-Argumente entwickelt werden. Die daran anschließende persönliche Stellungnahme sollte sich nicht in einer pauschalen Zustimmung oder Ablehnung erschöpfen, sondern die eigene Position — wenn möglich — *differenziert begründen.* Als Gesichtspunkte der Reflexion der eigenen Stellungnahme können die unter 3.3 aufgeführten Fragen wieder herangezogen werden. Wichtig ist dabei, sich der eigenen Beurteilungskriterien und Wertmaßstäbe bewußt zu sein und diese auch deutlich zu machen. Die Gesamtbewertung muß nicht unbedingt in einer vollständigen Zustimmung oder Ablehnung enden. Auch eine teilweise Übereinstimmung oder die Feststellung offener Fragen z. B. aufgrund fehlender Informationen kann am Ende stehen.

IV. Übung von Textarbeit

Texte sind häufig sehr sperrige, unhandliche Gebilde. Eine sichere Handhabung der hier vorgeschlagenen Schritte, überhaupt ein ertragreicher Umgang mit Texten bedarf der Übung. Deshalb ist es sinnvoll, Textarbeit anhand bestimmter Beispieltexte gemeinsam unter Kontrolle des Lehrers zu üben.
Wenn die Methode der Textarbeit noch nicht gut beherrscht wird, ist es hilfreich, sich möglichst genau an die vorgeschlagenen Schritte der Bearbeitung von Texten zu halten. Als ständiges Hilfsmittel dazu kann das folgende „Merkblatt zur Textarbeit" dienen. Mit größerer Übung ist es dann auch möglich, je nach Text und Verwendungszweck sich von einem festen Schema zu lösen und zu freieren Formen der Textarbeit zu kommen.

(Autorentext)

Merkblatt für die Bearbeitung von Texten

1. Klarstellung des inhaltlichen Zusammenhangs
   — Vorwissen
   — vorher erarbeitete Materialien
   — Zielrichtung einer Aufgabenstellung

2. Texterschließung

2.1 Feststellung der äußeren Textmerkmale
   — Überschrift
   — Verfasser
   — Adressat, Entstehungsanlaß
   — Zeitpunkt der Veröffentlichung, Aktualität des Textes

2.2 Sorgfältige Lektüre
   — Hauptaussagen und ihre gedankliche Verknüpfung
   — Zentrale Begriffe
   — Untersteichungen, Randbemerkungen
   — Zusammenfassungen
   — Worterklärungen
   — Textauszüge

3. Textkommentierung

3.1 Bestimmung der Textsorte
   — Sachtexte, fiktionale Texte
   — Sachverbindliche, sozialverbindliche, werbende, persönlich-mitteilende Texte

3.2 Untersuchung der sprachlichen Mittel
   — Sprachebene, Vokabular
   — Auffällige Bilder, Vergleiche, Sprachfiguren
   — Aufbau, Gliederung

3.3 Untersuchung des sachlichen Gehaltes
   — Herkunft der Informationen des Textes
   — Begründung der Aussagen
   — Sachliche Richtigkeit, Widerspruchsfreiheit, Vollständigkeit der Argumente
   — Explizite und implizite Voraussetzungen der Argumentation
   — Bezugnahme zu politischen und fachwissenschaftlichen Zusammenhängen
   — Ergebnisse des Autors, offene Fragen

4. Texterörterung und -bewertung
   — Diskussion von Pro und Contra-Argumenten zu den Textaussagen
   — Persönliche Stellungnahme mit Zustimmung, Ablehnung, Feststellung offener Fragen

Betriebserkundungen

1. Zum Stellenwert von Betriebserkundungen

Eine vorbereitete und nachbereitete Betriebserkundung gibt den Schülern die beste Einblicksmöglichkeit in unterschiedliche wirtschaftliche Aspekte. Die möglichen Formen der Betriebserkundung sind dabei recht vielfältig. Sie reichen von der eigentlichen Betriebsbesichtigung, die einen umfassenden Überblick über die betrieblichen und beruflichen Probleme vermittelt, bis hin zu einer spezifischen Arbeitsplatzerkundung mit entsprechenden Arbeitsaufträgen (Fragen, Interview), die einen intensiven Einblick in den Arbeitsablauf in bezug auf einen Arbeitsplatz gibt. Da beide Formen Vor- und Nachteile haben, bietet es sich an:

1. Betriebsbesichtigungen und Arbeitsplatzerkundungen zu kombinieren oder
2. Betriebsbesichtigungen und Arbeitsplatzerkundungen zeitlich und eventuell auch betrieblich zu trennen.

Die Vorgehensweise wird auch von der Betriebsstruktur her vorgegeben und muß deswegen direkt mit dem Betrieb abgesprochen werden.
Für den einzelnen Betrieb bieten Betriebserkundungen interessante Möglichkeiten:

1. allgemeine Öffentlichkeitsarbeit und/oder für den speziellen Einzugsbereich,
2. allgemeines gesellschaftspolitisches Engagement, Darstellung der Wirtschaft am Beispiel des einzelnen Betriebes, Mitarbeit in Arbeitgeberverbänden o. ä.
3. Auswahl guter Mitarbeiter und Auszubildender.

Die Betriebe können sich durch Betriebserkundungen der Öffentlichkeit darstellen und insbesondere dem Nachwuchs öffnen, damit Vorstellungen von der Arbeit und den einzelnen Berufen bei den Schülern deutlicher und mögliche Vorurteile sowie falsche Auffassungen abgebaut werden.
Je mehr Schüler und Schülerinnen von ihrem späteren Arbeitsplatz und ihrem Beruf erfahren, desto weniger Mißverständnisse und Fehlentscheidungen gibt es bei der Berufswahl und desto mehr ist der zukünftige Mitarbeiter motiviert und bereit, sich mit dem Betrieb zu identifizieren.

Was ist eine Betriebserkundung?
Die Betriebserkundung ist

- eine Betriebsbesichtigung nach didaktischen Kriterien,
- eine Originalbegegnung mit einer Wirtschaftseinheit,
- ein Teil einer Unterrichtseinheit — mit Vor- und Nachbereitung durch den Lehrer.
- Sie unterscheidet sich von allgemeinen Betriebsbegehungen durch die Auswahl bestimmter Schwerpunkte und die Reduktion auf didaktische Positionen und fachliche Aspekte.

Welche Ziele sollen mit einer Betriebserkundung erreicht werden?
Die Schüler sollen durch die Betriebserkundung

- einen ersten Einblick in die Arbeits- und Berufswelt erhalten (Aufgabe, Organisation und Arbeitsweise eines Unternehmens/Betriebes),
- auf ihre Berufswahl vorbereitet werden (Berufsbilder kennenlernen, sich ihren Interessen, Fähigkeiten und Möglichkeiten bewußt werden),
- die Situation der arbeitenden Menschen im Betrieb erkennen (Einbindung des Einzelnen in die betriebliche Ordnung, Zusammenarbeit mit anderen Menschen, gegenseitige Anforderungen von Betrieb und Mitarbeitern),
- berufliche, betriebliche und wirtschaftliche Aspekte in der Originalbegegnung mit dem Betrieb erfahren, erkennen und erläutern lernen.

2. Vorüberlegungen zur Betriebserkundung

Eine Betriebserkundung soll den Schülern die Möglichkeit geben, sich selbst Eindrücke und Informationen über die genannten Zielsetzungen zu verschaffen. Deshalb muß jede Betriebserkundung vor- und nachbereitet werden:

1. Ansprechen der Tendenz der Betriebsleitungen, bei Besichtigungen und Erkundungen den Betrieb nur von seiner besten Seite zu zeigen. Gemeinsame Diskussion, auch über die mögliche Belastung des Betriebsablaufes bei der Erkundung.
2. Ansprechen der Sicherheit und der entsprechenden Vorschriften im Betrieb. Besondere Sicherheitsbereiche, Schutzkleidung (Hinweise auf besondere Bekleidung) und Verbotsschilder erläutern und erklären. Die Schüler unterliegen während der Betriebserkundung der Betriebsordnung (Befolgen von Anordnungen und Weisungen) und wie beim Schulbesuch der gesetzlichen Unfallversicherung (Deckungsschutz für Haftpflicht- und Sachschäden).
3. Erarbeiten von Erkundungsaufträgen/Schwerpunkten entsprechend der Checklisten (s. u. S. 263f.).
   - Interviews, Fotos, Beschreibungen (Fähigkeiten vorher einüben)
   - gleiche Arbeitsaufträge und/oder differenziert nach Lerngruppen, Arbeitsplätzen, Berufsgruppen, Interessen.
4. Vertiefung und Ergänzung der Schülereindrücke durch:
   - Vergleiche mit anderen Betriebserkundungen,

- — Besprechen im Unterricht und/oder durch die Berufsberatung und/oder Referenten,
- — Aufarbeiten der Schülerergebnisse (Wandzeitungen, Ausstellungen, mit anderen Klassen, nach Berufsgruppen und/oder Betriebsarten usw.).

5. Fortsetzen der Betriebserfahrungen (durch Praktika, Unternehmensplanspiele, Berufsberatungen usw.).
6. Rückkoppelung zum besichtigten Betrieb (Erfahrungsaustausch, persönliche Kontaktparter schaffen, Danksagung).

3. Ausgewählte Sachaspekte

Was ist ein Betrieb?

Im täglichen Sprachgebrauch werden verschiedene Bezeichnungen verwendet, die sich etwa folgendermaßen unterscheiden lassen:

Betrieb: eine wirtschaftlich-organisatorische und in der Regel räumliche Einheit, auch ein soziales System, in dem durch den abgestimmten Einsatz der Produktionsfaktoren* Güter erzeugt und/oder Leistungen erbracht werden.

Unternehmen: eine rechtliche und organisatorische Einheit, die oft mehrere Betriebe umfaßt.

Firma: ein juristischer Begriff und Ausdruck für den Namen, unter dem ein Kaufmann seinen Betrieb führt.

Fabrik/Werk: eine Vorstellung von der technischen Seite, der Produktion.

Geschäft: ein Handelsbetrieb.

Welche Arten von Betrieben/Unternehmen gibt es?

Gliederung der Wirtschaftsunternehmen/-betriebe

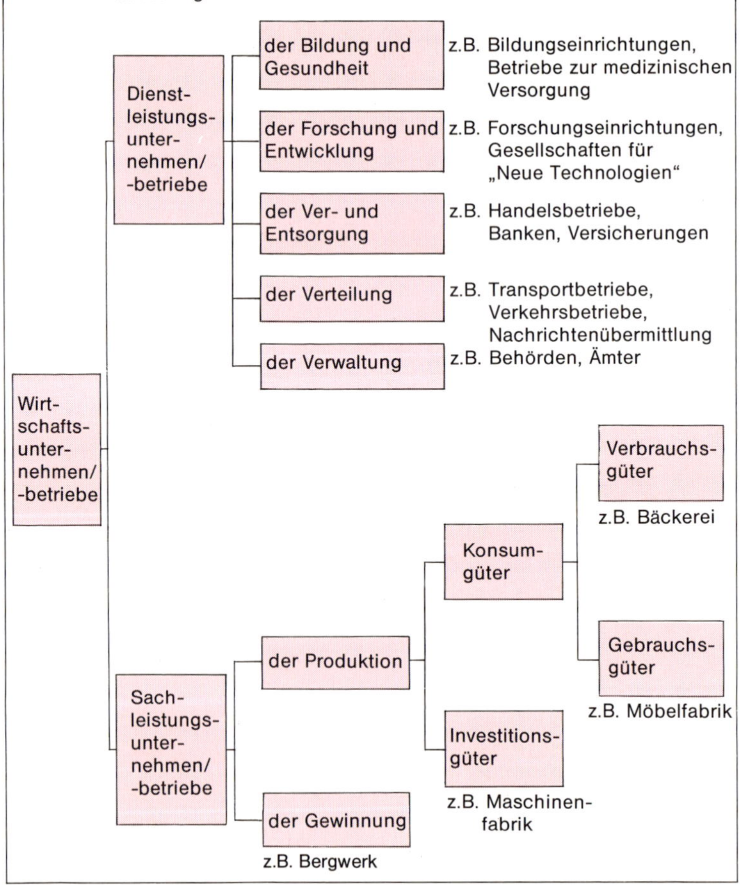

Wie ist der Betrieb organisiert?

Betriebliche Organisationsstruktur nach Grundfunktionen

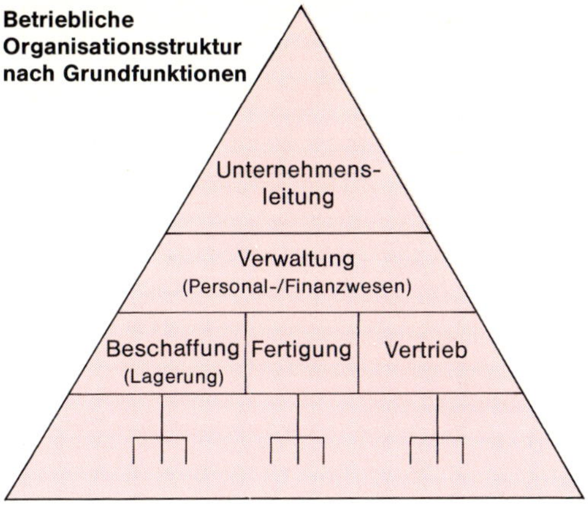

Die Betriebsorganisation umfaßt die
— Planung,
— Gestaltung,
— Steuerung
der einzelnen Arbeitssysteme — einschließlich der Datenermittlung.
Die Ziele der Betriebsorganisation sind die Steigerung der Wirtschaftlichkeit (Gewinnmaximierung) und die Humanisierung der Arbeit (ergonomische* und soziale Aspekte der menschengerechten Gestaltung der Arbeit und der Menschenführung).

Was kann man im Dienstleistungsunternehmen erkunden?

Was kann man im Sachleistungsbetrieb erkunden?

1. *Beschaffung:*
   — Rohstoffe (woher, welche, wieviel)
   — Hilfsstoffe (woher, welche, wieviel)
   — Betriebsstoffe, Energien (woher, welche, wieviel)
   — Lagerung (wo, welche Güter)
2. *Produktion:*
   — Endprodukt
   — Zwischenprodukt
   — Weiterentwicklung von Fremdprodukten
   — Was wird produziert? Wozu dienen die Produkte?
   — Art der Produktion:
     — in Werkstatt
     — am Fließband
     — als Reihenfertigung
     — Massenfertigung
     — geistig oder manuell
     — Arbeitsgänge (wieviel, welche)
     — Einsatz neuer Technologien
   — Entwicklung/Forschung:
     — Arbeitsgänge (wieviel, welche)
     — eigene Forschung oder im Auftrag
     — eigene Nutzung
3. *Verwaltung:*
   — Planung:
     — Absatzplan (wo, wieviel)
     — Produktionsplan (wieviele, welche Güter)
     — Personalplan (wieviele, welche Mitarbeiter)
     — Materialbeschaffungsplan (was, wieviel, woher)

- Einkauf, Verkauf
- Finanzen
- Personalwesen, Geschäftsleitung
- Entsorgung (wo, welche)
- Kontrolle

4. *Unternehmensleitung:*
   - Unternehmensform:
     - Einzelunternehmen
     - OHG
     - KG
     - Stille Gesellschaft
     - AG
     - GmbH
     - Stiftung, Eigenbetrieb, Anstalt
   - Organisation/Unterabteilungen
   - Betriebshierarchie
   - Vertretungen:
     - im Ausland
     - im Inland
     - Kooperation
   - Leitung (von wem eingesetzt/bestimmt)
5. *Vertrieb:*
   - Absatzwege:
     - (eigene) Spedition
     - direkter Versand
     - Post
   - Verkaufsorgan:
     - Fachhandel
     - Fabrik
     - Filialen
     - Kaufhäuser
     - wo? Inland/Ausland
   - Zielgruppe:
     - welche Käufer (wo, warum)
     - Marktanteil
   - bes. Leistungen für Kunden:
     - Kundendienst
     - Qualität
     - Werbung (wo, welche, wieviel)
     - Service
6. *Arbeitskräfte:*
   - gelernt, ungelernt, angelernt
   - wieviele, woher
   - Verteilung männlich/weiblich
   - welche Ausbildungen (wo, Dauer)
   - Ausbildung für welche Tätigkeit
   - Arbeitszeit
   - Facharbeiter
   - Sicherheit am Arbeitsplatz
   - Gehalt
   - spezielle Arbeitskleidung
   - Hilfskräfte
   - welche Berufsarten
   - Betriebsrat
   - soziale Angebote des Betriebs
   - Streiks (falls es welche gab: Grund, Dauer, Ergebnis)
   - Arbeitsentlassungen (welche)
   - Überstunden
   - Aufstiegsmöglichkeiten im Betrieb
   - Weiterbildung, Fortbildung
   - Gesellschaftsordnung im Betrieb, Hierarchie
   - Urlaubsregelung
   - Freizeitangebote

(Autorentext)

Glossar

administrativ. Verwaltend, auf dem Verwaltungsweg

Aktiengesellschaft. Aktiengesellschaften haben ein in einzelne Teile (Aktien) aufgeteiltes Grundkapital. Die Gesellschafter (Aktionäre) sind Besitzer dieser Aktien, die sie an der Börse kaufen und verkaufen können.

Aktionär. Besitzer von Aktien, d. h. von Wertpapieren, in denen das Anteilsrecht an einer → Aktiengesellschaft (AG) verbrieft ist.

Allensbach. Stadt am Bodensee, Sitz des Institutes für → Demoskopie (Meinungsforschung) Allensbach.

anachronistisch. Zeitwidrig; gegen den richtigen Zeitablauf verstoßend; nicht in die Zeit passend.

Arbeiter. Arbeiter und Angestellte sind zwei unterschiedliche Gruppen von Arbeitnehmern. Traditionell werden Arbeiter überwiegend in der Produktion mit körperlicher Arbeit beschäftigt. Angestellte dagegen überwiegen im Dienstleistungsbereich (z. B. Banken, Verwaltung) und im technisch-wissenschaftlichen Bereich.

Arbeitslosenhilfe. Staatliche Unterstützung für solche Arbeitslose, deren Anspruch auf Arbeitslosengeld abgelaufen ist. Sie wird nur an Bedürftige bezahlt und beträgt 58% (für Empfänger ohne Kinder 56%) des maßgeblichen Netto-Arbeitsentgelts.

atheistisch. Nicht an Gott glaubend

autonom. Selbstbestimmend, selbst entscheidend.

Beamtenbund. Der Deutsche Beamtenbund (DBB) vertritt die Interessen von rd. 787000 → Beamten, die in 46 Mitgliedsverbänden organisiert sind.

Beamter. Angehöriger des öffentlichen Dienstes (einer Gemeinde, des Landes, des Bundes), der in einem besonderen Dienstverhältnis zum Staat steht. Bestimmten Pflichten des Beamten (besondere Treuepflicht, Dienstverschwiegenheit, Gehorsam gegenüber den Vorgesetzten, Streikverbot) steht eine besondere Fürsorge und Schutzpflicht des Staates gegenüber (Anstellung auf Lebenszeit, angemessene Besoldung und Altersversorgung, Beihilfe in Krankheitsfällen). Im Durchschnitt, nicht in jedem Einzelfall, werden Beamte besser bezahlt als Arbeiter und Angestellte und haben einen höheren Bildungsstand.

Befragung. Häufig angewandte Forschungsmethode, die mit Hilfe von Fragebogen oder Interviews Tatsachen oder Meinungen zu ermitteln sucht; dabei wird in der Regel nur ein Teil der Gesamtheit befragt, für die die Ergebnisse gelten sollen; dieser Teil muß repräsentativ sein, d. h. er muß so ausgewählt sein, daß er als stellvertretend für die Gesamtheit gelten kann (vgl. S. 255ff.)

Bevölkerungsentwicklung. Entwicklung der Einwohnerzahl eines Landes. Die B. verläuft negativ, wenn – z. B. auf ein Jahr bezogen – die Zahl der Sterbefälle die der Geburten übersteigt.

Bilgewasser. Sicker- und Leckwasser, das sich im Raum zwischen Schiffsboden- und Schiffshaut sammelt.

Budget. Haushaltseinkommen

Bundeskartellamt. Es hat die Aufgabe, Verstöße gegen das Gesetz gegen Wettbewerbsbeschränkungen zu verhindern. Dadurch soll der → Wettbewerb zwischen den Unternehmern aufrechterhalten werden, bzw. dort, wo der Wettbewerb bereits durch Konzentrationsprozesse ausgeschaltet oder stark eingeschränkt ist, einem Mißbrauch der Marktmacht (durch Fordern überhöhter Preise oder Behinderung kleinerer Konkurrenten) entgegengewirkt werden.

Cannabis. Indischer Hanf, aus dem Haschisch und Marihuana gewonnen werden.

Cruise Missiles. „Marschflugkörper"; Mittelstreckenwaffen, die unterhalb der Radarschwelle in Bodennähe ferngelenkt werden und sehr zielgenau sind (mit nuklearen oder konventionellen Sprengköpfen).

DAG. Deutsche Angestelltengewerkschaft. Gewerkschaftliche Interessenorganisation der → Angestellten mit 500000 Mitgliedern (1988).

Definitionen. In der Fachsprache der Abrüstungsverhandlungen: genaue Bestimmung (Abgrenzung, Einteilung) der Waffensysteme. Was z. B. im einzelnen zu der Kategorie „schwerer Bomber" oder zu der Kategorie „leichter Panzer" gezählt werden soll, muß zwischen den Verhandlungspartnern genau abgestimmt werden.

Delegieren. Zuweisen, in die Zuständigkeit von jemandem geben.

Delinquent. Angeklagter, Übeltäter

demographisch. Die → Bevölkerungsentwicklung betreffend.

Demoskopie. Meinungsforschung, Umfrageforschung

DGB. Deutscher Gewerkschaftsbund; größte Interessenorganisation der Arbeitnehmer, in der 16 Einzelgewerkschaften zusammengeschlossen sind, mit insgesamt 7,8 Mio. Mitgliedern (1988).

Die in. Protestform der Friedensbewegung, bei der sich eine Gruppe von Menschen wie tot auf den Boden legt, um symbolisch die Folgen eines Krieges (Atomkrieges) darzustellen.

Dienstleistungen. Sammelbegriff für Leistungen, die nicht in der Herstellung von Sachgütern, sondern in persönlichen Leistungen bestehen (im Handel, bei Banken und Versicherungen, in → freien Berufen, bei Bundesbahn und Bundespost usw.).

Dienstleistungsberufe. Berufe im Bereich der → Dienstleistungen.

Dienstweg. Für die Weiterleitung von Mitteilungen und Weisungen vorgeschriebene Weg innerhalb von Behörden und zwischen Behörden.

Dilemma. Zwangslage, Schwierigkeit der Wahl zwischen zwei unangenehmen Möglichkeiten.

Diskreditierung. Herabsetzung einer anderen Meinung (Haltung, Handlung) als minderwertig oder weniger wertvoll.

Dividende. Der auf den Wert einer Aktie (→ Aktionär) entfallende Anteil am Reingewinn eines Unternehmens (einer → Aktiengesellschaft). Die Dividende wird jährlich an die Aktionäre verteilt.

Drogenprävention. Maßnahmen, die der Gefährdung durch Drogen (im engeren Sinne) zuvorkommen sollen.

Dunkelziffer. Zahl der Straftaten, die der Polizei nicht bekannt werden und die man daher nur schätzen kann.

Eigendynamik. Eine Bewegung (ein Prozeß), die sich aus sich selbst heraus verstärkt (z. B. durch Reaktion und Gegenreaktion beim Wettrüsten).

Einkommenshierarchie. Staffelung der Haushaltseinkommen nach ihrer Höhe.

Einkommensteuer. Steuer, die vom Einkommen des Steuerpflichtigen erhoben wird. Eine Einkommensteuererklärung ist abzugeben, wenn bestimmte jährliche Einkommensgrenzen überschritten werden, wenn mehrere Einkommen bezogen werden und wenn ein Arbeitnehmer eine Wohnung gekauft oder gebaut hat.

Emissionsgrenzwerte. Grenzwerte für die Abgabe von Schadstoffen an Luft, Wasser und Boden. Emissionen im Sinne des Bundes-Immissionsschutzgesetzes sind Luftverunreinigungen, Lärm, Strahlen, Wärme, Erschütterungen, Licht und andere Erscheinungen. Das Gesetz (BImSchG) enthält u. a. Anforderungen zur Errichtung und zum Betrieb umweltgefährdender emittierender Betriebe (z. B. Stand der Technik, Verursacherprinzip).

Emnid. Institut für Meinungsforschung in Bielefeld

Enthusiasmus. Begeisterung

Entwicklungsquotient. Das Verhältnis von Entwicklungs- und Lebensalter; in der Untersuchung von R. Spitz entspricht ein Entwicklungsquotient von 100 dem durchschnittlich zu erwartenden Entwicklungsstand von Kindern der betreffenden Altersstufe.

ergonomisch. Die Ergonomie ist ein Teil der Arbeitswissenschaft, der sich speziell mit der Notwendigkeit einer menschengerechten Arbeitsplatzgestaltung befaßt und dabei sowohl medizinische wie soziale und technische Aspekte berücksichtigt.

Ermessensentscheidung. Der Gesetzgeber verzichtet vielfach darauf, der öffentlichen Verwaltung zwingend vorzuschreiben, wie sie sich im konkreten Einzelfall zu verhalten hat, und räumt ihr Spielraum zu eigener Entscheidung ein. Bei Ermessensentscheidungen bleibt es der Verwaltung überlassen, ob sie überhaupt tätig werden oder welche von mehreren zulässigen Maßnahmen sie ergreifen will.

Erwerbsquote. Anteil der Erwerbspersonen (Erwerbstätige und Arbeitslose) an der Gesamtbevölkerung; daneben werden spezifische Erwerbsquoten errechnet (z. B. der Anteil der erwerbstätigen und arbeitslosen Frauen an der Gesamtzahl der Frauen).

Erziehungshilfe. Eine Art öffentlicher Ersatzerziehung (in einem Heim oder in einer geeigneten Familie) auf Antrag der Sorgeberechtigten, wenn die Entwicklung der betr. Jugendlichen gefährdet erscheint; sie endet mit der Volljährigkeit.

ethisch. Das richtige und verantwortliche Handeln betreffend.

euphemistisch. Beschönigend, schönfärberisch, verhüllend.

Euphorie. Zustand gesteigerten Sich-Wohlbefindens.

evident. Offensichtlich, unmittelbar einsichtig, keiner näheren Begründung bedürftig.

Experiment. Eine Forschungsmethode der Sozialwissenschaften, mit der nachgewiesen werden soll, daß die Veränderung einer Situation (eines Zustandes, eines Verhaltens usw.) durch die Einwirkung eines bestimmten Faktors zustande kommt.

flexible response. Flexible Reaktion; Begriff zur Kennzeichnung der NATO-Strategie seit den 60er Jahren; jede Angriffsaktion der Gegenseite sollte auf der entsprechenden Stufe der Gewaltanwendung beantwortet werden (Eskalationsmöglichkeit bis hin zum Einsatz von Atomwaffen).

Fraktion. Vereinigung der Parlamentsabgeordneten einer Partei oder von Mitgliedern eines Gemeinderates zum Zwecke der gemeinsamen Willensbildung und der gemeinsamen Durchführung der parlamentarischen Arbeit.

Freie Berufe. Bezeichnung für bestimmte Berufe, deren Angehörige sich den Lebensunterhalt „frei", ohne Abhängigkeit von einem Arbeitgeber verdienen (z. B. Ärzte, Apotheker, Architekten, Rechtsanwälte, Steuerberater, Schriftsteller, bildende Künstler). Im Unterschied zu Unternehmern ist die Tätigkeit von „Freiberuflern" nicht gewerblich, d. h. sie beruht nicht auf dem Einsatz eines gewerblichen Vermögens. Die Abgrenzung zu dem Begriff → „Selbständige" ist nicht immer gegeben.

Fürsorgeerziehung. Erziehungsmaßnahme, die z. B. auf Antrag des → Jugendamtes als letztes Mittel vom Vormundschaftsgericht angeordnet wird, wenn ein Minderjähriger zu verwahrlosen droht oder verwahrlost ist (Unterbringung in einer anderen Familie oder in einem Heim).

Fusion. „Verschmelzung". Zusammenschluß von bisher selbständigen Unternehmen zu einem rechtlich und wirtschaftlich einheitlichen Unternehmen.

Gefälligkeitskartell. Gruppe von Personen, die aus einer überlegenen (herrschenden) Position heraus den Schwächeren Gefallen erweisen.

Gewaltenteilung. Bedeutsamer demokratischer Grundsatz, der besagt, daß bei den Staatsfunktionen Exekutive (vollziehende Gewalt), Legislative (gesetzgebende Gewalt) und Judikative (rechtsprechende Gewalt) unterschieden und voneinander unabhängigen Staatsorganen (Regierung, Parlament, Gerichte) zugewiesen werden. Durch die Gewaltenteilung soll Machtmißbrauch verhindert werden.

Gewerbesteuer. Unter Gewerbe versteht man jede auf Gewinnerzielung gerichtete und auf Dauer angelegte selbständige Tätigkeit (Landwirtschaft und → Freie Berufe zählen nicht zum Gewerbe). Mit der Gewerbesteuer wird der Gewerbebetrieb besteuert, ohne Berücksichtigung der persönlichen Verhältnisse seines Inhabers.

Großfamilie. → Kernfamilie

Grundsteuer. Grundsteuer muß jeder Grundeigentümer bezahlen.

Haushalt. Eine zusammen wohnende und wirtschaftende Gruppe (zumeist eine Familie); es gibt auch „Einzelhaushalte" (aus einer Person bestehende Haushalte).

hierarchisch. Nach dem Prinzip von Über- und Unterordnung organisiert.

Hochverrat. Hochverrat begeht, wer versucht, mit Gewalt oder durch Androhung von Gewalt den Bestand des Staates zu gefährden oder die verfassungsmäßige Ordnung zu ändern (§ 81 Strafgesetzbuch). – Landesverrat bezieht sich auf den Verrat von Staatsgeheimnissen. (§ 93 StGB)

ICBM. Intercontinental Ballistic Missile, bodengestützte (ortsfest oder mobil) interkontinentale Rakete (Reichweite oberhalb von 5500 km).

Indiz. Anzeichen, Merkmal, das auf etwas Bestimmtes schließen läßt.

Industrialisierung. Prozeß der Errichtung und Verbreitung von Fabriken (Industriebetrieben) zur maschinellen Massenherstellung von Gütern; der Begriff umfaßt auch die damit verbundenen Folgen wie Erfindung immer neuer Techniken, Entstehung der gesellschaftlichen Gruppen der Unternehmer und Arbeiter. Der Industrialisierungsprozeß vollzog sich in England vom Ende des 18. Jahrhunderts und in Deutschland vom Beginn des 19. Jahrhunderts an.

industrielle Revolution. → Industrialisierung

Industriegesellschaft. Im Unterschied zu einer Gesellschaft, in der hauptsächlich landwirtschaftliche Güter produziert werden (Agrargesellschaft) eine Gesellschaft, in der die industrielle Produktion (→ Industrialisierung) vorherrscht und die Lebensverhältnisse weitgehend bestimmt.

Industrie- und Handelskammer. Abk.: IHK; Interessenvertretung der gewerblichen Wirtschaft (mit Ausnahme des Handwerks, das eigene Handwerkskammern hat). Aufgaben neben der Interessenvertretung: Beratung der Mitglieder, Aufsicht über die Lehrlingsausbildung, Durchführung der Lehrabschlußprüfungen.

INF. Intermediate Range Nuclear Forces = nukleare Mittelstreckenwaffen (Atomraketen mit einer Reichweite von 150—5000 km)

Infas. Abkürzung für das „Institut für angewandte Sozialwissenschaften" in Bad Godesberg, das u. a. Meinungsforschung betreibt.

Informations- und Kommunikationstechnologien. Sammelbegriff für neue Techniken im Bereich der Medien („Neue Medien", wie z. B. Kabel- und Satellitenfernsehen, Video) und der Informationsübertragung (Bürokommunikation durch Computer, Bildschirmtext, Videotext, Datenfernübertragung usw.)

Innovation. Entwicklung neuer Ideen, Techniken, Produkte.

Integration. Prozeß der Eingliederung, der Herstellung eines einheitlichen Ganzen.

integrativ. Vereinheitlichend wirkend, die → Integration fördernd

Inventurdifferenz. Unterschied zwischen rechnerischem und tatsächlich festgestelltem Bestand anläßlich einer Inventur. Bei der Inventur wird der Waren- und Vermögenswert eines Unternehmens an einem bestimmten Stichtag ermittelt.

Investition. Verwendung von Geldmitteln zur Erhaltung und Beschaffung von Produktionsmitteln in Form von Maschinen, Gebäuden usw.

Job-sharing. Verfahren der Arbeitsplatzteilung, wobei sich zwei oder mehrere Arbeitnehmer freiwillig einen vollen Arbeitsplatz teilen und die Regelung dieser Verteilung in eigener Verantwortung vornehmen.

Jugendamt. Bei Städten und Kreisen errichtete Behörde, die für die Jugendpflege (Angebote von Sport, Musik, internationale Begegnungen usw. außerhalb der Schule) und die Jugendfürsorge (Schutz einzelner gefährdeter oder benachteiligter Jugendlicher in Pflegestellen, Heimen usw.) zuständig ist. Auf überörtlicher Ebene gibt es Landesjugendämter.

Jugendwohlfahrtsgesetz. Es regelt die Aufgaben der Jugendämter und damit alle Maßnahmen der Jugendförderung (Jugendpflege) und der Jugendfürsorge (s. → Jugendamt).

Kapital. Geld- und Sachwerte, die dazu eingesetzt werden, weiteren Nutzen zu erwirtschaften (z. B. Zinsen zu erbringen). Allgemein auch Bezeichnung für die Gesamtheit der Besitzer großer Kapitalien, vor allem die Unternehmer.

Kapitalmarkt. Markt, auf dem mit langfristigen Finanzmitteln gehandelt wird (z. B. → Aktien und festverzinslichen Wertpapieren mit langer Laufzeit).

Kartell. Zusammenschluß von Unternehmen, die jedoch weitgehend selbständig bleiben. Ein Kartell entsteht durch einen Vertrag zwischen den sich zusammenschließenden Unternehmen. Ziel des Vertrages ist das gemeinsame Handeln der Mitglieder, um so den → Wettbewerb untereinander auszuschalten, z. B. durch Verkauf eines Produktes zum vereinbarten Preis (Preiskartell), die Festlegung der Produktionsmenge je Kartellmitglied (Quotenkartell) usw.

Kartellbildung. → Kartell

Kernfamilie. Sie besteht aus den Eltern und ihren minderjährigen Kindern und wird häufig – als der heute fast ausschließlich bestehende Familientyp – auch als Kleinfamilie bezeichnet (bei zumeist geringer Kinderzahl); die Großfamilie besteht aus einer Kernfamilie, die mit einer oder mehreren anderen Kernfamilien oder auch mit verwandten Erwachsenen zusammenwohnt.

Kleinfamilie. → Kernfamilie

Konflikte. Auseinandersetzungen zwischen Einzelnen, Gruppen, Organisationen und Staaten, die aus einem Interessengegensatz entstehen. Im Unterschied zu kriegerischen und gewalttätigen Konflikten können soziale Konflikte, die friedlich verlaufen und z. B. gesetzlich geregelt sind (wie z. B. Tarifkonflikte) für die Entwicklung einer Gesellschaft auch nützlich sein (wenn sie z. B. zu notwendigen Veränderungen führen).

Korrespondent. Berichterstatter für eine Zeitung oder einen Rundfunk- bzw. Fernsehsender.

Länderfinanzausgleich. Umverteilung von Finanzmitteln zwischen einnahmestarken und einnahmeschwachen Ländern der Bundesrepublik Deutschland (siehe M 4 in Kapitel VII).

Längsschnittuntersuchung. Form der Untersuchung (z. B. Befragung), bei der bestimmte Einheiten (Individuen oder Gruppen) im Zeitablauf mehrmals (also zu verschiedenen Zeitpunkten) untersucht (befragt) werden. Im Unterschied dazu werden in Querschnittsuntersuchungen verschiedene Untersuchungseinheiten zum gleichen Zeitpunkt untersucht und z. B. miteinander verglichen. Mit Längsschnittuntersuchungen kann man z. B. den Wandel von Meinungen feststellen.

Liberalität. Freiheitlichkeit, Großzügigkeit (Prinzip, das dem einzelnen einen größtmöglichen Freiheitsspielraum für eigene Entscheidungen gewährt).

logistisch. Die Planung, Bereitstellung und den Einsatz erforderlicher Mittel betreffend; der Begriff wird vor allem im militärischen Bereich verwendet.

Mandat. Auftrag. Im politischen Sprachgebrauch vor allem der Auftrag der Wähler an die Abgeordneten, für eine begrenzte Zeit im Parlament zu arbeiten.

Marktanteil. Prozentualer Anteil der verkauften Waren eines Unternehmens (z. B. der verkauften Zeitungen eines Verlages) an der Gesamtheit aller entsprechenden verkauften Waren (z. B. der Gesamtauflage aller entsprechenden Zeitungen).

Marktwirtschaft. Wirtschaftsordnung, in der jeder einzelne unabhängig wirtschaftliche Entscheidungen trifft und das wirtschaftliche Geschehen durch den Markt (Ort, an dem Angebot und Nachfrage zusammentreffen) gesteuert wird, so daß sich die Preise frei aus dem Verhalten der Anbieter und Nachfrager ergeben. Wichtigste Voraussetzung ist der → Wettbewerb. In einer Marktwirtschaft ist das Privateigentum an Produktionsmitteln gewährleistet.

Massenkommunikationsmittel. → Massenmedien

Massenmedien. Technische Verbreitungsmittel, mit denen Aussagen indirekt an ein großes Publikum gerichtet werden (Presse, Funk, Fernsehen, Film, Schallplatte).

MBFR. Mutual Balanced Forces Reduction (beiderseitige ausgewogene Truppenreduzierung). Bezeichnung für die von 1973—1989 in Wien geführten Verhandlungen über die Begrenzung konventioneller Rüstung und Streitkräfte; sie blieben erfolglos, vor allem, weil man sich über die Definition bestimmter Waffensysteme und über die Zahl der auf beiden Seiten vorhandenen Waffen nicht einigen konnte; vgl. dazu M 18, S. 234f.

Mikroelektronik. Moderner Zweig der Elektronik, der mit der Herstellung und dem Einsatz von Mikroprozessoren (nur wenige Millimeter großen Bauteilen mit zahlreichen elektronischen Schaltungen) befaßt ist. Durch die Mikroelektronik lassen sich vielfältige Vorgänge automatisch steuern.

Miss Marple. Hauptfigur einer Serie von Kriminalfilmen, die nach den Romanen der englischen Schriftstellerin Agatha Christie gedreht wurden.

Neue Technologien. Zusammenfassender Begriff für neue Technologien im Bereich der Produktion und der Verwaltung (z. B. Einsatz von Computern, Robotern usw.) sowie der Medien („Neue Medien", wie z. B. Kabelfernsehen, Bildschirmtext usw.).

Normen. In jeder Gesellschaft gibt es grundlegende Wertvorstellungen, die von ihren Mitgliedern mehr oder weniger anerkannt werden (z. B. Gerechtigkeit, Freiheit, Solidarität, Frieden). Aus diesen Werten lassen sich Normen, d. h. bestimmte Vorschriften ableiten, an denen sich das Verhalten unmittelbar orientieren soll (z. B. ergibt sich aus der Wertvorstellung Gerechtigkeit für Lehrer die Norm, Schülerarbeiten gerecht zu bewerten).

öffentlich-rechtlich. Das öffentliche Recht ist der Teil des Rechts, der Regelungen für den Staat (Bund, Länder und Gemeinden) und die Beziehungen des Staates zu seinen Bürgern enthält. Öffentlich-rechtliche Körperschaften sind Verwaltungseinheiten auf lokaler und regionaler Ebene wie Gemeinden, Landkreise usw. (Gebietskörperschaften) und andere Institutionen mit staatlichen Aufgaben unter Staatsaufsicht (z. B. Universitäten, Industrie- und Handelskammern).

Öffentliche Hand. Juristischer Ausdruck für die öffentliche Verwaltung in ihrer Eigenschaft als Unternehmer.

ökonomisches Prinzip. Es liegt darin begründet, daß man mit begrenzten Mitteln ein optimales Ergebnis erzielen (Maximalprinzip) oder ein bestimmtes Ergebnis mit dem geringsten Mitteleinsatz erzielen (Minimalprinzip) will. Allgemein auch Bezeichnung für ein Denken, das sich nur an ökonomischen (wirtschaftlichen) Gesichtspunkten orientiert.

pazifistisch. So bezeichnet man die Anhänger einer Überzeugung (einer Bewegung), die grundsätzlich die Anwendung jeglicher kriegerischer Gewalt ablehnen, auch wenn sie der Verteidigung dient.

peers. Gleichaltrige Jugendliche

Personensorgeberechtigte. Personen, die berechtigt sind, Kinder zu pflegen, zu erziehen, zu beaufsichtigen und ihren Aufenthalt zu bestimmen, z. B. Eltern. Das Recht kann Dritten (Schule, Internat) übertragen werden.

Pflegefamilie. Vom → Jugendamt für geeignet befundene Familie, in der nach dem → Jugendwohlfahrtgesetz Kinder und Jugendliche im Rahmen der Jugendfürsorge erzogen werden (vgl. → Fürsorgeerziehung, → Erziehungshilfe).

Pillenknick. Populärer Ausdruck, der den deutlichen Rückgang der Zahl der Geburten nach 1964 (1,07 Mio.; 1970: 0,81 Mio.; 1978: 0,57 Mio.) zurückführt auf das in dieser Zeit in der Bundesrepublik Deutschland in den Handel eingeführte Empfängnisverhütungsmittel („Anti-Baby-Pille"). Nach wissenschaftlicher Auffassung handelte es sich nur um einen Faktor, der verstärkend zu anderen Faktoren hinzutrat.

PR. Abkürzung für Public Relations = (englisch) Verbindungen zur Öffentlichkeit. Bezeichnung für alle Maßnahmen, die Menschen mit einem bestimmten Ziel beeinflussen sollen.

Prävention. „Zuvorkommen", Vorbeugung; zusammenfassender Begriff für Maßnahmen, die bestimmten Gefahren vorbeugen sollen.

privilegiert. S. → Privilegierung

Privilegierung. Ausstattung mit Vorrechten und Vorteilen gegenüber anderen.

Produktionsfaktoren. Für die Produktion von Gütern und → Dienstleistungen notwendige Einsatzfaktoren. In der Volkswirtschaftslehre unterscheidet man die drei Produktionsfaktoren Arbeit (menschliche Arbeitskraft), Boden und → Kapital.

Produktionsmittel. Bezeichnung für alle Mittel zur Herstellung von Gütern und Dienstleistungen; im weiteren Sinne entspricht der Begriff dem der → Produktionsfaktoren, im engeren Sinne bezieht er sich auf den Faktor → Kapital (Fabriken, Maschinen, Werkzeuge).

prozentuale Veränderung. Veränderung einer Größe innerhalb eines bestimmten Zeitraumes, ausgedrückt in Prozenten. Dabei muß unterschieden werden zwischen der Veränderung in Prozenten und in Prozentpunkten. Vermehrt z. B. eine Partei ihren Stimmanteil bei Wahlen von 8% auf 10%, bedeutet das eine Steigerung von 2 Prozentpunkten, aber um 25%.

Pubertät. Entwicklungsphase zwischen Kindheit und Erwachsenenalter; sie beginnt mit dem Eintritt der Geschlechtsreife und ist durch zahlreiche, oft konfliktreiche Klärungen gekennzeichnet: Verhältnis zum anderen Geschlecht, Berufsorientierung, Entwicklung politischer Ansichten, Ablösung vom Elternhaus.

Publizistik. Bezeichnung für den gesamten Bereich der öffentlichen Massenkommunikationsmittel (Presse, Rundfunk, Fernsehen, Film) sowie für die in diesem Bereich tätigen und die darin verbreiteten Aussagen. Die Publizistik ist Gegenstand der Publizistikwissenschaft.

Qualifikation, Qualifizierung. Unter Qualifizierung versteht man den Erwerb allgemeiner und vor allem beruflicher Kenntnisse und Fertigkeiten (Qualifikationen).

Rechtsstreit. Verfahren, nach dem Streitigkeiten zwischen zwei Parteien der Entscheidung eines Gerichtes unterworfen werden.

Rechtssubjekte. Träger von Rechten und Pflichten und damit Rechtssubjekt kann nur eine rechtsfähige Person sein, also eine natürliche oder juristische Person. Im juristischen Sprachgebrauch ist eine „natürliche Person" der Mensch, eine „juristische Person" eine rechtsfähige Organisation (so z. B. im Privatrecht ein Verein, im öffentlichen Recht die Gemeinde).

Redaktionsstatut. Schriftlich abgefaßte Vereinbarung zwischen dem Verleger und den Redakteuren (besonders über die einzelnen Entscheidungsbefugnisse und die Möglichkeiten der Mitbestimmung in einem Verlag).

relevant. Wichtig, bedeutsam

Repräsentativerhebung. S. → Befragung

Repression. Unterdrückung, Druckausübung

Revision Überprüfung, Nachprüfung. Im Rechtswesen Bezeichnung für ein Rechtsmittel, das die Überprüfung eines Urteils durch ein höheres Gericht beinhaltet.

Richtlinienkompetenz. Im Artikel 65 des Grundgesetzes heißt es: „Der Bundeskanzler bestimmt die Richtlinien der Politik". Auf diese starke Stellung des Bundeskanzlers bezieht sich der Begriff Richtlinienkompetenz.

rhetorisch. Den Regeln der Redekunst entsprechend. Rhetorische Frage: Nur zum Schein gestellte Frage, auf die keine Antwort erwartet wird.

Robin Wood. Name einer Umweltschutzorganisation, die sich vor allem im Kampf gegen das Waldsterben engagiert. Der Name Robin Wood (wood, engl.: Wald, Gehölz, Holz) entstand in Anspielung auf die legendäre Figur des Robin Hood, Held vieler englischer Balladen aus dem 14. und 15. Jahrhundert. Robin Hood verkörpert den edlen Räuber, der aus dem Schutz des Waldes heraus gegen die Mächtigen seiner Zeit gekämpft hat.

Rolle. Der Begriff beschreibt die Erwartungen, die an das Verhalten eines Menschen gerichtet werden, insofern er eine bestimmte Stellung (Position) einnimmt (z. B. als Schüler, als Mitglied eines Sportvereins usw.); da jeder Mensch zum einen mehrere Rollen zu tragen hat und zum anderen von seiten verschiedener Gruppen unterschiedliche Erwartungen an dieselbe Rolle gerichtet sein könnten, kann es zu → Konflikten kommen (Rollenkonflikte).

Rollenkonflikt. → Rolle

Rollenverteilung. Verteilung der → Rollen und der Aufgabenverteilung in der Familie (in der Hauptsache zwischen Mann und Frau, Vater und Mutter).

Rüstungskontrolle. Steuerung der Rüstungsentwicklung mit dem Ziel, gefährliche Entwicklungen (z. B. Ungleichgewichte) zu vermeiden. Im Unterschied zum Begriff der Abrüstung bedeutet Rüstungskontrolle nicht unbedingt die Verringerung oder Vernichtung der Waffenpotentiale, sondern z. B. lediglich die Begrenzung der Rüstung beider Seiten auf die gleiche Höhe (wie z. B. im SALT-Vertrag, vgl. S. 233, M 20).

Schöffe. Ehrenamtlich tätiger Laienrichter.

Selbständige. Im Gegensatz zu den abhängig Beschäftigten (Arbeiter, Angestellte, Beamte) Personen, die ihren Lebensunterhalt für eigene Rechnung selbständig erwerben (z. B. Unternehmer, Kaufleute, Landwirte). Vgl. „freie Berufe".

Selektion. Auslese, Auswahl (z. B. aus einer Fülle von Nachrichten).

SLBM. Submarine Launched Ballistic Missile: U-Boot-gestützte Interkontinentalrakete (vgl. → ICBM)

sozial. Allgemein: Gesellschaftlich, gemeinschaftlich. Als Bezeichnung für politische Anschauungen: Hilfreich und verantwortlich handelnd gegenüber anderen, besonders den Schwächeren.

Sozialabgaben. Beiträge der Arbeitnehmer (Arbeiter, Angestellte) und Arbeitgeber zur Renten-, Kranken- und Arbeitslosenversicherung. 1988 betrugen die Beitragssätze 35,5% der Bruttoverdienste; sie werden je zur Hälfte von den Arbeitnehmern und Arbeitgebern gezahlt.

Sozialarbeiter. Personen mit hauptberuflicher sozialer Tätigkeit. Sie arbeiten im Auftrag von Behörden oder Institutionen (z. B.: Sozial- und Jugendämtern, Heil- und Strafanstalten), um Menschen mit sozialen Problemen (Hilfsbedürftige, Gefährdete, Benachteiligte) zu betreuen. Die Ausbildung erfolgt an Fachhochschulen.

Sozialhilfe. Teil der sozialen Sicherung, der dazu dienen soll, in Not geratenen Menschen ein menschenwürdiges Leben zu ermöglichen, ihnen wenigstens das „Existenzminimum" zu gewährleisten. Auf Sozialhilfe besteht ein gesetzlicher Anspruch, wenn der Bedürftige sich nicht selbst helfen oder die erforderliche Hilfe nicht von anderen erhalten kann. 1987 erhielten 3,13 Mio. Personen Sozialhilfeleistungen (insgesamt ca. 27 Mrd. DM, die 13% der gesamten Ausgaben der Gemeinden ausmachten).

sozial-integrativ. Bezeichnung für ein Verfahren oder ein Verhalten, das dazu führen soll, unterschiedliche bzw. gegensätzliche Interessen, Einstellungen und Verhaltensweisen zusammenzuführen und auszugleichen.

Sozialisation. Die Gesamtheit aller Vorgänge, durch die ein Mensch zu einer eigenständigen Persönlichkeit und zu einem handlungsfähigen Mitglied der Gesellschaft wird (Sozialisationsprozeß); im Unterschied zum Begriff der Erziehung (durch beabsichtigte Maßnahmen z. B. von Eltern und Lehrern) umfaßt der Begriff Sozialisation auch alle unbeabsichtigten Einflüsse der Umwelt.

sozialistisch. Bezeichnung für eine Gesellschaft oder eine Theorie, die die Grundprinzipien des → Sozialismus (kein Privatbesitz an → Produktionsmitteln, Vorrang des Prinzips der Gleichheit vor dem der Freiheit) zu verwirklichen sucht.

Sozialismus. Im frühen 19. Jahrhundert entstandene Lehre und politische Bewegung, die dem Prinzip der Gleichheit den Vorrang vor dem der Freiheit gibt und die Verfügung über die → Produktionsmittel in die Hand der Gesellschaft bzw. des Staates legen will (im Gegensatz zum „Kapitalismus", in dem die Produktionsmittel privaten Eigentümern gehören). Im Unterschied zu den sozialistischen Ländern des Ostblocks, die durch Einheitsparteien regiert werden, vertritt die SPD einen demokratischen Sozialismus, der im Einklang mit den Prinzipien des Grundgesetzes steht und vor allem auf mehr Gleichheit der Einkommen und Vermögen (nicht auf die Abschaffung des Privateigentums an den Produktionsmitteln) ausgerichtet ist.

sozial-kulturell. So kann man eine Persönlichkeit bezeichnen, die sich die in einer Gesellschaft vorhandene Kultur (d. h. die Lebensformen und Wertvorstellungen, die Sprache, die politisch-rechtliche Ordnung usw.) angeeignet hat und mit ihr umgehen kann.

Sozialversicherung. Gesetzliche Versicherung (Versicherungspflicht) für alle Arbeiter und Angestellten zur Sicherung im Krankheitsfall, bei Arbeitslosigkeit und im Alter (Kranken-, Unfall-, Arbeitslosen-, Rentenversicherung). Die Finanzierung erfolgt durch → Sozialabgaben und staatliche Zuschüsse.

Stadtkämmerer. Ein Kämmerer ist der Leiter der Finanz- und Haushaltsverwaltung einer Gemeinde, hier einer Stadt.

Stagnation. Stillstand (in der wirtschaftlichen Entwicklung)

Steuerreform. 1985 beschloß die Bundesregierung eine Änderung der Steuerregelungen in 3 Schritten (1986, 1988, 1990). Wesentlicher Bestandteil: Erhöhung der Freibeträge und geringerer Anstieg des Einkommensteuertarifs, damit steuerliche Entlastung, die aber durch Erhöhung einiger anderer Steuern z. T. wieder ausgeglichen wird.

Stigmatisierung. (von griech. Stigma: Fleck, Merkmal). Von Stigmatisierung spricht man, wenn sich Personen aufgrund bestimmter natürlicher (z. B. Behinderung) oder sozialer (z. B. ungewöhnliches Verhalten) Merkmale von den übrigen Mitgliedern einer Gruppe oder von der gesamten Gesellschaft unterscheiden und aufgrund dessen verachtet oder gemieden werden.

Strafrecht. Gesamtheit der Rechtsvorschriften, die der Staat zum Schutz seiner Bürger erlassen hat. Das „Strafgesetzbuch" (StGB) enthält 29 Gruppen von Straftatbeständen mit der Angabe der jeweils vorgesehenen Geld- und Freiheitsstrafen.

Strategische Waffen. Weitreichende Waffensysteme; Bezeichnung vor allem für atomare Interkontinentalraketen (Reichweite oberhalb von 5000 km).

strukturell. Auf die Struktur bezogen; die Wirtschaftsstruktur eines Landes ist u. a. gekennzeichnet durch den Aufbau der Bevölkerung (nach Alter, Geschlecht, Beruf), durch das Verhältnis der drei → Wirtschaftssektoren (Landwirtschaft, Industrie, Dienstleistungen) und durch den Entwicklungsstand (Technik, Verkehrswegenetz, Nachrichtenverkehr usw.). Wenn die Wirtschaftsstruktur sich verändert (wenn z. B. aufgrund der technischen Entwicklung bestimmte Berufe nicht mehr gebraucht oder bestimmte Produkte nicht mehr gekauft werden), kann es zu erheblichen Problemen (z. B. zu größerer Arbeitslosigkeit) kommen.

strukturschwach. Die Wirtschaftsstruktur (vgl. → strukturell) einer Region ist schwach, wenn sie z. B. von großer Arbeitslosigkeit betroffen ist (wegen ihrer rein landwirtschaftlichen Prägung oder weil sich bestimmte Industriezweige, die dort vorhanden sind, in einer Krise befinden. Beispiel: Bergbauindustrie im Ruhrgebiet und im Saarland; Schiffsbauindustrie in Hamburg und Bremen). Auch das Gebiet in der Nähe der Grenze zur DDR („Zonenrandgebiet") gilt als strukturschwach, weil sich dort kaum Unternehmen ansiedeln.

Suchtprophylaxe. Zusammenfassung aller vorbeugenden Maßnahmen, die Suchtgefahren vermeiden oder verringern sollen.

suggerieren. Jemanden etwas einreden; jemanden im Sinne einer bestimmten Vorstellung beeinflussen.

Syndrom. Krankheitsbild, das aus einer Verbindung mehrerer charakteristischer Merkmale besteht.

Terrestrische Frequenzen. (terrestris, lat.: zur Erde gehörig) Frequenzen im Ultrakurzwellenbereich, über die Rundfunk- und Fernsehsendungen durch die Luft übertragen und mit normalen Hausantennen empfangen werden können; ihre Zahl ist begrenzt.

Transmissionsriemen. Transmissionsriemen dienen bei Maschinen zur Kraftübertragung.

Übertragungen. Finanzielle Leistungen des Staates (aus seinem Haushalt, d. h. aus Steuermitteln) an private Haushalte ohne Gegenleistung (Transferausgaben).

Umbruch. Im Verlags- und Druckereiwesen: Einteilung und Aufteilung auf die einzelnen Seiten (der Zeitung, des Buches).

Verfassungsnormen. Die Leitvorstellungen und Vorschriften der Verfassungsbestimmungen (d. h. des Grundgesetzes).

Verwaltungsbehörde. Die öffentliche Verwaltung ist Teil der Staatsgewalt. Sie gehört nach den Prinzipien der Gewaltenteilung zur vollziehenden Gewalt (Exekutive). Für jede Ebene des Staates gibt es eine eigene Verwaltung (Bundes-, Landes-, Kommunalverwaltungen). Sie führen teilweise eigene Aufgaben (Selbstverwaltung), teilweise von der höheren Ebene übertragene Aufgaben (Auftragsverwaltung) aus. Die Verwaltungen gliedern sich in einzelne Behörden. Durch die Behörde als handelndes Organ wird der Staat oder ein sonstiger Träger öffentlicher Verwaltung nach außen vertreten.

Vorneverteidigung. Begriff aus der Nato-Strategie (bis 1989); Prinzip, nach dem ein Angriff des Warschauer Paktes auf dem Gebiet der Bundesrepublik bereits möglichst nahe an den Grenzen abgefangen werden sollte.

Werte. Grundsätzliche Ziele, Ideale, wünschenswerte Zustände wie z. B. Freiheit, Gerechtigkeit. Feste Überzeugungen von der Richtigkeit bestimmter Werte nennt man Wertvorstellungen (vgl. → Normen).

Wettbewerb. Bestreben mehrerer Unternehmen, bei der Produktion und dem Absatz gleicher Waren sich gegenseitig durch niedrigere Preise, bessere Qualität der Güter, Werbung usw. zu übertreffen.

Wirtschaftssektoren. Man unterscheidet im allgemeinen zwischen den drei Wirtschaftssektoren (Bereichen) Landwirtschaft (primärer Sektor), Industrie (sekundärer S.) und → Dienstleistungen (tertiärer S.).

Wohngeld. Staatliche Unterstützungszahlung für Haushalte mit unterdurchschnittlichem Einkommen. 1986 lag der durchschnittliche Mietzuschuß bei 140,00 DM; ca. 2 Mio. Haushalte erhielten Wohngeld (ca. 43% davon sind Rentner-, 20% Arbeitslosen-Haushalte).

Zeitungsmonopol. Eine Zeitung besitzt ein Monopol („Alleinverkauf"), wenn in ihrem Verbreitungsgebiet keine andere vergleichbare Zeitung angeboten wird, also keine Konkurrenz besteht.

Zensur. Kontrolle und gegebenfalls Verbot von Veröffentlichungen in Zeitungen, Büchern, Rundfunk und Fernsehen.

Zivilrecht. Teilgebiet des Rechtes, durch das Rechtsbeziehungen zwischen Privatleuten geregelt werden, z. B. Fragen des Besitzes, des Familien- und Erbrechtes.

Zweitschlagfähigkeit. Begriff aus der Theorie der Abschreckung, auf der die NATO-Strategie bis 1989 beruhte. Er meint die Fähigkeit, auf einen atomaren Überraschungsangriff noch mit einer ausreichenden Zahl von Atomraketen reagieren zu können, um so den Angreifer in einem „zweiten Schlag" zu vernichten.

Register